GUSTAV FABER

Portugal

GUSTAV FABER

Portugal

PRESTEL VERLAG

MÜNCHEN

ISBN 3 7913 0031 8

Passavia Druckerei AG Passau 1972

INHALT

AM RANDE EUROPAS

Goldenes Zeitalter	9
Land und Volk	11
Die Dynastien	13
Die Provinzen	15
Portugiesen und Spanier	21
Die Anreise	25

LISSABON: TOR ZUR WELT

Profil einer Stadt	27
Kastell São Jorge	32
Die Altstadt	33
Die Kathedrale	38
Antonius von Lissabon	42
Sankt Vinzenz geweiht	44
Madre de Deus	49
Das Erdbeben	55
Die Neustadt	59
Pedro, Kaiser und König	62
Lissabons Champs Elysées	65
Bairro Alto	68
Der Turm von Belém	71
Die Entdecker	75
Das Hieronymus-Kloster	80
Haus der Grünen Fenster:	
Museu Nacional de Arte Antiga	105
Weitere Museen	114
Die Sammlung Calouste Gulbenkian	115

NÖRDLICH DER HAUPTSTADT

Portugals Riviera	120
Paço Real de Sintra	126
Palácio da Pena	135
Kloster Mafra	141
Die Bragança	145
Portugals Sanssouci: Queluz	151

Die Gräber von Odivelas	154
Benfica, Loures und Lousa	158
Nach Alenquer	159

MINHO: GARTEN EUROPAS

Atlantisch geprägt	162
Mais und Wein	164
Braga, Portugals Rom	169
Portugiesische Trulli	179
Wiege der Nation – Guimarães	181
Der Hahn von Barcelos	202
Viana do Castelo	206

WEIN AM RIO DOURO

Porto: Portugals Hanse	209
Portwein	228
In den Weinkellern	231
Küste von Douro Litoral	235
Stromaufwärts	238
Die Gobelins von Lamego	239
Egas Moniz	241
São Gonçalo von Amarante	243
Vila Real	247
Murca und Mirandela	252

HINTER DEN BERGEN

Bragança	254
Pousadas	257
Die Transmontaner	259
Kirchen in Trás-os-Montes	261
Nach Guarda	264
Die Cabrais	271
Belmonte	292
Castelle am Rio Côa	297
Die Festung Almeida	300
Zur Serra da Estrela	304
Covilhã	306
Castelo Branco	308

BEIRA: MITTE DES LANDES

Portugals Rumpf	312
Das lusitanische Athen: Coimbra	315
Pedro und Inês	344
Die Römerstadt Conimbriga	351
Der Zedernwald von Buçaco	357
Der Diktator Salazar	360
Viseu	363
Am unteren Mondego	373
Venezia Lusitana: Aveiro	379

DIESSEITS DES TEJO

Santarém	392
Der lusitanische Achill	409
Zum Rio Nabão	410
Tomar	411
Nossa Senhora da Fátima	423
Die Schlacht von Aljubarrota	427
Batalha	429
Leiria	436
Alcobaça	438
Die Fischer von Nazaré	443
Der Gotenkönig und das Marienbild	447
Nach Óbidos	450

PORTUGALS SÜDEN

Rings um Setúbal	455
Alto und Baixo Alentejo	461
Afrika in Europa: Algarve	486
Stammtafeln	497
Glossar	500
Register	503

AM RANDE EUROPAS

Goldenes Zeitalter

Daß Portugal am Rande Europas liegt, ist mehr als eine geographische Tatsache. Die Randsituation hat sein Schicksal bestimmt. Das Land blickt nicht zum Kontinent, sondern auf das Meer. Indem es Europa den Rücken zukehrt, konnte es sich heraushalten aus den großen Konflikten des Erdteils oder an ihnen teilnehmen mit selbstgewähltem, vermindertem Einsatz, der nie die eigene Existenz bedrohte. Die Situation »draußen vor der Tür«, nämlich der Tür Europas, hatte für das kleine Land ihr Gutes – hierin hat Portugal etwas mit England gemein. Andererseits hat es an den Kraftströmen des Kontinents nur bedingt Anteil gehabt.

Was ihm auf dem Kontinent versagt blieb, hat sich Portugal auf dem Meer geholt. Es ist eine der großen seefahrenden Nationen der Erde geworden. See und Übersee haben ihm Ruhm und Reichtum gebracht und ein Goldenes Zeitalter beschert, das Século de Ouro. Dieses Zeitalter ist der Schlüssel zum Verständnis des Landes, seines Weltgefühls, seiner Volksseele. Das Schicksal hob Portugal für eine kurze Spanne Zeit zum Rang einer Weltmacht empor, um es danach, als andere Nationen die globale Bühne betraten, um so tiefer fallen zu lassen. Zurück blieb Fatalismus, eine aus orientalischem Erbe und geschichtlich bedingter Resignation entstandene Bewußtseinslage.

Das Weltimperium Portugals gehört zwar der Vergangenheit an, doch sein Mythos lebt im portugiesischen Volke weiter, ein Phantasma, an das man sich mit wehmütiger Romantik hält. Die Epoche der Königsdynastie Avis, unter deren Banner der große Aufbruch in die Weite stattgefunden hat, ist das Leitmotiv in den Annalen der Nation, die wie keine Europas vom Ozean geprägt ist.

Im Prisma des Goldenen Zeitalters von einst ist alles zu verstehen, was Portugal betrifft, seine Geographie, seine Kunst und Kultur, seine Mentalität, sein retrospektiver Blick und selbst seine ureigenste musikalische Äußerung, der Fado. Die Welterfahrung einer kollektiven Expansion hat das Volk, auch das der Gebirgsregionen, gezeichnet und selbst den Ärmsten, des Lesens Unkundigen eine stille Art von Weisheit verliehen. Auch von Menschlichkeit. Sie besonders wird am Portugiesen gerühmt und von allen, die sich im westlichsten Land Europas auskennen, angenehm vermerkt.

Weder Monarchie, Demokratie noch Diktatur haben die Nation aus einer gewissen Lethargie herausheben können, um in einer Renaissance des Goldenen Zeitalters die Kräfte des Landes zu mobilisieren und wenigstens teilweise wirksam werden zu lassen. Freilich hat sich die Weltlage gründlich geändert. Portugal wird nie mehr Startrampe eines kopernikanischen Zeitalters sein können. Nur Großraum erlaubt große Politik. Zudem ist Portugals gesellschaftliche Struktur so konservativ, daß auch vom Soziologischen her kaum Impulse zu einer Regeneration zu erwarten sind. Die Portugiesen bleiben vorläufig, um ein Wort des 1970 verstorbenen Staatspräsidenten Salazar zu gebrauchen, »ein ewig an Sehnsucht leidendes Volk, das fern von der Wirklichkeit lebt, weil es in gewissen Augenblicken eine heroische, aber falsche Wirklichkeit gelebt hat«.

Das Volk am Rande des Kontinents hat mit Deutschland, dem Volk der Mitte, dies eine gemein: das Fehlen an politischem Augenmaß, an Instinkt für Realität. Man ist lyrisch versponnen, dann wieder maßlos – wie der Deutsche. Für die verschwommene Kontur der portugiesischen Seele gibt es ein typisch portugiesisches Wort: Saudade. Saudade ist potenzierte Sehnsucht, ist Antrieb und oft auch Hemmnis, der Blick über Standort und Realität hinaus, mehr Anlaß zur Meditation als zur Aktivität. Saudade ist nicht unbedingt zielgerichtet, sie bedarf der Erfüllung nicht, ist um ihrer selbst willen da. Traurigkeit und Weltschmerz sind ihr beigegeben.

Die Saudade ist eine der Erbschaften, die Portugal seinem größten Tochterland, Brasilien, vermacht hat. Dort freilich ist sie aktiver; der Brasilianer will ans Ziel seiner Saudade kommen, und sei es noch so fern. Jenseits des Atlantik fand trotz gleicher Sprache eine seelische Umstruktur statt, sicher begünstigt durch fremde Beimischung, durch größeren Raum und größere Chancen. Der Brasilianer ist dynamisch, der Portugiese statisch.

Land und Volk

Portugal ist ein überschaubares Land. Die Überschaubarkeit hat die Einheitlichkeit mitbedingt. Nirgendwo sind große, offene Horizonte – es sei denn der des Ozeans. Genauso überschaubar waren die griechischen und norditalienischen Stadtstaaten, die ebenfalls eine über die Grenzen drängende Zivilisation geschaffen haben.

Die Kontur der portugiesischen Landkarte ist kompakt, gradlinig. Im Westen der Iberischen Halbinsel gelegen, bildet das Land nahezu ein Rechteck, im Norden vom spanischen Galizien, im Osten von Neu-Kastilien, Estremadura und Andalusien, nach West und Süd vom Atlantik begrenzt, eine Grenze zwischen Land und Meer, die die eigentliche Schicksalslinie des portugiesischen Volkes ist. Das Land-Rechteck, das an seiner schmalsten Stelle nicht breiter als hundert Kilometer ist, entspricht in der Längenausdehnung etwa der Distanz Hamburg–Stuttgart. Seine Größe kommt der Süddeutschlands gleich und nimmt ein Fünftel der Iberischen Halbinsel in Anspruch. An festländischer Südlage wird Portugal von Spanien (Tarifa) übertroffen. Den geographischen Rekord des Nachbarn macht das Land damit wett, daß es am weitesten westwärts liegt. Der 848 Kilometer lange Küstensaum – Steilfelsen, Dünen, Lagunen, Nehrungen – buchtet sich nördlich der Tejo-Mündung merklich in den Atlantik vor. Bei Cabo da Roca lesen wir auf einer Tafel den lapidaren Vierzeiler:

> Ponto mais ocidental da Europa,
> Onde a terra se acaba e o mar começa
> E onde palpita o espírito de Fé e de Aventura,
> Que levou as caravelas de Portugal em busca
> De novos mundos para o mundo.

> Westlichster Punkt Europas,
> Wo das Land endet und das Meer beginnt
> Und wo der Geist des Glaubens und des Abenteuers lebt,
> Der die Karavellen Portugals hinführte
> Zu neuen Welten für die Welt.

Portugal zählt knapp zehn Millionen Bewohner, hundertfünf pro Quadratkilometer. Die ältesten Ansiedler, die man kennt, waren die Iberer. Mit einiger Wahrscheinlichkeit hält man sie für Semiten, die von Afrika aus die Halbinsel okkupiert haben. Von jenseits der Pyrenäen drangen Kelten ein. Sie vermischten sich mit den Iberern zu den sogenannten Keltiberern. Abgesehen von sporadischer Küsten-Landnahme durch griechische Kaufleute traten nun die semitischen Phönizier auf die iberische Bühne. In den Punischen Kriegen des dritten Jahrhunderts alter Zeitrechnung kamen sie mit dem Römischen Weltreich in Kollision. Die Römer unterwarfen die Halbinsel und teilten sie – Verwaltungsgenies par excellence – in drei Provinzen ein: Tarragonensis, Betica, Lusitania. Lusitania, nach dem keltischen Stamm der Lusitanier benannt, entsprach ungefähr dem Territorium Portugals in unseren Tagen. Die Hauptstadt Mérida lag allerdings auf heute spanischem Boden; sie weist die ansehnlichsten Spuren Roms südlich der Pyrenäen auf.

Bis zu diesem Zeitpunkt mag die volkliche Entwicklung der beiden iberischen Völker – Spaniens und Portugals – ziemlich ähnlich verlaufen sein. Das Mittelalter änderte das Bild. In den heute spanischen Raum drangen vorwiegend Vandalen (Andalusien = Vandalusien) und Westgoten ein, in den heute portugiesischen Raum Sueben (Schwaben) und Westgoten. Typologisch sind die Spuren der germanischen Einwanderungswellen auf portugiesischem Boden stärker erhalten geblieben: der Portugiese ähnelt dem mitteleuropäischen Typus auffälliger als der Spanier, seine Haarfarbe ist um eine Spur heller (das gleiche gilt für das nördlich anschließende Galizien). Die Infiltration des Islam – Araber und Berber aus Afrika – manifestiert sich hingegen deutlicher in Spanien, vor allem in dem Afrika am nächsten gelegenen Andalusien. In Portugal macht sich Afrika fast nur im Algarve, der Südprovinz, bemerkbar.

Das ist leicht erklärlich: während die arabisch-islamische Herrschaft in Spanien nahezu acht Jahrhunderte anhielt, dauerte sie in Portugal nur fünf Jahrhunderte. Und man darf annehmen, daß die afrikanische Überlagerung an der Westflanke Europas nicht die gleiche Dichte erreichte wie die des Kalifats von Córdoba und der Emirate Andalusiens.

Die Dynastien

Jahrhundertelang war Portugal ein Königreich, wobei die drei Dynastien Burgund, Avis, Bragança aufeinanderfolgten. Die *Burgunderkönige* waren jene, unter denen sich im Kampf gegen Mauren und Kastilier die portugiesische Eigenständigkeit heranbildete. Afonso Henriques (1128-1185) ist die fast legendäre Gründerfigur der Dynastie; der Ort seiner Wiege, Guimarães, gilt zugleich als ›Wiege der Nation‹ – Berço da Nacionalidade. Unter den Nachfolgern trat als erste Persönlichkeit mit zukunftsweisender Politik auch im Innern Dom Dinis (Dionys) auf den Plan (1279-1325), der brauchbare Grundlagen für die gesellschaftliche und wirtschaftliche Entwicklung des jungen Königreiches schuf. Die Dynastie Burgund wies auch eine traurige Liebesgeschichte auf zwischen dem Infanten Pedro und der Kastilierin Inês de Castro, eine Begebenheit, die bis heute im portugiesischen Volk mehr Teilnahme erweckt als die nüchterne und konstruktive Staatspolitik eines Königs Dinis.

Ein unehelicher Sohn Pedros wurde als João I. (1385-1433) Ahnherr der zweiten Dynastie. Zuvor war er Großmeister des nationalen Ritterordens von *Avis* gewesen, so daß er unter dem Namen ›Meister von Avis‹ in die Geschichte eingegangen ist. Seine Söhne bildeten die ›ínclita geração‹, die ›berühmte Generation‹ Portugals, da sie alle menschlichen, geistigen und politischen Rang hatten. Mit ihnen beginnt die große Saga der Welteroberung und Begründung des ersten wahrhaften Weltreiches. Denn das Weltreich Alexanders oder das Imperium Romanum dehnten sich nur in begrenzten Räumen aus, die man damals für ›Welt‹ hielt. Unter der

Herrschaft der Avis-Könige weitete sich der Horizont des Abendlandes wirtschaftlich und geistig global. Glanzzeit dieses Aufschwungs einer Dynastie war die Regierung des bedeutendsten Avis-Herrschers, Dom Manuel I. (1495-1521), den man den Glücklichen – O Venturoso – nannte. Noch im gleichen Jahrhundert nahm die große Zeit ihr Ende. Symbol für den Niedergang einer Weltmacht ist das Scheitern des jungen Träumers Sebastião in Marokko und sein mysteriöser, lange nicht geglaubter Tod.

Zwischen Avis und Bragança stehen die spanischen *Habsburger*, die 1580-1640 außer Spanien auch Portugal beherrschten. Sie dachten spanisch, nicht portugiesisch. In Portugal waren sie nicht geliebt, diese Philippe aus dem Hause Habsburg, die ein großes christliches Konzept von einem Reich Gottes auf Erden hatten und die Kunst eines Greco und Velásquez förderten, das Land am Rande Europas aber nur als Ausbeutungsfeld für Kontributionen betrachteten. Dieses Zwischenspiel wird von den Portugiesen als Fremdherrschaft empfunden.

Es folgte die Restauration der lusitanischen Eigenständigkeit durch die Thronerhebung der *Bragança*. Einer der Hauptplätze Lissabons, die Praça dos Restauradores, erinnert an dieses Ereignis. Noch einmal, durch Brasiliens Gold, entfaltete dies Königshaus den Glanz einer Weltmacht. Doch es war nur Schein: mit der napoleonischen Okkupation und der Loslösung Brasiliens verlor das westlichste Land Europas seine internationale Geltung. Es wurde auf seine eigene Position zurückgeworfen und erlebte den universalen Anspruch nur noch im Traum.

1910 endete mit der Flucht des letzten Bragança, Manuels II., die portugiesische Monarchie. Das Land wurde *demokratische Republik* und später, 1928, *gemäßigte Diktatur*. Das gegenwärtige Regime des Ministerpräsidenten Marcello Caëtano, das die Linie seines Vorgängers Salazar fortsetzt, tritt für Stabilität und ökonomischen Fortschritt ein, festigt aber die Privilegien der ›Alta Sociedade‹, der Oberschicht. Portugal hat seine Reichen und Superreichen und daneben seine große Zahl von Armen und Analphabeten. Die Feudalstruktur ist eine Erbschaft aus der Zeit der Monarchie. Das

Volksvermögen konzentrierte sich damals in den Palästen der Adligen, die einen maßlosen Aufwand trieben. »Es grenzt beinahe ans Unglaubliche«, schrieb ein Gewährsmann der Epoche Marias II., »welche Anzahl von Dienstboten der hiesige Adel unterhalten muß.« Stärker als in anderen Ländern Europas macht sich auch heute noch die Kluft zwischen der exklusiven Alta Sociedade und der breiten Masse des Volkes bemerkbar.

Trotz sozialer Unausgeglichenheit weist Portugal ein historisch fundiertes geistiges Konzept auf. Der Materialismus der modernen Welt mit seinem pragmatischen Denken hat das breite Land noch nicht erreicht. So hat auch die Religion noch stärkere Macht als anderswo, und sei es bis hin zu heidnischem Aberglauben. Bei irdischer Not blickt man ins Jenseits. Wohl nirgendwo werden so viele Gelübde getan, soviel Gnade erhofft. Dies ist die Triebfeder zu den unzähligen Wallfahrten (Romarías) und Oferendas (Ernteopfer), die einen wichtigen Bestandteil des portugiesischen Volkslebens und auch seiner Folklore darstellen.

Eine besondere Eigenart der portugiesischen Gläubigkeit ist die immer wieder wahrnehmbare Verquickung von Religion und Nation. Das Flaggenbild enthält christliche Symbole. An Kirchengemäuer, in Kirchenräumen sieht man skulptierte und gemalte Engel, die das Astrolabium und andere heraldische Embleme Portugals in Händen halten. Der Apostel Jacobus d. Ä. hat auf dem Gewand das Lilienkreuz des in Portugal ebenso wie in Spanien heimischen Santiago-Ordens. Ein touristisches Werbeplakat unserer Tage zeigt einen steinernen ›Anjo‹, der als Streiter Gottes einen Schild mit dem portugiesischen Wappen trägt.

Die Provinzen

Portugal ist in Provinzen eingeteilt, deren Grenzen historisch begründet sind und die sich strukturell voneinander abheben. Die Nordprovinz *Minho*, nach dem Grenzfluß benannt, weist eine reiche Vegetation auf, bedingt durch Niederschläge bis zu dreitausend Millimeter. Diese Region rechtfertigt vor allem die Bezeichnung, die für ganz Portugal gilt: Jardím de Europa – Garten Europas. *Trás-os-Montes*, Hinter den Bergen, umschließt das Gebirgsland im Nordosten jenseits der Serra de Marão und des Rio Douro. Das klassische Portweinland ist mit den Provinzen *Douro Litoral* und *Alto Douro* identisch. Hauptstadt von Douro Litoral (küstennaher Douro) ist Porto, Portugals zweitgrößte Stadt, ungefähr am Ort des alten Hafens Cale, Portus Cale, gelegen, der der ursprünglichen Grafschaft im frühen Mittelalter den Namen gegeben hat: der Condado de Portucale kann damit als Urzelle Portugals bezeichnet werden. Der Name ›Cale‹ ist noch im Namen Vila Nova de Gaia erhalten: so heißt die südlich des Douro gelegene Vorstadt Portos, in der sich die Weinkeller (Armazéns) der großen Portweinfirmen befinden. Südlich von Douro schließen sich drei ›Beiras‹ (Gebiete) an: *Beira Litoral*, ein getreidereiches Tiefland entlang der Küste, *Beira Alta*, Portugals höchste Region mit der nahezu zweitausend Meter hohen Serra da Estrela, und *Beira Baixa*, bescheidenere Höhen, die von Ölbäumen bestanden oder von Macchia überwuchert sind. Das fruchtbare Land am unteren Tejo, wo Pinien, Ölbäume, Reben, Weizen gedeihen, heißt *Ribatejo*, Tejo-Ufer, an das sich, dem Ozean zu, die portugiesische *Estremadura* – im Gegensatz zu der spanischen Westprovinz gleichen Namens – mit seiner Längsseite anschließt. Sie beansprucht besonderen Rang, weil innerhalb ihrer Grenzen die Hauptstadt Lissabon liegt. Jenseits des Tejo – der Name sagt es – breiten sich die beiden Provinzen *Alto Alentejo* und *Baixo Alentejo* aus. Die Gebirgsformation nimmt nach Süden ab und geht in Flachland über. Das Bild der Kulturlandschaft wird weite Strecken hin von den roten Stämmen der Korkeichen bestimmt. Der *Algarve* schließlich, Portugals südlichste Provinz, rechtfertigt die Bezeichnung: ›Afrika in Europa‹.

Das Portugal von heute legt Wert darauf, daß die Inseln und überseeischen Besitzungen einen gleichberechtigten Bestandteil des portugiesischen Territoriums darstellen: die Kapverdischen Inseln, Madeira, die Azoren sowie Guinea, São Tomé und Príncipe, Angola, Moçambique, Macau und Timor. Seit dem Jahr 1951 be-

1 *Vasco da Gama*, nach einem Stich des 17. Jahrhunderts

2 Karte von Südafrika aus dem 1580 entstandenen
Seeatlas von Fernão Vaz Dourado in der Bayerischen
Staatsbibliothek zu München:

Die Entdeckung des Seeweges um das Kap der Guten Hoffnung nach Indien durch Vasco da Gama 1497 war eine der Sternstunden in Portugals Goldenem Zeitalter.

3 *Portugiese*, nigerianisches Bronzerelief, 16. Jahrhundert

sitzen die Überseegebiete den Status von Provinzen, ihre Bewohner, gleich welcher Hautfarbe, sind Portugiesen. Auf portugiesischen Weltkarten wird auch nach wie vor der ›Staat in Indien‹ (Goa, Damão, Diu) als eigenes Territorium eingezeichnet, obwohl er 1961 an die Republik der Indischen Union verlorenging. All diese Länder sind die Reste eines Weltreiches, das Portugal einmal besessen hat. Es verteidigt sie aus der nationalen Erinnerung heraus besonders hartnäckig. Handelt es sich auch nur um einen Bruchteil des einstigen Imperiums, so nehmen sich die überseeischen Gebiete doch recht ansehnlich aus. An Lissabons Häusermauern hängen Plakate, auf denen man sie, schematisch aneinandergereiht, in den Raum Europas hineinprojiziert hat. Die Gebiete füllen den Raum fast ganz.

Portugiesen und Spanier

Die Hauptakteure der Weltentdeckung, Portugal und Spanien, haben viel Gemeinsames. Bis ins Mittelalter hinein sind sie eine politische Einheit gewesen. Auch danach hatten sie parallele Entwicklungen aufzuweisen: die Reconquista, die Rückeroberung der vom Islam besetzten Gebiete, und das Goldene Zeitalter. Das ›Século de Ouro‹ Portugals heißt in Spanien ›Siglo d'Oro‹. Es stellt sich die Frage, inwieweit die beiden Nachbarvölker heute noch wesensverwandt sind. War die Lostrennung Lusitaniens bei all den Gemeinsamkeiten einem inneren Gesetz nach berechtigt und zwangsläufig?

An sich hat sie schon geographisch eine gewisse Legitimation. Spanien weist in seinen Grenzregionen nach Portugal hin eine großenteils baumlose Hochebene auf, die sogenannte Meseta. Wo Portugal beginnt, stoßen wir auf eine zerklüftete Gebirgslandschaft, die sich nach Westen dem Meere zu senkt. Mit einemmal fallen dem Einreisenden reichliche Baumbestände auf. Die Atmosphäre ist von der des spanischen Nachbarn grundverschieden: weicher, freundlicher, für den Mitteleuropäer anheimelnder. Zugleich vermeint man, überall schon die Nähe des Ozeans zu spüren, das atlantische Licht. Das Land beschränkt sich in engen Grenzen auf kleine und mittlere Gebirgszüge sowie auf ein leicht überschaubares Küstenland; nichts mehr von den sepiabraunen Weiten der spanischen Meseta, auf der das einzelne Individuum sich verliert in der scheinbaren Unendlichkeit des Raums.

Nur die Flüsse, meint man, verbinden. Denn die wichtigsten Wasserläufe Portugals kommen aus Spanien, der Minho (spanisch: Miño), der Lima, der Douro (spanisch: Duero), der Tejo (spanisch: Tajo), der Guadiana. Doch mit der ›Verbindung‹ ist es nicht weit her; die Flußläufe grenzen eher ab, als daß sie überleiten, denn sie bilden teilweise ein großes Stück der Grenze beider Länder. Eine einzige Brücke gibt es, die über den Minho zwischen Tuy und Valença, eine einzige Fähre, die über den Guadiana zwischen Ayamonte und Vila Real de Santo António.

Die periphere Lage hat die Lostrennung Portugals von Spanien unterstützt. Hinzu kam die andersartige Volksmentalität. Sie ist durch die geographische Isolation mitbedingt, doch auch durch die andere Zusammensetzung des Volkskörpers und die – gegenüber Spanien – stärkere maritime Ausrichtung. Die Portugiesen sind zwar auch Iberer, ihre Sprache ist ebenfalls lateinischen Ursprungs, diesseits und jenseits der Grenze findet man eine ähnliche Folklore, verwandte Kunstformen, die gleichen Heiligen. Und dennoch unterscheidet sich der Portugiese vom Spanier. Seine Statur ist gedrungener. Er ist weniger ›duro‹. Nie ist er mit den Eingeborenen des Kolonialimperiums so rigoros umgegangen wie der spanische Nachbar, dessen Losung lautete: »Non son hombres, son animales« – »Es sind keine Menschen, es sind Tiere«. Rasch hat der Portugiese sich auch mit den Farbigen seines Imperiums vermischt, so daß Spötter meinten, er sei ›farbenblind‹. Für die portugiesische Humanitas spricht, daß Lissabon bereits 1867 die Todesstrafe abgeschafft hat.

Schon die Sprache, Ausdruck der Volksseele, ist weicher als das schnell gesprochene und entschiedene Kastilianische, das hart und offensiv klingen kann. Das Portugiesische ist weniger akzentuiert, dafür melodischer. Die Emotion des Volkes wird vor allem deutlich in den Fados, die neben den Fischergesängen der Küstenbezirke den Beitrag des Landes zur musikalischen Folklore darstellen. Sie sind keine eigentlichen Volkslieder. Erwachsen sind sie aus dem Ambiente des Lissaboner Hafens. Der Fado ist lyrisch, wenig rhythmisch, voller Molltöne und gefühlsseliger Traurigkeit. Sogar Schmerz gibt der Fado mit einer Art Genüßlichkeit wieder. »Portugal singt«, sagt ein Sprichwort, »wo es Lust zum Weinen hat.« Weil der Fado dem Lebensgefühl des Volkes entspricht, hält er sich so zäh, obwohl die Diktatur es schon mit Verboten versucht hat: wie ein Narkotikum lähme er die Aktivität. Schon bei Camões finden wir Stimmungen, die denen des Fado verwandt sind:

> Zerrinnen laß ich die gequälte Zeit
> und streue meine Sehnsucht ohne Ende
> am Meeresufer hin in Einsamkeit.

Sehnsucht – Saudade: sie ist eine der Wurzeln des Fado. Fast immer dreht es sich um einen Seelenschmerz, um gescheiterte Liebe, um die Sehnsucht nach einem fernen Liebhaber oder einer fernen Geliebten. Die Alfama, Lissabons Altstadtviertel, ist das eigentliche Fado-Revier. Fado-Sängerinnen sind Stars, populär wie nur die Virtuosen des Stierkampfs, die übrigens – auch dies bezeichnend für den Portugiesen – die Arena nicht zum Schlachthaus machen.

Das dem Fado verwandt klingende Wort ›Fatum‹ ist auch dem Sinne nach in diesen expressiven Liedern enthalten, aus denen man immer wieder das Wort ›Coração‹ (Herz) heraushört. Es könnte sein, daß der Fado arabisch-islamisches Erbe ist – bestimmt aber kein Importgut aus Brasilien, wie manchmal behauptet wird. In Rio gibt es dergleichen nicht.

Obwohl der Portugiese unserer Tage landflüchtig den urbanen Zentren zustrebt, ist er doch noch vorwiegend der Erde verbunden und in seiner Gedankenwelt dem vorindustriellen Zeitalter zugehörig. Auch dort, wo er – in Küstennähe – meerbezogen ist, steht er mit stämmigen Beinen auf der Erde, bäuerlich und auch etwas bauernschlau, oft noch ein archaischer Typ, den chthonischen Mächten nahe.

Scheint der Portugiese, der den Fado entwickelt hat, auch schicksalsergeben und oft passiv, so hat sich dies Volk doch vor fünfhundert Jahren zu Taten ohnegleichen aufgeschwungen, in einem

Energie-Aufwand, der die Reserven des kleinen Landes weit überstieg. Das Século de Ouro war Portugals Sternstunde, beziehungsweise sein Stern-Jahrhundert, das uns berechtigt, vom ›Land der Entdecker‹ zu sprechen. Eine Biographie des Staatsgebildes am Rande Europas wird immer wieder die Fakten des großen Zeitalters aufklingen lassen. Die Portugiesen haben die Voraussetzungen jener Unternehmungen geschaffen, die das Abendland aus geistiger Stagnation herausführten und die europäische Geschichte zur Weltgeschichte machten.

In Portugal selber sieht man die Ansatzpunkte des Wegs zur Weltmacht bereits in der Epoche der ersten portugiesischen Könige. Die Historie des Landes ist aus eigener Schau kein Auf und Ab von Ereignissen, sondern eine zielstrebige Entwicklung zur Weltleistung hin, die dann allerdings mit dem großen Zusammenbruch endete. Portugals Geschichte wirkt bis zu diesem Endpunkt wie ein riesiges Epos von monolithischer Kraft. Camões, der ›Homer‹ des Século de Ouro, hat seine ›Lusiaden‹ nicht zufällig mit jenem Grafen von Portucale begonnen, der sich die Krone des Landes aufs Haupt gesetzt hat. Als Brasiliens Ex-Präsident Kubitschek am Monument dieses ersten Königs, Afonso Henriques, in Guimarães einen Kranz niederlegte, sprach er im portugiesischen Sinne von der ›Fonte sagrada do Lusitanismo‹ – der ›heiligen Quelle des Lusitanismus‹.

Die Konsequenz der geschichtlichen Entwicklung Portugals kann man darin erblicken, daß die Conquista die Fortsetzung der Reconquista darstellt. Unter dem gleichen Herrscher, Afonso IV., der am Rio Salado zum letzten Mal gegen die Mauren kämpfte, suchten die ersten portugiesischen Seefahrer neue Schiffahrtswege und stießen auf die Kanarischen Inseln. In Spanien geht Reconquista noch nahtloser in Conquista über: als die Katholischen Könige gerade Granada eingenommen hatten, den letzten Posten des Islam, gaben sie in ihrem Kriegszelt Kolumbus die Ordre zu seiner Westroute, die 1492 zur Entdeckung Amerikas führte. Die Kraftanstrengung der Selbstbehauptung weckte in beiden Ländern die notwendigen Energien, um die von Spaniern und Portugiesen getragene große Aufgabe zu bewältigen: die geographischgeistige Grenze vom Europäisch-Mittelmeerischen zum Globalen zu weiten.

Mit Stolz können die Portugiesen von sich sagen: Während die Römer das endliche Meer beherrschten, beherrschten wir das unendliche. Antike Bezüge dieser Art sind nicht abwegig. Das Zeitalter der portugiesischen Expansion fiel mit der Renaissance zusammen – der Rückbesinnung auf die Antike. Camões bediente sich in den ›Lusiaden‹, Portugals größter Dichtung, vieler antiker Metaphern. Die Portugiesen haben dazu beigetragen, daß die Renaissance nicht nur ein Phänomen der Literatur und Künste geblieben ist. »Und wenn die Welt größer gewesen wäre«, heißt es bei Camões, »sie hätten sie doch erreicht.«

Die Anreise

In den letzten Jahren ist Portugal stärker in das Blickfeld des übrigen Europa gerückt. Die Entwicklung des Verkehrs hat dafür gesorgt, daß man in dem Land am Rande Europas nicht mehr ein fern abgelegenes Land sieht. Der Gedanke einer letztlich doch unumgänglichen europäischen Gemeinsamkeit und eine beiderseitige Bewegung – Touristen in der einen, Gastarbeiter in der andern Richtung – haben die Isolation aufgehoben.

Wer sich zu der Dreitausend-Kilometer-Strecke von Mitteleuropa nach Portugal entschließt – mit langsamerem Vorankommen in Frankreich und flotterem in Spanien –, der hat die Wahl zwischen vier möglichen Grenzüberquerungen. Von Norden her hält er auf dem *Weg über die Minho-Brücke* Einkehr in Portugal. Er wird beiderseits der Grenze einen ähnlichen Charakter von Land und Leuten wahrnehmen. In Südgalizien hat das Kastilianische schon leicht portugiesischen Anklang; zahlreiche ›Gallegos‹ des Grenzlandes verstehen und sprechen portugiesisch. Doch nur derjenige wählt die Route, der vorher Galizien einen Besuch abstattet, denn diese Anreise stellt einen erheblichen Umweg dar.

Wer auf schnellerem Weg Portugal erreichen will, kann die gute Straße *Valladolid–Tordesillas–Zamora* benützen, ungefähr am Nordufer des Duero-Douro entlang (bei empfehlenswerter Übernachtung im exzellenten Parador – einer Art Motel – von Toro). Er kommt allerdings in Trás-os-Montes an, der entlegenen Nordostprovinz, gewissermaßen Portugals ›Hinterhof‹. Von hier gibt es keine zügigen Verbindungen zu den Zentren Porto und Lissabon.

Dorthin gelangt man am raschesten über *Salamanca - Ciudad Rodrigo*. Auch die wichtigste Bahnstrecke, auf der der Expreß Paris–Lissabon verkehrt, nimmt diesen Weg. Von der Meseta, die ein Stück über die Grenze reicht, gelangt man bei Guarda zum Massiv des Estrela-Gebirges. Der Schienenstrang folgt dann dem Lauf des Rio Mondego in Richtung West, wo das Küstenflachland gute Verbindungen nach Lissabon und Porto ermöglicht.

Schließlich kann man von Madrid aus die spanische Estremadura durchqueren und, hinter der Grenzstadt *Badajoz*, auf dem flacheren, verkehrsgünstigen Alentejo portugiesischen Boden erreichen.

Doch, von den Gastarbeitern abgesehen, benützen die wenigsten die Straße. Der Personenverkehr findet hauptsächlich durch die Luft statt. Alle großen Linien fliegen *Portela de Sacavém* an, Lissabons tejoaufwärts gelegenen internationalen Flughafen. Portugal selbst verfügt über eine Linie mit dichtem Netz, Transportas Aéreos Portugueses (TAP). Wer sie benützt, erhält als Gruß des gastfreundlichen Landes seine guten Weine kostenlos kredenzt. Man kurvt bei der Ankunft in der Hauptstadt über jener meerähnlichen Ausbuchtung des Rio Tejo, die den merkwürdigen Namen Mar de Palha – Strohmeer – trägt, blickt hinab auf die Siebenhügelstadt (wie Konstantinopel im Osten, wollte auch Lissabon im Westen Rom nachahmen) und landet auf der Rollbahn im Norden der Metropole. Bald ist man durch die moderne Satellitenstadt Areeiro und über die gerade, breite Avenida Almirante Gago Coutinho ins Herz jener Stadt gelangt, von der es heißt, der göttliche Dulder Odysseus habe sie gegründet.

LISSABON: TOR ZUR WELT

Profil einer Stadt

Die Fama, Lissabon zähle zu den verschiedenen Stadtgründungen, die man dem irrfahrenden Heimkehrer aus Troja zuschreibt, geht auf den römischen Naturwissenschaftler Plinius d. Ä. zurück. Wahrscheinlich war dieser einer Wortverwechslung zum Opfer gefallen. Die Phönizier nannten ihre am Tejo-Trichter etablierte Handelsniederlassung Alis-Ubbo – Liebliche Bucht. Das klingt ähnlich wie ›Ulyxes‹, die lateinische Umschreibung des Namens Odysseus. Damals wies der untere Tejo eine Einbuchtung auf, die etwa bis zur heutigen Praça dos Restauradores reichte. Für die Schiffahrt jener Zeit war es ein idealer Hafen.

Die Römer ließen sich den Ankerplatz gleichfalls nicht entgehen. Sie nannten ihn Felicitas Julia, nach dem julischen Haus, dem der Kaiser der Pax Romana, Augustus, entstammte. Der Stützpunkt überdauerte die Völkerwanderung. Araber nahmen ihn 714 in Beschlag und nannten ihn – unter Abwandlung der alten phönizischen Bezeichnung – Lischbuna. Es war eine Stadt islamischer Kultur innerhalb des arabischen Handelsimperiums. Nur sporadisch, 798 und 1013, attackierte das christliche León das arabische Kommerzzentrum. 844 nahmen normannische Drachenschiffe Lischbuna ein.

Es muß eine pittoreske Begegnung gewesen sein: die wilden Krieger des Nordens mit ihren Rabenbannern vor dem Hintergrund ihrer roten Drachen – und auf der andern Seite die verfeinerte Welt des Islam, die Burgen, Paläste und Moscheen mit ihren Höfen und Orangenhainen, Stalaktitendecken, Hufeisenbögen und buntglasierten Fliesen, mit den prächtig in Damast und Brokat gekleideten Würdenträgern, Kaufleuten, Odalisken. Seit die Mohammedaner 711 die Straße von Gibraltar überquert hatten, um den Fuß auf iberischen Boden zu setzen, war hier das exquisiteste Reich der Welt entstanden, geistiger und zivilisatorischer Brennpunkt des Kulturkreises, der von Turkestan zum Atlantik reichte, dem christlichen Abendland an Lebensart und Luxus weit überlegen, das Land der besten Staatsbildner, der blumenreichsten Dichter, der exaktesten Astronomen und Mathematiker der Erde – erst im 14. Jahrhundert sollte es dem christlichen Europa gelingen, den Vorsprung der Muselmanen einzuholen. Im frühen Mittelalter hatten islamische Reisende im abendländischen Europa überlegen herabgeblickt auf den kulturellen Tiefstand eines unterentwickelten Kontinents.

Man muß sich also das islamische Lischbuna, das die Skandinavier auf einem ihrer Streifzüge entlang der iberischen Küste ausplünderten, als eine glanzvolle Handelsstadt morgenländischen Gepräges vorstellen, überragt von einem zinnenreichen Alkazar, auf dem die Fahne mit dem Halbmond wehte. Diese Fahne wurde endgültig heruntergeholt, als 1147 Portugals erster König, Afonso Henriques, nach viermonatiger Belagerung die arabische Festung eroberte (wobei sein Paladin Martin Moniz beim Sturm auf eines der Tore das Leben verlor). Der Alkazar von Lischbuna war eines jener sieben Kastelle, die der König auf seinem triumphalen Südzug im Sturm genommen hatte und die seither das portugiesische Banner zieren; sie umrahmen fünf Schilde, auf denen jeweils fünf Punkte eingezeichnet sind. Die Schilde sollen die fünf Mauren-Könige darstellen, die Afonso Henriques überwunden hat, die Punkte die fünf Wundmale Christi – Sinnbild der Glaubensverankerung der weltlichen Macht.

Bis Lissabon Hauptstadt des Königreichs wurde – nach Guimarães, Coimbra –, dauerte es noch eine Weile. Doch war Portugals Siebenhügelstadt bereits Kapitale und Königsresidenz, als das Século de Ouro begann und Lisboa (dies der heutige Name) zur ersten Stadt des christlichen Abendlandes machte. Die Schätze Indiens und Amerikas vergoldeten seine Paläste und Kirchen. ›Herz des Reiches‹ nannte Fernão Lopes an der Schwelle der Neuzeit die mächtige Metropole im Westen Europas, die damals zugleich

NUNO GONÇALVES (1425-1505) zugeschrieben
Painel do Infante

Eine der sechs wahrscheinlich für das Kloster São Vicente de Fora in Lissabon zwischen 1471 und 1481 geschaffenen Tafeln des sogenannten ›Políptico da Veneracão a São Vicente‹

Lissabon, Museu de Arte Antiga

Nach den überzeugenden Forschungen von Charles Sterling (L'Oeil 159, 1968) ist der Altar in dem Jahrzehnt nach den großen Siegen von Arzila und Tanger 1471 entstanden und verherrlicht den als Kreuzzug verstandenen Kampf der Portugiesen gegen die Mauren unter dem Beistand des Landespatrons São Vicente. Auf der hier wiedergegebenen Tafel (207 x 128,5 cm) befiehlt Vinzenz unter Hinweis auf den Missionsauftrag Christi im Johannesevangelium König Afonso V. den Kreuzzug zur Verbreitung des christlichen Glaubens in Afrika. Rechts hinter dem König dessen Sohn, der spätere João II., links vorne Königin Isabel, die allerdings 1455 schon gestorben ist. Ebenso war Heinrich der Seefahrer (Dritter rechts im Mittelgrund) bereits seit 1460 tot: sein Wirken für die portugiesische Seegeltung berechtigte aber den Künstler, ihn in einem logischen inneren Zusammenhang mit dem Thema des Altares darzustellen. Ihm gegenüber seine Schwester Isabella, Witwe Philipps des Guten von Burgund, die Ende 1471 starb. Im Hintergrund hohe Würdenträger des Hofes, darunter ein Geistlicher, die bisher noch nicht identifiziert werden konnten.

Drehscheibe eines weltumspannenden Imperiums gewesen ist. Die Schiffsreedereien am Tejo-Ufer arbeiteten mit Hochdruck; täglich schütteten Karavellen an den Kais ihre Waren aus: Gold, Silber, Elfenbein, Brasilholz, Zucker ...

Obwohl das Goldene Zeitalter längst vergangen ist, wird Lissabons kommerzielles und geistiges Klima noch immer von seiner Lage bestimmt: am meerähnlichen Strom, dem Ozean näher als jede andere Hauptstadt Europas. Man erkennt die Physiognomie der Metropole auch am ehesten, wenn man sich ihr von der Meerseite nähert. Der untere Tejo nimmt den Ankömmling auf. Eine Vielzahl von Schiffen aller Größenordnungen ankert am Kai. Steuerbords kriecht die Stadt an ihren sieben Hügeln empor. Vor allem Lissabons repräsentativster Platz, die Praça do Comércio, zeigt von der Wasserseite aus sein imponierendstes Gesicht. Ein langgestrecktes, auf drei Seiten mit Gebäuden umgebenes Rechteck, empfängt er den vom Tejo Kommenden sozusagen mit offenen Armen und lädt ihn dazu ein, die ehemalige Königsstadt, das einstige Herz des Reiches und heute noch Tor zur Welt, zu betreten.

Die Stadt ist tejobezogen. Von vielen Miradouros – Aussichtspunkten – sei es die Terrasse des Kastells São Jorge oder von Santa Luzia oder São Roque, blickt man auf den Rio Mar, den Meerstrom des unteren Tejo, sieht man die Fähren ihre Furchen ziehen hinüber zum ehemaligen Fischerdorf Cacilhas am Südufer mit der Betriebsamkeit seiner Werften.

Die ›Lisnave‹, ein Konsortium holländischer, schwedischer und portugiesischer Firmen – Portugal ist mit 51 Prozent beteiligt –, hat hier mit sechs Docks die größte Trockendockanlage Europas errichtet. Die Kapazität reicht aus, Tanker mit einem Fassungsvermögen von einer Million Tonnen Rohöl zu bauen.

Das Panorama wird vom technischen Wunder der eleganten Salazarbrücke beherrscht, die man als ein Sinnbild dafür ansehen kann, daß Portugal langsam ins industrielle Zeitalter einzutreten beginnt.

1962 hatte die United States Steel International Inc., New York, in Kooperation mit sechzehn Firmen, darunter zwölf portugiesischen, mit dem Bau begonnen. 1966 wurde die Brücke dem Verkehr übergeben. Sie ist 2278 Meter lang und erhebt sich 70 Meter über den Wasserspiegel. Die Ankermasten, die die Fahrbahn tragen, sind 190 Meter hoch; ihre Fundamente liegen 82 Meter unterm Wasserspiegel und sind damit die tiefsten der Welt. An Spannweite übertrifft die Ponte Salazar die Hängebrücken über die untere Seine und über den Firth of Forth in Schottland.

Lissabon war einst die glanzvollste Hauptstadt der Welt. Das Erdbeben von 1755 vernichtete diesen Glanz auf weite Strecken. Dennoch kann die portugiesische Kapitale auch heute zu den schönsten und sehenswertesten Städten der Erde zählen. Sie verdankt es ihrer unvergleichlichen Lage auf und zwischen den Hügeln am Nordufer des Stroms, einer stattlichen Zahl alter Baudenkmäler, die der ›Terremoto‹ nicht total hat zerstören können, und einer weitsichtigen, gelungenen Neuplanung. Es ist für Lissabon und seine Besucher ein Glück, daß das große Beben nicht hundert oder hundertfünfzig Jahre später stattgefunden hat. Dann würde die Neugründung nicht den Stempel eines noch gültigen Stils tragen – des absolutistischen Barock –, sondern eklektizistischer Pseudostile. Das Ambiente – wie der Portugiese zu ›Milieu‹ sagt – ist ausgesprochen heiter-sanguinisch und verrät nichts von der portugiesischen Schwermut. Es ist eine Stadt des ›Savoir-vivre‹ unter südlichem Himmel. Sie verhält sich zu der Arbeitsmetropole Porto wie Rio zu São Paulo. Porto hat ein anderes Ambiente: grauer, nördlicher, profaner, dabei allerdings in auffälligerem Maße portugiesisch. Lissabon ist international. Obwohl heute noch viel Rustikales von außen her in die City eindringt – zumal am Stromufer, auf den Märkten, bei den Festen –, ist ihre Ausstrahlung kosmopolitisch. Sie ist ein urbanes Zentrum in einer agrarischen Gesellschaft, zukunftsorientiert in einer noch weitgehend archaischen Umwelt.

Der Lisboëta – so nennt sich der Lissaboner – liebt seine Stadt. »Quem não viu Lisboa«, sagt er, »não viu coisa boa« – »Wer Lissabon nicht gesehen hat, hat nichts Vortreffliches gesehen«. Das Wort hat seine Parallele in jener spanischen Stadt, die Lissabon am ehesten analog ist: Sevilla. »Quien no ha visto Sevilla«, behauptet man dort, »no ha visto maravilla.«

Kastell São Jorge

Lissabons Stadtburg *São Jorge* bietet den Anblick der ›Majestas‹, namentlich wenn abends die Scheinwerfer den gelbbraunen Zinnenkranz der hochgelegenen Anlage erhellen. Dennoch wirkt das Kastell der Hauptstadt weniger fortifikant als andere Wehrbauten Portugals, der von Guimarães etwa, die monumentaler, trutziger, abweisender sind.

Der vom Erdbeben stark beschädigte Komplex ist 1938-1940 in romantisierender Manier wiederhergestellt worden, wobei man sogar Gartenarrangements mit Gewächsen bis hin zur brasilianischen Baumflora in den weiten Mauerring einbezogen hat. Weiße Pfauen stolzieren gravitätisch über Wege und Rasenstücke. Auf der Stange eines Vogelkäfigs hockt ein Rabe (dem Nationalheiligen São Vicente sind zwei Raben zugeordnet).

Zwischen Blumenbeeten, mit dem Tejo-Panorama im Hintergrund, reckt sich in Bronze Afonso Henriques empor: Kopie des Denkmals in Guimarães, dem Geburtsort dieses frühesten Königs. Der Eroberer-Monarch trägt einen konischen Helm mit Nasenbügel, ein Kettenhemd und jenen tropfenförmigen Schild, den die Briten seines Aussehens wegen Papierdrachenschild nennen. Vom Monument des Burggründers aus schlendert man an Terrassen-Balustraden entlang, durch einen malerisch aufgestellten gotischen Bogen hindurch, treppauf, treppab, zum *Ulisses-Turm* – einem der zehn Wachttürme –, zum 1147 hart umkämpften *Moniz-Tor* und betritt schließlich den noch erhaltenen, restaurierten Teil des *Paço de Alcáçova*, den König Dinis um 1300 hat errichten lassen. 1499 empfing König Manuel I. in diesem Palast Vasco da Gama nach dessen Indienfahrt zu einer Audienz. 1511, als man einen neuen Paço am Tejo-Ufer erstellte, verlor das Schloß im Kastellbereich seine ursprüngliche Bestimmung. Das Erdbeben legte es dann 1755 in Trümmer. Die gotische Halle, in die wir heute treten, beansprucht keine geschichtliche Authentizität. Gerettete Bauteile stehen an den Wänden. In der Mitte des Raumes ist ein großformatiges Modell aufgebaut: Lissabon vor der Zerstörung. Es ist kein Phantasie-Panorama. Zeitgenössische Abbildungen aus den

Jahrzehnten, die dem Erdbeben vorausgingen, unterrichten uns über das ursprüngliche Aussehen, und das anschaulichste Dokument ist eine Wand blauglasierter Fliesen, die sich im Oberstock des Klosterhofs von Madre de Deus befindet: die Sicht auf das breit hingelagerte Lissabon um die Mitte des 18. Jahrhunderts.

Daß das Kastell der Hauptstadt dem heiligen Georg gewidmet ist, hat seinen Sinn. Der Drachentöter ist Portugals Schutzpatron. Er ist es nicht zufällig. Georgios, ein Legionstribun, erlitt als Opfer der Christenverfolgungen Diokletians das Martyrium. Sein Grab wurde in Lydda in Palästina lange gezeigt und verehrt. Als der englische König Richard Löwenherz während des dritten Kreuzzugs nach Lydda kam, stiftete er eine Georgskirche und empfahl sein Heer dem Schutz des christlichen Ritters. Durch Richard wurde Georg der Patron Englands. Der erste portugiesische König aus dem Haus Avis, João I. (1385-1433), war mit einer Engländerin vermählt: Filipa von Lencastre (Lancaster). Über sie wurden São Jorge Schutzheiliger Portugals und der Drache Wappentier des Hauses Avis.

Die Altstadt

Durch gewundene Gassen gelangt man ins Revier der am Burghügel gelegenen, sich teilweise an den Hang schmiegenden Altstadtviertel. Sie allein haben das Beben von 1755 einigermaßen überstanden: ein Gewirr von Häuserreihen mit manchmal vorkragenden Obergeschossen, denen Eisenbalkone, Adufas, entlanglaufen – genau wie in den Kolonialstädten Brasiliens, die das portugiesische Ambiente in ihrer Bauweise treu bewahrt haben. Auch die Gäßchen der *Alfama*, Travessas genannt, scheinen in ihrer mittelalterlichen Gestalt die Zeiten zu überdauern. Wenn der Abstieg zu steil wird, sind sie mit Stufen durchsetzt; doch in der Mitte bleibt stets eine flache Bahn für Lastesel frei. Die Fassaden zur Seite sind mit fröhlichen pastellenen Farben bemalt, rosa, hellblau, hellgrün. Einige Altstadthäuser stehen auf westgotischen Fundamenten. Doch auch vom arabischen Zwischenspiel ist einiges erhalten. Manche Gassen und das Volksleben in ihnen erinnern an Basare. Die bemalten Blumentöpfe sind Hinterlassenschaft der Mauren; man findet sie in gleicher Weise in Córdoba und Sevilla. Das Arabisch-Islamische liest man bereits aus den Namen der beiden Altstadtbezirke heraus: Mouraria, Maurenstadt, und Alfama (die mit ›Al‹ beginnenden Wörter Iberiens sind arabischen Ursprungs). Verschiedene Häuserfronten und Brunnen, Chafarize, warten mit Blaufliesen auf.

Die blau glasierte Fayence-Fliese heißt Azulejo. Das Wort ist dem Arabischen entlehnt (al zulaich = kleiner Stein). Eine vorgebrannte Fliese wird mit einer undurchsichtigen, mit Scharffeuerfarben bemalten Zinnglasur überschmolzen. Der Azulejo ist ein Wanderer durch Zeit und Raum; er stammt aus dem Zweistromland. Von dort haben die Moslems ihn auf die Iberische Halbinsel gebracht. Die Spanier bedienten sich seiner ebenso als Schmuckelement wie die Portugiesen. Die Delfter Fayence gehört dem gleichen kunstgeschichtlichen ›Stammbaum‹ an, lag Delft doch in den spanischen Niederlanden.

Aus dem Bild alter portugiesischer Städte und Stadtbezirke ist der Azulejo gar nicht fortzudenken. Heiligenbilder an vielen Hausfassaden sind aus Azulejos zusammengesetzt. Daneben sieht man ganze Schauwände aus Blaufliesen. Kirchengemäuer bis zu den Turmhelmen trägt Azulejo-Schmuck. Im Gegensatz zum Islam, der figürliche Darstellungen mied, liebt das Barock Portugals anspruchsvolle Szenen in Großformat, von Rocaille und Akanthus umwunden. Seltener beschränkt man sich auf das rein Ornamentale; meist bekundet sich auf den Azulejo-Wänden eine üppige und naive Erzählfreudigkeit, religiöse und weltliche Genrebilder, Heiligen- und Schäferszenen, Jagdtableaus und durch Figuren belebte Architekturansichten mit auffälliger Freude an illusionärer Perspektive. Vieles, was auf Azulejos festgehalten ist, darf als legitimes Konterfei des höfischen und bürgerlichen Lebens des 18. Jahrhunderts gelten, Ausschnitte aus dem Alltag Lissabons, Landschaftsszenerien aus der Estremadura, Bukolisches. Noch das späte 19. Jahrhundert verwendete gerne die Blaufliese (Carmo-Kirche in Porto), wenn auch, dem Zeitgeschmack entsprechend, süßlich und sentimental, mit Darstellungen im zeitgenössischen Habit.

Unter den Bauten der Altstadt sind zwei durch gut erhaltenen Fassadenschmuck bemerkenswert. In der Rua da Alfândega, Zollstraße, fällt uns das spätgotische Portal der *Igrêja da Conceição Velha* auf: Überbleibsel einer anderen, vom Erdbeben zerstörten Kir-

DIE ALTSTADT

che, Nossa Senhora da Misericórdia, zu deren südlichem Querschiff das Tor ursprünglich gehört hatte. Gründerin der Kirche war die Avis-Königin Leonor, Witwe Joãos II. und Schwester Manuels I. Im Giebelfeld des Portals breitet die Gottesmutter ihren Mantel aus über Papst Leo X., König Manuel I., dessen Schwester Leonor und einige weitere Persönlichkeiten der Epoche. Zwischen Giebel und Torbogen sind zwei mit Dekorationen versehene Halbkreise angebracht, die sich dem Giebel zu öffnen – eine einmalige Portalgestaltung. Das Portal ist das Werk Joãos de Castilho, eines Kastiliers aus Santander.

Er gehörte zur ersten Architektengarde, die während des Goldenen Zeitalters ihre Meisterwerke schuf. Im spanischen Neapel studierte er die drei damals üblichen Disziplinen des Baufachs: zivile, sakrale und militärische Architektur. Mit seinem jüngeren Bruder Diogo begab er sich dann nach Portugal, wo er entscheidenden Anteil am Bau der Kathedralen von Braga, Tomar und Belém hatte Dokumente aus dem Jahre 1519 nennen ihn ›Mestre das obras reais‹ – ›Meister der königlichen Bauhütte‹. In Belém traten die Padres des Hieronymusklosters dem Architekten ein Stück Land zur Errichtung eines Wohnhauses ab. Seine Kunst im Festungsbau konnte Castilho in Marokko unter Beweis stellen, wo er das Fort von Mazagão erbaute, die stärkste portugiesische Befestigungsanlage diesseits und jenseits der Straße von Gibraltar.

Das zweite Bauwerk, das in der Altstadt etwas vom Glanz des Goldenen Zeitalters bewahrt hat, ist die zweistöckige Fassade der *Casa dos Bicos*. Das ›Haus der Spitzen‹ wies ursprünglich vier Stockwerke auf und diente dem Adelsgeschlecht der Albuquerque als Stadtpalast. Es liegt in der Nähe des Tejo-Ufers in der platzartigen Rua dos Bacalhoeiros – Straße der Bacalhau-Fischer. Ein ›Kielbogen‹, auch ›Eselsrücken‹ genannt, krönt das Portal. Die ganze Fassade wurde aus diamantierten Quadern errichtet, einem beliebten Ornamentmuster der Renaissance, das wir auch an der Casa de los Picos in Segovia, an der Maison des Diamands in Marseille und am Palazzo dei Diamanti in Ferrara antreffen. Brás de Albuquerque, Sohn des ersten Gouverneurs von Indien, hat den Palast in der ersten Hälfte des 16. Jahrhunderts erbauen lassen.

Die Albuquerque stammen von einem natürlichen Sohn des Königs Dinis ab. Der Vater des Erbauers der Casa dos Bicos, Afonso, heißt in Camões' ›Lusiaden‹ ›Albuquerque terrivel‹ – ›Albuquerque der Schreckliche‹; die Völker Südasiens nannten ihn nach der Überlieferung in einer Mischung von Furcht, Staunen und Verehrung ›Leão dos Mares‹ – ›Löwe der Meere‹. Afonsos Sohn Brás (1501 bis 1587) war unehelicher Geburt. König Manuel I. nahm sich seiner an, indem er die Fradres von São Elói anwies, dem Sproß des Vizekönigs von Indien eine humanistische Bildung zuteil werden zu lassen. Brás wurde nachher Rat des Königs und Präsident des Senats von Lissabon. Sich auf hinterlassene Dokumente seines Vaters stützend, verfaßte er das wichtige Geschichtswerk ›Comentários do Grande Afonso de Albuquerque‹.

Die *Rua dos Bacalhoeiros* ist, wie die ganze Alfama, nicht nur Freilichtmuseum, sondern Schauplatz reger Geschäftigkeit. Leben pulst durch die Gassen des Viertels wie in den Jahrhunderten zuvor, nur daß es sozial herabgesunken ist. Fischer, Handwerker, Händler, Kinder, dazu eine Unzahl von Hunden, bieten ein Potpourri portugiesischen Alltags.

Die einstige Größe Portugals zeichnet sich an den Häuserfassaden ab: in der großen Zahl von Adelswappen und Christusritter-Kreuzen. Auch das Astrolabium taucht immer wieder, in Stein gemeißelt, auf. Es ist ein wichtiges Instrument der Schiffahrt gewesen. Doch hier, an Lissabons Altstadtmauern, erscheint es aus einem andern Grund; es stellte nämlich zugleich das Emblem König Manuels I. dar, des wichtigsten Initiators im Zeitalter der Entdeckungen.

Immer wieder steht man vor einem Altstadthaus der Alfama, das afrikanische Impressionen wachruft. Gußeiserne Laternen hängen an der Pforte. Blickt man durch den Flur, so sieht man einen Patio, in dem Nelken und Amaryllis blühen. In der Mitte steht ein Zierbrunnen. Auch hierbei denkt man an Córdoba und vor allem an Córdobas Judenviertel. Die Assoziation ist gar nicht abwegig. Denn Lissabon hatte ebenfalls seine *Judiaria*, sein Getto, und eben hier, in der Alfama, hat es sich ausgebreitet. Es zeichnete sich durch gepflegte Wohlhabenheit aus.

Als in Spanien längst die Scheiterhaufen brannten und die Juden sich wachsenden Verfolgungen ausgesetzt sahen – soweit sie sich nicht taufen ließen –, duldete das Haus Avis in seinem Herrschaftsbereich noch geraume Zeit die Glaubensübung der mosaischen Untertanen. João III. war von Natur aus tolerant. Doch seine Gemahlin Katharina kam aus Kastilien und brachte von dort die dogmatische Strenge Spaniens mit. Sie überredete den König, die Inquisition auch in Portugal einzuführen. Nun stellte João III. den Antrag in Rom. Die Convertidos versuchten, durch Geldspenden das päpstliche Plazet hinauszuzögern. Unter Convertidos verstand man Neuchristen, die aber teilweise nur zum Schein den Glauben gewechselt hatten. 1536 unterstützte Kaiser Karl V., durch Heirat mit dem Haus Avis versippt, das Anliegen der Krone. Die Inquisitionsgerichte tagten nun auch in Portugal. Die Autodafés fanden auf jenem Platze statt, der heute nach einem liberalen Herrscher Praça Dom Pedro IV. heißt. Auf der linken Tribüne saßen König und Hofstaat, auf der rechten der Großinquisitor.

Mit den Judenverfolgungen endete die Glanzzeit der Alfama. Die meisten Juden verließen das Land. In die verwaisten Häuser der Judiaria zogen Handwerker ein. Bis heute ist das Viertel das Quartier des Kleinbürgertums geblieben. Eine klassische Stätte des Stelldicheins der Alfama-Bewohner ist der dienstags und samstags auf der Bühne einer Altstadtstraße stattfindende sogenannte ›Diebsmarkt‹ – ›Feira da Ladra‹, eine Art Flohmarkt, wo Antikes und Ausrangiertes verramscht werden. Das Alfama-Ambiente in seiner sprudelnden Lebendigkeit veranschaulichen Norberto de Araújos ›Peregrinações em Lisboa‹: »Labyrinthisch, verwirrt, geballt, vielfarbig, gewunden, verrenkt – Gassen, die sich umarmen. Dachtraufen, die sich küssen, Mauerbögen, Lichthöfe, Sackgassen, Treppen und Plätze. Dienstausgänge und Höfe, Guckfenster, Ekken und Winkel, Wappenschilde, blütenumrankte Mauern, Balkone, Bänke, Kreuze und Kapellen, Mauerreste, Eckpfeiler, ausladende Etagen, Geländer, Mauerlücken, Balustraden, Fenstergitter, Tausende von Kneipen, Heere von Katzen, Chöre von Ausrufern, ewiger Jahrmarkt aufgehängter Wäsche.«

Abends erlischt das Leben. Fahl, ein wenig gespenstisch, hängen die Wäschefetzen im düsteren Schlund der Gassen. Hunde streunen nach Abfall. Aus einer Bar klingt zur Gitarre ein Fado mit todernster, larmoyanter Eindringlichkeit:

> Alguem de mim se não lembra
> Nas terras d'além do mar,

Morte, dava-te a vida
Se tu lh'a fosses levar.

Einer erinnert sich nicht an mich
in den Ländern jenseits des Meers,
Tod, ich gäbe dir mein Leben,
wenn du es ihm brächtest.

Die Kathedrale

Inmitten der Altstadt, auf halber Höhe des Hügelanstiegs, liegt die *Sé Patriarcal*. Unter Sé versteht man einen Bischofssitz, im engeren Sinn eine bischöfliche Kathedralkirche. Die Sé in Lissabon ist nächst der in Coimbra Portugals größtes romanisches Bauwerk. Es geht auf König Afonso Henriques zurück, der, wahrscheinlich am Ort einer ehemaligen Moschee, 1147 den Grundstein legte. Erster Bischof war Gilbert von Hastings, ein Normanne aus England.

Mutmaßlich stammte er von einem Mitkämpfer der Schlacht von Hastings (1066) ab. Weiterhin können wir annehmen, daß er zu jenen Kreuzfahrern gehörte, die von England aus um Gibraltar ins Heilige Land segeln wollten, aber dann unterwegs von Afonso Henriques zum näherliegenden Kampf gegen die Ungläubigen auf portugiesischem Boden verpflichtet wurden. Und noch eine Hypothese: dieser Bischof Gilbert ließ vielleicht aus seiner neuen Heimat einen Baumeister kommen. Als Architekt ist der Name eines gewissen Robert überliefert – ein typisch normannischer Name.

Die gotischen Baubestandteile der Sé gehen hauptsächlich auf die Zeit des Königs Afonso IV. zurück, der nach dem Erdbeben von 1344 zu Erweiterungen und Neuerungen á la mode schritt. Unter dem Beben 1755 hat das Gebäude ebenfalls gelitten; damals stürzte der Vierungsturm ein, man baute ihn niedriger wieder auf. Etwas später hat man die Kirche im Innern barock ausgestattet. Nach dem Zweiten Weltkrieg wurden diese Zutaten wieder entfernt, um den mittelalterlichen Raum zur Geltung zu bringen.

Das Äußere der Sé hat die Kontur einer Festung: ein gedrungener Bau mit gedrungenen, zinnenumgebenen Türmen. Der nördliche trug in früheren Jahren einen massiven, oktogonalen Helm, den man abgenommen hat, um das Kompakte, Wehrhafte des Baus stärker zum Ausdruck zu bringen. Auch das portalartige Fenster über dem Bogen der Kathedralpforte ist gewichen, um einer Rosette Platz zu machen. An den Kapitellen der jeweils vier Säulen, die den gestaffelten Portaltympanon tragen, sieht man, in romanischem Duktus, Figurenschmuck, unter anderem zwei kämpfende Krieger, eine gekrönte Frau, ein geflügeltes weibliches Wesen und ähnliches.

Der Eindruck des Monolithischen, den der Außenbau vermittelt, überträgt sich auf das *Innere*. Der dreischiffige Raum ist durch hohe Arkadenbögen gegliedert, über denen sich eine Zwerggalerie befindet, die auch das Querschiff umläuft. Auf den Kämpfern der Dienste ruhen die Gurtbögen des Tonnengewölbes. Die niedrigeren Seitenschiffe besitzen quadratische Joche mit Kreuzgratgewölben. Das Nebeneinander von Tonne und Kreuzgewölbe weist auf ähnliche Beispiele in der Auvergne hin, so daß manche den Meister Robert auch für einen Auvergner halten.

In der Chorapsis hat man die Barockdecke beibehalten, sicher wegen ihres besonderen Ranges. Sie bildet seitwärts Stichkappen und ist mit Medaillons geschmückt. Der Triumphbogen vor dem Chor wird von gotischen Säulenbündeln getragen.

Der Hauptaltar der Sé erhebt sich am Chor-Eingang. Wir wissen, daß hier immer schon, längst vor dem Zweiten Vatikanum, zur Gemeinde hin zelebriert worden ist. Der Thron des Patriarchen, Erzbischofs und Kardinals steht am Chorschluß und trägt das kirchenfürstliche Wappen und die Tiara. Zu beiden Seiten des Chors befinden sich die Urnengräber des Königs Afonso IV., der die Sé vergrößert hat, und seiner Gemahlin Brites (Beatrix).

Der Apsisverlauf der früheren, von Afonso Henriques errichteten Kathedrale ist am Boden des Kirchenschiffs in Stein markiert.

Im 15. Jahrhundert besaß der Chortrakt auch Seitenapsiden. Man hat sie abgebrochen und einen Chorumgang mit Kapellenkranz eingefügt. Das Gewölbenetz des Umgangs zeigt eine Scheitelrippe. In der mittleren Kapelle steht ein Madonnenbild. Das Gewand der Barockfigur ist nach spanischer Art polychrom gemustert. Einige andere Kapellen enthalten Sarkophage. Der eindrucksvollste ist die Grabstätte des Lopo Fernandes Pacheco. Der bärtige Krieger hat das Schwert halb aus der Scheide gezogen. Sein Kopf mit sorgsam gelegtem Haar ruht auf einem Kissen, an dessen Ecken Quasten hängen. Ein mächtiger Hund, Symbol der Treue, streckt sich zu Füßen des Kriegers aus. Die Sarkophagwände umzieht ein Basrelief, auf dem das Wappen des Toten mehrfach aneinandergereiht ist: zwei Hunde, die aus einem Korb herauskläffen.

Pacheco war 1340 der entscheidende Mitkämpfer des Königs Afonso IV. in der Schlacht am Rio Salado bei Tarifa in Südspanien. Es war das letzte kriegerische Unternehmen im Zuge der Reconquista, in dem Spanier und Portugiesen Seite an Seite fochten. Der Sultan von Marokko war mit einem gut ausgerüsteten Heer auf der Halbinsel gelandet. Kastilien drohte Gefahr. Der damalige kastilische König Alfonso XI. war der Schwiegersohn Afonsos IV. von Portugal. Dieser stellte sich mit »tausend Lanzen« (sechstausend Mann) kampfbereit zur Verfügung. Die Schlacht der vereinigten portugiesisch-spanischen Kräfte gegen die Muselmanen war mörderisch. »Berge und Täler zitterten«, schrieb der Chronist Ruy de Pina, »und es schien, als ob die ganze Erde sich aus ihrer Lage bewegte. So grausam wütete der Kampf, daß der Boden, die Steine und die Waffen mit Blut gefärbt waren.« Zum Transport der Truppen von Nordafrika zur Halbinsel hatte der Sultan fast ein halbes Jahr lang täglich sechzig Galeeren einsetzen müssen. Zum Rücktransport der Überlebenden genügten zwei Wochen lang zwölf Galeeren. Die Beute war unermeßlich. Doch Afonso IV. beanspruchte laut Chronik davon nur einige ›Souvenirs‹ in Form von Waffen und Fahnen. Er hatte sich aus Idealismus und christlicher Gesinnung an dem Treffen beteiligt. Sein tapferster Kampfgefährte war Pacheco. Verständlich, daß der Krieger in der Nähe seines Königs ruht.

In der gleichen Chorkapelle liegt, auf ihrem Sarkophag ausgestreckt, Maria Vilalobos, die Gemahlin Pachecos. Ein schmuckreiches Kopftuch fällt auf ihre Schultern, die Ärmel ihres Gewandes sind kostbar bordiert. In ihren Händen hält sie die Bibel, in deren Text sie vertieft ist. Zu ihren Häupten wölbt sich ein gotischer Baldachin. Lässig kauern zu ihren Füßen zwei Hunde. Der eine hat auffällig lange Ohren sowie zwei Glöckchen am Halsband und frißt einen Fisch.

In einer anderen Kapelle ist gleichfalls eine Dame auf ihren Sarkophag gebettet. Sie konnte nicht identifiziert werden. Man nimmt an, daß sie der gleichen Linie angehört und daß der gleiche Künstler das Steinbild geschaffen hat. Auch sie liest im Buch der Bücher. Sonst wirkt sie weltlicher und fast ein wenig kapriziös. An ihrem Mieder fallen große Schmuckknöpfe auf. Die Stickereien des Mieders sind minuziös wiedergegeben. Zu ihren Füßen lagern ebenfalls zwei Hunde, der eine blickt zu seiner Herrin, der andere wendet sich ab. Der Schrein selbst ist mit dem portugiesischen Wappen geschmückt.

Der *Claustro*, Kreuzgang, der Sé stammt aus der Zeit des Königs Dinis, auf den auch der ähnlich gestaltete Kreuzgang von Alcobaça zurückgeht. Hier, im Claustro der Sé von Lissabon, treffen wir ausgewogene Gotik an. Die skulptierten Kapitelle hingegen sind Romanik: Adler, die aus einem Becher Körner herauspicken, bärtige Köpfe, aus deren Mund Zweige ranken, eine Alte, die ächzend eine Nackte auf den Schultern trägt, wahrscheinlich eine ›Luxuria‹; zwei Männer wenden sich entsetzt von ihr ab. Indes, das Prunkstück des Kreuzgangs ist eine romanische ›Reixa‹, eines jener Eisengitter, die als Abschluß von Chören und Kapellen aus der Iberischen Halbinsel nicht fortzudenken sind. Das Gitter im Claustro mit seinen zarten Spiralen ist an nobler Eleganz nicht zu überbieten; die Romanik bringt hier das Kunststück fertig, fast Rokoko zu sein, ohne ihren eigenen Charakter aufzugeben.

Bemerkenswert übrigens, daß man außen an der Nordwand der Sé einen eingemauerten Steinblock findet, der unverkennbar byzantinischen Kerbschnitt aufweist. Man erkennt Muscheln, Lilien, gedrehte Säulen und auch allerlei Fabeltiere. Dieser Stein muß von jener Kirche stammen, die bereits zu westgotischer Zeit, lange vor Errichtung der Moschee, an diesem Ort gestanden hat.

Im Innern der Sé, unmittelbar neben dem Haupteingang, befindet sich eine *Franziskuskapelle*. Auf Azulejos ist in naiver Einfalt dargestellt, wie der Poverello den Fischen predigt. Das ist Volkskunst lebendigster Art, die ihren Kontrapunkt in der ersten linken Seitenkapelle hat, wo wir die überschwengliche Weihnachtskrippe des Machado de Castro vor Augen haben. Es ist ein folkloristisches Schaubild in bemalter Terrakotta, das das Geschehen der Geburt Christi in eine barocke Kulisse einbettet und mit Kaskaden von

Figuren und Pflanzenwerk überschüttet. Dergleichen skulpturale Fabulierfreudigkeit, vermengt mit der Innigkeit eines schlichten Volksglaubens, gibt es sonst nur noch bei Salzillo, dem liebenswerten Meister spätbarocker Sakralplastik im spanischen Murcia. Ähnlich wie bei jenem, erleben wir bei Machado nicht nur das biblische Geschehen in faszinierender Kurzweiligkeit – der Meister schuf seine Skulpturen ja für Analphabeten, denen man auf diese Weise das Evangelium vermitteln mußte –, wir haben auch einen guten Anschauungsunterricht des portugiesischen Volkslebens im 18. Jahrhundert. Unbekümmert macht der Bildhauer Bauern, Handwerker, Fischer seiner eigenen Umgebung zu Statisten der biblischen Weihnachtsnacht. Weil Barockkünstler in Perspektive schwelgen, will sich auch Machado als Meister illusionistischer Tiefenwirkung betätigen: die Figuren, die im Hintergrund zu sehen sind, weisen nur einen Bruchteil der Körpergröße derer im Vordergrund des folkloristischen Panoramas auf. Bezeichnend für die Kunst Machados – seine Krippe im Lissaboner Nationalmuseum erweist dies auch – sind die Ballungen von Putten, die Gesimse, Säulen, Portale umgaukeln, geradezu churrigueresk, denn vor allem das Handwerkergeschlecht der Churriguera aus Salamanca hat diese Putten-Inflation eingeführt. Vor ihr konnte sich auch die Volkskunst des benachbarten Portugal nicht verschließen.

Am Beginn des linken Seitenschiffs der Sé steht ein romanisches Taufbecken. Hier soll einer der bedeutendsten Heiligen getauft worden sein: Antonius von Padua. Es ist im allgemeinen wenig bekannt, daß Antonius Lissaboner gewesen ist. Nach ihm heißt der schräg abfallende kleine Platz vor der Kathedrale.

Antonius von Lissabon

Die kleine Barockkirche, die der Sé gegenüberliegt, befindet sich an der überlieferten Stelle des Hauses, in dem der Heilige 1195 geboren ist. Die ursprüngliche Kirche war beim Erdbeben eingestürzt, so daß Mateus Vicente de Oliveira 1757-1812 diese neu erbaute und damit der Kantate der Sé sein Menuett gegenüberstellte.

Man kann in eine Krypta hinabsteigen, die nach einer dort angebrachten Inschrift den Platz des Geburtszimmers einnimmt: »Nascitur hac parva ut tradunt Antonius aede.«

Antonius von Padua wird in Portugal Antonius von Lissabon genannt. Manchmal heißt er auch schlicht ›O Santo‹. Eigentlich war sein Name Fernando Martins de Bulhões. Die Bulhões sollen von Gottfried von Bouillon abstammen, der tragenden Gestalt des Ersten Kreuzzugs. Fernando Martins studierte in Coimbra Theologie. Wegen seiner hohen Bildung wurde er auch ›Doctor evangelicus‹ genannt. Als Augustiner begab er sich auf die Reise nach Afrika, wo er missionieren wollte. Doch unterwegs erlitt er bei Sizilien Schiffbruch. Nun änderte er seinen Plan und blieb in Italien. In Umbrien erlebte er sein Damaskus, beziehungsweise sein ›Assisi‹, da er dort dem heiligen Franziskus begegnete und von dessen Glaubenskraft so beeindruckt war, daß er die weiße Augustiner-Soutane mit der braunen der Minoriten vertauschte. Er tat sich als wortgewaltiger Prediger hervor. Der Heilige von Assisi schrieb ihm 1223: »Bruder Franziskus sendet an Bruder Antonius viele Grüße. Es gefällt mir, daß Du die heilige Lehre so verkündest, daß das reine Wissen nicht den Geist im Sinne unserer Gemeinschaft abtötet. Adeus.« In seiner Ordenslaufbahn stieg Antonius zum Provinzialobersten der Romagna auf. 1231 kehrte er sechsunddreißigjährig ins Mutterkloster nach Padua zurück, wo er auch verstarb.

Antonius ist ein sehr liebenswerter Heiliger, Patron der Liebenden und der Kinder. Oft ist er in Franziskanertracht mit dem Christuskind im Arm dargestellt. Seine Volkstümlichkeit weit über Lissabon und Padua hinaus kommt unter anderem dadurch zum Ausdruck, daß man ihn in Kärnten als ›Kindltoni‹ zum Unterschied vom ›Schweinstoni‹ verehrt, dem heiligen Antonius dem Einsiedler. Oft ist Antonius von Lissabon mit diesem Antonius von Koma (Ägypten) verwechselt worden, der fast tausend Jahre früher lebte und als ›Martyr vivus‹ der erste Anachoret gewesen ist. Bekanntlich hat dieser der bildenden Kunst Europas mit seinem tapferen Widerstand gegen die Versuchung dankbare Motive geboten. Zu denjenigen, die aus dem ›Doctor evangelicus‹ und dem ›Martyr vivus‹ einen einzigen Heiligen machten, gehörte Wilhelm Busch in seiner antiklerikalen Satire ›Der heilige Antonius von Padua‹.

Das Fest des San' Antão fällt in den Juni. Es wird in der Alfama überschwenglich gefeiert. Lissabon ist stolz auf seinen Santo wie

Neapel auf seinen San Gennaro und Ávila auf seine Santa Teresa. Man schmückt die Altstadt mit Papiergirlanden und Lampions; vor vielen Häusern stehen Podeste voller Blumenschmuck, die die Tonfigur des Heiligen tragen. Ein Teller für Opfermünzen fehlt nicht.

Sankt Vinzenz geweiht

Neben dem freundlichen, intimen Barock des Meisters Mateus Vicente de Oliveira wirkt ein anderer Kirchenbau in der Nähe der Alfama anspruchsvoll, kühl und abweisend. Um das Gotteshaus zu erreichen, geht man zuerst eine gewundene Straße bergauf. Sie führt an einem breiten Chafariz vorbei, der mit Azulejos verkleidet ist. Schließlich gelangt man zu einem der vielen Miradouros (Aussichtspunkte) der Siebenhügelstadt. Hier nun hat man den gewünschten Blick: über eine kleine Talsenke hinweg schaut man auf die Fassade von *São Vicente de Fora*, einer Kirche, die – wie der Name ›de Fora‹ anzeigt – einst außerhalb der Mauerumgürtung lag. Rasch erreicht man die große Terrasse, die sich vor der Kirche ausbreitet. Kein üppiger Zierat schmückt die Fassade. Der Italiener Filippo Terzi, der den Bau 1590 begonnen hat, beschränkte sich auf Segmentgiebel und geringen Figurenschmuck. Bauherr war der spanische Habsburger Philipp II., der als Filipe I. in Personalunion auch Portugal beherrschte. Man glaubt, seine Baugesinnung zu erkennen, denn São Vicente erinnert an Herreras Escorial, den sich Philipp als Klosterpalast bei Madrid kurz zuvor hatte errichten lassen. Und man gewinnt den Eindruck, die Habsburger hätten versucht, portugiesische Ressentiments gegen ihr Regime durch Betonung der gemeinsamen Religion auszuräumen. Der Prachtbau von São Vicente ist einem spanischen Heiligen gewidmet, und Portugals größte Heilige, die aus dem spanischen Aragón stammende Königin Isabel, wurde während des spanisch-habsburgischen Intermezzos zur Santa gemacht.

Auf dem Miradouro, der den Blick auf São Vicente gewährt, steht ein neuzeitliches Denkmal des Heiligen, von dem die Kirche den Namen hat. Was die Person des heiligen Vinzenz betrifft, so sind die historischen Überlieferungen verwirrend und voll offensichtlicher Widersprüche. Es gibt nämlich zwei Orte, an denen das Martyrium lokalisiert wird – Ávila und Valencia –, und zwei Orte, die angeblich die sterblichen Reste bergen – Ávila und Lissabon.

Vinzenz, Archidiakon des Bischofs Valerius von Saragossa, war 304 unter Diokletian dem Statthalter Decius vorgeführt und in Valencia eingekerkert worden. Nach redegewandter Verteidigung erlitt er am 22. Januar unter großen Qualen – man legte ihn auf einen glühenden Rost – den Märtyrertod. Hundert Jahre später begann der Kult des Heiligen, dem sogar der Kirchenvater Augustin Lob gespendet hatte. Dargestellt wird Vinzenz als junger Diakon (so auch auf Portugals berühmtestem Gemälde, dem Vinzenz-Triptychon). Er ist der Santo der Seefahrer und Winzer.

Nach der portugiesischen Überlieferung trieb der Leichnam von São Vicente in einem Nachen bei Sagres an der Algarve-Küste an, begleitet von zwei Raben. Die Raben flogen nach Valencia zurück, um den Schergen die Augen auszuhacken. Den Leichnam des Heiligen brachte man nach Lissabon. Dort wurde die Urne mit seinen Gebeinen in einem perlmuttbelegtem Silberschrein beigesetzt, der sich heute in der Sakristei der Sé befindet. Diese Legende hat ihr Gegenstück in der Ankunft des Apostels Jacobus d. Ä. an der Küste Galiziens, der Gründungsgeschichte der Wallfahrtsstätte Santiago de Compostela.

Daß die Portugiesen den Heiligen der Seefahrt und des Weinbaus für sich beanspruchten, ist bei einem Volk der Seefahrer und Weinbauern verständlich. Die Raben, so heißt es, hätten sich später in Portugal wieder eingefunden. Im 18. Jahrhundert konnte man im Kloster São Vicente zwei alte abgerupfte Schwarzgefiederte sehen. Das abergläubische Volk meinte, es handle sich um die originalen aus der Zeit des Märtyrers.

Der Widerspruch liegt nun darin, daß auch im spanischen Ávila ein Vinzenz-Grab gezeigt wird, und zwar in der romanischen Kirche San Vicente, vor den Mauern der Altstadt. Der Sarg, der die Gebeine enthalten soll, steht im rechten Querschiff. Er weist die eindrucksvollsten Sarkophag-Skulpturen des Mittelalters auf und hat seine Gegenstücke in den Grablegen von Pedro I. und Inês de Castro in dem portugiesischen Kloster Alcobaça. Am Vinzenz-Grab in Ávila sehen wir seine Vita in Stein wiedergegeben, von seinem Verhör vor Decius bis zum Martyrium, das er nach der Version der Avilaner gemeinsam mit seinen Schwestern Sabina und

Christeta erlitten hat. Mit der Darstellung der Grausamkeiten hat der Künstler nicht gespart. Nach der örtlichen Tradition ist die Kirche San Vicente an der historischen Stelle des Martyriums errichtet worden.

Welches Grab ist nun das richtige, das in Ávila oder das in Lissabon? Welche biographische Version ist vorzuziehen? Es mag sein, daß es zwei verschiedene Heilige waren, ein Vinzenz von Valencia und einer von Ávila, die man in späteren Zeiten verwechselte oder die zu einer einzigen Gestalt zusammenschmolzen. Vielleicht hat sich die portugiesische Darlegung auch selbständig gebildet, ohne Rücksicht auf die spanische Überlieferung, um den Heiligen für sich beanspruchen zu können. Die Trennung der beiden iberischen Völker kam damit schon in der Spaltung eines der größten iberischen Heiligen zum Ausdruck.

Die Verehrung, die der Seefahrer-Patron von Minho bis Algarve genießt, ist außerordentlich. Man hat nach ihm sogar Portugals wichtigstes Kap benannt, Cabo São Vicente an der Südwestecke des Landes. Auf dem Denkmal in der Nähe seiner Lissaboner Kirche hält der Heilige eine Karavelle und zwei Raben in der Hand.

Der Architekt Terzi hat sich bei Errichtung von São Vicente – auf dem Gelände einer älteren, von Afonso Henriques begründeten Kirche – an den Grundriß von Il Gesù in Rom gehalten. Dieses von Vignola erbaute Gotteshaus, die Mutterkirche der Gesellschaft Jesu, gilt als früheste Dokumentation des Barock. Ein Schimmer von Barock ist ebenfalls in Terzis Lissaboner Schöpfung spürbar, wobei allerdings zu bedenken ist, daß man an dem Bau bis 1704 gearbeitet hat. Die Kühle, die man an der Fassade bemerkt, teilt sich auch bei Eintritt in das *Kircheninnere* mit. Ohne Zweifel hat Terzi an den Petersdom gedacht. Die Atmosphäre des Kolossalen ohne Wärme erinnert mehr noch an Saint Paul's Cathedral in London, der Christopher Wren das Pathos der Nüchternheit verliehen hat.

Bei São Vicente in Lissabon umspannt jedes Joch des einschiffigen Langhauses eine der drei miteinander verbundenen Kapellen. Die Decke des Raumes ist ein gewaltiges, kassettiertes Tonnengewölbe. Der Altar wird von Barockengeln flankiert und ist von einem mächtigen Baldachin überdacht. Das Tridentinum, jenes

Konzil, das man zur inneren Erneuerung der Kirche sowie zur Abgrenzung gegen die lutherische Lehre einberufen hatte und das von 1545 bis 1563 tagte, bestimmte in einem seiner Schemata, daß der Hauptaltar der Platz des Allerheiligsten sei. Dies war einer der Gründe, warum damals die Altar-Baldachine in ihrem Ausmaß fast Architekturgebilde wurden: zur Glorie der Monstranz. Der pompöse Altar von São Vicente erinnert an Berninis Schöpfung in Sankt Peter, nur sind die den Baldachin tragenden Säulen der Lissaboner Kirche ohne Torsion.

Durch die Pforte des anschließenden *Augustinerklosters* tritt man in die *Sala de Poteria de Convento de Fradres Augustinos* ein. Das Wort ›Poteria‹ erinnert an Töpferkunst. Gemeint sind die Azulejos, mit denen der Raum verkleidet ist.

Was wir auf ihnen abgebildet sehen, ist ein kleiner Unterricht aus Portugals früher Geschichte. Die Bilderfolge zeigt uns den Siegeszug von Afonso Henriques, die Einnahme von Santarém durch die Porta de Sol sowie die von Lissabon durch die Porta Moniz. Diese Fliesen sind eine naive, anachronistische Kuriosität des Barockzeitalters: in dem vom König berannten islamischen Lissabon existiert bereits die Sé in ihrem Aussehen des 18. Jahrhunderts, sogar geschmückt mit den damaligen Barockhelmen, die heute verschwunden sind. Afonso Henriques trägt auf seinem Schild das Wappen mit den sieben Kastellen – ein erst nach der Einnahme von Lissabon geschaffenes Emblem. Die Ungläubigen schwingen Banner mit dem islamischen Halbmond, die angreifenden Christen solche mit dem Kreuz. Ein weiteres Bild zeigt die Erbauung von São Vicente nach dem Sieg. Über der Baustelle ist ein galgenähnliches Gerüst angebracht, zweifellos ein mittelalterlicher Kran. Und wiederum die entwaffnende Unbekümmertheit des Barock, was historische Authentizität betrifft: die Kirche, die Afonso Henriques in Auftrag gibt, ist nicht etwa romanisch – wie es seiner Zeit hätte entsprechen müssen –, sondern stellt bereits jenen Renaissancekomplex dar, den Terzi geschaffen hat. Die weiteren Szenen des Zyklus verbildlichen, wie Afonso Henriques die Augustinermönche empfängt und ihnen ihr Kloster übergibt, wie Augustin selber den Fradres den Schlüssel aushändigt, wobei im Hintergrund Augustiner Brot an Arme und Krüppel austeilen, und wie die Mönche in ihrem neuen Quartier inbrünstig beten.

Die Sala dos Paramentos, *der Kirchengewänder, weist an der bemalten Decke perspektivische Verkürzungen auf, die die Illusionsmalerei eines Tiepolo noch übertrumpfen. Einer der beiden Klosterhöfe von São Vicente ist mit Fliesen ausgestattet, die – weltlich für eine Mönchsgemeinschaft – Fabeln von La Fontaine illustrieren.*

Grablege der Könige und Pantheon

Das ehemalige Refektorium des Klosters ist zu einem Mausoleum der letzten portugiesischen Königsdynastie, der *Bragança*, umgestaltet. Man denkt beim Eintritt in den verhältnismäßig unscheinbaren Raum an die Grablegen anderer Herrschergeschlechter, der deutschen Kaiser des Mittelalters in Speyer und Palermo, der französischen Könige in St. Denis, der ersten Plantagenets in Fontevrault. Nüchterner und weniger feierlich ist kein Pantheon als das der Bragança in São Vicente. Lange standen die Holzsärge unverkleidet hier, mit gläsernen Deckeln, so daß man den Toten ins Antlitz schauen konnte. Präsident Salazar hat der lieblosen Zurschaustellung ein Ende gemacht, indem er die Särge in Steinsarkophage betten ließ. Weihevoller ist der Ort dadurch nicht geworden, denn die neuen Hüllen sind schmucklos-nackt, gerade nur mit dem jeweiligen Namen versehen. Fast alle Bragança sind hier vereint, gekrönte, ungekrönte, angeheiratete. Bei den gekrönten hat man eine Krone über dem Namen angebracht. Im Mausoleum liegen João IV., der erste König nach der Restauration 1640, die englische Königin Catarina, Gemahlin des Stuarts Charles II., die feindlichen Brüder Afonso VI. und Pedro II., der soignierte Autokrat João V. Magnánimo, Pombals Souverän José I., die schwachen Könige der napoleonischen Ära, die beiden gekrönten Marien, der aus Sachsen-Coburg-Gotha stammende Regent Fernando und auch die beiden letzten Könige der Dynastie, Carlos I. und Manuel II.

Als sich bereits die Gewitter ankündigten, die die Monarchie Portugals zu Fall brachten, wurde Carlos I. zusammen mit seinem ältesten Sohn, dem neben ihm bestatteten Príncipe Dom Luís Filipe, nahe der Praça de Comércio ermordet. Manuel II., der jüngere Infant, folgte seinem Vater auf den Thron, den er aber nur zwei Jahre innehatte. 1910 floh er neunzehnjährig nach London. Der Sarkophag dieses letzten Bragança auf dem portugiesischen Thron trägt die zwei nicht unfreundlichen Sätze: »Moreu no exílio. Bem serviu à Pátria« – »Er starb im Exil. Dem Vaterland leistete er gute Dienste.«

In der Grablege der letzten portugiesischen Königsdynastie

ruht auch der rumänische König Carol, dessen Großmutter eine Bragança war. Die Jahre des Exils hatte er gemeinsam mit seiner langjährigen Begleiterin, Madame Lupescu, in der Nähe von Lissabon verbracht.

Nicht weit von São Vicente de Fora steht, inmitten des Campo de Santa Clara, ein mächtiger Kuppelbau, der zum Teil auf den Bauprinzipien eines Palladio fußt. Das Gebäude war ursprünglich als Kirche gedacht und sollte den Namen Santa Engrácia tragen. Im 17. Jahrhundert begonnen, im 18. fortgesetzt, blieb das Werk unvollendet liegen. Die Legende erzählt, ein armer Sünder, der zum Block geführt wurde, habe ausgerufen, Santa Engrácia solle niemals fertig werden, wenn man ihn unschuldig richte. Und das Volk sagte zu einer unfertigen Sache: Das ist wie die Arbeiten an Santa Engrácia. Erst 1967 hat man den Kuppelbau ganz fertiggestellt. Doch eine Kirche ist er nicht. Unter dem Namen *Pantheon* dient er als Ruhmestempel. Portugals berühmteste Söhne sind in den Apsiden versammelt: der Santo Condestável, der Infant Henrique, Vasco da Gama, Pedro Álvares Cabral, Vizekönig Albuquerque, der Dichter Camões.

Madre de Deus

Gleichfalls außerhalb der Stadtmauer stand früher die Kirche *Madre de Deus*, im Osten Lissabons und in der Nähe des ›Mar de Palho‹. Gründerin war die gleiche Königin Leonor, die die Igrêja da Conceição Velha gestiftet hat. Die Muttergottes-Kirche gehörte zu einem Clarissinnen-Kloster, das Leonor sich als Witwensitz gewählt hatte. Das Kloster bestand bis 1871 und diente dann eine Zeitlang als Asyl für Geisteskranke.

Leonor hatte 1471 mit dreizehn Jahren ihren Vetter João II. geheiratet, einen Herrscher im Stil der Renaissance, in dessen Regierungszeit die ersten großen Entdeckungen fielen. Seine Gemahlin ist neben Santa Isabel die populärste Königin Portugals. In ihrer Geburtsstadt Beja steht ihr Monument. Man rühmte ihre Religio ebenso wie ihre Caritas. Sie liebte und förderte die Künste. Doch glücklich war sie nicht. Auf einem Gemälde in Madre de Deus ist sie als Mater

Dolorosa dargestellt, mit einem Schwert in der Brust. Ihr königlicher Gemahl hatte eigenhändig ihren ältesten Bruder, den Grafen von Viseu, niedergestreckt, der sich der Herrschaft widersetzt hatte. Der einzige Sohn und Thronfolger, Afonso, stürzte 1491 bei Santarém tödlich vom Pferd nahe dem Tejo. Er hatte eben erst Isabella, die Tochter der Katholischen Könige, geheiratet, und man rechnete mit der Vereinigung der Kronen Spaniens und Portugals. Der Unfall des Infanten machte diese Spekulation zunichte. Fischer hoben den Leichnam auf und trugen ihn in einem Netz zum Königspalast. Die tief betrübte Mutter des Verunglückten wählte danach das Netz als Wappenbild. In Madre de Deus begegnen wir diesem Emblem viele Male, ebenso wie dem Bild des Pelikans: dem Wappen Joãos II.

Die Kirche war eine Art Reliquienschrein, denn in ihr waren einst die Gebeine der heiligen Auta aufbewahrt. Auta ist eine der elftausend Jungfrauen, die gemeinsam mit der heiligen Ursula von Köln das Martyrium erlitten (die unglaubwürdige Zahl elftausend ist auf den Lesefehler eines abschreibenden Mönches zurückzuführen). Kaiser Maximilian I. hatte im Jahre 1517 der portugiesischen Königin Leonor einen Zyklus von fünf Eichenholztafeln zum Geschenk gemacht, der den Legendenkreis um Santa Ursula sowie die Überführung der Reliquie Santa Autas von Köln nach Lissabon im Bilde festhält. Die Tafeln befinden sich heute, ebenso wie das Reliquiarium, im Lissaboner Nationalmuseum. Die Geschichte des Erwerbs von Reliquien war im Mittelalter ein beliebtes Darstellungsmotiv. Das berühmteste Beispiel ist auf einem der gotischen Glasfenster der Sainte Chapelle in Paris zu sehen: die Verbringung des von Ludwig dem Heiligen teuer erkauften Dorns von Christi Dornenkrone aus Konstantinopel an die Seine.

Auf der Tafel nun, die die Ankunft der Reliquie der heiligen Auta in Lissabon zum Gegenstand hat – die Reliquie wird feierlich unter einem Baldachin getragen wie eine lebende Person –, ist das heutige Eingangsportal der Muttergotteskirche deutlich wiedergegeben. Der Stil ist manuelinisch. Gedrehte Säulen, auf die Kronen aufgesetzt sind, flankieren das Tor, dessen Tympanon die Form eines Kleeblattes hat, umrankt von Geäst, das nach oben hin in Wappen und Krabben ausläuft. Man könnte erstaunt sein, wie genau der Maler des 16. Jahrhunderts die Architektur beobachtet hat – wüßte man nicht, daß das sehr ruinöse Portal im vorigen Jahrhundert restauriert worden ist, wobei eben dieses Bild als Vorlage benutzt wurde. Damals war der Gebäudekomplex von Madre de Deus noch hinter einer langen Mauer verborgen, die man 1880 abgerissen hat.

Durchschreitet man das Portal, so empfängt einen zunächst nicht, wie zu erwarten wäre, Manuelismus, sondern Barock. Der Bragança-König José I. hat nach dem Erdbeben, das auch Madre de Deus nicht verschonte, die Klosteranlage samt Kirche total erneuert, so daß das Kirchenschiff nicht mehr der manuelinischen Epoche, sondern dem 18. Jahrhundert entstammt. Dennoch hat der Raum seinen Reiz und kunstgeschichtlichen Wert.

Die Seitenwände sind in der unteren Partie mit einem Azulejofries geschmückt, der ländliche und biblische Szenen vermittelt, darunter den Empfang der Gesetzestafeln durch Moses auf dem Berg Horeb. Oberhalb der Azulejofelder fällt unser Blick auf Gemälde, die die Vita des heiligen Franziskus erzählen. Der Triumphbogen zeigt eine Marienkrönung. Die hölzerne Tonnendecke ist kassettiert; in die Kassettenfelder sind Tafeln mit Darstellungen aus dem Marienleben eingelassen. Im Chor findet sich, neben Szenen aus dem Leben des Papstes, eine Komposition in Azulejos, die modern anmutet: zwei einsame Mönche gehen eine tiefe Allee hinunter, deren starre Baumreihen sich in der Ferne verlieren.

Einige Treppenstufen, dem Chor gegenüber, führen zu der kleineren ursprünglichen Kirche, die nun wie eine Verlängerung des einschiffigen Raumes wirkt. Azulejos, die sich auf Ornamentales beschränken und bei denen die Farbe Grün vorherrscht, verweisen auf das 16. Jahrhundert, in dem sich der Einfluß des Islam noch augenfällig bemerkbar machte. Von den beiden seitlich angebrachten Altären birgt der eine ein churrigueresques Madonnenbild, der andere einen Schmerzensmann in einem Glassarg: Naturalismus des iberischen Barock.

Madre de Deus verfügt über zwei *Claustros*. Im größeren liest man auf zwei Bodenplatten in altertümlichem und sicher nicht korrektem Portugiesisch, daß hier einmal die Gründerin sowie die erste Äbtissin des Klosters ruhten. Die eine Platte vermerkt: »Aqui estava rainha Dona Lianor molher del rei Do João o Segudo que e fundadora deste coveto.« Auf der andern Platte heißt es: »Aqui sta a madre Soror Goleta fundadia e a primeira abades desta casa.«

Gleich hinter den Grabplatten öffnet sich ein intimer Raum, der einer Alhambra zugehören könnte. Im arabischen Stil gestaltete Fliesen und eine schöne hölzerne Stalaktitendecke vermitteln uns

Ansicht der Stadt Lissabon

Ausschnitt aus einer Miniatur von etwa 1505
in der ›Crónica de D. Afonso Henriques‹
von Duarte Galvão

Cascais, Museu-Biblioteca Conde de Castro Guimarães

die Vision des Morgenlandes. Doch dies ist kein originaler Raum aus der Zeit der Königin Leonor, sondern museales Arrangement. Unter anderem hat man Stücke aus dem alten Paço dos Infantes in Beja hierherverbracht.

Der andere Claustro hat nahezu Miniaturcharakter. Er verkörpert das, was man auf der Iberischen Halbinsel ›Mudéjar‹ nennt. Die Arkaden des kleinen Kreuzganges von Madre de Deus sind von orientalisch verzierten Säulen gestützt.

Die Azulejos, die die Mauern verkleiden, weisen wieder eine volkstümliche Fabulierfreudigkeit auf. Biblische Szenen: Joseph zimmert und Maria spinnt; der kleine Jesus versucht zu fliegen, während zuschauende Kinder staunend die Hände vor den Mund halten; das Christuskind steht mit Wundmalen auf dem Brunnen des Lebens, wobei Mädchen das aus den Wunden rinnende Blut in Krügen einfangen. Dazu Genre-Szenen: ein Alter sitzt frierend am Feuer, während Bedienstete Holzscheite in die Glut werfen; ein Arzt verabreicht einem Patienten ein Klistier; eine Bäuerin trägt einen Käfig voll Hühner; Türken schießen aus einer Burg auf ein Schiff. Die großartigste Azulejo-Komposition des zweiten Claustro ist die bereits erwähnte Ansicht der Stadt Lissabon vor der Erdbeben-Zerstörung.

Die kleine Sakristei *prunkt mit reichen Schnitzarbeiten, Ölgemälden und goldgefaßten Dekorationen. Die Kommode für die Meßgewänder ist aus brasilianischem Jacarandá-Holz, so hart, schwer und schwarz wie Eisen. Rocaille-Nischen enthalten Barockfiguren, darunter eine Madonna, um die sich in churrigueresker Manier Putten scharen. In der Mitte des Raumes steht ein steinernes Netz, das Emblem der Königin Leonor.*

Der im Oberstock gelegene Kapitelsaal *ermöglichte es den Clarissinnen, durch ein Gitter auf den Altar der Kirche zu blicken und am Gottesdienst teilzunehmen, ohne gesehen zu werden. Auf der einen Seite des Gitters hängt ein ganzfigürliches Porträt Joãos III., auf der anderen das Pendant, das seine Gemahlin Catarina von Kastilien darstellt. Die beiden Bilder zeugen von der Kunst Christovão Lopes'. Beide Persönlichkeiten sind kniend, mit gefalteten Händen dargestellt, hinter ihnen ihre Patrone, Johannes der Täufer und Sankt Peter, die ein jeder einen Vorhang beseite schieben. Behandlung und Grünton des Stoffes nehmen El Greco voraus. Je ein Putto schwebt mit einer Krone auf die Majestäten hinab. Über dem Auslug des Gitters weisen Barockengel emphatisch auf einen Heiligen Kelch hin. Weitere Bilder halten Szenen aus dem Leben von Santa Clara und ihrem Orden fest. Die Hölzer des Intarsienfußbodens stammen wiederum aus Brasilien.*

Das Kloster besitzt auch einen Repräsentationsraum *mit einer großforma-*

tigen Anbetungsszene auf Azulejos. Machado de Castro, der Schöpfer der portugiesischen Weihnachtskrippen, hat diesen Raum zeitweise als Atelier benützt. In einer Gemäldesammlung, die sich anschließt, hängt ein Bild, das seiner zeitgeschichtlichen Bezüge wegen Aufmerksamkeit verdient: Franz von Assisi übergibt die Statuten des Ordens Santa Clara der vor ihm knienden ersten Äbtissin von Madre de Deus. Hinter ihr steht der Papst mit Tiara, roten Handschuhen und drei Ringen. Das Bedeutsamste: neben dem Pontifex kniet die Königin Leonor, die der Äbtissin eine Krone auf einem rot eingebundenen Buch überreicht.

Das Erdbeben

Hauptsächlich in der Alfama und den unter ihr liegenden Altstadtbezirken sind Bauten erhalten geblieben, die schon vor dem Erdbeben bestanden. Auch von diesen waren freilich viele, wie Madre de Deus, hart angeschlagen und mußten restauriert werden. Alles andere, was die glanzvolle Residenz der Bragança und Hauptstadt eines Weltreiches an Schätzen und Altertümern aufzuweisen hatte, ist dem schwarzen Tag des Terremotos von 1755 zum Opfer gefallen, in Schutt und Asche gesunken. Lissabon hat sich von der Apokalypse, der es anheimfiel, in gewisser Weise bis heute nicht erholt. Neben dem Untergang Pompejis im Jahre 79 war sie eine der größten der nicht durch Kriege verursachten Katastrophen der Menschheitsgeschichte.

Wie sehr das elementare Naturereignis des Erdbebens von Lissabon die Menschheit des Rokoko aufgeschreckt hat, können wir Goethes ›Dichtung und Wahrheit‹ entnehmen. Der Dichter war sieben Jahre alt, als die Kunde von dem verheerenden Ereignis 1755 auch am Hirschgraben in Frankfurt von Mund zu Mund ging. Der Untergang des alten Lissabon erregte die Gemüter damals um so mehr, als die Bedeutung der Stadt im Reigen der europäischen Hauptstädte zu jener Zeit noch erheblich größer war als heute. Nicht der Glanz, aber doch der Nachglanz des Entdeckungszeitalters vergoldete die Siebenhügelstadt.

»*Durch ein außerordentliches Weltereignis*«, *so erinnerte sich der schon alternde Goethe sehr viel später,* »*wurde die Gemütsruhe des Knaben zum ersten Mal im Tiefsten erschüttert. Am 1. November 1755 ereignete sich das Erdbeben von*

Lissabon und verbreitete über die in Frieden und Ruhe schon eingewohnte Welt einen ungeheuren Schrecken.« Und an anderer Stelle äußerte der Olympier aus Weimar:»Vielleicht hat der Dämon des Schreckens zu keiner Zeit so schnell und so mächtig seine Schauer über die Erde verbreitet.«

Nichtsahnend feiert die nächst Venedig reichste Stadt der Welt an jenem verhängnisvollen Tag das Allerheiligenfest. Die Kirchen sind überfüllt. Keine Wolke steht am Himmel. Plötzlich, um neun Uhr, bricht ein Wirbelwind los, der einige Minuten anhält und im Strohmeer haushohe Wogen verursacht. Spaziergänger am Stromufer betrachten gebannt das Naturereignis, ohne die Gefahr zu erkennen.

Mit einemmal hebt ein unterirdisches Grollen an. Die Erde beginnt zu schwanken. Die Bewohner stürzen aus den Häusern, aus den Kirchen, streben dem Tejo zu, sinken im Gebet nieder. Eine Weltuntergangsstimmung erfaßt die Stadt.

Eine kurze Weile sieht es so aus, als wolle die Erde sich wieder beruhigen. Dann aber erschüttert der Terremoto erst richtig den Grund von Lissabon, nahezu zehn Minuten lang. Riesige Erdtrichter öffnen sich, in denen Häuser, Karossen, Menschen verschwinden. Ganze Straßenzeilen stürzen ein. Die Adelspaläste der Unterstadt, Zeugnisse der glanzvollen Epochen der Gotik, Renaissance und des Barock, sind nur noch Schutthaufen.

In den Kirchen brennen des Allerheiligenfestes wegen auf den Kandelabern zahllose Kerzen. Kein Mensch denkt daran, sie zu löschen, da jedermann unter freiem Himmel sein Heil sucht. Das offene Feuer ergreift Vorhänge, Altardecken, Meßgewänder. Auch in den Privathäusern, in denen damals noch offenes Herdfeuer brannte, breiten sich Flammen aus. Lissabon ist ein Feuermeer. Staub- und Kalkwolken hüllen die Innenstadt ein.

Vor allem zu den Kais, die König José I. mit farbigem Marmor hat ausstatten lassen, flüchten die Menschen: hier sind keine Häusermauern, keine Dachziegel, die sie erschlagen könnten. Doch auch von der Stromseite her naht das Verderben. Eine riesige Flutwelle spült über die Kai-Terrassen hinweg, zieht die Menschen in ihren Schlund, dringt in die Unterstadt und gurgelt zum Strombett zurück. Der Königspalast – Paço da Ribeira – mit seinen Prunksälen, seiner unersetzlichen Bibliothek bricht zusammen, die königliche Oper, das wertvolle Archiv der Torre do Tombo.

Am Abend ist Lissabon bis auf wenige leidlich erhaltene Quartiere im Umkreis des Kastellhügels ein Schutthaufen. Die Bilanz ist furchtbar: dreißig- bis sechzigtausend Tote (Lissabon zählte damals dreihunderttausend Einwohner), fünfzehntausend zerstörte Gebäude, darunter hundertzehn Kirchen, vierzig Klöster, dreihundert Paläste. Entsetzen lähmt die Überlebenden. Raubgesindel zieht durch die Straßen und dringt in die verwaisten Häuser ein, die intakt geblieben sind. Leichenfledderer machen sich über die Toten her. Es gibt keine Autorität, keine Ordnung mehr.

Daß Lissabon wieder zu sich gefunden hat und in relativ kurzer Zeit aus den Trümmern aufstieg, ist einem Mann zu danken, den man den ›Sohn des Erdbebens‹ genannt hat: dem königlichen Staatssekretär Sebastião de Carvalho. Der König hat ihn später zum *Marquês de Pombal* gemacht, und unter diesem Namen ist er in die Geschichte eingegangen. Sein Palast zählte zu den wenigen, die unversehrt geblieben waren. Pombal selber wird darin kaum eine Fügung Gottes gesehen haben, denn er war Aufklärer, doch das Volk mochte von einer höheren Weisung überzeugt sein.

Pombal bewahrte als einziger des Kabinetts kühles Blut. Er schwang sich auf sein Pferd und ritt im Galopp nach Belém, das erstaunlicherweise vom Erdbeben nicht berührt worden war. Die königliche Familie hielt sich zu ihrem Glück gerade im dortigen Schloß auf. Der Staatssekretär sprach zu seinem König drei großartige Sätze, deren Authentizität freilich – wie viele historische Aussprüche – später angezweifelt wurde. Ganz gleich – sie kennzeichnen Pombals souveräne Tatkraft und seinen konstruktiven Mut in einer Stunde allgemeiner Depression und Tatenlosigkeit. Pombal sagte:

> Sepultar os mortos,
> Cuidar dos vivos,
> Fechar os portos.

Die Toten zu beerdigen, für die Lebenden Sorge zu tragen und die Häfen zu schließen, das war in der Tat das Gebot der Stunde. Man mußte alles daransetzen, den Ausbruch von Seuchen zu verhindern.

Man mußte Nahrungsmittel herbeischaffen; man mußte Notunterkünfte und Hospitäler errichten. Im Zeitalter absolutistischer Königsmacht übte ein Untertan bürgerlicher Abkunft – freilich im Dienste des Königs – absolutistische Macht aus. Seine Maßnahmen waren entschlossen und manchmal, wo es die Umstände erforderten, drastisch. Pombal ließ Galgen errichten und Dutzende von Straßenräubern aufknüpfen, er schuf Gesetze, die Preiserhöhungen bestraften, er trat dem Einfluß der Geistlichen entgegen, die die Katastrophe als ›Strafe Gottes‹ hinstellten – in einer immer noch glaubenserfüllten Zeit ein starkes Hemmnis für eine breit angelegte Aktivierung der Bevölkerung. Als man Pombal das Wort von der ›Strafe Gottes‹ zutrug, antwortete er mit der Ironie des Aufklärers, er verstünde nicht, warum dann ausgerechnet das Quartier der Dirnen stehengeblieben sei.

Der Palast des Großinquisitors fiel hingegen als erster dem Erdbeben zum Opfer. Aber auch die Institution selber überlebte die Katastrophe nicht; mit der Allgewalt des Inquisitionsgerichtes war es endgültig aus. Pombal hätte wohl niemals eine geistliche Kontrollinstanz neben sich geduldet – aber auch keine weltliche. Er verfügte autoritär. Hinter ihm stand der König, doch nicht weniger die breite Masse des Volkes. Natürlich schuf er sich Feinde, namentlich in jenen Kreisen, die bisher die Macht in der Hand hielten: Adel und Kirche. 1758, drei Jahre nach dem Erdbeben, wurde ein Attentat auf den Minister ausgeübt, hinter dem sich angeblich die Jesuiten verbargen. Der Orden wurde im Mutterland und in den Kolonien aufgelöst. Die Anklage des Adels, Pombal habe Gelder verschwendet, brachte den Allmächtigen ebenfalls nicht zu Fall. Erst der Tod seines Königs, der seinen Minister bis zuletzt gedeckt hatte, besiegelte Pombals Sturz.

Das Erdbeben von Lissabon war für das damalige Europa nicht nur eine schauerliche Sensation. Es hatte auch Folgen auf geistigem Gebiet. Der Mensch der Aufklärung war von der Vernunft der Weltordnung überzeugt. Das von Leibniz geprägte Wort von »der besten der Welten« war zeittypisch. Dieser Glaubenssatz schien nun in Frage gestellt. Goethe meinte, der Erhalter von Himmel und Erde habe sich keineswegs väterlich bewiesen, und schrieb unter dem Eindruck des Erdbebens: »Von allen Seiten behauptete die Natur ihre schrankenlose Willkür.«

Kant lieferte eine ›Naturbeschreibung des merkwürdigen Erdbebens‹, in der er allerdings versuchte, das Ereignis als notwendig und günstig für die Erdentwicklung hinzustellen. Kleist fußt in seiner Novelle ›Das Erdbeben in Chili‹ auf der Schilderung des Philosophen von Königsberg. Voltaire, der das Erdbeben von Lissabon in seinen ›Candide‹ einbezog, tat dies als Verfechter der Aufklärung: im Zenit der Darstellung steht der tendenziös wiedergegebene Tod des Großinquisitors, ein Kabinettstück der Weltliteratur.

Die Neustadt

Die Neugestaltung Lissabons ist das Werk Pombals. Mag der Minister Josés I. auch sonst umstritten sein, die wiedererstandene Hauptstadt ist seine ureigenste Leistung. Sie weist ein Konzept auf. Es ist das Konzept der Aufklärung, der rationalen und funktionalen Planung – ein modernes und zugleich uraltes Prinzip.

Immer nach großen Katastrophen – der Zweite Weltkrieg mit seinen Städte-Untergängen bietet ein Exempel – tritt die Frage auf, ob man sich an das Überlieferte halten, überkommene Baufluchten bewahren, ›Atmosphäre‹ konservieren solle. Oder ob man aus einem neuen Zeitgeist und neuen technischen Erkenntnissen heraus von Grund auf neu, rücksichtslos-unbekümmert entwerfen dürfe. Manchmal schreitet man auch zum städteplanerischen Kompromiß, bei all seiner Fragwürdigkeit.

Pombal plante kompromißlos. Vor allem galt es, die Unterstadt, Cidade Baixa, aus den Trümmern zu heben. Der Minister gestaltete sie vollkommen neu, ihr den berühmten Schachbrettplan zugrundelegend.

Dieses städtebauliche Modell gilt als Erfindung des Hippodamos von Milet. Es wurde erstmals in Milet selber und in Rhodos angewandt und hat seine Brauchbarkeit bis heute nicht verloren. Zwar vermittelt es wenig ›Flair‹, es mag seelenlos, nüchtern, eintönig bis zur Langweiligkeit sein, aber es ist leicht durchführbar, übersichtlich, praktisch. Die Neuplaner italienischer Städte – Turin, Bari, Tarent – haben zu Beginn des vorigen Jahrhunderts mit Vorliebe das Schachbrett eingesetzt, wobei die überkommenen labyrinthischen Altstadtbezirke – und dies trifft auch auf Lissabon zu – unmittelbar neben der klarlinigen Schöpfung der

Ratio liegen. Auch im iberischen Raum bis hin nach Iberoamerika schuf man Schachbrettstädte, mit der Plaza (oder Praça) in der Mitte, die meist gärtnerische Anlagen, Palmengruppen und einen Musikpavillon aufweist.

Pombal beließ, als er auf den Trümmern der Cidade Baixa ein ›Schachbrett‹ anlegte, die Praça am ursprünglichen Ort und damit an der Flanke seiner Konzeption: den ehemaligen Königsplatz, den sogenannten Terreiro de Paço, der danach einen sachlichen neuen Namen erhielt: *Praça do Comércio* (im Volke hält sich immer noch die alte Bezeichnung). In seiner einheitlichen Gestaltung kann man den Platz schön nennen. Nach dem Muster eines barokken Ehrenhofes ist er an drei Seiten von arkadengeschmückten Bauten in einem klaren, klassizistischen Barock umgeben, die durch die Einheitlichkeit ihrer Anlage fast einem Dreiflügelbau entsprechen. Die offene Seite ist dem Tejo zugekehrt; der Haupttrakt zeigt an Stelle eines Mittelrisaliten einen hohen Triumphbogen, der in die Hauptstraße, die Rua Augusta, überleitet. Man kann die Praça do Comércio ihrer geschlossenen Anlage wegen als ›Saal im Freien‹ bezeichnen, ein Wort, das man auf den Markusplatz in Venedig, den Kapitolsplatz in Rom, die Plaza Mayor in Madrid bezogen hat. Der Triumphbogen, Arco Monumental, ist erst eine Schöpfung des späten 19. Jahrhunderts, paßt sich aber erstaunlich gut in das Gesamtbild ein.

In Marmor verewigt, erblicken wir auf dem ›Arco Monumental‹ Viriatus, den lusitanischen Anführer im Kampf gegen die Römer, Nunes Álvaro Pereira, der bei Aljubarrota die portugiesische Selbständigkeit gegenüber Spanien verteidigte, Vasco da Gama, den zum Mythos gewordenen Entdecker des Seewegs nach Indien, und schließlich den Marquês de Pombal. Wir lesen auf der Attika: »Zur Verewigung der Tugenden. unserer Vorfahren.«

In der Mitte der von Eugénio dos Santos e Carvalho entworfenen Praça do Comércio steht das Reiterstandbild von Pombals königlichem Herrn, José I. An der Frontseite des Sockels ist ein Medaillon mit dem Bildnis des treuen Paladins des Bragança-Königs angebracht. Der Meister der kleinplastischen Krippenfiguren in der Sé von Lissabon, Machado de Castro, hat das Modell für das Denkmal geschaffen und sich damit ebenso als ein Meister der Großplastik ausgewiesen. Die Statue des Königs ist heute grün patiniert, war aber ursprünglich dunkle Bronze, so daß man die saloppe Bezeichnung britischer Matrosen für die Praça do Comércio versteht: ›Black Horse Square‹.

Hinter der Nordfront des Platzes beginnt die eigentliche Cidade Baixa, scheinbar mit dem Lineal gezogene Quadrate, die den ›Blökken‹ New Yorks entsprechen, freilich ohne deren Monumentalität. Im Sinne orientalischer Basare hatte Pombal ursprünglich für einzelne Reviere und Straßen bestimmte Gewerbezweige vorgesehen. Schon die Straßennamen zeigen es an: Rua de Ouro, Rua da Prata, Rua dos Sapateiros (Schuster). Das Reservat eines Handelsobjektes hat sich bis heute teilweise in der Rua da Prata (Edelmetalle) und in der Rua Augusta (Textilien) erhalten. Die Banken haben ebenfalls ihre eigene Region, dicht hinter dem Arco Monumental.

Die acht vom Tejo nach Norden führenden Straßen der Cidade Baixa münden auf den Rossío. Dies ist die volkstümliche Bezeichnung der *Praça de Dom Pedro IV*. Vor dem Erdbeben fanden hier die Autodafés der Inquisition statt, bis ins 19. Jahrhundert Stierkämpfe. Der langgestreckte Rossío ist gegenüber der festlichen Praça do Comércio nüchtern, doch beansprucht er, Mitte der pulsierenden City zu sein. Der Platz wird von Hotels und Cafés flankiert. Die Stirnseite bildet das *Nationaltheater*, das nach Dona Maria II. benannt ist und 1842-1846 von Lodi in wohlproportioniertem Klassizismus mit edlem Säulenportikus erbaut wurde – an der Stelle des zerstörten Inquisitionspalastes des Paço dos Estaus. Der Vater Dona Marias war eben jener Pedro IV., nach dem der Platz seinen offiziellen Namen hat, und dessen Bildnisstatue auf einer dreiundzwanzig Meter hohen Säule steht. Lissabons belebtestes Platzgeviert hat von einem König den Namen, der nicht der beste gewesen ist und der für den Verlust von Portugals größter Kolonie, Brasilien, verantwortlich war. Der Grund, warum man ihn dennoch ehrte: nach der Epoche des Absolutismus war er der erste liberale Herrscher.

Pedro, Kaiser und König

Am 8. März 1808 kam, vor Napoleon fliehend, die damals schon geisteskranke Königin Maria I. mit ihrem Hofstaat in der Bucht von Rio de Janeiro an; ein Geschwader der britischen Kriegsmarine bildete den Geleitschutz. Die Übersiedlung war total und schloß eine Unmenge Mobiliar ein, denn man wollte auch jenseits des Atlantik königlich repräsentieren. Unter den Flüchtenden waren Marias Sohn, der Prinzregent João, sowie dessen Sohn Pedro, eben jener, der dem Lissaboner Platz später seinen Namen gegeben hat. Der Infant war damals gerade vierzehn Jahre alt.

Um die Ankunft der Bragança in Rio ranken Anekdoten. Die Prinzessinnen hatten auf der Überfahrt wegen der Läuseplage ihre Haare radikal abgeschnitten. Die Schönen Rios hielten die kurzgeschorenen Frisuren für den Dernier cri europäischer Mode und kürzten ihrerseits den Kopfschmuck. Die große Zahl vornehmer Réfugiés machte Wohnraum erforderlich. Es wurde requiriert. Auf geeignete Häuser schrieb man mit Kreide ›P.R.‹ (Príncipe Regente – Prinzregent). Das Volk von Rio übersetzte die Buchstaben mit ›Ponha-se na Rua‹ – ›raus auf die Straße‹.

Ein Anlaß für die Entwicklung der überseeischen Kolonie Portugals zur Eigenständigkeit war ein Dekret, das Prinzregent João nach seiner Ankunft erließ. Das Dekret hob jenes entwicklungshemmende Gesetz auf, das bis dahin Fabrikgründungen in der Kolonie sowie Handelsaustausch mit dem Ausland strikt verboten hatte. 1808 liefen bereits zweihundertfünfzig Handelsschiffe den Hafen von Rio an; 1807 waren es neunzig gewesen.

1816 starb die geisteskranke Königin Maria. Der Prinzregent folgte ihr auf dem Thron als João VI., nachdem bereits im Vorjahr Brasilien zum Königreich erhoben und mit Portugal durch Personalunion verbunden worden war. João war nicht beliebt. Träge, starr und reformfeindlich, sperrte er sich gegen die demokratischen Strömungen, die von Frankreich und den jungen USA aus auch die portugiesische Gründung in Übersee erreichten. Das Volk stand gegen den neuen König auf. 1821 mußte er zusammen mit Pedro, dem Infanten, auf den Stufen des Teatro de São João den Schwur auf die brasilianische Verfassung leisten. Im gleichen Jahr kehrte er verärgert nach Portugal zurück, wo nach dem Sturz Napoleons und kurzer englischer Bevormundung der Bragança-Thron wieder zur Verfügung stand. Aber Joãos Sohn Pedro blieb in Rio de Janeiro zurück.

Als sich João bei der Einschiffung von seinem Sohn verabschiedete, sagte er das Gescheiteste, das vielleicht je über seine Lippen kam: »Ich fürchte sehr, Brasilien wird sich bald von Portugal lossagen. Wenn das geschieht, dann laß die Krone nicht in die Hände eines Abenteurers fallen, setze sie dir lieber selber auf!«

Pedro, wenn auch im Habitus königlicher als sein Vater, war labil und sprunghaft; er neigte zu epileptischen Anfällen. Er liebte die Musik, verfaßte Messen, Symphonien, ein Tedeum und sogar eine Oper, die in Paris mäßig erfolgreich aufgeführt wurde. Pedros Gemahlin, die österreichische Kaisertochter Leopoldine – eine Schwester Marie Louises –, sandte ihrem Vater einige Partituren und meinte dazu: »Die Sachen sind, um es ganz offen zu sagen, ein bißl theatralisch.«

Die Ehe zwischen Pedro und Leopoldine war früh geschlossen worden. Man hoffte, daß das Bündnis das »tropische Temperament« des Prinzen bremse. Seine Affären waren in Rio sprichwörtlich. Zumal hielt er es mit den französischen Tänzerinnen des Königlichen Theaters. Als eine Senhorita von Pedro ein Kind bekam, mußte ein portugiesischer Offizier dieses als das seine anerkennen. Dessen Bereitwilligkeit wurde honoriert. Er arrivierte rasch.

Inzwischen machten sich in ganz Lateinamerika Bestrebungen geltend, dem nordamerikanischen Beispiel zu folgen und sich von der Vorherrschaft der europäischen Mutterländer zu befreien. In den spanischen Vizekönigreichen der Neuen Welt gelang die Befreiung nur mit Blutvergießen. Brasilien war glücklicher. Kein einziger Tropfen Blut floß. Pedro begriff nämlich den Geist der Stunde und stellte sich an die Spitze der brasilianischen Nationalisten, die die Selbständigkeit propagierten.

Im Herbst 1822 schwang sich der Infant in Ipiranga, nahe bei São Paulo, aufs Pferd und rief: »Es lebe die Freiheit!« Seine Ehrengarde fiel in den Ruf ein. Pedro riß sich die blaurote portugiesische Kokarde vom Helm, zog seinen Degen und rief das Wort aus, das seither jeder brasilianische Junge in der Schule lernt, gewissermaßen als Parole brasilianischer Eigenständigkeit und Größe: »Independência ou Morte!« – »Unabhängigkeit oder Tod«. Es war der sogenannte ›Grito de Ipiranga‹, ›Schrei von Ipiranga‹. Am 1. Dezember erfolgte im Stadtschloß von Rio die Kaiserkrönung.

Wir blenden zurück nach Lissabon. Dem Zeitgeist folgend, mußte sich Pedros Vater, König João VI., bequemen, seine absolutistische Herrschaft in eine konstitutionelle Monarchie zu verwandeln. Unter den Côrtes, die 1821 zwecks Bildung der Verfassung einberufen wurden, befanden sich auch sechzehn brasilianische Delegierte. Vier von ihnen ahnten die Spannungen zwischen Mutterland und Kolonie, so daß sie den Beratungen fernblieben. Doch zwölf Vertreter Brasiliens beteiligten sich am 23. September am Schwur auf die neue portugiesische Constitução – zu einem Zeitpunkt, als Portugiesisch-Amerika bereits sechzehn Tage selbständig war. So gemächlich breiteten sich damals überseeische Neuigkeiten aus!

Erst 1825 anerkannte König João von Portugal, der – trotz seiner Abschiedsworte – verblüffte Vater, die neugeschaffenen Verhältnisse jenseits des Meeres:

Der König billigt durch sein Dekret vom 15. Mai, daß Brasilien den Namen eines unabhängigen und vom Königreich Portugal und Algarve abgetrennten Kaisertums trägt, und anerkennt seinen vielgeliebten Sohn Pedro als dessen Kaiser.

Pedro I. residierte in Rio bis 1831 als Kaiser von Brasilien. Dann kam es zum Sturz über einer Mätressen-Affäre, aber auch wegen des Unwillens des Volks über Pedros Brüskierung der konstitutionellen Struktur des Kaiserreichs. Er kehrte über England und die Azoren nach Portugal zurück. Dort war 1826 Pedros Vater João gestorben, worauf die Côrtes den Kaiser von Brasilien als Pedro IV. zum neuen König ausgerufen hatten. Zugunsten seiner Tochter, der in England erzogenen Maria, hat er zwei Jahre später auf die Krone verzichtet. Maria konnte jedoch die Regentschaft nicht antreten, weil ihr Onkel, Pedros Bruder Miguel, sich als absolutistischer Herrscher auf Portugals Thron setzte. Dom Miguel muß eine stattliche Erscheinung gewesen sein, dazu voller Ehrgeiz. Sicher hat er sich seinem Bruder überlegen gefühlt. Einen Eindruck seiner Person vermittelt das großformatige, ganzfigürliche Porträt im Schloß Queluz: mit geschwellter, ordenbedeckter Brust, auf einen langen Säbel gestützt, den Hut mit weißem Federbusch in der Rechten.

Als Pedro, der sich nun als Verfechter des Liberalismus aufspielte, in Porto wieder heimischen Boden betrat, kam es zum Bürger- und Bruderkrieg. Pedro siegte, weil er über mehr Truppen und einen so glänzenden Feldherrn wie den ebenfalls liberal gesinnten Duque de Saldanha verfügte, der 1870 zum Ministerpräsidenten aufstieg und nach dem einer der Hauptplätze Lissabons, im Norden der Metropole, heißt.

Dona Marias Nachfolge war gesichert. Ihr Vater Pedro starb drei Jahre später im Bragança-Lustschloß Queluz, ohne in Portugal je regiert zu haben. Er ließ eine Tochter als Königin und einen Sohn – Pedro II. – als Kaiser zurück. Trotz seiner zwiespältigen Rolle bewahrte Portugal ihm ein ehrendes Andenken und stellte sein Abbild auf eine stattliche Säule, auf dem nach ihm benannten Platz.

Lissabons Champs-Elysées

Durch Lissabon führt eine viele Kilometer lange Nord-Süd-Achse. Die Rua Augusta mündet auf den Rossío. Von hier gelangt man, die Barriere des Nationaltheaters links umgehend, zur *Praça dos Restauradores*. Sie weicht von der Hauptrichtung schräg nach Westen ab und ist gewissermaßen das Vestibül der hier beginnenden, leicht aufwärtsführenden *Avenida da Liberdade*, einer Allee und Paradestraße, Lissabons Champs-Elysées. Ist die Liberdade auch weniger kosmopolitisch und elegant als die Prachtstraße von Paris, so ähnelt sie dieser doch auch darin, daß ein Rundplatz mit einem wahrzeichenartigen Monument sie abschließt. Im Falle der Liberdade ist es die *Praça Marquês de Pombal*. Auf einer Säule steht der ›Sohn des Erdbebens‹, ihm zur Seite ein Löwe; das Gedächtnismal ist ein Werk unseres Jahrhunderts.

Schlendern wir vom Rossío auf Lissabons Traverse in Richtung Nord, so fällt unser Blick zur Linken auf einen aufwendigen, fast penetrant manuelinischen Bau: den Bahnhof Rossío, dessen Verkehrsbedeutung heute nicht mehr seinem Ausmaß entspricht:

man startet hier – zunächst durch einen Tunnel – lediglich nach Sintra und Leiria. Der Eklektizismus, der im übrigen Europa im neunzehnten Jahrhundert Neugotik und Neurenaissance selbst beim Bau von Banken und Brauereien angewendet hat, verstieg sich in Portugal – erfreulicherweise bei nur wenigen Großobjekten – zum Neo-Manuelismus. Die Parallelfälle zum Rossío-Bahnhof sind die Schlösser Pena und Buçaco.

Gleich versöhnt uns wieder ein anderes Gebäude mit Lissabons Stadtkulisse: der 1777 begonnene und für das Rokoko sehr klar geprägte, fast schon klassizistische *Palácio Foz*, in dem der Staat sich mit seinem Propagandaamt etabliert hat. An dem für die Grafen von Castelo Melhor in Auftrag gegebenen Gebäude wurde allerdings noch bis weit in das 19. Jahrhundert hinein gebaut.

Inzwischen sind wir auf der Praça dos Restauradores angelangt. Wer erst kurz in Portugals Hauptstadt weilt, verwechselt leicht diesen Platz mit dem Rossío: auch dieser hier ist langgestreckt, auch er hat seine Cafés und in der gärtnerisch gestalteten Mitte ein Monument: einen dreißig Meter hohen Obelisken, der – dem Namen des Platzes entsprechend – an die ›Restauration‹ erinnert, die Wiederherstellung der portugiesischen Selbständigkeit nach dem spanisch-habsburgischen Zwischenspiel. 1640 vertrieb man die spanische Statthalterin Margareta von Savoyen und setzte als neue und letzte Dynastie die Bragança ein. Die Verschwörung, die den Akt der Restauration einleitete, fand im nahen, einstöckigen *Palácio da Independência* statt, der in der Rua das Portas de San Antão liegt.

Die Liberdade ähnelt, wenn man noch einen Vergleich ziehen will, auch sehr dem Paseo de la Reforma in Mexico City. Genau wie dort stehen zwischen den Baumreihen und Blumenrabatten des zwischen drei Fahrbahnen gelegenen Fußgänger-Refugiums Skulpturen verdienstvoller Männer. Die anderthalb Kilometer lange, hundert Meter breite Avenida ist 1879 unter der Regierung von Dom Luis I. angelegt worden. Die Station ›Avenida‹ stellt die Mitte des Metro-Netzes dar, das es bisher auf elf ›Paradas‹, Haltestellen, gebracht hat. Von Zeit zu Zeit findet auf der Liberdade eine Buchmesse statt; dann sind unter den Bäumen hölzerne Stände aneinandergereiht; jung und alt geht von Stand zu Stand und blättert im dargebotenen Sortiment. Überhaupt flanieren die Bewohner der Hauptstadt mit Vergnügen auf ihrer ansehnlichsten Straße, die ein Paradestück und zugleich ein Schaufenster der Wohlhabenheit ist; doch betritt man links eine der Seitengassen, blickt man in das Gesicht der Armut.

Der Verkehr der Liberdade flutet im Norden um Pombals Monument. Hier ist die Gegend der Luxushotels, in früheren Jahren angeführt vom ›Ritz‹, das aber 1972 von einem neuen, 29stöckigen Hotelsilo amerikanischer Provenienz übertrumpft worden ist, dem nunmehr höchsten Gebäude der Stadt. Hinter dem Verkehrsknotenpunkt der Praça Marquês de Pombal breitet sich, auf immer noch ansteigendem Gelände, ein Park mit exakt geschnittenen Hecken aus. Er trägt den Namen des englischen Königs Eduard VII. In der Anlage stoßen wir auf die 1910 eröffnete *Estufa Fria*, Kühles Treibhaus. Dort zieht man Tropengewächse im Freien. Vom obersten Punkt des *Parque Eduardo VII.* überschaut man – auch hier ein Miradouro – die Siebenhügelstadt: die Häuser, die an den Hängen emporklettern und sich in die Talsenken ergießen zu einem breiten, bunten Teppich, der an Tejo und Mar de Palho stößt. An vielen Stellen der Stadtlandschaft stehen Hochhäuser, die der alten, burggekrönten Königsstadt neue Akzente geben.

Der Hügel, an dem heute der Parque Eduardo VII. emporkriecht, war im vorigen Jahrhundert freies Feld. Von hier aus schoß königliche Artillerie gelegentlich über die Dächer der Cidade Baixa hinweg auf die Flottillen Aufständischer, die im Hafen ankerten. Diese schossen zurück. Man gestaltete das Duell so geschickt – und portugiesisch-human –, daß die Stadt davon ungeschoren blieb.

Der Miradouro des nach dem englischen König benannten Parks ist nur einer von vielen, die Lissabon bei dem Angebot seiner Hügel aufzuweisen hat. Daneben bieten lohnende Panoramasicht: ›Senhora de Monte‹, ›Santa Luzia‹, ›Monte Agudo‹, ›São Pedro de Alcântara‹, ›Santa Catarina‹, ›Monsanto‹. Von den meisten hochgelegenen Standorten aus sieht man hin bis zur schnittigen Salazar-Brücke sowie zur Christusstatue aus Stahlbeton, die jenseits des Tejo ihre Arme über Strom und Stadt breitet, dort wo die Fernstraße nach Setúbal beginnt. Die Statue ist eine verkleinerte Wiedergabe des Cristo Redentor in Rio de Janeiro, freilich ohne dessen grandiosen Höhenstandort.

Die Stadt, auf die man von so vielen Miradouros aus der Vogelschau hinabblickt, wirkt lässiger, müßiger und gemächlicher als Spaniens zwei Stadtgiganten Madrid und Barcelona, zugleich aber auch weltaufgeschlossener, welterfahrener, eine Metropole unter atlantischem Himmel. Reinhold Schneider, in geheimer Liebe Portugal verfallen, hat Lissabon ein Fragment genannt:

»*Das Bild der Stadt ist ganz und gar fragmentarisch, wie das Land, das sie umgibt; wie der Hafen, der kein Hafen ist für dieses Land. Es ist ein fast mit jedem Jahrhundert wiederholter Beginn, der immer verschüttet, immer zertrümmert wurde und zuletzt das eine zu erschütternder Vollendung wachsen ließ. das Schicksal. Denn alle diese Anfänge, diese unzähligen Fehlschläge machen die Einheit dieses Schicksals aus; die vielen Halbfertigkeiten ordnen sich zur Kurve. Von der kleinen Herrschaft einzelner bis zum Königtum eines Volkes über die Welt ward hier alles versucht; ist hier alles endlich mißlungen. Über das Wechselspiel herrlicher, vielleicht einziger Wünsche hinweg dauert die ewige Unzulänglichkeit. Jede Gestalt wird versucht und verworfen, endlich bleibt als letzte Form die Gestaltlosigkeit.*«

Bairro Alto

Liegt zur Rechten der Cidade Baixa – östlich und in Richtung stromaufwärts – der Hügel, der das Kastell São Jorge trägt, so steigt zur Linken – westlich und in Richtung stromabwärts – die Höhe auf, die den sogenannten Bairro Alto, Oberes Viertel, über die Unterstadt emporhebt. Wir können auf verschiedenen Straßen und Gassen zu ihm aufsteigen, etwa über die *Rua Garrett*, im Volksmund Chiado genannt, die die feudalste Straße Lissabons ist, mit den elegantesten Geschäften, den vornehmsten Cafés, Treffpunkt der Alta Sociedade (unter den Caféhäusern ein Café Brasileiro). Der Namensgeber der Elitestraße ist als Denkmalfigur auf der Avenida da Liberdade vertreten: Almeida Garrett, Literat und zugleich liberaler Politiker, 1852 Außenminister des Königreichs. Es fällt auf, daß speziell Liberale in Lissabon denkmalwürdig sind, bis hin zu dem liberal gesinnten Monarchen Pedro IV. Das Zentrum des Bairro Alto ist die *Praça Camões*, nach Portugals größtem Dichter benannt und auch mit dessen Denkmal geschmückt. Eines der Häuser des Platzes ist mit blauen Azulejos verkleidet.

Wir können auch vertikal zur Oberstadt gelangen: über den Elevador, einen Aufzug, den Eiffel konstruiert hat und der heute mit seiner eisernen Neo-Gotik altertümlich wirkt. Sein Gegenstück hat er in Bahia, der ehemaligen Hauptstadt Brasiliens, wo gleichfalls ein gigantischer Aufzug Unter- und Oberstadt verbindet. Vom Rossío-Platz aus kann man den Lissaboner Elevador einsehen, direkt darüber die ins Leere greifenden Gewölberippen der gotischen *Klosterkirche Carmo*, einst Sitz der Karmeliter, die das Erdbeben zertrümmert hat.

Im Kirchenschiff unter freiem Himmel hat man sinnig ein Lapidarium eingerichtet. Zwischen Beeten stehen mittelalterliche Steintorsi. An den Wänden sehen wir Figurenplastik und alte Azulejo-Kompositionen. Zur linken Hand ist in einer Nische das originale Schwert von Nuno Álvares Pereira angebracht, dem Santo Condestável, Kronfeldherrn Joãos I. Der Condestável hatte Carmo als seine Grabeskirche gegründet. Das Erdbeben hat das Grab zerstört. Der einzige überdachte Teil Carmos ist der Chor mit seinen kraftvollen, sternförmig zum Schlußstein hin strebenden Rippen. Hier stehen zwischen einer Unzahl steinerner Bruchstücke schwere mittelalterliche Steinsarkophage. Besonders prunkvoll ist der Fernandos I. Die untere Querseite zeigt das Relief eines schräg fliegenden Engels im Federkleid, fast eine Gestaltungsidee Chagalls oder Dalis. Die Längswände tragen den Figurenschmuck bärtiger Falkner. Außerdem bewahrt der Chor einen Holzsarkophag, der dem ursprünglichen Steinsarg Pereiras nachgebildet ist. Das manuelinische Fenster am Eingang stammt aus dem Jerónimo-Kloster in Belém.

Ein Stück aufwärts von Carmo und dem gleichnamigen, mit einem Barockbrunnen geschmückten Platz davor erreichen wir im Bairro Alto die 1566 gegründete Kirche *São Roque*, jenem Heiligen und Nothelfer aus Montpellier gewidmet, der in unzähligen abendländischen Darstellungen auf seine Pestbeule am Oberschenkel zeigt. Die Fassade von São Roque weist eine zweistöckige Pilaster-Ordnung auf, die Erinnerungen an Palladio wachruft. Das

Kircheninnere, in landläufigem Barock dekoriert, ist einschiffig. Ursprünglich hatte man drei Schiffe errichtet, diese aber dann auf Wunsch des letzten Avis-Königs Henrique in einen einschiffigen Raum umgewandelt.

Kunstgeschichtlich bemerkenswert ist die letzte linke Seitenkapelle des São João Batista. *João V. hatte sie 1749 in Rom bestellt; dort wurde sie unter Benutzung verschiedenster Werkstoffe angefertigt: Gold, Silber, Diamanten, Lapislazuli, Amethyst, Achat, Carrara-Marmor, Alabaster. Der Künstler, der dieses Puzzle-Spiel der Inkrustation zuwege gebracht hat, war Matias Moretti, der Entwerfer Luigi Vanvitelli. In Wirklichkeit hieß dieser Van Wittel und stammte, obwohl in Neapel geboren, väterlicherseits aus Holland. Er ist der Schöpfer des Königspalastes und der Wasserspiele der Bourbonen-Könige von Neapel in Caserta. Nachdem die von Vanvitelli gestaltete, dem Täufer gewidmete Kapelle vom Papst geweiht worden war, zerlegte man sie und transportierte sie nach Lissabon.*

Hinter São Roque breitet sich die gleichnamige Terrasse aus, auch ein Miradouro erster Ordnung. Von hier hat man eine großartige Sicht auf Gemäuer und Wachttürme des Kastells São Jorge.

In der Baumanlage der Terrasse steht das Bronzedenkmal Eduardo Coelhos (1855-1889), des Gründers des ›Diário de Notícias‹, der ersten ›Bildzeitung‹ Lissabons. Vor der Büste dieses Avantgardisten des portugiesischen Journalismus erkennen wir das Bronzebild eines Zeitungsjungen. Eine Parallele zu Rio: auch in der dortigen Avenida Rio Branco steht ein bronzener Zeitungsjunge (Journaleiro).

Vom Bairro Alto sieht man, auf einem Hügel im Westen, die mächtige *Basílica da Estrela*. Das von einer Vierungskuppel überwölbte klassizistische Gebäude, Gegenstück des Pantheon, wurde von Maria I., der in Rio im Wahnsinn verstorbenen Bragança-Königin, aus weißem Kalkstein erbaut, nach dem Vorbild der Klosterkirche von Mafra im Norden der Hauptstadt. Einige der Heiligenfiguren im Innern der Basilika stammen von Machado de Castro. Die Stifterin Dona Maria hat es vorgezogen, in dieser superben Kirche und nicht in der nüchternen Grabkammer von São Vicente de Fora, jenseits des Kastellhügels, ihre ewige Ruhe zu finden.

In der Nähe der Estrela-Kirche breitet sich die klassizistische Front des *Palácio da Assembléia Nacional* aus, eines ehemaligen Benediktinerklosters, das 1834 umgebaut worden ist. Hier lenkte Salazar vier Jahrzehnte lang die Geschicke der Nation. Im gleichen Gebäude befindet sich das Staatsarchiv – *Arquivo da Torre do Tombo* –, dessen Tradition auf das Século de Ouro zurückgeht.

Der Turm von Belém

Begeben wir uns von der Praça do Comércio tejoabwärts, so gelangen wir, an der Front von Ministerien vorbei, bald zur *Praça Duque de Terceira*. Das Monument des Herzogs und Kriegsministers steht in der Mitte des kleinen Platzes. An der Seite Saldanhas war er einer der Vorkämpfer des Liberalismus gegen absolutistischen Herrschaftsanspruch. Von dem nach ihm benannten Platz aus können wir über den Strom setzen, zu dem Fischerort Cacilhas. Außerdem beginnt hier, bei der Estação Cais do Sodré, die Zugstrecke nach Estoril und Cascais. Die Gleise führen im Westen der Hauptstadt an dem Vorort Belém vorbei, der vom Erdbeben verschont geblieben ist und daher noch zahlreiche historische Bauten aufzuweisen hat, die vor 1755 errichtet worden sind. Belém heißt Bethlehem – das Portugiesische liebt es, Silben zusammenzuziehen. An der Mündung des Rio Amazonas liegt ebenfalls ein Belém, eine äquatoriale Metropole. Wie Spanien, England und Holland, hat auch Portugal populäre Ortsnamen in seine transmarinen Kolonialgebiete übernommen.

Belém hat für das Land am Rande Europas den Rang einer nationalen Weihestätte. Denn von hier aus sind seine Entdecker und Eroberer in alle Welt ausgefahren. Vor allem ist der berühmte Turm von Belém Symbol der Conquista – Gegenstück der Torre del Oro am Guadalquivir-Ufer von Sevilla, eines ehedem mohammedanischen Wachtturms, an dem die Karavellen und Naus der Spanier im Zeitalter der Entdeckungen Revue passierten. Die *Torre de Belém* ist das vollendetste Beispiel des manuelinischen Stils. Sie strotzt nicht von üppigem Dekor wie das Gemäuer von São Jerónimo in Belém, von Batalha und Tomar. Man hat hier maßgehalten, weil es sich bei diesem Steindokument aus Portugals größter Zeit um einen Nutzbau gehandelt hat, Festung und Leuchtturm zugleich.

Heute ist der Turm mit dem Nordufer des Tejo verbunden. Bei seiner Errichtung stand er auf einer Insel. Er ist vom Ufer aus bequem erreichbar, genau wie der in früheren Zeiten gleichfalls insulare Mont Saint-Michel an Frankreichs Kanalküste.

Ursprünglich lag das Fort, das den Unterlauf des Tejo bewachen sollte, auf der linken Stromseite. João II. hatte es erbauen lassen und ihm den Namen ›São Sebastião da Cariparça‹ gegeben. Später bürgerte sich die Bezeichnung ›Torre Velha‹ – Alter Turm – ein. 1495 plante der König, um ein Kreuzfeuer zu ermöglichen, den Bau einer zweiten Bastion, diesmal auf dem Ufer, an dem die Hauptstadt lag. Doch João II. starb im gleichen Jahr. Sein Schwager und Nachfolger Manuel I. nahm das Projekt auf und verwirklichte es 1515. Als Platz wählte er den Strand von Restelo, den Stromabschnitt, an dem heute Belém liegt. Als Architekten betraute er einen der Großen des manuelinischen Zeitalters, Francisco Arruda. Der Bau dauerte fünf Jahre. Als ersten Kommandanten ernannte der König Gaspar de Paiva. Die ›Baluarte do Restelo‹ – ›Bastei von Restelo‹ erhielt kurz nach Beendigung der Bauarbeiten den Namen ›Fortaleza de São Vicente de Belém‹, eine Bezeichnung, die sich dann durch Jahrhunderte gehalten hat.

Das Bauwerk war oft gefährdet. 1580 belagerte der Herzog von Alba den Turm. Mit dem Fall der Torre endete Portugals Selbständigkeit für sechzig Jahre. Die Spanier benützten den Bau als Gefängnis. Die Verliese im Unterstock werden heute noch gezeigt. Stieg der Stromspiegel an, so standen die Häftlinge bis zum Gürtel im Wasser. Philipp II. beauftragte den neapolitanischen Sachverständigen Vincenzo Casale mit einem Gutachten hinsichtlich der Verwendbarkeit des Bauwerks. Der Gutachter empfahl, die Torre de Belém abzureißen, um an seiner Stelle eine gigantische Festung in der damals üblichen Wehrtechnik zu errichten. Zum Glück wurde der Plan niemals ausgeführt.

Als Portugal 1640 seine Selbständigkeit zurückgewann, schloß sich die Besatzung des Turms von Belém – wie auch die der Torre Velha am anderen Ufer – sofort dem neuen Hause, Bragança, an.

Wiederum gefährdet war der Turm zur napoleonischen Zeit. Man riß ihn zwar nicht ab, verkürzte ihn aber um die Hälfte. Auf dem neuen Plateau errichtete man Holzhäuser. Es war das Verdienst des bereits erwähnten Ministers Terceira, 1845 das Monument restaurieren zu lassen. Der Pionieroberst António de Azevedo e Cunha stellte weitgehend getreu den ursprünglichen Zustand wieder her. Heute steht das historische Bauwerk unter dem Schutz der Administração Geral do Porto. Sie hat die Innenräume mit originalem gotischem Mobiliar ausstatten lassen. Den Wehrtrakt bestückte sie mit den Kopien manuelinischer Geschütze, so daß das Aussehen des symbolträchtigen Turms im Goldenen Zeitalter Portugals mit aller nur denkbaren Sorgfalt wiederhergestellt ist.

Die Festung besteht aus zwei Teilen, dem Turm selber und einer oktogonalen Bastion, die wie der Bug eines Schiffes in den Rio Tejo hinausragt. Unterhalb ihres wappengezierten Zinnenkranzes wird sie von einem Taustab ›umwunden‹, der sich vor ihren Erkertürmen mit orientalisch anmutenden Hauben sogar zu Knoten verschlingt und übrigens überall am Turm wiederkehrt. Die Schauseite der Torre de Belém ist nicht der Land-, sondern der Stromseite zugekehrt. In der Unterpartie des Turms tragen zwanzig Konsolen eine Loggia, die mit ihren nadelschlanken Säulen venezianisch wirkt. Darüber öffnen sich zwei Rundbogenfenster, zwischen denen das fast vollplastisch gemeißelte Wappen Manuels I., des Venturoso, angebracht ist. Über dem Prunkwappen erhebt sich ein Wehrgang, der den ganzen Turm umzieht. An seiner Balustrade sind Wappen mit Christusritter-Kreuzen angeordnet. Gekrönt wird der Turm von einer Plattform, die mit Zinnen armiert ist. Jeder Zinne ist eine kleine Pyramide aufgesetzt. Die vier Ecken sind ebenfalls mit erkerartigen Wachttürmen versehen.

Schwerer, festungsartiger wirkt die Bastion. Auch hier sind an allen Ecken Wachttürme angebracht. Unter einem der Türme ist, nur von der Stromseite erkennbar, ein Rhinozeros-Kopf zu sehen – exotische Erinnerung an große Fahrt. Die übrigen Turm-Konsolen zeigen Widder, Löwe und Delphin. Im Gemäuer darunter öffnen sich siebzehn Schießscharten, hinter denen zur Zeit König Manuels siebzehn Bronzegeschütze standen.

Im untersten Trakt des Turms von Belém befanden sich außer dem Verlies Waffen- und Lebensmittellager sowie das Pulver-Arsenal. Der Raum des ersten

Stockwerks trägt den Namen ›Saal des Gouverneurs‹. Im zweiten Stockwerk liegt der reicher ausgestattete Königssaal mit Kamin und Loggia, darüber die Sala da Recepção, der Audienzraum. Im vierten und obersten Stock gelangen wir in das ›Oratório‹, das man selbst in einem Festungsbau nicht entbehren wollte: keine irdische Wehr ohne himmlischen Schutz. Die Schlußsteine des Sterngewölbes weisen manuelinische Wappen und Christusritter-Kreuze auf. Im Umlauf, der in der Höhe der Kapelle angebracht ist, sind runde Bodenöffnungen erkennbar: von hier aus konnte man Angreifer mit flüssigem Blei und siedendem Öl überschütten.

Auf der Terrasse des vor den eigentlichen Turm gesetzten Bollwerks, dem ehemaligen Standort der Büchsenschützen, steht unter einem Steinbaldachin ein gotisches Madonnenbild: Nossa Senhora do Bom Successo – Unsere Herrin des guten Erfolgs. Trotz mancher Fährlichkeiten war sie eine erfolgreiche Schützerin der Torre. Den Baldachin hat man wegen seiner Form mit einer Seemuschel verglichen.

Die Verteidigungstaktik der Festung war überlegen und raffiniert ausgedacht. Waren die Feinde in die Hauptpforte eingedrungen, so sahen sie sich in einem kleinen Vorraum, der nach allen Seiten abgeschlossen war. Denn die Eingänge zum Turm und zur Bastion konnten sofort mit Eisentüren verschlossen werden. Die Besatzung, die sich in die Bastion zurückzog, erklomm durch eine Eisenluke die Terrasse, wo sie den Kampf fortsetzte. Durch Bodenlöcher, die sich nach der Art der Pechnasen auch über dem – nun vom Feind besetzten – Vorraum befanden, ließen sie griechisches Feuer über die Angreifer niederprasseln. Außer im Falle der Belagerung und Einnahme der Festung durch den Herzog von Alba trat das ausgeklügelte Verteidigungssystem jedoch nie in Aktion.

Francisco Arruda, der Erbauer des Turms, war Schüler seines älteren Bruders Diogo, mit dem er zeitlebens als einer der Hauptvertreter des Manuelismus zusammengearbeitet hat. Dem Alentejo entstammend, bewies er erste Meisterschaft 1512 beim Bau der Kirche von Tomar. Dann sehen wir ihn in Marokko, wo er sich an der Ausbesserung der Kastelle von Azamor und Mazagão beteiligte, die die Portugiesen kurz vorher den Muselmanen abgenommen hatten. Der arabische Einfluß ist überall in Arrudas Werk spürbar. Nach kurzem Aufenthalt in Ceuta begab er sich nach Belém, wo er an der Erbauung des Hieronymiten-Klosters entscheidenden Anteil hatte. Dann kam seine Sternstunde: der Auftrag, den Turm von Belém zu entwerfen. Die Torre wurde bis in die jüngste Zeit Garcia de

Recente zugeschrieben. Professor Reinaldo dos Santos hat nachgewiesen, daß dies auf einem Irrtum beruht, daß niemand anders als Arruda der Erbauer ist. Der Meister hat nachher noch an der Gestaltung der meisten manuelinischen Bauten mitgewirkt, so in Sintra, Elvas, Óbidos, und wurde 1534 für seine Verdienste von João III. zum Cavaleiro do Rei ernannt. Er erhielt das – damals keineswegs übliche – Recht, ein Pferd zu halten, neben einer großen Zahl weiterer Privilegien. 1547 ist sein Todesjahr.

Der Gedanke der Conquista, der in Belém durch diesen vom Erdbeben unberührten Turm zum Ausdruck kommt, ist ganz in der Nähe ein zweitesmal in Stein gefaßt worden – im 1962 erstellten, von Leopoldo de Almeida skulptierten Padrão dos Descobrimentos, Denkmal der Entdeckungen. Das Monument hat die Form einer Karavelle. Am Bug steht Heinrich der Seefahrer, ein Schiffsmodell in der Hand, und schaut in die Ferne. Hinter ihm steigen auf einer Schräge die anderen Großen der Conquista auf, im Waffenschmuck, mit den Emblemen der Christenheit und mit seemännischer Ausrüstung. Kreuz, Wehr und Instrumentarium kennzeichnen den Dreiklang ihrer weltweiten Mission. Das den Tejo geradezu ›anspringende‹ Monument führt Portugals Século de Ouro mit operesken Pathos vor Augen.

Die Entdecker

Heute, da die Menschheit sich um die weiche Mondlandung bemüht, können wir uns gut in ein ähnlich epochales, die Gemüter erregendes Abenteuer hineinversetzen, das an der Schwelle der Neuzeit vom Südwestzipfel Europas seinen Ausgang genommen hat: die Entdeckung, Erkundung und Landnahme neuer Gebiete jenseits des Meeres. Portugal hatte neben Spanien den entscheidenden Anteil an der Erweiterung des damaligen Weltbildes. Ja man kann sagen, der lusitanische Geist unter der Dynastie Avis hat die Voraussetzung geschaffen, um in das ›Mar tenebrôso‹, das höllische Meer, vorzustoßen – ein Unternehmen, das einst so avantgardistisch war wie heute die Eroberung des Weltraums.

Was für unser Zeitalter der ›Conquista‹ außerirdischer Welten wissenschaftliche Zentralen wie die in Houston, Texas, bedeuten, das war im 15. Jahrhundert Sagres an der Küste des Algarve, nicht weit von Kap São Vicente, das, nach dem populären portugiesischen Heiligen benannt, seine Felsennase dem äquatorialen Atlantik entgegenstreckt. Hier war das wissenschaftliche Forschungszentrum des Vorläufers der Entdecker, *Heinrichs des Seefahrers*, eines Infanten aus dem Hause Avis und zugehörig der ›berühmten Generation‹: all seine Brüder waren bedeutende Persönlichkeiten – der sensitive, hamletisch-melancholische Duarte, der die Krone trug; Pedro, der Dichter und Weltreisende; João, der Meister des Ordens von Avis; Fernando der Heilige, der 1443 in afrikanisch-islamischer Gefangenschaft den Märtyrertod erlitt.

Heinrich war der Genialste. Sein mutmaßliches Geburtshaus in Porto ist von dem Portugal unserer Tage mit dessen Instinkt für geschichtliche Legitimität in der dortigen Rua da Alfândega Velha meisterlich hergerichtet. Und von Lagos aus, nahe bei Sagres, blickt der Seefahrerprinz (vielleicht schufen nur die Portugiesen neuzeitliche Historienplastik von wirklichem Rang) in Richtung der Meere, die er im Geist erobert, zu denen er seine Flotten gesandt hat. Die Bronze wurde dem einzigen verläßlichen Porträt des Seefahrers nachgebildet. Wir finden es auf dem berühmten São-Vicente-Altar des Nuno Gonçalves im Nationalmuseum von Lissabon. Der Infant trägt den ihn kennzeichnenden breitrandigen Bologneser Hut.

Heinrich der Seefahrer, Portugals größte und weltweit wirkende Persönlichkeit, hat nur gelegentlich überseeische Luft geatmet, an nautischen Einsätzen teilgenommen. Er leitete die Einnahme von Ceuta 1415 und kam auch später nie über Marokko hinaus. Fast sein ganzes übriges Wirken ging von Sagres aus, wo er seine wissenschaftliche Klause hatte. In jahrzehntelanger Askese und mit allen Vorkehrungen der Geheimhaltung scharte der Infant Astronomen, Mathematiker, Kartographen, Schiffsbauer, Nautiker, Steuerleute aus vieler Herren Länder um sich. Als technische Voraussetzung der Conquista konstruierte man an diesem Ort das erste Schiff, das gegen den Wind operieren und somit die Heimkehr von großer Fahrt gewährleisten konnte. In der Abgeschiedenheit der Küste von Cabo São Vicente begründete Infant Heinrich im wahrsten Sinn die Weltherrschaft der westeuropäischen Völker. Dabei stand Heinrichs Forschung noch ganz im Zeichen des Kreuzes; Sagres war Labor und Kloster in einem. Die Segel portugiesischer Karavellen trugen das Cruz de Cristo, das Zeichen der Christusritter. Auch der Infant gehörte dem nationalen Orden an, dessen Burg sich heute noch über der Stadt Tomar erhebt, geschmückt mit den ozeanischen Ornamenten des manuelinischen Stils.

Heinrich der Seefahrer – den romantischen Beinamen hat ihm erst das 19. Jahrhundert gegeben – finanzierte seine Übersee-Unternehmungen großenteils aus eigenen Mitteln. Er war dazu imstande, da er als einer der reichsten Männer Portugals gelten konnte. Zunächst verfügte er über das große Vermögen der Christusritter. Abgaben flossen ihm zu in seiner Eigenschaft als Herzog von Viseu sowie aus den ihm untertanen Städten Covilhã, Gouveira, Lagos und Sagres. Auch stand ihm das Finanzprivileg der neuentdeckten Inseln Porto Santo, Madeira, Deserta sowie der Azoren zu. Er brauchte keinen Fünften an die Krone abzuführen und verfügte über das Monopol des Thunfischfangs an der Algarveküste sowie der Seifenproduktion. Dazu traten weitere Einnahmen aus den neuentdeckten Gebieten, die zunächst ihm allein zugute kamen. Zumal der Sklavenhandel warf Einkünfte ab.

Als der Einsame von Sagres in der Abtei Batalha seine letzte Ruhe gefunden hatte, war der Grundstein für ein neues Menschheitskapitel gelegt – jenes ganz und gar portugiesische Kapitel, von dem bald darauf Pedro Nunes sagen konnte:

Es besteht kein Zweifel darüber, daß die Schiffahrt dieses Königreichs während der letzten hundert Jahre größer und wunderbarer als die irgendeiner anderen Nation ist. Die Portugiesen haben das weite Meer nicht gescheut, sie befuhren es furchtlos. Sie entdeckten neue Inseln, neue Länder, neue Völker, und was noch mehr ist: einen neuen Himmel und neue Sterne.

Nach dem vom Infanten Henrique erweckten entdeckerischen Impuls sind die Annalen Portugals dicht angefüllt mit bahnbrechenden Taten. Zuerst stieß man auf Madeira und die Azoren. 1434 überwand *Gil Eanes* aus Lagos das gefürchtete Kap Bojador im Westen Afrikas – dort, wo man das Ende der Welt vermutete. 1456 erreichte man den Golf von Guinea. 1483 entdeckte *Diogo Cão*, begleitet von dem deutschen Geographen *Martin Behaim*, das Kongobecken – drei Jahre, bevor sich ein Seefahrer aus Genua mit dem kühnen Plan der Westroute nach Indien den Katholischen Majestäten Spaniens empfahl: Christoph Kolumbus. Sieben Jahre später sollte dieser Gehör finden. Damit fiel die größte Chance der Conquista dem Nachbarland zu.

1487 erreichten die Portugiesen eine weitere Etappe auf der maritimen Ostroute nach Indien – ein unentbehrliches Ziel, seit der ›Eiserne Vorhang‹ des Islams über der merkantilen Landverbindung niedergegangen war. *Bartolomeu Dias* stieß bis zur Südspitze Afrikas vor. Er nannte sie Cabo Tormentoso, Sturmkap. João II. gab dem Sturmkap einen freundlicheren Namen: Cabo da Bôa Esperanza, Kap der Guten Hoffnung. Doch auch danach sollten noch unzählige Segler an Afrikas Südkap zerschellen – auch der des Bartolomeu Dias.

Der Seeweg nach Indien wurde dann endlich unter Joãos II. Schwager und Nachfolger Manuel I. gefunden. Die Tat verschaffte dem Capitão-Mór *Vasco da Gama* unsterblichen Ruhm. Sein Monarch nahm den stolzen Titel an: ›König von Portugal und dem Algarve, Herr der Schiffahrt und der Eroberung von Äthiopien, Arabien, Persien und Indien.‹

Nach und nach baute Portugal ein südasiatisches Handelsimperium auf, mit dem Schwerpunkt des Vizekönigreiches Indien. Wie zuvor die Seerepublik Venedig im Mittelmeer, trieb das kleine Land Stützpunktpolitik im Indischen Ozean. Man schuf Kastelle in Aden am Eingang zum Roten Meer, in Ormuz am Persischen Golf und in Malakka in Südostasien. Denn Portugals merkantiler Ferndrang strebte weiter: zu den Gewürzinseln und nach China.

1513 langte das erste portugiesische Schiff in Kanton an. Von dort begab sich eine offizielle Gesandtschaft der Krone nach Peking an einen Hof, der bisher vorwiegend Abordnungen unterworfener Völker empfangen hatte. Dem vom Himmel mit der Herrschaft über die Welt betrauten Kaiser Tschéng-tê war die Haltung der Europäer nicht devot genug. Es gab Kontaktschwierigkeiten. Erst

1557 erwarb Portugal Macau, das heute noch in portugiesischer Hand ist, eine der beiden westlichen ›Brücken‹ zum China Maos.

Unter Manuel I. erfolgte die wichtigste Entdeckung des kleinen Landes, auf weite Sicht ergiebiger als die Auffindung des indischen Seewegs. Im Jahre 1500 erreichte *Pedro Álvares Cabral* Brasilien. Dies hatte zur Folge, daß der portugiesische Sprachraum um das 95fache vergrößert wurde. Die Bevölkerung des Mutterlandes reichte zur volklichen Durchdringung nicht aus. Damit begann ein Prozeß der Rassen-Integration. Wie wir sahen, ist Hautfarbe für den Portugiesen kein Dogma. An der Flanke Europas, Afrika näher als dem Herzen des Kontinents, hat er immer wieder afrikanische Einflüsse aufgenommen. Mit Assimilierungsprozessen vertraut, war es für ihn weniger schwer als für Angehörige anderer europäischer Völker, sich im tropischen Amerika anzupassen und zu akklimatisieren.

All diese Gegebenheiten erklären auch, warum das Verhältnis des Portugiesen zu den Farbigen meist eng und verständnisvoll war. Gewiß, auch hier gab es Übergriffe, Gewaltsamkeiten; die Bandeiranten, Bannerträger, São Paulos waren so hart wie das brasilianische Jacarandáholz. Dennoch hat sich in der Latifundienwirtschaft Brasiliens eine echte Patriarchalgesinnung entwickelt.

Mit der Epoche der Entdeckungen, deren Krönung die Landnahme der brasilianischen Küste gewesen ist, endete das glanzvollste Kapitel portugiesischer Geschichte. Es hat trotz allem die Kräfte des iberischen Landes überfordert. 1527 hatte Portugal 1 550 000 Einwohner. 1580 war es nur mehr eine Million. Von seinem Século de Ouro verblieben dem Mutterland kaum mehr als der manuelinische Stil und Camões' ›Lusiaden‹ – nach Reinhold Schneider »nichts als ein steinerner Traum und ein unzerstörbares Gedicht«.

Das Hieronymus-Kloster

Der »steinerne Traum« und das »unzerstörbare Gedicht« stehen in engem Zusammenhang mit dem Hieronymiten-Kloster von Belém, dem Convento dos Jerónimos, das mit der Torre de Belém zu den großen Erinnerungen an das Goldene Zeitalter Portugals zählt. Der steinerne Traum: die Klosteranlage gehört zu den führenden Beispielen des manuelinischen Stils. Das unzerstörbare Gedicht: der Schöpfer der ›Lusiaden‹, Camões, ist im Convento dos Jerónimos beigesetzt.

Heinrich der Seefahrer hatte in Belém eine Kapelle errichten lassen und dem Orden der Christusritter übertragen. Vasco da Gama betete dort vor seiner Ausfahrt nach Indien. Nach dessen glücklicher Heimkehr ließ Manuel I. zum Dank das Kloster der Hieronymiten erbauen. Er erlebte die Vollendung der stattlichen Anlage nicht mehr, so daß sein Nachfolger João III. den Bau fortsetzte. Erst dessen Witwe, Katharina von Kastilien, gelang es 1571, das Werk mit dem Hauptchor abzuschließen.

Der Hieronymiten-Orden war 1370 in Spanien gegründet worden. Sein Patron war der Kirchenvater aus Caesarea, der in einer Grotte in Bethlehem die Bibel ins Latein übersetzt und so die Vulgata geschaffen hat, wichtige Voraussetzung der Ausbreitung der Lehre Christi. Im wesentlichen ist der Ordo San Jerónimo ein spanischer Orden geblieben. Ein berühmtes Zentrum der Hieronymiten war San Juste in Estremadura, wo Kaiser Karl V. seine letzten Jahre verbracht hat.

Man verzeichnet vier Meister, die an dem Klosterbau gearbeitet haben. Der *Entwurf* stammt von *Diogo Boitaca*, der Franzose oder Italiener, jedenfalls Ausländer, gewesen sein soll. Es gibt aber auch Stimmen, die für seine portugiesische Herkunft plädieren; sie verweisen auf das bei Batalha liegende namensähnliche Dorf Boutaca.

Fast überall, wo Manuelismus ins Auge fällt, war der planende und entwerfende Verstand dieses Architekten tätig, in Setúbal, Galegã, Caldas da Rainha, Montemór-o-Velho. Seine Handschrift ist abzulesen am Claustro Real der Avis-Grabkirche von Batalha und am Palast Dom Manuels auf der Höhe von Sintra, wo die Mitwirkung des Meisters 1507 nachgewiesen ist. Zum Maß gezwungen wurde sein Manuelismus – disziplinäre Schule auch für andere ›Manuelisten‹ – durch seinen Einsatz im Festungsbau und damit im vorwiegend Funktionalen, Dekor-Feindlichen. Er baute das Kastell Arzila in Marokko, besserte aus in

Ceuta, Alcácer Seguer, Tanger (1514). In Batalha besaß der Architekt ein Haus, dort lebte seine Familie. Die äußere Anerkennung seiner Leistung durch die Krone blieb nicht aus; er erhielt Amt und Titel eines Mestre das Obras do Reino, eines königlichen Baumeisters.

Architekt zu sein, war im Zeitalter der portugiesischen Machteskalation fast ein politisches Amt. Man sicherte nicht nur durch den Bau von Festungen neu hinzugewonnene Gebiete – man bezeugte auch mit Prunkbauten die stets wachsende Königsmacht. Weltherrschaft verpflichtete zu universaler Repräsentation. Waren Gold- und Silberschätze, die die Karavellen an der Reede von Lissabon ausschütteten, die unmittelbaren Beweise einer sich von Jahr zu Jahr steigernden Weltgeltung, so konnte man im *manuelinischen Stil* den im Stein verewigten Abglanz dieser neuen Geltung erblicken. Nicht aus Zufall wurde das Ozeanische, Orientalische, Exotische sichtbar im wildwuchernden Ornament portugiesischer Prägung, wildwuchernd oft gegen die Gesetzlichkeit des Materials Stein. Zierat verselbständigte sich. Die manuelinischen Bauten von Tomar, Batalha, Sintra und Belém sind überschäumt von molluskenhaft-korallenartigem Dekor, einem steinernen Hymnus an das Meer, bereichert durch die Motive von Tau, Netz und Takelwerk, Schifferknoten, Jakobsstab und Armillarsphäre: ein astronomisches Meßgerät zur Deklination der Sterne und zur Bestimmung von Längen- und Breitendifferenzen, mit deren Hilfe Seefahrer einst ihre Standortbestimmungen durchführten. Sie wurde zum Sinnbild der Seefahrt und von Manuel zum Emblem erhoben. In Camões' ›Lusiaden‹ zeigt die Göttin Thetis dem Seefahrer das Astrolabium, »einen Globus, den von allen Seiten ein starkes Licht durchdringt, so daß Oberfläche und Mittelpunkt in gleicher Weise zu sehen sind«. Man kann den manuelinischen Stil, der sich der See- und Seefahrtselemente als Schmuck bedient, einen maritimen Stil nennen. »Immer wieder«, so Friedrich Sieburg, »hat die portugiesische Schöpferkraft ihre Netze ins Meer geworfen.« Manches Bauwerk, wie der Turm von Belém, ähnelt einem Schiff; die krause Ornamentik klebt an der Außenhaut wie Tang und Schlick am Kiel einer Karavelle.

Den Ausdruck ›arte manuelina‹ hat ein Deutscher des Biedermeier 1846 geprägt, Karl Varnhagen von Ense. Der Begriff ist in die europäische Kunstgeschichte eingegangen. Einige Kunsthistoriker meinen, Manuelismus sei kein eigentlicher Stil. Er sei lediglich ein Ornament. Das ist bis zu einem gewissen Grad richtig. Die konstruktiven Elemente manuelinischer Bauten – Grundriß, Gemäuer, Stützen – entsprechen im wesentlichen den Prinzipien gleichzeitig errichteter Bauten anderswo auch. Es ist ein Übergang von Gotik zu Renaissance, wobei sich die Gotik freilich in Portugal zäher hielt als etwa in Deutschland oder Italien. Und wie der platereske Stil Spaniens vorwiegend eine ornamentale Äußerung ist – benannt nach der Filigranarbeit der Silberschmiede, die in Stein übersetzt erscheint –, so lesen wir das Manuelinische namentlich in den Schmuckformen ab.

Aber dennoch: das Ornament durchdringt entscheidend den Baugedanken, verbirgt oft vollkommen die Konstruktion, äußert sich als dominierender geistiger Wille, gewinnt einen autonomen Stellenwert und wird somit doch zum Stil (wenn immer Stil aus Lebensgefühl erwächst). Manuelismus schafft Atmosphäre, Ambiente und in mancher Hinsicht metaphysischen Raum: Glorie des Reichs Gottes auf Erden durch die Glorie des gottbegnadeten Königs und seines Hauses. Das Wort des französischen Missionsanspruchs ›Gesta Dei per Francos‹ ließe sich an der Schwelle der Neuzeit auch auf das Land am Rande Europas übertragen: ›Gesta Dei per Lusitanos‹. Niederschlag dieses Gedankens sind die ›Lusiaden‹, das dichterische Hauptwerk in dem nach Dom Manuel benannten Zeitalter.

Hatte Boitaca noch an den Fundamentpartien des Kirchenschiffs und des Claustro von São Jerónimo mitgewirkt, so war der eigentliche ›Bauleiter‹, der die Arbeit des genialen Planers in der Praxis fortsetzte, *João de Castilho*. Wir haben den Kastilier bereits als den Schöpfer des Portals der Igreja do Conceição Velha in der Altstadt kennengelernt. Auch in Belém schuf er ein Portal. Die Arbeit der Renaissance-Architekten beschränkte sich ja – auch in Italien – nicht auf den Bau; sie waren zugleich Skulpteure, gelegentlich

Maler. Und João de Castilho, der das Kunststück fertig gebracht hat, das riesige Querschiff der Klosterkirche von São Jerónimo (29 x 19 Meter) ohne Stützen einzuwölben, hat sich am Portal zugleich als Meister des Meißels erwiesen.

Das *Südportal* öffnet sich an der Breitseite des Kirchenschiffs zum Rio Tejo, der durch gärtnerische Anlagen und einen Jachthafen von São Jerónimo getrennt ist. Zwei Strebepfeiler, auf die Spitztürmchen aufgesetzt sind, flankieren das Tor. Sie ragen bis zum Gesims der Kirche empor. Am Mittelpfeiler ist die Statue Heinrichs des Seefahrers angebracht. Er ist in einen wappengezierten Mantel gehüllt. An der Pfeilerbasis lagern zwei Löwen, drohend, mit mächtigen Mähnen. Der Löwe ist das heraldische Tier des Patrons der Kirche, Hieronymus. In Nischen und unter Baldachinen umgeben vierundzwanzig lebensgroße Figuren von Heiligen und Bischöfen, über die die Madonna von Belém ihren Mantel breitet, das Portal. Viele Kleinfiguren gesellen sich hinzu, umschlungen von manuelinischem Astgerank wie die Gestalten auf einem Baum Jesse.

Ab 1517 waren Franzosen in Belém am Werk. *Nicolau Chanterène* fertigte das *Westportal*. Es befindet sich im Durchgang zum Claustro, zwischen der Kirche und dem ehemaligen Dormitorium der Mönche, in dem heute eine ethnologische Sammlung untergebracht ist. Das Tor, stärker der Renaissance verhaftet als das Südportal, beansprucht deshalb unser Interesse, weil der Figurenschmuck ein zeitgenössisches Steinbildnis Dom Manuels und seiner zweiten Gemahlin Maria, Tochter der Katholischen Könige, aufweist. Das Bildnis des Königs darf, wie auch das der Königin, Porträtähnlichkeit beanspruchen; dies entsprach dem Prinzip der Renaissance (nachdem die Gotik keinen Wert darauf gelegt hatte); und es heißt sogar, ein dem König zu Lebzeiten abgenommener Gipsabdruck habe als Vorwurf für die Portalskulptur gedient. Der Monarch kniet betend neben seinem Schutzpatron Hieronymus, während die Königin den Täufer zur Seite hat. Über dem Zeitgenössisch-Weltlichen des Século de Ouro sehen wir das Überweltliche im Tympanon: christologische Darstellungen des Wunders von Betlehem (= Belém), eine Verkündigungsgruppe, die Geburt

Christi, die Anbetung. Darunter halten Engel das Königswappen: auch hier bewußte Synthese göttlicher und irdischer Gewalt.

König Manuel ist am Westportal des Jerónimo-Klosters bartlos dargestellt, wie auch auf mehreren anderen Porträts. Im Museum von São Roque befindet sich aber ein Hochzeitsbild des Venturoso von Gregório Lopes; der Priester legt auf dem Gemälde gerade die Hände des Königs und seiner Gemahlin Dona Maria ineinander. Hier trägt der König eine Ponyfrisur und einen gepflegten Bart. Da man in jener Zeit nicht mehr willkürlich porträtiert hat wie in der Epoche der Gotik, darf man annehmen, daß König Manuel in späteren Jahren der Mode der Renaissance gefolgt ist und den Bart abgenommen hat – auch die Römer, denen die ›Renascença‹ ja nacheiferte, gingen bartlos.

João de Rouão (Rouen) schließlich nahm sich des Chors von São Jerónimo an; er gestaltete auch den polychromen Retablo – Retablos heißen die typisch iberischen Altäre, die nicht frei stehen, sondern in die rückwärtige Chorwand eingefügt sind. Der Retablo von São Jerónimo ist bereits ganz Renaissance, ohne gotische und manuelinische Attribute, und erinnert an die Altarwand der Sé in der grenznahen Stadt Guarda, ebenfalls von João de Rouão gefertigt.

Von dem Meister wissen wir, daß er in Ambois steinerne Sarkophage für Kardinäle skulptierte und 1528 nach Coimbra kam, wo er die Zimmermannstochter Isabel Pires ehelichte. Eng arbeitete er mit Diogo de Castilho, einem der beiden asturischen Brüder, zusammen; als Bildhauer hielt er sich an das Vorbild Michelangelos. Er starb in Portugal 1580, im Jahr, in dem die portugiesische Selbständigkeit endete.

Ungeachtet des Zusammenwirkens so vieler verschiedener Meister und einer Bauzeit von einem Halbjahrhundert wirkt das Hieronymuskloster wie aus einem Guß. Ein spitzenartiges Ziergesims am Dachansatz betont die Horizontalwirkung der Kirche im Gegensatz zum Südportal, das den Blick nach oben reißt. Die Kuppel auf dem Oktogonalturm, gekrönt von Astrolabium und Christusritter-Kreuz, ist eine verfälschende Zutat des 19. Jahrhunderts; ursprünglich hatte der Helm Kegelform. Der anschließende Baukörper des langgestreckten Dormitoriums ist durch Strebepfeiler gegliedert; zwischen jedem Joch sind Fenster angeordnet, im Untergeschoß Gotik, im Obergeschoß Renaissance. Man hat die

4 Lissabon, *Praça do Comércio*

5 Lissabon
*Ausschnitt aus dem Portal
der Nossa Senhora
da Conceição Velha*

6-7 Lissabon, *Torre de Belém*

9 Lissabon, *Klosterkirche San Jerónimo*

8 Lissabon, *Westportal im Mosteiro do Jerónimo*

11 Mafra, *Die Klosterkirche*

10 Sintra, *Schloß Pena*

12 Lissabon, *Palácio dos de Sportos*

13 *Eremitage bei* Lissabon

14 Queluz, *Im Schloßpark* →

Rhythmik der Mauergliederung mit einem Wellenschlag verglichen, der Bewegung herstellt, Umsetzung des Raums in Zeit.

Mehr kurios als ästhetisch ansprechend ist der *Claustro* von São Jerónimo. Hier ist der Manuelismus wie nirgends sonst überfordert, überspitzt, maßlos bis zum Exzeß; das Ornament, üppig und bizarr, wirkt nur noch grotesk.

Was da an Maßwerk geboten wird, sind zopf- und brezelförmige skurrile Tauwerkgebilde, in die Karavellen hineinkomponiert sind. Aus dem Gemäuer schauen vollplastische Kopfmedaillons; die Gesichter wenden sich jeweils zur Seite. Wir entdecken Wappen mit christlichen Symbolen: Schwamm und Speer Golgathas, Dornenkrone, Andreaskreuz, blutende Wundmale Christi und anderes. Ein Relief stellt dar, wie Christus gegeißelt wird. Hinter einer Mauer schaut der Kopf eines bärtigen Mannes hervor: Pilatus, der die Geißelung überwacht. Im Brunnenhaus des Claustro stützt sich ein Löwe auf einen Wappenschild.

Vom Kreuzgang aus öffnen sich Kapitelsaal und Sakristei. Das Sterngewölbe des *Kapitelsaals* wird von einer einzigen Säule getragen, die wie ein Baumstamm in der Mitte des Raumes aufragt. 1951 wurde hier Marschall Carmona beigesetzt, Portugals Staatspräsident der Ära Salazars. Außerdem befinden sich in der Sala Capitular die Grabstätten des Romanciers und Außenministers Garrett, der 1854 verstarb, und des Historikers Herculano, Portugals Ranke, der 1877 das Zeitliche segnete.

Der eindrucksvollste Teil von São Jerónimo ist neben den Außenportalen das *Innere* der dreischiffigen Hallenkirche. Die schlanken, von Renaissance-Mustern überzogenen Pfeiler tragen das gotische Netzgewölbe. Man wird an die Raumwirkung eines Profanbaus der Iberischen Halbinsel erinnert, der Seidenbörse von Valencia.

Berühmte Kenotaphe und Sarkophage

Die Klosterkirche von São Jerónimo ist das mit der Conquista am engsten verbundene Gotteshaus Portugals, ein Schrein der Nation. Zugleich ist sie Mausoleum berühmter Persönlichkeiten des Goldenen Zeitalters. Fünf Könige, sieben Königinnen, neunzehn Infanten haben in São Jerónimo ihre letzte Ruhe gefunden.

Ehrenplätze in diesem Pantheon gekrönter Häupter nehmen die beiden Avis-Könige *Manuel I.* und sein Sohn *João III.* ein, der Venturoso und sein tatkräftiger Nachfolger, der der letzte Avis von Rang gewesen ist. Beide liegen in schweren, von Elefanten getragenen Sarkophagen unter der Kassettentonne des Chors, neben ihnen ihre Gemahlinnen Maria und Katharina, beide aus Kastilien. Hat der Venturoso die Blütezeit des Século de Ouro erlebt und zugleich dieses Kloster gegründet, so hat João, der Sohn, die Entdeckungen konsolidiert, vor allem die Kolonie Brasilien in Kapitanien eingeteilt und durch erste systematische Besiedlung im eigentlichen Sinne für Portugal gewonnen.

Im Bewußtsein Europas sind aber zwei andere, nicht gekrönte Persönlichkeiten weit stärker lebendig, die ebenfalls in der Klosterkirche von Belém Grabdenkmäler haben, unter der über die ganze erste Jochlänge vorgezogenen Empore: *Vasco da Gama* und sein Homer, der Dichter *Camões*. Daß dieser ein geharnischter Poet gewesen ist, zeigen die beiden Symbole an, die sein auf einem Kenotaph liegendes Abbild zieren: Schwert und Lorbeer. Hat man für Camões nur einen Kenotaph erstellen können, weil sein Leichnam nach dem Pesttod in der Alfama nicht aufgefunden worden ist, so weist die Grabstätte des Entdeckers einen Sarkophag auf, wenngleich auch in seinem Falle bezweifelt wird, ob er wirklich in diesem Steinsarg ruht. Doch diese Zweifel bestehen bei vielen Konquistadoren, auch jenen spanischer Herkunft, denn das Zeitalter war turbulent, und viele Eroberer der ersten Garde starben in der Fremde oder in Ungnade, verschollen oder vergessen. Auch Kolumbus macht hier keine Ausnahme. Vasco da Gama freilich erfreute sich bis zur letzten Stunde der Gnade seines Herrn. Als er längst keine Schiffsplanken mehr betrat zu überseeischen Abenteuern, galt er immer noch als der große alte Mann der portugiesischen Seefahrt, dessen Urteil ausschlaggebend war für die Ausrüstung einer neuen Armada, für die Bestallung eines Capitão-Mór. Andere, Cabral etwa, haben folgenschwerere Entdeckungen gemacht. Keiner aber ist so wie Vasco da Gama Symbolfigur geworden für die portugiesische Erkundung und Erschließung einer bis dahin unbekannten Welt.

Vasco da Gama und sein Homer

In Belém begann *Vasco da Gama*, ein Sohn des Alentejo, am 8. Juli 1497 mit vier Schiffen und hundertachtzig Mann seine Indienfahrt. König Manuel gab ihm bis zur Tejomündung das Geleit. Die Seefahrzeuge der Flotte waren keine Karavellen, sondern Naus mit kleinerer Tonnenzahl und drei Masten. Bis zum Cap Verde begleitete Bartolomeu Dias die Armada.

Der Auftrag für Vasco da Gama war eindeutig: Erkundung des Seewegs nach Indien. Es spielte aber noch etwas anderes mit. Der Capitão-Mór sollte außerdem mit dem mysteriösen Priester Johannes in Verbindung treten.

Zum Verständnis dieser Mission müssen wir in die Zeit der Kreuzzüge zurückschauen. Im 12. Jahrhundert hatte die abendländische Menschheit eine Sensation ersten Ranges erfahren: die Mächtigsten der damaligen Welt, Kaiser Manuel I. von Byzanz, Kaiser Barbarossa und der Papst, hatten das Sendschreiben eines christlichen Priesterkönigs erhalten, der angeblich alle Herrscher der Welt an Macht übertrumpfe. In dem Schreiben hieß es: »Wenn Ihr wissen wollt, wo auf Erden Unsere Allmacht herrscht, so müßt Ihr einsehen, daß Ich, der Priester Johannes, der Herr der Herrscher bin und daß Ich alle Könige der gesamten Erde an Reichtum, Gnade und Allmacht übertreffe. Allein zweiundsiebzig Könige sind Uns tributpflichtig.«

Mystifikation eines Irrsinnigen? Oder eine anonym vermittelte Utopie, die den Mächtigen der Zeit einen Spiegel vorhalten wollte? Das Geheimnis um den Priesterkönig ist nie geklärt worden. Aber es hat das gesamte Mittelalter beschäftigt. Das Sendschreiben wurde in alle Sprachen übersetzt. Der Papst konnte bei dem kontinentalen Aufsehen, das der Text bewirkte, aus Prestigegründen nicht anders handeln, als das Schreiben zu beantworten und seine Antwort irgendeinem Kapitän auf großer Fahrt mitzugeben.

Die Menschheit, so scheint es, kommt ohne vage Hoffnungen, ohne abergläubische Spekulationen nicht aus – das Rätsel Atlantis, dem man heute noch nachforscht, beweist es. Jedenfalls war im ausgehenden Mittelalter die Fama des Priesters Johannes noch so lebendig, daß sie einen wesentlichen Anreiz der afrikanisch-indischen Conquista darstellte. Auch Vasco da Gama hatte den inoffiziellen Auftrag, mit der geheimnisvollen Persönlichkeit Verbindung aufzunehmen.

Glücklich überwand der Seefahrer mit seiner Flotte das Kap der Guten Hoffnung. An der Ostküste Afrikas traten erstmals Bordgeschütze in Aktion, als Eingeborene den Portugiesen feindlich entgegentraten. In Melinde heuerte Vasco da Gama einen arabischen Steuermann an, Ahmad-ibn-Majid, der die Flotte sicher über den Indischen Ozean brachte. Ein Araber trug also dazu bei, die europäische Konkurrenz in einem bisher vom islamischen Handel beherrschten Teil der Welt zu begründen. Schon nach einem Monat erreichte die Flotte Calicut in Indien. Doch arabische Kaufleute machten den Ankömmlingen Schwierigkeiten. Die Lage in Calicut wurde bedrohlich, so daß man im nächsten Jahr die Heimkehr beschloß. Windstillen, Gegenwinde, Skorbut erschwerten die Rückfahrt.

Ein Kauffahrer in der Tejo-Mündung sah die Flotte zuerst. Er rief über die Reling: »Woher kommt ihr?« Die Antwort lautete: »Aus Indien!« Schnell kehrte der Kauffahrer um und brachte die sensationelle Meldung des geglückten Unternehmens als erster nach Lissabon.

Die Sternstunde der Entdeckung des Seewegs nach Indien ist von den Zeitgenossen höher eingeschätzt worden als die fünf Jahre früher erfolgte Entdeckung Amerikas durch Kolumbus. Der Genuese hatte nach damaliger Anschauung lediglich ein Niemandsland der Zivilisation, bewohnt von Wilden, aufgefunden, Vasco da Gama hingegen ein hoch zivilisiertes Gebiet, das Edelsteine und Gewürze lieferte. Obwohl nur fünfundfünfzig von hundertsechzig Besatzungsmitgliedern überlebten, empfand man die Expedition als triumphalen Erfolg. Sie brachte sechsfach die Kosten der Ausrüstung der Schiffe ein.

Vasco da Gama unternahm 1502 und 1524 noch zwei weitere, diesmal besser ausgerüstete Fahrten, die die Voraussetzung für das portugiesische Handelsimperium in Südasien schufen. Das Jahr seiner dritten Reise war zugleich das Jahr seines größten Triumphs: die Ernennung zum Vizekönig Indiens durch Manuel I. Es war zugleich auch das Jahr seines Todes – und das Geburtsjahr seines Sängers, des Dichters Camões.

Camões, der aus Lissabon oder Coimbra stammte, hat sein Gedicht, ›Os Lusíadas‹, nicht am Schreibtisch erdacht. Er war selber Akteur in dem großen portugiesischen Seedrama. In Ceuta verlor er ein

Auge. In Indien gewann er die Freundschaft des Vizekönigs Francisco Coutinho. Wegen Satiren auf einen portugiesischen Gouverneur kam er als Verbannter auf die Molukken. Auf der Route Goa-Macau erlebte er einen Schiffbruch. Dabei konnte er sein unvergängliches Werk, die ›Lusiaden‹, mit knapper Not aus den Fluten retten. Jener Avis-König, mit dem das Goldene Zeitalter zu Ende ging, der sagenumwobene Sebastião, gewährte Camões in dessen letzter Lebensphase eine Jahresrente von 15 000 Reis.

1572 kamen die ›Lusiaden‹ in Lissabon heraus. Das Buch umfaßt die glorreiche portugiesische Geschichte einschließlich der Taten der Conquista. Es beginnt beim mythischen Stammvater der Portugiesen, Lusus, einem Sohn des Bacchus. Wir lesen bei Camões über Portugals Frühzeit:

> Esta foi Lusitânia, derivada
> De Luso ou Lisa, que de Baco antigo
> Filhos foram, parece, ou companheiros,
> E nela então os íncolos primeiros.

> Einst hieß es Lusitanien, Ihr fändet
> mit Lusus oder Lysas sein Entstehen,
> des Bacchus Söhnen oder auch Gefährten,
> die sich zuerst von seinem Boden nährten.

Auf dem Titelblatt der Erstausgabe der ›Lusiaden‹ ist ein Pelikan zu sehen, der seine Jungen mit seinem eigenen Blut ernährt. Das Buch gehört der Weltliteratur an. Humboldt nannte den Verfasser den »Homer der lebenden Sprachen«. In dem pathetischen Gedicht, in dem es heißt, Lissabon habe Rom besiegt, lesen wir als resignierendes Finale: »Und so werde ich das Leben beschließen, und alle werden erkennen, wie ich meinem Vaterland so anhing, daß ich mich nicht begnügte, in ihm zu sterben, sondern zu sterben mit ihm.«

Es war das Jahr 1580, das Ende der portugiesischen ›Independência‹ – zugleich das Ende des Goldenen Zeitalters.

Der Ersehnte

Im rechten Querschiff von São Jerónimo steht der Sarkophag des Enkels von João III. und vorletzten portugiesischen Königs vor dem spanischen Zwischenspiel: *Sebastião*. Obwohl er kaum Bedeutung beanspruchen darf und schon in jungen Jahren starb, ist seine Gestalt von einem eigentümlichen Glanz umgeben. Man nannte ihn ›O Desejado‹ – ›Der Ersehnte‹, und lange hoffte man auf seine messianische Rückkunft, damit er Portugals Größe wiederherstelle. Also ein Barbarossa-Mythos mit anderem Vorzeichen: in diesem Fall handelt es sich um keinen bärtigen Imperator in gesetzten Jahren, sondern um einen bartlosen Jüngling, der eben erst die Macht gekostet hatte. An ihn klammerten sich die portugiesischen Hoffnungen während der Spanierherrschaft. Als danach der Bragança João IV. den Thron bestieg, äußerte er, er werde zurücktreten, wenn der Desejado doch noch heimkehren sollte (dieser wäre damals, 1640, fünfundneunzig Jahre alt gewesen). Noch im 18. und 19. Jahrhundert, vor allem während des Bürgerkrieges, hoffte man auf Sebastião. Er war die personifizierte Saudade. Die ironische Feder des Franzosen Franz Villier vermerkte: »Vielleicht erwarteten die Portugiesen ihn noch im 20. Jahrhundert und mochten glauben, ihn, wie die Azteken Quetzalcoatl, in der Person des Doktors Salazar zu erkennen.«

Sebastião entsprach der ihm angedichteten legendären Bedeutung nicht. Er war ein Träumer und Phantast, der das Ungewöhnliche wollte und die Dimensionen des Lebens übersah. In gewissem Sinn eine tragische Figur, hat er die Literatur beschäftigt, selbst die deutsche. Ernst Pentzoldt schrieb das poetische Stück ›Die portugalesische Schlacht‹, das den Desejado zum Helden hat. Der Pseudoheld, Don Quijote der Conquista, fiel in Afrika gegen die Mauren. Auch bei ihm ist es fraglich, ob sich seine Gebeine wirklich in dem Sarkophag von São Jerónimo befinden. Man hat behauptet, Philipp II. von Spanien habe, um den Mythos von der Rückkunft Sebastiãos zu zerstören und nachzuweisen, daß er in der Tat nicht mehr am Leben sei, die Knochen eines Schweizer Soldaten in den Steinsarg legen lassen.

Das Haus Avis hatte kurz vor seinem Untergang deutliche Züge von Degeneration aufzuweisen, verursacht durch die vielen wechselseitigen portugiesisch-kastilischen Hochzeiten. Urgroßvater, Großvater und Vater heirateten über die Grenze, ihre Frauen kamen immer aus der gleichen Dynastie. Da Kastilien um jene Zeit bereits mit Habsburg versippt war, zeigt Sebastiãos Porträt habsburgische Züge; er war blond und helläugig, mit betonter Unterlippe, Philipp II. nicht unähnlich, wenn auch ohne dessen durchdringenden, lauernden, furchteinflößenden Blick.

Der Prinz Portugals war ›Ersehnter‹ schon bei der Geburt. Sein Vater João, Sohn Joãos III., verunglückte als Infant noch vor der Geburt des Kindes. Zwei Monate nach seinem Tod brachte die Witwe den vom Volk herbeigesehnten Nachfolger, den Desejado, zur Welt.

Bis zum vierzehnten Lebensjahr Sebastiãos übernahm Kardinal Henrique, Bruder Joãos III. und Großonkel des jungen Königs, die Regentschaft. Der Kardinal ruht im Querschiff der Klosterkirche von São Jerónimo, dem Desejado gegenüber. Als der Infant dann endlich das Zepter ergriff, fand er verlotterte Finanzverhältnisse vor. In der Hybris der Welteroberung hatte die Krone sich übernommen. Der junge Monarch half sich mit einer Inflation, indem er die in seinem Reich umlaufenden Kupfermünzen um ein Drittel entwerten ließ (der Adel freilich wurde von dem Manöver rechtzeitig unterrichtet).

Religiösen Fanatismus teilte Sebastião mit Philipp II. Die vielen kastilischen Frauen hatten die Liberalität des Hauses Avis zu Fall gebracht und auch den Prinzen zum Dogmatiker gemacht. Keiner erfüllte so buchstabengetreu die Strafbestimmungen des Tridentiner Konzils. Sebastião beglückwünschte Karl IX., den König Frankreichs, nach dem Blutbad der Bartholomäusnacht. In glühendem Ehrgeiz trachtete er danach, gleich seinen Vorfahren aus der Zeit der ›berühmten Generation‹ das Christenbanner weit in das Gebiet der Muselmanen hineinzutragen. Er gelobte, keine Frau zu berühren, bevor nicht Marokko erobert, Ägyptens Kalifat gestürzt, das Heilige Grab gewonnen und Konstantinopel aus der Gewalt der Türken befreit sei.

Doch vorläufig blieb es bei Plänen, im Gegensatz zu jenem Tatmenschen Don Juan d'Austria, Bastard aus dem Hause Habsburg, der unter dem Jubel Europas 1571 bei Lepanto die Türken schlug und in wacher Präsenz wahrmachte, wovon der Desejado nur träumte. Sebastião verbrachte schlaflose Nächte vor verzehrendem Neid.

Schließlich bot sich eine Chance zur eigenen Tat: der Streit maurischer Fürsten untereinander. Sebastião ließ die Werbetrommel schlagen, um ein Glaubensheer zu gewinnen. Unter denen, die sich unter Portugals Banner scharten, waren auch Hunderte von Deutschen. Der junge König wollte ›Kaiser von Marokko‹ werden und ließ sich bereits a priori die entsprechende Krone schmieden, die er auf den geplanten Feldzug mitzunehmen gedachte. Außerdem gab er Phantasiegewänder für seine kaiserliche Leibwache in Auftrag; er selber hatte sie entworfen. Und er bestellte zehntausend Gitarren zur Feier des Siegs. Seine falsche Einschätzung der Realität kam zuletzt dadurch zum Ausdruck, daß er Tausende von Seilen mit nach Afrika zu nehmen gedachte, um die maurischen Gefangenen in Fesseln zu legen.

Startzeichen für das großspurige Unternehmen war ein weihevoller Gottesdienst in der Sé von Lissabon. Die Ausfahrt verzögerte sich nochmals um acht Tage. Als man endlich nach Afrika übergesetzt hatte, wurde in der heißen Schlacht von Alcázar-Kebir 1578 alles mit einem Male verspielt: Portugals bestes Heer, das Leben des jungen Königs, der Nimbus der Überlegenheit des Kreuzes über den Halbmond und der Ruhm des Goldenen Zeitalters Portugals, das niemals wiederkehren sollte.

Zwei Monate hoffte man auf die Rückkunft des Ersehnten, an dessen Tod man in Lissabon nicht glauben wollte. Wie im Falle Friedrichs II. von Hohenstaufen oder des russischen Demetrius tauchten Schwindler auf, die behaupteten, der Vermißte zu sein. Schon nach sechs Jahren machte ein falscher Sebastião Rechte geltend. Er residierte in Penamacor. Philipp II. ließ ihn gefangennehmen und auf eine Galeere verbringen. Es wurde offenbar, daß es sich um einen Töpfersohn aus Alcobaça handelte. Der zweite Doppelgänger des Knabenkönigs war ein Einsiedler, den man offenbar in die ihm gar nicht genehme Rolle gedrängt hatte. Schließlich gefiel sie ihm. Er verteilte Adelsdiplome. Doch es stellte sich heraus, daß er in Wirklichkeit Mateus Álvares hieß. Er starb auf dem Schafott, in einer Haltung, die dem echten Sebastião Ehre gemacht hätte. Sechzehn Jahre nach der ver-

hängnisvollen Schlacht von Alcázar-Kebir erschien schließlich der dritte Sebastião, der den meisten Anhang fand. Man weiß, daß er Gavriel de Espinhosa hieß. Die Infantin Ana, Tochter Don Juans d'Austria, verliebte sich in ihn und wollte mit ihm fliehen, um ihn zu heiraten. Diese Ehe hätte die Ansprüche dieses falschen Sebastião nachdrücklich legitimiert. Es kam nicht soweit. Auch er endete durch die Hand des Henkers. Und es erwies sich, daß es sich um einen Pastetenbäcker aus Madrigal gehandelt hatte ...

Nach zwei Monaten Thronvakanz setzte sich der ehemalige Reichsverweser, der sechsundsechzigjährige Kardinal Henrique, müde und lustlos die verblaßte Krone aufs Haupt. Sie drückte ihn schwer. Er war lungenkrank und verbraucht, der Letzte der Dynastie. Schon machte Philipp, durch seine Mutter Isabel mit dem Haus Avis verwandt, Rechte auf das Königreich geltend. Jedermann am Tejo wußte, daß dies das Ende der ›Independência‹ bedeuten würde. Das Haus Avis durfte nicht erlöschen. So suchte der Adel, suchten die Côrtes krampfhaft nach einer Gemahlin für den dahinwelkenden Kardinal-König. Sie fanden sie schließlich in der Person einer beklagenswerten vierzehnjährigen Infantin aus dem Hause Bragança.

Doch die ungleiche Ehe blieb der Infantin erspart. Kardinal Henrique starb 1580 an der Pest. Philipp II., der mit allen Mitteln beim Vatikan versucht hatte, die Heiratsdispens für den Kardinal zu unterbinden, hatte keinen Gegenspieler mehr. Seine Truppen marschierten bei Elvas über die Grenze.

Portugals Schwert war stumpf. Kein Aljubarrota drohte den Spaniern mehr. Im Gefecht von Alcântara hielt es der Herzog von Alba nicht für nötig, eigens ein Pferd zu besteigen. Er saß auf einem Hügel und schaute von seinem Sessel aus belustigt zu, wie Portugal spanisch wurde.

Museu Nacional de Arte Antiga

Die meisten jener Männer, an die die Sarkophage im Hieronymus-Kloster erinnern, gewinnen gegenwärtiges Leben, wenn wir ihrem Porträt gegenüberstehen. Die authentischen Bildnisse befinden sich im *Museu Nacional de Arte Antiga*, dicht am Tejo, zwischen Belém und Stadtmitte. Das Gebäude war ursprünglich ein Palast, der zeitweise Pombal gehört hatte. Weil die Fensterläden grün gestrichen waren, sagte das Volk zu dem Museum ›Haus der grünen Fenster‹.

Das Museu de Arte Antiga kann sich selbstredend nicht mit dem Prado in Madrid vergleichen. Ein Dreigestirn Greco-Velásquez-Goya gab es nur in Spanien. Dennoch hat auch Lissabon seine respektablen Malerschulen, nicht so eigenständig wie die von Sevilla oder Valencia, aber doch mit eigenem Kolorit, mit der Physiognomie portugiesischer Menschen, selbst auf Heiligenbildern, und mit Malernamen, die man sich merken darf. Das Século de Ouro fällt auch mit der Entstehungszeit der wichtigsten Bildobjekte zusammen. Vor allem der Beitrag an historischer Dokumentation macht den Besuch des ›Hauses der grünen Fenster‹ lohnend. Künstlerisches Objekt und zugleich Dokument von Rang ist der ›Políptico‹ (Polyptychon) zu Ehren São Vicentes aus der Werkstatt von *Nuno Gonçalves.* Das sechsteilige Werk ist in einem eigenen Raum untergebracht, auf den eine Saalflucht hinführt.

Das Polyptychon erlaubt uns einen Blick auf die wesentlichen Repräsentanten des Hauses Avis zur Zeit Heinrichs des Seefahrers und zugleich ins Anlitz der führenden Männer Portugals in der Epoche der ersten großen Fahrten. Man sieht es den gescheiten, versonnenen und doch tatbereiten Gesichtern an, daß dieses Geschlecht um die Mitte des 15. Jahrhunderts Portugal zu seiner Höhe führte; es ist eine Versammlung von geistgeprägten Aristokraten und Patriziern. In ähnlicher Weise kann man in den Physiognomien der Dogen und des venezianischen Kaufmanns-Adels auf den Bildern Veroneses die große Stunde der Seerepublik an der Adria erkennen, die wie Portugal einmal eine Weltmacht war.

Abweichend vom Zeitstil, ordnete Nuno Gonçalves seine Figuren nicht vor einem Landschafts- oder Architekturhintergrund an, sondern füllte mit ihnen ganz den Raum. Gesammelter Ernst spricht aus Physiognomie und Gestik der Dargestellten, sie haben nach einem Wort von Antonio Quadros »nichts Melodramatisches« an sich.

Das Altarwerk weist sechzig Figuren auf. Der bedeutendste Teil ist das linke Mittelstück, auf dem der ›Navegador‹ abgebildet ist, auf dem weiterhin sechzehn Personen zu sehen sind (sechs davon sind identifiziert). In der Mitte des auf Holz gemalten Bildes steht, prächtig als Diakon gewandet, der Nationalheilige Portugals, São Vicente, kaum überhöht oder von seiner Umgebung abgesetzt, sondern einer unter seinesgleichen, wie ein weltlicher Protektor, allein durch die Aureole um die damals modische Spitzmütze als nicht ganz irdisch erkennbar. Er blättert im Johannes-Evangelium. Vor ihm kniet in grünem Samtkleid König Afonso V., die Linke am Schwert, mit einer Kopfbedeckung, die der des Heiligen gleicht. Ihm gegenüber kniet seine Gemahlin Isabel, den Rosenkranz in Händen, mit kostbarem Halsschmuck. Hinter seinem Vater sieht man den Infanten João, den späteren ›Príncipe Perfeito‹, auch er die noch kindliche Hand am Schwert. Zur Rechten des Heiligen steht, etwas spitz und verhärmt, Isabella (Elisabeth) von Burgund, Mutter Karls des Kühnen, Schwester Heinrichs des Seefahrers und Tante des Königs (1397-1471). Eine enge, klösterliche Haube verhüllt ihr Kinn. Es ist die Tracht der Grauen Schwestern, in deren Kloster sich die Herzogin nach einem heftigen Streit mit ihrem Gemahl Philipp dem Guten zurückgezogen hatte. In der Reihe der im Hintergrund aufgestellten Honoratioren, die allesamt Individualitäten sind, vermutet man als zweiten von links den Schöpfer des Altars, Mestre Nuno Gonçalves.

Wir wissen, daß der Maler ›Pintor regio‹ Dom Afonsos war, mit einem Gehalt von 12000 Realen, die aber rasch auf 15432 erhöht worden sind; dazu erhielt er Tuch zur Herstellung der persönlichen Garderobe. Er lernte in Flandern.

1910 hat man den Altar in der Sakristei der Kirche São Vicente de Fora, vollkommen nachgedunkelt, entdeckt. Man nimmt an, daß er ursprünglich zum Paço São Vicente gehörte. Der Kunsthistoriker José de Figueiredo hat das Werk Nuno Gonçalves zugeschrieben. Der Gelehrte stützte sich dabei auf Angaben des im 15. Jahrhundert lebenden Schriftstellers Francisco de Holanda und veröffentlichte seine Entdeckung in dem Buch ›Da Pintura Antiga‹. Der Restaurator Luciano Freire hellte das Bild auf.

Nun entstand einer der üblichen Gelehrtenstreite, das passionierte Plädoyer für die Legitimität, doch auch das ebenso engagierte Nein. Man schaffte Indizien herbei, verglich stilkritisch mit gesicherten Werken des Malers, beschimpfte

Figueiredo. Die Hysterie des Meinungsgefechts führte bis zum Selbstmord: ein Sachverständiger hatte als Beleg ein Dokument beigesteuert, das sich eindeutig als Fälschung nach einem Codex aus der Epoche Sebastiãos erwies und den wissenschaftlichen Kredit des Zeugen ruinierte.

Das faszinierendste Porträt auf dem linken Mittelstück des Nuno-Gonçalves-Altares ist dasjenige Heinrichs des Seefahrers, der zur Linken São Vicentes steht, in schwarzem, bis zum Hals geschlossenem Gewand und mit breitrandigem schwarzem ›Chapéu bolônhes‹. Die asketisch schlanken Finger faltet er zum Gebet. Das Gesicht wirkt abgemagert, der Mund mit dem fast modernen Bart offenbart Enttäuschung und Entsagung, doch auch passioniertes Engagement an eine Idee. Es ist das Antlitz eines Asketen, trotz des sinnlichen Zugs um die Lippen. Der der Aufgabe verpflichtete Asket siegt über den Abenteurer und Träumer, das nüchterne Kalkül über das Phantasma. Sicher war der Infant Henrique human, verstehend, leutselig, doch im Entscheidenden unerbittlich. Er war nicht einzelnes Individuum, sondern er verkörperte ein Amt, und zwar ein Ordensamt. Seine Kompromißlosigkeit erwies sich, als er sich aus politischen Gründen weigerte, seinen gefangenen und totgeweihten Bruder Fernan auszulösen. Modernen Psychologen hätte die Komplexität und zugleich diffizile Struktur dieses Charakters zu schaffen gemacht. An den leicht geröteten Augen erkennt man die schlaflosen Nächte, die der Weise von Sagres mit seinen Wissenschaftlern und Mitarbeitern in der einsamen Versuchsstation am Südwest-Kap Europas, das dem Heiligen des Altarwerks gewidmet ist, forschend und vielleicht oft auch zweifelnd zugebracht hat.

Man könnte sich fragen, warum auf dem einen Mittelstück des Polyptychons von Nuno Gonçalves, diesem Gruppenbild der Avis, Duarte, Fernan, Pedro fehlen, auch sie Mitglieder der ›berühmten Generation‹ und Brüder des Seefahrers. Nun, Duarte war, als das Altarwerk geschaffen wurde, bereits gestorben (1438), Fernan im afrikanischen Verlies umgekommen (1448). Und Pedro, der Dichter und zeitweise Regent für den noch unmündigen Afonso, war in Ungnade gefallen. Als Rebell gegen den König verlor er 1449 in der Schlacht von Alfarrobeira sein Leben.

Unter den Gestalten, die sich auf dem anderen, dem rechten Mittelstück um den Heiligen scharen, ist der damals amtierende Kardinal Jaime die beherrschende Figur. Unter der Mitra blickt er frontal aus dem Bild; mit der Rechten hält er den Saum seines Ornats. Ganz rechts sieht man einen Gelehrtenkopf. Es handelt sich um einen der Chronisten des Zeitalters der ›ínclita geração‹, *Gomes Eanes de Zurara*. Ohne ihn wäre unser Wissen um die Sternstunde Portugals gering. Während Fernão Lopes, der andere große Historiograph, vorwiegend Ereignisse vermittelte, bevorzugte Eanes die individuelle Zeichnung von Persönlichkeiten, das spezielle Charakterbild – Duarte, Pedro, Henrique –, ein portugiesischer Plutarch.

Eanes, Sohn eines Domherrn (geboren 1409) war Christusritter; als solcher muß er dem Navegador nahegestanden haben. Vielleicht ist er dieses Ranges wegen auf dem Altarbild mit abkonterfeit. 1454 unterstützte er seinen Chronisten-Kollegen Lopes in dessen Funktion als ›Guardador‹, Kustode, des berühmten königlichen Handschriften-Archivs im Turm von Tombo. Nach Marokko übersetzend, sammelte Eanes Material für seine ›Crónica da Conquista de Ceuta‹, in der er das Wirken des ersten Gouverneurs des Stützpunktes, Pedro de Menezes aus Santarém, beschreibt. Eine ›Chrónica da Conquista da Guiné‹ ist ebenfalls von ihm erhalten; in ihr vor allem zeichnet er das Bild Heinrichs des Seefahrers. Eanes trat gleich Las Casas für das Los der Eingeborenen ein. Und überall spürt man die Absicht des Geschichtsschreibers, dem Individualismus des mittelalterlichen Machtmenschen die human geprägte Individualität einer neuen Generation gegenüberzustellen.

Welches Ansehen Eanes bei Hof genoß, erweist ein an ihn adressierter Brief seines königlichen Mäzens, Afonsos V. »Es hat seinen guten Grund«, lautet der Text, »wenn Männer Eures Amtes geschätzt und geehrt werden. Alexander pries Achilleus glücklich, weil er seinen Homer fand. Was wären die Taten Roms, wenn Livius sie nicht aufgeschrieben hätte? Was wären Alexander ohne Curtius, Cäsar ohne Lucanus? Viele Ereignisse sind der Erwähnung kaum wert, aber man hört und liest sie gerne wegen des guten Stils, in dem sie dargeboten sind. Genug Männer kümmern sich um Waffentechnik, wenige um die Kunst des Schreibens. Weil Ihr in dieser Kunst vortrefflich bewandert seid, schulden Ich und alle, die um Mich sind, Euch Dank, der Euch hiermit als unserem tüchtigen Untertan ausgesprochen sei.«

Drei der Seitenflügel des Doppelaltars von Nuno Gonçalves bieten das Motiv von Ständen und Volk. Auf dem ersten sehen wir Mönche – wahrscheinlich des Klosters Alcobaça –, auf dem zweiten Edelleute – darunter den Herzog von Bragança sowie einen maurischen Prinzen –, auf dem dritten Fischer mit dem Sinnbild des Netzes. Einer von ihnen wirft sich inbrünstig zu Boden, mit gefalteten Händen den Rosenkranz an die Lippen pressend. Der Leib des Betenden ist mit der Lust der Renaissance an perspektivischer Wirkung in geradezu artistischer Weise verkürzt, Mantegna übertrumpfend. Der vierte Seitenflügel hält die Reliquie São Vicentes im Bilde fest. Unter den Figuren im Umkreis fällt ein jüdischer Theologe auf, die Thora in den Händen haltend.

Im gleichen Museumsraum hängt ein Brustbild Joãos I., des Dynastiegründers und Vaters des Navegadors, in rotem Habit, ein eher weiches, introvertiertes als entschlußkräftiges Gesicht. Ein spätgotischer Stuhl mit hoher, maßwerkverzierter Lehne soll dem König Afonso V. gedient haben.

Eines der Standardwerke aus den portugiesischen Beständen des Museu Nacional de Arte Antiga ist der bei Betrachtung von Madre de Deus bereits erwähnte Altarzyklus der beiden Heiligen Ursula und Auta.

Als Individualität nächst Nuno Gonçalves ist vor allem *Frei Carlos* zu nennen, unter dessen im Nationalmuseum hängenden Gemälden die Erscheinung des auferstandenen Christus im Kreis der wie vom Blitz berührten Jünger besonders auffällt. Die Handschrift des Mestre wirkt modern bis zur ›neuen Sachlichkeit‹, trotz des Fra-Angelico-Tones des malenden Mönches, der Heiligenfiguren und -szenen für verschiedene Hieronymiten-Klöster gefertigt hat. Denn er war selber Hieronymit; sein Eintritt in den Konvent von Espinheiro bei Évora 1517 ist belegt. Manche halten ihn, ohne schlüssigen Beweis, für einen Flamen aus der Gegend von Brügge. Werke von ihm befinden sich auch in der National Gallery in London.

Die meisten Bilder portugiesischer Herkunft stammen aus ›*Schulen*‹. Viele der besten Beiträge sind anonymer Herkunft, so das ikonenhafte ›Ecce Homo‹ aus der Epoche des Nuno Gonçalves. Die Augen Christi sind von einem mantelartigen Laken verdeckt, das von den Stacheln der Dornenkrone durchstochen wird.

Die Aureole ist nach byzantinischer Manier golden ornamentiert. Reynaldo dos Santos spricht von einem ›hieratismo simétrico‹, einem hieratisch-symmetrischen Stil. Unbekannter Werkstatt entstammt auch die bejahrte Senhora mit Rosenkranz, ein portugiesisches Gesicht, das nach innen schaut. Ein gleichfalls anonymes ›Inferno‹ von makabrer Bizarrerie verrät die Nähe zu Bosch. Die angeblich von einem unbekannten Meister stammende ›Beschneidung‹ dürfte indes zu identifizieren sein, denn unter dem Christuskind, an dem ein Rabbi in christlichem Habit die Zirkumzision vornimmt, liest man die Buchstaben FG: das Signum des Malers Garcia Fernandes, der zu den Manuelisten zählt.

Das Museum besitzt weiterhin das kleinformatige authentische Bildnis Vasco da Gamas; der Konquistador trägt einen gepflegten langen Bart und auf der Brust das Cruz de Cristo. Unter dem Porträt steht der Vermerk »Escola de Gregório Lopes«. Doch Lopes ist selber der Meister, da sein Name auf dem Skript erscheint, das Vasco da Gama in Händen hält. Von *Christóvão Lopes* sehen wir eine Zweitfassung der beiden Meisterporträts aus der Kirche Madre de Deus, die João III. und seine kastilische Gemahlin darstellen. Das bis auf das Panzerdekor minutiös gemalte Bildnis des Desejado, ein Geschenk des Grafen von Penha aus dem Jahre 1909, ist das Werk von *Christóvão de Morais*, eines Zeitgenossen Sebastiãos.

Die starke Glaubensbindung Portugals hatte zur Folge, daß die nationale Malerei vor dem 17. Jahrhundert fast ausschließlich religiöse Motive wählte. Die in neutestamentlichen Szenen wiedergegebenen Gegenstände – Matten, Leuchter, Krüge – sind dem portugiesischen Alltag entnommen, teilweise in einer heute noch gültigen Formensprache. Die Maler der großen Schulen des Século de Ouro, die diese religiös-folkloristischen Sujets schufen, heißen im kunstgeschichtlichen Vokabular des Landes ›Os Primitivos‹, worunter man ›ursprünglich‹, ›original‹ verstehen muß.

Erst das Zeitalter des Barock ließ ›weltliche‹ Motive aufkommen, bar aller religiösen Bezüge. *Filipo Lobo* malte 1660 die Vedute des Tejo-Ufers von Belém, mit dem aus der Schräge gesehenen Kloster der Hieronymiten; im Hintergrund steht die noch stromumspülte Torre.

Unter den Späteren verdient *Domingos António de Sequeira* (1768 bis 1837) Erwähnung. Er hat verschiedene Wandlungen durchgemacht. Sein betend sich zu Boden werfender São Bruno ist noch ganz 17. Jahrhundert spanischer Prägung, vom magischen Licht Zurbaráns übergossen (auch jener malte Kartäuser), in der kühnen perspektivischen Verkürzung auf Mantegna zurückgreifend. Seine großformatige ›Dreifaltigkeit‹ ist Vor-Impressionismus im Turner-Stil.

Im verstandesklaren, kühlen Klassizismus ist das Bild der Familie des ersten Visconde von Santarém gehalten. Der Vizegraf sitzt mit seinem Schreiber an einem runden Empire-Tisch und umfängt – Zeichen seiner Monarchentreue – eine Miniaturstatue Joãos VI., der sich, obwohl ein timider Herrscher, kraftvoll auf einen Löwen stützt. Im Stil des Empire trägt der Visconde, der auf seine Kleidung peinlichen Wert legt, Frack und Ordensstern, darunter eine weiße Volta, eine Weste mit Revers. Die vier artigen Kinder scharen sich um die Mutter; sie tragen große Spitzenkrägen. An der Wand hängt ein Bild der Eltern des Visconde mit ihm selbst als Knaben. Ein Genrebild des Friedens; wenig später, 1807, marschierte Junot in Portugal ein.

Sequeira erweist sich auch mit anderen Werken als ungemein genauer Porträtist, der trotz der Glätte des ›Imperio‹ (Empire) auch zu charakterisieren vermag. Davon zeugt sein ›Conde de Farroba‹, ein vielleicht vierzehnjähriger Junge, der aber schon die arrogante Herren-Attitüde seiner Kaste an den Tag legt. Nonchalant kreuzt er die Beine mit den enganliegenden Hosen, die mit Borten besetzt sind; sein Zylinder liegt nachlässig auf einer Mauer. João VI. erscheint bei Sequeira in cäsarischer Haltung und Geste mit mächtigem Mantelumhang, sicher königlicher als in der Realität.

Seine ganze Liebe verschwendet der Maler an seine Familienbilder. Die beiden Töchter, als Kinder gemalt, sind in verschwommenen Dunst gehüllt, nur die Gesichter mit den übergroßen Augen treten klar hervor. Die Ältere, Mariana Benedicta Vitória de Sequeira, ist auf einem späteren Porträt mit Anmut am Klavier dargestellt.

Das ›Haus der grünen Fenster‹ besitzt eine stattliche Zahl weltberühmter Ausländer: Zurbarán, Velásquez, Morales, del Sarto, Bosch, Fragonard, Holbein, Cranach, Mengs und sogar einen Dürer erster Ordnung, ›Hieronymus in der Klause‹. Das Bild hat mittelbaren Bezug auf Portugal, da Rui Fernandes de Almada, Faktor in Antwerpen, es 1521 von dem Nürnberger Meister erworben hat. Dürer hat den Tatbestand in seinem Diarium verbucht. 1882 wurde das Gemälde von den Nachkommen Almadas angekauft und gelangte endlich in das Museu Nacional de Arte Antiga.

Als man das Museum in neuerer Zeit erweiterte, stand die Capela des 1584 gegründeten Convento Carmelita de São Alberto im Weg. Man hat in glücklichem Einfall die Kapelle einfach in den Neubau einbezogen, wo sie nun mit eingelegtem und vergoldetem Holz sowie reicher Azulejo-Verkleidung ein Beispiel feinziselierter Renaissance-Ausstattung bietet.

Ferner enthält das ›Haus der grünen Fenster‹ antike Möbel und Gebrauchskunst. Prunkvolles Tafelgeschirr zeugt vom Luxusbedürfnis der vom überseeischen Reichtum verwöhnten Bragança. Machado de Castro ist mit dem Gegenstück der Weihnachtkrippe der Sé vertreten. Auch hier erweist der Bildhauer eine unerschöpfliche folkloristische Erzählfreudigkeit, indem er das eigentliche biblische Geschehen in eine Fülle von Volksszenen eingebettet hat. Ein Mann mit einem Truthahn unterhält sich mit einer Frau, die ihr Kind säugt. Ein anderer schleppt einen Sack mit Tellern heran, wieder ein anderer hat einen Dudelsack im Arm. Eine Bäuerin trägt einen Hahn, auf dem Kopf schaukelt sie einen Gemüsekorb und einen schwarzen Keramikkrug. Ein römisches Manipel marschiert mit einer Musikkapelle im Stile der Barockzeit auf. Eine typisch portugiesische Windmühle mit Stoff-Bespannung krönt den Hügelkamm, der den Hintergrund der Weihnachtsgruppe und des quicklebendigen übrigen Geschehens bildet. Belém redivivo am Rande Europas.

Den höchsten Materialwert der Museumsobjekte darf die *Custódia* beanspruchen, die der dichtende Kunsthandwerker *Gil Vicente* 1506 aus dem ersten Gold Amerikas geschaffen hat. Das erstklassige Stück ist mehr Architektur als Sakralgerät. In das Gold ist Email eingelegt. Um den Sockel rankt sich ein Kranz von Astrolabien. Um die Hostie knien Jünger. Darüber ›schwebt‹ – die Verankerung ist kaum wahrnehmbar – ein gotisch geprägter Filigran-Baldachin.

Das kostbare Objekt stand früher im Chor des Hieronymus-Klosters. Der Meister war, Phänomen der Renaissance, zugleich ein begnadeter Dichter, der nächstberühmte nach Camões. Guimarães und Covilhã streiten sich, in welcher der beiden Städte Gil Vicente 1465 geboren ist. Königin Leonor, Schwester Manuels I., förderte ihn – hier wiederholte sich am Rande Europas das fürstliche Mäzenatentum italienischer Renaissance-Potentaten. Auf der Burg São Jorge wurde Vicentes

Stück ›Monólogo do Vaqueiro‹ – ›Monolog eines Kuhhirten‹ vor Dom Manuels Gemahlin, Dona Maria, uraufgeführt, wobei der Autor, ein portugiesischer Molière, persönlich auftrat. Von seinen achtundvierzig Bühnentexten interessieren die religiösen und allegorischen heute weniger. Umso mehr sind die Farcen im Volksstück-Charakter lebendig geblieben, etwa die ›Almocreves‹, worunter man Maultiertreiber versteht. Gil Vicente nahm den Typus der ›Jedermann‹-Spiele auf, wie etwa in seinem ›Spiel von der Seele‹. Die Literaturwissenschaft glaubt, einen Einfluß des Dichters noch auf Calderons Fronleichnamsspiele nachweisen zu können, ja sogar auf Goethes ›Faust‹, da es sich in Vicentes ›Auto da Alma‹ ebenfalls um das Ringen der menschlichen Seele mit Luzifer-Mephistopheles handelt. Die Frage eines möglichen Bezugs wirft der brasilianische Essayist Tasso da Silveira auf. Es ist allerdings ungewiß, inwieweit Goethe Gil Vicente gekannt hat. Der portugiesische Dichter, der als Goldschmied Gegenständliches ebenso meisterlich zu ziselieren verstand wie das ungegenständliche Wort, segnete das Zeitliche 1536 in Évora und ruht dort in der Kirche São Francisco.

Weitere Museen

Die portugiesische Hauptstadt verfügt noch über eine Reihe weiterer Museen, die teilweise in historischen Gebäuden untergebracht sind. Im Palácio da Mitra, tejoaufwärts, können wir das *Museu da Cidade* besuchen, das einen Überblick über die Stadtentwicklung bietet sowie Pinturas und Gravuras nationaler und auswärtiger Künstler enthält, die Lissabon mit Veduten gehuldigt haben, von Dirk Stoop (1610-1698) bis Roque Gameiro (1864 bis 1935). Das Museum besitzt ein zeitgenössisches Bild des ›Sohnes des Erdbebens‹. Auch das mitten in der Alfama gelegene *Museu de Arte Decorativa* bietet vorwiegend lokalgeschichtliche Ausstellungsstücke. Das zu Füßen der Altstadt befindliche *Militärmuseum* verwahrt das Schwert Vasco da Gamas.

Der ehemalige Königspalast der Bragança, der *Palácio da Ajuda* in Belém, ist heute gleichfalls Museum. In den klassizistischen Räumen sieht man Marmorbildwerke von Machado de Castro sowie die Bibliothek Pombals, Zeugnis des literarischen Interesses des Erneuerers der Hauptstadt. Unter den Bänden fand man die Partitur einer der wenigen portugiesischen Opern, des Dreiakters

›La Spinalba‹ von Francisco António de Almeida, komponiert im Cimarosa-Stil. Almeida gehörte zu denjenigen, denen König João V. ein Stipendium nach Rom gewährt hatte. Man nimmt an, daß er ein Opfer des Erdbebens geworden ist.

Das Gefährt, das Filipe I. als Eroberer nach Portugal getragen hat, steht im *Museu Nacional dos Coches*, nahe dem Jerónimo-Kloster. Dies Nationale Kutschenmuseum ist in der Reithalle untergebracht, die Giacomo Azzolini an den Palast Joãos V. angebaut hat. Die in der mächtigen Halle aufgestellten Prunkgefährte stehen denen in Leningrad nicht nach und übertreffen die in Versailles und Madrid. Die Straßen Portugals im 18. Jahrhundert reichten für diese Fahrzeuge kaum aus, die auch nur zum geringsten Teil im Lande selbst benutzt wurden. Ausländische, zumal italienische Wagner haben die Prunkfahrzeuge für Portugals Missionen beim Heiligen Stuhl und an auswärtigen Höfen gebaut. Dort bekundeten sie die – damals schon angekränkelte – Größe des Landes. Hier, in der ehemaligen königlichen Reithalle, sind sie nun museal abgestellt; sie haben ausgedient wie das Mobiliar und das Tafelgeschirr der Bragança – das Kutschenmuseum ist zugleich ein Kutschenmausoleum.

Die Sammlung Calouste Gulbenkian

Im Norden der Stadt, nicht weit von der Metro-Station Palhavã, liegt schließlich ein Museum, das weltgültigen Rang besitzt: die *Sammlung Calouste Gulbenkian*. Sie enthält keine portugiesischen Objekte, sondern bietet eine Schau exemplarischer Kunstwerke erster Ordnung aus Orient und Okzident. Gründer ist der armenische Ölmagnat Calouste Sarkis Gulbenkian, der nach langem Aufenthalt in London der britischen Insel den Rücken kehrte. Den britischen Staatsbürger seit 1904 zog 1942 das neutrale Lissabon an, eine Friedensinsel mitten im Krieg, der man es nicht anmerkte, daß sie zugleich eine rührige Spionage-Drehscheibe war. Bis zu seinem Tod 1955 verblieb der Ölgewaltige am Rio Tejo; von seinem Appartement im Avis-Hotel dirigierte er sein Crude-

Oil-Imperium. Er dankte dem Land seiner letzten Lebensjahre die gastliche Aufnahme. Testamentarisch floß ein großer Teil seines sich stetig vermehrenden Vermögens der Fundação Calouste Gulbenkian zu, die seither, nach portugiesischem Recht verwaltet, maßgeblichen Einfluß auf Kunst, Erziehung und Wissenschaft des Landes genommen hat. Die Stiftung verfügt über das Doppelte der Mittel der berühmten Rockefeller Foundation.

Der Sitz der Gulbenkian-Stiftung ist ein großzügiger Gebäudekomplex aus Sichtbeton und Glas, eingebettet in einen Park mit gepflegten Rasenflächen, subtropischen Pflanzen und kleinen Seen. Außer dem Verwaltungstrakt beherbergt der langgestreckte Bau mit seinen Annexen Ausstellungshallen, Institute, Konzert- und Theatersäle und eine reichhaltige vielsprachige Bibliothek. In einem eigenen Trakt ist das Museum untergebracht.

Man spürt das Bemühen des Gründers und der Arrangeure, nur Erstklassiges zu bieten. Die Räume sind nach neuesten museumstechnischen Regeln angelegt, die Objekte überlegt gehängt oder gestellt und ebenso wirkungsvoll wie dezent ausgeleuchtet. Das Ausstellungsgut basiert auf der passionierten Sammlertätigkeit Gulbenkians, der 1948 gesagt hat: »Ich bin unwiderstehlich jeglichem Ausdruck von Kunst und Schönheit verfallen, und diese Verfallenheit hat mich bei meinen Einkäufen stets geleitet.« Ausgewogen sind alle Zeiten vertreten, wenn es natürlich auch Schwergewichte gibt, Altägypten und der christlich-islamische Orient etwa, die Engländer des 18. Jahrhunderts und die Franzosen des Impressionismus. Auch Möbel und Kunstgewerbe, Tapisserien, Paramente, Münzen und Medaillons bezog der Gründer in die Kollektion mit ein, nirgendwo aber ein Stück zweiter oder dritter Garnitur.

Die *altägyptische Abteilung* stellt hauptsächlich Funde des Neuen Reiches vor. Der in eine Stele geschnittene betende Schreiber Yry (XVIII. Dynastie) ist von subtiler Schönheit; über ihm sieht man ein Pharaonenpaar und einen Opfertisch. Als eines der wertvollsten Schaustücke gilt ein Kopf Amenhoteps III. Spätzeitlich (XXX. Dynastie) ist eine bronzene Sonnenbarke, Kopfstück einer

SAMMLUNG CALOUSTE GULBENKIAN

Standarte; Bug und Heck laufen in Lotosknospen aus. Das römische Nilland wird durch den Torso einer Venus Anadiyomene in bemalter Terrakotta repräsentiert.

Ein Tonkrug, Kalyx, von großer Vollkommenheit ist Paradestück der *altgriechischen Sektion*. Der rotfigurige Bilderschmuck der klassischen Vase (440 v. Chr.) zeigt Silene und Mänaden sowie einen Raub der Leukippiden. Ausgestellt sind auch hellenistische Goldmedaillons aus der sensationellen Ausgrabung in Abukebir 1901.

Assur spricht durch eine Alabasterstele zu uns: einen geflügelten Gott, übersät mit Keilschriftzeichen. Von der Kunst des *islamischen Orient* zeugen eine syrische Moscheenlampe und eine Schale aus dem persischen Kashan mit feiner Musterung; ein Reh wird von Adlern und vegetabilem Gerank umgeben. Aus der *Türkei* sieht man Keramik und Teppiche, aus dem türkischen *Armenien* illuminierte Evangeliare, Proben der Glaubensinbrunst dieses frühesten christlichen Landes. In einem der vielen kostbaren Bücher entdeckt man einen über sieben Seiten reichenden gemalten Baum Jesse.

Das *europäische Mittelalter* steuert einen französischen Elfenbeinaltar des 11. Jahrhunderts bei sowie Stundenbücher aus Frankreich und Flandern. In einem Stundenbuch Isabels von Bretagne von 1430 entdeckt man ein Medaillon mit einer Jeanne d'Arc zu Pferde: eines der seltenen zeitgenössischen Bildnisse der Heiligen.

Unter den *Niederländern* prunkt Rembrandt. Der Flame Rubens erscheint in neuem Licht, da keine Kolossalgemälde, sondern kleinformatige Kompositionen für ihn sprechen: männliche Zentauren jagen weibliche; die Heilige Familie flieht nach Ägypten – dies wohl eine Vorskizze, so daß sich ein geradezu impressionistischer Effekt ergibt. Von unwirklicher Poesie ist ein monumentaler Brüsseler Gobelin, Seide und Gold auf Leinen, einem Zyklus der ›Metamorphosen‹ Ovids entstammend: Vertumnus verfolgt mit einer Leiter die fliehende Pomona; Blätter ranken sich um die Figurengruppe. Jan Cornelisz Vermeyen hat die Szene im 16. Jahrhundert entworfen.

Die *Deutschen* sind kaum berücksichtigt. Von Riemenschneider besitzt die Colecção zwei meisterliche Figurengruppen aus Holz, von Stefan Lochner eine neutestamentliche Szene in Öl. Die *Italiener* hingegen sind in großem Aufgebot vorhanden. Vor schwarzem Hintergrund blickt uns Domenico Ghirlandaios ›Junge Frau‹ an, ein nobles Antlitz der Renaissance mit blondem Haar, Korallenhalsband und Florentiner Gewandung; das Gegenstück hängt in der National Gallery in London. Kein anderes Museum der Welt verfügt über eine so beträchtliche Zahl von qualitativ erstrangigen Guardis: neunzehn ›Vedute‹ und ›Capricci‹ von Venedig; besonders kapriziös ein Prunkschiff im Canal Grande auf einer Vedute en miniature.

Natürlich brilliert das Museum des armenischen Mäzens, der lange in England lebte, mit *Engländern*. Auch London hat kaum bessere Gainsboroughs, Romneys, Lawrences. Die englische Gesellschaft passiert im Bild Revue. Mrs. Lowndes-Stone, von Gainsborough 1775 gemalt, vermittelt das, was man in Portugal ›Serenidade‹ nennt, eine den Briten anstehende Seelenhaltung. Zu Füßen der Dame kauert ein Luxushündchen, Statussymbol des Rokoko. Etwas dümmlich wirkt der aufgeworfene rote Mund der jugendlichen, harfespielenden Lady Elisabeth Coningham; auch sie verleugnet ihre Kaste nicht, die man am Tejo mit ›Nobreza e elegância‹ klassifizieren würde. Turners Seestücke – ein vertrautes Thema für Portugiesen – sind von Licht durchflutet: Impressionismus vor den Impressionisten.

Die *Franzosen* treten erst im 18. Jahrhundert erneut auf den Plan, namentlich mit Möbeln der Louis-quinze-Zeit mit vergoldeten Beschlägen. Ein kulturgeschichtliches Kuriosum ist Houdons ›Diana‹: die Marmorfigur war im Besitz Katharinas II. von Rußland, die sie als »zu obszön« entfernen ließ. In den folgenden Sälen treffen wir dann das 19. Jahrhundert. Corots ›Venedig‹ ist ruhiger und statischer als das Guardis. Millets ›Regenbogen‹ markiert die Endphase des romantischen Realismus. Mit Degas' Selbstbildnis und mit Renoirs ›Madame Claude Monet‹ – blaugewandet, auf weißer Liege – bricht dann eine neue Kunstepoche an.

Um die Kontinuierlichkeit der im Gulbenkian-Museum dargestellten Kunstphasen bis ins 20. Jahrhundert fortzusetzen, bietet ein kleinerer Raum *Jugendstil*, vom Standspiegel bis zur Kopfbrosche aus Kristall und patiniertem Silber. Hier wird vor allem der 1860 im Département Marne geborene, 1945 in Paris verstorbene René Lalique geehrt.

NÖRDLICH DER HAUPTSTADT

Portugals Riviera

Lissabon ist eine maritime Stadt; man glaubt, das Salz des Meeres auf der Zunge zu spüren. Das Hafenrevier ist eines der Lebenszentren der Kapitale. Schiffe aus allen Himmelsrichtungen verbreiten eine Atmosphäre von Weite und Internationalität. Lissabon strahlt weniger auf das Binnenland aus, als daß das Binnenland angezogen, ja angesogen wird von der weltoffenen Faszination seiner Hauptstadt.

Dennoch ist der Atlantik noch fünfzehn Kilometer entfernt. Der Tejo dient als Zubringer der Schiffahrt. Der Hafenbezirk ist der Knotenpunkt vieler wirtschaftlicher Nervenstränge. Doch begibt man sich nur ein wenig westwärts, so beginnt das Gebiet der Erholung und des Wochenendvergnügens einer Millionenbevölkerung und besonders ihrer bevorzugten Klassen, die Oase der Praias, der Strände, der Luxusvillen, des Wassersports, kurz die portugiesische Riviera. Oder: Portugals Costa do Sol.

Schon *Algés*, wenn auch noch fast im Bannkreis der Metropole, ist Stätte stadtabgewandten Ferien-Ambientes, hauptsächlich für die breite Masse der Lissaboner. Hier ist noch kein portugiesisches Monte Carlo. Höchstens das Aquarium erinnert an den Ort an der Côte d'Azur. Im Falle von Algés trägt es den Namen Vasco da Gama. Die Beziehung des Entdeckers zur Meeres-Fauna bestand allerdings vorwiegend im Trockenfisch-Proviant seiner Naus.

Ein wenig weiter, bei *Carcavelos*, beginnt die Atlantikküste, beginnt Côte-d'Azur-Atmosphäre par excellence. Der Saum der Badebuchten für die Alta Sociedade Lissabons, frequentiert von Sonnenhungrigen und zeitweisen oder permanenten Ruheständlern bis hin zu einst gekrönten Häuptern, reicht bis zu den Dünen von Guincho. Insgesamt ist die Perlenkette der Praias sechzehn Kilometer lang. Gilt Portugal als Land des versonnenen und schwermütigen Ernstes – hier, an der Corniche von Carcavelos, Estoril und Cascais merkt man nichts davon und begreift, daß Portugal viele Gesichter hat. Heiterkeit liegt über dem Ufer, den Buchten, den Stränden, den Felsenriffen, der Mündung des Tejo. Neben dem Algarve ganz im Süden und der Praia von Sesimbra ist das Nordufer des Tejo zwischen Lissabon und dem Ozean Portugals beliebtestes Fremdengebiet. Die Anziehungskraft für Unternehmer aller Art ist an dem gehobenen Standard, dem adretten Zuschnitt, dem modisch drapierten ›Far niente‹ abzulesen. Man fährt an Quintas, Landsitzen, vorbei, deren Gemäuer überschäumt ist von violett leuchtender Bougainvillea, sieht auf der Landseite die Glasfronten oder Sonnenroste von Hotels und Appartementhäusern, auf der Meerseite vor dem weiten Horizont dann das Bade- und Strandleben mit allem zugehörigen Betrieb, doch auch – man könnte meinen: um der folkloristischen Staffage willen – Fischerei-Flotten in geschützten Buchten, zum Trocknen aufgehängte Netze, einheimisches Volk, das schwatzend herumsteht. Und immer nach einer gewissen Wegstrecke ist da ein breites, geducktes Kastell mit runden Ecktürmchen. Die Bastionen, die die Kapitale vor Eindringlingen und Korsaren schützen sollten, gleichen Bunkern und scheinen aus Sichtbeton gefertigt, so nahtlos kompakt sind sie. Manche lagern in verwirrendem Grün versteckt und sind kaum einzusehen. In einer der Zitadellen hatte der große alte Mann Portugals von 1928-1970, Salazar, seine Residenz; hier ist er auch gestorben. Der große alte Mann des Zopfzeitalters ist an Portugals Riviera ebenfalls vertreten: Pombals ehemaliger Palast steht in *Olivas*, nicht weit vom Strom.

So entläßt einen auch hier die Geschichte nicht. Man staunt, mitten im Riviera-Rummel dieser Badeplätze, zwischen Stahl und Glas, plötzlich Pedro den Grausamen aus dem Hause Burgund in patinierter Bronze zu entdecken, den Blick auf Luxus-Jachten und badendes Volk gerichtet. Die Kunstgeschichte kommt an der Costa do Sol allerdings zu kurz. Immer mehr moderne Planung, vom

Terrassenhaus bis zur schnittigen Ladenfront, verdeckt und vermindert die traditionelle Kulisse der einstigen Fischerdörfer, fegt Vergangenes hinweg zugunsten einträglicher Großobjekte. Eine da und dort noch wahrnehmbare rustikale Barockkapelle nimmt sich wie ein Fremdkörper aus. Auch die palastartigen Villen der Jahrhundertwende, mit manuelinischen Säulen und Portalen sowie orientalischen Türmen und Erkern, verschwinden neben der progressiven Mondänität und aufwendigen Sachlichkeit moderner Großbauten, die, wie an ähnlichen Plätzen des Far niente anderswo, das Terrain beherrschen. Zeitlos ist nur die Flora, sind die Palmenreihen, die Araukarien und Pinien, der rote Hibiskus, die blauen Glyzinien, gelben Mimosen, Orangen- und Zitronenbäume, die dieses Elysium vor den Toren der portugiesischen Hauptstadt einbetten und farbig beleben.

Estoril empfängt uns. Von der Strandstraße blickt man auf die modern-mondäne Front des Kasinos, vor dem sich Baumgruppen, abgezirkelte Blumenbeete und Teiche in einem weitflächigen Quadrat ausbreiten. Je eine Palmenallee umsäumt dieses prächtige Stück Gartenarchitektur. Das Kasino ist komfortabel mit Varieté-Bühne, Theater- und Kinosaal sowie einem Nachtclub ausgestattet. Doch die Hauptattraktion stellt die rollende Glückskugel dar. Nicht weit von der Praia Tamariz entfernt, die dem Kasinobezirk vorgelagert ist, treffen wir die schlichte Paróquia an, Überbleibsel des einstigen Fischerdorfes. Azulejo-Bilder im Kircheninnern geben Heiligenlegenden und allegorisch verbildlichte Sünden wieder – zu letzteren verführt in der Tat dies Elysium an Portugals Costa do Sol.

Westlich von Estoril steigt die Straße zum hundert Meter hohen *Monte Estoril* auf. Dort sind schnell neue Wabenbauten entstanden – Etablissements jener Industrie, die heute für das kleine Land am Rand Europas ein Faktor ist wie Sardinen, Kork oder Wein, der ›Industrie‹ der riviera-süchtigen Fremden.

Cascais, das man fast unmerklich erreicht – es gibt kaum eine Zäsur bei der unaufhaltsamen Bau-Expansion –, dieser farbige und paradiesische Ort, der von Casca, Schale = Boot, seinen Namen entlieh, konnte seine Fischerei-Tradition noch besser bewahren.

In zünftigen Lokalen ißt man aus Tonschalen die ortsübliche Caldeirada, eine Suppe mit einem Geschnitzel verschiedenster Fische, sozusagen einen Fisch-Cocktail, vermengt mit Zwiebeln, grünem Pfeffer und Tomaten. Das passende Getränk dazu ist starker Rotwein von Bombarral. Empfehlenswert sind auch Sardinhas asadas, Portugals Nationalgericht: die kleinen Meerbewohner sind auf offenem Feuer gebraten und werden aus der Hand gegessen. Oder man bestellt Bacalhau.

Der Bacalhau ist eine Schellfisch-Art, kleiner als der Kabeljau. Er wird luftgetrocknet und gesalzen. Man trifft ihn, auf Schnüre gereiht, in den Verkaufs-Armazéns ganz Portugals als billige Volksnahrung an: bleiche, lederne Streifen, denen man nicht ansieht, daß sie sich, in Öl gebacken, in ein schmackhaftes Gericht verwandeln lassen.

Die Bacalhau-Flotten gehören ebenso zum Bild des unteren Tejo wie Jachten und Wasserski, wie ein- und auslaufende Tanker und Frachter, wie die Möwen, die über den Kai-Pfosten kreisen. Die Kutter und Kähne sind ein schwacher Abglanz der einstigen Entdeckerflotten des Goldenen Zeitalters. Auch die Flottillen des Fischfangs steuern ferne Küsten an, die Fangplätze vor Grönland und Neufundland, auch sie bleiben oft Monate aus, auch sie bringen Ernten heim, nicht Gold, Silber, Brasilholz, sondern eben den nahezu unentbehrlichen Bacalhau und andere Geschenke des Ozeans – mehr als hunderttausend Portugiesen finden in der Küsten- und Hochsee-Fischerei ihren Broterwerb, in Cascais, Setúbal, Nazaré, Figueira da Foz, Póvoa de Varzim und vielen anderen Häfen.

Und noch eine Parallele zwischen den Eroberflotten von einst und den Fischerei-Flottillen von heute: man unternimmt die Fahrten auf hoher See, deren Ausgang nie gesichert ist, im Vertrauen auf himmlischen Schutz. Namentlich die Muttergottes gilt als Schutzpatronin der Seefahrt. Auf alten Retablos ist sie als ›Nossa Senhora dos mares‹ abgebildet, wie sie ihren Mantel schützend über eine Flotte hält. Fischerei-Fahrzeuge tragen mit Vorliebe den Namen ›Santa Maria‹. Auch den Heiligen vertraut man sich gerne an. Sie sind in der archaischen Vorstellungswelt der Küstenbewohner geradezu lebende Personen, die von einer höheren Ebene aus dem Menschen Hilfe zukommen lassen und für ihn bitten. Die Seefahrerkirchen und -kapellen in den Häfen und an den Praias sind so wichtig wie Ankerplätze und Leuchttürme. Zwar nimmt man nicht mehr schwere Madonnenfiguren mit auf See, doch Madonnenbilder. Wie Bartolomeu Dias, Vasco da Gama, Pedro Álvares Cabral nicht ausgefahren sind, ohne zuvor in der Sé Catedral zu beten, so spielt auch in unseren Tagen das Gebet und vor allem die Benção, die Segnung, vor dem großen ozeanischen Fischzug eine gewichtige Rolle. Sie kommt am augenfälligsten im Dia da Benção – Tag der Segnung – zum Ausdruck, wenn einmal im Jahr der Erzbischof von Lissabon die vor Belém ankernden Hochsee-Flotten segnet. Die Zeremonie ist fast schon ein Staatsakt. Sie wird eingeleitet durch einen Festgottesdient im Hieronymus-Kloster.

Treffpunkt aller, die mit dem Fischfang zu tun haben, ist die Versteigerungshalle von Cascais, ein großer, langgestreckter Armazém, in dem abends die Ausbeute der heimkehrenden Fangflotten meistbietend offeriert wird. Von einer Galerie aus kann jedermann dem lautstarken Vorgang, »Lote« genannt, beiwohnen. Die silbrige Ernte ist nach Sorte, Größe, Qualität in offenen Kisten verteilt; auch viele Schalentiere, von den kleinen Gambas bis zu den mächtigen Langusten, sind vertreten; die Spitzenqualität des Fangs wird in einem Extraraum feilgeboten. Die Versteigerung erfolgt ungemein rasch durch Lautsprecher, wobei zuerst Höchstpreise genannt werden, die die Interessierten heruntersteigern. Männer in blauem Arbeitsdreß oder in karierten Hemden, die Wollzipfelmütze auf dem Kopf, schieben die ersteigerten Fische auf Wagen zum Gebäudeausgang. Gelegentlich sieht man auch noch Varinas, Portugals legendäre Fischweiber, die die Früchte des Meeres mit sicherem und geschmeidigem Gang geschickt auf dem Kopf balancieren.

Cascais hat einmal in der Geschichte Portugals eine Rolle gespielt, an die man nicht gerne zurückdenkt. 1580 beendete der Herzog von Alba in der Zitadelle des Fischer- und Badeortes von heute die portugiesische Selbständigkeit. Es war der Abschluß eines kurzen Dramas. Als Albas Herr, der spanische König Philipp II., nach dem Tode des Kardinals Henrique Thronansprüche stellte, bildete sich in Portugal eine Opposition gegen den düsteren Habsburger. Man bot rasch einem Gegenkönig, dem Thronprätendenten António, Prior von Crato, die Krone an. Dieser begnügte sich mit dem Titel ›Verteidiger des Reichs‹. Als er in Lissabon einzog, wurde er als Retter begrüßt. Wer nüchtern dachte, Realitäten abschätzte, mußte freilich erkennen, daß man dem mächtigen Spanien nicht lange die Stirn bieten konnte. Opportunismus, gepaart mit Vernunft, siegten über nationale Leidenschaft und den Wunsch, ein eigenes souveränes Land zu bleiben. Ein Gouverneur nach dem andern erklärte sich für Philipp. Nur hinter vorgehaltener Hand wagte man ein Wort für den ›Verteidiger des Reichs‹. So konnte Alba mühelos über Elvas in Portugal einziehen. Ehe er vor die Hauptstadt rückte, zog er vor die Zitadelle von Cascais.

Man öffnete ihm die Tore. Nur der Kommandant, ein ehemaliger Vizekönig von Indien, hatte Widerspruch erhoben. Alba ließ ihn im Festungsgraben enthaupten. Andere Widerständler knüpfte man auf. Nachdem auch die Besatzung von Belém sich ergeben hatte, war der Weg nach Lissabon frei.

Der Prior von Crato floh nach Porto. Nochmals, ein letztes Mal, gelang eine Résistance. Alba setzte einen Kopfpreis aus. Doch keiner wollte ihn gewinnen. 1581 gelang dem ›Verteidiger‹ die Flucht nach Frankreich. Das war das eigentliche Ende des Século de Ouro, ein halbes Jahrhundert nach der großen Zeit des Königs Manuel.

Dem Meer zu steigt die Felsküste bis zu einer Höhe von zwanzig Metern an, ein portugiesisches Dover. Man nennt diesen steinigen Saum *Boca do Inferno* – ›Höllenrachen‹, da die Gewalt des anbrandenden Ozeans die Felsen ausgewaschen und zu bizarren Gebilden verwandelt hat. Das Wasser strudelt durch ein selbstgeschaffenes Tor und stürzt dann mit Höllenlärm in den mächtigen Schlund einer Höhle – ein Naturschauspiel und zugleich begreiflicher Anlaß für mythologische Betrachtung: so denkt man sich die Pforte der Unterwelt, und wenn Odysseus wahrhaftig Lissabon angesteuert hat, so könnte man hier den Abstieg des homerischen Helden in die Nacht des Hades vermuten.

Inferno und Elysium liegen dicht beieinander. Uns empfängt eine Kette weiterer anmutiger Praias, zunächst das dünenreiche *Guincho* mit seinem marokkanisch anmutenden Schloßhotel und dann, nördlich des ins Meer vorspringenden *Cabo da Roca* mit dem weithin sichtbaren Leuchtturm, die Strände *Praia Grande*, *Praia da Aguda*, *Praia das Maçãs*. Der ›Apfelstrand‹ weitet sich zur Stadt aus, die immer mehr zum Erholungszentrum des Lissaboner Mittelstandes anwächst. Das Badeleben fluktuiert durch die Straßen. Restaurants sind mit Netzen, Angelgerät sowie muschelbelegten Pfeilern dekoriert. Der Blick fällt auf die in Felsen eingebettete Strandbucht, wo neben Badezelten zweistöckige hölzerne Ferienhäuser mitten auf dem Sand aufgepflanzt sind, abbrechbar jeweils am Ende der Saison.

Die Radien dieser Strände führen nach *Colares*, das etwas landeinwärts liegt, am Saum des ›Apfelflusses‹ mit seinen Schilfniederungen. Durch die alleeartige Hauptstraße kurvt die offene Tram ›Sintra Atlântica‹, die den Hausberg der südlichen Estremadura mit dem Ozean verbindet. In den Villen mit ihren riesigen Gärten – Recreio da Morgadinha, Casal Alegre, Casa da Senhora das Graças – wohnen nicht nur Ruheständler: hier ist das Domizil vermögender ›Lisboëtas‹, die dank einer Schnellstraßenverbindung über Sintra in die Kapitale zur Arbeit fahren.

In Colares lohnt der Besuch der Kirche Matriz, vor allem wegen ihrer volkstümlich erzählenden Azulejo-Zyklen. Wir sehen da eine recht gemütliche Flucht nach Ägypten; sie gleicht einem Triumphzug, in dem vorneweg Putten Blumen streuen, dann erwachsene Engel mit Zither und Cymbel einherschreiten, als himmlische Begleiter jenes Maulesels, der die Heilige Familie trägt; wiederum Putten halten den Futtertrog, der dem Lasttier vorgebunden ist, und ein kleiner Engel reicht Jesus eine Dattel hin, die er soeben aus einer Palmendolde abgepflückt hat.

Paço Real de Sintra

Während die umliegende Estremadura Ebenen und Hügel mit verhältnismäßig geringem Baumwuchs aufweist, ist der Gebirgsstock von Sintra von üppigen Wäldern, großenteils Nadelhölzern, bedeckt und gibt uns eine geradezu mitteleuropäische Impression. Mitteleuropäisch sehen auch die Giebelhäuser mit ihrer Schieferverkleidung aus. Dies mag kein Zufall sein. Denn *Sintra* war Lieblingsaufenthalt Ferdinands von Sachsen-Coburg-Gotha, der zuerst Prinzgemahl Königin Marias II. und später – als Witwer – Prinzregent gewesen ist. Vielleicht hat er sich auf der Höhe von Sintra mit ihren kühlen Waldungen an seine mitteldeutsche Heimat erinnert. Jedenfalls steht fest, daß er sich hier wohlfühlte und daß er das Gesicht des damals emporstrebenden Bergstädtchens wesentlich mitbestimmt hat. Es ist ein Ort mit schattigen ›Quintas‹ von Latifundienbesitzern, mit Gärten voller Glyzinien, Kamelien und Rhododendronbüsche, zugleich Zuflucht von Künstlern und Dichtern, deren berühmtester, Lord Byron, Sintra als »glorious Eden« bezeichnete, ein Etikett, dessen sich die portugiesische Fremdenwerbung gerne bedient – des berühmten Namens halber, aber auch wegen der vielen Briten, die heute noch nach Portugal und insbesondere nach Sintra wallfahren.

Die Sonne des Südens hat über Sintra keine Gewalt. Es ist eher ein Platz des Mondes, der Schatten und Kühle spendet. Von einer Mondgöttin, Cynthia, soll Sintra nach einer nicht ganz sicheren ethymologischen Erklärung auch den Namen tragen. Ob sich Iberer, Kelten, Römer, Goten hier eingenistet haben? Gewiß ist, daß die Araber sich in Sintra aufhielten. Sie haben hier ein Königsschloß erbaut und auf dem Felsmassiv, das den Burgort von heute überragt, eine Wehranlage mit raummächtigem, bis heute erhaltenem Mauerkranz errichtet. Afonso Henriques hat den Höhensitz 1147 den Ungläubigen abgenommen. Acht Jahre danach errichtete er auf den Fundamenten des eingeäscherten Maurenpalastes seine eigene Residenz.

Die Baumasse des Palastes, des heutigen *Paço Real de Sintra*, an der Praça da República weist kaum mehr Spuren aus der Zeit des Erobererkönigs auf. Den eigentlich ersten großen Bauabschnitt des Gebäudes hat João I., der Stammvater der Avis-Dynastie, eingeleitet. Er wollte sich neben dem Palast in Lissabon eine klimatisch günstige, landschaftlich reizvolle Sommerresidenz schaffen. Auf ihn geht die Schloßkapelle zurück; sie soll sich an der Stelle der Hausmoschee des einstigen maurischen Alkazars befinden. Die hölzerne Artesonado-Decke ist reinster Mudéjar-Stil.

Auch der *Saal der Elstern* – Sala das Pegas – erinnert an den sogenannten Meister von Avis. In den dreieckigen Feldern der Kassettendecke sind 136 Elstern abgebildet, alle mit dem Spruchband ›Por bem‹. Dies war der Leitspruch des Königs; wir finden ihn auch an seinem Grab. Die Legende will wissen, daß der Monarch, als er gerade einer Hofdame einen Kuß gegeben hatte, von seiner strengen britischen Gemahlin Filipa überrascht worden ist. Er habe sich mit »Era por bem« – »Es war in Ehren« herausgeredet. Die Hofschranzen hätten das Wort weitergetuschelt. Als Strafe für die Klatschsucht habe der König die Elstern malen lassen, genau so viele, wie es geschwätzige Hofdamen gab.

Im Schloß von Sintra empfing João I. die Gesandten Philipps von Burgund, damals eines der mächtigsten Fürsten Europas, der um die Hand der Prinzessin Isabel warb. Im Gefolge war Jan van Eyck, der den Auftrag hatte, das Brautbild zu malen. Die Infantin ist auf dem São-Vicente-Altar des Nuno Gonçalves abgebildet, so daß wir uns eine Vorstellung von ihrem Aussehen machen können. João I. gab das Ja-Wort. Aus der Ehe ging Karl der Kühne hervor, dessen Tochter Maria den Habsburger Kaiser Maximilian, den ›letzten Ritter‹, heiratete. Da das Haus Habsburg sich bald danach mit der Krone Spaniens verband, die Portugal verschiedene Königinnen stellte, traf sich der Stammbaum wieder in Lissabon. In Sintra plante man die Eroberung von Ceuta 1415, die die erste echte Tat der portugiesischen Expansion zur See darstellte. Auch das Unternehmen, mit dem die globale Politik des kleinen Landes anderthalb Jahrhunderte später zusammenbrach, wurde hier vorbereitet: die Schlacht von Alcázar-Kebir, in der der junge Sebastião Armee und Leben verlor. Aliveira Martins sagte daher treffend, in Sintra habe die Expedition begonnen, die den Zauberkreis portugiesischen Ruhms einleitete, und jene, die ihn beendete.

Manuel der Glückliche

Enger noch mit Sintra ist der Name jenes Königs verbunden, der vor allen anderen Herrschern Portugals Goldenes Zeitalter verkörpert: Manuel der Glückliche. 1469 war er als jüngster Sohn des Infanten Fernando, eines Bruders Afonsos V., in Alcochete geboren worden. Der hamletische König Duarte war sein Großvater. Als Heranwachsender hätte er nie geträumt, einmal die Krone zu tragen. Doch das Königspaar, João II. und Leonor, verlor bekanntlich durch den Reitunfall von Santarém den Thronerben. Als Angehöriger des Königshauses und Bruder der Königin wurde Manuel am 27. Oktober 1495 in Alcácer-do-Sal (Baixo Alentejo) zum König ausgerufen.

Der Herzog von Beja – dies sein bisheriger Titel – war zwar nicht für das Herrscheramt vorgebildet, hatte aber eine betont musische Erziehung genossen, die sich nachher auf sein Mäzenatentum auswirkte. Er war Persona grata bei seinem königlichen Schwager. Obwohl König João Manuels älteren Bruder eigenhändig getötet hatte, blieb der Herzog von Beja dem Monarchen und Schwager treu ergeben. João verlieh ihm das Emblem der sphärischen Kugel: seither eines der Wahrzeichen Portugals. Nach dem Tod des Thronfolgers plädierte vor allem Königin Leonor für Manuel. Doch João hatte seinen natürlichen Sohn als Thronanwärter vorgesehen. Es kam über diese Frage sogar zum Streit und zur Trennung des Ehepaars. Erst als João auf dem Sterbebett lag, versöhnte man sich. João designierte Manuel zum neuen König.

Fast wäre Manuel auch König von Spanien geworden. 1497 ehelichte er Isabella, die Tochter der Katholischen Könige. Diese hatten einen hoffnungsvollen Sohn, Juan, der seinem Vater Alfonso von Aragón aus dem Gesicht geschnitten war. Er starb aber früh, zur tiefen Trauer seiner Eltern. Das Grabmonument, das das Königspaar für den Infanten in Auftrag gab, steht im Chor der Kathedrale von Ávila. Es ist eines der ergreifendsten Steinbilder eines Toten überhaupt, von einer verblüffenden Gegenwärtigkeit. Nun, nach dem Ableben des Prinzen, war dessen Schwester Isabella Kronprätendentin, mit ihr Dom Manuel, der König von Portugal. In Saragossa, der Hauptstadt Aragóns, wurde Isabella bereits als künftige spanische Herrscherin designiert.

Aber es sollte anders kommen. Isabella starb. Erbin der spanischen Weltherrschaft wurde die Infantin Juana, die mit dem Habsburger Philipp dem Schönen vermählt war und als Umnachtete in Tordesillas am Rio Duero starb, nach einem halben Leben hinter Mauern. Sproß dieser Ehe war Kaiser Karl v., der wiederum Dom Manuels Tochter Isabella heiratete, allem Vernehmen nach eine glückliche Ehe. Deren Sohn Philipp II. bereitete 1580, wie berichtet, der portugiesischen Selbständigkeit ein jähes Ende.

Man fragt sich, ob unter Dom Manuels Zepter die Vereinigung der beiden Königreiche, das Zusammenwachsen der iberischen Völker und ein Vergessen der Schlacht von Aljubarrota möglich gewesen wäre. Sicher wäre das Regime für beide Teile tragbarer ausgefallen als später unter den Habsburgern, da der Avis-König gegenüber dem finster-autoritären Philipp toleranter, menschlicher regiert hätte. Dennoch ist die Frage müßig. 1580 war es für eine ›Wiedervereinigung‹

nach Jahrhunderten zu spät. Die Völker hatten sich auseinandergelebt, ihre Geschichte, ihre Sprache, ihre Kultur und ihre Aufgabe ließen sie andere Wege gehen. Iberien blieb zweigeteilt.

Unter Manuels Regierung fuhren die beiden berühmtesten Entdecker aus, die unter portugiesischer Flagge segelten: Vasco da Gama und Pedro Álvares Cabral. Auf Schloß Sintra erhielten sie ihre letzten Weisungen. Das Reich der Portugiesen wurde um Indien und Brasilien erweitert. Auch Fernando Magelhães' erste Weltumseglung, wenn auch in spanischem Auftrag, fällt in die Ära des Königs Manuel. Dessen Hofhaltung in Lissabon, doch auch sein Aufenthalt in Sintra, waren gekennzeichnet durch höfische Lebensart und repräsentatives Zeremoniell. Manuel stand einem Musenhof vor. Der Reichtum aus Übersee erweckte den nach dem König benannten Stil. Portugals bedeutendste Architekten waren Beauftragte Dom Manuels. Auch die Dichtung blühte, vor allem das Drama Gil Vicentes. Als ›Venturoso‹ war der König eine europäische Berühmtheit. Seine Residenz in Sintra ließ er im Sinne dieses Ranges ausgestalten. Die führenden Baumeister sind bekannt: João Cordeiro, Martim und João Rodrigues sowie Mareo und Sebastião Fernandes. Zu den maurischen Elementen aus der Gründungszeit des Gebäudes gesellte man die Attribute des manuelinischen Stils hinzu. Sie fallen bereits an der Fassade auf. Das Gewände einiger Prunkfenster ist aus Astgeflecht gebildet, das in Krabben ausläuft.

Dürer zeichnet Damião, den Chronisten Manuels I.

Über das Leben des Venturoso sind wir gut unterrichtet. Auch er hatte seinen Homer: Damião de Góis, der eine ›Crónica do Felíssimo Rei Dom Manuel‹ geschrieben hat.

Längere Zeit war Góis, der eine flämische Mutter hatte und mehrere Sprachen sprach, in den Niederlanden. 1534 weilte er als Gast bei Erasmus von Rotterdam, in der mutmaßlichen Übereinstimmung zweier Humanisten. Góis bereiste große Teile Europas, ostwärts bis nach Polen, südwärts bis zur Lagunenstadt Venedig, wo er sich als Agent seines Königs aufhielt. Später sehen wir ihn als Guarda-mór des Königlichen Archivs in Lissabon. Er gilt als Vater der kritischen Geschichts-

schreibung Portugals. Von dem Historiker Herculano wurden die Annalen des Góis in das Werk ›Portugaliae Monumenta Historica‹ aufgenommen, ein Gegenstück der deutschen ›Monumenta‹ Rankes.

Aus der Werkstatt Dürers besitzen wir den Kupferstich eines soignierten bärtigen Mannes im Pelz, der lange Zeit als anonym galt. Das Blatt befindet sich in der Albertina in Wien. 1877 hat der Gelehrte Joaquim de Vasconcellos durch Stilvergleiche das Dürerbild einwandfrei identifiziert, zumal es ein Ölbild von Manuels Chronisten gibt: es ist Damião de Góis. Vermutlich sind sich beide, Humanist und Porträtist, in Amsterdam begegnet. Mit einiger Sicherheit hat sich der Meister aus Nürnberg des Ölbilds als Vorwurf bedient, da Haltung und Auffassung wesentlich übereinstimmen.

Damião de Góis schildert Dom Manuel als gut aussehende Persönlichkeit mit hellbraunem Haar und grünen, glänzenden Augen. Auffallend soll die Länge seiner Arme gewesen sein, die fast bis zu den Knien reichten. Unermüdlich war sein Sinn auf die Staatsgeschäfte und die Disposition der überseeischen Unternehmungen gerichtet. Kein Tag verging ohne Ministerkonferenz. Selbst wenn er angesichts des Paço da Ribeira an Deck seiner Brigg auf dem Tejo kreuzte, hatte er seine Berater um sich, um dringliche Angelegenheiten zu besprechen. Im Spätsommer 1499 saß er gerade in Schloß Sintra an der Tafel, als die sensationelle Nachricht eintraf, Vasco da Gama sei aus Indien zurückgekehrt. Er begab sich in die Kapelle, um Gott zu danken. Am nächsten Tag ritt er nach Lissabon, um die Flotte willkommen zu heißen.

Nachdem Manuels Gemahlin Isabella gestorben war, heiratete der Monarch deren Schwester Maria, die ihm den Erben João III. und neun weitere Kinder gebar. Nach dem frühen Tod Marias warb der Venturoso um Leonore, die Schwester Kaiser Karls V. Diese Heirats-Affäre erinnert an den Don-Carlos-Konflikt bei Schiller, denn zuvor war die Spanierin dem Thronfolger versprochen. Die Gesandten Manuels schilderten am Hof von Valladolid die Manneskraft des Königs im Gegensatz zur schwächlichen Konstitution von dessen Sohn. In der Tat kam die Hochzeit zustande.

Sie führte wieder einmal zu einem Zwist im Hause Avis, in dem sich der leer ausgegangene Sohn João gegen seinen Vater erhob. Die Konspiration endete bestmöglich: schon nach drei Jahren, 1521, starb Manuel zweiundfünfzigjährig in Lissabon an einem Fieber, das man als Schlafkrankheit bezeichnete. Vater und Sohn versöhnten sich kurz vor dem Tod des Königs. Wenn das Goldene Zeitalter mit Manuel noch nicht zu Ende ging, so zeigte das Weltreich doch erste Risse.

Die Räume Dom Manuels

Der imposanteste Bautrakt im Schloß von Sintra, der an Dom Manuel erinnert, ist der *Wappensaal* mit seiner ungewöhnlichen tektonischen Gliederung. Der Übergang vom Viereck des Raumes zum Achteck der ›Kuppel‹ wird durch eine achteckige Wandzone vorbereitet, deren Diagonalwände sich aus ›Conchas‹, nischenartigen Halbkuppeln über den Ecken der unteren, in späterer Zeit mit Azulejos verkleideten Wandzone, entwickeln. Über diesem, mit über siebzig Wappen der ›Nobres‹, der führenden Adelsfamilien, dekorierten Tambour erhebt sich dann eine achteckige ›Holzkuppel‹ mit dem sternförmigen Gespinst eines kolorierten Mudéjar-Musters. Gemäß der Hierarchie des Königreichs erscheinen in der Kuppel die Wappen der Infanten und – in der Mitte und damit an höchster Stelle – das des Königs.

Hatte João I. Elstern an die Decke eines seiner Säle malen lassen, so zog Manuel I. Schwäne vor. Die hölzerne Muldendecke der *Sala dos Cysnes* zeigt in achteckigen Kassetten siebenundzwanzig Schwäne in verschiedenen Stellungen. Jedes Tier hat eine Krone um den Hals. Man sagte, Karl V. habe seinem Schwager Schwäne zum Geschenk gemacht. Die Wände zeigen teilweise eine Fliesenverkleidung mit übereck gestelltem Schachbrettmuster, stilisierten Lebensbäumen und Burgen.

Und noch ein weiterer Saal bedient sich des Tierbilds als Deckenornament: die *Sala da Recepção*. In Oktogonalfeldern sieht man Hirsche.

Fast noch größere Aufmerksamkeit der Besucher als die Festräume nimmt ein Wirtschaftsraum in Anspruch: die *Küche*. Nicht wegen des aus der Zeit stammenden Geräts, sondern wegen der beiden gigantischen Herde, deren Kamine, umgekippten Trichtern gleich, der Silhouette des Schloß-Äußeren die unverkennbare Kontur geben. Man hat die hoch aufragenden, turmartigen Rauchabzüge gegenüber dem aristokratischen Baukörper als Widerspruch empfunden. Doch gerade sie bilden gleich einem Wahrzeichen die Eigenart Sintras und seines Königssitzes.

Und immer wieder stößt man beim Rundgang auf Maurisches: auf Lebensbaum-Zinnen, die das ganze Gesims des Gebäudes umgeben, und inmitten des Schloßkomplexes auf drei intime *Höfe*, die die Atmosphäre einer Alhambra oder eines Serail beschwören. Dergleichen maurische Patios gab es auch im normannischen Sizilien des Hochmittelalters, wo man morgenländische Bauformen bevorzugte und sich sogar sarazenisch kleidete. Im zentralen Hof von Sintra ragt ein Springbrunnen mit einem arabischen Becken auf. Tausendundeine-Nacht-Impressionen vermitteln auch die beiden anderen, kleineren Patios; in einem steht ein Diana-Brunnen, im andern reckt sich ein Löwe auf. Die Fayence-Verkleidung der *Sala dos Árabes* könnte mit der verwirrenden Perspektive ihrer Ornamentierung Op-Künstler von heute anregen.

Unter der Ausstattung der Fersträume fällt ein mächtiger *Marmorkamin* auf: Geschenk Papst Leos X. an den letzten Avis-König, den Kardinal Henrique. Ursprünglich stand der Kamin in Schloß Almeirim, wurde dann aber nach dem großen Erdbeben nach Sintra gebracht. Bärtige Hermen tragen das dorische Gebälk. Auf dem Relieffries spielt sich ein Turnier ab.

Ein Bruderzwist

Mit Dom Manuel endete die Bautätigkeit am Schloß von Sintra nicht, auch nicht die Historie, von der diese Mauern erzählen. Auf einer Terrasse, von der aus man in den Jardim Lindaria, Lindenpark, hinabsieht, hat der Dichter Camões dem jungen Sebastião die ›Lusiaden‹ vorgelesen; im warmen Abendlicht träumte dieser, es den Vorfahren an Taten gleichzutun. Nach dem sinnlosen Tod des Desejado, der ein Reich mit sich riß, nahm Philipp II. in Sintra Quartier. Spanische Priester und Geharnischte füllten die Räume, die erlesene Festgelage erlebt hatten. Auch die Bragança sind gegenwärtig. Aus ihrer Ära stammt der barocke Azulejo-Schmuck vieler Gemächer.

Einer der Räume weckt düstere Reminiszenzen, und zwar an den zweiten Bragança-König, Afonso VI., den man den zugleich unfähigsten und unglücklichsten Monarchen Portugals genannt hat. Er war schwach, wahrscheinlich zeugungsunfähig und fühlte sich am wohlsten im Kreis von Zechern. Der Sonnenkönig brachte aus politischem Kalkül die Ehe des Königs mit der anziehenden Maria Franziska von Savoyen zustande, die sich bald in die Staatsgeschäfte einmischte, mehr als es ihrem Gemahl lieb war. Zugleich fand sie ihren Schwager Pedro weitaus anziehender, so daß sie es mit dessen Hilfe erreichte, daß der vom Volk und der Oberschicht wenig geliebte König gestürzt wurde. Pedro usurpierte den Thron, zuerst als Regent, später als König. Seinen Bruder ließ er lebenslang inhaftieren, anfangs in Lissabon, dann auf der Azoren-Insel Terceira, zuletzt acht Jahre in Schloß Sintra. In insgesamt fünfzehnjähriger Gefangenschaft vegetierte Afonso – übrigens der Schwager des Stuartkönigs Charles II. – dahin. Das Fenster des Ortes seiner letzten Leiden ist vergittert. Das einfache Bett steht auf einem tönernen Fußboden aus dem 15. Jahrhundert. Der Usurpator Pedro ehelichte nach dem Tod des Bruders dessen Witwe, die aber bald darauf starb. Nun nahm Pedro 1687 eine Deutsche zur Frau, Marie Sofie von Neuburg, Tochter des pfälzischen Kurfürsten Philipp Wilhelm. Der Sohn dieser Verbindung war João V., einer der bedeutendsten Bragança, ein Herrscher ganz nach dem Zuschnitt des Absolutismus. Wir werden ihm in Mafra begegnen.

Die Bragança waren mit Vorliebe in Sintra, sie bauten viel um und an. Besonders gerne nahmen im 19. Jahrhundert Maria da Gloria und Maria Pia im Schloß ihren Aufenthalt. Carlos I. hatte hier den deutschen Kaiser Wilhelm II. zu Gast.

Der anmutige Ort, der den Avis-Palast umgibt, verbreitet Ferienplatz- und Touristenstimmung. Die Siesta wird heute allerdings durch Kolonnen von Bussen, durch Ströme von Touristen gestört. Viele Bauten zeigen manuelinische Züge. Einer der Gartenpaläste wurde zu einer eleganten Estalagem – nichtstaatliche Herberge – umgestaltet. Die Übernachtenden könnten meinen, Gäste eines Fürsten zu sein. Ein kleines Schmuckstück in Sintra ist die dreischiffige gotische *Igreja Santa Maria*. Ihre Säulen tragen Pflanzenkapitelle in Kerbschnitt. Die Apsis ist ein Oktogon. Hoch über dem Stadtplatz, auf Graden des Gebirgsblocks, thronen die beiden Schwestern des Schlosses von Sintra, das 450 Meter hoch gelegene Castelo dos Mouros mit seinem doppelten Mauerring und seiner ›Torre Real‹, sowie der Palast, der die beiden anderen Bauten majestätisch überragt und schon aus der Ferne, sei es von Cascais oder von Caves aus, eine stolze Silhouette zeigt: Pena (Mühe).

Palácio da Pena

Was aus romantischer Sicht am stärksten beeindruckt, hat in künstlerischer Sicht den geringsten Wert. Der Monstrebau Pena ist ein Produkt der sentimentalen Empfindungen des 19. Jahrhunderts, der Groß- und Bildungsbürger-Epoche, in der selbst Herrscher und Fürsten eine leicht bürgerliche Attitude annahmen, mit dem Hang zum Jovialen. Evolutionistisch dachte man auch in der Kunst; wo Kunst gehäuft und im Superlativ auftrat, nahm man sie als Super-Kunst. Das Auge sah nicht mehr, daß ein im Hochmittelalter gemeißeltes Kapitell etwas anderes war als das Produkt der kraftlosen Meißelarbeit des Bürgerzeitalters. Nur noch das Ornament zählte, nicht mehr das Lebensgefühl, das Künstler oder Kunsthandwerker noch in sich geschlossener Stilepochen dem Ornament verliehen. Glatt, äußerlich, pompös ist auch die Pseudo-Architektur in anderen Ländern Europas aus jener Zeit, wo der gleiche Eklektizismus herrschte, von der Überzeugung geleitet, man habe es herrlich weit gebracht und übertreffe sämtliche alten Meister. Aber was Pena uns bietet, übertrumpft all den anderen Burgenzierat des vorigen Jahrhunderts. Man kann den Palast als Unikum bezeichnen. In seiner Überspitzung des schalen victorianischen, wilhelminischen, victor-emmanueliischen Zeitgeistes ist es schon fast wieder bemerkenswert. Ein Alpdruck, der fasziniert. Alle nur denkbaren Stile, die in Portugal miteinander gewetteifert, die sich abgelöst oder überschnitten haben, sind hier, ins Kolossale und Absurde gesteigert, zu einem architektonischen Mischstil vereint: Romanik, Gotik, Manuelismus, Renaissance, Türme, Türmchen, Erker, Patios, Hufeisen, Eselrücken, Biforien, gedrehte Säulen, Rosetten, maurische Zinnen und maurische Fliesen, all dies manchmal durch echte Girlanden oder Buschwerk gemildert, manchmal auch ein Abglanz von Neuschwanstein, ein Tusch aus einer Wagner-Oper, der teutonisch klingen könnte, wäre diese Ausgeburt des romantischen Überschwangs nicht eben doch so durch und durch portugiesisch, ein potenziertes Portugal, neben dem der immerhin schon angreifbare Manuelismus des Claustro von Belém klar und klassisch rein erscheint. In gewissem Sinne nimmt Pena Gaudís Sagrada Familia in Barcelona vorweg, jene skurrile Verbindung von Jugendstil und Eklektizismus. Der Bergfried des Schlosses, der in den Himmel der Estremadura emporragt, kopiert den Turm von Belém, eine romantische Karikatur von Arrudas Meisterwerk. Ein deutschstämmiger Fürst, der portugiesischer Regent und im Herzen Portugiese wurde, war der Bauherr dieser steinernen Kuriosität, die man ihrer Extravaganz wegen fast nicht mehr missen möchte, zumindest nicht von der Silhouette her: Ferdinand von Sachsen-Coburg-Gotha, Gemahl der Königin Maria da Gloria (Maria II.).

Prinzgemahle sind im allgemeinen nicht zu beneiden. Ihre Wahl ist selten eine Wahl des Herzens. Sie stehen im Schatten. Maria da Gloria war eine strenge Dame, mit korrekt gezogenem Mittelscheitel, auch sie deutschen Gebütts; die Tochter des Ex-Kaisers von Brasilien hatte die Österreicherin Leopoldine zur Mutter. Da es Ferdinand zu wenig war, nur zu repräsentieren, warf er sich auf das riesige Bauvorhaben auf der Serra da Sintra, den Palácio da Pena, den er 1840-1850 errichten ließ.

Ferdinands Persönlichkeit machte sich eigentlich erst bemerkbar, als er Witwer geworden war und zweimal die Rolle des Prinzregenten übernahm, da er seine beiden Söhne, Pedro und Luis, überlebte. Er regierte mit deutscher Gründlichkeit und Ordentlichkeit, war ein sparsamer Haushälter und ist – außer durch ein paar Denkmalbüsten des bärtigen Mannes in verschiedenen Schlössern – hauptsächlich durch den großen Bauauftrag in den Sintra-Bergen im Gedächtnis geblieben.

Als Witwer hatte der Coburger eine Affäre. Seine Neigung galt einer Wienerin keineswegs standesgemäßer Herkunft, die Balletttänzerin und Sängerin war. Er wollte sie morganatisch heiraten. Doch der Hof war dagegen. Rettung kam aus Coburg. Der dortige Herzog, Ferdinands Vater, machte das ›Madl‹ zur Gräfin von Edla. Nun war sie heiratswürdig. Die Minister genehmigten den Ring. Wie Franziska von Hohenheim, die arrivierte Mätresse Karl Eugens von Württemberg, war sie fürstlicher als mancher Fürst, generös, taktvoll, staatsklug, nie maßlos, stets wohltätig. Wie jene als ›Franzl‹ populäres Ansehen gewann, errang diese den Ehrentitel ›Madame‹. Als die Spanier 1866 Fernando ihre Krone anboten, riet ihm Madame weise ab. Der Regent folgte ihr, sicher zu seinem Wohl. Der spanische Kronreif hätte dem Coburger wenig Glück gebracht und ihn zudem womöglich der portugiesischen Regentschaft beraubt. Das Glück an der Seite der Gräfin Edla in der Idylle der Sintra-Berge mit ihren Schlössern und stattlichen Parks zog er vor.

Erbauer des Palastes von Pena war Wilhelm Freiherr von Eschwege. Er hat sich an die romantischen Pläne seines Auftraggebers Fernando gehalten.

Wilhelm von Eschwege

Die Biographie dieses erfolgreichen Ingenieurs bietet das Bild eines ausgeglichenen, erfüllten Daseins. Er entstammt dem kulturell wertvollen, politisch unmündigen Kreis des deutschen Duodez. Im Werratal stand das Stammschloss der Väter. Seine Jugend verlief im Zeichen des ausgehenden Rokoko.

Nach dem Studium und der Lehrzeit wurde Eschwege durch Vermittlung eines ihm wohlwollenden hessischen Ministers nach Portugal zur Reorganisation der Eisenhütte von Foz d'Alge gerufen. Damit ist er ein Vorläufer der portugiesischen Hüttenindustrie von heute. Er war übrigens nicht der einzige Deutsche, der während der Bragança-Epoche am Tejo wirkte. Vor ihm hatten der Marschall Schomberg im 17.Jahrhundert die portugiesische Küste mit Forts bestückt, der Prinz von Schaumburg-Lippe im 18.Jahrhundert die Armee reorganisiert.

Als die Franzosen auf Lissabon zustießen, erteilte die portugiesische Regierung die Weisung, daß alle Spezialisten, die dem Feind hätten dienlich sein können, nach der Kolonie Brasilien abreisen sollten. 1810 trat Eschwege seine Fahrt nach der Neuen Welt auf der ›Dom João Magnánimo‹ an und erreichte Rio in zwei Monaten.

König João VI. – damals schon drei Jahre in Rio – ernannte den Ankömmling zum Major der Genietruppen und ersuchte ihn um die Einrichtung eines Mineralienkabinetts an der Guanabara-Bucht, um die Abhaltung mineralogischer Vorlesungen und um die Durchführung von Entdeckungsreisen in das Innere.

Auf einem dieser Streifzüge fand Eschwege in Ouro Prêto ergiebige Gold- und Diamantfelder sowie unermeßliche Eisenvorkommen, bisher ungehobene Schätze. Bald eröffnete er die erste Bleimine in Sabará und die erste Eisenhütte in Congonhas do Campo mit vier Stücköfen, zwei Schmiedeöfen, einem mechanischen Hammer und einer Erzstampfanlage. Noch heute arbeitet das inzwischen erweiterte Werk.

Um die Zeit der brasilianischen Unabhängigkeitserklärung kehrte der Geologe mit der ›Gentil Americana‹ nach Portugal und dann nach Deutschland zurück. Dort trat er mit Goethe in Verbindung; der Dichterminister verhandelte mit ihm wegen Ankaufs von brasilianischen Diamanten für die großherzogliche Juwelensammlung in Weimar.

1836 wieder in Portugal, stieg er bis zum portugiesischen Generalleutnant und Oberberghauptmann auf. 1839-1845 leitete er die Bauarbeiten des Bragança-Schlosses Pena. Heute, im Zeitalter des

Spezialistentums, bestaunt man Eschweges Vielseitigkeit: ein Militär und Geologe betätigt sich zugleich als Architekt, Statiker und Bauleiter. Vor seinem 1855 in der hessischen Heimat erfolgten Tod schrieb der Vielgereiste sein Meisterwerk ›Pluto Brasiliensis‹, das bis heute die Wissenschaft beschäftigt.

Chanterènes Altar

An der Stelle des Pena-Palastes hatte vor nahezu einem halben Jahrtausend bereits Dom Manuel einen Bau errichten lassen, und zwar ein Bergkloster für die Hieronymiten von Belém. Geringe Teile sind erhalten geblieben und in Fernandos Prunkbau mit einbezogen: die Kirche Nossa Senhora da Pena und der zweigeschossige Kreuzgang mit gotischem Netzgewölbe. Bemerkenswert ist auch der reiche Renaissance-Altar des Franzosen *Nicolau Chanterène*, den wir als einen der Meister des Mosteiro dos Jerónimos kennengelernt haben; das prachtvolle Westportal dort ist sein Werk.

In der Kirche Santa Cruz in Coimbra hat der in Portugal naturalisierte Franzose die Portalstatuen sowie die Grabfigur von Afonso Henriques auf dessen Sarkophag geschaffen. Anfang 1529 zog er nach Sintra, wo er drei Jahre wirkte und vor allem aus dem am Orte heimischen Alabaster den Altar von Pena fertigte. Von einem seiner Steinmetzen wurde er bei der Inquisition des Aberglaubens angeklagt, weil er eine Alraunwurzel vorgezeigt habe. Er mag glimpflich davongekommen sein, denn 1531 sehen wir ihn schon wieder am Werk, und zwar in Évora, wo er den Pilasterschmuck der Kathedral-Vorhalle gestaltete, der zu den schönsten Beispielen der Renaissance zählt. Vier Jahre später erhob König João III. den Meister sogar zum Rang eines ›Palatino de arauto‹ (Königlicher Herold) mit entsprechenden Privilegien. Das Amt schien dem Bildhauer jedoch nicht gelegen zu haben. Er verzichtete mit königlicher Erlaubnis darauf zugunsten seines Schwiegersohns. Diese Auskunft gibt das Archiv der Torre do Tombo. Es ist die letzte Lebensnotiz vor seinem Tod 1553.

Der *Altar der Kirche Nossa Senhora da Pena* ist zum Dank für die Niederkunft der Königin Katharina, der Gemahlin Joãos III., 1532 in Auftrag gegeben worden. Chanterène hat den Retablo nahezu architektonisch gestaltet, in einem dreiteiligen Aufbau aus Säulen, Pilastern, Gesimsen und Nischen, und das Werk mit filigranartigem Schmuck überzogen, der an Silberschmiedearbeit erinnert. Man sieht in einer Kranz-Aureole die Heilige Familie, darunter Maria mit dem Kind und als unterstes Motiv eine Grablegung. Vier Seitennischen geben Szenen aus dem Leben Christi wieder. Über den Altaraufbau ist kunstvoll eine Alabastergirlande gelegt, die seitwärts von Putten gehalten wird. Die Virtuosität der Steinmetzkunst feiert Triumphe.

Der Park, der Pena umgibt, ist ein riesiges Areal imposanter Bäume, belebt durch Bäche, Quellen und Blütenzauber. Er versöhnt uns mit den baulichen Entgleisungen des Palácio. Man zählt in dem Park über vierhundert verschiedene Baumsorten, darunter Pinien, Eichen, Roßkastanien, Ulmen, Eukalyptus, Atlaszedern, Tannen. Gewundene, einsame Höhenwege führen durch die Anlagen. In waldiger Felslandschaft gelangt man bis zur 491 Meter hoch gelegenen Cruz Alta – Hohes Kreuz. Von hier aus schaut man bis zur Kapitale und auf den Atlantischen Ozean, bei guter Sicht sogar bis Kap Espichel bei Sesimbra im Süden.

Ein etwas bescheideneres Gegenstück zu Pena ist die nahe Vila Monserrate, *die der vermögende Engländer Francis Cook in der gleichen Manier der anspruchsvollen, aber ausdrucksschwachen zweiten Hälfte des vorigen Jahrhunderts angelegt hat. Einer der Bragança-Könige machte den Briten zum Grafen von Monserrate. Heute ist das Herrenhaus Staatsbesitz, nachdem es vor Jahren unter den Hammer gekommen war – wobei die größte Reise-Bibliothek der Welt in alle Winde ging.*

Den Geist einer noch ungebrochenen Stilepoche erlebt man, ebenfalls in der Serra da Sintra, im Convento dos Capuchos *aus dem Jahre 1560. Ein Menschenalter später starb hier einer der Heiligen Portugals, São Onório. Die Zellen des von Álvares de Castro gegründeten Klosters sind in den Fels gehauen, die Mauern mit Kork verkleidet.*

Von Sintra kann man über eine vielbenützte Schnellstraße Lissabon direkt erreichen. Bald schon taucht die Hauptstadt auf, hügelkrönende Vororte, Armenviertel, die ersten Hochhäuser und schließlich dann der weitgespannte *Aquädukt*, der sich über Anhöhen und Dächer schwingt. Einst hat er Lissabon mit Wasser versorgt. Er könnte, von den Spitzbögen abgesehen, für altrömisch gelten, stammt aber aus dem 18.Jahrhundert. Bauherr war der baufreudige König João V. Zur Finanzierung des technischen Großprojekts seiner Wasserleitung mußte der Monarch eine Sondersteuer erheben. Der Aquädukt war ursprünglich achtzehn Kilometer lang und verlief teilweise unterirdisch. Einhundertneun Steinbögen sind noch erhalten – neben der Salazarbrücke und dem Kastell das augenfälligste Wahrzeichen der Stadt. In der gleichen Zeit errichtete man in der Kapitale der Kolonie Brasilien, in Rio de Janeiro, ebenfalls eine vielbogige Wasserleitung, über die heute die Tram fährt.

Kloster Mafra

Das Geschlecht der Bragança, das uns in der Bergwelt von Sintra bereits in der Zeit seines Abstiegs begegnete, ist am bezeichnendsten im Nordwesten der Hauptstadt vertreten, in Kloster Mafra und Schloß Queluz. Mafra dokumentiert jenen Abschnitt, in dem die letzte portugiesische Dynastie absolutistisch herrschte, mit entsprechender Allüre, Prunk, Verschwendung und Bausucht, nicht anders als der Sonnenkönig, August der Starke oder der Bourbone Karl III. in Neapel und Madrid (als Verwandter der Bragança ist dieser sympathische Herrscher und Schwiegersohn Augusts des Starken in Mafra im Konterfei vertreten). Namentlich der Bragança João V., eine stattliche Erscheinung und ein universal interessierter, trotz Absolutismus und Aufklärung kirchenfreundlicher Monarch, tritt in Mafra in unser Blickfeld. Häufig treffen wir im Schloßinnern auf sein Bild und seine Büste. Der ganze Klosterbau vermittelt seinen Geist.

Mafra ist die größte Bauanlage Portugals, Konvent und Palast in einem, ein mächtiges, fast quadratisches Rechteck mit symmetrisch angelegten Höfen und einer Unzahl von Sälen und Zimmerfluchten. Die riesige Kuppel der Klosterkirche überragt die gleichnamige kleine Stadt. Etwas protzig, zweihundertzwanzig Meter lang, breitet sich die Fassade aus. Kuppelgekrönte Eckpavillons schließen die Kolossalfront ab, die freilich beinahe schmucklos ist. Die zwei Fassadentürme der Kirche, mit Säulenbündeln über Eck, verjüngen sich in drei Etagen bis zu den barock geschwungenen Helmen hin. Johann Friedrich Ludwig, italienisch geschult und in Portugal nur unter dem Namen Ludovice bekannt, hat das Gebäude errichtet, das trotz des kalten Prunkes imponiert. Fünfzigtausend Werkleute haben daran gearbeitet, zeitweise gleichzeitig. ›Escorialhaft‹ würde Goethe gesagt haben – ein Wort, das über Caserta von ihm überliefert ist.

Die Parallele ist nicht ganz abwegig. Auch das Bourbonenschloß der Könige von Neapel, etwas später erbaut, ist ein Produkt des Absolutismus, ebenfalls viel zu geräumig und aufwendig für eine Monarchie zweiter oder dritter Größenordnung, Produkt superber Verschwendungssucht. Doch Caserta wirkt noch anheimelnd neben der abweisenden Kühle von Mafra. Selbst die Dynastie, die das Klosterschloß in Auftrag gegeben hatte, mochte später nicht darin wohnen. Man hat es als »eisig und trostlos«, als »Leib ohne Seele« bezeichnet, als »Ausgeburt des Größenwahns«. Sogar ein Ort des Geistes, die Bibliothek, prunkt mit einem Superlativ: sie ist mit achtundachtzig Metern Länge die vermutlich längste aller Büchereien.

Der Klosterbau wurde 1717 begonnen und 1730 eingeweiht. Er übertrifft an Ausmaß den Escorial sogar noch um einiges – was der Krone Spaniens sicher nicht genehm gewesen ist. Der Bau umfaßt 40000 Quadratmeter und weist 4500 Türen auf. Die Türme der Klosterkirche messen 68 Meter und tragen 114 Glocken. Ursprünglich war nur ein Glockenspiel in Antwerpen in Auftrag gegeben worden. Als die Glockengießer wegen der hohen Selbstkosten Bedenken hatten, antwortete ihnen König João V., nun wünsche er zwei Glockenspiele. Der Ton ist bis weit in die Estremadura hinein zu vernehmen. Das Kircheninnere ist ebenfalls von einer feierlichen Kühle, mit Anklängen an Sankt Peter.

Kannelierte Pilaster tragen zwischen den mächtigen Arkadenbögen das Gesims, über dem sich eine kassettierte Tonnendecke wölbt. Gewaltig, mit starkem Lichteinfall, erhebt sich siebzig Meter hoch die Kuppel mit vierzehn Meter Durchmesser über der Vierung; sie trägt eine im Durchmesser zwei Meter breite Laterne. Im Chor und in den Seitenschiffen stehen großfigurige, statisch empfundene Heiligenstatuen aus Marmor, unter ihnen die heilige Isabel von Portugal und ihre Verwandte, die heilige Isabel von Ungarn (die mit Elisabeth von Thüringen identisch ist). Die Statuen sind durchweg in Italien gefertigt und wurden nach Mafra transportiert. Der Meister der michelangelesk aufgefaßten Monumentalfiguren, Alessandro Giusti, hat einen nachhaltigen Einfluß auf die zeitgenössische Bildhauerei Portugals ausgeübt, auch auf Machado de Castro. Von diesem stammen die Relieftableaus mit religiösen Szenen am Seitengemäuer.

Kalt und streng ist der von ionischen Blendsäulen gegliederte Klosterhof. Eine Galerie schließt den unteren Trakt der Arkaden ab. Im Kreuzgang stoßen wir auf eine Sitzstatue Camões' und auf zahlreiche Minoriten-Grabsteine. Am Eingang des lichten Gevierts steht ein Prunksarkophag. Bei näherem Hinsehen erkennt man, daß es sich um einen Gipsabguß handelt – des Steinsargs Fernandos I. nämlich, der sich im Chor der Carmo-Kirche in Lissabon befindet.

Den Minoriten (Franziskanern) war das Kloster zugeordnet. 1771-1792 hielten sich Augustiner in den Mauern auf, denen vor allem die Ausgestaltung der von Manuel Caëtano beendeten Bibliothek zu danken ist. Der Raum, mit fünfzig Fenstern und einem Boden aus portugiesischem Marmor, beherbergt mehr als dreißigtausend Folianten, darunter viele Inkunabeln und erstgedruckte Karten. Zu den Schätzen der Bibliothek zählen eine dreisprachige Bibel von 1514, der älteste Homer in Griechisch, die Erstausgaben der ›Lusiaden‹ sowie der Stücke Gil Vicentes.

Im Klosterbereich ist neben der Bibliothek der ovale Kapitelsaal mit bemalter Stuckdecke beachtenswert. Die Küche mit ihren riesigen Bronzekesseln stellt die klösterliche Parallele zur Schloßküche von Sintra dar. Das Hospital der Mönche besitzt noch das authentische Inventar des 18. Jahrhunderts. Im langgestreckten Krankensaal hat man Einblick in die durch Vorhänge abtrennbaren Behandlungszellen. In jeder Zelle steht eine Holzbank, auf der der mönchische Patient sich ausstrecken mußte. Statt ›Patient‹ könnte man auch ›Delinquent‹ sagen, denn für das Rückgrat ist in der Mitte der jeweiligen Bank ein rückenlanger Schlitz eingekerbt – ein Zugeständnis zwar an die Bequemlichkeit, aber immer noch eine recht spartanische Einrichtung.

Die Zellen der Mönche mit dem ursprünglichen Inventar sind alles andere als bequem. Auch hier hat man in die hölzernen Liegen – die Fradres schliefen ohne Decken – Rückgratschlitze eingefügt. In einer Zelle blickt als Memento mori ein echter Totenschädel von der Wand herab. In einer Vitrine eines der Klostergänge sieht man Traglampen und Vortragkreuze, die heute noch in Gebrauch sind. Eine Krippe Machado de Castros ist diesmal nicht aus Ton modelliert, sondern aus Holz geschnitzt.

Geht man durch die anschließenden *Schloßräume* der Bragança – wie der Escorial war Mafra zugleich Königsresidenz –, so glaubt man ungeachtet der à jour gearbeiteten Prunkmöbel die eisige Luft der nahen Mönchsquartiere zu spüren. Die Saal- und Zimmerfluchten – eine einzige Flucht mißt 250 Meter – sind reich ausgestattet, doch ohne wohnliche Intimität. Kein Wunder, daß die Bragança in diesen Räumen fröstelten.

Im Vestibül steht die Büste des Gründers. João V., dieser königliche Bauherr und Polyhistor, hat sich auf seine marmorne Allonge-Perücke einen Lorbeerkranz setzen lassen. Am Sockel der Büste sind Winkelmaß und Zirkel, Musikinstrumente und Bücher angebracht. Der Monarch wirkt souverän und bestimmend, als säße er auf dem Prunksessel im Thronsaal von Mafra.

Der Thronsaal ist der Symmetrie wegen mit Scheintüren ausgestattet. Das Jagdzimmer weist eine mehr kuriose als geschmackvolle Einrichtung auf: Tische und Stühle sind aus Hirschgeweihen gefertigt worden – eine beliebte Marotte absolutistischer Fürsten.

Man benötigt Zeit, um all diese Gemächer mit ihren Wandbildern, Gobelins, Chinoiserien, Fayencen zu durchschreiten. Am wechselnden Stil – Rokoko, Empire, Victorianisches, Historismus – erkennt man, bei welcher Generation der Bragança man gerade angelangt ist, auch wenn man die geschichtlichen Reminiszenzen oder die im Porträt Dargestellten nicht beachtet. Man steht vor der Wiege und dem Prunkbett der Königin Maria II. Über dem Bett hängt ein Bild ihres Großvaters João VI. Zur Einrichtung der Klosterresidenz gehörte auch ein Vorläufer des Pingpong-Spiels, hier Ping-Bola genannt.

Der größte Teil der Ausstattung des königlichen Wohntrakts ist Empire. Im Sinne der Epoche sieht man auf Monstrebildern Antikes – Diana auf der Jagd, die Flucht des Äneas aus Troja – und glorifizierte Zeitgeschichte – Abschied der königlichen Familie vor der Einschiffung nach Brasilien, die Schlacht von Salamanca im Peninsular-Krieg. Eine Azulejo-Wand verbildlicht, wie der Meister von Avis Ceuta einnimmt. In einem der Schloßsäle ist eine Festkutsche der Bragança aufgestellt. Die Rückseite bietet die Huldigung der Untertanen, darunter eines Indio, an den ›Brasão‹ der Dynastie dar.

Das Wildgehege hinter dem Klosterschloß ist von einer zwanzig Kilometer langen Umfassungsmauer umgeben. Die Bragança betrieben hier das Weidwerk bis ins 20. Jahrhundert. Carlos I. hat in dem Park einen Pavillon errichten lassen, in dem er bei Jagdpausen seine Mahlzeiten einnahm.

Das Kloster ist nicht Mafras einzige Sehenswürdigkeit. In der kleinen Stadt, die im wahrsten Sinn zu Füßen des Klosterschlosses liegt – indem sich ihr Terrain jenseits des Schloß-Vorplatzes langsam senkt –, steht eine äußerlich unscheinbare Kirche, die wegen ihres wertvollen Inneren vom Staat zum ›Monumento nacional‹ erklärt worden ist – ein Prädikat, das in anderen Ländern mit gefährdetem Kulturgut Nachahmung verdient und diesem einen moralischen Schutz verleihen würde. Die Kirche ist dem Apostel Andreas gewidmet und stammt aus dem 14. Jahrhundert, der Zeitspanne des Ausgangs der Dynastie Burgund. Der dreischiffige gotische Kirchenraum hat 1944 eine originalgetreue Holzdecke erhalten, das Werk der fachkundigen und sorgsamen ›Direcção-Geral dos Edifícios e Monumentos Nacionais‹. Der kleine polygonale Chor strahlt trotz seiner Intimität Kraft aus; die Gewölberippen formieren sich zu einem gedrungenen Stern. Beiderseits des Hauptportals fällt unser Blick auf zwei Steinsarkophage. Im einen liegt Dom Diogo de Sousa, ein Enkel des Königs Dinis, im anderen dessen Gemahlin Dona Violante Lopes Pacheco. Vermutlich zählte sie zu den Nachfahren des Mitkämpfers am Rio Salado. Was wir aber sicher wissen: daß ihr Bruder einer der Mörder der Inês de Castro war – der Mord ist eines der bekanntesten Geschichtsereignisse Portugals: wir werden in Coimbra und Alcobaça Näheres darüber erfahren.

Die Bragança

Das Klosterschloß Mafra vergegenwärtigt ein ganzes Zeitalter, eben die Epoche von Absolutismus und Aufklärung. Zugleich vermittelt es einen Eindruck vom Geltungstrieb und Lebenszuschnitt der Bragança im 18.Jahrhundert. Das Geschlecht hat ja Könige und Kaiser gestellt – Könige von Portugal, Kaiser von Brasilien. João V. ließ Mafra auf ein Gelübde hin erbauen. Seine Gemahlin Maria Anna von Österreich war acht Jahre lang kinderlos geblieben. Das Königspaar versprach das Kloster. Das Kind kam: der nachmalige José I. Mafra erstand; die Einweihungsfeierlichkeiten dauerten acht Tage. Wahrscheinlich wäre Mafra oder etwas Mafra-Ähnliches ohnehin geschaffen worden. Zu sehr entsprach das ›magnum opus‹ absolutistischem Lebensgefühl, zu sehr auch dem Naturell der Dynastie.

Der Aufstieg des Geschlechts geht auf das späte Mittelalter zurück, auf die Epoche der ›berühmten Generation‹, das 15.Jahrhundert. Der Regent Pedro, Bruder Heinrichs des Seefahrers, machte den Grafen von Barcelos – Sproß von illegitimen Nachkommen des Königs Dinis – zum Herzog von Bragança, um ihn für sich zu gewinnen. Trotzdem wandte sich dieser erste der neu geschaffenen Herzöge gegen seinen Protektor – nicht die letzte Infamie des Hauses. Durch zwei Jahrhunderte gehörten die Bragança zum führenden Adel Portugals. Sie saßen nicht auf der malerischen Burg gleichen Namens in Trás-os-Montes, sondern hielten sich lieber in der Nähe des Hofes auf. Nach der Episode habsburgischer Fremdherrschaft schlug ihre Stunde. Die sogenannte ›Restauration‹ spielte ihnen, wie wir sahen, die Krone zu. João IV. Bragança begründete die neue Königsdynastie, die trotz vieler schwacher Herrscher autoritär regieren konnte: weil das Zeitalter des Absolutismus ihr zugute kam und weil sie häufig energische Minister hatte, an erster Stelle den für Lissabon so wichtigen Pombal.

Die Glanzzeit des Absolutismus, identisch mit den Bragança, wäre in Portugal niemals möglich gewesen ohne einen entscheidenden Faktor: Brasiliens Gold und Diamanten. Der Portugiese Cabral hatte unter Dom Manuel die Terra de Vera Cruz entdeckt, die dann Brasilholz – begehrt als Färbemittel – lieferte und von diesem den neuen Namen bekam. Brasilien blieb lange dünn besiedelt und kaum genutzt. Die wirtschaftspolitische Bedeutung trat in den Hintergrund, zumal während der spanischen Vorherrschaft unter den habsburgischen Felipes. Nun aber, in der zweiten Hälfte des 17.Jahrhunderts, fand man in der Kolonie plötzlich große Mengen von Edelmetallen, vor allem in Minas Gerais (Allgemeine Minen). 1699 traf in Lissabon das erste Schiff mit einer sensationellen Gold- und Diamanten-Ladung ein. Der damalige Bragança, Pedro II., wurde mit einem Schlag zu einem der reichsten Monarchen Europas. Nicht mehr Indien war das Wunderland unerschöpflicher Exporte, sondern Brasilien.

Der neue Reichtum gab dem Haus Bragança die Mittel in die Hand, dem Absolutismus als ›gottgewollter‹ Regierungsform den notwendigen äußeren Nimbus zu verleihen, der das Volk beeindruckte. Wenn die Einnahmen aus den Schätzen der transatlantischen Kolonie auch durch viele Hände gingen, so blieb für die Bedürfnisse der Krone doch noch eine märchenhafte Summe übrig. Ungeduldig erwartete man jedes Schiff am Kai der Hauptstadt, das gleißende Fracht aus Südamerika löschte. Ein Fünftel des Imports an Edelmetallen kam der Krone zu, außerdem fünfundzwanzig Prozent des Steueraufkommens aus den Goldminen. Der König verfügte auch über das Holzmonopol. In der ersten Hälfte des 18.Jahrhunderts vereinnahmte die Krone etwa hundertzwanzig Millionen Cruzados. Der König verfügte nicht nur über die Kron-Einkünfte – er griff auch unbekümmert in die Staatskasse. Die Schulden wuchsen ins Unermeßliche.

Vor dem Hintergrund des aus Brasilien kommenden Reichtums verstehen wir nun den hybriden Bau von Mafra, der jährlich ungefähr zwölf Millionen Cruzados verschlang und an dem die Bragança sich nahezu übernahmen. Die Kehrseite des Absolutismus dürfen wir bei all der Prachtentfaltung nicht vergessen: das Volk darbte. Auch in der Kolonie mußte man für den Hof in Lissabon fronen. Dort waren es vor allem Negersklaven, die sich wie Roboter in den Minen oder als Goldwäscher, Garimpeiros, abmühten.

Das Bedürfnis nach Repräsentation, das dem Absolutismus innewohnte, führte zu beachtlichen Aufträgen an Architekten und Künstler wie zu einem Aufschwung des kulturellen Lebens insgesamt. Die großen Herren des Barock hatten einen sublimen Sinn für auf Stil und Qualität ausgerichtete Aufträge. João V. schuf die Bibliotheken von Mafra und Coimbra, barocke Sehenswürdigkeiten bis heute. Er stiftete eine Musikhochschule, führte die italienische Oper in Lissabon ein, ließ den Neapolitaner Scarlatti, den Erfinder des Stakkato, an den Hof kommen. In Rom rief er die Academia de Portugal ins Leben, ein Zentrum für portugiesische Kunstjünger in der Ewigen Stadt. Eine historische Akademie in Lissabon schrieb erstmals systematisch die Königsgeschichte des Landes auf: Grundstock der ›Portugaliae Monumenta historica‹. In Mafra öffnete eine Kunstschule italienischer Prägung ihre Pforten. Der bau- und kunstfreudige König verdiente sich mit Recht den Beinamen ›Magnánimo‹ – ›der Großmütige‹.

Zum Bild des absolutistischen Herrschers gehört die Mätresse. Der Sonnenkönig, den man auch sonst am Lissaboner Hof kopierte, bot das Vorbild. Man tuschelte am Tejo über die Affäre des Magnánimo mit der Madre Paula im Frauenkloster von Ovidelas. Dort bildete sich ein Miniatur-Versailles heraus. Aus der Verbindung des ›Fidelissimus‹ – auch dies ein Name Joãos V. – mit der Madre gingen drei Söhne hervor: die ›Meninos de Palhavã‹. Zwei von ihnen erlangten später Ansehen: Dom Gaspar als Erzbischof von Braga und Dom José als Doktor der Theologie und später als Großinquisitor.

Die Edelmetalle Brasiliens, die den Lebensstil der Ära Bragança ermöglichten, erhöhten in erster Linie den Luxus von Hof und Aristokratie. Es war der Minister Pombal, der kaufmännisch dachte, Handel und Manufaktur förderte und einen anderen Stand am Gold- und Diamanten-Zustrom teilnehmen ließ: das handeltreibende Bürgertum. Vom Staat privilegiert, nahmen die ersten nennenswerten Ex- und Importfirmen Portugals ihre weltweite Arbeit auf, in Brasilien die 1755 gegründete Pará- und Maranhão-Kompanie, die mit den Tropengütern Nordbrasiliens handelte. Zu den damals in Portugal tätigen Großkaufleuten zählte auch ein Deutscher: Felix von Oldenburg, der das Monopol des Indien- und Chinahandels erhielt und bei der Pará- und Maranhão-Kompanie einen entscheidenden Anteil besaß. Oldenburgs Tabakschiffe beherrschten um die Jahrhundertmitte fast die ganze Brasilienfahrt.

Unter den Bragança schien sich das Goldene Zeitalter Portugals nach den großen Entdeckungen zu wiederholen. Lissabon,

Hauptstadt eines Weltreiches, galt als eine der prächtigsten Handelsstädte Europas. Kirchen und Paläste waren mit Marmor, Gold und Azulejo-Fayencen ausgestattet. Das Erdbeben von 1755 zerstörte die Pracht. Ohne die straffe Ordnung des Wirtschafts- und Finanzwesens hätte Pombals bleibendstes Werk niemals so rasch verwirklicht werden können: der von rationalem und funktionalem Denken geleitete Wiederaufbau der Metropole.

Ein politisches Erdbeben erschütterte Portugal ein Halbjahrhundert später: Napoleons Truppen rückten in das Königreich ein. Sie wollten mit dem Stoß auf Europas Westflanke vor allem England treffen. Jener Krieg begann, der im deutschen Geschichtsunterricht Guerillakrieg heißt, auf der Iberischen Halbinsel indes als Peninsular-Krieg bekannt ist. Portugal und Spanien machten gemeinsam gegen den napoleonischen Imperialismus Front. Der Krieg wurde freilich fast ausschließlich vom Volk getragen. Die Dynastien Spaniens und Portugals gingen ins Exil. Für die Bragança lag nichts näher, als in ihrer reichsten Kolonie, Brasilien, Zuflucht zu suchen.

Als Maria I. vor den französischen Truppen nach Rio auswich, war auch ihr Sohn João im Gefolge der Flüchtenden. Ihm und der übrigen erlauchten Gesellschaft bereitete man in der Kolonie einen devoten Empfang. Die Rua Direita, damals Rios Hauptstraße, prangte im Schmuck von Triumphbögen – freilich schon mit dem tendenziösen Wunsch nach Selbständigkeit: »Glückliches Amerika, du hältst an deinem Herzen den Gründer eines neuen Kaiserreichs!« Dieses neue Kaiserreich sollte dann Joãos Sohn, Pedro I. von Brasilien, mit dem ›Schrei von Ipiranga‹ begründen.

Die gottähnliche Monarchenherrlichkeit, die in Europa durch die Französische Revolution schon etwas ins Wanken geraten war, hatte in der neuen Welt bei Ankunft der Bragança ihren Glanz noch nicht verloren. Dies dokumentierte vor allem die Zeremonie des ›Baise-main‹, des Handkusses, zu dem sich die Honoratioren der so schnell zur Königsresidenz aufgestiegenen Kolonialstadt fein gepudert und gekleidet drängten. Die Hofhaltung der Bragança in exotischer Breite bei dreissig Grad Hitze ist ein Kuriosum der Weltgeschichte. Florian Kienzl, der Biograph der

Bragança in Brasilien, hat ein Bild der ›Baise-main‹-Zeremonie entworfen:

> *War die Audienz eröffnet, so zelebrierte die Schloßkapelle ein Blaskonzert. Unter den mehr oder minder feierlichen Klängen marschierte man langsam, Schritt für Schritt, hinein in den Thronsaal. Da saß unter einem gewaltigen Baldachin, lässig zurückgelehnt, mit verschlafenem Ausdruck und offenem Mund, der Prinzregent. Die rechte Hand hing ihm schlapp über die Stuhllehne herunter, über die sich nun ein jeder knieend zu beugen hatte. Selten wechselte er mit den Handküssern ein paar Worte. Gewöhnlich nahm er, sanft nickend, mit der Linken die dargereichte Bittschrift entgegen und legte sie auf einen Tisch an seiner Seite. Dort stand der Groß-Almosier, ein sehr dicker Mann in schwarzer Mönchstracht, der bald sich selber, bald dem Monarchen mit einem Federwedel Luft zufächelte und, wenn es angebracht war, in seinen karmesinroten Pompadour griff und ein Geldstück hervorholte.*

Nach der Rückkehr aus der Fremde gewann das Herrschergeschlecht den alten Nimbus aus der Zeit des Absolutismus nicht zurück. Auch im liberalen Gewand hatte sich die portugiesische Monarchie überlebt, wenn sie sich auch noch fast ein Jahrhundert behaupten konnte. 1910 wurde dann der letzte Bragança, Manuel II., gestürzt. Eine Parodie der Weltgeschichte: im gleichen Schloß Mafra, das den Gipfel der Bragança-Macht versinnbildlicht, verbrachte der letzte Gekrönte seines Geschlechts die letzte Nacht in der Heimat, ehe er sich am 5. Oktober 1910 ins Exil begab. 1932 starb er in London. Mit ihm waren seine Mutter Amelia, seine Großmutter Maria Pia sowie der Infant Afonso, sein Onkel. Die Fluchtroute führte auf der königlichen Yacht ›Maria II.‹ über Gibraltar nach England, mit dessen Königshaus die Bragança viel verband.

Die Flucht zu Land muß dem jungen Monarchen noch einmal den ganzen Zauber der portugiesischen Landschaft vermittelt haben. In Schleifen verläuft die Straße durch fruchtbares Hügelland, überall hocken Pinien-Gehölze auf den kleinen Anhöhen oder am Hang der Talsenken. Plötzlich fällt der Blick auf das große Meer, dessen Blau mit dem Sepia des Bodens und dem Grün der Wälder eine freundliche Harmonie eingeht und das kaum einen Horizont hat; es geht fast nahtlos über in das Blau des Himmels. Auf der

Küstenfahrt wird man angezogen vom nahen Ozean und gerät in seinen Sog. Der Atlantik dominiert. Man ist wieder im Bann von Portugals Schicksals-Element. Es ist auch das bestimmende Element *Ericeiras*, des einstigen Fischerdorfes mit afrikanisch weißen Hauskuben, die bereits den Anblick des Algarve vorwegnehmen. Der Küstenort schickt sich an, ein Platz erster Ordnung für Fremde zu werden, da Praias zwischen Felsabstürzen ein ideales Badegelände bieten. Oberhalb eines Großhotels, das man dicht an den Strand gesetzt hat, steigen die Etage-Stufen eines Terrassenhauses auf. Die Moderne geht eine Ehe ein mit unverbrauchter Folklore, die sich gegen den Einbruch der Urbanität nicht absperrt. Auch in Ericeira, das frei ist von sozialen Dissonanzen, spürt man das Ambiente humano des Landes am Rand Europas – wo wird die Rand-Situation deutlicher als hier? Der Fischfang spielt noch eine wichtige Rolle, speziell die Langustenzucht. Vor der Küste sind Holzkästen aufgestellt, mit denen man jene Seetiere fängt, die in Frankreich ›Demoiselles‹ heißen. Ericeira weist zwei einschiffige Kirchen aus der Glanzzeit der Bragança auf, die Igreja Matriz und die Igreja da Misericórdia. Matriz prunkt mit Azulejo-Schmuck. Außerdem ziert ein Pelourinho den Küstenplatz, einer der für Portugal typischen Pranger. Wie der von Ericeira beweist, hat sich der Manuelismus auch dieser pittoresken Säulen bemächtigt und ihnen sein ornamentales Signum aufgedrückt.

Portugals Sanssouci: Queluz

Jener Prachtbau, der neben Mafra am stärksten den Geist der Bragança vermittelt, ist *Queluz*. Der Name heißt ›Welches Licht!‹. Der Feudalsitz ist nicht pompös-abweisend wie das Klosterschloß Joãos V., sondern freundlich-einladend, ein echtes Kind des achtzehnten Jahrhunderts, eher intim-privat als offiziell-repräsentativ (obwohl man es heute für Staatsempfänge benützt). Hier ist keine Weihrauch-Atmosphäre. Hier weht weltliche Luft, die zu Geselligkeit, Konversation und Flirt einlädt. Man schuf eine Anlage im heiteren und kapriziösen Geist des Rokoko. Man kann Queluz als Portugals Sanssouci bezeichnen, wenn auch in diesen mythologisch ausgemalten Räumen kein Friedrich seine Tafelrunde hielt. Der oft angewandte Vergleich mit Versailles stimmt weniger, obwohl Franzosen an Queluz mitgebaut haben und vieles an die absolutistischen Schloß-Kreationen der Île-de-France erinnern mag. Aber Versailles ist aufwendiger und anspruchsvoller. In Queluz residierte weder ein Magnánimo noch ein Roi Soleil.

Das Schloß liegt halbwegs im Weichbild von Lissabon. Schnell wollten die Bragança den Lustsitz erreichen. Es drängte sie mehr, diesen Ort anmutiger Rast aufzusuchen, als das zu Gebet und Askese zwingende Mafra. Queluz ist ein Pavillon im Schloßformat. Die beiden Seitenflügel des Dreiflügelbaus laden die Besucher, ob König, Honoratioren oder Bittsteller, geradezu ein, hier einzukehren. Man kann sich nicht vorstellen, daß in dieser Barockidylle, eingebettet in abgezirkelte Gartenkünste und -künsteleien, je unselige Beschlüsse gefaßt, Gesuche abgeschlagen, Herzen enttäuscht worden sind. Ist Mafra düster, so ist Queluz hell; und nicht von ungefähr gilt der bewundernde Ausruf, den der Schloßname festhält, dem Segen des Lichts, dem ganz besonderen Licht Portugals und der Estremadura, in dem Bragança-Lustsitz eingefangen wie in einem Prisma.

Pedro, der zweite Sohn Joãos V., ließ 1747 Queluz durch Mateus Vicente de Oliveira als Sommerpalast erbauen. Während der Regierungszeit seines älteren Bruders José erhielt der Palast sein endgültiges Gesicht. 1755, im Jahr des Erdbebens, schuf J.B. Robillon aus Frankreich den Westflügel, gestaltete die Gärten und stattete die Interieurs aus. Als José gestorben war, bestieg dessen Tochter Maria I. den Thron. Sie war mit ihrem Onkel Pedro verheiratet, der als Pedro III. ebenfalls die Krone trug. Mit Vorliebe hielt sich das Paar in Queluz auf, desgleichen dessen Sohn João VI. und seine Gemahlin, die häßliche, vogelgesichtige Kastilierin Carlota Joaquina (die später mit dem König nach Rio floh). Trotz ihres wenig attraktiven Äußeren war sie dem Leben zugewandt, sinnenfreudig. Bei ihrem Rang fehlte es nicht an Liebhabern. Es hieß von ihr, sie schlafe mit jedermann, nur nicht mit ihrem Ehemann.

PORTUGALS SANSSOUCI: QUELUZ

Vor Queluz breitet sich eine in sich geschlossene Platzanlage aus. Die gegenüberliegende Schloßkirche ist reines Rokoko. Ein Bau daneben, aus der gleichen Zeit, ist heute Kaserne. Täglich sieht man Militär in grünen Uniformen auf dem Schloßplatz aufmarschieren und vor dem Denkmal Marias I. vorbeidefilieren. Die Monarchin ist stehend in edler klassizistischer Haltung dargestellt, vom späteren Wahnsinn keine Spur. Die Inschrift feiert sie als ›pia, augusta, felix‹.

Zur Seite des Schloß-Entrées liegt die ehemalige Küche. Über einem Grilltisch öffnet sich der Schlund eines Kamins, der dem in der Klosterküche von Alcobaça gleicht, doch auch den allerdings viel mächtigeren Kamintürmen von Sintra. Die Küche ist heute ein Speiserestaurant von Anspruch, das ›Cosinha velha‹ heißt, den alten Rahmen beibehalten hat und dem lichtreichen Schloß etwas vom Nur-Musealen nimmt.

Im Schloß selbst reihen sich Saalfluchten wie in Mafra, aber ohne deren Ernst. Wichtigster Raum ist der Thronsaal mit zwei festlichen mit Kronen verzierten Sesseln unter einem Baldachin und schweren Kristall-Lüstern. Am anderen Ende des Saals stehen zwei Sessel für die Empfangspersonen. Einer der Säle, ohne eigene Funktion und mehr ein Durchgang, trägt den Namen ›Sala dos passos perdidos‹ – ›Saal der verlorenen Schritte‹. In einem kleineren Raum sieht man Don Quijote-Zyklen in Freskomalerei, in einem anderen Picknickszenen auf Azulejos. Die ›Sala dos Embaixadores‹ – ›Saal der Botschafter‹ ist mit Chinoiserien ausgestattet, die ›Sala das Mangas‹ – ›Ärmelsaal‹ gewährt den selteneren Anblick gelber Azulejos. Die Azulejo-Wände im Ankleidezimmer der Königin halten Szenen mit Kindern fest, die Staatsgewänder anlegen. Die Decke des Gewehrzimmers ist mit Jagdszenen bemalt. In der Kapelle fallen zierliche Rokoko-Boiserien auf. Neben Fliesen und Fresko findet man als dekoratives Element der Festsäle auch reichlich goldbemalten Stuck, teils Rocaille, teils Girlanden, teils ovale Rahmen, in die Gemälde eingesetzt sind. Bei dem wechselnden Klima der Estremadura ist man erstaunt, daß Queluz keine Heizung besessen hat.

An der Gartenfront führt eine Freitreppe zu dem sich weit hinziehenden Kunstwerk französischer Gartenanlagen – geometrische Hecken und Beete, durchsetzt mit Grotten, Springbrunnen und allegorischen Figuren. Diese sind teilweise aus Blei und wurden in England gefertigt.

Ebenso wie in Mafra, ist in Queluz immer wieder Büste oder

Konterfei eines Königs zu sehen, der uns schon mehrfach begegnet ist: João VI. Das einfältige, aufgedunsene Gesicht dieses korpulenten Bragança mit der herabhängenden Unterlippe, dem meist offenen Mund und den Froschaugen schaut den Besucher überall an; in der verschiedensten Haltung, in roter Uniform, manchmal hoch zu Roß und einmal sogar, in Queluz, in einer fast komisch wirkenden Apotheose, ist der König dargestellt. Man glaubt einen alten Vertrauten vor sich zu haben, so oft sieht man ihn.

Die Gräber von Odivelas

Sind in Mafra und Queluz die Bragança lebendig, so hält ein anderer Ort, der unmittelbar im Norden der Hauptstadt liegt, das Gedächtnis an einen der tüchtigsten Könige aus dem Hause Burgund fest. Der Ort heißt Odivelas, der König *Dinis*. Als ›Dinis o Labrador‹, Dionys der Landmann, ist er einer der populärsten Herrscher Portugals. Er hat als erster systematisch Landwirtschaft betrieben. Der großflächige Anbau von Ölbäumen geht auf ihn zurück. In der Nähe seines Lieblingskastells Leiria legte er einen großen Pinienwald an, der als Dünenschutz diente. Um fruchtbaren Boden zu gewinnen, ließ er Sümpfe trocken legen; in seinem Königreich durfte es keine ungenutzten Ländereien geben. Der König gründete in Erbpacht vergebene Höfe. Er war ein Monarch des Volkes, der die Rechte von Klerus und Adel beschnitt, wo die beiden Stände auf Kosten der übrigen Untertanen Macht und Grundbesitz ansammelten. Portugal wurde unter Dinis Exportland, indem es Trockenfisch, Früchte, Getreide, Öl und Wein ausführte. Der von der Krone geschaffenen Handelsflotte stand der Genuese Manuel Pessanha vor. Der König war ein Mann der Tat, doch auch des Geistes, ein ›Rex literatus‹, der erste Portugals, der lesen und schreiben konnte. In dem von ihm errichteten Kreuzgang von Alcobaça schrieb er Gedichte. An seinem Hof trafen sich die Troubadours nach dem Vorbild von Aquitanien und der Provence. Das Portugiesische löste das Latein als Behördensprache ab. 1290 gründete Dinis die erste portu-

DIE GRÄBER VON ODIVELAS

giesische Universität, Geral Estudo, mit den Wissenszweigen Medizin, Grammatik, Rhetorik, Dialektik, Geometrie, Astronomie, Naturphilosophie, Musik, kanonisches und ziviles Recht. Die Hochschule, die bald von Lissabon nach Coimbra umzog, wetteiferte mit Bologna, Paris, Oxford und Salamanca als eine der ersten höheren und nichtklerikalen Bildungsstätten des Mittelalters. Schließlich wurde der königliche Landmann wegweisend durch die Begründung des Ordens der Christusritter, die später das geistig-geistliche Zentrum des Zeitalters der Entdeckungen werden sollten. Die ersten portugiesischen Könige waren vorwiegend Glaubensstreiter und Eroberer, einseitig in ihrem militärischen Engagement. Dom Dinis hat die Grundlage der kommenden Weltmacht geschaffen, universal wie nur die großen Könige Siziliens im Duecento, Roger II. und Friedrich II. Das Ansehen des ›Labrador‹ im Volk bis in unsere Tage gründet sich auch darauf, daß er der Gemahl von Portugals beliebtester Heiligen gewesen ist, Santa Isabel. Dieser König hat 1295-1305 das Zisterzienserkloster von Odivelas erbauen lassen. Hier ist er beigesetzt.

Der *Convento de São Dinis e São Bernardo* – dies der volle Name des Mosteiro – ist ein Werk der Architekten Antão und Afonso Martins. Wie so viele Bauwerke Lissabons und der Estremadura wurde das Kloster durch das Erdbeben 1755 teilweise zerstört. Schon zwei Jahre später erfolgte der barocke Wiederaufbau. Nur die Apsis und die beiden Kapellen des Chortraktes der Kirche sind von der ursprünglichen Baumasse erhalten geblieben. Über dem Triumphbogen sieht man noch die Konsolen, die das ursprüngliche Dach über den drei Schiffen getragen haben.

Hält man, von Lissabon kommend, in der Hauptstraße von Odivelas an, erblickt man links den Vorhof des Klosters. Er wäre nichtssagend, stünde nicht in der Platzmitte das Monument der Santa Rainha, der Gemahlin Dinis', eine moderne Skulptur von Álvaro de Brée, die historisches Flair besitzt. Man hat nicht immer Einlaß in das Kloster, denn es ist keine viel besuchte Touristenattraktion. So kann man erleben, daß der Türschließer erst das Kultusministerium in der Hauptstadt anrufen muß, um die

Erlaubnis zu erhalten, den Schlüssel für das Kloster herbeizuholen. Das Innere ist provinzielles Barock, mit zwei unauffälligen Claustros und einer schmuckarmen, etwas langweiligen Kirchenhalle, in der vier Altäre verschiedene Rocaille-Spielarten vermitteln. Im alten Kreuzgang finden wir die Wappenschilde des königlichen Landmanns, im neuen Äbtissinnen-Gräber.

Was unsere Aufmerksamkeit beansprucht, ist die Grablege des Hauses Burgund im Chor. Der eine Sarkophag birgt die sterblichen Reste des Königs, der 1325 hier zur letzten Ruhe gebettet wurde. Die Tumba ist stark beschädigt. An ihrer Vorderseite sieht man Figürliches. Unter anderem erlegt ein Jäger einen Bären. Man bringt die Szene mit Dom Dinis in biographische Verbindung: der König habe, von einem Bären hart angegriffen, im Falle der Rettung die Gründung dieses Klosters gelobt. Der zweite Sarkophag von Odivelas hält die makabre Reminiszenz an ein Triebverbrechen fest. Hier hatte man Dona Maria Afonso beigesetzt, Dinis' natürliche Tochter. Sie war einem Sexualverbrecher in die Hände gefallen, der sie zu töten versuchte. Sie kam mit dem Leben davon, doch verstümmelt, trat in das Kloster von Odivelas ein und starb dort 1320, noch vor ihrem Vater. Der König hat das Grabmal anfertigen lassen. Unter dem 1,60 Meter langen Steinsarg sieht man, gewissermaßen als Sockelfiguren, einen sich niederwerfenden Mönch sowie einen grobschlächtigen Mann, der sich über eine kindliche Gestalt wirft und diese erdolchen will. Das etwa fünfzehnjährige Mädchen ist nur mit dem Nachthemd bekleidet und wahrscheinlich im Schlaf überrascht worden. In panischer Angst setzt es sich zur Wehr. Der Kopf des Angreifers ist abgeschlagen. Daß man einen so krassen Vorfall des Zeitgeschehens im Mittelalter in Stein meißelte, ist ein Einzelfall in der Kunstgeschichte.

Das Kloster São Dinis e São Bernardo hat zur Zeit der Dynastie Avis erlauchten Persönlichkeiten als Herberge gedient. Hier nächtigte Dona Filipa, Tochter des aufrührerischen Infanten Pedro (eines Prinzen aus der berühmten Generation), nach der verlorenen Schlacht von Alfarrobeira. Sieger der Schlacht war dessen Neffe Afonso v., Auftraggeber des berühmten Altarwerks von

Nuno Gonçalves und zugleich Vater der nächst der Santa Rainha volkstümlichsten Heiligen Portugals aus königlichem Geschlecht: Santa Joana. Auch diese zartgliedrige, scheue Prinzessin, der wir in Aveiro begegnen werden, hatte in Odivelas einmal Quartier genommen. Die Mutter der ›ínclita geração‹, die Britin Filipa von Lencastre und Gattin des Meisters von Avis, ist in Odivelas gestorben, umringt von ihren bedeutenden Söhnen. Es war 1415, am Vorabend der Einnahme von Ceuta, die die Königin nicht mehr erleben sollte: Ouvertüre jener Kette von Eroberungen, die Portugals Weltmacht begründeten. Die Legende besagt, daß Filipa sich mit versagender Stimme nach der Windrichtung erkundigt habe. Das Stichwort ›Nord‹ habe ihr den Tod erleichtert. Von Restelo aus stach die Flotte am nächsten Tag in See, zum erfolgreichen Schlag gegen den Islam, Kreuzzug und Conquista zugleich.

Odivelas besitzt außer dem Kloster noch ein anderes beachtenswertes Sakralgebäude, die einschiffige Igreja Matriz, *die Azulejos und vergoldete Boiserien besitzt. Mit dieser Kirche steht ein Ereignis in Verbindung, von dem wir an der Straße nach Lissabon erfahren. Dort nämlich steht der sogenannte Cruzeiro do Senhor Roubado, ein barockes Christusbild unter einem Säulenbaldachin, der von Fackelurnen und einer allegorischen Figur im Stil Joãos V. gekrönt wird. Auf einer Azulejo-Wand hinter dem Cruzeiro ist besagter Vorfall verewigt, der sich in Ovidelas 1661 ereignet hat: ein gewisser António Fereira raubte das Christusbild und einige heilige Gefäße der Matriz-Kirche, und an der Stelle des Denkmales sollen sie nach einigen Monaten wieder aufgefunden worden sein. Das letzte Bild des Azulejo-Zyklus gibt die Prozession mit der Rückführung des geraubten Gutes in das Gotteshaus wieder.*

König Dinis, der bei allen sonstigen Sehenswürdigkeiten in Odivelas am gegenwärtigsten bleibt, ist am Eingang des Ortes durch ein Denkmal geehrt: einen gotischen Bogen, der auf einem Sockel ruht, der wiederum von drei Bögen durchbrochen wird. Der Bogen weist das Königswappen und die Inschrift ›Memória a Dom Dinis‹ auf. Das Memorial soll anläßlich der Ankunft des Leichnams des Königs erstellt worden sein. Es gibt aber auch die andere Erklärung, es habe sich um einen ›Padrão‹ gehandelt, eine Grenzmarke, die die Jurisdiktionsgrenze des Konvents bezeichne. Andere wieder meinen, man habe das Mal errichtet, als der Leichnam Joãos I., des Meisters von Avis, von Lissabon nach Batalha zur Grablege der Dynastie gebracht worden sei und man hier, am Ort seines Ahnen, eine Pause eingelegt habe.

Benfica, Loures und Lousa

An der Straße, die von Lissabon nach Norden führt, Mafra zu, lädt noch manch anderer pittoresker Platz zum Verweilen ein. In *Benfica*, noch im Weichbild der Hauptstadt, bietet die Casa dos Marqueses de Fronteira aus dem 17.Jahrhundert das Exempel eines Herrensitzes der Bragança-Epoche. Ein Wasserbecken wird von Blendarkaden flankiert, deren Felder mit grünen Fliesen ausgekleidet sind; wir sehen Adelsherren mit federgeschmückten Helmen – Antikenauffassung der Renaissance –, die hoch zu Roß geradewegs aus dem Bild ins Becken zu sprengen scheinen, in jener Reiterhaltung, die wir von Velásquez' ›Infant Carlos‹ kennen. Im Becken selbst erhebt sich aus grünlichem Grund, algenüberzogen, die Statue einer barocken Schönen, die über das Wasser zu gehen scheint.

Loures am Rio Trancão, der oberhalb von Lissabon ins ›Strohmeer‹ fließt, wartet mit der Igreja Matriz auf. Arkaden, die von jonischen Säulen gestützt sind, schwingen sich im Innern fast bis zur Holztonnendecke empor. Die Capela-Mór aus der Werkstatt Manuel Francisco Botelhos ist vergoldete Holzschnitzerei. Der Stufenaltar, um die Mitte des 18.Jahrhunderts von Bento da Fonseca de Azevedo geschaffen, wird von torsierten Doppelsäulen umgeben, die einen baldachinartigen Tympanon tragen; der Schrein ist mit Goldornamenten übersät.

Die Quinta do Correio-Mór in Loures hat ihren Namen von Luís Gomes da Mata, dem Post-Intendanten der Krone zur Zeit des Habsburgers Philipp II. Der Palast zählt zu den bemerkenswertesten in der Umgebung Lissabons: ein Dreiflügelbau mit einem barocken, von Kandelabern gekrönten Mitteltrakt und einer volutengezierten Toreinfahrt. Die Innenräume sind mit Azulejos, Stuckdecken, Gemälden von José da Costa Negreiros und seinen Schülern dekoriert. In der Küche des 18.Jahrhunderts sind auf den Azulejo-Wänden Wildbret, Fleisch und Fisch ›aufgehängt‹. Zwei der Fliesenwände verbildlichen weitere Kücheninterieurs, als schaue man aus der Hauptküche in sie hinein: Illusionismus des Barock.

Nach kurzer Wegstrecke gelangt man nach *Lousa* mit der Kirche São Pedro, die ein manuelinisches Portal und Azulejoverkleidung besitzt. Von bizarrer Eigentümlichkeit ist der palastartige Monumentalbrunnen von Santo António do Tojal. Klassischen Manuelismus vermittelt das Portal einer abgetragenen Kapelle, das man nahe der ländlichen Kirche São Miguel in eine profane Hausfassade eingebaut hat. Über dem kraftvoll geschwungenen Eselsrücken sind gedrehte Säulchen, gotische Krabben, Wappen, Christusritter-Kreuze, ein Vogel, ein Fisch in die gekalkte Mauer geradezu ›eingebacken‹. Portale dieser Art gehören zum Bild der Freguesias oder Ortschaften der Estremadura; wir finden ähnliche in Milharado und Sobral de Abelheira.

Nach Alenquer

Will man von Lissabon aus die benachbarte Provinz Alentejo erreichen, so kann man die Fernstraße wählen, die südwärts über die Ponte Salazar führt. Man kann aber auch ein Stück tejoaufwärts fahren, vorbei an Lissabons Industrierevier, vorbei auch an der größten Bierfabrik des Landes mit der populären Marke ›Sagres‹, um dann bei Vila Franca de Xira den Strom auf der Ponte Carmona zu überqueren – eine Route, die allerdings mit Straßengebühr verbunden ist. *Vila Franca de Xira* liegt an der Grenze der Estremadura, bereits auf dem Boden der Provinz Ribatejo. In den Dörfern von Ribatejo hat sich bis heute eine rotwestige Tracht erhalten. In Vila Franca de Xira begeht man im Sommer das Fest der ›Roten Westen‹. Turbulenter ist das Stiertreiben, ›Espera de touros‹, das Anfang Oktober die Bevölkerung der Freguesia vier Tage lang in Atem hält. Die Straßen werden mit Sand bestreut, an verschiedenen Stellen errichtet man Barrieren aus Balken und

Brettern – das muntere, manchmal gefährliche Treiben kann beginnen. Vila Franca de Xira ist zugleich Hauptort der Stierzucht Portugals und besitzt die bedeutendste Stierkampf-Arena, Praça dos touros.

Unter den beachtenswerten Bauwerken des Ortes ist der breitüberdachte Celeiro, Speicher, mit seinen vergitterten Fenstern und leichter Barock-Andeutung sowie der Convento de São António mit seinen Bossenquadern übereck und seiner Girlande am Volutengiebel zu nennen. Vila Franca de Xira verfügt über einen Pelourinho, einen Pranger, der unter Denkmalschutz steht. João VI. äußerte einmal bei der Durchfahrt, daß der Pranger schlecht gestellt sei. Devot versetzte man ihn dann an einen anderen Platz. Erst in neuerer Zeit hat man ihn wieder an seinen ursprünglichen Ort gebracht.

Biegt man in die Estremadura ein, so erreicht man rasch das in einem Taleinschnitt malerisch gelegene, in Terrassen an der Hügelkette aufsteigende *Alenquer*. Der Name ist, gleich Belém, in der einstigen portugiesischen Kolonie Brasilien verewigt, in der einer der Hauptplätze am Rio Amazonas ebenfalls Alenquer heißt.

In der Oberstadt steht die Kirche São Pedro. Über dem Portal sehen wir zwischen Voluten eine Papsttiara, darunter gekreuzte Schlüssel, darüber eine Krone.

In einer der Kapellen des Innenraums fällt ein sehr schönes Netzgewölbe auf. Eine Holzmadonna, hinten abgeflacht, könnte eine Frau der Estremadura unserer Tage sein. Sie trägt mit der einen Hand das Kind, in der andern einen Palmzweig. Auf einer Grabplatte, die ins Gemäuer eingelassen ist, lesen wir: »Damianus Goes Eques Lusitanus 1560« – »Damianus Goes, portugiesischer Ritter 1560«. Im Chor steht ein ›Paso‹, eine Prozessionsfigur, in der naturalistischen Manier des benachbarten Spanien: ein violett gekleideter Christus mit echtem Haar und echter Dornenkrone, darüber ein silbernes Strahlendiadem. Die Figur hat in drastischer Anschaulichkeit einen Strick um den Hals.

Vom Helmdach der Kirche São Francisco grüßt ein gußeiserner Hahn. Eine Azulejo-Szene des Haupteingangs gibt einen betenden Mönch wieder, hinter dem sich eine Bücherwand erhebt. Über den Archivolten des Seitenportals sind kugelförmige Ornamente angebracht, wie wir sie auch in Alt-Kastilien finden. Der interessanteste Teil des ehemaligen Klosters ist der Claustro mit seiner Holzbalkendecke, seiner von schlanken Säulen gestützten Obergalerie und seinen alten Fliesen-Feldern. Der Kreuzgang ist noch romanisch; viele Säulen sind allerdings erneuert. Zum Refektorium führt sein Kalksteintor manuelinischer Prägung, doch mit Skulptur, die auf die Romanik weist: ein Löwe blickt zurück, ein Adler zupft an einem Zweig.

Sohn des rustikal wirkenden Städtchens ist der Konquistador Pero de Alenquer. Wie viele namhafte Entdecker war er niederen Standes – nicht nur der Adel, auch das Volk trug das ozeanische Abenteuer des kleinen Landes. Der Chronist Damião de Góis rühmte die seemännische Erfahrung Peros. Als Steuermann vollbrachte er sein Meisterstück bei der Entdeckung des Kaps der Guten Hoffnung durch Bartolomeu Dias. Dies trug ihm solchen Ruf ein, daß er 1497 die Flotte Vasco da Gamas begleitete, die den Seeweg nach Indien entdeckte. Pero von Alenquer war Steuermann der ›São Gabriel‹, die als Flaggschiff diente. Der Navegador aus Estremadura war gern gesehen am Hof Joãos II., des Príncipe perfeito. Gelegentlich wurde er sogar zur königlichen Tafel geladen. Er trug den inoffiziellen Titel ›Príncipe de Pilotos‹. Das Ende Peros ist unbekannt.

MINHO: GARTEN EUROPAS

Atlantisch geprägt

Wer auf der Iberischen Halbinsel reist, wird immer wieder feststellen können, wie sehr sich mediterranes und atlantisches Iberien unterscheiden. Dies ist eine Grenzziehung vom Atmosphärischen her, die nicht mit der Grenze Spaniens und Portugals zusammenhängt. Katalonien und Andalusien, wie auch das Küstenzwischenstück um Valencia, sind mittelmeerisch. Es ist die Landschaft Apolls, wenn auch härter im Licht als Italien oder Griechenland. Auch das spanische Innere bleibt weitgehend binnenländisch geprägt bis hin zum Steppencharakter, irgendwie noch dem ›Mare nostrum‹ der Römer verhaftet. Ganz anders die dem Atlantik zugekehrten spanischen Landschaften, der Bergabfall Asturiens nach Norden hin, Galizien. Hier gewinnt der Ozean Macht, seine Winde, seine Wolken, seine Regengüsse – doch auch sein schicksalhafter Einfluß auf den Menschen, der die Landschaft nach seinem Gesetz formt und umformt. In Asturien meint man manchmal, im Allgäu zu sein. Galizien beschwört die Optik der Normandie und der Bretagne. Nicht von ungefähr, daß sich namentlich hier keltische und germanische Völker eingefunden haben.

Der Eindruck setzt sich in Portugal fort. Man spürt das Atlantische umso mehr, je weiter man in den Norden des Landes reist. Am stärksten empfinden wir die Atmosphäre einer nicht mittelmeerischen, sondern ozeanischen Landschaft im *Minho*, Portugals nördlichster Provinz, dem ›Garten Europas‹ nach dem Wort vieler namhafter Besucher. Die Überfülle der Vegetation hob auch Virchow hervor.

ATLANTISCH GEPRÄGT

Gewiß ist die Landschaft heiter, bis hin zur Idylle. Aber sie ist zugleich herb wie der Vinho Verde, der Grüne Wein, der ein spezielles Produkt dieser Erde ist. Nichts mehr von Riviera-Stimmung wie am Mündungstrichter des Tejo oder südlich des Arrábida-Gebirges. Schon gar nichts vom Algarve, der bereits wieder den Anschluß an das Mediterrane herstellt, wie er ja auch dem Mittelmeer räumlich am nächsten liegt. Dennoch schwingt auch in Portugals Midi Ozeanisches mit. Zugleich ist Afrika nahe, es setzt sich in gewisser Weise in Portugals Süden fort.

Der Minho steht unter anderem Gesetz. Er ist der landschaftliche Gegenpol des Algarve. Die Wüste hat hier keinen Einfluß. Wenn ein solcher spürbar wird, dann ist es die Präsenz Mittel- und fast Nordeuropas. Die Romantik dieses Gartens Eden, dieser niederen und mittleren Gebirgszüge, die immerhin im Nordosten bis zu Feldberghöhen ansteigen (Serra do Gerês, 1507 m), ist eine maskuline Romantik. Bietet sich der Himmel im Sommer südlich heiter dar, so kann er im Herbst stählern werden, vielfach bedeckt. Es ist ein Klima, das nicht träge macht wie das des Algarve.

Der Herbst ist die Zeit der Regenfälle. Sie dauern oft bis zum Frühsommer. Sie lassen Gewächse des Südens und des Nordens emporsprießen, denn in der Vegetation gehen die beiden Pole Portugals eine Ehe ein. Die Palme freilich ist selten vertreten. Die Pinie herrscht vor, daneben breiten sich Eukalyptus, Steineiche und Akazie aus. Der Wein kriecht an granitenen Hängen hoch. Granit im Norden – Kalkstein im Süden: schon im Boden unterscheiden sich die beiden peripheren Gebiete.

Etwas Verbindendes ist zu spüren, wenn man die vom Minho markierte Grenze nach Spanien überquert. Das Bild bleibt ähnlich; auch hier ist eine bald herbe, bald heitere ozeanische Landschaft, wenn auch die Dichte der Gehölze, die sorgfältige Ausnutzung und Bearbeitung des Bodens abnehmen. Auch der Menschenschlag ist so unterschiedlich nicht. Die gleichen Völkerschaften saßen hier. Geschichtlich stellten Galizien und Nordportugal einst eine Einheit dar als Teil Kastiliens. An keinem Grenzabschnitt berühren sich die beiden iberischen Länder heute noch so sehr wie hier. Nirgendwo – Miranda de Douro im Trás-os-Montes ausgenommen – weist das Portugiesische soviele Angleichungen an die Sprache des Nachbarlandes auf. Man sagt ›despois‹ statt ›depois‹ – dann, ›arriba‹ statt ›acima‹ – oben. Der ›Minhoto‹ hat darum zum ›Gallego‹ mehr Kontakte als der Bewohner des Alentejo zu dem Andalusiens.

Daneben wurzelt der Minhoto stärker als der Bewohner anderer Provinzen in der Vergangenheit. Hier ist die Zeit stehengeblieben. Der archaische Mensch des Nordens gebraucht Wörter eines Ur-Portugiesisch, das keine Lautverschiebung mitgemacht hat: ›num‹ statt ›não‹ – nein, ›bô‹ statt ›bom‹ – gut.

Mais und Wein

So bukolisch die Provinz Minho durch ihre Vegetationsdichte und eine freundliche Landkultur auch wirken mag, man kann sie kaum ›idyllisch‹ oder ›paradiesisch‹ nennen. Der Mensch des Minho mußte sich von jeher plagen. Er ist bis heute vorwiegend ein ländlicher Mensch geblieben, in mancher Hinsicht von archaischem Zuschnitt. Der von Feldsteinmauern eingegrenzte Boden, den er sein eigen nennt, reicht für eine menschenwürdige Lebenshaltung modernen Anspruchs oft nicht aus. Landeigentum von einem Hektar ist keine Seltenheit. So bescheidene Existenzgrundlage findet sich sonst eher im iberisch besiedelten Amerika als auf dem Boden der Alten Welt. Zwar ist das System der Großgüter mit ihren helotischen Arbeitsarmeen im Norden Portugals lange nicht so verbreitet wie im übrigen Teil des Landes – dennoch leidet man Not wie in den unterentwickelten Ländern, denn von jeher war der Minho überbevölkert. Industrien, die zusätzliche Einkünfte schaffen, gibt es kaum.

Früher leitete die Provinz ihren Menschenüberschuß über den Atlantik nach Übersee. Vor allem aus dem Norden rekrutierten sich die Wegbereiter der Besiedlung Brasiliens. Auch Spaniens Emigrationswelle nach Übersee ging wesentlich vom Norden, von Galizien, aus. Was für den Minho Viana do Castelo war, nämlich der klassische Auswandererhafen, war für Spaniens Norden La Coruña. Viana do Castelos Bedeutung ging zurück, als die Mündung des Rio Lima versandete. Aber noch immer zog es Minhotos über den Atlantik, nunmehr als Saisonarbeiter auf Brasiliens Großplantagen. Diese transatlantischen ›Pendler‹ fielen in Übersee dem System der Latifundienwirtschaft anheim, das ihnen in der engeren Heimat weitgehend erspart geblieben war. Da die Bevölkerung sich weiter vermehrte, der anbaufähige Boden aber nicht – die Kleinbauernwirtschaft stand einer ertragsteigernden Rationalisierung im Wege –, ließ jedoch der Trend ins Ausland keineswegs nach. Inzwischen stellte sich bei den industrialisierten europäischen Nationen ein auffälliger Mangel an Arbeitskräften ein. Da dadurch die Löhne stiegen, war die Verpflichtung auf Südamerikas Plantagen mit weitaus geringerer Entlohnung nicht mehr interessant. Die minhotische Emigration wandte sich nun Mitteleuropa mit seinem wachsenden Industrievolumen und entsprechendem Arbeiter-Bedarf zu. Dies ist ein entscheidendes Problem des Minho unserer Tage. Vielfach fehlen männliche Arbeitskräfte, auch Spezialisten, die für einen Strukturwandel im eigenen Lande notwendig wären. Man bleibt kleinbäuerlich, unprogressiv und unter Beibehaltung oft veralteter Anbaumethoden unproduktiv im Sinne eines gewinnbringenden Ertragsüberschusses. Der Bildungsstand entspricht dem archaischen Lebensniveau. All das ist für den Touristen pittoresk. Es hindert aber den Eintritt des Minho ins technische Zeitalter.

War im Mittelalter Hirse das wichtigste landwirtschaftliche Erzeugnis des Minho, so wurde sie in der Epoche der Entdeckungen vom *Mais* abgelöst. Mais ist eines der wichtigsten Geschenke des Roten Mannes an den Weißen Mann. Als das Getreide, als die Hirse längst nicht mehr ausreichten, die sich stets vermehrende Bevölkerung zu ernähren, brachten Portugals Karavellen den Mais an die heimische Küste. Er ist in geradezu hartnäckiger Weise im Land geblieben. Die Nutzpflanze der westlichen Hemisphäre hat den Vorteil, daß man sie säen kann, wenn Korn bereits abgeerntet ist. Die Sommerfrucht Mais erlebt dann ihre Ernte im September. Durchqueren wir in diesem spätsommerlichen und bereits herbstlichen Monat die Provinz Minho, so erblicken wir überall am Straßenrand ›Tennen‹, auf denen die bäuerliche Bevölkerung, vorwiegend stämmige Frauen, mit Dreschflegeln Frucht schlägt Es handelt sich nicht um Korn, sondern um Mais. Aus Maismehl wird Brot gebacken, das eine gelbliche Färbung hat. Auch mischt man Mais und Korn zur Herstellung des sogenannten ›Pão mixto‹ – gemischtes Brot.

Die doppelte Nutzung des Bodens für Korn und Mais hat es möglich gemacht, daß der Minho seine – trotz Massenflucht – wachsende Bevölkerung leidlich ernähren kann. Überall im Land fallen Maisfelder auf. Landschaftsprägend sind die schrankartigen hölzernen Mais-Silos, die auf Steinstützen ruhen, des Ungeziefers wegen. Man sieht sie genauso in Galizien und Asturien. Auch dies ein Beispiel minhotisch-galizischer Gemeinsamkeit.

Das zweite Hauptprodukt der Provinz ist der *Wein*. Als eigentliches Weinland gilt selbstredend das Douro-Gebiet, das übrigens früher verwaltungsmäßig zum Minho gehörte. Doch auch der Minho in seinen heutigen Grenzen zählt zu den klassischen Weinprovinzen Portugals. Allerdings: weit ausgedehnte Wein-Plantagen wie am oberen Douro, wo der Portwein gedeiht, trifft man hier nicht an. Es sind eher private, unscheinbare, improvisiert zwischen Pinien- und Eukalyptuswäldern angelegte Rebgärten. Fast könnte man meinen, man habe sie nur eben gerade geschaffen, um ein Stück brachliegenden Bodens auszunützen.

Wie in ganz Portugal, ist auch im Minho das – ebenfalls in Südtirol landesübliche – Pergola-System der Anbauung beliebt. Man erzieht die Reben auf Lauben aus Draht und Latten, die teilweise auf drei Meter hohen Granitpfeilern lasten. Daneben rankt man, der Bodenkühle wegen, Weinstöcke an Bäumen empor, vornehmlich an jungem Eukalyptus. Diese Methode ist altes Erbe des Imperium Romanum und auch im südlichen Italien bis in unsere Tage erhalten geblieben. Horaz, ein Freund des Weins und namentlich des Falerners, vermerkt in seinem Gedicht ›Gebet des Alfius‹:

> Bald leitet er das aufgeschossene Rebenkind
> Als Braut zum hohen Pappelbaum.

Was für die alten Römer die Schwarzpappel war, ist im Minho der Eukalyptus. Der Minhoto der Antike hätte sich allerdings seiner zur ›Baum-Erziehung‹ schwerlich bedienen können. Denn Eukalyptus, dieser genügsame und ertragreiche Baum, der, schnell wachsend, auch in Trockengebieten gedeiht, ist erst 1792 in Tasmanien entdeckt worden und 1856 nach Europa gekommen.

Der Minho ist, wie bereits erwähnt, das klassische Land des Vinho Verde. Es handelt sich bei dem Grünen Wein um ein nicht ganz ausgereiftes Gewächs. Da im Norden Portugals früh Nebel aufsteigen, erntet man den ›Vinho‹ vorzeitig. Er heißt darum auch ›Vinho não maduro‹. Das Getränk, das er ergibt, ist herb, mostartig, erfrischend, moussierend, ein wenig säuerlich. (Alkoholgehalt: acht bis zehn Grad). Man hat Vinho Verde mit dem nordfranzösischen Apfelwein, Cidre, verglichen, doch das portugiesische Weinerzeugnis hat, wenn auch mostartig, immer noch etwas von einem spritzigen Mosel an sich. Wer dem Vinho Verde, ob aus weißer oder roter Traube, verfallen ist, freut sich auf jeden neuen Aufenthalt in Nordportugal, zu dem das Getränk legitim gehört, weil es etwas von der besonderen Atmosphäre des Landstrichs in seinem Aroma festhält. Der portugiesische Schriftsteller Oliveira Martins hat das spezielle Aroma des Landes wie seines typischen Weines verdeutlicht:

Der Minho ist ein Flandern – kein Attika. Die Dichte der Bevölkerung ergänzt das Werk der Natur, einer Region, wo der Wein nicht bis zur Reife kommt; die pikante Schärfe macht ihn den gegorenen Getränken des Nordens ähnlich, Cidre oder Bier, und mit ihm nähert sich die Mentalität des Volkes derjenigen der Bretonen oder der Flamen.

Das Volk des Minho hat den Kontakt mit der Mutter Erde und deren tellurischen Kräften nicht verloren. In keltischer Zeit betete man heidnische Erdgötter an, heute mit kaum geringerer Inbrunst die Dreifaltigkeit. Portugal ist ein katholisches Land, und die katholischste Region ist der Norden, Minho. Ob es durch die spanische Nachbarschaft im Norden zu erklären ist? Kaum. Portugals Katholizität hat nichts Trockenes, Dürres, Bigottes, Fanatisch-Orthodoxes, Dogmatisches an sich, im Sinne der Inquisition.

Portugals Gläubigkeit ist licht, menschenfreundlich, diesseitigsinnenfroh, weitherzig, sogar im gewissen Sinne deftig-humorig. Feiert man Heilige, so mit jahrmarktähnlichen Festen, mit Blasmusik, Trommeln und Illumination. Diese weltliche Auffassung, die im Santo einen recht diesseitigen Compadre sieht, hat sich auch in Portugals Kolonialgebiet, in Brasilien, fortgesetzt. Man ist mit den Heiligen Du auf Du. Sie strafen nicht, sie verstehen. Sie sind nicht abstrakt-asketisch, sondern dafür aufgeschlossen, daß nach mühseligem Alltag Festas gefeiert werden müssen mit Spiel und Tanz. Die Ortschaft, in der eine Festa stattfindet, ist mit Kerzen und Papiergirlanden geschmückt. Die Prozessionen bieten einen Aufmarsch von Heiligen, alttestamentarischen Königen, Engeln und Dämonen in bunter Phantasie. Besonders im Minho werden die Festas oder – soweit sie im Rahmen einer Wallfahrt begangen werden – die Romarías mit einer barocken Spielfreudigkeit gefeiert, die weltlich wirkt. Besonders populär sind die Feste in Barcelos (›Festas das Cruzes‹), Braga (›São João‹), Guimarães (›São Gualtér‹), Viana do Castelo (›Agonía‹). Die Wallfahrtslieder klingen wie Tanzlieder:

> Vinde às Cruzes a Barcelos!
> Desfiar lindo rosário,
> Comungar nas alegrias ...
> Fazer do peito um sacrário,
> Um adro de Romarías ...
>
> Komm zu den Kreuzen von Barcelos,
> einen hübschen Rosenkranz zu drehen,
> mit Freude zu kommunizieren,
> aus dem Herzen ein Heiligtum zu machen,
> einen Platz für die Romarías ...

Nicht umsonst liegt jene Stadt, die das Zentrum der Katholizität in Portugal ist, nicht im Süden. Es ist die minhotische Stadt Braga, mit annähernd fünfzigtausend Einwohnern zugleich die größte, ja einzige große der Provinz. Die Sueben hatten sie einst zu ihrer Hauptstadt gemacht. Das ganze Mittelalter hindurch behielt sie ihren hohen geistlichen Rang und rivalisierte mit Santiago um die Vorrangstellung als Ort des Glaubens im Westen der Halbinsel. Der Erzbischof von Braga war zugleich der Primas der Kirche Portugals, ranghöher als der von Lissabon. Von Braga, das man das portugiesische Rom nennt, gilt das Sprichwort: »Es gibt kein Haus, das etwas auf sich hält, ohne Großvieh und ohne Tonsur.«

Braga, Portugals Rom

Portugals viertgrößte Stadt – nach Lissabon, Porto, Coimbra – war zur Römerzeit unter dem Namen ›Bracara Augusta‹ Urbs und Castrum zugleich, ein wichtiger militärischer und verwaltungstechnischer Knotenpunkt der Provincia Lusitania. In die Regierungsepoche Caligulas fällt die Bekehrung der Lusitanier durch Pedro von Rates, den der Apostel Jacobus d.Ä. persönlich zum ersten Bischof von Braga gesalbt haben soll. Im frühen Mittelalter gab es keine höhere Legitimation für ein Gotteshaus als einen apostolischen Bezug. Dies erklärt auch das kirchliche Primat Bragas noch vor Lissabon; ursprünglich galt es sogar für die ganze Iberische Halbinsel, bis dann in westgotischer Zeit der Erzbischof von Toledo den Rang für Spanien beanspruchte. Den Titel ›Primas Hispaniae‹ führt das kirchliche Oberhaupt Bragas aber heute noch.

Der erste Bischof, Pedro, erlitt im nahen Rates das Martyrium. Römische Soldaten schlugen ihn am Altar der von ihm errichteten Kirche nieder. Der Tag des Heiligen ist der 26. April. An diesem Tag herrscht in Braga striktes Arbeitsverbot. Wer das Gebot verletzt, dem fressen, einem abergläubischen ›on dit‹ zufolge, die Ratten die Kleider vom Leib. Diese Legende beruht zweifellos auf der Namensähnlichkeit von Rates und ›ratas‹.

Pedros Kirche fiel der Zeit zum Opfer. Heinrich von Burgund, auf den die erste Königsdynastie Portugals zurückgeht, errichtete ein neues Gotteshaus, ein Kleinod der Romanik. Über dem Portal sehen wir in frühmittelalterlichem Duktus Christus in einer Aureole, auf jeder Seite einen Heiligen, der seinen Fuß auf ein Untier setzt. Am Nordportal ist, wie öfter in Portugals Frühromanik, das Lamm Gottes dargestellt. Die Portalarchivolten sind barock; nach dem gotischen System sind Engel aneinandergereiht. 1940 hat man die baufällige Apsis der Kirche von Rates ganz abgetragen und sachgemäß wieder aufgerichtet.

Der Minho ist reich an weiteren Zeugnissen des frühen Mittelalters. Die zen-

trale Bedeutung der Provinz für die frühe christliche Ära geht daraus hervor, daß wir hier – ähnlich wie in Asturien und den kantabrischen Bergen – eine Fülle rustikaler romanischer Kirchen und Kapellen vorfinden, wie die Igreja Santa Eulália in Arnoso, die Matriz in Caminha, São Fins in Friestas, die Konventkirche Paderne in Melgaço.

Die bedeutendste dieser alten Kirchen liegt in der unmittelbaren Umgebung Bragas, *São Frutuoso*. Sie erinnert nicht an den heiligen Fructuosus, der 259 in Tarragona das Martyrium erlitt und in Spanien hochgeehrt wird, sondern an einen Bischof von Braga unter der Regierungszeit des Westgotenkönigs Leovigild (660). An der rückwärtigen Seitenmauer des Sanktuariums steht der leere Steinsarg des Heiligen; die Gebeine hat man in die barocke Pfarrkirche übergeführt, die an den Westarm des alten Gotteshauses angebaut worden ist. Dieses besteht aus einem überkuppelten Kubus, um den sich vier weitere, niedrigere gruppieren, so daß ein griechisches Kreuz entsteht.

Durch die Paróquia tritt man in den Zentralbau ein, eine bauliche Kostbarkeit, da das Abendland nur über eine geringe Zahl von Kreuzkuppelkirchen verfügt. Das Byzantinische ist in São Frutuoso eklatant, ob man nun an Daphni und Kaisariani bei Athen denkt oder an Byzanz selbst, wo die älteste heute noch erhaltene Kirche dieses Typus steht, das den beiden Heiligen Sergius und Bacchus gewidmete Gotteshaus. Das Gebäude bei Braga, das von den Mauren zerstört worden war, ist von Erzbischof Diogo de Sousa zur Zeit des Königs Manuel I. erstaunlich einfühlsam wiedererrichtet worden; es vermittelt die feierliche Stille christlicher Frühzeit. Die acht schlanken, von korinthischen Kapitellen gekrönten Säulen mit je drei Bögen sind um die Vierung herum angeordnet. In Arkadenhöhe umrahmen Zierbänder den Raum, der sonst durch seine Schmucklosigkeit besticht.

Die Kathedrale

Heinrich von Burgund, der die *Kathedrale von Braga* erbauen und die Kirche von Rates neu errichten ließ, setzte 1096 den aus Cluny stammenden Padre Géraud (Geraldo) de Moissac als ersten Erzbischof des ›portugiesischen Rom‹ ein. Aus jener Zeit sind nur wenige Teile des Gotteshauses übriggeblieben. Die wesentliche Baumasse stammt aus dem Jahre 1530, als Diogo de Sousa, der auch das Stadtbild mitgeprägt hat, den Umbau befahl.

Eine Straße führt unmittelbar auf die Fassade der von der Altstadt eingekeilten Bischofskirche zu. Die Vorhalle verfügt über drei Portale, ein rundbogiges in der Mitte, zwei spitzbogige an den Seiten. Die Bögen, aus manuelinischer Zeit stammend, sind mit Hängern dekoriert. Die Fassade, die sich über der Vorhalle erhebt, ist landläufiges Barock. Die beiden kronenartigen Turmaufsätze sind durchbrochen. Der Kunsthistoriker Sant'Anna Dionísio greift den Primatanspruch Bragas gegenüber Santiago de Compostela an und meint, die Wallfahrtskirche Galiziens würde ihrem Wert nach dem Anspruch viel eher entsprechen. Der Bischof Don Gelmires – der Erbauer Santiagos – könne getrost dem Jüngsten Gericht entgegensehen, wenn dann sein Werk mit dem der Prälaten von Braga verglichen werde. Nun darf man allerdings nicht vergessen, daß beim häufigen Umbau von der Leistung der »Prälaten«, der romanischen Urkirche, kaum mehr etwas übrig ist. Lediglich die Südseite besitzt noch einen Pórtico aus dem 12. Jahrhundert mit Archivolten. Im Tympanon ist ein altchristliches Kreuz.

Treten wir in das Innere, so fällt uns zuerst die fast dschungelhaft-üppige, von Figuren übersäte Orgel aus der Barockzeit auf. An einigen Arkadenpfeilern sind die alten romanischen Kapitelle erhalten geblieben. Über dem hohen Mittelschiff liegt eine Holzgiebeldecke. Das Chorgewölbe besitzt ein elegantes Netzwerk (Abóbada polinervada), das im Auftrag von Erzbischof Diogo de Sousa von João de Castilho gefertigt wurde. Der quadratische Chor geht nach oben in ein Oktogon über. Die Vorsatztafel des Altar-Mór, des Hochaltars, stammt aus dem Jahre 1509, auch hier war Diogo de Sousa der Auftraggeber. Unter spätgotischem Maßwerk halten Engel – sie nähern sich schon der Renaissance – den Mantel des auferstandenen Christus; das Mittelstück ist von Apostelfiguren in verzierten Ädikulen flankiert. Erzbischof Gaspar de Bragança, ein Bastard Joãos V., hat aus raumtechnischen Gründen leider ein Stück des Vorsatzes abbrechen lassen. Von hohem Rang ist das geschnitzte Chorgestühl aus dem 15. Jahrhundert.

In der Sakristei befindet sich ein Museu de Arte Sacra. Es besitzt ein elfenbeinernes Reliquiar Almansors (10. Jahrhundert), Beutestück der Reconquista.

Das arabische Gefäß ist mit Hufeisenbögen, persischen Pflanzenmustern und kufischen Lettern dekoriert. Ein manuelinischer Kelch entstammt der Epoche Diogo de Sousas. Ferner verwahrt das Museum das Eisenkreuz, das der Entdecker Brasiliens, Pedro Álvares Cabral, 1500 bei der ersten Messe in der ›Terra de Vera Cruz‹ benützte. Als man am 21. April 1960 die neue brasilianische Hauptstadt Brasilia einweihte, wurde die wertvolle Reliquie an das Tochterland ausgeliehen.

An der Außenwand des Chors, an der Rückseite der Kathedrale von Braga, blickt eine gotische Maria lactans zu uns herab, eine das Jesuskind stillende Madonnenfigur mit halb entblößter Brust. Während dieses Motiv in der Malerei, vor allem auf byzantinischen Ikonen, häufiger dargestellt ist, findet man es in der Plastik verhältnismäßig selten. Die stillende Maria von Braga wird Chanterène zugeschrieben.

In Portugals Geschichte versetzen uns verschiedene Sarkophage, die die Zeiten überdauert haben. In einer Kapelle des rechten Seitenschiffs befindet sich die ergreifende bronzene Liegefigur des jungen Afonso, eines natürlichen Sohnes des Meisters von Avis, Joãos I. Das etwas starre, antiken Vorbildern nachgebildete Antlitz zeigt einen sehr jugendlichen Infanten; seine Hände – die wohl ein Kreuz oder die Bibel hielten – sind verstümmelt. Besondere Sorgfalt hat der Künstler auf die pflanzlichen Renaissance-Muster der Schuhe verwandt. 1400 war der Infant zehnjährig in Braga verstorben, als er gerade mit seinem Vater zur Wallfahrtsstätte Santiago pilgerte. Afonsos Halbschwester Isabella, die auf dem Altarwerk von Nuno Gonçalves im Nationalmuseum von Lissabon so lebensnah erscheint, hat das Bronzebild in Auftrag gegeben; da sie Herzogin von Burgund war, darf man eine dortige Werkstatt annehmen.

Die anderen bemerkenswerten Sarkophage stehen in Kapellen des Kreuzgangs, den man im 18. Jahrhundert anstelle des alten romanischen errichtet hat; bei Restaurierungsarbeiten sind einige ursprüngliche Kapitelle hervorgetreten. In der Capela da Glória sehen wir den Steinsarg Dom Gonçalo Pereiras (1336), der in der Schlacht am Rio Salado mitgefochten und die Stadtmauern Bragas verstärkt hat, ein Vorfahr des Santo Condestável. Auf der Kopfseite des Túmulo ist eine Kreuzigung abgebildet, auf der Fußseite Christus und seine Mutter; auf den beiden Längsseiten erkennt man die Apostel und Diakone, die die Totenlitanei singen. Der Sarkophag stammt aus der Werkstatt von Pero und Telo Garcia. Reynaldo dos

Santos, der »die Reinheit der Linien, die Noblesse des Ausdrucks und die eindrucksvolle Ruhe der Züge« rühmt, zählt das Steinbildwerk zu den Meisterwerken der portugiesischen Grabbildkunst. Die Capela enthält ikonenhaft-naive Fresken religiösen Inhalts aus dem Hochmittelalter. In der Capela Piedade liegt Erzbischof Diogo de Sousa, in der Capela de São Geraldo Erzbischof Géraud de Moissac; die ruhend dargestellte Grabfigur ist aus Holz. In der Kapelle fällt Talha dourada, vergoldete Schnitzerei, auf.

Die größte Aufmerksamkeit beansprucht die *Capela Nossa Senhora do Livramento*, in der die Gebeine der beiden Herrschergestalten ruhen, unter deren Regime sich das Vorspiel des Dramas der portugiesischen Geschichte vollzogen hat: Heinrich von Burgund und seine Gemahlin Dona Tareja (Theresa). Nur diese trägt eine Krone. Die beiden Liegefiguren beanspruchen keine Porträtähnlichkeit, denn sie stammen, von Diogo de Sousa bestellt, aus dem 16. Jahrhundert. Auch kann sich das Bildnis Heinrichs mit dem Grabbild seines Vetters Raimundo in der Wallfahrtskirche von Santiago künstlerisch nicht messen. Dennoch spürt man gerade hier, wie tief die Geschichte der Kathedrale von Braga in der Vergangenheit wurzelt – man begreift das Wort: »So alt wie die Bischofskirche von Braga.« Die beiden Grabbildwerke der Kreuzgang-Kapelle erinnern an eine Zeitspanne, in der portugiesische und spanische Historie noch ein und dasselbe gewesen sind. Erstaunt ist man über die Inschrift. Diogo de Sousa errichtete das Steinmonument für »D. Enrico Ungarorum Regis Filio Porto Galiae Comiti« – »Für Dom Henrique, Sohn des Königs von Ungarn und Graf von Portugal«. Ob der Oberhirt Bragas Burgund mit Ungarn verwechselt hat? Immerhin lag zwischen Heinrich und Erzbischof Diogo eine Zeitspanne von fast einem halben Jahrtausend. In der Kapelle des Gründerpaares liegt ferner die sehr realistische Figur des Erzbischofs Lourenço Vicente Coutinho, der bei Aljubarrota zu Fuß mitgefochten hat. In der Schlacht war er am Kopf verwundet worden; die Narbe sieht man an der Figur. Er wurde 1420 beigesetzt.

Die beiden Burgunder

Alfonso VI., König von Kastilien und León, war derjenige Exponent der Reconquista – Rückeroberung des islamischen Spanien durch das Christenschwert –, der neben den Katholischen Königen außerhalb der Iberischen Halbinsel am bekanntesten geworden ist. Denn er war der Herr des Cid. Dieser wiederum, mit vollem Namen Rodrigo Diaz de Vivar (1043-1099), hat als ›Campeador‹ epischen Ruhm gewonnen; Herder hat das Versepos, das von dieser tragenden Gestalt der Reconquista handelt, ins Deutsche übersetzt. Alfonso VI. war dem Cid nicht immer ein bequemer Herr, so daß der Campeador stöhnte: »Gott, wie leicht wäre es, ein guter Vasall zu sein, wenn man einen entsprechend guten Herrn hätte!«

Alfonso VI. hatte eine Burgunderin zur Frau, Konstanze. Damit erklärt sich der Zustrom von Burgundern in die Königsstadt Burgos. Burgunder waren auch die beiden Schwiegersöhne des kastilisch-leonensischen Königs, Raimund und Heinrich. Raimundo (Ramón) von Toulouse hatte Urraca, Henrique Tareja zur Gemahlin. Der Schwiegervater der beiden war nicht kleinlich; *Raimundo* machte er zum *Grafen von Galizien*, *Henrique* zum *Grafen von Portucale*, dem Gebiet zwischen Minho und Mondego, das damals noch zum Königreich Kastilien-León gehörte.

Es ist eine nicht geklärte Frage, ob Tareja legitimer oder illegitimer Geburt gewesen ist. Eine zeitgenössische Quelle, der Anonymus von Sahagún, behauptet, Tareja sei eine natürliche Tochter König Alfonsos VI. gewesen, und Frei António Brandão bestätigt dies in seiner ›Monarquia Lusitana‹. Jedenfalls würde diese Tatsache das Vasallenverhältnis Tarejas zu ihrer Schwester erklären, das nicht allein darauf beruhen kann, daß sie die Jüngere war. Die beiden Schwestern standen sich in einer gereizten, kampferfüllten Rivalität gegenüber, die an den Streit der beiden Königinnen Brunhilde und Fredegunde im Merowingerreich erinnert – und dies, obwohl die beiden Männer der Töchter Alfonsos VI. Vettern und Blutsbrüder gewesen sind. Die Kontroverse verschärfte sich noch, als die burgundischen Ehepartner starben,

Raimundo 1107, Henrique 1114. Da inzwischen auch Alfonso VI. das Zeitliche gesegnet hatte, regierte Urraca als Regentin über Kastilien und León. Sie legte großen Wert darauf, daß ihre Schwester Tareja den Pflichten als Vasallin nachkam. Sie zwang sie in Oviedo, ihr vor versammelten Côrtes zu huldigen.

Ohne besondere Berechtigung nannte sich Tareja ›Rainha-Infanta‹. Bedeutete dies auch gegenüber dem Titel ›Königin‹ eine Abschwächung, so forderte sie mit dem versteckten Kronanspruch doch ihre Schwester heraus. Dies verschärfte den Gegensatz. Tareja soll ›venusta regina‹ gewesen sein, eine ›Königin von großer Schönheit‹ und entsprechender Wirkung auf Männer. Auch war sie beim Tod Henriques noch jung. Sie lebte auf Kastell Lanhoso bei Guimarães sowie auf anderen Schlössern mit ihrem Geliebten, dem galizischen Adligen Fernão Peres de Trava, zusammen. Mittelalterliche Klatschgeschichten behaupten, daß aus dieser Verbindung eine Tochter hervorgegangen sei, »sem Deus e sem direito« – »ohne Gott und ohne Recht«. Tareja belehnte Peres mit den Herrschaften Coimbra und Porto. Dies empörte den einheimischen Adel, nicht wegen des Skandals, sondern weil ein Auswärtiger höhere Rechte erhielt.

Die Unzufriedenen scharten sich um den Infanten, den sechzehnjährigen Afonso Henriques, Sohn Heinrichs von Burgund und Dona Tarejas. Ehrgeizig und gleichfalls gegen den Günstling seiner Mutter eingestellt, schenkte er ihnen Gehör. Sein autokratischer Wille kam dadurch zum Ausdruck, daß er in Zamora vor dem Altar der Kathedrale Panzerhemd und Gurt anlegte und sich selbst zum Ritter deklarierte.

1126 starb Urraca. Ihr Sohn Alfonso VII., der sich als König Kastiliens den Titel ›Emperador‹ beilegte, marschierte in Portugal ein, um galizische Grenzgebiete, die Tareja sich angeeignet hatte, zurückzuerobern. Tareja mußte in aller Öffentlichkeit ihr Vasallen-Verhältnis bestätigen. Dies war der Anlaß zum offenen Ausbruch der Revolte im eigenen Land. Um einer völligen Unterwerfung unter Kastilien und León vorzubeugen, zog man gegen die ›Königin‹ zu Feld. An der Spitze der Aufrührer stand ihr Sohn. 1128 kam es zur Schlacht von São Mamede, in unmittelbarer Nähe des Burgunder-Schlosses von Guimarães, von dessen Wehrgang heute noch die Topographie des Schlachtfeldes deutlich zu überblicken ist. Prinz Afonso Henriques und seine Anhänger siegten.

Camões schilderte die Schlacht von Mamede in seinen ›Lusiaden‹ in homerischer Breite. Als Anhänger der Monarchie beurteilte er den Konflikt des Afonso Henriques mit seiner Mutter natürlich subjektiv, im Sinne des legitimen Königs:

> De Guimarães, o campo se tingia
> Co'o sangue próprio da intestina guerra,
> Onde a mãe, que tão pouco o parecia,
> A seu filo negava o amor e a terra.
> Com ele, posta em campo, já se via;
> E não vé (a sobêrba!) o muito que erra
> Contra Deus, contra o maternal amor! ...
> Mas, nela, o sensual era maior.

> Zu Guimarães, das bald der Kampf verheerte,
> Beträufte Bürgerblut Gekräut' und Gras,
> Weil ihrem Sohne Lieb und Land verwehrte
> Die Mutter, die der Mutterpflicht vergaß;
> Dem Kind stand gegenüber die Verkehrte
> Und dachte nicht, wie schwer sie sich vermaß,
> Mißachtend Gotteswort und Mutterliebe;
> So nahmen überhand die Sinnentriebe.

Lange hieß es, Afonso Henriques habe seine Mutter und deren Liebhaber bis zu ihrem Ende auf Castel Lanhoso, dem früheren Lieblingsaufenthalt Tarejas, eingekerkert. Heute neigt man zu der anderen Version, daß Afonso Henriques beide ausgewiesen habe. In galizischer Verbannung sei seine Mutter nach zwei Jahren verstorben.

Jedenfalls hat sich der Sohn später versöhnlich gezeigt. Denn er ließ die ›Rainha-Infanta‹ in der Bischofskirche von Braga an der Seite ihres burgundischen Gemahls beisetzen. Doch dies mag auch politisches Kalkül gewesen sein, um mit der Betonung des Rangs seiner Mutter seinen eigenen zu unterstreichen.

Außer dem ersten portugiesischen König hatte Tareja auf Kastell Guimarães noch zwei Töchter zur Welt gebracht, die wiederum Urraca und Tareja hießen. Heinrich von Burgund hatte von einer vornehmen Dame einen Bastard, Dom Pedro Afonso, der drei Jahre älter war als der legitime Nachfolger. Pedro Afonso hielt Afonso Henriques ein Leben lang die Treue. Im Kampf gegen die Sarazenen focht er zeitweise an der Seite seines Halbbruders. Als Gesandter ging er nach Frankreich, wo er erwirkte, daß eine größere Zahl von Zisterziensern nach Portugal zog – in ein Land, das des klösterlich-kulturellen Auftriebs bedurfte. Er schloß Freundschaft mit Bernhard von Clairvaux; lange noch stand er mit diesem großen Förderer der Kreuzzugsbewegung in Briefwechsel. Als Afonso Henriques nach der Einnahme von Évora den Avis-Orden gründete, den portugiesischen Zweig des kastilischen Calatrava-Ordens, machte er seinen Halbbruder zum ersten Großmeister. Jahrhunderte später sollte einer der Nachfolger die berühmteste portugiesische Königsdynastie begründen: João I. Pedro Afonso verbrachte seine letzten Lebensjahre als Benediktinermönch in Alcobaça, wo er dreiundsechzigjährig verstarb, sechzehn Jahre vor seinem königlichen Bruder.

Barock in Braga

Obwohl Braga wie kaum eine andere Stadt Portugals in tiefer Vergangenheit wurzelt, so hat es dennoch nur verhältnismäßig geringe Züge aus dem Mittelalter aufzuweisen: Teile der Kathedrale, den Erzbischöflichen Palast Gonçalo Pereiras, die sogenannte Torre de Menagem, ein Wachtturm aus dem Jahr 1378, Rest einer Zitadelle, die man zur besseren Verteidigung Bragas in das Mauersystem eingefügt hatte. Was das Gesicht der Stadt prägt, ist ein wenig Manuelismus und viel Barock.

Manuelinisch ist die Capela de Nossa Senhora da Conceição, *ein turmartiger Bau auf quadratischem Grundriß aus dem Jahre 1525. Im Volksmund heißt die Kirche Capela dos Coimbra, weil João de Coimbra, Administrator Diogo de Sousas, der Auftraggeber gewesen ist. Das mit Zinnen versehene Gotteshaus weist grazile spätgotische Figuren auf, über denen sich Baldachine türmen. Im*

Innern befindet sich das steinerne Altarbild einer ›Grablegung‹ unter manuelinisch verzierter Archivolte, Gegenstück zum Renaissance-Altar der Pena-Kapelle über Sintra. Dicht bei dem Sanktuarium steht die Casa dos Coimbra, ein Stück manuelinischer Profanarchitektur, das man in jüngerer Zeit solid aufgeputzt hat.

Im ehemaligen Palácio Arquiepiscopal *hat man eine der wertvollsten Bibliotheken von Portugal untergebracht. 250000 Folianten und 10000 Handschriften sind unter schweren Kassettendecken aufgestellt und gestapelt. Gründerin der Bibliothek, fast eines Buch-Museums, war Dona Maria II. Die wesentliche Initiative dazu gab der portugiesische Ranke, Alexandre Herculano. Die Kassettenränder der Decke des Lesesaals sind kraus ornamentiert.*

Barock sind die zahlreichen Paläste, die ihre Schauseiten meist ›Largos‹ – festlichen Platzanlagen – zukehren, etwa die Paços do Conselho, *Rathaus, von 1756 oder die* Palacete do Mexicano *im sogenannten joaninischen Stil (genannt nach João V.), aber mit den rocailleartigen Fensterumrahmungen fast schon Rokoko. Die Fassade ist von einer Galerie mit Kandelabern gekrönt wie ein Schrankaufsatz. Man muß dem Kunsthistoriker Matos Sequeira recht geben, der angesichts des Palastes ausgerufen hat:* »*Wie ein Möbel à la Louis-quinze!*«

Eine der unverwechselbaren Wallfahrtskirchen Portugals liegt am Stadtrand von Braga: *Bom Jesús do Monte.* Der Architekt Cruz Amarante hat eine vielstufige Treppe an einem Ausläufer des Monte Espinho emporgeführt. Zwei Kapellen und gedrehte Kandelaber davor flankieren den untersten Abschnitt der Stufen-Kaskade. Statuen am Treppenrand verbildlichen die Tugenden und die fünf Sinne, die man beim Aufstieg zusammennehmen muß. Man braucht sich aber nicht wie die Romeiros – Wallfahrer – zu Fuß hinaufzubemühen bis zum vierhundert Meter hoch gelegenen Plateau, das die Wallfahrtskirche trägt, denn zur Seite der ›Escada‹ lädt eine moderne Zahnradbahn zum bequemeren Aufstieg ein.

Die Kirche, die mit ihrem sparsamen barocken Fassadenschmuck an ähnliche in Brasilien erinnert (auch Kalvarienaufgänge dieser Art sind jenseits des Atlantik anzutreffen, so in Congonhas do Campo), wird an Schönheit und Originalität noch von Santa Maria Madalena im nahen Falperra übertrumpft, in gedrungenem Barock mit kraftvoller granitener Ornamentik auf dem kalkweißen Mauerwerk.

In Bragas ausgedehnter Altstadt mit ihrer Geschichtsträchtigkeit kann man vergessen, daß auch das 20. Jahrhundert im ›portugiesischen Rom‹ Gewicht hat. Man wird sich dessen bewußt, wenn man in die breite und schnurgerade Avenida Marechal Gomes de Costa einbiegt, Bragas Prachtstraße. Mittlere Industriewerke haben das Wachstum der Hauptstadt des Minho gefördert.

Portugiesische Trulli

Die Straße von Braga nach Guimarães, jener zweiten Stadt im Minho, die einen nationalen Mythos verkörpert, windet sich durch die waldige Serra da Falperra. Die weite Sicht auf den ›Garten Europas‹, den der Kamm des Gebirgszugs gewährt, täuscht darüber hinweg, daß die Serra kaum höher als sechshundert Meter ansteigt. Ihre kulturgeschichtliche Bedeutung besteht darin, daß in ihrem Bereich die ansehnlichsten frühgeschichtlichen Siedlungen auf portugiesischem Boden anzutreffen sind. Es sind die Ruinenfelder Citânia de Briteiros und Castro de Sabroso. Man datiert sie auf etwa 300 v. Chr. Waren es Iberer oder Kelten, die hier siedelten? Oder bereits das Mischvolk der Keltiberer, in dem speziellen Falle Portugals der Stamm der Lusitanier, auf den die Römer stießen? Alle Theorien tauchten auf, keine ist ganz gesichert. Die Bezeichnung ›Briteiros‹ schließt zumindest das Keltische nicht aus. Für Einflüsse von nördlich der Pyrenäen sprechen die Flechtmuster des Kunsthandwerks, ein vorwiegend nordeuropäisches Motiv.

Der ›Schliemann‹ der frühgeschichtlichen Ausgrabungen des Minho ist Francisco Martins Sarmento gewesen (1833-1899). Insgesamt hat er sechzig Siedlungen an der Schwelle erster geschichtlicher Spuren nachgewiesen, doch sein eigentliches ›Troja‹ war die *Citânia de Briteiros* im Falperra-Gebirge des Minho. Er begann mit seiner Spatenarbeit 1875 und grub neun Jahre lang. 1880 fand in Lissabon der 9.Kongreß für Anthropologie, Archäologie und Prähistorik statt, an dem auch der universal interessierte Virchow – der mit Dörpfeld in Troja grub – teilnahm. Eine Abordnung des Kongresses besuchte Citânia. Die Begehung machte das Ruinenfeld international bekannt.

Auf einer Erhöhung breiten sich, von Straßen durchzogen, runde, ovale und rechteckige Häuser aus – selbstredend nur Fundamente, doch zwei von ihnen, solche mit rundem Grundriß, hat man rekonstruiert und mit kegelförmigen Strohdächern versehen. Was Sarmento Kopfzerbrechen verursachte: einige der Türschwellen liegen etliche Handbreit hoch, außerdem sind nirgendwo Fenster nachgewiesen. Und wo zog der Rauch des Herdfeuers ab? Man hat durchlöcherte Tonscheiben gefunden, die wohl zu diesem Zweck in die Mauern eingelassen waren.

Die beiden rekonstruierten Rundbauten der Citânia legen den Vergleich mit den bekannten Trulli in Alberobello (Apulien) nahe, mit dem einen Unterschied, daß dort auch die Dachkegel aus Stein gefügt sind. Parallelen sind sicher nicht von der Hand zu weisen. Denn der Rundbau ist ein Urtyp der Behausung. Die Kegeldachhütten südamerikanischer Indianer sind Trulli aus Bambus und Palmstroh. Bienenkorbformat haben die Nuragen auf Sardinien. Die Wüstendörfer um Aleppo in Syrien weisen ebenfalls Trulloform auf, dort aus Trockenziegel und Häcksel gebildet, mit Lehmüberzug. Weiterhin hat der Spaten der Archäologen steinerne Bienenkörbe in Jericho und im kretischen Phaistos zutage gefördert. Die Gräber assyrischer und babylonischer Könige, der Etrusker, ja selbst der römischen Kaiser Augustus und Hadrian waren Trulli.

Bei der Citânia de Briteiros hat man drei Mauerringe nachgewiesen. Daneben kamen Gräber zutage sowie eine große Zahl skulptierter Steine, meist mit eingeritzten Ornamenten, doch auch menschlichen Umrissen. Auch bemalte Keramik, Bronze und Gold fehlten nicht. 1937 fanden sich kleine Goldgefäße, die eine Art Granulation erkennen lassen, außerdem Fibeln, Pinzetten, Nadeln. Viel umrätselt wurde ein Stein mit Flechtmustern, den die Archäologie ›Pedra Formosa‹ nennt. Sarmento vertrat die Auffassung, daß es sich um einen heidnischen Altartisch handeln müsse. Der deutsche Archäologe Emil Hübner meinte, es könne der Verschlußstein einer großen Begräbnisstätte sein. Die in den Stein eingelassenen Öffnungen hätten dazu gedient, eine reale oder symbolische Verbindung zwischen den Verstorbenen und den noch Lebenden zu schaffen.

Die Ausgrabungen von *Sabroso* gaben weniger her. Hier trat aber der Befestigungscharakter stärker hervor, so daß die Wissenschaft den Namen ›castro‹ wählte.

Das bewegliche Fundgut der beiden Ausgrabungsstätten des Minho können wir heute im Museum Martins Sarmento *in Guimarães besichtigen. Die Vitrinen enthalten auch Inschriftenfunde, die beweisen, daß die frühgeschichtlichen Siedlungen nach der Einverleibung in das römische Weltreich noch bewohnt gewesen sind. In der Citânia de Briteiros brachte man eine Stele zum Vorschein, in die die drei Worte* »Coroneri Camali Domus« *eingraviert sind. Also:* »Haus des Coronerus, des Sohns des Camalus«. *Die Namen klingen nicht römisch, sicher sind sie lusitanisch. Sarmento glaubte an eine Hausinschrift, Hübner hingegen deutete das Wort* ›Domus‹ *als* ›Domus Aeterna‹, *so daß die Inschrift ein Grab anzeigen müßte. Der Stein wurde aber mitten in der Stadt gefunden, wo man schwerlich eine Gräberstätte annehmen dürfte. Man kann aber auch schließen, daß man zu einer Zeit, als die Wohnstadt bereits aufgegeben war, die Ruinen zur Einrichtung einer Nekropole ausnützte. In Conimbriga werden wir ein ähnliches Beispiel finden: auch dort hat man die Toten in ehemaligen Häusern beigesetzt.*

Optisch gibt ein im Kreuzgang stehender archaischer Krieger am meisten her. Der Torso ist grob behauen und wirkt in seinem Infantilismus fast ›modern‹. *Die Gesichtszüge des bärtigen Rundkopfes sind nur angedeutet. Der Mann trägt eine Art Rollkragen und hält vor seinen Leib einen unverhältnismäßig kleinen Schild mit Schildbuckel. Man sagt in Portugal, dies sei der erste Portugiese ...*

Wiege der Nation – Guimarães

Die minhotische Stadt Guimarães, in der wir uns nun befinden, wird als ›Berço da Nacionalidade‹ – ›Wiege der Nation‹ – bezeichnet. An einem Torso der Stadtmauer, von der noch ein ansehnliches Stück erhalten geblieben ist, sind die nachts illuminierten Worte »Aqui nasceu Portugal« – »Hier wurde Portugal geboren« angebracht. Dieser Anspruch ist berechtigt. Denn im Kastell von Guimarães kam der erste portugiesische König, Afonso Henriques, als Sohn Heinrichs von Burgund auf die Welt. Diese Stadt war seine erste Residenz. Von hier aus hat er im Kampf gegen die Sarazenen sein Königreich erstritten – ein Sieg des christlichen Kreuzes über den islamischen Halbmond. Zugleich wurden aber auch die Grenzen des künftigen Staatsgebildes abgesteckt – einer staatlich-politischen Einheit, die die Jahrhunderte überdauern sollte bis heute. Ganz gleich, ob wir in Afonso Henriques einen edlen Ritter oder einen rüden Haudegen sehen, dem der Kampf um des

Kampfes willen wichtiger war als die Prosperität seines Landes – die für Portugals Schicksal so entscheidende Bedeutung seiner militanten Expansion bleibt unbestritten. Das Portugal von heute nennt den Namen seines ersten Königs voll Ehrfurcht; er ist Schulbuchfigur und im kollektiven Bewußtsein des Volks lebendig wie nur eine zeitgenössische Prominenz. Den Stolz, der seiner Erscheinung gilt, haben die Zeiten und die ganz andersgeartete heutige Bewußtseinslage nicht gemindert. Die Wiege des Afonso Henriques in der Kemenate Dona Tarejas im Palast des Kastells von Guimarães ist darum unbestreitbar die ›Wiege der Nation‹.

Das *Kastell von Guimarães* entspricht in seinem Aussehen der Bedeutung seiner Geschichte: es stellt mit dem Diadem seiner Zinnen geradezu das Exempel einer mittelalterlichen Wehranlage dar. Man muß sich im europäischen Bereich weit umschauen, um eine ähnlich eindrucksvolle Dokumentation des Ritterzeitalters zu finden, Rochester in Kent vielleicht oder Les Andelys in der Normandie. Der deutsche Boden besitzt Wehrbauten von solch heraldischer Ausdruckskraft nicht. Die Wartburg ist Romantik, die eher an die Leier von Minnesängern denken läßt als an Harnisch und Schwertknauf, und auch die Rheinburgen sind neben Guimarães nur romantische Staffage.

Guimarães hingegen wirkt heute noch in seiner massiven Präsenz gefährlich und bedrohlich. Seine Zinnen sind nicht romantischer Dekor, sondern wie reißende Zähne. Das Mittelalter ist hier nicht konserviert, sondern aggressiv gegenwärtig, so daß man auf den Wehrgängen die Kriegsknechte auf Posten glaubt. Man hat manche Kastelle Portugals zu ›Pousadas‹, zu luxuriösen Fremdenunterkünften, ›entschärft‹, Óbidos und Estremoz etwa, und dies war von der ›Vue romantique‹ gewiß sinnig und lobenswert. Guimarães, die ›Wiege der Nation‹, könnte man keinesfalls in dieser Weise touristisch ummünzen. Die nationale Bedeutung würde es verbieten. Doch auch die Silhouette der Burg widerspricht in ihrer Bedrohlichkeit jeder gastronomischen Verharmlosung. Keine Nation kennt für ihre Geburtsstunde ein so hartes, selbstbewußtes, zugleich würdevolles Symbol. Die Kapetinger Frankreichs? Die römisch-deutschen Kaiser? Die Briten? Gewiß, der

Tower. Doch er ist nicht Startpunkt, sondern Episode der englischen Geschichte. Und so mächtig der Tower sein mag, er ist umklammert von einer Vielzahl späterer Kasematten, eingebettet in eine Weltstadt und von dieser an Höhenkontur überragt. Das Kastell von Guimarães nimmt hingegen die höchste Erhebung der ihr zugeordneten Stadt ein. Mit seinen für den Minho typischen übermäßig langen Zinnen hat es das Aussehen einer Krone, Sinnbild der autoritären Herrschaft des mittelalterlichen Königtums. Guimarães ist die Wiege der Nation – eine granitene Wiege.

Grundriß und Struktur der Burg sind denkbar einfach. Doch dies widerspricht nicht der Größe. Auch der Tower oder das Castel del Monte, die apulische Burg des Stauferkaisers Friedrich II., sind bezwingend einfach und gerade darum formelhaft in ihrer eingängigen Dokumentation von Macht. Man tritt in Guimarães durch die Außenmauer und steht in einem vom Burggemäuer umgürteten Dreieck, das an zwei Seiten leicht ausgebeult ist, so daß die Grundrißform eines Wappens entsteht – oder einer jener tropfenförmigen Schilde, deren sich das 12.Jahrhundert bediente. In der Mitte des schildförmigen Burghofes überragt der Donjon, die Torre de Menagem, die Ringmauern. Im Fall der Einnahme des Kastells konnte sie separat weiter verteidigt werden.

Die Torre soll auf jene galizische Gräfin Mumadona zurückgehen, die hier im 11. Jahrhundert ein Benediktinerkloster gestiftet und zu dessen Schutz die erste Wehranlage angeordnet hat. Die Gräfin war die Witwe des Conde Hermenegildo Mendes – in so früher Zeit waren westgotische Namen bei den iberischen Adelsgeschlechtern noch üblich. Die Contessa genießt in Guimarães legendäres Ansehen. Der Bildhauer Álvaro de Brée, von dem auch das Bronzebild der Santa Isabel in Odivelas stammt, hat 1960 eine Statue der Gründerin, gewissermaßen Guimarães' Libussa, auf einem der Plätze dieser Stadt errichtet, die mit Raum nicht geizt und mehrere großzügige Anlagen aufzuweisen hat.

Heinrich von Burgund hat ein Säkulum später den Grafensitz herausfordernd wehrhaft, doch auch wohnlich ausgebaut. Beim Rundgang durch das Kastell-Innere weist der Kustode auf einen fürstlichen Kamin, der am Außengemäuer ›klebt‹ und gewissermaßen in der Luft hängt. Denn der Holzboden darunter, vergängliches Material, ist längst den Zeiten zum Opfer gefallen, und nur die Einlässe für die Bodenbalken zeugen noch von der Zweistökkigkeit des hier an die Burgmauer gelehnten einstigen Palas – in Portugal Alcáçova genannt. Unten, so darf man annehmen, werden sich Wachträume und Arsenale befunden haben, oben der Festsaal und die Kemenate. Dort – der Kustode will es wissen – soll des Afonso Henriques Wiege gestanden haben.

Ein schmaler Wehrgang führt auf der Mauer-Innenseite um das ganze Areal. An einem der Außentürme, der ›Torre da traição‹, ›Turm des Verrates‹, ist der Platz, wo Delinquenten stranguliert worden sind – der Kustode demonstriert mit den Händen bildhaft den grausigen Akt. Auch versäumt er nicht, vom Mauerkranz auf jenes wie ein Teppich ausgebreitete Feld hinzuweisen, das der Schauplatz der Schlacht von Mamede gewesen ist.

Einige Schritte unterhalb des Burgeingangs liegt die aus kraftvollen Quadern erbaute *Kapelle São Miguel*, in ihrer Schwere selber kastellartig. Das kleine Sanktuarium wirkt wie das Pförtnerhaus eines herrschaftlichen Anwesens. Daß man die Kapelle nicht in die Wehr der Burgmauern einbezogen hat, bezeugt die Gläubigkeit des mittelalterlichen Abendlandes selbst über kriegerische Fronten hinweg: im allgemeinen waren Gotteshäuser sakrosankt. Nur der geharnischte Erzengel, der Vorkämpfer der Schlachten, konnte Torhüter dieser Festung sein, vor der nichts zu gelten schien als die Hierarchie der Waffen und ihrer Träger. Das Innere der Kapelle, nackter Stein, ist imponierend schlicht. Der Glaube des Hochmittelalters vermochte auf Arabesken zu verzichten. Man hat in der Chorpartie zwei gotische Steinfiguren auf Konsolen gestellt – sonst nichts. Am Eingang steht ein romanischer Taufstein (Batisterio). Es soll sich um den Taufstein des ersten portugiesischen Königs handeln. Messen zelebriert man in der Capela nur am Geburtstag von Afonso Henriques, dem 24.Juni, Taufen vollzieht man auf Antrag.

Portugals erster König

Die Politik *Afonsos Henriques* war klar vorgezeichnet: Unabhängigkeit von Kastilien und Landgewinn nach Süden hin durch Beteiligung an der Reconquista. In seinem ersten Programmpunkt war die Taktik des Burgunders gegen den spanischen Nachbarn gerichtet, der zweite zwang ihn an dessen Seite.

Die Fehde mit Kastilien beschränkte sich auf hinhaltende Gefechte an der galizischen Grenze. Die eigentliche Gefahr drohte im Süden. Der Vorstoß von Afonso Henriques war zugleich Abwehr. Nach zwei Jahren wechselnden Glücks siegte er am 15. Juli 1139 in der Schlacht von Ourique entscheidend über die Sarazenen. Noch auf dem Schlachtfeld sollen die Truppen den Sohn Heinrichs von Burgund zum König ausgerufen haben.

Im ›Zweifrontenkrieg‹ wandte sich Afonso Henriques nun wieder nach Norden, wo Portugiesen und Kastilier bei Arcos de Valde-Vez aufeinanderstießen. Man einigte sich, das nun drohende blutige Treffen auf ein Turnier der Ritter zu beschränken. Die Portugiesen blieben im Sattel.

Die vernünftige Lösung, eine Schlacht durch den Zweikampf der Anführer zu entscheiden, ist leider nur selten in der Geschichte vorgekommen; heute, wo es keine Einzelkämpfer – und keine Ritterlichkeit der Kriegsführung – mehr gibt, ist sie ohnehin undenkbar. Die bekannteste Episode dieser Art war die Disfida de Barletta, bei der im spätmittelalterlichen Apulien eine kleine Schar italienischer Kavaliere ihre französischen Gegner im Turnier kampfunfähig schlug; Schiedsrichter war der berühmte Ritter Bayard.

Was den Parallelfall auf der Iberischen Halbinsel, den heißen Tag von Arcos de Val-de-Vez, betrifft, so führte er zu einem konstruktiven Ergebnis: beide Parteien einigten sich im Frieden von Zamora auf Koexistenz. Alfonso VII. und Afonso Henriques hielten Ruhe. Der erste portugiesische König hatte den Rücken frei für die Südfront.

Daß Afonso Henriques neben seinen kriegerischen Fähigkeiten auch ein kluger Diplomat gewesen ist, geht aus seinem Abkommen mit der Kurie hervor. Beim Pontifex maximus in Rom Persona grata zu sein, war damals wichtiger als eine Armee. Ein exkommunizierter Herrscher trug ein stumpfes Schwert: niemand leistete ihm Gefolgschaft. Der Papst zur Zeit des Afonso Henriques hieß Alexander III. Wir kennen ihn als den harten Gegenspieler Kaiser Rotbarts. Der Sohn Heinrichs von Burgund verpflichtete sich 1179 zu einer Tributzahlung an Rom, zum sogenannten Petersgroschen, dem sich auch Wilhelm der Eroberer in England nicht entzogen hatte. Der Nachfolger Petri bestätigte dafür den portugiesischen Königstitel samt Erbfolge.

Der Krieg gegen den Islam, der nun wieder aufloderte, war ein Feldzug der ›Nadelstiche‹: blitzartiger Überfälle kleiner Einheiten auf Stützpunkte des Gegners. Dem König Portugals kam die Uneinigkeit der Muselmanen sehr zugute. Sie stritten sich nicht weniger als ihre christlichen Widersacher. 1147 gelang den Portugiesen die Einnahme von Santarém. Sie schlichen bei Nacht mit Sturmleitern an die Mauern heran. Fünfundzwanzig Mann erklommen den Mauerkranz, erschlugen die Wachtposten und öffneten die Tore. Die Truppen des Afonso Henriques machten die Besatzung nieder. Der Halbmond über der islamischen Stadt erlosch. Der Weg war frei zum Marsch nach Lissabon.

Lischbuna war, wie wir sahen, ein bedeutender Platz des arabischen Iberien mit einer gemischt islamisch-christlichen Bevölkerung. Christen mußten Tribut zahlen. Für die Handels-Strategie der Araber bot sich der ideale Hafen des Tejo-Trichters geradezu an. So war die künftige portugiesische Hauptstadt vorwiegend eine Stadt der Kaufleute und des Orienthandels. Zugleich war sie schon damals eine malerische Kapitale mit Ringmauer und Kastell; dies bezeugt Edrisi aus Córdoba, der nach Strabo größte Geograph, den der sizilische König Roger II. seines Wissens wegen an den Hof von Palermo verpflichtete.

Lissabon schien uneinnehmbar. Daß es dem portugiesischen König dennoch gelang, nach vier Monaten die Kapitale am Tejo zu stürmen, verdankte er einem jener glücklichen Zufälle, ohne die auch der Tüchtigste nie ganz auskommt. Es war nämlich um die gleiche Zeit eine große Zahl von Kreuzfahrern zu Schiff unterwegs, die, Europa umsegelnd, ins Heilige Land reisen wollten. Sie ankerten an Portugals Küste. Afonso Henriques verstand es, sie zu überzeugen, daß man zum Kampf gegen die Ungläubigen nicht nach Palästina fahren müsse. Auch in seinem Königreich gelte es, das Kreuz zu verteidigen. Die Kreuzfahrer, Engländer, Flamen und Deutsche, entschlossen sich, an der Belagerung von Lissabon teilzunehmen.

Unter diesen Kreuzfahrern spielte ein Deutscher namens Heinrich eine gewisse Rolle. Er ist vor Lischbuna gefallen. Camões widmete ihm einige Verse:

> Olha Henrique, famoso cavaleiro,
> A palma que lhe nasce junto à cova.
> Por êles mostra Deus milagre visto;
> Germanos são os Mártires de Cristo.

> Siehst Ritter Heinrich du beim Schwerterschwingen?
> Siehst du die Palme, die sein Grab bewacht?
> Gott sandte sie, ein hehres Wunder allen:
> Das sind die Deutschen, die für Gott gefallen!

Die Kreuzzüge waren nicht ausschließlich Glaubenskriege. Es ging auch um Befriedigung von Abenteuerlust und um nackten Gewinn, dies umso mehr, je länger die Kreuzzugsbewegung dauerte. Die sich Afonso Henriques zur Verfügung stellten, waren zum Teil Glücksritter, Desperados, Landsknechte des Mittelalters. Sie forderten als Gegenleistung für ihren Kriegsdienst Plünderung der Stadt nach der Einnahme sowie die volle Summe des Lösegeldes, das man von den Gefangenen erpressen konnte.

Nach geglückter Sprengung eines Mauerstücks ergab sich die Besatzung von Burg und Stadt. Der König von Portugal zog in den Alkazar ein – am Ort, wo er heute in Bronze steht. Sintra und andere Plätze in der Umgebung der bedeutendsten Stadt des Islam am Westrand der Halbinsel ergaben sich. Der Rio Tejo war nun die Südgrenze des Königreichs. Aus den Reihen der Kreuzfahrer, die an der Belagerung Lissabons teilgenommen hatten, ragte ein normannisch-englischer Priester heraus – auch Geistliche führten damals die Klinge –: Gilberto. Ihn machte der siegreiche König zum Bischof von Lissabon. Zur Westgotenzeit hatte der Sitz von Lissabon dem Erzbistum von Mérida in Spanien unterstanden. Nunmehr leistete der Oberhirte der Stadt am Tejo dem Erzbischof von Braga den Gehorsamseid. Dies war wiederum, jetzt auf kirchlichem Gebiet, ein wichtiger Schritt auf dem Weg der Verselbständigung Portugals gegenüber den Vormundschafts-Ansprüchen der Krone Kastiliens.

So entschiedenen Wert der Monarch auf die portugiesische Selbständigkeit legte – er war doch am Ausgleich mit Kastilien interessiert. Dort herrschte Fernando II., der später eine Tochter des portugiesischen Königs heiratete. Um in der parallel verlaufenden Frontstellung der Reconquista nicht zu kollidieren, schlossen beide, Fernando und Afonso Henriques, 1160 den Vertrag von Celanova. Darin wurde die Grenzlinie der Frontabschnitte und die Zuteilung der eroberten Gebiete genau festgelegt. Der Vertrag von Celanova bedeutet auf iberischer Ebene und im Zug der Reconquista, was 1494 der Vertrag von Tordesillas auf globaler Ebene und im Zug der Conquista bedeuten sollte.

Unbehindert von Kompetenzstreitigkeiten mit Kastilien konnte der portugiesische König nun daran gehen, noch ein Stück weiter über den Rio Tejo vorzustoßen und die Städte Beja und Évora einzunehmen, wobei sich vor allem des Afonso Henriques ›Cid‹, Geraldo Sem-Pavor, durch Schneid hervortat. Unter dem ersten König Portugals wurde somit bereits nahezu das gesamte lusitanische Staatsgebiet erstritten, mit den Grenzen, die bis heute fast die gleichen geblieben sind.

Eine typische Erscheinung der zweihundertjährigen Kreuzzugsbewegung waren die militanten Mönchsgemeinschaften der Ritterorden. Im Heiligen Land hatten sich die drei Orden der Johanniter, der Templer, der Deutschritter konstituiert. Kastilien rief während der Reconquista seine eigenen Orden ins Leben: Alcántara, Calatrava und Santiago. In Portugal gewannen unter Afonso Henriques die Johanniter und Templer Einfluß und Grundbesitz. Noch unter dem ersten portugiesischen König wurde mit dem Bau der mächtigen Templerburg von Tomar begonnen, die später in die Hände des Ordens der Christusritter übergehen sollte. Nach der Einnahme von Évora trat nun als dritter portugiesischer Orden der von Avis hinzu. Er war ursprünglich vom Calatrava-Orden abhängig, verselbständigte sich aber später, indem er Visitation und Revision von seiten des spanischen Mutter-Ordens ablehnte. Die schwere Tracht des Avis-Ordens war lästig und erdrückend im Kampf. Sehr viel später, unter Papst Bonifaz IX., wurde sie erleichtert. Nun trug man den kurzen und bequemen weißen Kapitular-Habit. Das Emblem der Avis-Ritter war das blaugrüne Kreuz mit lilienförmigen Armen, das man auch im Portugal von heute noch gelegentlich sehen kann.

Es ist schwer zu entscheiden, inwieweit Glaubens-Idealismus oder machtpolitischer Ehrgeiz eine Persönlichkeit wie Afonso

Henriques zu lebenslangen Anstrengungen angetrieben hat. Vielfach verband sich beides, zumindest gab der Glaubensakzent der Militäraktion ihre ethische Rechtfertigung. Ganz gleich, wie sehr Machtstreben im Spiele war – die Lebensleistung von Afonso Henriques gehört einem der größten, auf breiter Front ausgefochtenen militärischen Unternehmen des christlichen Abendlandes an: der Abwehr Asiens und Afrikas. Die Schlacht von Tour und Poitiers, in der Karl Martell die Woge des Islam vom Frankenreich fernhielt, hat in dieser gemeinsamen europäischen Bemühung ebenso ihren Platz wie die Verteidigung von Rhodos durch Aubussin, den Großmeister der Johanniter, oder die Unterwerfung der moslemischen Emirate auf Sizilien durch die christlichen Normannen. Bis in die frühe Neuzeit dauerte die Defensive an. Don Juan d'Austria schlug die Türken bei Lepanto, Matthias von der Schulenburg auf Korfu. Daß man den Einbrüchen des Islam an der Südflanke Europas durch mehrere Jahrhunderte hindurch Einhalt gebieten konnte, gelang durch eine der wenigen gleichgestimmten Aktionen des sonst zerstrittenen Europa. Ohne sie hätte die Geschichte des Kontinents vielleicht einen anderen Gang genommen. Manchmal stand der Kampf auf des Messers Schneide. Während der Eckpfeiler des Ostens, Konstantinopel, 1453 der abendländischen Christenheit verloren ging, gelang es an der Westflanke des Erdteils, die christliche Position zu behaupten. Das war die geschichtliche Mission der Reconquista. Der portugiesische König Afonso Henriques hatte an ihr seinen gewichtigen Anteil.

1169 verletzte Portugal den Vertrag von Celanova. Geraldo Sem-Pavor griff die Festung Badajoz an, deren Einnahme eigentlich dem König Kastiliens zustand. Dies führte dazu, daß sich Fernando II. mit den islamischen Almohaden gegen Portugal verbündete. Daß Christen und Moslems gemeinsam gegen Christen fochten, war bei den vertrackten Verhältnissen der Halbinsel keine Seltenheit. Im ungleichen Kampf der Portugiesen gegen die vereinigten Spanier und Almohaden geriet Afonso Henriques in die Gefangenschaft seines Schwiegersohns. Dieser verhielt sich großmütig. Er verlangte lediglich die Herausgabe einiger von

Portugal besetzter galizischer Grenzgebiete. Indem er den Sohn Heinrichs von Burgund entließ, sagte er nur: »Gib das Gestohlene zurück, behalte, was dir gehört, und geh in Frieden!« Afonso Henriques wird wohl eher die Demütigung als die Großmut dieser Worte empfunden haben.

Der erste König Portugals erreichte ein für damalige Verhältnisse hohes Alter. Er starb 1185 in Coimbra 76jährig. Für Portugal hatte er die Selbständigkeit, für seine Dynastie die erbliche Thronfolge durchgesetzt. Doch oft gereichen glorreiche Zeiten zwar dem Potentaten zum Ruhm, doch nicht dem Volk zum Glück. Die Kriege hatten Portugals Boden verwüstet. Die Staatskasse war leer. Dies sollte das Problem des Nachfolgers, Sanchos I., sein.

Mit der Südorientierung der portugiesischen Expansion war ein Wechsel der Königsresidenz verbunden. An die Stelle von Guimarães als Hauptstadt Portugals trat Coimbra. Die sieben Kastelle, die Afonso Henriques den Muselmanen abgenommen hat, zieren bis auf unsern Tag das Wappen Portugals. Ein Herrscher, der bei allen Gaben in erster Linie ein tüchtiger Krieger gewesen ist, hat, vom Glück begünstigt, Geschichte gemacht. Jacob Burckhardt sagte einmal von dem Stauferkaiser Friedrich II., seine Persönlichkeit überrage die Resultate. Gewiß war auch Afonso Henriques eine außergewöhnliche Persönlichkeit. Bei ihm kann man jedoch behaupten, daß die Resultate die Persönlichkeit überragten.

Die Königsresidenz

Am Fuß der kleinen Erhebung, die die Basis des Kastells von Guimarães bildet, breitet sich der mächtige Vierflügelbau des *Paço Ducal*, des Herzoglichen Palastes, aus. An Baumasse steht er der Burg nicht nach. Werden dort die Burgunder lebendig, so begegnen wir im Paço wieder den Bragança. Hier verbindet sich wehrhafter Geist des Mittelalters mit dem Bedürfnis des Absolutismus nach Repräsentation und Luxus.

Afonso, Graf von Barcelos, der illegitime, älteste Sohn Joãos I., hat den Grundstein des Gebäudes gelegt. Es gab für ihn Grund genug, Macht zu demonstrieren. Seine Gemahlin Beatrix Pereira war einzige Tochter und Universalerbin des Santo Condestável. Der Regent Pedro, Bruder Heinrichs des Seefahrers, erhob Afonso zum Rang eines Herzogs von Bragança, eine Gunst, die dieser, wie wir sahen, wenig zu danken wußte. Nachdem der erste Herzog von Bragança wichtige diplomatische Aufträge in Frankreich, Aragón und Kastilien erfüllt hatte, plante er den Bau des Palastes auf einem dem Geschlecht gehörenden Gelände. Französische, namentlich burgundische Einflüsse sind bei der frühesten Baukonzeption unverkennbar. Dies ist auf die Mission des Erbauers in Frankreich zurückzuführen, doch auch auf den Umstand, daß Philipp von Burgund sein Schwager war. Der Paço, dessen Pracht von den Zeitgenossen gerühmt wird, muß 1442 bereits vollendet gewesen sein, da die Annalen in diesem Jahr einen Besuch des Regenten Pedro verbuchen. Als sich die Bragança im 16. Jahrhundert nach Vila Viçosa in Südportugal absetzten, sank die Bedeutung des Paço zu der eines Nebensitzes herab. Oft stand er leer. Im 18. Jahrhundert erhielten die Kapuziner von Guimarães die Genehmigung, in einen Teil der Anlage einzuziehen. Der Paço wurde im Laufe der Jahrzehnte immer schadhafter.

1933 entschloß man sich von Staats wegen zur Rekonstruktion. Die Arkaden des Innenhofes sowie die Dachpartie mußten neu gebaut werden. Die vier Schloßflügel weisen an den Ecken turmartige Risalitbauten auf, die mit Walmdächern bedeckt sind. Am Dachfirst des gesamten Gebäudes ragen schlanke runde Kamine im Stil der Loire-Schlösser empor. Der Innenhof des Schloßgevierts hat große Ähnlichkeit mit dem des Schlosses der Könige von Mallorca in Perpignan. Er wird von breiten spitzbogigen Arkaden gerahmt, auf denen eine schlichte, überdachte Galerie aufsitzt.

Von dieser Galerie aus kann man in die Kapelle gelangen; die Archivolten ihres Stufenportals ruhen auf jeweils vier Gewändesäulen. Darüber öffnet sich die Galerie in einem mächtigen, quer zum Dach gestellten Giebel. Dessen Holzverstrebung ist den Restauratoren nicht gelungen. Skandinavische Konstruktions-Assoziationen drängen sich auf. Die Kapelle ist der einzige Raum des Schlosses mit gotischen Fenstern. An ihr ist kein einziger Teil alt: ein routiniert anempfundenes Interieur, kalt und tot.

Die Saal- und Zimmerfluchten des Paço sind als ›Paço-museu‹ ausgestaltet. Die Räume selbst, doch auch das Inventar, lassen ein souveränes Stilgefühl der für die Herrichtung Maßgeblichen erkennen. Kein wahllos zusammengetragenes Mobiliar steht auf den aus roten Ziegeln gefügten Böden, wie in ähnlichen, auf neuen Glanz gebrachten Schloßanlagen, etwa der Komturei von Rhodos. Man spürt eine wohlüberlegte Harmonie, mit der die Ausstattung auf den Raum abgestimmt ist. Kamine, Gobelins, Lüster, Schränke, Truhen, Gemälde christologischen und mythologischen Inhalts verleihen dem Paço-museu etwas legitim Festliches.

Steigt man die Granitstufen zum Obergeschoß hinauf, gelangt man in einen langgestreckten Saal, der ›*Passos Perdidos*‹ heißt, eine Bezeichnung, die wir von Queluz kennen. Die Wände sind mit Tapisserien der Renaissance verkleidet. Zwei von besonderer Größe (11 x 5 Meter) geben ein Geschehen der portugiesischen Geschichte wieder: die Einnahme von Arzila in Afrika.

Der erste Gobelin schildert die Ausschiffung der Truppen, der zweite die Belagerung. Vor unsern Augen ist ein buntes Gewirr von Waffen, Monturen, Schiffen, Mauern, Rossen in einer fast modernen Darstellungsform, die die Vorgänge nicht schulbuchhaft-naturalistisch, sondern dekorativ-ornamental auffaßt. Über die ganze Fläche sind die Banner portugiesischer Ritter gestreut. Der Hintergrund ist mit Masten geziert, an denen die Kreuzflagge weht. Arzila im Süden von Tanger war 1471 von Afonso V. in wenigen Tagen eingenommen worden, worauf die kampflose Übergabe Tangers erfolgte. Nach den Chroniken zählte das Aufgebot des Königs vierhundert Schiffe und dreißigtausend Mann. Afonso erhielt darauf den Beinamen ›Der Afrikaner‹, den auch Scipio nach der Einnahme Karthagos erhalten hatte – der ›Renascimento‹ liebte antike Vergleiche. Den Eroberungen im Norden Afrikas lag die Ansicht Heinrichs des Seefahrers zugrunde, daß dieser Brückenkopf zur Absicherung der Entdeckungsfahrten unentbehrlich sei. Doch wesentlicher Antrieb war auch die Kreuzzugsidee, die Afonso mit besonderem Nachdruck verfocht.

Die Monstre-Tapisserien von Guimarães sind Kopien portugiesischer Arbeiten, die José de Figueiredo und Reynaldo dos Santos 1920 in Pastrana westlich von Madrid entdeckt haben. Spanien, das die Originale besitzt und nicht entbehren will, hat die Kopien dem Nachbarland verkauft.

Die dritte Szene des Arzila-Zyklus, die Einnahme der Stadt, hängt im *Bankettsaal*. Seine Decke gleicht dem auf den Kopf gestellten hölzernen Leib eines Schiffes; die Verstrebungen entsprechen den Spanten. In diesem Saal finden heute Staatsbankette statt. Die Vorliebe des 17. Jahrhunderts für die Antike – die frei-

No Anno de 1500

Partio Pedralvez Cabral pera a India a 9 de março por Capitão mór de treze vellas, naos, navi[os]
e caravellas, das quaes com hu temporal rijo que ese deu na travessa do Brazil para ho cabo
da boa esperança, se perderão quatro, e de todas, estes erão os Capitães.

C Luis Pi
Arribou a portugal

C Guaspar de lemos
de santa cruz tra do bra
zil tornou a portugal
co nova do descobrimento
della

C Sedoriaz
co a tormenta esgarr
ese foy ter a Magadaxo
do cabo de guarda fuy
á tornada se cometio co
Pedralvez Cabral no cabo

C Pero de Thayde
há tornada se perdeo nos bayxos
de S. Lazaro e a gente salvou se
foy ter á Melinde

C Vasco da Thayde
perdido com a tormenta

C Pedralvez Cabral

C Nicolao Coelho

C Nuno Leytão

C Simão de Miranda
A balavou na tormenta ca pedralvez ca
bral, y milagrosamente se salvarão

C Simão de Pina
perdido co a tormenta

C Ayres Gomez da Silva
perdido com a tormenta

C Bertolameu diaz
perdido co a tormenta

C Sancho de Thoar
há tornada pera o Sinquy se perdeo co vento rijo
travesão em hu bayxo perto da costa de Melinde
co parte de toda a gete se salvou e se poseras fogo

lich recht anachronistisch dargeboten wird – kommt in der *Sala de Cipião e Aníbal* zum Ausdruck.

> *Der Raum hat von flämischen Gobelins den Namen bekommen, die die Begegnung Scipios und Hannibals, die Ausschiffung in Utica, den Einmarsch der Römer in Karthago darstellen. Der letzte Gobelin der karthagischen Serie läßt barocke Phantasie eine Szene hinzuerfinden: Scipio befreit eine punische Prinzessin, seine künftige Gemahlin.*

Karthago und Arzila, künstlerisch festgehalten im gleichen Palast – das mag wohl Zufall sein. Eindeutig ist die Nähe der Schauplätze, eindeutig auch das portugiesische Streben, das Goldene Zeitalter auf einen antiken Nenner zu bringen. Auch Camões, Sohn der Renaissance, gibt ja seiner tatenreichen Gegenwart immer wieder ein klassisches Gewand.

Minhotisches Rothenburg

Man könnte Guimarães ein portugiesisches Rothenburg nennen. Dies trifft jedoch nur halb zu, denn Rothenburg war nie Königsresidenz. Das dort vorwiegende bürgerliche Element ist freilich auch in Guimarães augenfällig. Nicht spitzweghaft, sondern südländisch, mit viel Kalk und Granit, reich an Gittern, Laternen und Blumen, Schatten spendend. Die Rua Santa Maria hat von den engen Altstadtstraßen am ursprünglichsten die historische Stadtkulisse bewahrt. Unter den patrizischen Häusern, mit denen Guimarães aufwarten kann, fällt die *Casa dos Lobos-Machado* aus dem 18. Jahrhundert auf. Das giebelartig geschweifte, vortretende Gesims über dem mittleren Geschoß, der sich über Fenstern und Portal häufende granitene Rocailleschmuck, die eisernen Balkongitter, die sich im Mittelgeschoß über die ganze Fassade hinziehen – das sind Elemente des Kirchenbaus, die die Profanbauten zu Schwestern der Gotteshäuser machen.

Die ehemalige Hauptstadt des Afonso Henriques besitzt drei Plätze, die Anklänge an drei verschiedene Epochen bieten. Derjenige jüngsten Datums ist zugleich der verkehrsreichste, der *Largo do Toural*, der wie das nach dem Erdbeben wiederaufgebaute Lissabon pombalinisch wirkt, klar, schmucklos, mit gleicher Firsthöhe der Häuser und eng aneinandergesetzten Fenstern, die die Horizontale betonen. Es ist ins Portugiesische übersetztes La Coruña. Früher sah der Platz Stierkämpfe. Barock bietet die sich leicht neigende *Praça Brasil*, der ehemalige Campo da Feira. Zwar wird der beetereiche Platz von belanglosen Häusern von heute umsäumt, doch die barocke Kirche Santos Passos ist so beherrschend, daß sie die Atmosphäre der Praça prägt. Vom üblichen Schema der Rocaille-Kirchen weicht sie durch ihre ungewöhnliche Schlankheit, die pagodenartigen Türme und die bauchige Fassade ab – diese weist auf Italien, wo Borromini sie zum ersten Mal angewandt hat. Der dritte Platz ist der älteste, auch er ein Saal im Freien: der *Largo da Oliveira*, der das Mittelalter mit verschiedenen Bauwerken vertritt.

Die Nordseite dieses Largo wird fast ganz von einem auf Spitzbogen-Arkaden lastenden Gebäude eingenommen, das den Namen ›Paços do Concelho‹ – ›Rathaus‹ trägt und den Rang eines Monumento nacional besitzt. Unter João I. begannen die Bauarbeiten. Sie zogen sich lange hin, denn unter Afonso V. wurden nochmals Mittel flüssig gemacht, um den Bau zu beenden. Im 17. Jahrhundert gestaltete der Architekt João Lopes de Amorim das Gebäude grundlegend um, so daß sich über den Arkaden eine barocke Fensterfront reiht, über der wiederum mittelalterliche Zinnen aufragen. Durch die Arkaden sieht man hindurch auf den dreieckigen Santiago-Platz. Hier sollen die französischen Kreuzfahrer, die Afonso Henriques Hilfe geleistet hatten, Quartiere erhalten haben. Sind die Veteranenhäuser auch verschwunden, so liest man der Physiognomie des Platzes noch immer Züge des Alters ab. Mit den Wäschewimpeln, die an der Platzseite der hohlziegelbedeckten ›Casas‹ hängen, sehen die Wohnstätten pittoresk aus – in Wahrheit sind es Unterkünfte der Armut.

Die Colegiada

Keine Praça ohne Gotteshaus. Die Igreja am Largo da Oliveira hat ihm den Namen gegeben. Die Bezeichnung geht auf eine Legende zurück: ein verdorrter Olivenbaum, der an dieser Stelle stand, begann wieder zu grünen. Wenn wir bedenken, daß vom Stumpf eines gefällten Ölbaums ein neuer Baum emporzuwachsen vermag, so könnte das Wunder von Guimarães einen botanisch erklärbaren Grund haben. Vielleicht weist der Name aber auch auf den Olivengarten von Gethsemane hin. Ganz gleich – *Nossa Senhora da Oliveira*, auch Colegiada genannt, ist eine der bedeutendsten Kirchen Portugals. Afonso Henriques stiftete sie nach der Schlacht von Ourique und weihte sie der Jungfrau, die von jeher in der portugiesischen Heiligenverehrung die erste Stelle eingenommen hat. Sieben Benediktiner unter einem Prior zogen in die zur Colegiada gehörende Abtei ein.

Wiederum eine Schlacht gab den Anstoß zu einer grundlegenden Erweiterung, die fast einer Neugründung gleichzukommen schien: die Schlacht von Aljubarrota. Die von João I. angeordnete größere Kirche wurde von einem Spanier erbaut, dem aus Toledo stammenden João Garcia, der im Dienst des ersten Avis-Königs stand und in Guimarães von 1387-1393 am Werk war. Er baute das neue Gotteshaus in den bisherigen Kreuzgang schräg hinein, so daß dieser dem ›Templo‹ geopfert wurde. Man hat behauptet, der Meister von Avis habe eine Kopie der Kirche von Batalha im Sinn gehabt, die ebenfalls zum Dank für den Sieg von Aljubarrota erbaut worden war. Dagegen spricht die kleinere Dimension, der andersgeartete Grundriß; nur das Prunkfenster über dem Portal bietet eine Parallele. Diese Art portalförmiger Blendfenster nennt die portugiesische Kunstgeschichte nicht ›janela‹, Fenster, sondern ›fenestrão‹.

Der Fenestrão von Nossa Senhora da Oliveira besaß ursprünglich einen imponierenden Figurenschmuck, so daß man ihn als nach außen projizierten Retablo bezeichnen konnte. Der Kanoniker Baptista Sampaio hat das Fenster leider im 19. Jahrhundert verschandelt, indem er die skulptierte Füllung aus unerklärlichen Gründen herausnahm und sie durch ein mit Okuli durchsetztes nüchternes Mauerstück ersetzte. So ist nur noch der Gewändeschmuck erhalten geblieben. Der Bildhauer António de Azevedo hat vermutet, daß dieses Prunkfenster des ›frontispício‹ der Marienkirche von Guimarães einen Baum Jesse enthalten habe.

Azevedo geht von einer Entdeckung aus: unter der im 19.Jahrhundert eingesetzten Mauerfüllung ist der Torso eines liegenden Mannes gerade noch erkennbar: Jesse! Man sieht ihn, von der Orgel halb verdeckt, auf der Innenseite der Kirche. Die Darstellung des Baumes steht auch im Zusammenhang mit dem Namen der Kirche – Oliveira.

Daß die Figuren der Umrahmung des Blendfensters bei dessen Verstümmelung erhalten geblieben sind, ist ein Glück. Denn, abgesehen von ihrer Qualität, geben sie zu anregenden Überlegungen Anlaß. Manche Gelehrte halten sie für historische Porträts: João I., seine Gemahlin Filipa, den Santo Condestável. Azevedo hingegen mutmaßt, daß es sich um den Evangelisten Johannes, Santiago und die Jungfrau der Verkündigung handle. Eine ähnliche Doppeldeutung finden wir bei der Kanzel von Bitonto in Italien, deren Figuren man als Sippe Friedrichs II., aber auch als Apostelfiguren erklärte. In der oberen Partie der Laibung von Santa Maria sieht man in kleinen Nischen expressive Büsten singender Engel und Mönche, mit Gesangbüchern in den Händen.

Der massive Turm über quadratischem Grundriß ragt aus der Fassade heraus und trägt kandelaberartige Zinnen. Der Innenraum der Kirche hat die Struktur aus der Bauepoche Garcias verloren, da man die Arkaden in der Barockzeit mit Stuck überzogen hat. Die Capela-Mór wurde auf Anregung des Infanten Pedro – des späteren Kaisers von Brasilien und Königs von Portugal – von den Kanonikern verlängert, im Stile der normannisch-englischen Kirchen, und trägt am Gewölbe das Wappen der Bragança. Das Gestühl der alten Colegiada ist erhalten geblieben.

Obwohl der Neubau Joãos I. den romanischen Kreuzgang unbekümmert angeschnitten hat, ist ein Teil von ihm noch sichtbar. Die Rundbögen der Arkaden ruhen auf stämmigen Säulchen. An einigen dieser Bögen des archaisch wuchtigen Claustro ist die Andeutung der Hufeisenform erkennbar. Man nimmt an, daß diese noch älter sind als der Baukomplex des Afonso Henriques. Sie sollen auf ein früheres Sanktuarium zurückgehen, das die Gräfin Mumadona gestiftet hatte.

Man findet ähnliche Bögen sonst in Portugal nur in São Frutuoso bei Braga und in Lourosa. Der Hufeisenbogen jener Epoche ist nicht in jedem Fall von den Arabern übernommen oder von Mozarabern gefertigt. Die Westgoten kannten ihn schon. In der Krypta der Kathedrale von Palencia ist ein klassisches ›Hufeisen‹ der Völkerwanderungszeit zu sehen – gemeißelt lange bevor die Muselmanen ins Land gekommen sind.

Im Kreuzgang von Nossa Senhora da Oliveira ist seit 1928 eines der kostbarsten Museen Portugals untergebracht, das *Museu Regional de Alberto Sampaio*. Es beherbergt den Sarkophag mit der granitenen Liegefigur Constança de Noronhas, der ersten Herzogin von Bragança. Ein Schmuckstück der Sammlung ist die innig wiedergegebene, von einem Mantel umhüllte Steinstatue der heiligen Margerida, der Patronin der Wöchnerinnen, eine französische Arbeit. Frei Carlos, nächst Nuno Gonçalves Portugals stärkster Maler, ist mit einem Bild von drei Heiligen, São Vicente, São Martinho, São Sebastião, vertreten. Das Werk stand ursprünglich in der nahe bei Guimarães gelegenen Kirche São Jerónimo in Santa Marinha da Costa. Von António Vaz besitzt das Museum eine anmutige ›Jungfrau mit Kind‹; auf einem Zettel, den der Jesusknabe in Händen hält, sind das Signum des Künstlers und ein kleiner Vogel abgebildet.

Als João I. die Kastilier bei Aljubarrota schlug, fiel ihm das silberne Triptychon der Spanier in die Hände. Kaum mehr vorstellbar, welch schweres Kirchen-Inventar, welche Fülle von Reliquien man damals mit in die Schlacht genommen hat – hinderlich für den Kampf, anspornend für den Kampfeseifer. Wilhelm der Eroberer war am heißen Tag von Hastings 1066 von oben bis unten mit heiligen Utensilien behängt. Auf dem Marsch nach Aljubarrota führten die Kastilier, obwohl schon mit den schweren Waffen des Mittelalters belastet, dieses große Bildwerk mit.

Der Avis-König hatte es sich etwas leichter gemacht. Ihm genügte eine romanische Holzstatue der Jungfrau. Die Gottesmutter verübelte ihm nicht, daß er es sich mit der Religion weniger ›schwer‹ machte als die Spanier, denn sie ließ ihn siegen. Und sie spielte ihm jenes kastilische Triptychon zu, das sie im Wochenbett darstellt; der soeben geborene Jesusknabe sitzt zufrieden auf ihrem Leib; Joseph steht etwas unbeteiligt-verlegen dabei. Und ein weiteres Gedenkstück an den heißen Tag von Aljubarrota finden wir im Museum der Colegiada: ein Kriegshemd, das der König über der Rüstung trug und nach der Schlacht der Colegiada vermachte. Auf das stark lädierte Gewand sind Engel aufgestickt sowie ein reitender St. Georg und ein Ritter, der vor der Jungfrau kniet.

Daß Gewandstücke des Mittelalters aus Stoff erhalten geblieben sind, ist bei der Vergänglichkeit des Materials eine Seltenheit. Das vielleicht berühmteste Beispiel ist das Gewand des Schwarzen Prinzen in der Kathedrale von Canterbury. Weitaus reichhaltiger sind die Gewandstücke des Infanten Fernando de la Cerda im Kloster Las Huelgas bei Burgos. Das Kriegskleid des Sohns von Alfonso X. ist gemustert mit dem Wappen von Kastilien und León. Das Schaustück im Museum von Guimarães kann sich daneben sehen lassen, vor allem, da ihm ein beachtlicher historischer Rang zukommt.

Schließlich sei aus dem reichen Schatz des Claustro von Nossa Senhora da Oliveira noch ein prächtiges silbernes Prozessionskreuz aus dem 16. Jahrhundert erwähnt. Es erhebt sich auf einem monstranzartigen Sockel und ist in plateresker Weise mit figürlichem und vegetabilem Schmuck überzogen. Man weist es João Rodrigues zu (1547). Christus ist klein und unscheinbar neben der ausladenden Pracht seines Leidensinstruments. Graphik aus Deutschland, darunter Blätter von Dürer, dienten bei der Herstellung des Kreuzes als Vorwurf. Nicht an Material-, doch an Kunstwert bemerkenswerter ist ein Kelch, den Sancho I. der Kirche in Santa Marinha da Costa geschenkt hat – eben jener Kirche, der auch die Figur Santa Margaridas entstammt. Diese Kirche hat eine landläufige Barockfassade und eine nicht ganz bedeutungslose kassettierte Tonnendecke, in deren Kassettenfelder Wappen hineinskulptiert sind.

Der Largo da Oliveira wäre unvollständig geschildert, würden wir den gotischen ›Alpendre‹ (Säulenhalle) vergessen, der, wie sonst ein Pelourinho, vor der Fassade der Colegiada steht. Die Spitzbögen sind mit einem Zackenband, dem sogenannten Nagelkopf-Muster, versehen.

Dieses Muster ist normannisch; wir finden es in Nordfrankreich und England, doch auch auf Sizilien, das die Normannen erobert hatten. Dort heißt es ›Chiaramonte‹, weil das gleichnamige Adelsgeschlecht es beim Bau seiner Palazzi bevorzugt hat. Der ›Alpendre‹ auf dem Largo da Oliveira überwölbt ein Kruzifix. Afonso IV. hat das Mahnmal nach der Schlacht am Rio Salada aufstellen lassen. Bekanntlich fochten in diesem Treffen Portugiesen und Spanier letztmals ge-

meinsam. Besonders taten sich Truppen des Minho hervor. Sie kämpften unter dem Kommando des in Braga beigesetzten Erzbischofs Gonçalo Pereira. Auch ›Vimarenses‹ waren dabei – dies der Name der Bürger von Guimarães.

Vimarenser Klosterkirchen

Die ›Wiege der Nation‹ ist eine Stadt der Klosterkirchen. Auch Dominikaner und Franziskaner sind vertreten. Die *Kirche São Domingo* geht auf das Jahr 1270 zurück, ein halbes Jahrhundert nach der Ordensgründung. Die Stadtobersten forderten in einer öffentlichen Zusammenkunft auf dem Platz São Jago drei Weißgewandete aus Porto auf, sich mit ihren Compadres in Guimarães klösterlich niederzulassen. Als dann bald darauf König Dinis seinen aufsässigen Sohn Afonso, den späteren Afonso IV., bekriegte, ging das Kloster in Flammen auf, nicht aus Kirchenfeindlichkeit des Monarchen, sondern weil der Bau sich eng an die Stadtmauer lehnte und von den Parteigängern des Infanten in die Verteidigungslinie mit einbezogen worden war.

Beim Neubau des Klosters unter dem Meister von Avis rückte man fünfzig Meter von der Stadtumgürtung ab. Förderer des Neubaus war der Erzbischof von Braga, Lourenço Vicente, Mitkämpfer in der Schlacht von Aljubarrota. Die hohen Arkadenbögen des dreischiffigen Innenraums sind in der ursprünglichen Form erhalten. Hier hat sich, im Gegensatz zur Colegiada, das Barock begnügt, nur den Altarraum auszuschmücken. Die Denkmalpfleger haben das Schiff mit einem Holzgiebeldach versehen. Die Silhouette der Kirchenfassade mutet romanisch an. Die Rosette hingegen ist spätgotisch und gleicht einer aufspringenden Blüte. Das barock verkleidete Portal prunkt mit ›Brasões‹, Wappen. Der gotische Kreuzgang ist in das Museum Martins Sarmento einbezogen.

São Francisco, 1400 von João I. in Braga dekretiert, ist vollkommen barock umgestaltet. In diesem Fall läßt man es sich gefallen, da der sehr einheitliche Innenraum, von Azulejos bedeckt, eine feierliche Ruhe vermittelt. Ein versilberter Triumphbogen rahmt das Chorgewölbe ein, dessen gotische Scheitelrippe belassen wurde. In dieser Kirche schlossen Afonso IV. und der aufsässige Infant Pedro 1223 Frieden. Die Sakristei weist die vielleicht mächtigste und schwerste Kassettendecke Portugals auf; sie scheint einem auf den Kopf zu fallen.

Wer kleine, kapellenartige und rustikale Kirchen liebt, trete in die *Konventkirche der Karmeliter* ein. Schützend hält über dem Portal ein barocker heiliger Georg seinen Schild vor das Gotteshaus. Das Innere ist ein rechteckiger Raum, ohne barocke Ausbuchtung, ohne gewölbte Decke, ohne Apsiden. Die barocke Atmosphäre ist lediglich durch hölzerne Schmuckleisten hergestellt, die man über Chor, Kanzel und Fenster gesetzt hat.

São Dámaso mit seinem Azulejoschmuck ist moderner Stadtplanung gewichen. Die Kirche hieß nach Papst Damasus I. (366-384), einem Lusitanier, der aus Guimarães stammen soll. In blutigen Straßenkämpfen besiegte er in Rom seinen Rivalen Ursinus, auch verbannte er die arianischen Bischöfe Valens und Ursancius. Der Vimarenser, so will die Überlieferung, hatte einen berühmten Sekretär: den Kirchenvater Hieronymus aus Cäsarea, der die Bibel ins Latein übersetzt hat.

Guimarães hat seinen Hausberg, der immerhin 607 Meter hoch ist. Auf ihm thront die 1898 erbaute Kirche *Penha*. Das Wort bedeutet ›Felsen‹. In Rio gibt es ebenfalls eine ›Felsenkirche‹. Ist die von Guimarães auch kunstgeschichtlich unbedeutend, so hat man von dem Plateau, das sie trägt, immerhin eine großartige Fernsicht über das Minhoter Land. Man sieht hin bis zum Marão-Gebirge und bei gutem Wetter bis zum Atlantik, manchmal bis zur höchsten Serra des Minho, der von Gerês.

Über diese Sicht im Landstrich zwischen Minho und Douro sagt der Volksmund: »É uma espécie de visão do mundo!« – »Es ist eine Art von Vision der Welt«. Von solch einem Bergrücken mag Luzifer Christus die Schönheit der Königreiche der Erde gezeigt haben.

Der Hahn von Barcelos

Der Minho ist nicht nur das wald- und fruchtreichste Gebiet Portugals, er verfügt auch über die meisten Wasserläufe. Alle bemühn sich, von den Höhen des Ostens an Spaniens Grenze dem Ozean zuzueilen. Nicht der geringste der Flüsse ist der Rio Cávado. Er entspringt in Trás-os-Montes, nahe der spanischen Grenze, und windet sich dann zwischen der Serra de Gerês und der Serra da Cabreira hindurch, ehe er das Flachland erreicht. Die Technik hat von dem Fluß Besitz ergriffen; eine Reihe von Stauseen fügt sich aneinander, um hydroelektrische Kraft zu liefern: die Becken von Montalegre, Paradela, Pisões, Venda Nova, Salamonde und Camiçada. Am Unterlauf passiert der Cávado eine der wichtigsten Städte des Minho, *Barcelos*. Sie ist gleich Braga und Guimarães eine Museumsstadt, der ehemalige Sitz der gleichnamigen Grafen. Zwar hatte schon einer der ersten Burgunderkönige, Afonso II., 1218 das Marktrecht an Barcelos vergeben, doch zu eigentlichem Rang stieg die Stadt erst auf, als König Dinis für einen seiner Verwandten, João Afonso Telo de Menezes, eine Adelspfründe suchte. Er machte ihn zum Grafen von Barcelos mit Rechtsausübung in einem großen Gebiet zwischen Minho und Douro. Es war die erste Vergebung des Titels ›Conde‹ durch einen portugiesischen König – zur Zeit Henriques de Borgonha stand der Titel ja lediglich den Burgundern zu. Da diese inzwischen die Krone trugen, rangierte ein Graf in jedem Fall unter ihnen. Später fiel die Grafschaft Barcelos an den Helden von Aljubarrota, Nuno Álvares Pereira. Da der Bastard Afonso, Sohn Joãos I., dessen Tochter Brites heiratete, kam der Titel an ihn. Der gleiche Afonso stieg dann zum Herzog von Bragança auf.

Ein halbes Jahrhundert zuvor hatte die Grafen-Residenz einen Prestige-Verlust erlitten. Ein militärisches Aufgebot von Barcelos hatte nach der Einnahme von Ceuta 1415 die Aufgabe, ein Stück Mauer der afrikanischen Festung zu halten. Die Barcelinos ließen sich aber von den Mauren überrumpeln. In der kritischen Lage kamen die Vimaranser den Bedrängten zu Hilfe. Der Feind zog sich zurück. João I. bestimmte nun, daß die Bürger von Barcelos an gewissen Festtagen die Straßen von Guimarães fegen müßten, auf dem Kopf eine rote Mütze, den einen Fuß unbeschuht. Erst 1580, als die Spanier ins Land kamen, wurde die demütigende Verordnung aufgehoben.

Das erste Grafengeschlecht des Königreichs legte Wert darauf, seine neue Stellung weithin erkennbar zu demonstrieren. Man tat dies durch einen Paço. Der von Barcelos war an Umfang maßvoll, an Ausstattung reich. Nur noch ein Torso ist davon übrig, der an der Westseite einen festlichen Kamin zur Schau bietet. Dicht unterhalb des Palastes schlägt eine alte Brücke fünf Spitzbogen über den Rio Cávado.

Auf der Terrasse, die die Ruinen des Paço umgibt, hat man ein *Freilicht-Lapidarium* eingerichtet. Dort sind Fundstücke aus der Epoche des Imperium Romanum ausgestellt; die Römer hatten in dieser Gegend den Stamm der Brácerer unterworfen. Das Paradestück ist mittelalterlich: der Cruzeiro do Senhor do Galo aus dem 14.Jahrhundert. Man hat das Steinkreuz, eine Wegmarke, auf dem jenseitigen Ufer entdeckt, in Barcelinhos. Auf ihm sind Sonne und Mond, die Apostel Paulus und Jacobus d.Ä., sowie die Jungfrau von Pilar abgebildet. Die Madonna auf der Säule wird in Saragossa verehrt. Auf der Säule sollen die Engel ausgeruht haben, die mit dem leblosen Körper des heiligen Jacobus nach Santiago schwebten – eine der Versionen der Jakobslegende.

Von der Terrasse aus blickt man zugleich auf die hügelige Stadt und den Fluß zu ihren Füßen. Wie ein Brückenkopf steht am jenseitigen Ufer, bereits in Barcelinhos, eine Kapelle mit Säulenumlauf. Hinter Barcelinhos erhebt sich der Berg, auf dem einst das Kastell Faria stand. Mit ihm verbindet sich eine dramatische Episode aus dem 14.Jahrhundert. Als Enrique II. von Kastilien den portugiesischen König Fernando mit Krieg überzog, geriet der Altkastellan von Faria, Nuno Gonçalves, in die Gewalt der Angreifer. Sie führten ihn vor die Kastellmauern und drohten, ihn zu töten, wenn man nicht die Tore öffne. Auf dem Mauerkranz stand inmitten der Verteidiger der Sohn und gegenwärtige Kastellan Gonçalo Nunes. Der Vater ermahnte ihn mit lauter Stimme, seine Pflicht zu tun und die Feinde unter keiner Bedingung in die

Burg einzulassen. Worauf die Kastilier Nuno Gonçalves niederstießen.

Diese mittelalterliche Affäre hat ihr Gegenstück im spanischen Bürgerkrieg, nur daß hier die Rollen von Vater und Sohn vertauscht waren. Im Juli 1936 forderten die Republikaner den gefangenen Sohn des Alcázar-Verteidigers Oberst Moscardo auf, seinen Vater durchs Telefon – es funktionierte noch über die Front hinweg – zur Übergabe zu bewegen; andernfalls müsse er sterben. Der Vater am andern Ende der Leitung sagte: »Dann empfiehl deine Seele Gott, rufe ›Es lebe Spanien‹ und stirb wie ein Patriot.«

Eine andere Wehranlage, die aus dem mittelalterlichen Barcelos erhalten blieb, ist die *Torre de Menagem* aus dem 15.Jahrhundert. Die Granitmauern haben zwei Meter Durchmesser. In dem Turm sind Sammlungen untergebracht.

Von den Kirchen der Stadt Barcelos nimmt die in der Nähe des Paço gelegene *Igreja Matriz* aus dem 13.Jahrhundert eine besondere Stellung ein. Über romanischen Kompositkapitellen erheben sich hohe gotische Arkadenbögen. Der gleiche Erzbischof Diogo de Sousa, der die Kathedrale von Braga im Stil seiner Zeit umgestaltet hatte, gab auch der Matriz von Barcelos einige Züge seiner Epoche, der Renaissance. Das 18.Jahrhundert schließlich fügte die Verkleidung der Seitenwände mit blauen Fliesen hinzu. Die Rose über dem gotischen Portal der schlichten Fassade ist eine moderne Restauration. Die *Igreja dos Cruzes* (16.Jahrhundert), ein oktogonaler Zentralbau, kann als Gegenstück zu der Kirche Nossa Senhora do Pilar in Gaia, dem südlichen Vorort von Porto, bezeichnet werden. Der italienische Einfluß ist unverkennbar. Die Kuppel trägt eine granitene Laterne.

Von den Palästen, die aus der großen Zeit von Barcelos übriggeblieben sind, beansprucht der zweitürmige Solar dos Pinheiros *unsere Aufmerksamkeit. Es ist ein festungsartiger Renaissance-Bau mit manuelinischen Attributen. Am Südrand sieht man zwei Figuren. In der einen will man den Nachbarn des ersten Duque de Bragança, den Grafen Barbadão, erkennen. Beide waren Feinde. Die Figur am Turm des Solar bringt dies durch eine sichtlich verdrossene Miene zum Ausdruck. Man glaubt, daß das Gebäude eine Erweiterung des Feudalsitzes ist, in dem der galizische Hidalgo Tristão Gomes Pinheiro gewohnt hat. Dieser war nach seiner Flucht aus Spanien Festungshauptmann von Barcelos, zur Zeit*

Afonsos IV. Der Solar verfügt über einen Arkadenhof aus der Renaissance. Vor der Palastfassade steht ein sechseckiger Pelourinho mit einem spätgotischen Aufsatz.

Obwohl die Glanzzeit von Barcelos im Mittelalter lag, überwiegt das Barock. Auch in der Parkgestaltung. Nach der Art der joaninischen Gartenarchitektur ist der schräg abfallende *Passeio dos Assentos* eine Fläche akkurat abgezirkelter Büsche und Beete. Oberhalb des Passeio breitet sich der geräumige *Campo de República* aus, einer der größten Plätze Portugals. Unter den drei Kirchen, die ihn flankieren, ist die *Igreja do Terço* wegen ihrer aus fünfundfünfzig Feldern bestehenden Kassettendecke und der riesigen Azulejo-Felder sehenswert. Sie stellen Szenen aus der Vita Benedikts von Nursia dar. An bestimmten Tagen findet auf dem Platz der Republik Markt statt. Ein für Barcelos bezeichnendes Angebot sind die buntbemalten Tonwaren. In Hunderten von Exemplaren wird der Hahn von Barcelos feilgeboten. Man findet ihn auch in den Vitrinen von Porto und Lissabon und überall dort, wo Fremde hingelangen. Der ›Galo‹ ist zum Wahrzeichen Portugals geworden. Selbst die Touristikbüros bedienen sich seiner als suggestiv werbendes Sinnbild. Man begegnet ihm en miniature und in gigantischem Ausmaß, schwarz oder weiß, mit Herzen und Blumenmustern übersät. Der Ursprung dieses kunstgewerblichen ›Kultes‹ geht auf eine Legende zurück: Ein Barcelino war zum Tode verurteilt. Er beteuerte seine Unschuld. Doch es fehlte ihm an Zeugen. Jammernd erflehte er von der Jungfrau und von Santiago ein Mirakel. Er wurde dem Richter nochmals vorgeführt, der gerade beim Mittagsmahl saß. »Wenn ich die Wahrheit spreche«, sagte der Delinquent, »wird der gebratene Hahn auf Eurem Teller aufstehen und krähen.« Der Hahn sprang vom Tisch und krähte. Freispruch. Der Gerettete stiftete einen tönernen Hahn als Votivgabe für eine der Kirchen von Barcelos.

Obwohl Wundergeschichten keiner rationalen Begründung bedürfen, ließe sich das ›Wunder‹ von Barcelos doch real erklären: alte höfische Kochbücher bieten das ›Rezept‹, einen Hahn mit Mohn zu betäuben, ihn zu rupfen und dann angebräunt auf die Festtafel zu bringen. Sticht der erste Gast mit der Gabel in den vermeintlichen Braten, so fliegt der Galo krähend durch den Saal.

Monumento Nacional ist die in der Umgebung von Barcelos befindliche Klosterkirche Vilar de Frades. *Das Kloster ist heute eine Irrenanstalt. Das Portal ziert wertvoller romanischer Reliefschmuck: Tierbilder, Pflanzen- und Flechtmuster. Das Gewölbe ist ein kunstvolles Gespinst gotischer Rippen mit einer durch das ganze Längsschiff laufenden Scheitelrippe: normannischer Einfluß, der sich auch in Spanien geltend macht. Die Schlußsteine sind mit Wappen verziert.* Santa Maria de Abade de Neiva, *ebenfalls in die Liste der Denkmalwürdigkeit eingetragen, ist ein romanisch-gotischer Bau, dessen klotziger Turm die typischen zugespitzten Zinnen der hochmittelalterlichen Kastelle Portugals darbietet. Romanische Kapitellskulpturen, Löwen, Adler, sind die einzige Zier.*

Viana do Castelo

Eine direkte Straße führt von Barcelos nordwestlich zur Mündung des Rio Lima, eines Flusses, der wiederum aus Spanien kommt. Auf einem Hügelpodest am Foz de Lima liegt die Stadt *Viana do Castelo*. Sie ist die vierte im Quartett der historischen Städte des Minho. Auch sie geht auf die frühe Ära des Hauses Burgund zurück. Als der Meister von Avis, João I., die Herrschaft antrat, widersetzten sich die Vianacastelanos seinem Regime. Er unterwarf die Stadt, ließ aber Gnade walten. Im Goldenen Zeitalter war Viana do Castelo einer der wichtigsten Ausfahrthäfen der Conquista. Da der Foz de Lima im Lauf der Zeit versandete, ging die Bedeutung des Hafens zurück.

Die anmutige Lage von Viana do Castelo ist schon von den Römern gerühmt worden, die die Stadt als ›pulchra‹ bezeichneten. Den Rio Lima verglichen sie mit dem mythologischen Fluß Lethe und nannten ihn ›Fluß des Vergessens‹.

Als Prospektansicht begegnet uns in Portugal oft der Hauptplatz von Viana do Castelo, einst ›Platz der Königin‹, heute *Platz der Republik*. König Manuel I. hat ihn zur Veranstaltung von Festen in der gegenwärtigen Form anlegen lassen. Auch diese Praça kann man als Saal im Freien bezeichnen. Die alte *Casa da Câmara* ist das beherrschende Gebäude des Platzes. Es ruht auf breiten Spitzbogenarkaden, trägt ein Zinnendiadem und ähnelt den Paços de Concelho in Guimarães, die es an Wucht und Geschlossenheit übertrifft, da der Bau auf die Zutat barocker Fenster verzichtet. Als Baukörper hat die Casa da Câmera, in verkleinertem Maßstab, das Aussehen des Dogenpalastes in Venedig, doch ist sie wehrhafter und weniger auf Repräsentation angelegt; man hat nicht wie bei jenem das Gefühl, ein Gobelin sei über der Fassade aufgerollt. Die breite Front ist nackter Stein, versehen nur mit den ›Sigeln‹ von Astrolabium und Karavelle.

Zierat weist hingegen die auf der Breitseite des Platzes liegende *Casa da Misericórdia* auf, ein Werk des einheimischen Architekten João Lopes d.J., der 1589 mit dem Bau begann. Über den Arkaden des Untergeschosses mit ihren jonischen Kapitellen sind zwei Galerien übereinandergesetzt. Statt Säulen stützen Atlanten das Steingebälk. Ein klassisches Dreiecks-Tympanon krönt die Fassade. Die Galerien quellen über von Blumen. Über den Arkaden ist ein Wappen angebracht. An die Casa schließt sich die gleichnamige Kirche an, ein rustikaler, weißgestrichener Bau. Der Azulejo-Schmuck des Innenraums, der den der Terço-Kirche in Barcelos noch übertrifft, entstammt laut Signum der Werkstatt von Policarpo de Oliveira und ist 1714 in Lissabon angefertigt. Groteskmalereien überziehen die Decke.

Die Plaça verfügt über einen der eindrucksvollsten Chafarize des portugiesischen Nordens, gefertigt von João Lopes d.Ä. Der Brunnen hat über dem Becken zwei Schalen. Ein Astrolabium krönt seine Säule.

Hauptkirche Viana do Castelos ist die *Igreja Matriz*. Sie wurde nach dem Brand 1809 stark ergänzt, besitzt aber noch ihr gotisches Portal mit tiefer Laibung und expressiven Apostelfiguren und ihre ursprüngliche, ebenfalls tiefgestufte Rose. Die romanischen Zinnentürme beschwören das Zeitalter der Reconquista. Die *Kirche des Konvents Sant'Anna* besitzt eine ungewöhnliche, flachgewölbte Kassettendecke. Die fünfundvierzig Felder zeigen nicht, wie sonst üblich, Wappen- oder Pflanzenschmuck, sondern biblische Szenen.

Das Kastell von Viana do Castelo – kaum eine Stadt von Anspruch ohne Burg – trägt den Namen Fortaleza de São Tiago. Es ist unter dem Desejado Sebastião begonnen worden. Die Spanier haben es während ihres Herrschafts-Intermezzos stark ausgebaut.

Wie Guimarães, hat Viana do Castelo seinen Hausberg, mit einer ebenso protzigen wie architektonisch bedeutungslosen Kirche aus der zweiten Hälfte des 19. Jahrhunderts. Sie heißt Santa Luzia. *Eine Bergbahn fährt zur Plattform des Sanktuariums hinauf. Das Panorama entschädigt für den wenig erfreulichen Anblick des Pseudo-Byzantinismus der Igreja. Nicht weit davon entfernt liegt die Citânia de Santa Luzia, eine kleinere Parallele der prähistorischen Anlage von Briteiros.*

Begeben wir uns ein Stück flußaufwärts, so haben wir in Ponte de Lima *eine bemerkenswerte Brücke mit vierundzwanzig Bögen vor uns, darunter sechzehn in Spitzbogenform. Die Wellenbrecher haben die Form von Barken. Ein Teil der Brücke ist römischen Ursprungs und erinnert in der Bauart an eine ähnliche Konstruktion im spanischen Zamora. Die Stadt besitzt noch Reste der Stadtmauer Dom Pedros I. sowie prächtige manuelinische Paläste.*

Von Ponte de Lima ist es nicht mehr weit zum Grenzfluß Minho im Norden. Der Haupt-Grenzübergang befindet sich bei Valença. Über die Internationale Brücke gelangt man nach Tuy in Galizien. Valença *besitzt aufwendige Befestigungsanlagen im Stile Vaubans – ähnlich wie in Almeida in Beira Alta. Im Peninsular-Krieg wurde die Anlage mehrfach berannt. 1807 gelang es dem napoleonischen Marschall Soult, in die Festung einzudringen, nachdem er die Porta do Sol in die Luft gesprengt hatte. Zwei Jahre später flohen die Truppen des gleichen Marschalls über die danteske alte Brücke, die in der romantischen Serra da Cabreira über den Rio Rabagão führt.*

WEIN AM RIO DOURO

Porto: Portugals Hanse

Das Land um Porto, Portugals zweitgrößte Stadt, hatte mit dem Minho einmal eine politische Einheit gebildet. Heute ist es eine eigene Provinz, Douro Litoral, deren natürliche Ausrichtung landeinwärts und stromaufwärts führt, nach Alto Douro. Hat Douro Litoral mit dem Minho auch die Fülle des Weines gemeinsam, so sind wir hier, am unteren Douro, doch in einer ganz speziellen Gegend portugiesischer Weinkultur, mit einem eigenen Etikett, einem eigenen Aroma, einer nur dieser Region eigenen Verarbeitung. Es ist der Portwein, der hier gedeiht, verarbeitet und verfrachtet wird; und für diesen Prozeß der Erzeugung eines weltgültigen Produkts reichen sich die beiden Provinzen, Alto Douro und Douro Litoral, die Hände.

Der Portwein hat nicht von dem Strom den Namen, an dessen Ufern er reift (wie Rheinwein oder Mosel), sondern von der Stadt, in der er seine besondere Note erhält, von Porto. Und doch ist Porto nicht allein eine Stadt des Weines, genausowenig wie Bordeaux. Es ist eine harte Arbeits-, Industrie- und Hafenstadt auf Granit: in mancher Hinsicht unportugiesisch. Und doch hat man Porto mit gewissem Recht die portugiesischste der portugiesischen Städte genannt. Wenn heute noch etwas vom Geist der Conquista in Portugal lebendig ist, dann in Porto, dem Ort, an dem Heinrich der Seefahrer geboren wurde.

Von Porto wird gesagt, es sei eine große Stadt im Kleinen. Dieses Bonmot nimmt ›klein‹ sicher nicht für ›kleinstädtisch‹ oder ›provinziell‹, sondern spielt auf die konzise, auf engen Raum zusammengedrängte Gestalt des Stadtkerns an. Lissabon ist auf sieben Hügel ausgestreut, und fast könnte man meinen, die Häuser reichten nicht aus, dies weitgespannte hügelige Gelände im Sinne einer Urbs zu bedecken. Porto kennt diese Sorge nicht. Das Stadtbild weist eine intensiv genutzte Dichte des sehr viel begrenzteren Raumes auf. Insofern konzentriert sich Porto viel augenfälliger auf eine City hin als das extensiv angelegte Lissabon, das man eher eine Stadtlandschaft als eine Stadt nennen kann.

Daß eine ausgeprägte Arbeitsmetropole wie Porto weniger heiter, weniger verspielt ist als die in vieler Hinsicht von der Lage her bevorzugte Kapitale Portugals, liegt auf der Hand.

Weniger häufig erklingt hier die Gitarre, weniger ekstatisch der Fado, der zwar keine Heiterkeit vermittelt, aber doch Lust, die Lust am Schmerz. Für Schmerz und Schmerzensseligkeit hat der Portuenser keine Zeit. Die Bilanz ist ihm wichtiger, zumindest jener Schicht, die den Rhythmus der Stadt bestimmt. In den Geschäftsstraßen Portos schlendert und flaniert man nicht wie auf der ›Liberdade‹ Lissabons – man geht oder eilt in einem unportugiesischen Tempo oder man fährt, da dies Zeit spart. Porto ist eine typische Stadt, die keine Zeit hat, keine Paciência, kein ›amanhã‹ – morgen ist auch ein Tag. In Porto gilt immer nur der Tag, der gerade auf dem Kalender steht. Es ist ein bilanzmäßig erfaßbarer Verlust, wenn man ihn vertut. Dies schließt allerdings nicht aus, daß auch der Portuenser Kaufmann die Paciência ins Spiel bringen kann, dann nämlich, wenn sie ihm geschäftsmäßig als opportun erscheint, wenn es gilt, Obligationen, Steuern, Termine mit Nonchalance hinauszuschieben.

Porto, die ›große Stadt im Kleinen‹, kennt keinen Charme, sofern Arbeit und Charme unvereinbar sind. Gewiß will man hier nicht gefallen, sondern verdienen. Das Lebensklima der Stadt hat etwas Nördliches, fast Englisches an sich. Tatsächlich haben sich hier beim Aufbruch des Portwein-Booms zahlreiche englische Händler niedergelassen, Grundbesitz erworben, sich wohlgefühlt. Man trifft sich in Porto im Kontor oder in der Cafeteria zum Geschäftsgespräch und ist gut angezogen, korrekter als im legereren Lissabon, nicht weil man in sein Äußeres verliebt ist, sondern weil der einwandfreie Habitus die Kreditwürdigkeit unterstreicht.

Trotz der Attitüde des königlichen Kaufmanns, die auch dem

republikanischen Portuenser unserer Tage zu eigen ist, lebt in der Stadt, mit ihrem Wesen tief verwurzelt, eine ausgeprägt demokratische Staatsauffassung, die sich nicht an Hierarchien hält, die in Frage stellt, die sogar zum Putschen fähig ist. Viele Revolutionen oder auch nur Unzufriedenheiten Portugals sind von der regen Stadt am Unterlauf des Rio Douro ausgegangen. Hier hat man 1808 dem Einmarsch des französischen Marschalls Junot, dem napoleonischen Imperialismus erstmals Halt geboten. Hamburg, sicher auch eine bürgerstolze Welthandelsstadt, hat sich in das Imperium des korsischen Usurpators eingliedern lassen. Porto hat revoltiert. Altüberlieferte freiheitliche Gesinnung wehrte sich gegen diktatorische Unterdrückung, gegen das Verbot des Welthandels. Und als, nach dem napoleonischen Spuk, die Liberalen Portugals 1832 gegen den absolutistischen Anspruch des aufsässigen Bragança Dom Miguel auf den Plan traten, taten sie dies in Porto, der klassischen Stadt der Liberalität. Der Anführer der Liberalen, Dom Pedro I., hatte hier, am unteren Douro, seinen zuverlässigen, sieg-entscheidenden Brückenkopf. Nicht zufällig ruht in der Hauptstadt des Douro Litoral das Herz Pedros. Während die Gebeine 1972 anläßlich der 150-Jahrfeier der Unabhängigkeit Brasiliens nach Rio de Janeiro verbracht wurden, blieb das Herz des liberal gesinnten Monarchen, der eine Kaiser- und eine Königskrone trug, in der Stadt Porto, wie er dies testamentarisch bestimmt hatte.

Ungeachtet der Beziehung zum Haus Bragança besaß Porto nie Residenz-Atmosphäre. In Lissabon spüren wir sie, trotz der Zertrümmerung des alten Paço durch das Erdbeben 1755. Doch Porto ist demokratisch, bürgerstolz, hansisch, liberal, anti-monarchisch. Kaufleute fühlen sich selbst als Aristokraten, sie brauchen keinen Landadel, der sich bei ihnen einnistet, geschweige einen Monarchen. Weil Porto keinen Hermelin und nicht einmal einen Herzogshut goutierte, hat es nie die Rolle einer Residenz gespielt. Es hat darum auch kein residenzliches Schloß aufzuweisen. Keine Hidalgos, die einem königlichen Hof nahe sein wollten, haben sich am unteren Douro Paläste gebaut. Darum ist Porto palast-arm. Keine Hofkreaturen und -intriganten, keine Schranzen und Schmarotzer gab es hier. Der Portuenser bückte sich nicht vor gekröntem Haupt und gab nur ungern den Baisemain. Er ging erhobenen Hauptes, der englischste Portugiese, den es gibt, nüchtern, sachlich, auf Gewinn aus. Die Saudade trübte seinen Sinn für Realitäten nicht.

Dennoch ist der Portuenser den Freuden des Lebens gegenüber nicht verschlossen. Er trinkt gut – kein Sagres-Bier, sondern Portwein – und er ißt gut. Sein Nationalgericht ist – seiner unaristokratischen Struktur gemäß – alles andere als aristokratisch: Tripas à moda do Porto, ein Kutteleintopf (Kutteln bestehen aus kleingeschnittenem Magen, Zwerchfell, Darm) mit weißen Bohnen, Kalbshaxe, Schweinswurst, Huhn und Knoblauch, mit Vorliebe in tönernen Schüsseln serviert. Da der Portuenser dieses schmackhafte Gericht zu seiner Leib- und Magenspeise erhoben hat, heißt er Tripeiro – Kaldaunenhändler. Der weitaus weniger vitale Lisboëta gilt hingegen als Salat-Esser, so daß man ihn demgegenüber Saladeiro nennen könnte, was aber lange nicht so herzhaft klingt. Als die Flotten der Konquistadoren im Goldenen Zeitalter mit gesalzenem Fleischproviant versorgt werden mußten, gab Porto in seiner Begeisterung für die Conquista seine sämtlichen Vorräte an Gepökeltem her. Nur die Kutteln behielt man zurück: aus der Einschränkung hat man eine Tugend gemacht.

Wellington verfolgte im Halbinsel-Krieg die Franzosen des Marschalls Soult und setzte ungeachtet des französischen Feuers mit seinen Truppen über den Rio Douro über. Soult mußte retirieren und sogar auf das in Porto bereits für ihn gerichtete Mittagsmahl verzichten. Wellington, der nachrückende Sieger, setzte sich an seiner Stelle an den gedeckten Tisch. Der Gentleman im Waffenrock mag freilich die Nase gerümpft haben, denn das vorbereitete Menü bestand – aus Kutteln.

Anti-Lissabon

Porto, diese in vieler Hinsicht unportugiesische und doch wieder dem nationalen Genius loci entsprechende Stadt ist ein Anti-Lissabon. Von ihr, der spröden, uncharmanten, geschäftstüchtigen

Handelsmetropole, ging der Name Portugal aus: Porto Gale. Hier, nicht am Stroh-Meer, schlägt das Herz der Nation. Guimarães ist ›berço da nacionalidade‹, Porto ›escola da nacionalidade‹. Seines Wertes bewußt, hat Porto die Kapitale als solche nie ganz anerkannt, immer mit ihr rivalisiert, sich als geheime Hauptstadt empfunden, die mit vielen Verästelungen mit dem portugiesischen Hinterland verbunden ist, während Lissabon einer schönen, touristisch attraktiven Enklave gleicht. Die vom unteren Douro ausstrahlende Dynamik hat erst das geschichtliche Zentrum Lissabon geschaffen, das aber als Zentrum, aus der Sicht des sehr viel früher portugiesischen Porto, umstritten blieb. Paris ist eindeutig die Hauptstadt Frankreichs, London diejenige Englands. Aber in Portugal können wir uns nicht so leicht entscheiden. Gewiß, Lissabon ist volkreicher, ausgedehnter, schöner, weltoffener, Sitz der Regierung. Doch Porto ist die eigentliche Kraftquelle der Nation.

»*Wie Portugal*«, *schreibt Reinhold Schneider,* »*den Nachhall alten Ruhmes und ein phantastisches Scheinkönigtum sich gerettet hat, so ist Porto eine heimliche Hauptstadt, die ihre Rechte noch nicht ganz an Lissabon abgetreten hat. Zwischen den beiden Städten besteht ein ähnliches Verhältnis wie zwischen Barcelona und Madrid; Porto ruft der Hauptstadt das ewige Nein entgegen; es ist das Zentrum des Widerspruchs, von dem oft die Erneuerung, oft auch der Umsturz ausgegangen ist, weil es der ›anderen‹ Partei gehört.*«

Lissabon hat in mancher Hinsicht etwas von einem Freilichtmuseum an sich. Es kokettiert mit seiner bezaubernden Lage und seinem Mythos. Es ist sich seines Ranges als Tor zur Welt allzu sehr bewußt. Porto ist alles andere als museal und schon gar nicht kokett. Porto unterbetont, es kennt keine Übertreibung. Es ist gegen heroische Gefühle mißtrauisch – wie der Angelsachse. Es bleibt nicht hängen am Phantasma eines Goldenen Zeitalters. Es träumt nicht in die Vergangenheit zurück. Porto braucht keinen Desejado. Es ergreift die Gegenwart am Zügel. Es ist eine durch und durch präsente Stadt: wach, aktiv, unsentimental. Es schämt sich nicht seiner Häßlichkeit, seines Ausschlags, der zumal die Unterstadt am Douro-Ufer befallen hat. Denn auf Graziles, Ästhetisierendes, auf ›Kunst‹ kommt es Porto nicht an. Porto ist amusisch, antiromantisch und im pragmatischen Sinne konkret. In Portugals Hansestadt wird gearbeitet, in Coimbra studiert, in Braga gebetet, in Lissabon Geld ausgegeben.

Das Stadtbild

Drei Brücken überqueren in Porto den Rio Douro. Die am weitesten stromauf gelegene Eisenbahnbrücke Dona Maria II. ist von Eiffel gebaut, der den Elevador in Lissabon errichtet hat. Den Geist Eiffels verrät auch die mittlere und wichtigste Brücke, der Ponte Dom Luís I. Die Eisenkonstruktion mit einer Vielzahl sich überkreuzender Verstrebungen besitzt zwei Ebenen übereinander, so daß man von der Ober- und von der Unterstadt aus zum anderen Ufer gelangen kann. Sie ist die eigentliche Stadtbrücke, auch für Fußgänger. Die dem Mündungstrichter des Rio Douro nächstgelegene Brücke, Ponte da Arrábida, ist die modernste; über sie flutet ein Strom von Kraftwagen. Sie entspricht Lissabons Ponte Salazar: Ausgang des Autoverkehrs nach Süden.

Will man das Panorama von Porto überblicken, so ist der geeignete Standort der südliche Brückenkopf des Ponte Dom Luís I. Dort lädt zur Bellevue eine geräumige, baumbeschattete Terrasse ein, die der Klosterkirche Nossa Senhora do Pilar vorgelagert ist. Der Stadtblick, den man hier genießt, hat die malerische Eindringlichkeit einer Postkartenansicht. Beherrschend schwingt sich im Vordergrund die Dom-Luís-Brücke mit ihrem Eisenfiligran über den meist dunkelblauen Strom. Jenseits, links vom Brückenkopf, zeigt der Rest der gezackten fernandinischen Mauer – der letzte Burgunder hat sie erbaut – die ehemalige Stadtbegrenzung an. Dom Fernando brauchte die Mauer nicht bis zum Stromufer ziehen, da ein schroffer Felsabsturz eine natürliche Barriere bildet. Die Vorstadt stromaufwärts trägt im Volksmund den Namen ›Kaskade‹, da das Häusergewirr wahrhaft kaskadenhaft zum Rio Douro abstürzt.

Links von der Dom-Luís-Brücke baut sich die eigentliche Stadt, der Stadtkern, auf. Etagenförmig kriecht Porto am Hang empor, bis zu einer Höhe von 140 Metern. Die Stadt besitzt, soweit die

Häuser nicht gekalkt sind, die Farbe des Granits. Höchster Punkt der urbanen Silhouette ist der barocke Glockenträger der Klerikerkirche, mit fünfundsiebzig Metern zugleich Portos höchstes Bauwerk. Breit und massig liegt auf einem Plateau im Vordergrund der barocke, doch seiner Struktur nach klassizistisch schmuckarme und klare Erzbischöfliche Palast, hinter dem die klotzigen, nicht allzu hohen Kathedraltürme hervorschauen. In der mittleren ›Etage‹ der Stufenstadt ist deutlich die baumreiche Praça do Infante Dom Henrique einzusehen, an der eines der wichtigsten Gebäude der Hafen- und Handelsstadt liegt: die Börse.

Die untersten Bezirke sind die ältesten, die erhalten geblieben sind. Ein Gewirr von Travessas, Gassen, führt hügelauf, hügelab durch das lichtarme Viertel mit seinen hohen gekalkten oder gekachelten Häusern. Hier ist jeder Stein ›geschichtsträchtig‹.

Die Stadtkulisse, wie man sie von der Terrasse der Pilar-Kirche aus wahrnimmt, scheint auf den Kopf gestellt: die massiven, grundsoliden Bauten der Neuzeit nehmen die Höhenregion ein, während der Fuß, der doch tragen sollte, aus dem gebrechlichen, ganz und gar altersmorschen Alt-Porto besteht.

Dort einzukehren, hat touristisch den größten Reiz. Hier ist Portos Vergangenheit von der Atmosphäre her am stärksten konserviert – falls man bei einem so weitgehend verwahrlosten Zustand von ›konserviert‹ sprechen kann. Aber gerade der Umstand, daß hier die Hand des sorgsam ergänzenden, Tünche aufsetzenden Restaurators nur an einzelnen Stellen am Werke war, hat das chaotische und an Kolorit reiche Bild früherer Epochen Portos in unsere Zeit gerettet. Denn man denke nicht, daß hier jemals Purismus geherrscht hätte; immer waren diese Gassen schon erfüllt von grindigen Kindern und räudigen Hunden, von Fisch- und Kohlresten und Exkrementen, von Wäschewimpeln und Stockfischgräten, von abblätterndem Kalk und vom Gestank orientalischer Basare, mittelmeerischer Hafenkais. Hier wohnen Verfall und Armut. Die Travessas, steil ansteigend, sind düster und ärmlich (doch nicht morbid), die Fenster scheibenlos, die Kneipen höhlenartig und voll Weindunst; nicht einmal die Geranie findet in diesen granitenen Cañons der Altstadt das lebensnotwendige Licht. In kleinen Käfigen über den offenen Türen zwitschern exotische Vögel, zirpen Grillen.

Geht man nachts durch die vom Elend gezeichneten, kaum erleuchteten Gassen der Allerärmsten Portos – Gegenpol des merkantilen, hanseatischen Porto der Oberstadt –, so glaubt man, in eine spukartige, surrealistische, untergründig gefährliche Zone der Hügelstadt geraten zu sein, wo es angeraten ist, rasch in hellere, sterilere und demnach harmlosere, ungefährlichere Bezirke zu entrinnen. Doch der Schein trügt. Gefahrlos kann man dieses Viertel, seine Gassen, seine Tavernen, auch im Dunkeln betreten. Hier ist man sicherer als im Zentrum jeder mitteleuropäischen Großstadt. Die portugiesische Humanitas lebt auch in diesen vernachlässigten, von Armut und Schmutz gezeichneten Schichten des vielgestaltigen Stadtorganismus. Vollbusige Frauen lehnen gemüthaft-gemütlich in ihren Fensterrahmen und geben der ruinösen Kulisse fast etwas von familiärer Idylle. Unten freilich, auf dem groben Pflaster, begegnet man in Abend- und Nachtstunden nur Männervolk (abgesehen von Hunden, Katzen und gelegentlich Ratten) – Portugal ist den Sitten nach noch orientnah –, doch auch die Männer sind, wenn man mit ihnen ins Gespräch kommt, hilfsbereit und sanft, nichts Klassenkämpferisches schwingt in ihrer Stimme mit angesichts des offensichtlich gehobenen Status des Fremden. Wer mit Mentalität und Sprache vertraut ist, wird gerade in diesen Vierteln oberhalb der Kais und der am Strom gelegenen Praça Ribeira aufschlußreiche volkspsychologische Studien machen können und auch menschliche Kontakte finden.

Es überrascht den Besucher Portos, daß gerade in diesen von Unrat angefüllten, nach faulem Fisch und siedendem Öl riechenden Gassen der Altstadt einige noble Bauten des Mittelalters erhalten geblieben sind. Ihren alten Glanz haben sie freilich verloren, auch sie sind einbezogen in die Kulisse der Armut. Sie erinnern jedoch daran, daß hier einst das Herz Portos schlug und daß der topographisch unterste Bezirk nicht immer auch der sozial unterste gewesen ist.

Ein wehrhaft abweisendes Gebäude, auf das man von der Terrasse der Kirche São Francisco blickt, ist mit den gleichen granitenen Zinnenzähnen versehen, die wir von den Festungen der Burgunder kennen. In der Rua Alfândega Velha, Alte Zollhausstraße, steht ein anderes Gebäude ehrwürdigen Alters, herrschaftlich, mit Eselsrücken über den Fenstern und einem mächtigen Brasão, einem Wappen, inmitten der dreistöckigen Fassade. Das Renaissance-Haus steht an jenem Ort, wo sich mutmaßlich das *Geburtshaus Heinrichs des Seefahrers* befunden hat. Man hat den aristokratischen Steinbau, der aus der Zeit König Manuels stammt, denkmalpflegerisch vorbildlich instandgesetzt und darin neben dem ›Gabinete de História da Cidade do Porto‹ ein kleines Gedächtnismuseum untergebracht. Das Museum enthält Modelle von Karavellen, Utensilien der Conquista oder zumindest Kopien davon, alte Karten und Stiche des Século de Ouro, instruktive Schaubilder der Entdeckungswege und im Oberstock Mobiliar aus der Zeit Henriques, insgesamt eine Sammlung, die in die Welt des Navigador einzuführen vermag – ein Gegenstück zu jenem ebenfalls in neuerer Zeit eingerichteten Museum im Sterbehaus des Kolumbus in Valladolid.

Steigen wir die Alfândega einige Schritte aufwärts, so haben wir das nicht allzugroße Ribeira-Viertel mit seinem Slum-Charakter und seinem ursprünglichen Leben hinter uns und gelangen bereits in das vom 19. Jahrhundert geprägte, kommerziell ausgerichtete Porto. In einer Grünanlage steht das Denkmal jener Persönlichkeit, der wir soeben im ›Haus des Infanten‹ begegnet sind. Tomás Costa hat die Bronzefigur des Seefahrers im Stil der Jahrhundertwende geschaffen.

Die Börse

Die eine Breitseite des Platzes nimmt der Palácio da Asociação de Porto ein, kurz Bolsa, Börse, genannt. Der mächtige Vierflügelbau aus dem Jahre 1842 wurde auf dem Grund des einstigen Franziskanerklosters erbaut. Der riesige glasüberdeckte Patio entspricht dem Grundriß des Claustro. Eine doppelläufige Treppe führt zum Eingang des spätklassizistischen Gebäudes mit seinem tempelartigen Portaltrakt und seinem Turmaufsatz. Kunstgeschichtlich wenig fesselnd, dokumentiert die Innenausstattung die Handelsbedeutung und das Repräsentationsbedürfnis der Portuenser Oberschicht im Zeitalter des Großbürgertums. Das fürstlich-repräsentative Treppenhaus ist mit Kandelabern ausgestattet und mit Fresken von Soares dos Reis (1847-1889), einem Sohn der Stadt, den Porto über Gebühr schätzt. Aus der Vielzahl der Räume der Börse seien noch erwähnt das Tribunal do Comércio mit historischen Monumentalgemälden und einer Kassettendecke in Neo-Renaissance sowie – als Attraktion den Fremden stolz vorgewiesen – der ›maurische Saal‹, der der eigentliche Festsaal ist, auch für städtische Festlichkeiten, die nichts mit der Börse zu tun haben. Der Saal stellt sich als Symphonie grüner Fliesen dar. Die Alhambra stand Pate: islamische Kunst aus zweiter Hand, nicht aus dem Geist des Islam, sondern dem des eklektizistischen 19. Jahrhunderts geschaffen. Gewiß, alles ›stimmt‹, nichts Figürliches ist zu sehen, alles ist Ornament: Mushrabije, Stalaktiten, kufische Lettern, ein von einer ›ewigen Linie‹ durchzogener Artesonado. Und doch kann man allenfalls staunen über die handwerkliche Perfektion, den rührenden Versuch der Einfühlung, doch nicht über die ›Kunst‹. Ein Mißbehagen ruft jeder Pseudo-Stil hervor, ob wir ihm im Westminster Palace in London, in Pena bei Sintra oder im Börsensaal von Porto begegnen. Man hatte mit der Levante Handel getrieben, man hatte die Araber im eigenen Land, man stritt gegen sie oder arrangierte sich mit ihnen im Zeitalter der Entdeckungen – aber diese Prunkwände, diese nadelschlanken Säulen, diese orientalisch geschnitzten oktogonalen Hocker haben mit der alten Beziehung zum Islam nichts mehr zu tun, sie sind Romantik, Sentimentalität und doch vielleicht auch der Ausbruch der alten Saudade zu Welten hin, in denen man einst zu Hause war. Nun, zurückgeworfen ins zu klein gewordene Mutterland, vermag man die exotische Weltläufigkeit gerade noch in der Kopie eines Prunksaales festzuhalten.

Hier, im Bereich der Börse, ist die antike Nachbarschaft von Geld und Religion noch gewahrt. Nicht nur, daß das kommerzielle Palastgebäude sich auf klösterlichem Grundriß erhebt – es

SÃO FRANCISCO IN PORTO

hat zur Nachbarschaft auch eine der sehenswertesten Kirchen von Porto, eben jene Kirche São Francisco, die vom einstigen Minoritenkloster allein übrig geblieben ist. Im alten Hellas, ja selbst noch im nüchternen Imperium Romanum war es gang und gäbe, den Staatsschatz im ›Posticum‹, dem rückwärtigen Raum des Tempels, unterzubringen. Die Kasse Roms lag im Tempel der Juno Moneta auf dem Kapitolshügel – und davon zeugt noch das Wort ›Moneten‹. Diese Verklammerung von Kult und Kasse hat die Stadt, die Portugal den Namen gegeben hat, im Börsenbezirk gleichfalls aufzuweisen, in einer Epoche, in der das Geld längst nicht mehr heilig ist. Und noch einen anderen Bezug, der zu Meditationen Anlaß gibt, hat dieser Ort aufzuweisen: Geld und Tod. Denn direkt an die Börse angeschlossen und zeitweise nur durch diese erreichbar ist das alte Beinhaus des Minoritenklosters, das wir heute noch betreten können.

Kirche als Festsaal

São Francisco ist eine Gründung Sanchos I. Es ist ein gotisches Gotteshaus, doch die gotische Struktur wurde gänzlich verhüllt vom Goldprunk des Barock, mit dem die von Gold überschwemmte Epoche des Joanismus die Wände überzogen hat. Noch sind gotische Attribute erkennbar, doch wie ein Festvorhang legt sich der Schmuck der vergoldeten ›Talhas‹ darüber, der das Kirchen-Innere mit metallenem Glanz erfüllt, eine Schatzkammer eher als ein Sanktuarium, und doch auch imponierend in der trotz all des gebosselten, getriebenen und ziselierten Goldes erzielten Einheit, zu der eben nur ein in sich geschlossenes Welt- und Lebensgefühl fähig ist. Hier ist das Barock zu seinen letzten, extravagantesten Möglichkeiten hochgesteigert, von trunkener Ekstase, kein Orgelton, sondern eine grelle Fanfare. Selbst der baldachinüberwölbte ›Trono‹, der das Kruzifix trägt, bäumt sich in fünf rocaillebordierten Stufen auf, die wiederum mit goldmetallenen Beschlägen prunken. In solcher Umgebung betet man keinen Gott an, sondern einen absolutistischen Herrscher. Trotz solcher Vorbehalte fasziniert die theatralische Anordnung des festsaalähnlichen

Kirchen-Interieurs. Tritt man ein, so versperrt zunächst die niedere gewölbte Decke der Empore den Blick, der dann, beim Weiterschreiten, auf das goldübergossene Allerheiligste fällt. Man ist in keiner Kirche, man ist im Gral.

Die Igreja wurde dem Gottesdienst entzogen und dient als Museum. Nur jeweils am 16. Januar findet eine Messe statt, zur Erinnerung an franziskanische Märtyrer, die zur Zeit der Aviskönige in Marokko den Tod erlitten. Acht von ihnen wurden von den Moslems in hohnvoller Analogie zum Leiden Christi ans Kreuz genagelt. Dies ist am rechten Schnitzaltar der Kirche durch eine drastisch-reale barocke Figurengruppe dargestellt; auch sieht man kniende Mönche, die von maurischen Schergen gerade enthauptet werden. Auf der linken Seite des Innenraums ragt ein vollplastischer Baum Jesse bis zum Gewölbe auf. Unter ihn ist Nossa Senhora de Boa Viagem – Unsere Herrin der Guten Reise – in einen Nachen gebettet. Die rechte Chorkapelle enthält das Renaissancegrab Francisco Brandão Pereiras. Der Sarkophag ruht auf drei Löwen. Der Verstorbene war Faktor in Antwerpen. Dürer hat ihn gekannt und in seinem Tagebuch der Reise in die Niederlande erwähnt.

Im ›Bairro‹ des Jardim do Infante Dom Henrique steht noch ein weiteres Gebäude, das nicht baugeschichtlich, doch seiner Funktion nach nennenswert ist, nämlich das *Instituto do Vinho de Portugal*. Hier kontrolliert man Anbau und Herstellung des Portweins. Die Kontrolle bewirkt, daß es praktisch keine Panscher gibt. Alle Weinländer sollten ein solches Institut unterhalten, das über die Reinheit und sachgemäße Zubereitung ihres Produktes wacht.

O Arco de Sant'Ana

Einige Gassen oberhalb des Platzes mit dem Denkmal des Seefahrers nehmen tagsüber den Charakter orientalischer Basare an. Man kann sich kaum hindurchdrängen durch die Berge von Waren, durch die Menschenmenge, die das farbige Angebot mustert. Mitten in einer der Verkaufs-Travessas fällt der Blick auf mächtige, altertümliche Quadersteine, die Reste eines Paço, von dessen

Pracht noch ein verziertes Ecktor zeugt. Es ist der Arco de Sant' Ana, eine von Portos geschichtlichen Gedenkstätten.

Pedro o Justiceiro, der machtvolle Herrscher des Hauses Burgund, lag im 14. Jahrhundert im Streit mit Vasco Martins, dem Bischof von Porto, der sich unter Mißachtung der königlichen Autorität souveräne Rechte bis hin zu Gerichtsbarkeit und Steuereinnahmen anmaßte. Man wird an viele ähnliche Machtkämpfe zwischen König und Bischof, Krone und Mitra erinnert, die ein Hauptproblem des mittelalterlichen Abendlandes bildeten. Hier, in Porto, spielte sich eine Auseinandersetzung ab, die vor allem der Kontroverse Heinrichs II. und Thomas Beckets in England ähnelt. Vom königstreuen Volk von Porto bedrängt, verschanzte sich Vasco Martins in seinem Palast – eben jenem, von dem der Arco de Sant'Ana übriggeblieben ist. Von hier aus entwich er ins Ausland, nach Flandern.

Daß ein Bischof gegen die Staatsautorität opponierte, war kein Einzelfall. Martinho Rodrigues widersetzte sich Sancho I., Pedro Salvadores Sancho II. Ein ähnlicher Gegensatz zwischen Staats- und Kirchenmacht, wenn auch an dramatischer Schärfe und geschichtlicher Bedeutung herabgemindert, fand auch in unseren Tagen statt. Bischof António legte sich Anfang der sechziger Jahre mit dem Regime Salazar an, dessen autoritäres Programm dem eigenwilligen ›Bispo‹ mißfiel. 1972 bildete ein neuer Zwischenfall das Tagesgespräch der Portuenser; diesmal kam es zu Meinungsverschiedenheiten zwischen Dom António und dem Regime Caëtano, ohne daß die genauen Umstände bekannt wurden. Die Mehrzahl des Volkes nahm Partei für den Governo.

Der Bogen von Sant'Ana, Schauplatz eines bewegten Ereignisses der Stadt- und Nationalgeschichte, ist durch Almeida Garretts gleichnamigen Roman volkstümlich geworden. Der Portuenser Garrett, nach dem eine der Hauptstraßen Lissabons und ein zentraler Platz Portos heißen, war Politiker, Deputierter, Journalist und Schriftsteller gleich Victor Hugo. Mit Julio Dinis und Eça de Queiroz bildete er das Dreigestirn portugiesischer Romanciers, die im vorigen Jahrhundert nationale Stoffe behandelten. 1799 in Porto geboren, verbrachte er seine Kindheit auf den Azoren. 1821 trat er in Lissabon für die Sache des Liberalismus ein; ein Buch über den altrömischen Republikaner Cato – ›Catão‹ – zeigte seine politische Linie an. Er mußte nach England und Frankreich emigrieren, wo er seine Erzählungen ›Camões‹ und ›Dona Branca‹ schrieb, Wegbereiter der Romantik in Portugal. Im Exil beschäftigte sich Garrett auch mit deutscher Literatur.

Nach dem Sieg der Liberalen heimgekehrt, widmete sich der Portuenser politischen Tagesfragen. Zugleich erhielt er den Auftrag, das Theater zu reformieren, worauf er das Conservatório Nacional und das Teatro Nacional gründete. Er schrieb auch Stücke, unter anderen ›Um Auto de Gil Vicente‹. Auch sammelte er Volkspoesie in den drei Bänden ›Romanceiro e Cancioneiro‹. Doch weit bekannter als all diese Unternehmungen ist Garretts ›O Arco de Sant'Ana‹ geblieben, ein großenteils in Gesprächsform komponierter geschichtlicher Roman, der die politischen Kämpfe seiner Zeit auf jenen Stoff aus Portos mittelalterlicher Geschichte übertrug. Der Romancier starb 1854 in Lissabon.

Zur Kathedrale und anderen Kirchen

Unmittelbar an die Altstadt schließt sich die Anhöhe Pena Ventosa an, die von einem Autotunnel durchquert wird. Die Pena trägt das Plateau des Kathedralbezirks, zu dem die Cidade Velha emporkriecht. Man gelangt zu der dem Gotteshaus vorgelagerten Terrasse. Mit der Sé in Lissabon oder Coimbra kann sich die in Porto nicht vergleichen, schon weil Nasonis Barockportal und die barocken Turmhelme das geschlossene Bild der romanischen Urform beeinträchtigen. An der stromzugewandten Seite der Terrasse breitet sich der granitene *Erzbischöfliche Palast* aus. Der gleichfalls granitene *Pelourinho* vor der Kathedral-Fassade trägt auf gedrehter Säule eine Krone. Er täuscht einen alten Pranger vor, ist aber neueren Datums. Man blickt von der Terrasse auf den Rio Douro, die südliche Vorstadt Vila Nova de Gaia – das Revier der Weinkeller –, das Gewirr der Altstadtgassen und zum Horizont der Oberstadt, deren Wahrzeichen von jedem Standort aus der mahnend erhobene ›Finger‹ des Klerikerturms bleibt.

Vor dem nördlichen Seitenschiff der Kathedrale steht das *Reiterstandbild* des Ritters *Vímara Peres*, jenes Kriegers König Alfonsos III. von León, der 868 Portucale den Ungläubigen entrissen hat. Das neuzeitliche Bild des Recken zeigt ihn mit Sporen und Steigbügel. Hier irrte der Bildhauer der Jahrhundertwende. Beides ist erst im 11. Jahrhundert aufgekommen.

Der Platz der *Kathedrale* ist wie geschaffen für eine Akropolis. Vielleicht gab es sie einmal; man weiß zumindest, daß Hellenen sich in der Portomündung handeltreibend festgesetzt hatten. Belegt ist eine suebische Burg. Vom Burgartigen hat der Außenbau der Sé noch einiges bewahrt; er wirkt streng, schwer, wehrkirchenhaft. Die frühesten Bauteile gehen auf die ›Rainha-Infanta‹ Tareja zurück sowie auf Afonsos Henriques Gemahlin Mafalda. Das vorwiegend romanische Innere ist dreischiffig, mit Chorumgang und Chorkapellen nach normannischer Manier. In der Capela-mór steht der aus reinem Silber getriebene Retablo do Sacramento, an dem man hundert Jahre – 1632-1732 – gearbeitet hat. Der Claustro der Sé, in dessen Mitte ein hohes Kreuz steht, weist die Züge der Gotik auf. Jeweils drei Bogen sind von einem Spitzbogen überwölbt; über den kleinen Bogen hat man kreisrunde Öffnungen in das obere Bogenfeld ›hineingestanzt‹, so daß der Kreuzgang, verglichen mit dem in Lissabon mit seinen filigranartigen Rosen, starr und asketisch wirkt. Der Eindruck wird in den Arkaden abgemildert durch Azulejobilder mit Themen aus dem Hohenlied und den Metamorphosen des Ovid.

Überqueren wir vom erhöhten Kathedralplatz aus die verkehrsreiche Avenida de Vímara Peres – die zum oberen Brückengang des Ponte Dom Luís I. führt – so kommen wir zu einer der schönsten und prächtigsten Kirchen Portos: *Santa Clara*. Von der Straße aus bleibt sie zunächst verborgen; wir müssen einen kleinen Hof durchqueren und stehen dann vor einem Seitenportal des Gotteshauses: Gotik und Renaissance mit Muschelnischen und Medaillons. Der Innenraum bildet das Gegenstück zu São Francisco, alles ist goldüberkrustet, selbst das gotische Sterngewölbe des Chors; der goldene hängende Schlußstein zeigt Stalaktitenform; golden schimmert die Schabracke des Triumphbogens, den Goldengel umschweben. Talha dourada triunfante.

Die Blaufliesen wiederum, neben vergoldetem Schnitzwerk wesentliches Kennzeichen des portugiesischen Barock, haben ihre Domäne an der Fassade von *São Ildefonso*, einer ganz mit Azulejos überzogenen, hochaufragenden Kirche, die die Stirnseite des nahen lebensvollen Batalha-Platzes einnimmt. Der heilige Ildefons war

Abt eines Klosters bei Toledo und seit 657, zur Westgotenzeit, Erzbischof dortselbst. Sein Name deutet auf westgotische Herkunft. Er wird auf der ganzen Halbinsel verehrt. Die zweite Kirche, die großflächig mit Azulejos verkleidet ist, steht im Kern der Neustadt, nahe der Praça da Liberdade: *Sant'António*, in deren Fassadengiebel der Heilige mit dem Christuskind auf Blaufliesen zu sehen ist. Schließlich steht ein dritter Kirchenbau mit einer Azulejo-Wand dem mächtigen Komplex der Universität aus dem 18. Jahrhundert gegenüber: die *Igreja do Carmo* in der Oberstadt. Eine nachbarocke Marien-Verherrlichung von riesigem Ausmaß bedeckt die südliche Breitseite und bestimmt, wenn auch ohne kunstgeschichtlichen Wert, die Atmosphäre der Praça de Gomes Texeira, an der diese Azulejokirche liegt.

Die Verkleidung von Kirchen-Exterieurs mit Fliesen hat im 18. Jahrhundert die Kolonie Brasilien übernommen. Klassisches Beispiel ist die Lapa-Kirche am Passeo Público in Rio. Auch ungeachtet des Blaufliesen-Schmucks gleichen die Gotteshäuser der einstigen ›Terra de Vera Cruz‹ schwesterlich denen Portugals; sie wären jederzeit austauschbar. Sie sind Importware. Ihr Schicksal ähnelt dem der Neger und der Maulesel: alle drei haben sich im tropischen Klima assimiliert. Die kunstgeschichtliche Immigration des Barock ist so abenteuerlich wie jede Einwanderung. Das kleine Mutterland schüttete im 17. Jahrhundert mit der Überzahl seiner Bewohner zugleich die Überfülle seiner barocken Formen in sein Kolonialreich aus.

Die ersten steinernen Gotteshäuser, die die einfachen, in den Kaffee- und Baumwollgebieten Brasiliens noch heute gebräuchlichen Holzkirchen der Entdeckerzeit ablösten, wurden – ein einmaliger Vorgang in der Geschichte der Architektur – Stein für Stein behauen und numeriert aus den Werkstätten von Porto und Lissabon auf den Karavellen in manchmal halbjähriger Überfahrt nach Brasilien transportiert und dort nach der Numerierung sinngemäß errichtet. Die älteste Kirche dieser Art ist die Igreja da Nossa Senhora de Conceição da Praia *in* Babia. *Jeder Segler mußte sich verpflichten, einige Blöcke mitzunehmen. Die Verpflichtung war nicht schwer, da man in Richtung Neue Welt ohne Fracht fuhr und Ballast gern aufnahm.*

Als man dann mit brasilianischem Material zu arbeiten anfing, kopierte man getreu portugiesische Vorbilder oder man hielt sich zumindest eng an die Bauprinzipien des Mutterlandes, da die frühesten Architekten zumeist an Tejo und Douro ihr Handwerk erlernt hatten. Fast wie ein Teil der reichen tropischen Natur breiteten sich über den Küstengürtel und über das Innere bis nach Missio-

nes und Paraguay die bizarren Formen des portugiesischen Barock: weißglänzende Wallfahrtskirchen, ausladende Brunnenanlagen mit wasserspeienden Köpfen, wappengekrönte Portale, Terrassen und skurrile Heiligenfiguren.

Das wesentliche Baumaterial im transatlantischen Portugal bildete Lehm und Holz. Die Beschränkung auf diese einfachsten Mittel führte zu einer wohltuenden Mäßigung gegenüber den überladenen Kirchenformen des churrigueresken Stils im Mutterland. Zugleich verlieh der unverbrauchte einheimische Gestaltungswille dem Barock eine urwüchsige, bodenständige Kraft, die die importierten Bauformen organisch in die exotische Landschaft einfügte. So entstand eine Art ›tropischen Barocks‹ – der aber doch eben im Grundkonzept portugiesisch geblieben ist. Der größte Meister, António Francisco Lisboa, wegen seiner Verkrüppelung Aleijadinho – Krüppelchen – genannt, hat Kirchen ganz nach dem portugiesischen Schema erbaut – kein Wunder, sein Vater hatte einst in Portugal Gotteshäuser errichtet, ehe eine Negersklavin ihm diesen verwachsenen genialen Sohn schenkte.

Auch im portugiesischen Kolonialbereich blieb der Azulejo stilbeherrschend, in der Fassadengestaltung wie in der Dekoration der Claustros und Interieurs. Azulejos weist die Catedral Metropolitana *(1761) in* Rio *auf, in der der erste brasilianische Kaiser Dom Pedro I. – Pedro IV. von Portugal – gekrönt worden ist. Die modernen Architekten Brasiliens haben den Azulejo übernommen. Die* Fátima-Kirche *Oscar Niemeyers in* Brasília *ist mit Fliesen überzogen, desgleichen die von demselben Baugestalter geschaffene* Kapelle von Pampulha *in* Minas Gerais. *Der Erzbischof von Minas weigerte sich, die nach seiner Ansicht modisch überspitzte Kapelle einzuweihen. Erst sein Nachfolger ließ sich überzeugen und gab dem Bau 1959 die Weihe.*

Nach diesem kunstgeschichtlichen Ausflug in die Welt Brasiliens kehren wir nach Porto zurück. Noch haben wir nicht alle Kirchen besucht, die die vorwiegend vom Barock gezeichnete Metropole aufzuweisen hat. Nicht jede ist mit Azulejos dekoriert. Die *Grilos-Kirche*, zu Füßen der Sé, präsentiert nackten Stein, klar und kühl wie São Vicente in Lissabon. Balthasar Álvares hat das Gotteshaus 1614 erbaut. Die Fassade bildet ein großes steiles Rechteck, aus dem die mit Trompenkuppeln bedeckten Türme kaum herausragen. Einziger Schmuck sind Wappen, Voluten, Giebelsegmente, Obelisken. Der Kirche ist ein Seminário und ein weitläufiges Museum angegliedert, das sich sogar auf die Empore im Innern des Gotteshauses erstreckt. Der Bestand an gotischer Holzplastik ist reicher als der des offiziellen Stadtmuseums. Überrascht ist man,

Nürnberger Zinnteller anzutreffen. In einer Vitrine hängt ein Gewand Papst Leos XIII. Durch einen Portuenser Visconde, der Botschafter beim Heiligen Stuhl war, ist es nach Porto gelangt.

Die Kirche *Misericórdia* hat ebenfalls eine Schauwand des Barockzeitalters, in eine Straßenzeile hineingesetzt, gekrönt von gigantischen Kandelaber-Aufbauten, sichtlich inspiriert von römischen Mustern. Ein in Portugal nahezu eingebürgerter Italiener, Nicolò Nasoni, hat die Kirche auch gebaut. Sehenswert im Innern ist das anonyme Gemälde ›Fons Vitae‹, ein maßgebliches Beispiel der – vielfach anonymen – Malerei des portugiesischen Goldenen Zeitalters. König Manuel und Königin Leonor knien betend neben einem runden Brunnenbassin, dessen Rand mit Pflanzen-Ornamenten der Renaissance verziert ist. Aus dem mit Blut gefüllten Becken ragt der Gekreuzigte heraus, umgeben von Maria und Johannes, doch nicht visionär, sondern real dargestellt; im Hintergrund sehen wir eine portugiesische Landschaft.

Nasonis schönste Kirche ist die *Igreja São Pedro dos Clérigos*, die die ansteigende Rua Clérigos abschließt. Elegant hat der Maestro das Gebäude im abfallenden Gelände auf einen oval geschwungenen Grundriß gestellt. Borromini-Einflüsse sind unverkennbar. Eigenwillig der vielgeschossige Turm – Portos Wahrzeichen –, der hoch über das Dachniveau der Igreja hinausragt, ein Leuchtturm des Glaubens. Er stammt allerdings nicht von Nasoni, sondern wurde erst kurz nach ihrer Fertigstellung, 1750, vom geistlichen Kapitel in Auftrag gegeben. Weltlich-theatralisch ist das Innere der Kleriker-Kirche.

Ganz im Norden der Stadt, in einem nicht sehr ansehnlichen Industrieviertel, liegt Portos kostbarste Kirche: *Cedofeita* – die schnell Erbaute –, ein einschiffiger, kapellenartiger Bau aus dem Jahre 1120. Man führt die ursprüngliche Konzeption der Kirche sogar auf die Westgotenzeit zurück und sagt, dies sei das älteste christliche Sanktuarium Portugals. Jedenfalls zählt sie zu den Blüten der Romanik, an denen – meist kleinformatige Kirchen – der Norden der Iberischen Halbinsel so reich ist. Cedofeita ist dem heiligen Martin geweiht; Gebeine des Nationalheiligen Frankreichs sollen 559, unter dem Suebenkönig Theodomir, nach Porto gebracht worden sein. Nach der Zerstörung der Kirche durch Almansor, der auf seinem Siegeszug nach Santiago de Compostela – wo er die Glocken der Kathedrale entführte – auch Porto berührte, wurde São Martinho de Cedofeita vom ersten portugiesischen König, Afonso Henriques, wieder aufgebaut. Wir tun bei Betrachtung des kraftvollen Gemäuers und der einfach skulptierten Kragsteine einen Blick in Portugals frühe Geschichte. Das Tympanon des Nordportals enthält das Relief eines ›Agnus Dei‹.

Vila Nova de Gaia

Über die Ponte Dom Luís I. gelangen wir zum jenseitigen, zum Südufer Portos – dorthin, wo sich das Panorama von Portugals zweitgrößter Stadt in großartiger topographischer Szenerie entfaltet. Die bereits erwähnte Terrasse, die den geeignetsten Aussichtspunkt darstellt, trägt die Kirche *Nossa Senhora do Pilar* – eine der wenigen Rundkirchen, die Portugal aufzuweisen hat. Es war auch kein Portugiese, sondern ein Italiener, der Pilar gebaut hat: Felipe Terzi. Er orientierte sich offensichtlich an römischen Vorbildern, so dem Pantheon mit seinem frappierenden Zentralraumerlebnis – einem Effekt gesammelter Konzentration, der dem portugiesischen Wesen wenig entspricht.

Das Innere der Pilar-Kirche ist imposant: eine Rotunde von zwanzig Metern Durchmesser – das Pantheon in Rom mißt zweiundvierzig Meter –, gegliedert durch sechzehn dorische Pilaster. Im Chor hat ein Übersee-Soldat ein Schiffsmodell als Votivgabe aufgestellt. Der Kreuzgang der Rundkirche weist ebenfalls einen kreisförmigen Grundriß auf; er erinnert an den runden Innenhof des Palastes Karls V. in Granada.

Die Vorstadt Portos, die sich auf dem Südufer, zu Füßen von Nossa Senhora do Pilar, ausbreitet, heißt *Vila Nova de Gaia*. Das Wort ›Gaia‹ ist eine Abwandlung des alten Namens ›Cale‹. So hieß die Siedlung an der Douro-Mündung zur Römerzeit. Cale bedeutete ›schön‹, ›Porto Cale‹ demnach ›schöner Hafen‹. Hier hat der Name der Grafschaft und des späteren Königreichs seinen Ursprung.

Doch beschwört Vila Nova weniger Geschichte als Ökonomie. Eines der wichtigsten Produkte Portugals und zumindest sein edelstes hat hier seine Pflege- und Lagerungsstätte. Man blickt über langgestreckte rote Dächer. Sie bedecken die *Wein-Armazéns* – Lagerhäuser –, die man auch etwas blasphemisch ›Wein-Kathedralen‹ nennen könnte, denn sie sind vielfach dreischiffig erbaut und in das mystische Dunkel eines Tempel-Innern getaucht. Ein Teil der Armazéns geht auf das 18.Jahrhundert zurück und hat demnach seine historischen Jahresringe. Weltbekannte Firmen haben hier ihre Hauptquartiere, Sandeman, Croft, Ferreira, Warre, Delaforce und andere mehr. Einige Unternehmen sind britische Gründungen. Ferreira als das älteste ist in einem Konvent des 18.Jahrhunderts untergebracht und in portugiesischen Händen. Es besitzt auch zahlreiche Weingüter am oberen Douro. Insgesamt lagert in seinen Kellern eine Million Liter Portwein; das größte Faß enthält sechzigtausend Liter.

Die Portweinfirmen verfügen neben einer großen Zahl von Kellereien über eigene Kais. Dort ankern und löschen die Wein-›Tankschiffe‹. Früher boten die mit Fässern beladenen Barken mit ihren Viereck-Segeln, das Stadtpanorama Portos im Hintergrund, einen malerischen Anblick, symbolhaft für die Weinbedeutung der Provinz, symbolhaft auch für die Verbindung von Alto Douro und Douro Litoral, von Wuchs und Pflege – ein Produktionsweg, der zugleich ein Verkehrsweg ist. Leider sind die Weinsegler nach und nach aus dem Bild der Stromlandschaft verschwunden. Nur aus Traditions-, auch aus Werbegründen unterhalten vielleicht die großen Weinfirmen noch einige Barcos. In früheren Zeiten mußten die fässerbeladenen Segler eine Schiffsbrücke passieren. Der Brückenkopf am Südufer ist noch zu sehen.

Portwein

Portugal kennt drei wesentliche Wein-Distrikte: Minho – wo vor allem der Vinho Verde zuhause ist –, Beira Alta mit Viséu als Zentrum – wo man den herben, meist im Land konsumierten Dão erzeugt – und die *Douro-Provinzen*, wo der Portwein reift; dieser ist in erster Linie ein Exportartikel.

Nicht jeder Wein der Region darf als Portwein etikettiert werden. Es sind fest umrissene Gebiete, die das Gütezeichen führen und die vom Portwein-Institut in Porto mit dem Anbau privilegiert sind. Der Anbau-Streifen mißt ungefähr hundert Kilometer, etwa die halbe Länge des durch Portugal strömenden Rio Douro, von der Ortschaft *Barqueiros* bis *Barca de Alva*, wo der Strom die spanische Grenze berührt.

Auch müssen die Anbaugebiete am Stromufer liegen oder am Ufer der Nebenflüsse des Rio Douro. Die Ausdehnung des Portwein-›Imperiums‹ ist bereits durch Gesetz von 1757 festgelegt worden, nach den strengen und unbestechlichen Direktiven des Marquês von Pombal. Wahrscheinlich handelt es sich hier um das älteste obrigkeitlich kontrollierte Weinbaugebiet der Welt. Das kommerzielle Zentrum ist Régua, das geographische Pinhão, das inmitten der renommiertesten Weingüter liegt.

Ist Portugal heute noch ein Land der Latifundien, so trifft dies vor allem auf den Alto Douro zu. Die Konjunktur des Portweins hat zu wilder Bodenspekulation geführt, mit einem rapiden Anstieg der Grundstückpreise, und nur die ›Großen‹ konnten sich den Erwerb umfangreicher Güter leisten, die Großen im Land, aber auch die von auswärts, namentlich britische Interessenten – jene Kreise, die den Portwein-Export nach England in Händen hatten. Kleine Rebstück-Eigentümer konnten im ›Run‹ um den Boden nicht mithalten. Vor allem, als 1868 eine durch die Reblaus verursachte zehnjährige Portwein-Krise ausbrach, gingen die Betriebe zahlreicher Kleinwinzer ein.

Die Stromlandschaft des oberen Douro, *Terra quente*, ›warmes Land‹, genannt, ist von Reben geprägt. Es ist eine heitere, üppig bebaute, bukolische Landschaft, zumindest für die, die hier nicht arbeiten müssen. So weit man sieht, von den Anhöhen bis zum Strombett hinunter, breiten sich schmale Schieferterrassen aus, auf denen der Wein meist in Form von Lauben – ramadas altas – erzogen wird (seit Pombals Verbot gibt es keinen Kurzschnitt mehr). Manchmal gleichen die Terrassen den Stufenreihen eines Amphitheaters. Reliefartig passen sie sich der Struktur der Berg- und Hügelformation an. Die Höhenzüge schützen die Kulturen vor

Regen und Wind, den für andere Anpflanzungen günstigen Gaben des Atlantik. Aus diesem Grund ist das dem Wetter ausgesetzte untere Douro-Gebiet kein eigentliches Rebland. Der Portwein bedarf eines glühendheißen Sommers.

Nicht in fülligem Humus gedeiht die Portrebe. Sie wächst auf steinigem Schiefergrund, der die Sonnenwärme über Nacht festzuhalten vermag. Im Frühjahr muß er sorgsam gehackt und gepflegt werden. Die Arbeiter, die dies besorgen, sind meist auf Zeit angeheuert. Auch die Arbeitskräfte, die man für die Lese benötigt, engagiert man saisonweise. Die Lese beginnt im September und zieht sich bis zum späten Oktober hin, wenn die Trauben in den höher gelegenen Regionen gereift sind.

Mittelpunkt eines Weinguts ist die Quinta – der alte Begriff für das Herrenhaus der Feudalzeit hat sich hier erhalten. Dorthin tragen die Erntearbeiter mittels eines Stirnriemens die mit Trauben gefüllten Weidekörbe. Früher war es allgemein üblich, die Trauben mit nackten Füßen zu zerstampfen, heute besorgen dies moderne Keltern. Schon in den Quintas versetzt man den nunmehr anfallenden Most mit Branntwein, der vor allem aus Südportugal stammt. Im allgemeinen ist eine Versetzung bis zu einem Sechstel oder Fünftel des Produkts üblich. Der Gärungsprozeß wird dadurch unterbrochen; der Wein gewinnt Süße und Schwere.

Nun gelangt der auf Fässer aus Eichen- oder Kastanienholz gefüllte Wein auf Lastern oder Ochsenkarren zur Bahnstation, wo die Ernte auf dem Schienenweg nach Vila Nova de Gaia verfrachtet wird. Daneben bedient man sich der Straße. Die Ochsengespanne sind aus dem Bild des oberen Douro nicht fortzudenken. Die solid gebauten, schweren Karren bewegen sich auf massiven, knirschenden Rädern. Die langgehörnten Ochsen tragen rechteckige, geschnitzte Joche, die man ›cangas‹ nennt. Die kammartigen Bretter stellen Objekte der Volkskunst dar. Besonders schöne Stücke haben Museumswert. Der Transport auf dem Wasserweg wird von Tankschiffen besorgt. Man nennt ihn »den Weg, der geht«.

In den Weinkellern

Wein muß Geduld haben. Auch diejenigen müssen sie haben, die weiterhin mit ihm umgehen. Um zu den erforderlichen Qualitäten heranzureifen, lagert der Porto viele Jahre. Acht Jahre sind der Durchschnitt, erst zwei Jahre im großen Faß, die Restzeit in kleinen Fässern. Ruby Port benötigt sieben bis zehn, Tawny Port fünfzehn bis zwanzig Jahre. Ständig wird die verhältnismäßig hohe Temperatur überwacht. Mit Erfahrung und Instinkt sind die Wein-Alchimisten der großen Lagerhäuser am Werk, immer wieder Sorten zu mischen – man spricht dabei von ›Matrimónio‹, Heirat – oder neuerlich Weinbrand zuzusetzen. Die Spitzenfirmen unterhalten Labors, in denen Sachverständige die günstigsten Bedingungen erforschen. Die großen Eichenfässer werden bis zum Rand gefüllt, im Gegensatz zu den Sherry-Fässern in Jérez de la Frontera (Andalusien), wo jeweils ein Drittel des Faßvolumens ausgespart wird, damit der Wein ›atmen‹ kann. Jede namhafte Port-Firma ist stolz darauf, altehrwürdige Fässer vorzuweisen, alte Jahrgänge bis 1815, Weine, von denen Prominente der Weltgeschichte gekostet haben.

Nicht nur über den korrekten Portwein-Anbau, auch über die Verarbeitung in Vila Nova de Gaia hat der allmächtige Minister Pombal rigoros und in puristischem Eifer gewacht. Es ging ihm darum, daß der gute Ruf des auch für seine Kasse bedeutenden Exportartikels nicht zu Schaden kam. Es wird behauptet, Pombal habe einundzwanzig Männer und fünf Frauen aus Weinhandel und Gastwirtgewerbe hinrichten lassen, die sich gegen das Weingesetz vergangen hätten.

Der Portwein ist legendenumrankt. Auch der Brauch der jahrelangen, temperierten Lagerung hat seine ›Geschichte‹. Früher war es Auflage der Krone, daß jeder Übersee-Segler Ballast laden mußte – auf diese Weise wurden die behauenen Steine für die kolonialen Kirchen ›exportiert‹. Manche Reeder wählten Portwein als Ballast. Gelegentlich, wenn man in der Kolonie nicht voll laden konnte, nahm man die Fässer wieder mit zurück – als sogenannten ›Vinho de roda‹, Reisewein. Als man dann in Portugal die Fässer anzapfte, stellte man fest, daß das Produkt durch Zeit und Wärme ein ganz eigenes Aroma erhalten hatte.

Die besonderen Liebhaber des Portweins waren von jeher die Briten. Auch auf diesem Sektor haben wir also eine der vielen Verflechtungen zwischen den beiden Seevölkern. Im allgemeinen verstehen Engländer wenig von Wein – das echte, kultivierte Verständnis ist ohnehin ein Privileg der weinerzeugenden Regionen, ganz gleich in welchem Land. Die Briten sind weder Weinerzeuger noch – in großem Stil – Weintrinker. Aber den Portwein, den mögen sie. Diese Vorliebe ist nicht neueren Datums, sie geht auf das 17. und 18.Jahrhundert zurück. 1703 schloß man eine Art Exklusiv-Abkommen, den Vertrag von Methuen, der den Export nach England mengenmäßig regelte. Er kam einer Art Monopol gleich. Während die Briten sagten, der Vertrag sei Portugals Glück gewesen, bezeichneten ihn die Franzosen – vielleicht aus Konkurrenzneid – als Portugals Versklavung. Seit jenem Vertrag gibt es in Porto eine englische Kolonie. Wie wir sahen, wurden Briten auch Landbesitzer im Alto Douro. Die ›Invasion‹ färbte ab: kein Portugiese verfügt über so viel Common Sense wie der Portuenser.

Man sagt, das britische Faible für den Portwein ginge sogar auf das Mittelalter zurück. Während der Rosenkriege, die uns durch Shakespeares Dramen bekannt sind, geriet der Herzog von Clarence in die Gefangenschaft seines Bruders, König Richards III., der ihn angeblich in einem Faß Wein ertränken ließ. Es war Malvasier aus Porto.

In allen britischen Pubs sehen wir in den Regalen hinter der Theke Flaschen mit Portwein. Obwohl Pubs nicht zu allen Tageszeiten geöffnet sind, ist der Konsum erheblich. Vor allem an ›Rotem‹. Wobei man ›dunkelrot‹, ›rubinrot‹, ›lohfarben‹ und ›hell-lohfarben‹ unterscheidet. Außerdem kennt man die Bezeichnungen ›Extra Dry‹, ›Dry‹, ›Dry Finish‹ – Halbtrocken, ›Medium Sweet‹ – Halbsüß, ›Rich‹ und ›Very Sweet‹.

Eine Infantin aus dem Haus Bragança, Catarina, wurde bekanntlich die Gemahlin des Stuartkönigs Charles II. Diese dynastische Verbindung einer larmoyanten Prinzessin mit einem Libertin soll der Anlaß des Engros-Exports des Portweins nach Großbritannien gewesen sein. Zur Zeit Nelsons war er schon so eingebürgert, daß der Seeheld keine Schlachtenpläne entwarf, ohne sich mit Portwein zu inspirieren.

Bis heute ist England der Hauptabnehmer geblieben (85000 Hektoliter im Jahr). Dann folgen Frankreich mit 45000, Belgien mit 25000, die Bundesrepublik mit 20000 Hektolitern. Im Verhältnis zur Bevölkerungszahl ist Belgien, noch vor England, der führende Portwein-Konsument.

Portos Geschäftsviertel

Das Stadtareal, das man von Vila Nova de Gaia überblickt, ist zum großen Teil erst im 18. und 19.Jahrhundert entstanden. Das alte Porto hatte sich auf das Ribeira-Viertel beschränkt. Es war umgrenzt von den Mauern Fernandos I., deren Rest noch neben der Dom-Luís-Brücke zu sehen ist. Cedofeita und auch die Kleriker-Kirche lagen ursprünglich außerhalb der Stadt und sind erst durch die Handelsblüte Portos und die damit verbundene städtebauliche Ausbreitung in jüngerer Zeit in das Stadtbild einbezogen worden. Im vorigen Jahrhundert war Porto nach Norden durch eine Sternschanze abgegrenzt, deren Verlauf die heutige Estrada da Circunvalação noch erkennen läßt.

Hat das Barock auch wesentliche Linien in das Anlitz der Stadt eingezeichnet, so ist sie doch vor allem eine Metropole des 19. Jahrhunderts, mit vielen eklektizistischen Stilanleihen. Mitte dieses neustädtischen Porto ist die Praça da Liberdade, die sich platzartig in der Avenida dos Aliados und der Praça do Município nach Norden hin fortsetzt. Auf der Liberdade begegnet uns wieder hoch zu Roß der im Denkmal verewigte Dom Pedro IV. Gerade die liberale Handelsstadt schätzte den liberalen Monarchen, der ja, nachdem er die brasilianische Kaiserkrone verspielt hatte, 1832 hier an Land ging, um seinen aufsässigen Bruder Miguel zur Räson zu bringen.

Die Stirnseite des dreiteiligen Straßenplatzes nimmt die *Câmara Municipal* ein, deren Silhouette eine gewisse Ähnlichkeit mit dem Hamburger Rathaus hat. In der Sala das Reuniões hängt ein breitwandiger moderner Gobelin, der an die flämischen und portugiesischen Tapisserien des 16.Jahrhunderts anknüpft und in einer Revue von Dutzenden von Akteuren und Statisten örtlicher Provenienz die Stadtgeschichte festhält, von Vímara Peres bis zu den Tripeiros, die gerade das für die Flotte geschlachtete Vieh ausweiden. Das mit Verve gestaltete historische Wandbild ist nach Kartons von Guilherme Camarinha 1958 angefertigt worden.

Stiche von J.C.V.Vilanova von 1833 lassen uns erkennen, wie sehr wir die Umgestaltung von Portos wichtigster Platzanlage bedauern müssen. Die Câmara Municipal war damals noch ein nobles klassizistisches Gebäude, auf dessen Giebel ein Krieger die Stadt verkörperte. Die Häuser hatten alle die gleiche Höhe von fünf Stockwerken und waren mit durchgehenden Balkonen versehen. In der Mitte des Platzes stand ein breiter barocker Chafariz.

Das handelstüchtige Porto ist arm an Museen. Das *Museu Nacional*, zu dem man von der Universität über den klassizistisch-barocken Bau des Hospitals Santo António gelangt, ist in dem noblen Palácio dos Carrancas (18.Jahrhundert) untergebracht und trägt den Namen jenes Bildhauers, der sich an der Innenausstattung der Börse beteiligt hat: *Soares dos Reis*. Dessen ganz von außen her gestaltete virtuose Skulpturen, der Grundstock des Museums, bevorzugen als Material Marmor und als Thema Allegorie (›Saudade‹, ›Der Exilierte‹) und machen Anleihen ebenso bei Michelangelo wie bei Canova, doch eben ganz in der naturalistischen Manier des Akademismus, der im vorigen Jahrhundert Portugal und sein Kolonialland Brasilien ebenso beherrschte wie die übrigen Länder Europas. Als Stadtgröße stufen die Portuenser Soares dos Reis fast ebenso hoch ein wie die Stockholmer ihren Milles. Neben dem Oeuvre des Bildhauers enthält der Palácio dos Carrancas mittelalterliche Kunst – Steinsarkophage, Schnitzfiguren, Bilder von Grão Vasco und Frei Carlos – sowie Veduten des 19. und 20.Jahrhunderts, darunter eine Ansicht von Lissabon aus dem Atelier von Carlos Botelho, dem klassischen portugiesischen Meister an der Schwelle einer neuen Kunstauffassung.

Küste von Douro Litoral

Im Gegensatz zu Lissabon können in Porto Hochseeschiffe nicht an den Kais des unteren Stromlaufes vor Anker gehen. Der Hafenbezirk Portos liegt abseits der Stadtgrenzen, am offenen Meer. Es sind die beiden Häfen Leixões und Matosinhos. Eine breite Ausfallstraße, die Avenida da Boavista, führt, villenumsäumt, schnurgerade zur Meeresküste; sie endet an einem Rundplatz, der Praça de Gonçalves Zarco. Vor unsern Augen breitet sich der Atlantische Ozean aus. Wacht hält das mit Ecktürmen ›garnierte‹ Castelo do Queijo, Käse-Kastell. Diese Kette von Wehrbauten an Portugals Atlantikküste ist das Gegenstück der Kastell-Kette ›hinter den Bergen‹.

Man kann auf einer ›Corniche‹, einer Uferstraße, entlang dem unteren Douro zum Meer gelangen. Hier stoßen wir beim Zusammentreffen von Strom und Ozean ebenfalls auf einen Kastellbau: das Fort São João da Foz – unter ›Foz‹ versteht man eine Flußmündung. Eine Mole endet bei einem Leuchtturm. Der Rio Douro hat nur einen schmalen Ausgang, da sich eine Sandbank breit vor die Mündung legt. Ihr Umfang ändert sich nach den Gezeiten.

Die Küste von Douro Litoral diesseits und jenseits des ›Foz‹ des Stromes ist Ferienland, später erschlossen und im Charakter herber als Portugals Midi, aber doch von eigenem elementaren Reiz. Der Westwind bewirkt hohen Wogenschlag. Hinter breiten Praias dehnen sich Pinienwälder aus.

Südlich der Douro-Mündung liegt *Granja*, mit seinem exklusiven Club ›Assembleia‹ Treffpunkt der Alta Sociedade Portos. Dicht an der Grenze von Beira Litoral schließt sich *Espinho* an, dessen Straßennetz schachbrettartig gegliedert ist wie das von Viareggio, mit einer Praça in der Mitte gleich den spanisch-portugiesischen Kolonialstädten in der Neuen Welt. Die Dattelpalmen der eleganten ›Avenida 8‹ wecken mittelmeerisch-orientalische Assoziationen. Espinho verfügt über ein Spielkasino.

Hat Espinho zwei Delphine im Wappen, so weist das Wappen von *Póvoa de Varzim* Anker und Kreuz auf; man unterstreicht damit ebenfalls die Meerbezogenheit. Der Ort besitzt den größten Strand in Portugals Norden. Auch hier wird alles geboten, was ein Seebad von Rang schuldig zu sein glaubt: Spielbank, Pferderennen und (unblutiger) Stierkampf, Corniche, Zona Urbana und Fischmarkt, wo frisch eingeholte Säbel-, Schnabel- und Klippfische silbern glänzen. Lange Molen schützen die Praia, auf der, aneinandergereiht, viereckige Badezelte hocken. Jedes hat ein Sonnendach gleich einem Mützenschild. Auf eines der Zelte ist sogar – etwas unpassend – ein Christusritter-Kreuz aufgemalt, wie einst auf die Segel der Entdeckerschiffe. Hat man auch die Weltmacht nicht mehr, so doch deren heraldische Spuren – und sei es auf einem Strandzelt.

In Póvoa de Varzim ist der größte portugiesische Romancier des vorigen Jahrhunderts geboren, Eça de Queiros (1845-1900). Auf einem verschwiegenen Platz Lissabons steht sein Denkmal; eine kaum bekleidete Muse neigt sich ihm zu wie eine Geliebte. Er behandelte in seinen realistischen Romanwerken nationale Stoffe: ›O Mistério da Estrada de Sintra‹, ›Crime de Padre Amáro‹. Damit ist die literarische Bedeutung von Póvoa de Varzim aber noch nicht erschöpft. Hier gab es einmal etwas Ähnliches wie Berlins Romanisches Café oder die Literaten-Cafés von Wien: das Café Chinês mit etwas penetranter fernöstlicher Ausstattung, Treffpunkt von Größen der Feder, die hier sogar, bei Kaffee aus Angola, Druckreifes zu Papier gebracht haben, so etwa Camilo Castelo Branco (1824-1890), ein portugiesischer Flaubert, der 262 Werke (mit wievielen Tassen Kaffee?) geschrieben hat. In zwei Wochen beendete er ›Amor de Perdição‹, gewissermaßen seine Lebensgeschichte: in einem Ehebruch-Prozeß wurde er zu einem Jahr Gefängnis verurteilt, die er auch absitzen mußte. Castelo Branco stieg später zum Rang eines Vicomte auf, erblindete und endete durch Selbstmord. Das stilechte Café Chinês, in dem damals ein ebenso echter Mandarin die Tür öffnete, bleibt mit seinem Namen verbunden.

Auch Mühlen wecken literarische Reminiszenzen – man denke an die des Provenzalen Daudet. Der Küstenstrich von Póvoa de Varzim weist gleichfalls eine vielbesungene Mühle auf, ›O nosso

Moinho‹ auf dem in der Umgebung des Badeortes gelegenen Berg *São Felix*, der eine eindrucksvolle Küstensicht gewährt. Hier handelt es sich um eine typische portugiesische Mühle, die segelbespannt ist wie die griechische und an das Zeitalter erinnert, in dem das Segel eines der wichtigsten Requisiten der Nation gewesen ist. Nun ist es lediglich in seinen im Wind monoton knirschenden und ächzenden Mühlen erhalten geblieben, die über ganz Portugal verbreitet sind und bei dem geringen industriellen Aufschwung des Landes gottlob auch noch eine gewisse Zeit die portugiesische Landschaft mitprägen werden. Bei manchen Mühlen hat man die Flügel mit Schnüren verbunden, auf denen Tonkrüge oder Glöckchen aufgereiht sind, die die Sphärenmusik der ›Moinhos‹ noch mit tönernem oder metallenem Klang unterstützen.

Ein wenig südlich von Póvoa de Varzim fließt der Rio Ave in den Ozean, auch einer der zahlreichen Flußläufe, die Nordportugal in Ostwest-Richtung durchqueren. Kehren wir in das an der Mündung gelegene Städtchen *Vila do Conde* ein, so sind wir wieder ganz im Bann einer großen Vergangenheit mit Erinnerungen an die Königsdynastien. In Vila do Conde steht der Torso eines riesigen Klarissinnenklosters aus dem Jahre 1778, des Mosteiro de Santa Clara, zu dem ein aus 999 Bögen bestehender, von Terzi geschaffener Aquädukt hinführte; Reste sind gleichfalls erhalten. In der gotischen Klosterkirche São Francisco befindet sich eine manuelinische Seitenkapelle, über deren Pforte sich ein steinernes Tau mit Knoten, Nós, gleich einer Archivolte schwingt. Es ist ein Vorspiel dessen, was wir in Viséu sehen werden, dort, wo der Knoten ein bestimmendes Bauelement darstellt. Die Kapelle birgt die Särge von Afonso Sanches, einem unehelichen Sohn des Königs Dinis, und dessen Gemahlin Tareja Martins de Menezes aus jenem Geschlecht, das den Aviskönigen so treffliche Dienste geleistet hat. Die Steinsarkophage stammen allerdings aus späterer Zeit. Sie wurden 1526 angefertigt und mit reichem Figurenschmuck überzogen. Die Szenen aus dem Leben Jesu sind für die Renaissance fast schon zu manieristisch bewegt. Auf Afonso Sanches' Steinsarg sieht man die heilige Klara, die mit der Monstranz in Händen die sarazenischen Truppen des Stauferkaisers

Friedrich II. bei dessen Belagerung von Assisi abwehrt. Noch im 16. Jahrhundert galt der geniale Staufer als Antichrist. Es gibt aus jener Zeit verschiedene Inschriften im Mittelmeerraum, zum Beispiel in Neapel und Benevent, die Federico als Gottesfeind verteufeln.

Im nördlichen Querhaus von São Francisco steht ein weiterer bemerkenswerter Steinsarg. Hier ist die 1414 verstorbene Brites Pereira beigesetzt, die Tochter des Santo Condestável und Gemahlin jenes Grafen Afonso von Barcelos, der als erster den Herzogshut von Bragança trug.

Die Fischerkirche Matriz ist eine Gründung König Manuels I., dessen Wappen das Portal schmückt. Der Pelourinho von Vila do Conde aus dem Jahre 1543 weist einen Arm der Gerechtigkeit auf, der ein Schwert schwingt. Der den Pelourinhos innewohnende Gedanke der Gerichtsbarkeit kommt hier im Sinne drohender Abschreckung zum Ausdruck. Es war eine Epoche, in der es sich noch gefährlicher lebte. Jene Zeit war noch weit davon entfernt, in Mördern, Räubern und Triebverbrechern unzurechnungsfähige Kranke zu sehen; über dem ›Assassino‹ hing das Schwert.

Stromaufwärts

Von Porto aus kann man an beiden Stromufern ›bergauf‹ bis Régua gelangen, dem Zentrum des Portwein-Anbaus. Unmittelbar südlich von Régua, an der Straße, die über die tausend Meter hohe Serra de Leomil nach Viseu, der Hauptstadt von Beira Alta führt, liegt *Lamego*, das gleich Braga (Bom Jesús) einen am Berghang emporkriechenden Calvário besitzt. Grottenartige Kapellen zur Seite der Stufen-Kaskade der Escadaria bergen die vierzehn Leidensstationen. Diese Prachttreppe, die den Sacro Monte hinaufführt, ist umrankt von einer Vielzahl von Obelisken, Kandelabern, Buchsbaum-Figurationen. Zwei Etagen im Treppenbezirk unterhalb der Wallfahrtskirche breitet sich der Largo dos Reis aus, wo man gerne den Aufstieg unterbricht, um zu den alttestamentlichen Königen und Propheten aufzusehen, die in ekstatischtheatralischer Geste auf hohen barocken Postamenten stehen. Ein Kiefernwald drängt sich zu beiden Seiten dicht an den Calvário heran und umfängt das abgezirkelte Arrangement des 18. Jahrhunderts mit zeitloser Natur.

Die oberste Terrasse, wo es uns vergönnt ist, nach so vielen Stufen aufzuatmen und die weite und lichte Fernsicht des Alto Douro zu genießen, trägt die Wallfahrtskirche *Nossa Senhora dos Remédios* – Unsere Herrin der Heilmittel –, von der sich unzählige Gläubige Heil von Gebresten versprachen und offenbar auch empfingen, wie die im Gotteshaus aufgehängten Exvotos bezeugen. Die Fassade ähnelt der von Bom Jesús in Braga und von Bom Jesús zu Congonhas do Campo in Brasilien: eine maßvolle Kombination von granitenen Lisenen und Fensterumrahmungen auf gekalkter Wand. Eine doppelt doppelläufige Treppe führt zum Portal. Die oberste Etage der Türme weist kleeblattförmige Okuli auf; Aufsätze, die wie gedreht wirken, bilden die Helmpartie.

Das im reichen Barock prunkende Innere der Remédio-Kirche hat eine Stuckdecke mit weißer Rocaille und blauen Feldern: Wedgwood im Großformat.

Die Stadt Lamego breitet sich unterhalb des Kalvarienbergs aus; eine Allee, die Avenida dos Combatentes, führt bis in ihr Herz, zum weiträumigen, vorwiegend vom Barock geprägten Rossío-Platz. Neben der Wallfahrtskirche kommt der Stadtsilhouette noch ein zweiter Prospekt zugute: das auf dem höchsten Punkt der Stadt gelegene *Kastell*. Der ursprüngliche maurische Alkazar wurde von Fernando I. von Kastilien im 11. Jahrhundert eingenommen und neu erbaut. Der mittelalterliche Donjon und die Steinumgürtung sind erhalten, desgleichen eine unterirdische Zisterne, auf der ein Tonnengewölbe lastet.

Die Gobelins von Lamego

Der große Schatz des *Museums von Lamego* sind die Brüsseler Tapisserien aus dem 16. Jahrhundert, die zum Inventar des Bischöflichen Palastes gehört hatten. Sie hingen teils im Thron-, teils im

Empfangssaal. Unter Leitung der Dotora Maria José de Mendoça wurden die Gobelins ab 1956 in zehnjähriger Arbeit restauriert.

Ungemein bewegt ist ›A Música‹. Gegenstücke dieses Wandteppichs befinden sich im ehemaligen Palast Heinrichs VIII. in Hampton Court, in den Kathedralen von Saragossa und Palencia und in Brüsseler Museen.

Den zentralen Platz der Komposition nimmt Christus als Richter ein. Vor ihm treten Justitia und Veritas auf, die die Verdammung des Menschen fordern. Misericordia und Pax plädieren indessen für den Erdensohn. Den Verlauf der Debatte um die Seele Jedermanns verfolgen die Tugenden auf der einen, die Todsünden auf der andern Bildseite. In der unteren Hälfte der allegorischen Darstellung liegt der Mensch in den Armen Luxurias. ›Gerechtigkeit‹ und ›Kraft‹ attackieren den Wohlgebetteten mit gezückten Klingen, während auch hier ›Erbarmen‹ und ›Friede‹ die mänadenhaften Frauenspersonen zu besänftigen trachten. Ohne rechten Bezug zum sinnbildlichen Generalthema des Teppichs sieht man überall in die Szenerie hineinkomponierte Musikantinnen, die dem Bildwerk den Namen gegeben haben und einen minutiösen Anschauungsunterricht von flämischen Musikinstrumenten der Renaissance vermitteln.

Ein anderer Gobelin stellt uns die altgriechische Göttin Leto vor – hier auf lateinisch Latona genannt –, die Mutter des Geschwisterpaares Apoll und Artemis.

Die Göttin sitzt unter einem Baldachin; ihre Kinder stehen auf Säulen und wirken wie Styliten. Auf der rechten Bildseite sind Latona-Anbeter mit Weihgeschenken versammelt, unter ihnen Priester, die – anachronistisch-unbekümmert – Bischofs-Mitren tragen. Von links dringen christliche Frauen – die man irrtümlich als Töchter Niobes bezeichnet hat – auf die Adoranten ein. Mit Keulen traktieren sie gerade einen der Priester, der zu Boden fällt.

Schließlich besitzt das Museum in Lamego einen Ödipus-Zyklus, der dem Brüsseler Gobelin-Entwerfer die Gelegenheit bot, seine Virtuosität in Perspektive und Gewänderpracht zu erweisen.

Der Ausflug nach Flandern, den man bei Betrachtung der Tapisserien unternimmt, ist unter Portugals Sonne nicht ganz abwegig: in Flandern liegen ja die Wurzeln der eigenen Kunstleistung im Século de Ouro; vor allem übernahm man von den Flamen Wirklichkeitssinn und Detail-Malerei: Elemente nordeuropäischer Renaissance.

Auch die Gemälde- und Plastiksammlung des Museums verdient Beachtung. Grão Vasco ist mit einer ›Verkündigung‹ vertreten, an der die Tiefenwirkung auffällt, die noch durch einen Fenster-Ausblick verstärkt wird. In einem gotischen Sarkophag mit Szenen einer Wildschwein-Jagd ruhte einst die Condessa de Barcelos.

Der Steinsarg stand in der Kirche São João im nahen Tarouca, das an der Straße nach Guarda liegt. Das Pendant befindet sich heute noch am Ursprungsort: der Sarkophag des Gemahls der Condessa, des Grafen Pedro von Barcelos, des Lieblings-Bastards von König Dinis. Wie jener war er ein Mann der Feder; erhalten ist sein Geschlechterbuch, ›Livro de Linhagens‹. Die Liegefigur des Grafen, der 1354 verstarb, stellt einen herkulischen Mann mit stattlichem Bart und bis zu den Füßen reichendem Faltengewand dar. Während der napoleonischen Invasion erlitt das Grabmonument Schaden.

Neben einer ›Anbetung der Könige‹, vermutlich von Grão Vasco, enthält die Kirche São João eines der bedeutendsten Zeugnisse der portugiesischen Kunst: das Brustbild Sankt Peters, der hier mit den Zügen eines portugiesischen Bauern erscheint; das Kraftvoll-Rustikale des Ausdrucks steht im Gegensatz zu der prunkvollen Tiara und dem brokatbespannten Hintergrund mit vegetabilen Renaissance-Mustern. Man schreibt das Bildnis einem Schüler Grão Vascos zu, dem Maler Gaspar Vaz.

Egas Moniz

Der bedeutendste Nebenfluß des unteren Rio Douro ist der von Nordost kommende Rio Tâmega. Er schneidet streckenweise tief in das Schiefergestein, auch an seinen Ufern gedeiht Wein.

Will man von Porto aus Vila Real, die Kapitale der Provinz Trás-os-Montes erreichen, so muß man den Rio Tâmega überqueren. Die Straße führt uns zunächst nach Paredes. Dort lohnt ein Halt, um einen kurzen Abstecher zur Klosterkirche von *Paço de Sousa* zu unternehmen, die auf das Jahr 1088 zurückgeht. Im Tympanon des Hauptportals stemmen romanische Figuren Sonne und Mond empor. Die Kapitelle des Innenbaus sind mit Blattwerk verziert. Die Säulen lasten auf schweren Mühlstein-Basen. In der linken Apsis des dreischiffigen Kirchenraums steht der von Löwen getragene Sarkophag einer gewichtigen Persönlichkeit aus Portugals frühester Geschichte: Egas Moniz (1080-1146).

Der in Paço de Sousa Beigesetzte war Erzieher des mit drei Jahren vaterlosen Afonso Henriques. Bei der Hochachtung, die Portugals erster König noch heute im Geschichtsbewußtsein seines Volkes genießt, nimmt auch dessen ›Hildebrand‹ oder ›getreuer Eckart‹ einen hohen Rang ein. Der spätere König hat ihn als ›Aio‹, Hofmeister, bezeichnet. Egas Moniz war sicher auch der Waffenmeister des Sohnes Heinrichs von Burgund. Camões' ›Lusiaden‹ erwähnen ihn gebührend. In der Schlacht von Ourique soll er mitgefochten haben. Legendäres Ansehen erwarb er sich allerdings schon einige Jahre früher nach dem Treffen von São Mamede, in dem bekanntlich Afonso Henriques seine Mutter Tareja und deren Liebhaber besiegte und damit die Gefahr kastilischer Vorherrschaft abwehrte. Bald nach dem heißen Tag belagerte Kastiliens König Alfonso VII. den Sohn Tarejas in dessen Kastell Guimarães. Die Lage war kritisch. Egas Moniz übernahm den Auftrag, mit dem gegnerischen Monarchen Verhandlungen aufzunehmen. Er hatte Erfolg. Der Kastilier erklärte sich auf Ehrenwort bereit abzuziehen, wenn Afonso Henriques künftig seine gewohnten Grenzverletzungen unterlassen würde. Die Abmachung trat in Kraft. Alfonso VII. hob die Belagerung auf. Doch bald schon unternahm der Graf von Portugal einen neuen Angriff auf das benachbarte Galizien. Egas Moniz fühlte sich als Eidbrüchiger, obwohl nicht er, sondern sein Herr den Eid gebrochen hatte. Mit einem Strick um den Hals begab er sich in die Gewalt des Königs von Kastilien; Frau und Kinder begleiteten ihn. Man wird an die Bürger von Calais erinnert und jenen ähnlichen Vorfall aus dem Hundertjährigen Krieg Englands und Frankreichs. Im Falle des Egas Moniz verfehlte die angebotene Sühne ihre Wirkung nicht. Alfonso VII. ließ den Gefolgsmann seines portugiesischen Rivalen frei. Egas Moniz kehrte mit den Seinen nach Portugal zurück. Szenen aus dem Leben des Aufrechten zieren dessen Sarkophag in Paço de Sousa.

Egas Moniz begegnet uns in *Penafiël* nochmals, diesmal als Denkmalbüste, wobei der moderne Künstler Wert auf die exakte Darstellung des Strickes legte. Penafiël ist eine Straßen-Ortschaft mit Gelände-Abfall zum Rio Sousa. Die Misericórdia-Kirche bietet auf Azulejos das Franziskaner-Emblem dar: die gekreuzten Arme Christi und des heiligen Franz, beide mit Wundmalen an den Händen. Die Kirchen Calvário und Das Freires sind landesübliches Barock. Bald hinter Penafiël steht am Straßenrand die rustikale kleine Kirche Santa Marta, mit einer alten, aus zwei Becken bestehenden Waschstelle, einem Lavadoiro.

Viel Farn am Straßenrand. Immer wieder Rebstücke, manchmal nicht größer als zwei, drei Quadratmeter, Pinien, Eukalyptus, Akazien, Eichen, Ahorn. An vielen Pinienstämmen hängen Schalen, in die aus den Baumwunden Harz träufelt. Man wird an die Kautschuk-Ernte in Tropenländern erinnert. Portugal ist nach den Vereinigten Staaten der zweitgrößte Harzproduzent der Erde. Das Harz wird im Lande zur Gewinnung von Terpentinölen destilliert. Das Amt für Harzprodukte überwacht die Ausfuhr; nur ein kleiner Teil der Ernte bleibt im Land. Man exportiert die Harz- und Terpentin-Essenzen aus portugiesischen Kiefern in Kiefernholz- oder Eisenfässern. Diese letzten verhindern das Ausfließen des Harzes bei Temperaturanstieg am Kai oder in den Frachträumen. Die Eisenfässer werden innen galvanisiert, um eine Verfärbung des Öls zu vermeiden. Seit einigen Jahren exportiert man auch in Tankschiffen.

São Gonçalo von Amarante

Nach wirtschaftlichem Exkurs fällt unser Blick wieder auf die Schönheit der Kulturlandschaft. Ein Brunnen am Weg trägt das Avis-Kreuz. Granitene Bildstöcke weisen schlichte Azulejo-Szenen auf. Granitpfeiler stützen auch hier Weinranken und Schober.

Bei *Amarante* erreichen wir den Rio Tâmega. Eine Brücke schwingt sich über den Bergfluß; sie trägt die Steinstatue von São Gonçalo. Dieser Heilige ist für Amarante, was Santa Isabel für Coimbra, Santa Joana für Aveiro bedeuten. Doch Gonçalo ist nicht aus königlichem Geschlecht. Er ist ein wahrhafter Volksheiliger. Namentlich bejahrte Jungfern beten zu ihm um einen Mann. Doch auch unfruchtbare Frauen, die sich vergeblich Kinder wünschen, sollen am Festtag des Heiligen in seiner Kirche tanzen oder sich nackt an den Beinen der Liegestatue São Gonçalos reiben. Doch wer hat es je gesehen?

Der Heilige stammt aus Arriconta in der Freguesia von Tagilde im Minho, wo 1372 unter Dom Fernando der erste Bündnisvertrag zwischen Portugal und England beschlossen worden ist, der sich schon bald in der dynastischen Verbindung zwischen João I. und Filipa von Lencastre für Portugal günstig auswirken sollte. 1953 hat man am Ort einen Obelisken aufgestellt, der die Wappen Dom Fernandos und der Herzöge von Lancaster trägt.

In Arriconta erinnert eine Kapelle von 1657 an den 1187 dort geborenen Gonçalo. In der Barockzeit schrieb der Dichter Francisco Lopes über den Geburtsort des Heiligen:

> Foi esta fama espalhada,
> Em Tagilde, vila amada,
> Que junto ao rio Vizela
> Nascera esta nova estrela
> Em virtute assinalada.

> Es wurde das Gerücht verbreitet,
> in Tagilde, der geliebten Stadt
> am Ufer des Vizela-Flusses,
> werde ein neuer Stern geboren,
> reich an Tugend.

Gonçalos Geburtshaus wird noch gezeigt. Es ist der Paço de Gonçalo Pereira. Demnach entstammte er einer bereits gehobenen Schicht. Seine geistliche Karriere begann er in der Benediktiner-Abtei von Tagilde. Später wurde er Dominikaner. Das hat zu einer Kontroverse zwischen den beiden Orden geführt. Beide beanspruchten ihn für sich. Bei Prozessionen zogen die Benediktiner der Figur des Heiligen ihre schwarze Soutane an. Die Streitfrage gelangte sogar vor das Tribunal des Papstes Pius V. Dieser entschied 1615 zugunsten der Dominikaner.

Eine Zeitlang verbrachte Gonçalo im Erzbischöflichen Palast von Braga, dem eine Art geistlicher Akademie angeschlossen war. Der Mönch aus Tagilde fiel auf durch Charakter, Arbeitsamkeit, Caritas und Glaubensglut. Sein Leitspruch war: »O fogo nunca diz: basta!« – »Das Feuer sagt niemals: genug!« Danach erleben wir ihn als Pilger in Santiago, Rom, Palästina. Als Verwalter und Priester-Stellvertreter setzte er seinen Neffen ein, den er aufgezogen hatte.

Doch dieser dankte es schlecht. Während der vierzehnjährigen Abwesenheit Gonçalos legte er dem Erzbischof gefälschte Dokumente vor, um nachzuweisen, daß sein Oheim nicht mehr am Leben sei. Er übernahm dessen Eigentum und kirchliche Stellung.

Endlich kehrte Gonçalo, ein mönchischer Odysseus, nach Braga zurück, müde, krank, zerlumpt, hungrig. Seine Enttäuschung über den Vertrauensmißbrauch des Neffen war groß. Statt um sein Recht zu kämpfen, beschloß er, Eremit zu werden. Er zog an den Rio Tâmega, dorthin, wo heute Amarante liegt. In seiner Eremitenhöhle sah er ein Abbild der Grotte von Bethlehem. Er weihte sie der Jungfrau. Das ›Ora et labora‹ der Benediktiner gab er auch als Einsiedler nicht auf: er betätigte sich als Brückenbauer (worin er ein Symbol zum Geistlichen hin erblicken mochte). Die Römerbrücke aus der Regierungszeit des Kaisers Trajan, die in Trümmern lag, richtete er wieder auf. Während des Baus geschahen Wunder.

SÃO GONÇALO VON AMARANTE

1221 trat Gonçalo in den Dominikaner-Orden ein. Bei der Einkleidung war ein anderer Heiliger zugegen, der später zum Patron der portugiesischen Seeleute werden sollte: São Telmo. Auf ihren Entdeckungsfahrten riefen die portugiesischen Schiffsbesatzungen diesen bei Sturm an. ›Fogo de São Telmo‹ – ›Sankt-Telmo-Feuer‹, nannten die Marinheiros das Naturschauspiel jener durch Elektrizität erzeugten Flamme, die bei Gewitter gelegentlich auf den Mastspitzen erschien. Wir finden sie auch bei Camões erwähnt:

> Vi, claramente visto, o lume vivo,
> Que a marítima gente tem por santo,
> Em tempo de tormenta e vento esquivo,
> De tempestade escura e triste pranto.

> Ich sah, deutlich erkennbar, das helle Licht,
> das für das seefahrende Volk ein Heiliger ist,
> in Stunden widrigen Sturms,
> Gewitters und trostlosen Verzagens.

Gonçalo lebte, zusammen mit dem Frade Lourenço Mendes, auch als Dominikaner weiterhin in seiner Höhle, bis zu seinem Tod 1228. Sein Grab ist unbekannt.

Unter denen, die für die Heiligsprechung Gonçalos eintraten, waren König Sebastião und die Bischöfe von Porto und Braga. Die Kanonisation erfolgte durch den päpstlichen Nuntius João Campegos, Bischof von Bologna, und den Kardinal-König Henrique. Seither gilt Gonçalo nächst dem heiligen Antonius von Lissabon als populärster Heiliger Portugals. Viele Freguesias, Gemeinden, wählten ihn zum Padron. Sein Bild hängt in der Antonius-Kirche in Rom. Auch finden wir ihn in vielen Igrejas der alten brasilianischen Hauptstadt Bahia. In Rio Grande do Sul gibt es einen Rio São Gonçalo. Im Volke heißt es:

> São Gonçalo de Amarante,
> Casamenteiro das velhas.
> Porque não casais as novas,
> Que mal vos fizeram elas?

> Sankt Gonçalo von Amarante,
> Heiratsvermittler der Alten,
> warum verheiratest du nicht die Jungen,
> was haben sie dir getan?

Die dem Heiligen gewidmete *Kirche von Amarante* geht auf eine Gründung Joãos III. und seiner Gemahlin Katharina von Kastilien zurück. Philipp II. ließ sie im ›Estilo filipino‹ (spanische Renaissance) ergänzen. Die Capela-Mór stammt aus dem Jahre 1739. Um die Kirche am Ort der Grotte des Heiligen errichten zu können, mußte man das Felsgestein am Flußufer anschneiden. Der Bausachverständige des Dominikaner-Ordens, Frei Alberto Cassali, leitete die Arbeiten.

Die Silhouette der Kirche, die man auf der Talfahrt von weit erblickt, wird von der Vierungskuppel beherrscht. Über dem philippinischen Fassadenportal öffnet sich eine Rose.

Die Arkadensäulen des dreischiffigen Inneren haben ionische Kapitelle. Mächtige Pfeiler tragen die Kuppel. Der Chor weist illusionistische Malerei auf. Der Haupt- und die Seiten-Retablos prunken in Gold. In der Sakristei, in die man durch eine meisterliche Frührenaissance-Tür gelangt, hängen Barockbilder mit biographischen Szenen des Heiligen; sie sind allerdings von napoleonischer Soldateska beschädigt worden. An der dem Fluß zugekehrten südlichen Seitenpforte sehen wir Steinbildnisse der Madonna vom Rosenkranz, des Pedro Martir, São Gonçalos, des heiligen Thomas von Aquin, der Heiligen Dominikus und Franziskus.

Ein Arkadengang mit den Statuen Joãos III., Sebastiãos, des Kardinals Henrique und Philipps II. führt am Außengemäuer entlang, die ›Veranda dos Reis‹. In einer Nische steht das Steinbild der ehemaligen Brücken-Madonna, das seinen Standort gewechselt hat. Ursprünglich stellte es, mitten auf der Brücke São Gonçalo, die Grenzmarke der beiden Concelhos Amarante und Gouveia dar. Der von Obelisken gekrönte Campanile der Kirche gleicht einer Tiara. São Gonçalo besitzt zwei Kreuzgänge, einen reichdekorierten und einen schlichten. Der Platz, an dem das Gotteshaus steht, gehört zu den hübschesten Praças portugiesischer Kleinstädte. Über der Igreja des Ortsheiligen hockt am Berghang die Rundkirche *São Pedro* mit Azulejo- und Talha-Schmuck. Auf den Platz mündet die Hauptstraße mit Altstadthäusern. Sie sind mit Hohlziegeldächern bedeckt, besitzen durchlaufende Holzbalkone und Gitter an den Fenstern.

Das Fest des Ortsheiligen, der zugleich ein nationaler Heiliger ist, wird gleich mehrfach im Jahr begangen. Man verteilt Lupinen, Symbole der Fruchtbarkeit, und Gebäck von manchmal obszönen Formen. Der Gedanke an heidnische Kulte liegt nahe.

Die Straße, die die Provinzen Douro Litoral und Trás-os-Montes verbindet, führt nun ostwärts durch eine der schönsten Serras

Portugals, die Serra do Marão (1415 Meter). Man kurvt auf kühnen Serpentinen durch waldreiche Höhen, das Tiefland in verschwommenem Blau weit hinter sich, und erreicht an einem der großartigsten Punkte des Talblicks die Pousada, die nach dem Heiligen von Amarante heißt. Es ist ein langer, aus schwerem Haustein errichteter, mit einem Walmdach versehener Bau, der sich, leicht gekrümmt, der Straßenkurve anpaßt. Wenig oberhalb erklimmt die Straße den 1019 Meter hohen Paß von Portela do Espinho.

Auf der Weiterfahrt trifft man am Straßenrand statt der Früchte-Verkäuferinnen, denen man sonst in Portugal begegnet, Stände mit anthrazitfarbener Tonware an: Vorboten von Vila Real, wo dieses Gewerbe heimisch ist. In die bauchigen, schwarzglänzenden Leiber der Krüge und Vasen sind einfache Ornamente eingeritzt. Die matte Schwärze erzielt man, indem man beim Brennen das Feuer im Ofen erstickt. Immer häufiger sieht man die schwarzen Flecken der am Straßenrand ausgestreuten Stände mit den ›Louça‹ genannten Ton-Erzeugnissen. Neben Gefäßen sind auch viele Schweine darunter, ganze Schweinefamilien. Was für Barcelos der Galo ist, ist für Vila Real die Porca. Auch sie hat ihre Geschichte. Das Gebirgsland soll reich an Wildschweinen gewesen sein, bereits in prähistorischer Zeit. Berühmt ist die wahrscheinlich keltiberische Porca, die in der Stadt Murça aufgestellt ist. Wir finden sie auch im dortigen Gemeindewappen. An einem der Kapitelle der Sé von Vila Real ist die Szene einer Eberjagd dargestellt.

Nachdem uns Wildschweine im tönernen Abbild hinreichend begegnet sind, sehen wir, tief unter uns, in einer Senke der Serra, die Hauptstadt von Trás-os-Montes.

Vila Real

Vila Real besitzt in besonders ansehnlicher Form, was zu einer südländischen Stadt von einigem Rang gehört: eine Praça. Sie ähnelt, langgezogen und leicht geneigt, einer Pracht-Avenida, schon des Blumenschmucks wegen, der liebevoll gepflegt ist. Sie heißt auch nicht ›Praça‹, sondern Avenida – Avenida Carvalho Araujo. An dem avenidenähnlichen Platz stehen die Sé und das barocke *Rathaus*, das mit seiner doppelläufigen Treppe und seinen pagodenartigen Geländer-Aufbauten einen Vorgeschmack des nahen Herrensitzes Solar de Mateus bietet, wo diese typische Form portugiesisch-barocker Profanarchitektur fast auf die Spitze getrieben ist. An der Platzanlage liegt auch das beste Hotel der Stadt, in dessen Vestibül ein ausgestopfter Wolf zu sehen ist. Er entstammt der Serra do Marão, die früher nicht nur reich an Wildschweinen, sondern auch an Wölfen gewesen sein muß. Ferner steht, von einer breiten Markise beschattet, das niedere *Provinzmuseum* an der Praça. Es enthält Weberei- und Ledererzeugnisse, viel Louça, Trachten, ein Wasserrad-Modell, das plastische Schaubild einer Prozession, die Paso-Figur eines St. Georg, einen sechsköpfigen Drachen und eine Seejungfrau, auch sie wohl Figuren der Romarias, bei denen sie das Heidnische verkörperten.

Neben dem Museum befindet sich ein zweistöckiger Steinbau im Stil der Renaissance. Es ist das Geburtshaus des größten Sohns der Stadt, Diogo Cão, der 1482 den Kongo entdeckt hat. Es heißt, er sei der Sohn eines Soldaten gewesen. Der noble Zuschnitt des Hauses läßt darauf schließen, daß der Vater einer gehobenen Charge angehörte, ein Cavalheiro war. Immer wieder fällt auf, daß Portugals Seefahrer nicht durchweg Söhne der Küste gewesen sind. Viele stammten aus dem rückwärtigen Gebirgsland. Vielleicht hat sie gerade aus dem Gegensatz ihrer meerfernen heimatlichen Landschaft die maritime Saudade ergriffen.

Diogo Cão

1473 waren die Erträge aus dem westafrikanischen Handel, die Erlöse aus dem Verkauf von Pfeffer, Gold sowie weißem und schwarzem Elfenbein – unter letzterem verstand man Negersklaven – dem portugiesischen Thronfolger João zugesprochen worden, dem späteren Príncipe Perfeito. Er hatte darum ein Interesse daran, die Entdeckungspolitik seines Großonkels, Heinrichs des

Seefahrers, fortzusetzen und neue ergiebige Gebiete Westafrikas hinzuzugewinnen.

Dies war das Glück Diogo Cãos. Im Jahre seiner Thronbesteigung schickte Dom João den Mann aus Vila Real mit einer aus mehreren Seglern bestehenden Flotte auf die Südroute. Cão landete einen Monat später beim heutigen Kap Three Points an der Goldküste. Sofort legte er dort ein Fort und die Stadt Elmina an. Dann fuhr er weiter bis zu Kap Santa Maria auf dem 14. Grad südlicher Breite. Wir können die Landepunkte heute genau bestimmen, und zwar aus folgendem Grund: die Generalkapitäne hatten den Auftrag, an den angesteuerten Küstenpunkten Kreuze mit dem portugiesischen Kronzeichen aufzupflanzen. Diese Kreuze waren ursprünglich aus Holz. Bald wurde man gewahr, daß sie im feuchten Tropenklima verfaulten. Nun mußte jede Karavelle Marmorkreuze mit dem Königs-Emblem mitführen, von denen man annahm, daß sie die Zeiten überdauern und die portugiesische Landnahme wirksamer dokumentieren würden. Mit Kreuzen dieser Art markierte auch Diogo Cão seinen Entdeckungsweg. Im Laufe des vorigen Jahrhunderts hat man drei dieser Kreuze aufgefunden. Eines davon stand an der Kongo-Mündung, ein anderes an der Mündung des Swakop, das dritte bei Kap Santa Maria, im heutigen portugiesischen Angola.

Trotz starker Verwitterung konnte man die Inschrift eines der Kreuze entziffern. Sie lautet:

»*Von der Weltschöpfung sind 6685 Jahre verstrichen, seit Christi Geburt 1485 Jahre, als der sehr erhabene, allerdurchlauchtigste König João II. von Portugal durch seinen Cavalheiro Diogo Cão die Stele hier zu setzen befahl.*«

1485 unternahm der Konquistador aus Vila Real eine zweite Afrikafahrt. An Bord seines Flaggschiffs befand sich ein Deutscher, Martin Behaim aus Nürnberg. Dieser Patrizier und Handelsmann war ein Jahr zuvor in Lissabon eingetroffen. Ihm kommt für die portugiesische Seefahrt das Verdienst zu, den Gebrauch des in Lusitanien noch unbekannten Astrolabiums vermittelt zu haben, jenes Vorläufers des Spiegelsextanten, mit dem man den Standort auf hoher See bestimmen konnte.

Den ›Sternaufnehmer‹ – dies die wörtliche Übersetzung – hatte bereits in der Antike Hipparchos konstruiert und Ptolemäus beschrieben. Die Araber übernahmen das Instrument von den Griechen. Im 15. Jahrhundert ist es von Regiomontanus verbessert worden. Zwei konzentrische, gegeneinander verdrehbare Kreise sind mit Visiervorrichtung und Gradeinteilung versehen.

Der Príncipe Perfeito nahm die Verwendung dieses Instruments so wichtig, daß er Behaim in sein astronomisch-nautisches Gelehrten-Komitee aufnahm. Der Nürnberger begleitete Diogo Cão auf seiner neuerlichen Expedition, die neunzehn Monate dauerte und bis zum Swakop-Fluß führte, 22 Grad Süd. Als Behaim später seinen Erdglobus fertigte, schrieb er darauf:

Indem man zählte nach Christi unseres Herrn Geburt 1484 Jahre, ließ zurüsten der durchlauchtige König João II. in Portugal zwei Schiffe, Karavellen genannt, bemannt, viktualiert und bewaffnet, versehen auf drei Jahre. Dem Volk und den Schiffen war in des Königs Namen Befehl gegeben, auszufahren über die Säulen, die Herkules in Afrika gesetzt hat, immer gegen Mittag und gegen den Aufgang der Sonne, sofern es ihnen möglich sei. Auch versah der genannte König die Schiffe mit allerlei Waren und Kaufmannschaft, zum Kauf und Verkauf.

Der Auftrag, nicht nur südwärts, sondern auch in Richtung des Sonnenaufgangs, also ostwärts, zu segeln, war damals ungewöhnlich. Denn man hatte noch keine Ahnung davon, daß man Afrika umrunden konnte, um zum Indischen Ozean zu gelangen. Diesen hielt das 15. Jahrhundert für ein Binnenmeer. Oder waren damals schon Meldungen über die geographische Struktur der Südhälfte des schwarzen Kontinents bis zum portugiesischen Hof gelangt – womöglich durch Araber?

Nachdem Diogo Cão auf dieser zweiten Reise weiter vorgedrungen war als jeder andere europäische Seefahrer, muß es überraschen, daß er die Fahrt nicht bis zur Südspitze des Kontinents fortgesetzt und das vorweggenommen hat, was nachher den Ruhm von Bartolomeu Dias ausmachen sollte. Sein Proviant hätte jedenfalls ausgereicht.

Das Rätsel ist nicht zu lösen. Die Geschichtsquellen verlassen uns. So kann nur vermutet werden, daß der Mann aus Vila Real unterwegs erkrankt oder sogar gestorben ist. Auch Behaim erwähnt ihn danach nicht mehr. Als Wegbereiter der Seeroute nach Indien und damit der Tat Vasco da Gamas ist der Seefahrer aus

VILA REAL

Trás-os-Montes dennoch einer der großen und unvergessenen Pioniere der portugiesischen Conquista.

Die an den Flüssen Corgo und Cabril gelegene Stadt Vila Real, eine Gründung des Königs Dinis, hat viel von ihrem alten Charakter bewahren können. Wappen entfalten sich über den Portalen palastartiger Häuser, deren Fenster teilweise rot gerahmt sind. Zwei Straßen laufen spitz auf die barocke Capela Nova zu. Die an der Praça gelegene Sé, ursprünglich eine Dominikaner-Kirche, stammt aus dem Jahre 1424, weist aber neben den gotischen Spitzbögen noch romanische Bestandteile auf.

Sie ist mit einem Holzdach abgedeckt, der Chor mit einer Holztonne. Der Retablo stammt aus der Renaissance, desgleichen das Südportal mit den diamantierten Bossen. Am Gemäuer entdeckt man Handwerkerzeichen und frühchristliche Kreuze. Eine Schmerzensmutter in echten Kleidern steht unter einem Kruzifix. In der Sakristei hängt ein Bild, das den Brand der Kirche im 18. Jahrhundert darstellt. Brandspuren sind heute noch erhalten.

Eine Sehenswürdigkeit in der Umgebung von Vila Real ist der *Solar de Mateus*. Das Bild dieses Herrensitzes ziert das Bocksbeutel-Etikett einer gängigen Weinmarke. Er gehört den Grafen von Mangualde, die ihn auch zeitweise bewohnen. Nur in ihrer Abwesenheit kann man den Solar besichtigen, der ein gutes Beispiel des Lebenszuschnitts der portugiesischen Feudalschicht bietet. Hinter einem Schwanenteich breitet sich der dreiflügelige Bau aus, auf dessen Gesims Steinkandelaber stehen, die mit ihrer auffälligen Höhe dem Gebäude seinen besonderen Charakter geben. Eine doppelläufige Treppe führt zum Portal. Im Giebelfeld darüber breitet ein mächtiger Adler seine Schwingen. Links ist eine Kapelle an den Solar angebaut. Auf dem retablo-artigen Aufbau erhebt sich ein Kreuz zwischen Giebelsegmenten.

Die Innenräume des Landsitzes sind mit erlesenem Mobiliar des 18. Jahrhunderts ausgestattet. Über Türen und Fenstern fallen mächtige Lambrequins auf. Einer der Räume enthält die Bibliothek mit Büchern der joaninischen Epoche, ein anderer eine Dokumentensammlung, die Briefe aller portugiesischen Könige seit Manuel I. an die Eigentümer von Mateus verwahrt. Bewunderung verdient der Park. Büsche formen in barocker Manier Rocaillen, ja sogar eine Krone.

Murça und Mirandela

Das Bergland senkt sich nach Ost. Die Landschaft wird wieder freundlicher, fruchtbarer, nimmt den Akkord der Terra quente auf. Oliven, Mandeln und Wein gedeihen in der Gegend um *Murça*, der Stadt, die 1224 von Sancho II. das Stadtrecht – Carta foral – erhalten hat. Voluten krönen die Misericórdia-Kirche aus dem 17. Jahrhundert; Säulen, von Weingirlanden umrankt, umgeben das Portal. Auf dem idyllischen, rasenbedeckten Markt steht ein Pelourinho mit fünf gedrehten Ständern, die wie Flammen wirken. Den Ruhm Murças macht sein Schwein aus, dessen Leib trotz des harten Granitmaterials von den Zeiten glattgewetzt ist. Im 7. Jahrhundert, so lautet die Sage, war die Wildschwein-Plage unerträglich. Der Marquês von Murça trieb ein besonders bösartiges Borstentier in den Hof seines Anwesens, wo er es mit seinem Spieß erstach (gleich der Szene am Kapitell der Sé von Vila Real). Seine schneidige Tat ist durch das urtümliche Denkmal verewigt.

Der einzige größere Ort, ehe wir Bragança im letzten Winkel von Trás-os-Montes erreichen, ist *Mirandela* am Rio Tua. Die Römer hatten dort bereits eine Brücke erbaut. Auf sie geht die heute noch erhaltene Ponte de Mirandela zurück, die 232 Meter mißt und zwanzig Steinbögen aufweist.

Mirandela ist in eine anziehende Umgebung eingebettet, mit dem Prospekt der über tausend Meter hohen Serra de Santa Comba, die das Thema der imposanten Szenerien der Serra do Marão wieder aufnimmt. Von der Stadt am Rio Tua wird gesagt:

> Mirandela
> Mirandela ...
> Mira-a bem ...
> Ficarás nela!

Ja, man kann sie schon bewundern und in ihr verweilen, in der anmutigen Stadt an der Brücke, deren markanter Mittelpunkt der Palast der Grafen von Távora ist. Der Marquês António Luís de Távora hat ihn im 18. Jahrhundert in der gegenwärtigen Form erbaut. Der Paço wirkt kirchenartig, da ein geschwungener Aufbau den Mittelteil krönt. Über den Lisenen, die den herrschaftlichen Bau gliedern, sind Pinienzapfen angebracht, die gleich der Ponte românica altrömische Reminiszenzen wecken. Heute dient das Gebäude als Paços do Conselho.

Das Geschlecht der Távora spiegelt einen Teil portugiesischer Geschichte. Einer von ihnen, Luís Álvares de Távora, hat mit Sebastião in Alcázar-Kebir mitgekämpft und ist in Afrika gefallen. Im Jahr der Restauration waren die Távora Anhänger der Bragança, sicher blieben sie es lange, da in die Ära des letzten portugiesischen Königsgeschlechts der Bau ihres Prunkpalastes fällt, der ein städtisches Gegenstück des ländlichen Solar de Mateus ist. Unter José I. schlossen sich die Fidalgos aus Mirandela der Adels-Opposition gegen die Diktatur Pombals an, der sie verfolgte und auslöschte. Er hat das Wappen des Geschlechtes über dem Portal des Palastes herausmeißeln lassen. Viel später, 1863, hat man dann an der gleichen Stelle das Wappen der Grafen von São Vicente angebracht, die das Eigentum der Távora übernommen hatten.

HINTER DEN BERGEN

Bragança

»Hinter den Bergen« – so beginnt der Zauberspruch eines deutschen Märchens. Und verzaubert, der Realität entrückt, scheint auch jene portugiesische Landschaft zu sein, die diesen Namen trägt – ›Trás-os-Montes‹ – und die ein Fremder selten betritt. Dem Märchen-Repertoire scheint vor allem Bragança entnommen, die Distrikthauptstadt des östlichen Teils der Provinz. Goldbraun glänzt das Gemäuer der alten Stadtumgürtung und des Bergfrieds, wenn die Sonne untergeht. Von dem Gebirgszug im Süden, der die Wallfahrtskirche São Bartolomeu trägt, blickt man hinab auf eine geradezu verwunschene Stadtkulisse vor sepiabraunem Grund. Obwohl die Landschaft reich an Bergen ist, hat man den Eindruck von Weite. Man spürt angesichts dieser überschaubaren Höhenzüge, die den Rhythmus der Meereswogen aufnehmen, bereits die Nachbarschaft der spanischen Meseta, die sich scheinbar grenzenlos ausdehnt, ohne jene natürlichen Barrieren, die das kleinere, an Strukturen reichere Portugal aufweist.

Hinter den Bergen – damit ist in erster Linie die Serra do Marão mit ihren östlichen Ausläufern gemeint. Sie schiebt Trás-os-Montes einen Riegel vor und verweist die Region eher nach Alt-Kastilien als nach Lusitanien. Die Verkehrsverbindungen sind dürftig, bis auf diese eine, die über Vila Real führt, jedoch nicht flott aufs Ziel zustößt, sondern sich in zeithemmenden Serpentinen über Höhen und durch Senken hinzieht. Trás-os-Montes stellt sich somit als toter Winkel dar. Bedenkt man diese Weltabgelegenheit, so ist Bragança immerhin doch eine recht propere und lebendige Stadt.

Eigentliches Stadtzentrum ist die Praça da Sé, ein langgezogenes Platz-Dreieck. Von ihr senkt sich das Stadtgelände wie ein lang ausgerollter Teppich in östlicher Richtung, um dann, kurz vor dem Kastell, wieder jäh emporzusteigen. Die weißgekalkten Häuser der Praça haben grüngestrichene Fensterbalkone und große gußeiserne Laternen.

Die dem Täufer gewidmete *Sé* ist ein langgestreckter Bau, den man für ein Magistratsgebäude halten würde, wäre nicht der an die Seite gebaute Glockenträger mit seinem loggia-artigen Portikus. Vor der Sé steht ein Pelourinho aus dem Jahr 1689 mit torsierter, von Weinlaub umrankter Säule.

Im Innern fallen Azulejoverkleidungen auf. Der geschnitzte Altar strahlt in Gold. Die Monstranz steht auf einem Aufbau sich stufenweise verjüngender Schreine – eine für Portugal typische, ›Trono‹ genannte Altargestaltung. Den Chorraum überspannt ein sternförmiges Netzgewölbe mit wappengezierten Schlußsteinen. Goldüberzogene Nebenaltäre stehen an den Seitenwänden des Längsschiffs. Die Orgel auf der Portal-Empore ist von musizierenden Barockengeln umgeben. Wände und Decke der Sakristei schildern das Leben des Ignatius von Loyola. Der kürzlich renovierte Claustro hat Ziegelstein-Arkaden; im Oberstock tragen schlanke Säulen die Doppelbögen der Galerie.

Vom Kathedralplatz führt die Rua do Conselheiro Abílo Beça zum Kastellhügel. In ihr liegt der alte *Bischofspalast*, eines jener langen, niederen, weißgekalkten Gebäude, die durch ihren rustikalen Charakter und ihre Schmucklosigkeit gefallen. Die unteren Fenster sind vergittert, die oberen mit eng anliegenden Balkonen versehen. Mit seinem Hohlziegeldach ähnelt der Palast dem Herrenhaus eines Großfarmers. Heute ist der Bau Museum. Die bischöfliche Hauskapelle mit bemalter Holztonnendecke ist erhalten geblieben. Unter den ausgestellten Paramenten befindet sich ein brokatenes Gewand, dessen Borte in kunstvoller Stickerei die zwölf Apostel zeigt, eine Arbeit aus Bragança. Im Museumsgarten stehen vorgeschichtliche Stierleiber aus Granit.

Die nahebei gelegene *Misericórdia-Kirche* besitzt einen Retablo mit einer segnenden Maria, einem Bischof, einem König. Die Kreuzigungsszene ist von den Statuen der Evangelisten umrahmt, alle golden gefaßt außer der Mutter Christi. Sie ist weißgekleidet und hält in den Händen ein Herz, von einer Dornenkrone umwunden. In einer der Seitenkapellen trägt ein in violetten Samt gekleideter Schmerzensmann das Kreuz.

Kurz vor dem Aufstieg zum Kastellberg verweilen wir in der Kirche *São Vicente*. Der Chor ist mit Goldornamenten überzogen. An der Decke sehen wir einen fast vollplastischen auferstandenen Christus. Nach der Tradition fand in dieser Kirche die geheimgehaltene Hochzeit des Infanten Pedro mit Inês de Castro statt. Auf dem Platz vor dem Gotteshaus hat der Tenente-General Manuel Jorge de Sepúlveda 1808 die Einwohnerschaft von Bragança zum Widerstand gegen die napoleonische Invasion aufgerufen.

Vor dem Mauerring, der den Kastellbezirk umgürtet, steht in Bronze Dom Fernando, der zweite Herzog von Bragança und Gouverneur von Ceuta. In Anwesenheit des Herzogs hatte König Afonso v. 1464 Bragança zur Stadt erhoben, um damit die Verdienste seines Anverwandten in Afrika gebührend zu ehren. Zur Fünfhundertjahrfeier dieses Ereignisses gab man die moderne Statue des Duque in Auftrag.

Der Mauerring hat im Mittelalter zweifellos die ganze Stadt umgeben. Als das Gemeinwesen anwuchs, breitete sie sich unterhalb des Kastellbergs aus. Wir besitzen Ansichten aus dem 15. Jahrhundert, auf denen das Stadtareal bereits über die ursprüngliche Umgrenzung hinausgreift.

Treten wir durch das Tor der alten Stadtmauer, so gelangen wir in eine Gasse mit ärmlichen Häusern, die zur Torre de Menágem hinaufführt. Sie heißt Rua Dom Fernão o Bravo und ist nach einem Bragançāo, Bewohner von Bragança, benannt, der mit Afonso Henriques verschwägert war und entscheidenden Anteil am Sieg von Ourique hatte.

Das *Kastell* stellt eine Wehranlage von imponierendem Ausmaß dar. Der Bergfried ist mit vier Ecktürmchen versehen. João 1. hat den aus der frühen Burgunderzeit stammenden Bau wehrtechnisch verstärkt. Er widmete dem Norden des Königreichs, der seiner Thronbesteigung Widerstand geleistet hatte, besondere Aufmerksamkeit. Die Erhebung der Grafen von Barçelos zu Herzögen von Bragança wirkte sich auf das Kastell kaum aus. Die ›Duques‹ zogen es vor, in ihrem Solar in Vila Viçosa im Alentejo zu residieren, nahe der Residenz Lissabon; das Trás-os-Montes war ihnen viel zu abgelegen vom politischen Geschehen.

Neben dem vierunddreißig Meter hohen Bergfried stand einst eine Santiago-Kirche. Sie ist der Zeit zum Opfer gefallen. Den Platz nimmt heute ein seltsamer Pelourinho ein: eine sechs Meter hohe Säule, die in den Granitleib eines vorgeschichtlichen Schweines – ähnlich dem von Murça – eingelassen ist.

Eine andere Kirche im engeren Kastell-Areal hat die Zeiten überdauert, wenn auch barock umgebaut, die *Igreja de Santa Maria*. Zusammen mit der *Torre de Menágem* bildet sie die unverkennbare Silhouette des Burgbergs von Bragança. Man nennt die Kirche auch Nossa Senhora do Sardão (Molch). Nach der Überlieferung hat man das Gnadenbild kurz nach der Vertreibung der Moslems in einem Gestrüpp voller Molche, beim Zusammenfluß des Rio Fervença und des Rio Sabor, gefunden.

Der kunstgeschichtlich wertvollste Bau auf dem Kastellhügel ist die sogenannte *Domus Municipalis*, einer der schönsten romanischen Profanbauten der Halbinsel, vergleichbar der Königshalle der asturischen Könige in Oviedo. Die Domus ist ein Fünfeckbau mit unterschiedlicher Seitenlänge. Unter dem First öffnet sich eine romanische Zwerggalerie. Man datiert das Gebäude in das 13. Jahrhundert. Der Verwendungszweck ist nicht eindeutig geklärt. Manche vermuten eine Versammlungshalle, andere wieder meinen, daß die Domus nichts anderes gewesen sei als ein Wasserspeicher für die Kastellbesatzung. Das Gebäude war in einem jämmerlichen Zustand und ist sorgsam restauriert worden. Man hat einen spitz zulaufenden hölzernen Dachstuhl daraufgesetzt und mit Hohlziegeln gedeckt – eine Rekonstruktion, die überzeugt.

Pousadas

Am Hang des Höhenzugs, der dem Burgberg gegenüberliegt und die grandioseste Aussicht auf die Kastell-Kontur gewährt, hat der Staat eine Pousada errichtet – eine jener mustergültigen Herbergen, die das Reisen in Portugal so angenehm machen. Abgesehen von den internationalen Hotels an größeren Plätzen und an den ozeanischen Stränden gibt es zwei Arten von Unterkünften, die eine persönliche Note der Fremdenbetreuung aufweisen: die privat geführten Estalagens und die staatlichen Pousadas, die den spanischen Paradores entsprechen. Die Pousadas sind in Lage, Ausstattung und Service bei weitem exquisiter als jedes nichtstaatliche Hotel in Portugal, dazu ungemein preiswert. Damit die Einrichtung der Pousadas jedermann zugute kommt, ist die Aufenthaltsdauer auf fünf Tage beschränkt.

Bei der Auswahl der Standorte hat man Wert darauf gelegt, die Häuser dorthin zu verteilen, wo kein größerer Ort in der Nähe und sonst schwer unterzukommen ist. Aus diesem Grund sind Pousadas fast nur mit dem Auto erreichbar. Die Vue romantique spielte bei der Errichtung ebenfalls eine Rolle. Meist sieht man durch breite Fensterfronten in Talsenken oder, über Wälder hinweg, auf Gebirgszüge. An verschiedenen Orten, so in Óbidos und Estremoz, hat man sich mittelalterliche Kastelle ausgesucht, in denen man, ohne das historische Flair zu zerstören, Pousadas einrichtete. Man hat die Innenausstattung der Kastell-Umgebung angepaßt und meist originale Renaissance-Interieurs geschaffen, in jener delikaten Art, in der man den Paço Duqual in Guimarães wiederhergestellt hat. Man glaubt in diesen Pousadas, Schloßherr zu sein.

Wo kein Kastell zur Verfügung stand, hat man kompromißlos modern gebaut, wenn auch immer mit schwerem Steinmaterial, Granit im Norden, Kalkstein im Süden, so daß – ungeachtet der reichlichen Verwendung von Glas – auch bei diesem Typ der Pousadas etwas Burgartiges, zumindest Traditionsgebundenes zum Ausdruck kommt. Nirgendwo griffen die Innenarchitekten daneben; jedes Stück, von der Bestuhlung bis zum Aschenbecher, ist delikat ausgewählt, unter Betonung des spezifisch portugiesischen Akzents. Zu den Häusern dieser Prägung gehören die Pousada von Sagres, die am Saum der Algarve-Felsen erbaut ist, die von Alijó in den Weinkulturen des Douro, die in der Serra da Estrela, die eine Höhenposition einnimmt. Man bietet lokal übliche Küche: in Aveiro Lagunen-Aal, in Valença Minho-Salm, in Elvas grüne Oliven und eingemachte Pflaumen.

Zum Kranz dieser vorbildlichen Staatshotels, die sich nach einem antiquierten portugiesischen Wort für ›Herberge‹ Pousada nennen, gehört auch die etwas einfachere Pousada von Bragança mit ihren aufmerksamen Gastgebern. Sie trägt den Namen São Bartolomeu, nach der Kirche, die den Bergrücken krönt, an dem sie liegt. Auf einer guten Straße gelangt man hinauf. Oft finden dort Romarias statt, wobei vor der Szenerie der tief unten sich ausbreitenden Kastell-Stadt musiziert und getanzt wird.

Auch Bragança selbst kennt Feste mit religiösem Anklang. Zur Fastnachtszeit geht der Knochenmann mit Peitsche und Dreizack durch die Straßen. Man bewirft ihn mit Steinen. Und der Teufel stellt sich ein, mit Hörnern und ausgestreckter Zunge. Er setzt sich ungebeten an die gedeckten Tische der Festas.

Die Transmontaner

Viele Bräuche, die in Trás-os-Montes noch lebendig sind, gehen auf die heidnische Vergangenheit zurück. Sie sind so ursprünglich wie die granitenen ›porcas‹, die in dieser weltabgewandten Landschaft noch aus prähistorischer Vergangenheit übriggeblieben sind. Die Isolation hat überkommenes Gut länger erhalten als dort, wo ein dauernder Austausch stattgefunden hat. In seiner ganzen Seelenstruktur ist der Transmontaner erdverhafteter und schwerblütiger, von einer eigenen traditionsgebundenen Ehrauffassung. Man sagt: »Para cá do Marão, mandam os que cá estão« – »Diesseits des Marão-Gebirges sind die tonangebend, die hier wohnen.«

In Miranda de Douro, einem düsteren Bergnest über dem tie eingeschnittenen Rio Douro, nahe der Grenze, hat man sogar eine eigene Sprache bewahrt, ein Portugiesisch zwar, doch sehr nahe dem alten Vulgärlatein, aus dem sich das Portugiesische entwickelt hat. Man nennt diese ›Sprache‹ Mirandesisch oder – im Gegensatz zu gehobenem Hochportugiesisch – ›língua charra‹. Das

Mirandesisch wird folkloristisch gepflegt wie Bräuche und Trachten. Es gibt sogar eine eigene mirandesische Literatur, namentlich Passions-, Weihnachts- und Hirtenspiele.

Wäre García Lorca in Portugal denkbar, dann nur in Trás-os-Montes. Doch nicht die Nähe Spaniens macht die Vorliebe für dunkle Töne und archaische Leitbilder aus. Es ist ein altes vorchristliches, iberisches oder keltiberisches Erbe, das sich ›hinter den Bergen‹ erhalten hat. Dunkel ist der Aberglaube, der vom Glauben oft nicht zu trennen ist, dunkel die Tracht in schwerer Wolle, dunkel die Tonware – hier sind keine fröhlichen, mit Herzen bemalte Galos denkbar. Selbst die geringen Mengen von Wein, die man in Trás-os-Montes erntet, haben einen herben Geschmack und einen dunklen Namen – man nennt die heimische Sorte ›Vinho dos Mortos‹, Totenwein, weil man die Flaschen für längere Zeit in die Erde vergräbt, also regelrecht ›beerdigt‹, ehe man sie öffnet.

Dort wo das Weinland beginnt, im ›Alto Douro‹, da ist Wärme und südländischer Charme, da ist Terra quente, warmes Land. Hier in Trás-os-Montes ist Terra fria. Sie macht den Einheimischen herb, streng, bei aller Freundlichkeit verschlossener, zungenschwerer. Das Klima hat mitgeholfen, diesen Menschen zu prägen, ihn seelisch zu ›erodieren‹. Man sagt: hinter den Bergen ist neun Monate ›inverno‹, drei Monate ›inferno‹. Es ist ein Wortspiel und nicht wörtlich zu nehmen. Doch immerhin ist der Sommer oft ›höllisch‹ heiß, die übrige Jahreszeit – zumindest für den Südländer – winterlich ›kalt‹.

Kalt und karg. Es ist ein harter und dürftiger Boden, der sich über die welligen Höhen von Trás-os-Montes breitet, mit wenig Humus, vorwiegend Weideland, ein Land der Hirten, nur extensiv genutzt. Ein Drittel des Grundes liegt immer brach, schon aufgrund der Dreifelderwirtschaft, zu der diese Erde zwingt. Nichts von den kräftiggrünen Girlanden des Portwein-Paradieses, nichts von der Gartenlandschaft des Minho unter den Regenschauern des atlantischen Westwinds. Hier ist Armut sprichwörtlich, die Armut des Bodens und die Armut des Menschen. Allenfalls Roggen gedeiht. Auch fühlt sich die Kastanie hinter den Bergen wohl. Man trifft auf Pfirsichkulturen. Landfrauen bieten die Früchte am Straßenrand den Fremden an. Man kann auf den Landstraßen auch Campesinas sehen, die, in schwarze, fransenreiche Umhänge gehüllt, schwere Reisig- und Ginsterbündel auf dem Kopf tragen.

Trotz seiner Kargheit ist das Land schön, zumindest in den Jahreszeiten der Blüte, wenn flammender Ginster die sepiabraunen Höhen überzieht, wenn Roqueira, Essigbaum, und Alfaceire, Lavendel, blühen. Wälder sind allerdings selten. Auf dem nackten Grund häufen sich Steinkolosse. Man glaubt aus der Ferne, weidende Schafe drängten sich zusammen. Manchmal türmen sich auf den Kuppen des Karstlandes Steinmassen so zyklopisch auf, daß man die Vision von imaginären Kastellen hat.

Kirchen in Trás-os-Montes

Trás-os-Montes, ein Land intensiver Glaubensbindung, ist ein Land der Kirchen. Hier gibt es kein Belém und kein Mafra, dazu ist das Gebiet zu dünn besiedelt, dazu fehlen auch die eigentlichen schwerpunktbildenden Zentren. Es sind kleinere, oft dörfliche Gotteshäuser, doch stark im Ausdruck. *Miranda do Douro* verfügt über eine Sé, deren Äußeres mit den weit auseinandergestellten Türmen zwar etwas römisch-kalt wirkt, deren Innenraum aber eine großartige Hallenwirkung vermittelt, mit gemauerten Pfeilern, die das zu einzelnen Kuppeln angeordnete Netzgewölbe tragen. Von dem stimmungsvollen Interieur geht eine Wirkung aus, die – in ländlichem Maßstab – an die Moschee von Córdoba erinnert. Der Entwurf stammt von dem manuelinischen Baumeister Miguel de Arruda, doch ein Bragançao, Pero de la Faira, hat die Arbeit ausgeführt. An der Portalseite des Innenraums ist eine joaninische Orgel angebracht. Eine Kuriosität ist der volkstümliche Menino Jesus de Cartolinha – Kleiner Jesus mit dem Zylinderhut – aus der Mitte des vorigen Jahrhunderts. Nahe bei der Kathedrale steht das barocke Arkadengeviert des 1706 ausgebrannten Erzbischöflichen Palastes.

Fahren wir von Bragança auf einer nicht sonderlich guten Straße nach Chaves, immer der galizischen Grenze entlang, so stoßen wir zunächst auf *Castro de Avelãs*, das ein Benediktinerkloster aus dem 12. Jahrhundert besitzt. Es ist Portugals einzige romanische Backsteinkirche. Nur noch das Ostwerk ist erhalten und in eine neue Dorfkirche einbezogen. Es weist drei Apsiden auf, deren Gemäuer durch mehrfach übereinandergestellte Blendarkaden rhythmisch gegliedert ist. *Vinhais*, das man bald erreicht, besitzt neben den Trümmern einer Burg des Königs Dinis eine Matriz mit einer ansehnlichen Holztonnendecke.

Nach zwei Stunden gelangen wir nach *Chaves* am Rio Tâmega, einen Ort, dessen Thermalquellen schon die Römer geschätzt haben. Die Ponte Romana geht auf einen gewissen Trojanus zurück. Die Paróquia (Pfarrkirche) ist romanisch, die übrigen Gotteshäuser sind barock. Eine Wegstunde entfernt liegt die Kapelle Senhora do Azinheira in *Outreiro Seco*, die mit expressivem romanischen Figurenschmuck aufwartet, darunter einer Gestalt, die dem Besucher obszön ihre Kehrseite zudreht. Die Wandbilder im Innern bieten das seltene Beispiel vorromanischer Freskenmalerei.

Kirchen von Rang befinden sich auch im Süden der Provinz. Man zweigt von der Straße Bragança-Porto ab und rollt dann, in geraumem Abstand von der Grenze, südwärts, um kurz nach der Überquerung des oberen Douro in die Provinz Beira Alta zu gelangen. Die Serra de Bornes, die man mit ihren 1200 Metern Höhe überquert, zwingt zur Serpentinenfahrt. Dann senkt sich das Land; der Baumwuchs nimmt zu: Pinien, Eukalyptus, Birken und vor allem immer wieder Edelkastanien; Maronen sind ein wichtiges Nahrungsmittel der Transmontaner. Auch Mais tritt ins Blickfeld, Ölbäume, Wein. Am Straßenrand wuchert Farn. Alle paar Minuten überholt man einen zuckelnden Maulereiter oder eine Mula-Karawane, mit Säcken bepackt, von einem Camponês angetrieben.

In den Senken hocken kleine Ortschaften, ganz aus Granit gemauert, mit roten Ziegeldächern und Blumenschmuck. Von Zeit zu Zeit sieht man einen Chafariz mit Barockschnörkeln, an dem die Mulas rasten. Über die besonnten Hänge im Westen ziehen die Schatten der Wolken.

Kurz bevor man den Douro erreicht, durchquert man *Torre de Moncorvo*, das 1225 von Sancho II. das Stadtrecht erhalten hat. König Dinis ließ den Platz befestigen. Mutig wehrten die Bewohner, wie die Quellen berichten, leonensische Attacken ab. Das ehemalige Kastell ist verschwunden. An seinem Platz steht heute das Magistratsgebäude aus dem vorigen Jahrhundert. Dem 16. Jahrhundert gehört die Matriz-Kirche an, deren Portalzone reine Renaissance ist, ohne Spur von Manuelismus, der sich mit dem Erlöschen des Hauses Avis verloren hat. Das aufwendige Format der Kirche steht, wie wir auch andernorts sahen, im Zusammenhang mit dem Tridentinum, das damals der katholischen Welt einen neuen kräftigen Aufschwung gab und die Gegenreformation einleitete. Säulen im Stil der wiedererweckten Antike stützen das dreiteilige Kirchenschiff. Die Rippen springen empor wie die Rispen einer Palme und streben in der Gewölbemitte der Scheitelrippe zu, die mächtige Schlußsteine aufweist. Fast eine Schwester dieser Kirche könnte die des nahen *Freixo de Espada-á-Cinta* sein, ebenfalls eine Matriz, die ein ähnliches, sicher regiongebundenes Gewölbesystem besitzt. Das Hauptportal ist allerdings reinster Manuelismus, mit stengelartig sich emporrankenden Blendbögen, die in vegetabil verzierten Krabben enden. Das manuelinische Seitenportal nimmt den Klang in etwas bescheidenerem Ausmaß auf. Die Kirche besitzt zwei Gemälde eines der ersten portugiesischen Maler, Grão Vascos aus Viseu: eine Verkündigung und einen Judaskuß.

In der Umgebung von *Moncorvo* lohnt der Besuch eines romanisch-gotischen Kleinods aus Granit. Die Igreja de Aldeganha ist trotz gewisser Massivität eher Schrein als Architektur, von zierlicher Gedrungenheit. Alle dekorative Sorgfalt ist auf die ›gaufrure‹, das Waffelmuster des Portalbogens, verwendet.

Nach Guarda

Wir erreichen bei Pocinho den Rio Douro. Eine Straßen- und Eisenbahnbrücke führt über ihn hinweg. Der Strom schlängelt sich durch das Bergland der Serra de Moncorvo, erstaunt – so könnte man meinen –, daß Portugal ihm bei seinem Eintritt eine solche Gebirgs-Barriere in den Weg stellt, durch die er sich hindurchgraben muß. Bisher hat er, von Miranda de Douro an, die Grenze gebildet. Bei Barca de Alva macht er einen Knick und strömt quer durch das portugiesische Hochland in Richtung des Küstengürtels und des Ozeans. Man glaubt, einen gänzlich anderen Wasserlauf vor sich zu haben, als jenen breit und gemächlich durch die spanische Meseta fließenden Rio Duero, etwa bei Torre oder Tordesillas. Am Douro-Ufer sieht man akkurat angepflanzte Olivenkulturen auf tonhaltigem rötlichen Grund. Bis Porto hat der Fluß noch einen schwierigen Weg durch Schieferformationen zurückzulegen. Der Flußgott erfreut sich dort der Gesellschaft eines anderen Gottes, der mit süßen Trauben bekränzt ist: Bacchus.

Kaum haben wir den Rio Douro hinter uns gelassen, so beschenkt uns Trás-os-Montes nochmals mit einem reizvollen Sanktuarium: der Matriz von *Vila Nova de Foz Côa*. Über einem prächtigen manuelinischen Tor und einer manuelinischen Fensterrose erhebt sich ein massiver offener Glockenturm. Die Fassade trägt die Embleme König Manuels; einer der beiden Arruda soll hier am Werk gewesen sein. Der Pelourinho vor den Paços do Concelho (18. Jahrhundert) ist besonders schmuckreich: eine Ansammlung wulstiger Pagoden, von einer Lilie gekrönt, ruht auf vierkantiger Prangersäule. Zur Zeit des Venturoso ließen sich in Vila Nova de Foz Côa zahlreiche Juden nieder, die durch das Inquisitions-Dekret der Katholischen Könige aus Spanien vertrieben worden waren. Sie führten erste Industrien ein und steigerten den Handelsumsatz der Region. Als König Manuel sich der Verordnung Aragón-Kastiliens anschloß, flüchteten viele Juden in die Konversion. Viele werden freilich nur dem Schein nach das Kreuz angenommen haben. 1834 war der Ort Schauplatz blutiger Auseinandersetzungen zwischen Miguelisten und Liberalen.

Wir verlassen die Provinz Trás-os-Montes. Die Straße führt durch waldige Höhenzüge. Bei Trancoso fand 1385 ein Vorgefecht der Schlacht von Aljubarrota statt, bei dem der kastilische König Juan I. die Entschlossenheit des portugiesischen Widerstandes zu spüren bekam. Kurz vor Guarda zweigt westwärts die Straße ab, die durch die breite Senke des Rio Mondego zum Küstenvorland führt.

Guarda, die Hauptstadt der oberen Beira, liegt tausend Meter hoch und ist die höchstgelegene Stadt Portugals. Man hat aber nicht das Gefühl, in der Höhe zu sein. Denn zur rechten Hand schwingt sich die Serra da Estrela noch höher empor, bis zum Zweitausend-Meter-Gipfel Torre. Somit fehlt auch hier die Bergwand nicht, die uns auf der Südfahrt weiterhin bis zum Rio Tejo begleitet.

Guarda ist, der Name besagt es, zum Schutz gebaut, zu Schutz und Verteidigung der Beira Alta vor kastilischem Zugriff. Der militärgeographischen Situation des Hochmittelalters verdankt der Ort seinen Aufstieg. Sancho I. hat ihm das Marktrecht verliehen. Auf der rechteckigen, sich senkenden Praça Camões finden wir darum auch die moderne Bronzestatue des Monarchen, in gemessener Haltung mit patriarchalischem Bart, so wie er auch auf seinem Sarkophag in Santa Cruz in Coimbra in Stein gehauen ist. Eine Tafel vermerkt: »Dom Sancho 1., 2. Rei de Portugal 1185 – 1211, concedeu foral de cidade a Guarda em 26. de Nov. de 1199.«

Sancho I.

Sancho war der zweite Sohn Afonsos Henriques und dessen Gemahlin Mafalda von Savoyen. Sein älterer Bruder Henrique starb früh, so daß er den Thron erbte. Der kriegerische Vater vertraute Sancho bereits als Dreizehnjährigem einen militärischen Auftrag an, nämlich Ciudad Rodrigo einzunehmen. Die Expedition endete mit einem Desaster.

Obwohl Sancho durch Konflikte mit Spanien und durch Fortsetzung der Reconquista immer wieder dazu gezwungen war, das Schwert zu ergreifen, war er von Natur aus ein Friedensfürst, dem

Verwaltung und Förderung von Ökonomie und Kultur mehr am Herzen lagen als das Kriegshandwerk. An geistiger Subtilität war er seinem robusteren Vater überlegen, der fast ausschließlich Krieger und Eroberer war. Nach der ›heroischen‹ Ära unter Afonso Henriques lag das Land darnieder. Sancho warb im Ausland Siedler an, um – wie es in den Chroniken heißt – »die von den Sarazenen entvölkerten und vernachlässigten Gebiete zu neuem Leben zu bringen«. Dieser Wortlaut ist ohne Zweifel tendenziös. Denn man weiß heute, daß die islamische Kultur auf der Iberischen Halbinsel der christlich-abendländischen weit überlegen war. Die arabischen Fürsten verfügten über eine hohe Bildung, während die zeitgenössischen christlichen Könige meist weder lesen noch schreiben konnten. Für die klösterlichen Chronisten war aber alles, was nicht christlich war, barbarisch.

Im Zuge der Reconquista gelang es Sancho, bis zum Algarve vorzudringen. Stolz nannte sich Portugals zweiter König ›Herrscher Portugals und des Algarve‹. Es war verfrüht. Denn bald schon wurde er auf die Tejo-Linie zurückgedrängt.

Das hatte den Vorteil, daß er seine Energien ausschließlich dem Gebiet seiner eigentlichen Begabung zuwenden konnte. Er gründete Städte – unter anderem Guarda –, förderte die Bildung, schuf Conselhos, die man modern als Kreise bezeichnen könnte. Der Begriff hat sich bis heute gehalten. Die Conselhos erhielten eigene Kompetenzen in Verwaltung und Gerichtsbarkeit. Die politischen Gremien der ›Kreise‹ wurden vom Volk gewählt. Sancho schuf also bereits eine Vorstufe der Volksvertretung. Der dritte Stand erhielt politisches Profil.

Die konstruktive Tätigkeit des Monarchen wurde nur durch eine Meinungsverschiedenheit mit der Kurie getrübt. Sancho wollte den von seinem Vater zugestandenen Tribut an Rom nicht weiterzahlen. Er vertrat die Ansicht, die Verpflichtung sei durch eine Pauschalsumme abgegolten. Die Exkommunikation drohte. Sancho hatte aber einen Kanzler von hoher Qualität, Julião (1160-1213), der als einer der ersten Portugiesen in Bologna studierte. Julião gelang es, den Frieden wiederherzustellen – Sancho mußte allerdings weiterzahlen. Der damalige Pontifex hieß

Innozenz III. Als einer der Größten auf dem Stuhl Petri hat er die Lehre von der Transsubstantiation zum Dogma erhoben, die Regel des heiligen Dominikus anerkannt und ist der Vormund des späteren Kaisers Friedrich II. gewesen.

Sancho starb 1211 siebenundfünfzigjährig. Er hatte das Land mit nüchternem Eifer konsolidiert. Der Schöpfer der Bronzestatue von Guarda hat ihm darum mit Recht ausgeglichene, väterliche Züge verliehen.

Die Praça Camões, in deren Mitte die Königsstatue steht, ist reich an alten Häusern, die sich zum großen Teil auf Arkaden stützen. Unter den Arkaden öffnet sich die Pforte einer Weinwirtschaft. Im Hintergrund stehen bauchige Fässer. Auf dem Pflaster des Laubengangs sind Tische und Stühle aufgestellt. Gäste, fast ausschließlich Männer, unterhalten sich über Tagesneuigkeiten.

Die Sé Catedral

Die obere Seite der Praça nimmt die Kathedrale ein. Ihr dem Platz zugekehrtes nördliches Seitenportal dient als Haupteingang. Eine breite Treppe führt zu einer Terrasse empor, die dem Portal vorgelagert ist. Ein manuelinisches Tau umschnürt die Balustrade. Der Kathedralkörper ist mit lilienförmigen Zinnen versehen, die ihm einen festungsartigen Charakter verleihen. Die beiden Fassadentürme sind achteckig.

Der Innenraum zählt zu den eindrucksvollsten Kirchen-Interieurs Portugals. Man spürt Boitacas meisterliche Handschrift. Das dreigeteilte Längsschiff hat fünf Joche, das Querschiff einschließlich der Vierung ebenfalls fünf. Die Rippen sind fast vollplastisch profiliert und halten das Gewölbe wie Arme. Die Felder dazwischen sind unverputzt und bieten die nackten Mauersteine dar. Auf dem Schlußstein der ›Couronne‹ über der Vierung erkennt man das Avis-Kreuz.

Rechts vom Eingang sind die Wappen Guardenser Bischöfe angebracht, unter anderem das Bild eines Sperbers, Gavião. Dies ist der Name eines der beigesetzten Oberhirten. Die Liegefiguren der ›Bispos‹ von Guarda sind nach einem bestimmten, in Portugal üblichen ikonographischen Schema dargestellt: sie drehen sich seitwärts dem Beschauer zu, die eine Hand unterm Haupt, die andere auf dem Leib.

Manuelinisch sind die Fenster des Querschiffs, ebenso der Triumphbogen, der von riesigen gedrehten Pfeilern getragen wird. Sie gleichen in sich verschlungenen Seilen aus Stein, wie sie Boitaca auch in Setúbal gestaltet hat.

Der Hauptchor weist eine kurze Scheitelrippe auf. Nicht nur sie deutet auf England hin, sondern auch der Zapfen, der an einem der Schlußsteine des Chorgewölbes hängt. Er erinnert an den Perpendikular-Stil. Die anderen Schlußsteine sind mit Sonnenblumen dekoriert. An den Seitenwänden des Chors sieht man Blendmaßwerkfenster. Das barocke Gestühl ist aus brasilianischem Jacarandáholz, das schwer, hart und schwarz wie Eisen ist. Die Schnitzfiguren schneiden Fratzen wie die Masken von Karnevalisten. Die Rocaille, die die Figuren umgibt, ist goldgefaßt.

Der hochaufragende Chor-Retablo ist ein Meisterwerk Joãos de Rouão. Er ist eine Huldigung an die Mutter Gottes – ein in Portugal immer wiederkehrendes Thema. Die Figuren und Figurengruppen sind braun gefaßt, der Hintergrund elfenbeinfarben. Im Zenit sehen wir Mariä Himmelfahrt, darüber Kreuzigung, Kreuztragung und Kreuzabnahme. Zur Seite der Hauptszene beten die Könige Christus an, wird Christus im Tempel dargestellt. Die untere Altarzone birgt die Monstranz auf einem der in Portugal üblichen Stufenpodeste. Links und rechts sind Propheten postiert, die eine Verkündigungs- und eine Geburtsszene umrahmen. Die Predella zeigt Engel und Apostel; die Evangelisten unter ihnen sind groß herausgestellt und unterhalten sich mit Eifer.

Im Chor befindet sich ein Bischofsgrab mit dem Symbol von fünf Muscheln. Man kann seine Phantasie schweifen lassen. Vielleicht ist der Guardenser Hirte der Verpflichtung einer Pilgerfahrt nach Santiago de Compostela nachgekommen. Vielleicht war er aber auch galizischer Herkunft und wollte dies durch das Symbol des heiligen Jakob, die Muschel, betont wissen.

Vom Haupteingang führen Stufen in das tieferliegende Kirchenschiff. Es ist dies eine bauliche Eigenart, die wir in Portugal öfter finden, so in der Kirche Nossa Senhora da Graça in Santarém.

Auf das Dach der Kathedrale kann man hinaufsteigen. Die dort befindliche Terrasse ist mit Tonfliesen belegt. Die gotischen Strebebögen führen über die Terrasse hinweg. Man hat einen großartigen Ausblick auf die Stadt Guarda, auf die Beira Alta, die Serra da Estrela und die Wogen der sich zur spanischen Meseta hin senkenden Berglandschaft. In unmittelbarer Nachbarschaft der Kathedrale erblickt man das helle Rechteck der Praça Camões, auf der parkende Autos und Passanten jetzt insektenklein erscheinen, ebenso das grünpatinierte Haupt des bronzenen Sancho I. Aus der Vogelschau wirkt selbst der Monarch bescheiden und gar nicht monumental.

Gang durch die Altstadt

In der Altstadt von Guarda stehen neben wappengeschmückten Stadtpalästen zwei bemerkenswerte Kirchen des Barock. *Misericórdia*, an einem verkehrsreichen Platz gelegen, hat schmucklose Türme in der typischen Verbindung von weißer Tünche und Granit sowie zwischen ihnen eine Portalfront, die in ihrem Aufbau einem Altaraufsatz gleichen könnte. Über dem Portal ist zwischen dem Giebelsegment ein gekröntes Wappen angebracht. Fackelhalter stehen auf dem First. Das Innere ist von ländlichem Zuschnitt. Eine hellblaue Holztonnendecke, Sinnbild des Himmels, lenkt unsern Blick nach oben. Gauguin hätte dieses Interieur gleich den rustikalen Kirchen der Bretagne zum Malen gereizt, wäre er in der Beira Alta gewesen. Der Stufenaltar ist von goldgefaßten Säulen flankiert. Darüber verbreitet eine mit Engelköpfen umgebene Strahlensonne goldenen Glanz. Vor dem Chor sind Azulejo-Bilder in die Wand gefügt, eine heilige Familie und ein kniender Ritter: Nun' Álvares Armado.

Die in enge Altstadtgassen eingekeilte Kirche *São Vicente* wetteifert mit der Misericórdia an Azulejo-Dekor. Die Felder der Seitenwände mit blau gehaltenen Szenen sind von gelber Rocaille umrahmt. Dies bewirkt eine besonders lichte Farbigkeit.

Die Felder schließen nach oben nicht mit einer geraden Fliesenreihe ab, sondern sind entsprechend der Kontur der jeweiligen Landschaft ›ausgeschnitten‹ und ragen wie eine Silhouette in die gekalkte Wand hinein.

Azulejos bekommen wir auch in dem kleinen *Stadtmuseum* Guardas zu Gesicht, das in einem alten Bau untergebracht ist. Der heilige Franziskus, eine Schnitzfigur, weist Wundmale auf und hält, ein christlicher Hamlet, den Totenschädel in der Hand, eine beliebte Auffassung des Barock. Zu Häupten des Santo schwebt eine Aureole aus Silberblech. Naiv-ausdrucksvoll auch eine Petrusfigur; der Schlüssel, den der Apostel an einem Riemen hält, ist so lang wie sein Bein. Das Kind, das ein Christophorus trägt, rauft den Heiligen am Bart. All dies sind reizvolle Bildwerke auf der Schwelle zwischen Kunst und Volkskunst. Daß hier, in der Beira Alta, ein klassisches Gebiet vorrömischer Besiedlung war, erweisen zwei in der Nähe gefundene keltische Schwerter.

Guarda besitzt eine einzige Kostbarkeit der Romanik, die gut restaurierte *Ermida de Nossa Senhora da Póvoa de Milëu*. Über dem Portal öffnet sich eine Rose. Der Innenraum hat eine Holzdecke. Die Säulen, die den Triumphbogen tragen, sind mit Kompositkapitellen versehen: das eine zeigt einen Menschenkopf und einen Esel, das andere sich schnäbelnde Vögel.

In der Hauptstadt der Beira Alta ist mehr Leben als in Bragança. Sie liegt nicht außerhalb der Welt, in einem toten Winkel. Zwar gehört sie auch der Region ›hinter den Bergen‹ an, doch sie liegt auf der Hauptroute, die von San Sebastián über Salamanca nach Lissabon führt. Die wichtigste Zufahrtsstraße und die verkehrsreichste Eisenbahnlinie berühren Guarda. Es ist der erste bedeutende portugiesische Ortsname, der dem Zureisenden ins Ohr klingt. Heute wehrt Guarda Kastilien nicht mehr ab, es hält sich für den Zugang aus Spanien offen, und all jenen, die über die Meseta anreisen, bietet es einen freundlichen, friedfertigen Empfang.

Von der alten Befestigung Guardas sind Mauerreste erhalten geblieben. Manche Wohnhäuser hocken auf dem Mauerring und kragen über ihn vor. Auch drei Tore stehen noch, die Porta dos

Ferreiros, Tor der Schmiede, die Porta do Sol und die Königspforte, durch die König Dinis und seine junge Gemahlin Isabel nach den Flitterwochen in Trancoso eingezogen sind. Vom *Kastell* überdauerte gerade nur der Donjon die Zeiten. Er erhebt sich auf einem sich aufbuckelnden Rücken und überragt die Stadt. Umgürtung, Kasematten, Palas sind verschwunden.

Und doch war gerade das Kastell von Guarda einst einer der entscheidenden Wehrbauten im Verteidigungssystem der frontalen Abwehr Kastiliens, ein Eckpfeiler zusammen mit dem südwärts benachbarten *Belmonte*. Dort allerdings können wir noch eine ansehnliche Baumasse zu Gesicht bekommen, einen stark befestigten Tortrakt, einen geräumigen Innenhof mit Mauerkranz, eine Torre de Menágem, zinnenbewehrt, einen Teil des Palas mit dem Torso eines manuelinischen Fensters. Beide Kastelle, Guarda und Belmonte, hatten im 15. Jahrhundert den gleichen Kastellan – Alcaide-Mór –, einen treuen Gefolgsmann der Krone: *Fernão Cabral*.

Die Cabrais

Die Cabrais gehörten zum führenden Adel der Beira. Sie fochten in zahllosen Schlachten gegen Sarazenen und Kastilier mit. Fernão gehörte der Corte Afonsos v. an. Der König überantwortete seinem Fidalgo nebenbei das Richteramt in den Gemarkungen der Beira und des Ribacoa. Schon der Großvater Fernãos, *Gil Cabral*, befehligte über Guarda; er war verheiratet mit Dona Maria Eanes Loureiro, einer Enkelin von Rui Vasques Pereira, dem Oheim des Santo Condestável. Als der kastilische König Juan die Grenze überschritt, um Portugal zu unterwerfen, machte er dem Alcaide Gil Cabral verlockende Versprechungen. Doch dieser blieb dem Hause Avis treu und dachte nicht daran, das Kastell zu übergeben. Dies war eine der Voraussetzungen des Siegs von Aljubarrota. João I. dankte es seinem Gefolgsmann, indem er Gil große Ländereien verschrieb, außerdem das erbliche Amt eines Kastellans von Guarda und Belmonte. Gils Sohn, *Fernando Álvares Cabral*, war mit einer Kastilierin verheiratet, Teresa de Novais de

Andrade. Die Andrades waren vor allem in Galizien begütert. In Betanza bei La Coruña befinden sich die großartigen mittelalterlichen Grablegen der Andrades. Der Steinsarkophag Fernán Pérez de Andrades weist eine skulptierte Eberjagd auf, die zur schönsten Plastik des Mittelalters zählt. Durch seinen Hauskaplan Fernán Martis hat er eines der portugiesischen Hauptwerke seiner Zeit, den ›Roman de Troie‹, ins Gallegische übersetzen lassen.

Die Genealogie der Cabrais – die zwei Ziegen im Wappen führen – sollte aber noch einen berühmteren Namen hinzugewinnen, den des Sohnes von Fernão: *Pedro Álvares Cabral*. Schon als Zehnjähriger verließ er die heimatliche Beira, um seine weitere Ausbildung am Hof Afonsos V. zu erhalten. Er blieb auch unter João II. und Manuel I. dem Hof eng verbunden. Unter Manuel erhielt Fernãos Sohn den Habit eines Christusritters. Pedro Álvares Cabral heiratete Isabel de Castro, die mit dem portugiesischen und kastilischen Königshaus versippt war. Ein Verwandter, Fernando de Noronha, hat einer Felseninsel im Atlantik den Namen gegeben – später die Verbrecherinsel Brasiliens. Gab es im Portugal von damals erlauchtere familiäre Bindungen, falls man dem Königshaus nicht gerade selber angehörte? Doch nicht seinen Ahnen und den Angehörigen seiner Frau, sondern seiner eigenen Leistung und einer einmalig günstigen Schicksalsfügung verdankte es Pedro Álvares Cabral, in den Annalen Portugals einen ersten Platz einzunehmen.

Die Ausfahrt

In die Weltgeschichte trat der von Vasco da Gama protegierte Fidalgo aus Belmonte ein, als er von König Manuel 1500 den Auftrag erhielt, als Generalkapitän einer Flotte von dreizehn Schiffen und 1500 Mann nach Indien zu segeln.

Über diese Fahrt berichten uns sieben im Arquivo Nacional in Lissabon verwahrte Dokumente. Das erste handelt von der Ernennung Cabrals zum Capitão-Mór der Armada. Das zweite enthält Instruktionen Vasco da Gamas für Cabral, das dritte und vierte Anweisungen des Königs. Das fünfte ist die Entsendungsurkunde. Diese fünf Dokumente sind im üblichen Amtsstil der Zeit abgefaßt und interessieren uns über die Tatbestände hinaus weniger. Ungemein aufschlußreich

15 Braga, *Die Kathedrale*

17 Guimarães, *Taufkapelle São Miguel do Castelo*

16 Guimarães, *Nossa Senhora da Oliveira*

18 Guimarães, *Straßenbild*

19 *Alltag in* Guimarães

21 Vila Real, *Palácio de los Duques*

20 Bom Jesús do Monte
Wallfahrtskirche

22 Coimbra, *Im Hof der Universität*

23 *Kirche in* Porto →
24 Porto, *Pelourinho (Prangersäule)*
25 Porto *mit der Brücke über den Douro*

sind jedoch die beiden letzten Quellen, Fahrtberichte zweier bemerkenswerter Männer aus der Gefolgschaft des Cabral. Sie müssen uns das verlorengegangene Logbuch des Generalkapitäns ersetzen.

Der eine Augenzeuge der Fahrt ist ein Kosmograph namens Meister Johann. Sein Bericht ist in einem kuriosen Gemisch aus Portugiesisch und Spanisch geschrieben, so daß man ihn von Anfang an für einen Ausländer hielt. War Meister Johann Kastilianer, Grieche oder gar Syrer? Auf die orientalische Herkunft könnte sein astronomisches Wissen deuten, doch ist dies kein stichhaltiger Beweis. Der Historiker Franz Adolf Varnhagen (1816 bis 1878), der in Brasilien allgemein als Visconde de Porto Seguro bekannt ist, hat im vorigen Jahrhundert einen Brief des Meisters Johann entdeckt, den er auch in der von ihm verfaßten ›História do Brasil‹ abdruckte. Der Brief ist mit ›Johann Emenelaus‹ unterzeichnet. Diesen latinisierten Nachnamen deutete der vor einigen Jahren in São Paulo verstorbene Geschichtsforscher Friedrich Sommer mit Emmerich. Sommer folgert, daß Meister Johann, der eine Gewährsmann der Fahrt Cabrals, identisch sein müsse mit Baccalaureus Johann Emmerich, einem deutschen Nautiker, der nach einem nicht datierten Schriftstück in Lissabon um 1500 die Kunst der Längenberechnung lehrte. Dieser Nautiker – in dem Schriftstück als ›Pilot‹ bezeichnet – könne nun, so argumentiert Sommer weiter, an Bord eines der Schiffe Cabrals gewesen sein, um die Längenangaben des Vertrags von Tordesillas zu bestimmen. Dieser Vertrag betraf bekanntlich die päpstliche Aufteilung der Welt zwischen Portugal und Spanien durch einen Längsschnitt, der von Pol zu Pol führte. Dem Meister Johann – ob er nun mit Johann Emmerich identisch ist oder nicht – verdanken wir die Erstbeschreibung des Sternbilds vom südlichen Kreuz, des Cruzeiro do Sul, das später zum Symbol Südamerikas werden sollte.

Der zweite Fahrtbericht – und zugleich das siebente Dokument – stammt aus der Feder eines Pedro Vaz de Caminho aus Porto, der zum Sekretär der im indischen Kalikut zu errichtenden portugiesischen Faktorei ausersehen war. Diese Stelle hat er nach der Ankunft im gleichen Jahr auch angetreten. Doch schon nach kurzer Zeit wurde er von Moslems, die einen Angriff auf die Faktorei unternahmen, erschlagen. Sein Name ist unvergessen aufgrund seiner Schilderung der Entdeckungsreise Cabrals, die insofern die Aufzeichnungen des Meisters Johann ergänzt, als sie sich weniger an wissenschaftliche Beobachtungen als an eine anschauliche Wiedergabe der Fahrterlebnisse hält.

Der Augenzeugenbericht

In den ersten Märztagen 1500, so wissen wir aus Pedro Vaz de Caminhos Bericht, liefen in Lissabon die Neugierigen zusammen, wie immer, wenn eine Entdeckerflotte zur Ausfahrt bereitlag. Wenn wir uns die Sensation einer überseeischen Expedition von damals verdeutlichen wollen, so hilft uns wiederum nur der Vergleich mit der Astronautik. Die Fahrt übers Meer war vielfach ein Abschied fürs Leben, im besten Fall für Jahre, und die Leiden an Hunger und Durst – etwa bei monatelanger Windstille auf hoher See – überstiegen alles denkbare Maß. Dennoch fanden sich immer wieder Beherzte, das große Abenteuer zu wagen. Sie waren im Gespräch des ganzen Landes und hatten das Gefühl, bei einem säkularen Ereignis dabeizusein. Der König gab ihnen das Geleit.

Am 8. März verließ Pedro Álvares Cabral den Palast des Alcáçova und marschierte, vom Volk umjubelt, an der Spitze seiner Mannschaft zum Tejo. Ein Dschungel von Masten gruppierte sich um die Expeditionsflotte, dekoriert mit einer Überfülle von Wimpeln. Trompetenstöße und anhaltender Jubel umbrausten die Männer, als sie auf ihre Schiffe gingen, Cabral, seine Kapitäne, die Mannschaft, sechs Franziskanermissionare unter Führung von Pater Henrique aus Coimbra, einige Weltpriester sowie ein Pfarrverweser, der mit Pedro Vaz de Caminho in Kalikut bleiben sollte. Nicht zufällig war der Nestor der portugiesischen Seefahrt, der Infant Henrique, Großmeister der Christusritter von Tomar gewesen: neben den wirtschaftspolitischen Absichten standen immer auch Ziele christlicher Politik. Moralisch unterstützt durch eine päpstliche Bulle, trachteten die Portugiesen danach, den Islam, noch immer der Erzfeind des Abendlandes, im Rücken zu fassen. Die Flaggen der Karavellen trugen das Kreuz des ›Ordem do Cristo‹.

Um drei Uhr nachmittags wurden die Anker gelichtet. Die Flotte fuhr bis Belém. Der nächste Morgen sollte nochmals eine festliche Zeremonie bringen: den Abschied vom König. Cabral hatte die Ehre, in der Eremitage von Restelo neben Dom Manuel auf der königlichen Tribüne zu sitzen. Nach der von Bischof Diogo von Ortiz zelebrierten Messe übergab der Monarch dem Konquistador das Christusbanner. In feierlichem Zug, angeführt von Fahnenträgern, begab man sich dann zum Kai, wo der Generalkapitän und die Kapitäne der einzelnen Schiffe sich von dem König mit Handkuß verabschiedeten. Unter Salutschüssen und begeisterten Zurufen lief die Flotte aus.

Schlechte Winde für Cabral

Am 14. März erreichte Cabral mit seiner »ausgesuchten und bewaffneten Mannschaft« die Kanarischen, eine Woche später die Kapverdischen Inseln. Und nun entfernte sich die Armada immer mehr von der afrikanischen Küste und nahm Westkurs auf das offene Meer hinaus.

Über die Kursabweichung von der direkten Route zum Kap der Guten Hoffnung ist viel gedeutet worden. Die meisten Historiker sind sich einig, daß man im Zeitalter der Conquista gerne Umwege, die heute unsinnig wären, in Kauf nahm, wenn man sich nur gute Winde davon versprach. Und gerade die Bucht von Guinea, die Cabral, darin Vasco da Gama folgend, mit seiner Westorientierung vermied, galt als windarm, im weiteren Küstenverlauf aber war mit widriger Strömung und heftiger Dünung zu rechnen.

Es gibt aber auch eine andere Vermutung über die merkwürdige Westfahrt: der Generalkapitän habe schlechte Winde vorgeschützt, um die westliche Hemisphäre anzusteuern und den Spaniern ein wenig in ihre amerikanischen Karten zu schauen. Geheime Anweisungen hätten Cabral den Umweg nahegelegt.

Und die dritte, bestechendste Hypothese: Lissabon wußte längst von der Existenz des südamerikanischen Festlandes, das bereits vor 1494 von einem gewissen Duarte Pacheco berührt worden sein soll. König Manuel verhängte über die Entdeckung Pachecos eine strikte Nachrichtensperre, bis er sicher sein konnte, daß der Heilige Vater die Okkupation Brasiliens durch die Portugiesen billigen würde.

Für diese These spricht allerdings der bei den Weltteilungs-Verhandlungen von Tordesillas vorgetragene, bis zur Kriegsdrohung hartnäckig verfochtene Standpunkt Portugals, die Demarkationslinie zwischen spanischer und portugiesischer Interessensphäre nicht 100, sondern 360 Meilen westlich der Kapverdischen Inseln zu ziehen. Ohne das Wissen um die südamerikanische Festlandküste hätte man sich 1494 den geforderten und schließlich durchgesetzten 46. Längengrad als durch den Atlantik verlaufend denken müssen. Welches Volk hat ein Interesse, ein Stück Ozean zu gewinnen? Dies hätte den portugiesischen Anspruch ad absurdum geführt.

Cabral segelte also westwärts und konnte dies ohne allzu großes Risiko tun; denn daß er irgendwo im Westen auf Land stoßen würde, war ja seit Kolumbus kein Geheimnis mehr. Am 21. April entdeckte die Armada die ersten Anzeichen einer Küste – das gleiche erregende Abenteuer hatte acht Jahre zuvor die ›Santa María‹ vor der Bahama-Insel Guanahani gehabt. Tags darauf kam das Land in Sicht: ein von tropischem Dschungel über und über bedeckter Küstenstreifen, hinter dem sich ein respektables Randgebirge – Serra do Mar – breitete. Da der Tag, als die Ankömmlinge festen Boden erblickten, in die Osterwoche fiel, nannte Cabral eine Bergkuppe, die sich über den Rücken der Serra erhob, Monte Pascoal, Osterberg. Dieser erste von Europäern fixierte Punkt Brasiliens liegt, wie wir heute wissen, an der Küste des nachmaligen Staates Bahia. Da der Platz für ein längeres Verweilen der Flotte nicht günstig schien, lief die Armada zehn Leguas weiter nach Norden, wo sie eine ideale, von kleinen Inseln durchsetzte Bucht antraf, die Cabral denn auch Porto Seguro, Sicherer Hafen, nannte.

Die erste Messe

Am 26. April (Ostersonntag) ließ er auf einer der Inseln – der heutigen Insel Corôa Vermelha, Goldene Krone, – einen provisorischen Altar errichten: Schauplatz der ersten christlichen Messe auf brasilianischer Erde. Neben Kompaß und Schwert war den Konquistadoren stets das Kreuz wichtig – nicht nur für den weltlichen Monarchen, auch für den König des Himmels zogen sie aus.

Einige Tage später wiederholte sich die Zeremonie der Messe

auf Festlandboden, auf einem Hügel in der Nähe des heutigen Rio Mutarí. Hinter dem Altar richtete man ein riesiges Holzkreuz auf. Pater Henrique zelebrierte die Messe. Eine Artilleriesalve leitete das erste Kapitel der südamerikanischen Geschichte ein, zu der Kolumbus den Prolog geschrieben hatte. Cabral nahm von dem Küstenstrich formell für die portugiesische Krone Besitz und nannte das gewonnene Land im Namen des Königs nach dem Emblem des Christusbanners ›Ilha de Vera Cruz‹ – ›Insel des wahren Kreuzes‹. Dieser 1. Mai 1500, der der Menschheit einen neuen Erdteil schenkte, nämlich den südamerikanischen Subkontinent, ist zugleich auch ewig verbunden mit menschlichem Irren: keine Insel hatte man entdeckt, wie Cabral glauben mochte, sondern eine riesenhafte Landmasse, die Europa mehr als zweimal einschließen könnte. Als man den Irrtum entdeckte, taufte man das Neuland in ›Terra de Vera Cruz‹ – ›Land des wahren Kreuzes‹ um.

Der im vorigen Jahrhundert wirkende brasilianische Maler Vitor Meireles hat die Szene am Rio Mutarí mit dem Pinsel nachempfunden, auf einem jener bombastischen Historienbilder, wie sie damals in Europa und Amerika Mode waren. Wir können Meireles' Figurenpanorama noch heute im Ipiranga-Museum in São Paulo betrachten: Pater Henrique, wie er in weißer Soutane vor dem Holzkreuz die Hostie hält, hinter ihm, die Häupter geneigt, die Ministranten und im Umkreis die Kapitäne, Piloten und Mannschaften Cabrals, auf Hellebarden gestützt oder demutvoll kniend. Doch nicht so sehr die mit Parasitenpflanzen behängten Urwaldriesen, nicht so sehr die schlanken Assai-Palmen geben dem Bild das exotische und für das damalige Europäerauge neuartige Gepräge, sondern die am Boden kauernden und auf den Ästen hockenden federgeschmückten Indios.

Gewiß war Cabral und seinen Schiffsbesatzungen die Existenz der Indianer vom Hörensagen bekannt; Kolumbus hatte ja bereits vor Jahren Bewohner der Neuen Welt zum Beweis an den Madrider Hof gebracht. Dennoch müssen Staunen und zugleich auch leichte Furcht die Mitglieder der Expedition von 1500 erfüllt haben: zum ersten Mal begegneten sie persönlich diesen ganz anders gearteten heidnischen, nackten Menschen, deren Heimat der Urwald war und die eine fremde, unverständliche Sprache sprachen. Man kann sich vorstellen, wie die Portugiesen Cabrals versuchten, durch Gesten und Zeichen das Vertrauen der

Naturmenschen zu gewinnen, sie zu bewegen, ihre Güter gegen Flitter und Glasperlen einzutauschen.

Ganz im Gegensatz zur späteren Conquista eines Pizarro oder Almagro bemühte sich der Capitão-Mór, Auseinandersetzungen mit den Eingeborenen zu vermeiden. Er ließ Hemden und Kreuze verteilen. »Wir achteten strikt darauf«, schrieb Vaz de Caminho, »niemanden mit Gewalt wegzuschleppen oder sonst irgendein Aufsehen zu erregen, denn wir wollten die Indios vollkommen friedlich stimmen und beruhigen.«

Zum Zeugnis seiner Entdeckung – wie wenig er ihr auch Gewicht beimaß – sandte Cabral eine seiner Karavellen, geleitet von Kapitän Gaspar de Lemos, zum Tejo heim. Außer seinem eigenen Bericht führte der Kapitän die Aufzeichnungen des Pedro Vaz de Caminho und des Meisters Johann für König Manuel mit, ferner Proben der Indianergeräte, Pflanzen, Brasilholz, Vögel, vor allem buntgefiederte Papageien.

Ehe Cabral die übrigen Schiffe flottmachte, ließ er zwei Zuchthäusler auf der Ilha de Vera Cruz zurück, damit sie die Indianersprache erlernen und später als Dolmetscher dienen könnten. Diese Praxis übten die Portugiesen auch bei ihren späteren Landnahmen in Südamerika.

Am 2. Mai stach der Generalkapitän mit seinen nunmehr zwölf Seglern wieder in See, jetzt in direkter Richtung auf die Südspitze Afrikas. Beim Kap der Guten Hoffnung kam Sturm auf. Der Entdecker des Kaps, Bartolomeu Dias, der in Cabrals Armada eine Nau kommandierte, kam dabei ums Leben. Nochmals hatte sich das Kap als Cabo tormentoso erwiesen. Von Cabrals nachfolgender Indienfahrt wissen wir nichts – lediglich, daß er am 31. Juli 1502 wieder in Lissabon anlangte.

Nachdem Pedro Álvares Cabral ein Jahr nach Kapitän de Lemos in die Heimat zurückgekehrt war, trug man ihm an, das Kommando einer weiteren Indien-Expedition zu übernehmen. Die Flotte sollte zwanzig Segler zählen, in zwei Abteilungen, Divisões, zu je zehn Schiffen. Befehlshaber der zweiten Divisão war auf Wunsch des Königs der Visconde Sodré. Cabral, der die Fähigkeit des Visconde bezweifelte, vielleicht auch über die Sodré eingeräumten Rechte verärgert war, protestierte bei Dom Manuel, von Vasco da Gama unterstützt. Doch der König war aus irgendwelchen Gründen seinem Generalkapitän nicht mehr geneigt. Er wies ihn ab.

Cabral hat keine neue Fahrt mehr unternommen. Verbittert lebte er auf seinen Gütern in Santarém. Afonso de Albuquerque, Vizekönig von Indien und Oheim Cabrals mütterlicherseits, trat am Hof für ihn ein. Ein Brief Albuquerques, datiert 1514 in Calicut, ist erhalten:

Pedro Álvares Cabral, der immer ein treuer Diener Eurer Majestät gewesen ist und Eure Aufträge gut ausgeführt hat, ist aus Eurer Gnade ausgeschlossen worden. Ich kenne nicht den Grund Eures Unwillens. Wenn ich auch annehmen muß, daß die Schuld bei ihm liegt, so möchte ich doch glauben, daß er bei Eurer Majestät ein Pardon finden wird. Denn ich weiß aus Erfahrung, daß Eure Majestät auch anderen Personen verziehen und ihnen Gnade und Lohn gegeben haben.

Die Fürsprache des Vizekönigs muß genützt haben. Denn im Jahre 1515 ist ein Gnadengehalt für Cabral vermerkt. Und 1518 ist im ›Livro dos Moradores (Untertanen) de D. Manuel‹ Cabral als ›Cavaleiro do Conselho Régio‹ aufgeführt. Das manuelinische ›Wer ist wer?‹ registriert ferner eine Monatsrente von 2437 Reis für den Descobridor.

1520 schloß Cabral in Santarém die Augen. Dort, im rechten Querschiff der gotischen Igreja da Graça, Gnadenkirche, befindet sich sein Grab. 1903 ist es geöffnet worden. Man hat einen Knochen entfernt und in einem Reliquiar nach Brasilien geschickt. In der Capela-Mór der Candelária, der Kathedrale Rios in der Avenida Presidente Vargas, wird die weltliche Reliquie des Entdeckers der ›Terra de Vera Cruz‹ seither verwahrt. Ebenfalls stellte man dort eine Kopie der Bronzestatue Cabrals aus Belmonte auf.

Nach dem Tod des Entdeckers erhielten die Witwe und die Söhne königliche Renten. Isabel de Castro wurde mit 30000 Reis versorgt. Wir wissen, daß sie als Camareira der Infantin Dona Maria, Tochter Joãos II., Dienste geleistet hat. Am Hof zu dienen, galt nicht als erniedrigend, sondern als hohe Auszeichnung.

Bei aller möglichen Verkennung Cabrals zu Lebzeiten: unvergessen bleibt seine Tat, die erste Landung auf Brasiliens Boden. Obwohl er zu den Ersten zählte, die Brasilien betraten, hat er dessen Wert nicht erkannt. Sein Rapport lautete: »Hier ist nichts zu erben. Weder Gold noch Silber.«

In Wahrheit handelte es sich um eines der reichsten Gebiete der Erde und um die bedeutendste Landnahme der Conquista...

Belmonte

Belmonte ist eine kleine gebirgige Stadt mit einer Hauptstraße, die von langgestreckten weißgekalkten Häusern flankiert wird; sie tragen, ein- bis zweistöckig, mächtige Brasões zur Schau. Die mit Hohlziegeln gedeckten Herrensitze zeigen an, daß hier bedeutende Geschlechter der stark feudalistisch geprägten Beira Alta seßhaft waren. Eines der Gebäude wird als das der Cabrais ausgegeben. Sein Brasão zeigt das Emblem einer Ziege.

An der Hauptstraße steht auf einem kleinen buschreichen Platz auch das Denkmal des größten Sohns von Belmonte. Aus Anlaß der 500-Jahrfeier des Geburtstags von Pedro Álvares Cabral hat man 1963 dem Bildhauer Álvaro de Brée den Auftrag gegeben, eine Statue des Entdeckers anzufertigen. In grünpatinierter Bronze steht er nun im Herzen seiner Geburtsstadt. Die Statue stellt einen bärtigen Mann dar, gegürtet und im Mantelumhang, den Blick in die Ferne gerichtet, in der Linken ein mächtiges Kreuz, an dessen Längsbalken ein Schwert lehnt. Darüber liest man in eingravierten Buchstaben »Terra de Vera Cruz«. In der andern Hand hält der Entdecker ein Astrolabium. Eine Stele vor dem Monument vermerkt den Kernsatz des Rapports, den Cabral nach seiner Entdeckungstat durch Pero Vaz de Caminho an seinen König geleitet hat: »Neste dia, nas horas da vespera, houvemos vista de terra... a Terra de Vera Cruz« – »An diesem Tag, zur Stunde der Vesper, haben wir Land gesehen... das Land des Wahren Kreuzes.«

Das eindrucksvollste Bauwerk der kleinen Stadt ist die romanische *Kirche Santiago*, die, am höchsten Punkt von Belmonte, dem Kastellportal genau gegenüberliegt. Hier begegnen uns am Gemäuer wieder zwei übereinander angeordnete Ziegen: das Wappen der Cabrais. Das schlichte Kircheninnere besitzt eine Empore sowie einen kleinen abgetrennten Raum vor dem Chor, in dem sich der Sarkophag von Cabrals Mutter befindet, daneben die Granitstatue Nossa Senhora da Piedade aus dem 18. Jahrhundert. Die Wundmale Christi der Pietà sind mit roter Farbe angedeutet. In dem drastischen Realismus, zu dem das Barock bei aller Stileigentümlichkeit fähig sein konnte, sind auch die Leiden eines heiligen Sebastian wiedergegeben. Der Triumphbogen hat romanische Kapitelle, der Chorteil alte Freskenreste. In einem kleinen Seitenhof stehen die steinernen Sarkophage von Fernão und Enrico Francisco Cabral aus dem Jahre 1630. Sie belehren uns, daß das Adelsgeschlecht, dem der Entdecker Brasiliens entstammte, zur Zeit der Habsburgerherrschaft noch in Belmonte ansässig war.

Das bedeutendste Stück in der kleinen Kirche ist geradezu eine ›Relíquia nacional‹: O Imagem da Nossa Senhora da Esperança, das Bildnis Unserer Herrin von der Hoffnung. Die gotische Skulptur hat Cabral auf seiner Karavelle 1500 nach Brasilien begleitet. Nach seiner Rückkehr stiftete er in der nahen Serra da Esperança eine Eremida der Franziskaner, der er die nationale Reliquie übergab. Dort stand sie bis zum Verfall der Eremitage. Sie gelangte dann in die Santiago-Kirche von Belmonte. Die Stadt hat kürzlich eine Kopie dem Tochterland Brasilien zum Geschenk gemacht. 1971 wurde die Igreja de Santiago von Grund auf renoviert. In dieser Zeit fand die bedeutende Reliquie vorübergehend einen anderen ›Schrein‹, die an einem anmutigen Platz gelegene, jedoch kunstgeschichtlich bedeutungslose Matriz-Kirche.

Belmonte hat noch ein weiteres Monument aufzuweisen. Die Region am Fuß der Serra da Estrela, dort wo die nahe Mondego-Senke einen bequemen Durchlaß nach Westen gewährt, erschien bereits den Römern als strategisch wichtig. Sie gründeten in Lusitanien den Platz *Centum Cellas*, Hundert Zellen. Die Überlieferung behauptet, es sei ein Gefängnis für hundert Sträflinge gewesen. So sieht der Bau, der dort erhalten geblieben ist, nicht aus. Er ist eher ein Wachtturm, hervorragend gemauert, mit zwei Stockwerken, die an der Außenmauer durch ein Gurtgesims unterteilt sind. Über dem Oberstock ragen Zinnen auf. Diese Bauweise unterscheidet sich stark von den Wehrbauten des Limes, doch wir müssen die anderen geographischen Gegebenheiten bedenken. Im 2. Jahrhundert soll der römische Bischof Cornelius hierher verbannt worden sein. Er wurde, wie es heißt, einer der profunden Bekehrer der Lusitanier von Beira Alta, zu einem Zeitpunkt, als das Christentum in Rom selber noch nicht offiziell anerkannt worden war.

Der Besuch des Präsidenten

1963 hatte Belmonte sein ›Ereignis‹. Zur 500-Jahr-Feier von Cabrals Geburtstag kam Brasiliens Expräsident Juscelino Kubitschek de Oliveira, der Gründer von Brasília, in die kleine Stadt am Fuß des Estrela-Gebirges, um die von Álvaro de Brée gefertigte Bronzestatue einzuweihen. Seine Reise auf den Spuren Cabrals war von Ovationen begleitet. Er selber betonte pathetisch – das Portugiesische ist zu besonderem Pathos fähig – die portugiesisch-brasilianische Gemeinsamkeit, enthusiastischer vielleicht, als es der politischen Wechselwirkung der beiden Länder in unsern Tagen entspricht. Dennoch ist die überseeische Verbindung zwischen Portugal und seinem gigantischen ›Sohn‹ unverkennbar. Dieser schaut mit Sympathie und der Jovialität des Arrivierten auf das ärmere Mutterland.

Am 10. Januar 1963 wurde Kubitschek auf dem Flugfeld von Lissabon stürmisch und mit Ovationen begrüßt. »Das Flugzeug schlug einen Rekord«, schrieb ›Diário de Notícias‹, »um den abraço eines großen Freundes zu bringen.« Unter abraço versteht man Umarmung. Es ist die typische brasilianische Begrüßungsform. Gibt es ein stärkeres Wort für freundschaftlichen Kontakt, als die Bezeichnung für diese herzliche Zeremonie? Der lateinische Sinn für Feierlichkeit prägte noch kraftvollere Wendungen zum Lob des ehemaligen Oberhauptes der Schwesternation und legendären Schöpfers der ›modernsten Hauptstadt der Welt‹. Man begrüßte Kubitschek am Tejo als ›Embaixador da Amizade‹ – ›Botschafter der Freundschaft‹.

»Kubitschek de Oliveira ist ins Vaterhaus gekommen«, so das Lissaboner Blatt
emphatisch, *»um die Statue des größten seiner und unserer Vorfahren einzuweihen,
Pedro Álvares Cabrals. Wir Portugiesen werden es nie vergessen, daß ein Brasilianer, einer der größten, die an Brasiliens Zukunft gearbeitet haben, heute zu uns
gekommen ist, die Flamme der Brüderschaft zu nähren, die in uns lebendig ist.«
Der solenne Gast von Übersee übertrumpfte das Begrüßungspathos noch, indem er
erklärte, er sei gekommen »anulando o mar« – »das Meer zu annullieren«, gewissermaßen Portugal um Brasilien zu verlängern und aus zwei Vaterländern
ein einziges zu machen.*

Der prominente Brasilianer unternahm nun zu Ehren Cabrals eine historische Pilgerfahrt, eskortiert von unzähligen Autos, die ihn in die Städte Santarém, Abrantes, Covilhã, Belmonte, Guimarães und Porto führte. Mit vielen Portugiesen kam der Präsident ungezwungen ins Gespräch. Einen vermummten Mann am Straßenrand fragte er, ob er friere. Dieser antwortete schlagfertig: »Nein, ich habe mich nur dick angezogen, um mein Herz für Ihren Empfang warm zu halten.« In Santarém, dem Sterbe- und Begräbnisort Cabrals, fand ein Empfang Kubitscheks durch den damaligen portugiesischen Präsidenten Salazar statt. In Guimarães legte der Brasilianer einen Kranz zu Füßen der Bronzestatue des ersten portugiesischen Königs nieder. In Porto besuchte Kubitschek die barocke Lapa-Kirche, in der das Herz Dom Pedros I., des ersten Kaisers von Brasilien, ruht – auch dies eine Stätte brasilianisch-portugiesischer Gemeinsamkeit.

Doch vor allem verdient es eine Station der präsidentialen Pilgerfahrt, Covilhã am Fuß der Serra da Estrela, in den Annalen der jüngsten Geschichte Portugals festgehalten zu werden. Der Präsident der Kammer von Covilhã hatte nämlich eine sinnige Idee. Jedermann kennt heute den Präsidialpalast Brasiliens in der neuen Hauptstadt Brasília, den ›Palast der Morgenröte‹. Der Architekt Oscar Niemeyer hat ihn erbaut und ihn, anstelle der sonst üblichen Säulen, mit lyraförmigen Vorsatzstücken umgeben. Der Kammerpräsident ließ nun zum Empfang des brasilianischen Gastes vor die Fassade der Präfektur seiner Stadt Attrappen montieren, die den unverkennbaren Stützen des Palasts der Morgenröte in Brasília nachgebildet waren. Sie mußten bei dem Expräsidenten, der den Palast zeitweise bewohnt hatte, ›Heimatgefühle‹ wecken. Bei abendlicher Beleuchtung war die Illusion vollkommen.

Höhepunkt der Freundschaftsreise Kubitscheks war sein Aufenthalt in Belmonte, der ›terra dos Cabrais‹. Eine Menschenmenge füllte Plätze und Straßen der Bergstadt. Schüler in den in Portugal üblichen Schultrachten fuhren dem brasilianischen Expräsidenten entgegen, um ihn zu ›rauben‹. Er mußte in das Gefährt der Schüler umsteigen und wurde unter dem frenetischen Ruf »Fra Fro Fru Urra Urra« triumphal in Cabrals Geburtsstadt gebracht. Auf dem Platz des Denkmals, das Kubitschek einweihen sollte, war ein riesiges Wappen von Belmonte aufgestellt, das ein Kastell zeigt. Nachkommen Cabrals waren beim Festakt der Inauguration anwesend. Man übergab dem Brasilianer den Schlüssel des Kastells, wie es im Mittelalter bei Eroberung von Festungen üblich war. Und man nannte eine neugegründete Ortschaft der Beira Alta ›Nova Brasília‹.

Beeindruckt von dem stürmischen Empfang in Cabrals Geburtsstadt, ließ sich der Expräsident zu weiteren spontanen Äußerungen hinreißen. Er sprach von der portugiesischen Priorität beim Export der Güter der Kultur in ein bis dahin unbekanntes Klima. Damit bekannte er sich zum lusitanischen Ursprung seiner Nation und gedachte der Stern- und Geburtsstunde des Giganten zwischen Zuckerhut und Amazonas. Nun war Kubitschek schon so eingefangen in die lusitanische Atmosphäre, daß er, der Brasilianer, die Portugiesen von Belmonte mit ›Compatriotas‹, Landsleute, anredete.

Am 19. Januar 1963 flog Kubitschek nach Brasilien zurück. Die Attrappen vor der Präfektur von Covilhã wurden wieder abmontiert. Aber heute noch erinnert man sich in der ›terra dos Cabrais‹ des Wortes, das der Gründer der neuen brasilianischen Hauptstadt in Portugal gesprochen hat: »Die Entdeckung Brasiliens ist noch nicht zu Ende. Mit Brasília setzen wir das Werk der Portugiesen fort.«

Kastelle am Rio Côa

Der Kastellgürtel, der von Bragança bis Castro Marim an der gesamten Ostgrenze Portugals entlangläuft, verdichtet sich in der Umgebung von Guarda. Hier schirmte man riegelartig Portugals verletzlichste Stelle, die Mondego-Senke, ab, durch die meist fremde Armeen in Portugals Herzkammer eindrangen. Auf einem Fresko in der Halle des Hotels Touristico in Guarda ist das Netz der im Umkreis befindlichen Kastelle zu sehen. Besonders dicht ist das Ufer des Rio Côa, des Hundeflusses, mit Burgen armiert, so daß zur Barriere des Wassers noch der Riegel der Mauern kam.

Die Kastelle liegen manchmal in Orten von Dorfgröße, deren baulicher Aufwand aber eine größere Bedeutung in der Vergangenheit erkennen läßt. Daß diese ehemaligen Residenzen zu Dörfern herabgesunken sind und in keinem Verhältnis mehr stehen zur Dimension ihrer Donjons, erinnert bildhaft an den Verfall von Portugals großer Epoche im späten Mittelalter. Auch erweist die Kastelldichte, welch ungeheure ökonomische Kraftanstrengung nötig war, damit das kleine Land seine Selbständigkeit behaupten konnte.

Unter den Kastellen am Rio Côa ist *Pinhel* eines der am besten erhaltenen. Der Ort besitzt noch seinen Mauerring mit sechs Wachttürmen und die Burg des Königs Dinis. Der Pelourinho auf dem Hauptplatz des romantischen Ortes hat Laternenform.

Auch *Sabugal*, ebenfalls am Hundefluß, lohnt einen Besuch. Wenn man von Guarda nach Südosten fährt, taucht plötzlich auf einem Hügelrücken die gewaltige fünfeckige Torre de Menágem auf, mit Pechnasen an allen Ecken. Um den Bergfried scharen sich fünf weitere Türme. Ein alter Spruch lautete:

> Castelo de cinco quinas não ha em Portugal,
> Se não junto ão rio Côa, na vila de Sabugal.
>
> Ein Kastell mit fünf Ecken gibt es nirgends in Portugal,
> nur am Rio Côa, in der kleinen Stadt Sabugal.

Auch dieses Kastell ist eine Gründung des Königs Dinis. 1328 weilte hier die Infantin Maria, Tochter Afonsos IV. und Enkelin der Santa Isabel, ehe sie nach Kastilien zog, um Alfonso XI. zu ehelichen. Für Maria begann eine Zeit der Leiden. Ihr Gemahl führte gegen ihren Vater Krieg. Aus der Ehe ging der kastilische König Pedro I. hervor, der seiner Grausamkeit wegen ›El Cruel‹ hieß und schließlich von seinem Bastard-Bruder Enrique de Trastamara 1369 ermordet wurde. Seine portugiesische Mutter verbrachte nach einem Leben der Demütigungen ihre letzten Jahre in Portugal.

Verglichen mit der Silhouette des Kastells, ist auch in Sabugal die Häuser-Kulisse bescheiden, dörflich, ärmlich. Auf der Praça Camões steht ein alter Solar, dessen Loggia von zierlichen Säulchen gegliedert wird. Heute ist in dem einst aristokratischen Gebäude die Gemeindebibliothek untergebracht. Der Ort ist schweigsam und verlassen. Ein paar schwatzende Alte sitzen unterm Pelourinho.

Eine Großzahl der jüngeren Bewohner von Sabugal ist der Armut des dunklen und nackten Bodens entronnen, um sich in Frankreichs Industriezentren zu verdingen, wo man auch bei ›schwarzem‹ Grenzübertritt jederzeit ankommt. Da die Alten ihren Kindern nicht gleich nachfolgen können, ist der Ort derzeit überaltert. Die Zurückgebliebenen leben im Schatten des Monstre-Kastells und der großen portugiesischen Vergangenheit, ohne große eigene Ansprüche, in Verbundenheit mit ihrer Religion. Heiligenbilder oder Heiligensprüche hängen an den Kalkwänden der Häuser.

Manche Häuser sind verriegelt. Die Familien zogen mit Sack und Pack nach Paris oder Clermont-Ferrand und kehren etwa einmal im Jahr in Autos mit französischen Nummernschildern in den kleinen Ort unter den zyklopischen Mauern des Königs Dinis zurück, um nach ihrer Casa zu schauen und sich ihres gehobenen Standards wegen von den Daheimgebliebenen anstaunen zu lassen. Trotz des portugiesischen Trends, den besseren Löhnen in den Industrieländern nachzujagen, ist die Saudade groß, das Bedürfnis, von Zeit zu Zeit zurückzukehren in das angestammte ›Ambiente‹ der Beira Alta, der Region um den Rio Côa.

Der merkwürdigste burgbewehrte Ort im Vorgelände von

Guarda ist *Castelo Mende*. Er liegt an der Ausfallstraße nach Spanien, nicht weit von der Grenzstadt Vilar Formoso, auf vegetationsarmer dunkelroter Erde. Plötzlich sieht man rechts von der Fahrbahn in einer sanften Niederung ein verwunschenes mittelalterliches Stadttor zwischen zwei Türmen. Es lädt zu einem Abstecher geradezu ein. Zu jeder Seite der Einfahrt ist eines jener prähistorischen Granittiere aufgestellt, von denen man nie genau weiß, sind es Eber, sind es Stiere. Tritt man durch das Tor, so gelangt man zu ruinösen, menschenarmen Gassen, in ein Geviert halbverfallener Häuser, die dunkel zusammengeschichtet sind. Man zögert, in dieser gespenstischen Umgebung seine Kamera auf den Prospekt des Elends zu richten, den dieser, wie es scheint, völlig vergessene und nahezu aufgegebene Ort darstellt. Gelegentlich erkennt man an einer der zerbröckelnden und verwitternden Häuserfronten die zerschundene Physiognomie eines einstigen Solars, der heute ein Speicher oder ein Stall ist. Das ehemalige Tribunal mit Loggia und bauchigen Säulen ist dem Zusammensturz nahe, der Holzboden des Oberstocks brüchig und faul. Alles, was einst den Glanz des Geschlechtes der Mende und ihrer Residenz ausgemacht haben muß, ist verrottet und gerade nur andeutungsweise erkennbar, ein rissiger manuelinischer Bogen, ein barocker Chafariz, ein Palast-Patio. Nur die Kirche São Pedro wirkt einigermaßen ordentlich sowie der Pelourinho davor, laternenförmig wie der von Pinhel.

Auch die Menschen in dieser makaberen Kulisse muten elend und fast unwirklich an. Die Kinder, die einen umdrängen, haben Grind und anderen Ausschlag. Ein Eselreiter hockt auf einem Stoß von Fellen, die über den Rücken seines Grautiers gebreitet sind. Frauen tragen auf dem Kopf Wannen mit Wäsche. Hunde und Katzen streunen, gierend nach Abfall, durch die trostlosen Gassen.

Wie gewöhnlich nahm der ehemalige Sitz der Herren des Ortes, der Mende, die oberste Stelle des befestigten Platzes ein. Vom Kastell ist nicht viel übriggeblieben, gerade nur etwas Gemäuer und eine steinerne Scheuer. Die gotische Kirche Santa Maria, die zum Burgareal gehörte, ist ohne Dach und in verwahrlostem Zustand. Auf dem Boden liegen im Schutt ornamentierte Holzteile des Renaissance-Altars, der nur noch ein Wrack ist. Spuren von Malereien sind blaß am Torso des Triumphbogens erkennbar. Die Sakristei muß ihrem Zustand nach eine Zeitlang als Ziegenstall gedient haben. Unmöglich, den einstigen Glanz eines Herrengeschlechtes mit dem räudigen Aussehen des Castelo Mende unserer Tage in Einklang zu bringen. Nur die Sicht vom Kastellhügel über die Weite der dunkelroten Erde erfreut das Auge. Es ist bereits spanischer Boden.

Einsam steht auf dem abgestorbenen Terrain des einstigen Kastells eine Grabstele. Sie verkündet, daß hier Dom Souzo Mende ruht, der der Corte Real angehört hat und ein »fidel Cavaleiro« des Königs gewesen ist.

Vor dem Stadttor von Castelo Mende breitet sich ein Feld granitener Platten aus. Da und dort ragen granitene Kreuze empor. Es ist das Calvarium des aus feudalistischer Höhe herabgesunkenen Orts – so ärmlich und ruinös wie das gesamte Profil dieses verwitterten Reliktes einer bedeutenden Vergangenheit, das die Welt von heute vollkommen übersehen hat. Der morbide Ort kommt eher einer Nekropole gleich als einem lebendigen Organismus unserer Tage.

Die Festung Almeida

Demgegenüber ist Almeida, grenznah nordöstlich von Guarda gelegen, ein Ort von gewisser Wohlhabenheit, mit meist weißgekalkten Häusern. Auch die Zeugnisse der Vergangenheit sind in gutem Zustand. Almeida hat durch das Festungsbausystem Vaubans, das unter dem Bragança-König João V. in Portugal Eingang gefunden hat, sein Gesicht bekommen. Dabei wurde der einfache mittelalterliche Mauerring durch eine sternförmige Steinumgürtung ersetzt, hinter der sich die Stadt einigeln kann. Ein Angreifer sieht sich einem von sternförmigen Bastionen starrenden System gegenüber, denen er sich nur selbstmörderisch nähern kann, denn gleich von verschiedenen Seiten ist er dem Beschuß ausgesetzt.

DIE FESTUNG ALMEIDA

Das System des Festungsbaumeisters des Sonnenkönigs hat sich so bewährt, daß man es im ganzen Europa des 17. und 18. Jahrhunderts eingeführt hat. Meist ist die sternförmige Schanze später, als neue militärtaktische Prinzipien Forts dieser Art überflüssig machten, geschleift worden, so in Straßburg oder Landau. In Hamburg, das in ähnlicher Weise befestigt war, ist der Festungsstern dem Namen nach in Erinnerung geblieben: in der Bezeichnung ›Sternschanze‹ für eine Stadtbahnstation. Doch es gibt auch noch Plätze, die ihre Vauban-Sterne beibehalten haben, so Neu-Breisach auf dem elsässischen Ufer des Oberrheins oder im fernen, einstmals französischen Kanada die Stadt Quebec.

In Portugal hat, wie wir sahen, Valença am Rio Minho seine Sternschanze bis in unsere Tage gerettet. Weit umfänglicher und bedeutender ist jedoch der zweifache Mauerstern, der die Stadt Almeida in der Beira Alta umgürtet. Es ist die größte Wehranlage Portugals. Sie geht zwar auf französische Festungsbaukunst zurück, hat aber gerade den Franzosen zu schaffen gemacht, als sie in der Ära Napoleons in Portugal eindrangen.

Wenn wir in Almeida ankommen, so müssen wir zwei massiv gebaute Vauban-Tore passieren, die mit Prunkwappen und Kartuschen (Waffendekor) geziert sind. Der Weg durch die Vielzahl von Gräben, Gängen und unterirdischen Kasematten, von Plätzen, Rampen und Arsenalen des komplizierten und zugleich symmetrisch angelegten Befestigungssystems von Almeida erfordert Stunden. Fünftausend Soldaten waren für die Verteidigung notwendig. Dreißig Artilleriestellungen sicherten die Schanzen. Vier Exerzierplätze lagen innerhalb des Forts. Die Festung verfügte über ein eigenes, in die Rampen eingebautes Hospital, das sogenannte Bluthospital – Hospital do sangue. Wer auf den Schanzen fiel, wurde gleich im Festungsbereich begraben: auf einem der Schanzendreiecke war ein Kriegerfriedhof angelegt. Noch heute stehen dort vereinzelte Steinstelen aus napoleonischer Zeit.

Einer der Grabsteine vermerkt: »Manuel Ferreira de Cunha, Cavalheiro processo da Ordem de São Bento de Avis, condecorado com a cruz nr.3 da guerra peninsular, coronel da Infantaria do Rei na Praça de Almeida. 50 annos de idade. 31 de setembro de 1841.« Der ›Steckbrief‹ des dekorierten Offiziers und Avis-Ritters läßt erkennen, daß Festung und Friedhof auch nach der Episode des Franzosenkrieges noch Bestand hatten.

Komfortabler ausgestattet als die übrigen Baulichkeiten der Festungsanlagen von Almeida ist die Kommandantenwohnung, über deren Portal wieder ein barock-üppiger Brasão in den Stein gemeißelt ist.

Im Guerillakrieg war Almeida der am heftigsten umkämpfte Ort Portugals. Der Krieg begann 1807, als Napoleon das Land an der Westflanke Europas in das System der Kontinentalsperre gegen England einbeziehen wollte, die von der Iberischen Halbinsel bis zum – damals französischen – Hamburg reichte. Der Korse stellte an die Krone Portugals die Forderung, die Häfen für englische Schiffe zu schließen und britisches Vermögen zu enteignen. Nach anfänglichem Widerstand gab João VI. nach. Dennoch marschierte Junot mit einer französischen Armee 1807 ein, worauf das Königshaus nach Brasilien floh. Junot ließ das Eigentum der Krone und aller Refugiés enteignen. Er verlangte von dem Land drückende Kontributionen. Nun kam England, der alte Bundesgenosse, den Portugiesen zu Hilfe, wobei es freilich auch um die Verfechtung eigener Interessen ging. An der Spitze des britischen Kontingents stand General Joane Beresford, der bald auch das Kommando der Truppen Portugals übernahm. Die Portugiesen machten den Fremden zum Marschall und zum Herzog von Elvas.

Nachdem es den Franzosen nicht gelungen war, das Land am Rande Europas zu unterwerfen, näherte sich 1809 Marschall Soult der Grenze. Er nahm Chaves und Braga im Handstreich. Als er Porto besetzte, brach Panik aus. Das Volk strömte über eine Schiffsbrücke, die einbrach. Tausende kamen um. Die Truppen Soults plünderten die Stadt.

Der dritte napoleonische Marschall, der auf der Bühne des portugiesischen Kriegsschauplatzes auftrat, war Massena, der »geliebte Sohn Viktorias«, wie Napoleon den fähigen Militär nannte. Am 28. August 1810 überschritt er die spanische Grenze und belagerte sechs Monate lang das von Beresford verteidigte Almeida. Nachdem die Franzosen den befestigten Platz eingenommen hatten, rückten sie durch die Mondego-Senke gegen Coimbra vor. Die vereinigten englisch-portugiesischen Truppen wichen ihnen aus – eine Taktik, die auch die Russen im Winter 1812 und im Sommer 1941 anwandten. Die Franzosen rückten durch verwüstetes Land, über ›verbrannte Erde‹ vor. Im Bergland von Buçaco bereitete der Herzog von Wellington den Eindringlingen die entscheidende Niederlage.

Die Portugiesen waren dadurch keineswegs ›befreit‹. Denn die Briten blieben im Land und übten im Namen der im brasilianischen Exil lebenden Bragança die Herrschaft aus. Gewissermaßen als ›Hochkommissar‹ amtierte der Herzog von Beresford. Das Volk revoltierte gegen sein Regime und wünschte das Königshaus zurück. Beresford starb indessen bald darauf im Land seines entscheidenden Wirkens, zwei Jahre nach dem Abzug der Franzosen. Sein Grab befindet sich auf den Wällen der portugiesischen Grenzfestung Almeida.

Die Stadt inmitten der Bastionen wirkt unbeschwert heiter. Man vergißt in den anmutigen weißen Straßen mit ihren durchlaufenden Balkonen, Hohlziegeldächern und Brasões über den Portalen, daß sie inmitten schwerer, einengender Bastionen liegt, die es ihr versagen, sich wohlig auszudehnen. Über ganz Almeida sind die vierzehn Leidensstationen Christi verteilt – eines der wenigen Beispiele, daß eine Stadt gleichzeitig ein Calvarium ist. Auf dem geräumigen Hauptplatz, der eine ›Praça das Armas‹, ein Waffenplatz, sein könnte, steht die barocke Câmara Municipal. Das Gebäude diente zur Festungszeit als Hauptquartier der Artillerie. Auf dem Friedhof steht ein Kirchturm des 18. Jahrhunderts ohne Kirche. Eines der schönsten Bauwerke ist das Findelhaus mit barockem Fenstergewände. Man konnte dort früher unehelich geborene Kinder verschwiegen abgeben. Das lange, niedere Haus steht am Rand der Wälle, die es hoch überragen. Sie treten bei einem Rundgang durch Almeida immer wieder ins Blickfeld und sind noch heute das Schicksal der kleinen, in ihren Festungsgürtel eingeschlossenen Stadt. Die Bewohner weisen den Fremden gerne auf Details der Schanzen hin, auf die Tausende von Kanonenkugeln mit Zündlöchern, die in einem der Laufgänge aufgestapelt sind, auf die Zisterne, von der eine fast fünfzig Meter lange Wasserleitung in eine der Kasematten führt, auf die Luftlöcher an der Decke der Kasematte. Das Festungsgefängnis lag dreißig Meter unter dem Erdboden. Irgendwo besaß die Sternschanze auch einen geheimen Durchschlupf, der nach draußen führte. Er ist heute zugeschüttet.

Zur Serra da Estrela

Will man mit dem Wagen die Serra da Estrela erklimmen, so kann man von der Route Guarda – Coimbra links abbiegen und gelangt bald, auf schon ansteigender Straße, in das hübsche Städtchen *Seia*. Bei einer Besichtigung muß man oft Stufen oder steile Gassen auf rauhem Pflaster emporsteigen. Frauen hocken auf den Treppenstufen ihrer Häuser und braten auf kleinen Rosten frische Sardinen – auch das Gebirge erfreut sich der Gaben des nicht allzu fernen Meeres. Seia riecht nach gegrillten Fischen, die geradezu atmosphäreprägend sind. Die Igreja paroquial ist von einer hellblauen Holztonne überwölbt. Von den drei weißen Barockaltären zeigt der mittlere eine Himmelfahrt mit verzückter Apostel-Statisterie.

Die Straße steigt immer steiler an, windet sich in Serpentinen an nahezu alpinen Hängen empor und läßt bald die letzten Äcker und Weiden hinter sich. Die unteren Regionen der Serra sind in Reviere für die Schafherden aufgeteilt. Früher gab es blutige Faustkämpfe unter den Hirten um die Weidegründe. Heute gibt es keine Kompetenz-Streitigkeiten mehr. Ein Bach, eine Felsenrampe oder ein Steinfindling markieren die Grenze und damit das Herden-Revier. Das Ringen der Hirten um bessere Lebensbedingungen schildert Ferreira de Castro, Sohn armer Campinos und führender Romancier der Gegenwart, in seinem realistischen Roman ›A Lã e a Neve‹ – ›Die Wolle und der Schnee‹, der an den Berghängen und in den Tälern der Estrela spielt.

Die Schafe der am Hang weidenden Herden liefern eine schmackhaft-kräftige Milch, die zu einem festen und würzigen Käse verarbeitet wird, Queijo da Serra genannt. Er ist die Spezialität des Käsemarktes von Gouveira, am Nordhang des Gebirges.

Zu rotem Dão-Wein verzehrt, verkörpert er das Aroma der Beira Alta.

Die Berglandschaft trägt Hochgebirgscharakter, die Luft ist frisch und fast kühl, man glaubt, in viel größerer Höhe zu sein. Das Kühlwasser kocht. Am Straßenrand schichten sich Steine auf, bizarr gezackt, ›Säulen‹ oder ›Elefantenrücken‹. Einer der Steinkolosse trägt seiner burlesken Form wegen den Namen ›Cabeça da Velha‹ – ›Vettel-Kopf‹. In Senken und Mulden, zu denen man von der Straßenserpentine zurück- und hinabschaut, sind Staudämme aufgeschichtet. In den kleinen Stauseen spiegelt sich das steinige, hellgrün patinierte Karstgebirge.

Hier oben, auf Portugals höchstem Bergmassiv, trifft man im Sommer nur wenige Menschen an. Im Winter fällt Schnee, neuerdings treibt man dort Wintersport. Die oberste Bergregion weckt mythische Assoziationen. Vielleicht sahen die Keltiberer im Torre-Gipfel den lusitanischen Olymp.

Torre, der höchste Punkt des Gebirgsstocks (2000 m) hat seinen Namen von dem Granitturm, den man in neuerer Zeit hier errichtet hat. Daneben steht eine Wetterstation. Blickt man vom Torre-Gipfel westwärts, so versteht man, wie sehr der Gebirgszug zugleich Barriere ist. Im Westen liegt das eigentliche Portugal, das küstennahe Gartenland, das sich in blauen Tönen in der Ferne verliert, dorthin, ›wo das Land aufhört und das Meer beginnt‹. Rückwärts, nach Spanien zu, ist ›hinter den Bergen‹, eine Art Hinterhof Portugals, der von den eigentlichen, ökonomisch intensiver genutzten, dichter besiedelten Gebieten von Beira Litoral durch die Bergkette des Sterngebirges abgetrennt ist.

Will man wieder zurück ›hinter die Berge‹, so bieten sich zwei Abfahrten an. Man kann zu der malerischen Ortschaft Manteiga mit ihren Textilfabriken hinabkurven, die in einem vegetationsreichen Taleinschnitt liegt. Die Straße zwischen Heidekraut und Steinkolossen, die der Wind abgeschliffen hat, ist jedoch ungepflastert und erfordert strapazierfähige Reifen und Nerven. Oder man benützt eine gute, asphaltierte Straße, die am Fuß des Estrela-Gebirges in Covilhã endet.

Covilhã

Die Stadt kriecht in mehreren Etagen am Hang empor. Auf einer der terrassenartigen Stufen ihrer Topographie streckt sich der reizlose Hauptplatz aus, kalte, neoklassizistische Fassaden, teilweise konkav, im Stile der Londoner Bauten von Nash. Italienische Parallelen der Zwanziger Jahre bieten sich gleichfalls an. Einen Akzent mittelalterlicher Tradition setzt im Umkreis des Platzes nur die *Misericórdia-Kirche*. In der Mitte der Praça regelt ein Polizist unter einem breit ausgespannten Sonnenschirm den Verkehr. Und verkehrsreich ist der Platz, nicht zuletzt wegen der lebendigen Textilindustrie Covilhãs. Auch nimmt der Hauptverkehrsstrang ›hinter den Bergen‹ seine Route über die Stadt am Hang.

Das kirchliche Leben spielt in Covilhã eine gewichtige Rolle. Denn wir sind hier in der ›Terra do Santíssimo Sacramento‹. Dementsprechend ist die Stadt kirchenreich. *Maria Maior* besitzt eine Azulejo-Fassade, die Marienszenen festhält. Putten stützen in raffaelischer Manier mit den Fäusten die pausbäckigen Gesichter. Im Innern sehen wir eine neu bemalte flache Tonnendecke mit Stichkappen sowie acht Seitenaltäre, von denen die vier hinteren neogotisch sind. Der Geistliche der Kirche wollte sie durch barocke ersetzen, doch das Volk hängt am Gewohnten; mit der Zeit hofft er sich durchzusetzen. Die Custódia des Hauptaltars steht auf einem fünffach gestuften ›trono‹. In einem Schrein liegt eine wächserne Maria, von einem Schleier bedeckt. Über dem Triumphbogen sieht man auf Konsolen schöne barocke Evangelistenfiguren. Als Kanzel dient ein Pult.

Der kunstsinnige Geistliche von Maria Maior hat in der nahen *Kapelle São Silvestre* hinter dem Altar alte Mudéjar-Fliesen anbringen lassen, fast der einzige Schmuck des neuzeitlichen Interieurs. Eine Mudéjar-Ausstellung hat ihn dazu angeregt.

Eine geschichtliche Begegnung wird uns in dem ehemaligen Franziskanerkloster *São Francisco* zuteil. Dort stehen, an das nackte Gemäuer gelehnt, zwei manuelinische Grabmäler, über die sich Blendarchivolten mit hängenden Schlußsteinen wölben. In den Túmulos ruhen der Bruder des Entdeckers Cabral, João Fernandes,

Alcaide-Mór von Guarda und Belmonte (gestorben 1508), sowie Joana de Castro, dessen Gemahlin. Am Fuß der Grabdenkmäler ist jeweils eine Reihe kauernder Schafe abgebildet, jener Tiere, die heute die Existenz dieses Landstrichs ausmachen – und sicher auch damals schon.

Covilhã hat ebenfalls seinen Konquistador. Aber, selten in Portugal, einen, der auch zu Lande reiste. Pero da Covilhã war der größte spätmittelalterliche Globetrotter in Afrika und Asien nach Marco Polo, dessen Spuren er folgte. Zuerst begab er sich, teilweise in diplomatischer Mission unter João II., nach Spanien, Frankreich und Nordafrika. Dann, 1488, ging er auf eigentliche große Fahrt, teils zu Schiff, teils zu Land, über Ägypten nach Indien, wo er Goa und Calicut aufsuchte, acht Jahre, bevor Vasco da Gama die gleichen Gebiete auf dem Seeweg um das Kap der Guten Hoffnung erreichte. Auf der Rückfahrt blieb Pero in Abessinien ›hängen‹, wo er sich eine Frau nahm, obwohl er in Portugal verheiratet war. Carlos Selvagem meint in seiner ›Cultura portuguesa‹ verständnisvoll: »Dies erleichterte ihm die Anpassung an das Unabänderliche.« Als 1515 der Pater Francisco Álvares aus Coimbra eine diplomatische Abordnung an den Hof des Negus begleitete, traf er in Äthiopien den inzwischen alt gewordenen Pero an, der nun nicht mehr in seine ursprüngliche Heimat zurückkehren wollte. Auf Informationen dieses Weltwanderers fußt aber das berühmte Buch, das der Padre nach seiner Heimkehr herausgegeben hat: ›Verdadeira Informação das Terras do Preste João‹ – ›Wahrhafte Nachricht aus dem Land des Priesters Johannes‹. Das 1540 in Portugal edierte Werk wurde bald darauf in Italienisch, Französisch, Spanisch, Deutsch und Englisch auf den Markt gebracht. Hier tauchte die alte Fama über den orientalischen Priesterkönig wieder auf, den man damals in Abessinien vermutete. Aus diesem Buch vor allem wissen wir von der ungewöhnlichen, für jene Zeit sensationellen Reise des Mannes von Covilhã.

Castelo Branco

Von der Straße Guarda – Castelo Branco, die durch üppig bewachsenes Hügelland führt – Eukalyptus, Mais, etwas Wein, fast baumhoher Oleander –, blickt man zurück auf das weißgesprenkelte Stadtbild von Covilhã, das in der unteren Region der Serra da Estrela liegt. Das Gebirge wirkt von hier aus nicht schroff aufragend, eher wie ein gemächlich ansteigender Rücken, dem man nun, hinter den Bergen, seine zweitausend Meter nicht ansieht. Aber man vergißt leicht, daß die Beira selber in dieser Region bereits tausend Meter hoch gelegen ist.

Um Castelo Branco, die Kapitale der Beira Baixa, zu erreichen, muß man nochmals eine Höhenroute in Kauf nehmen, nämlich den Weg durch die tausendzweihundert Meter hohe Serra da Gardunha. Man fährt durch den anmutigen Bergort *Alpedrinha*, wo man sich wirklich in Miniatur-Alpen versetzt fühlt. Der Ort nennt zwei reizvolle Barockkirchen sein eigen.

In Alpedrinha wohnte der Festungsbaumeister Luis de Cáceres, ein Kastilier, der die nahe Burg von Castelo Novo ausgebaut hat, einen trutzigen Wehrbau mit ›Muralhas denteadas‹, Mauern mit gezahnten Zinnen. Der ursprüngliche Donjon wurde im 13. Jahrhundert von den Templern verteidigt. In dem Kastell residierte im späten Mittelalter das Geschlecht der Sousa. Lopo Dias de Sousa war Großmeister des Ordem de Cristo zur Zeit Joãos I. Fernão Cabral besaß in Castelo Novo das Herrengut Casa da Vinta, das heute noch Nachkommen des Kastellans gehört.

Bald gelangt man, die Wand des Estrela-Gebirges nun schon weit hinter sich, in die Bischofsstadt *Castelo Branco*, den letzten größeren Ort der Beira. Hier stand einst ein vermutlich weißes Kastell des Königs Dinis; von dem Festungsbau ist nichts geblieben. Vor dem Bischofspalast ›wächst‹ ein Pelourinho aus einem wurzelförmigen Strunk. Der Paço enthält das allgemein zugängliche *Museum Francisco Taveres Proença*. Unter barock bemalter Holzdecke sieht man römische Stelen, flämische Tapisserien, barocke Meßgewänder. Ein rustikal aufgefaßtes Petrus-Porträt aus dem 16. Jahrhundert verrät die Schule von Viseu. Dem Palast gegenüber liegt die barocke Hospitalkirche.

Die Hauptattraktion von Castelo Branco ist der *Jardim Episcopal*, der bischöfliche Garten. Goldene Orangen prangen an zierlich gerundeten Bäumen. Zypressen sind zu Pyramiden gestutzt. Buchshecken bilden Rokokoschnörkel. Zum Manierismus der gärtnerischen Künsteleien gesellt sich die Rokoko-Skurrilität der verschwenderisch ausgestreuten Gartenplastik, ein Capriccio des 18. Jahrhunderts, das damals, allerdings unter kunstgeschichtlich bedeutenderen Vorzeichen, dem heutigen Faible für Gartenzwerge entsprach. Ein Azulejo-Konterfei auf der hinter dem Paço gelegenen Terrasse belehrt uns, daß Dom João de Mendoça der ›Fundador‹, Gründer, des Gartens gewesen ist. Seinem Namen nach muß er spanischer Abkunft gewesen sein. Dom Vicente Ferrer da Rocha, Bischof von Castelo Branco, hat die Arbeiten an diesem gärtnerischen Freilichtmuseum dann abgeschlossen. Auch er ist auf Azulejos verewigt: ein geistvoller Herr der Goethezeit, die eine Hand mit preziös gespreiztem Finger auf dem Kreuz, die andere auf dem Catecismo paroquial. Nach dem, was er hier geschaffen hat, war er indessen auch weltlicher Sinnenfreude nicht abgeneigt.

Die im Garten ausgestreuten Barock-Phantasien schöpfen alle nur denkbaren allegorischen Möglichkeiten aus. Ihre Fülle ist kaum aufzuzählen. Ein Delphin speit in einen Brunnen. Anmutige Figuren versinnbildlichen die Kontinente, die Jahreszeiten, die Monate, die Sternzeichen. Dann wieder blickt man den Tugenden ins steinerne Antlitz; die Caridade, Caritas, tritt mit zwei Kindern auf, wobei sie das eine auf dem füllgen Barockarm hält. Im 18. Jahrhundert war man stolz auf das naturwissenschaftliche Wissen der Zeit, so daß auch die vier Elemente im Jardim Episcopal vertreten sind. Ein Bischof muß sich aber immer seiner geistlichen Mission bewußt bleiben, darum hat man zwischen den Buchshecken des skurrilen Gartens den Erzengeln, Aposteln und Kirchenvätern gebührende Plätze angewiesen. Ihre Gestalten sind von grünen Algen überzogen. Sie spiegeln sich in den kleinen Teichen, die zwischen den rokokohaft verspielten Hecken zierlich angeordnet sind. Hier mag man, schlecht gelaunt, spazierengehen, und sogleich gewinnt man seine Lebensfreude zurück.

Mißmutig bleiben höchsten jene, die dem Barock und seinen Eskapaden mit gefurchter Stirn gegenüberstehen. Goethe gehörte dazu, der in seinem italienischen Diarium der Villa Palagonia bei Palermo mit ihrer Figuren-Bizarrerie eine allzu ernst vorgetragene Lektion erteilte. Gewiß, was man im bischöflichen Garten von Castelo Branco zu sehen bekommt, kann man als barockes Panoptikum bezeichnen, aber doch eben geschaffen von einer Epoche, die ein Lebensgefühl und damit einen eigenen Stil besaß, einer Epoche, die die ganze Weltgeschichte ihrer anachronistischen, antikisierenden, ganz unbekümmerten und nur auf sich selbst bezogenen Sicht unterwarf. Die burlesken Schöpfungen des Jardim Episcopal hätten Cocteau zu neuen exzentrischen Visionen anregen können. So kraus die Gestaltung im einzelnen auch sein mag – sie steht in erheiterndem Gegensatz zu einer geradezu pedantischen Akkuratesse, mit der man all diese Stufen, Becken, Beete geometrisch-symmetrisch abgezirkelt hat.

Das wunderlichste Schaustück ist die Revue der Könige Portugals. Auch sie sind im Bischofsgarten vertreten. Keiner fehlt, angefangen bei Afonso Henriques. Auf Treppenstufen sind sie exakt angeordnet, als schritten sie in feierlicher Zeremonie in den Garten hinab, kollegial vereint, auch wenn sie verschiedenen Jahrhunderten angehörten. Natürlich weist keiner der Herrscher Porträtähnlichkeit auf, die dem Barock bekanntlich gleichgültig war; auch weiß man ja nur von denen aus jüngerer Zeit, wie sie wirklich ausgesehen haben. Die meisten tragen martialische Bärte. Martialisch sind auch die Beinamen, die man ihnen auf den Postamentschildern gegeben hat, selbst denen, die die Weltgeschichte nicht damit bedachte. Wie langweilig nehmen sich die Königsgestalten am Palazzo Reale in Neapel daneben aus, wie phantasielos-hohl, pathetisch übersteigert erscheint die ehemalige Berliner Siegesallee neben diesem amüsanten Rendezvous schachfigurenhafter Majestäten! Hier, in Castelo Branco, könnte man meinen, eine souveräne Ironie sei im Spiel gewesen.

Die historisch-politische Pointe der Königsparade im Garten des phantasievollen Bischofs ist erst bei näherem Hinsehen wahrzunehmen. Da sind auch die spanisch-habsburgischen Filipes vertreten, die 1580-1640 Portugal in Personalunion besaßen, als Herrscher aber nie Anerkennung gefunden haben. Dies hatte auch das 18.Jahrhundert nicht aus dem Gedächtnis verloren. Denn die Filipes, selbst der düster-mächtige Philipp II., sind abseits gestellt wie Schüler, die man einer Unartigkeit wegen in die Ecke verweist, und sie besitzen nur die halbe Größe der landeseigenen und anerkannten Monarchen Portugals. Wer sich in die Historie des liebenswerten westlichsten Landes Europas vertiefen will, der besuche den kurzweiligen Jardim Episcopal in Castelo Branco!

Die *Hauptkirche* der Capitale von Beira Baixa ist dem heiligen Michael gewidmet. Es ist ein Gebäude von römischem Ausmaß. Zierlich nehmen sich daneben die über die Fassadenfenster geschwungenen Bänder aus. Auch im Innern erlebt man das oft kopierte Rom, Sankt Peter redivivus. Der geharnischte Erzengel ist großformatig in Öl vertreten. In der Kirche steht eine Marienfigur mit Glasaugen.

Dies ist in Portugal ungewöhnlich. Entweder stammt sie aus Spanien oder aus Brasilien. Im vorigen Jahrhundert hat nämlich die brasilianische Stadt Bahia bei den Zeißwerken in Jena Tausende von Glasaugen in Auftrag gegeben und aus einer modischen Laune heraus in die Barockfiguren der Bahianer Kirchen hineinoperiert. Einen Heiligen aus Portugals ehemaliger Kolonialhauptstadt kann man sofort an seinen gläsernen Augen erkennen. Einige dieser Holzbildwerke sind in das Mutterland gelangt.

Nach einer halben Fahrtstunde halten wir am Rio Tejo. Der Strom bildet hier die Grenze zwischen den beiden Provinzen Beira Baixa und Alto Alentejo. Er hat an diesem Punkt bereits eine geschichtlich bemerkenswerte Strecke zurückgelegt. Er hat Toledo gesehen, die alte Hauptstadt der Westgoten und Sitz des spanischen Kirchenprimas. Nun ist der Tajo ein Tejo und Portugiese. Er nimmt sich hier, bei Vila Velha do Rodão, verhältnismäßig bescheiden aus. Immerhin steht ihm noch ein Weg vor über hundertfünfzig Kilometern bevor, durch die Provinzen Ribatejo und Estremadura, ehe er die portugiesische Staatsmetropole und den Atlantischen Ozean erreicht.

BEIRA: MITTE DES LANDES

Portugals Rumpf

›Beira‹ heißt Rand oder Ufer. Doch man muß das Wort auch im Sinne von Gebiet oder Land verstehen. Jene drei portugiesischen Provinzen, die den Namen ›Beira‹ führen, erstrecken sich über die ganze Breite des Staatsgebildes bis zur spanischen Grenze: *Beira Litoral*, Küstenland; *Beira Alta*, Oberland; *Beira Baixa*, Unterland. Es ist beim Blick auf die Landkarte das Land der Mitte, Portugals Rumpf. Die Südgrenze liegt auf der Linie des Tejo-Eintritts. Alle Höhenlagen sind vertreten, vom Estrela-Gebirge bis zu den Niederungen der Küste. Beira Baixa liegt großenteils hinter der Estrela-Kette; wir haben es auf unserer Reise ›hinter den Bergen‹ bereits aufgesucht. Provinzhauptstadt ist Castelo Branco.

Was bei der geographischen Lage naheliegt: Portugals Rumpf ist ein Gebiet des Ausgleichs. Man erlebt Anklänge an den Minho, und vor allem diese. Die Beiras sind besonders waldreich. Auch hier bietet sich in vielen Regionen das Bild eines Jardim de Europa – eine Bezeichnung, die jenseits des Tejo überhaupt nicht mehr gültig ist. Auch hier haben wir Wein: den Dão. Gelegentlich finden wir aber auch in Landschaft und Bauweise Tendenzen, vor allem im Küstenland, die bereits auf den Süden weisen. »Tatsächlich umfaßt die Beira«, so lautet ein Wort von Jaime Cortesão, »alle Abstufungen der Regenbogen-Farben der portugiesischen Landschaften.«

In der *Wirtschafts- und Sozialstruktur* macht sich der fließende Charakter der drei Beiras ebenfalls bemerkbar. Wir treffen nicht die auffällige und teilweise ausschließliche Kleinbauernstruktur des Minho an, das Erbe aus der Suebenzeit, doch auch nicht die

Überzahl riesiger Latifundien wie jenseits des Tejo. Zwar erblikken wir überall die weiß und rosa gestrichenen Quintas mit ihren schweren Familienwappen, die Herrensitze der Großgrundbesitzer, daneben aber auch eine unabhängige, wenn auch arme und zu schwerer Arbeit angehaltene Schicht kleiner Landbesitzer, die mit den Peões, den Lohnarbeitern auf den großen Gütern, nicht tauschen wollen, die auch nicht so schnell zur Auswanderung bereit sind wie jene.

Eine gewisse Ausgewogenheit des Beirão spricht weiterhin aus seiner *physischen Struktur*. Er hat, vor allem in den Berggegenden, eine ausgesprochene Urwüchsigkeit bewahrt, ohne stumpf zu sein. Suzanne Chantal plädiert für den kernigen Typus des Litoral-Bewohners, in dem sie einen Erben günstiger Rassenverbindung sieht – und wo kann sie ausgewogener sein als in der ›Mitte‹:

Alle frühen Einflüsse haben sich beharrlich erhalten. Man findet sie im reinen Profil, in grünen Augen, in einem bestimmten warmen Farbton der Haut oder in einer schlanken Linie wieder, die so oft den Reiz sehr gemischter Rassen ausmachen. Bei den Frauen kommt noch der wiegende Gang, wie ihn ein seit Kindheit mit dem Meer vertrautes Leben mitbringt, hinzu. Mit Recht zählt man die jungen Mädchen von der Lagune, von Leiria und die berühmten Tricanas von Coimbra zu den hübschesten Frauen Portugals.

Anton Wolf, ein Reisender des Biedermeier, hat um 1830 Portugal besucht und gerade das Kompakte der Portugiesin unterstrichen, das sich in der Tat auch heute findet. Er räsoniert darüber:

»*Dicksein wird für schön gehalten, und die Frauen bestreben sich, durch häufigen Genuß des Zuckerwassers und der Konfitüren diese Eigenschaft sich beizulegen.*« *Der Gewährsmann aus dem vorigen Jahrhundert rühmt die* »*offene Gesichtsbildung, die heitere, fröhliche Miene*« *und stellt fest:* »*Da jedoch der Weg zur Kirche fast die einzige Bewegung der Frauenzimmer ist, so haucht ihnen die in den klösterlich feuchten Gewölben zusammengedrängte, durch die Menge der Andächtigen verdickte Luft eine Blässe an, welche sie von den Jahren der sich entfaltenden Jugendknospe bis zum Matronenalter begleitet.*«

Wie wir sahen, führt durch Portugals Mitte auch seine wichtigste Einfahrt-Schleuse. Bahnstrecke und Straße folgen dem Verlauf des Rio Mondego, der hier eine breite Senke geschaffen hat. Der Verkehr auf der Fernstraße Guarda-Coimbra ist so erheblich, diese zugleich so arm an Ortschaften, daß man an ihr, mitten im waldreichen Bergland, eine der elegantesten Pousadas des Landes errichtet hat: Santa Bárbara.

An dieser Strecke liegt auch eine der eindrucksvollsten romanischen Kleinkirchen des an Kunstdenkmälern reichen Rumpfs von Portugal. Es ist die *Kirche von Lourosa*. Sie ist ein mozarabisches Dokument, also einer jener Sakralbauten, die, obwohl christlich, viele islamische Bauelemente einbezogen haben. Der Glockenträger steht frei, ein Campanile. Die Glocke hängt im offenen gotischen Glockenstuhl. Der Turm war nicht immer von der Kirche getrennt. Als man vor Jahrzehnten unter seinem Fundament eine Nekropole entdeckte, hat man ihn, die Steine numerierend, versetzt. Die Kirche selbst hat Romanik bewahren können, ja sogar Vorromanik. Davon zeugen die jeweils drei Hufeisenbögen des Innenraums. Im Chorteil steht eine Steinmadonna aus dem 12. Jahrhundert. Der Barockaltar ist den beiden Hauptaposteln gewidmet, die im Kreis von Engeln dargestellt sind. Auf dem Platz vor dem Gotteshaus breitet sich ein ehemals zweistöckiges palastartiges Gebäude aus, dem man den Oberstock genommen hat. Man erkennt es daran, daß ein ehemaliges Prunkfenster angeschnitten ist und unmittelbar an das Hohlziegeldach stößt. Übereck ist eine kleine Loggia mit Miniatursäulen eingebaut; eine davon hat man durch einen Holzpfeiler ersetzt.

Kann man in den drei Beiras den Rumpf Portugals sehen, so trifft diese Lage der Mitte auch im übertragenen, spirituellen Sinne zu. Von hier sind geistige Kräfte ausgegangen. Nicht umsonst war Coimbra lange Hauptstadt, ehe die günstigere Hafensituation Lissabons die Verlegung des Hofes nahelegte. Aber Coimbra in Beira Litoral ist nach wie vor das Bildungszentrum der Nation geblieben.

Das lusitanische Athen: Coimbra

Von den drei größten Städten Portugals ist die kleinste zugleich die kunst- und kulturreichste. Auch sie, *Coimbra*, hat ihren Fluß, wenn er auch nicht breit ist wie das Strohmeer, wasserreich wie der Douro. Der Rio Mondego ist meist träge und hat ein sandiges Bett, dazu geeignet, daß Wäscherinnen auf weißen Sandbänken ihre Wäsche trocknen und bleichen. Er ist ein echter Portugiese, er entspringt in Portugal. Sein Lauf ist die Eingangspforte des Landes von Osten, von Spanien her. Er fließt nicht weit nördlich der Mitte Portugals in das Meer. Damit ist Coimbra von den portugiesischen Städten am ehesten geographisches Zentrum.

Hier, am unteren Mondego, war also eine Zeitlang die politische Zentrale, hier spielte sich das ergreifendste Stück Nationalgeschichte ab, hier ruht Portugals erster König, hier ist heute noch die klassische Stätte des Wissens und der geistigen Formung der Nation, hier ist der Treffpunkt der Jugend. Man nennt Coimbra das lusitanische Athen. Mit Porto hat es die Arbeitsamkeit gemein, mit Lissabon die heitere, leichte Luft und ein gewisses Savoir-vivre, wenn Savoir-vivre je mit der portugiesischen Traurigkeit, mit der Saudade, vereinbar ist. Aber gerade in Coimbra ist der ›Gosto do ser triste‹ zu Hause, die ›Tristeza‹ und die ›Solidão‹, die Einsamkeit, das Gegenstück zur spanischen ›Soledad‹; Jugend kann ausgelassen und aufsässig sein – beides zeigt sich auch in Coimbra bei Gelegenheit –, doch auch voller Weltschmerz.

Coimbra ist eine Terrassenstadt gleich den beiden urbanen Schwestern in Nord und Süd, es kriecht an einer Hügelkette empor, kommt nicht aus ohne Treppen, hat seine Alta und seine Baixa, wird aber weder von einer Kirche – wie Porto – noch von einem Kastell – wie Lissabon – gekrönt, sondern von einer Universität. Dies ist ein geographischer, doch auch ein geistiger und atmosphärischer Akzent. Was für Lissabon der Hafen, für Porto der Wein und das Handelskontor, das ist für Coimbra seine Universidade. Auch in Coimbra liegt die eigentliche Stadt, der Stadtkern, am Nordufer des Flusses. Noch enger drängt sie sich zusammen als in Porto; die alte arabische Medina ist in der verwirrenden Stadtszenerie noch erkennbar; kaum richtig Raum ist für den Hauptbahnhof, den die Häuser ans Flußufer drängen, kaum Platz in der Hauptstraße, der Rua Ferreira Borges, für die Tram.

Die Ferreira Borges mit ihrer Fortsetzung Visconde da Luz bildet die Zäsur für Unter- und Oberstadt. Gleich an ihrer Nordflanke steigt die ›Alta‹ auf in einem Gewirr von Travessas, deren grobes Pflaster den Aufstieg erleichtert. Südlich der Ferreira Borges liegt die ebenfalls enge, geschäftsbetonte Neustadt, die den Raum zwischen Höhenzug und Fluß sprengen will, in die sich mit Mühe einige bescheidene Platzanlagen drängen und die in ihren baulich bedeutungslosen Häuserzeilen, meist aus der Jahrhundertwende, nur vereinzelt ein Stück Kunstgeschichte aufblendet. Und doch hat auch diese Unterstadt ihre eigene Romantik, mit ihren Gassen, die kaum für Fahrzeuge passierbar sind, ihren Trödelläden und Weinhöhlen voller bauchiger Fässer, Spunde, Seile – Taverne und Basar zugleich.

An der Rua Ferreira Borges steht die romanische *São Tiago-Kirche*, deren Fassade sich der tiefer gelegenen, trichterförmigen Praça do Comércio zuwendet, so daß man das Portal gleich einem altrömischen Tempel über eine große Freitreppe erreicht. Über dem Rundbogen öffnet sich eine Rose, und der Giebel ist von einem altchristlichen Kreuz gekrönt. Fernando I. von Kastilien ließ das intime Gotteshaus 1064, ein Jahr vor seinem Tod, als Dank für den Sieg über die Mauren erbauen; ohne Zweifel war er der Meinung, Jakobus d. Ä., der Matamoro, Maurentöter, habe ihm beigestanden.

Der Prinzregent Dom Pedro, unglückseliger Bruder Heinrichs des Seefahrers, hat in dieser Kirche im Mai 1449 mit seinem Gefährten Álvaro Vaz kommuniziert, ehe er gegen seinen Neffen Afonso V. zu Felde zog. Kurz vor der Schlacht verweilte er dann noch in Batalha in der Grabkapelle der Avis – und vor seinem eigenen bereits bereiteten Grab. Es sollte nicht lange dauern, bis er bei Alfarrobeira gegen die königlichen Streitkräfte Schlacht und Leben verlor. Mit ihm fiel Álvaro Vaz. Damit endete die tragischste Verstrickung der zweiten portugiesischen Dynastie. Von der ›berühmten Generation‹ blieb der Seefahrer allein zurück.

Santa Cruz

Das andere Monumento Nacional der Unterstadt ist die Kirche *Santa Cruz*. Sie liegt an einer platzartigen Erweiterung der Rua Visconde da Luz, der Praça 8 de Maio. Die Kirche verherrlicht den Gedanken des Heiligen Kreuzes, dessen Apotheose das Altarbild festhält, dessen Geschichte auch ein Azulejo-Zyklus verbildlicht, bis zur Auffindung des Kreuzes durch Kaiserin Helena, der Mutter Konstantins, in einer Jerusalemer Zisterne. Afonso Henriques hat die Kirche 1131 für die Augustiner errichten lassen und zugleich als seine Grablege bestimmt. Der größte Teil der heute erhaltenen Baumasse stammt aber von Manuel I. Der Venturoso war 1501 der Ansicht, daß die inzwischen baufällig gewordene Urkirche nicht mehr den würdigen Schrein für den Begründer der portugiesischen Nation darstelle, zumal in einer Epoche, in der der König Portugals gleich seinem habsburgischen Verwandten von sich sagen konnte, daß die Sonne in seinem Reich nicht untergehe. Um den Klosterkomplex und die Kirche in diesem weltumfassenden Sinne mit Glanz zu versehen, hat der Venturoso jene Elite manuelinischer Architekten aufgeboten, die wir bereits beim Besuch der Meisterwerke des Goldenen Zeitalters in Belém kennenlernten. Den größten Anteil an der Umgestaltung hatte Boitaca. Seine Handschrift ist vor allem am virtuos gestalteten Netzgewölbe, der Dekoration des Arco triunfo ablesbar. Die Bauleitung lag in Händen von Diogo de Castilho. Chanterène schuf den figurenreichen, bis zum Oberfenster aufsteigenden Fassadenschmuck der Westfront, der die Verwandtschaft zu São Jerónimo in Belém besonders erkennen läßt. Man hat der Portalzone später einen freistehenden barocken Bogen vorgeblendet, auf dessen Archivolte zwei Engel einen Schild halten. Die Kanzel von Santa Cruz stammt von João de Ruão; der französische Meister hat 1522 mit den Kirchenväter-Statuen ein erstrangiges Zeugnis seiner differenzierten Kunst abgelegt.

Santa Cruz ist an Geschichte so reich wie an Kunst. Antonius von Lissabon begann bei den Augustinern von Coimbra seine mönchische Laufbahn. Ein Onkel von Camões war Prior des Klosters und zugleich Kanzler der Universität. Julius II. aus dem Geschlecht der Rovere, der Förderer Michelangelos und Raffaels, wollte im Stil der Nepoten-Wirtschaft der Renaissance seinen Neffen zum Prior-Mór von Santa Cruz machen. Manuel I. verstand es, durch Ausflüchte – nicht zuletzt mit dem Hinweis auf die sich lange hinziehenden, kostspieligen Bauarbeiten – die päpstliche Personalpolitik zu durchkreuzen. Nun setzte der Venturoso seinen Favoriten Pedro Vaz Gavião, Bischof von Guarda, als Abt ein – in Guarda haben wir ja einen Gavião-Sarkophag mit dem Sperber-Wappen bereits kennengelernt. Manuel I. hatte gut gewählt, denn dem neuen Prior-Mór ist vor allem die geglückte Neugestaltung der Kirche zu danken. Und wir danken ihm auch das *Chorgestühl* auf der vorderen Empore. An den Sitzlehnen sind Figuren angebracht, darunter gefesselte Sklaven, auf deren Köpfen Kerzenständer stehen. Und noch bedeutungsvoller: die Schnitzereien der Silleria, des Chorgestühls, erzählen die Seeabenteuer Vasco da Gamas! Man sieht ein Schiff mit dem Halbmond. So minutiös wiedergegebene Zeitgeschichte im geschnitzten Basrelief finden wir aus der Zeit der Renaissance sonst nur noch im Prager Veitsdom, wo der Einmarsch des Winterkönigs in die Goldene Stadt dargestellt ist.

Stehen wir vor der Fassade, so haben wir nicht mehr den Eindruck, den sie in der Zeit Manuels geboten hat. Denn inzwischen hat sich soviel Schutt angesammelt, daß sich das Terrain gehoben hat und man zum Portal auf Stufen hinabsteigen muß. Die ›eingesunkene‹ Kirche hat damit an Format verloren, wie überhaupt die Gesamtwirkung des Klosterkomplexes fehlt, da die Klosterbauten der Zeit zum Opfer gefallen sind. Nur im angebauten Caféhaus finden wir noch ein niedriges Netzgewölbe, das elegante Schleifen bildet: einer der ehemaligen Räume des Mosteiro. Die Front-Türme der Kirche werden vom kreuztragenden Mitteltrakt überragt, eine in Portugal öfter geübte Fassadenbehandlung, die ja auch das Barock von Porto aufzuweisen hat. Die massiven Türme auf quadratischem Grundriß gehen nach oben hin in helmgekrönte Oktogone über.

Treten wir in das *Innere* der Kirche, so blicken wir zunächst zur

Decke der Westempore auf. Sie wird von einem Rippennetz getragen. Auf den Schlußsteinen sehen wir Medaillons mit den Porträts von Konquistadoren. Beim Weiterschreiten fällt unser Blick auf das kunstvolle, Rhomben bildende Gewölbenetz des einschiffigen Langhauses. Die Dienste, die zum Gewölbe führen, sind manuelinisch gedreht. In Chornischen hat man die Sarkophage von Afonso Henriques und seinem Sohne Sancho I. eingebaut.

Die Liegestatuen auf den Särgen der beiden ersten Könige Portugals sind ein Werk Chanterènes, in zehnjähriger Arbeit gemeißelt. Natürlich besteht keine Porträtähnlichkeit. Man legte in der Renaissance zwar Wert auf sie, doch aus dem Hochmittelalter, das die Diesseitigkeit verachtete, ist das lebenswahre Bild keines einzigen Monarchen überliefert. Die skulptierten Könige weisen Ponyfrisuren und lange gepflegte Bärte auf. Helme und Eisenhandschuhe sind an der rückwärtigen Wand aufgehängt – in Stein nachgebildet, nicht im Original wie im Fall des Schwarzen Prinzen in der Kathedrale von Canterbury. Hunde kauern zu Füßen der beiden Könige. Manuel I. war zugegen, als die sterblichen Überreste der beiden Burgunder in ihre neuen Grablegen übergeführt wurden. Über den Grabfiguren steigt gemeißelte Christologie, darunter Maria mit Kind, bis zum Chorgewölbe auf. Im Chor steht ein Kruzifix, das in seinem krassen Naturalismus von Berruguete, dem Meister von Valladolid, stammen könnte; die Knie des Schmerzensmannes sind zerschunden; Goldstrahlen umflammen das Kreuz.

In der *Sakristei* von Santa Cruz hängt eines der volkstümlichsten Gemälde des Meisters Grão Vasco aus Viseu: die Ausgießung des Heiligen Geistes.

In der Mitte eines chorartigen Raumes, der mit Renaissance-Möbeln ausgestattet ist, kniet Maria vor einem Lesepult. Vom Schlußstein des Gewölbes – das ›Knoten‹ aufweist wie die Sé von Viseu – fallen pfingstliche Flammen auf die Jünger, die wie vom Blitz gerührt sind, einer wendet sich ab, ein anderer blickt angestrengt in die Bibel, in der er plötzlich die Buchstaben erkennt, denn er war vorher ja Analphabet.

Vom einstigen Augustinerkloster sind noch die beiden *Kreuzgänge* erhalten. Der Claustro do Silêncio aus der Zeit Dom

Manuels bewahrt das Grab des Bischofs und Abtes Gavião. Der zweite Kreuzgang stammt von Manuels Sohn João III. Ein Garten schließt sich an, der Jardim da Manga mit einer Reihe kleiner Kapellen. Der Avis-König soll den Grundriß des Gartens auf seinen Ärmel gezeichnet haben – daher der Name.

Sé Velha

Will man von Coimbras Hauptschlagader, der Rua Ferreira Borges, zur ›Alta‹ emporsteigen, so kann man dies durch den Hufeisenbogen des Tors der *Torre de Almedina* tun. Struktur und Name des mittelalterlichen Turmbaus erinnern an die Araberstadt Medina, die sich an dieser Stelle befunden hat. Zur Zeit der Burgunderkönige tagte hier das Stadtgericht. Auf einer steilen altstädtischen Gasse gelangen wir zur Front der *Sé Velha*, der alten Kathedrale, die wie ein Abbild der Sé von Lissabon erscheint, doch sehr viel urtümlicher, monolithischer aussieht, gleich einem »gezackten Block«, wie Reinhold Schneider der Zinnen-Zähne wegen gesagt hat. Die problemlose Monumentalität dieses größten romanischen Baus Portugals verkörpert die in sich gefestigte Welt des christlichen Mittelalters, in dem das komplizierte Zwischenreich der Seele noch nicht entdeckt war und in dem man keinen ›Verlust der Mitte‹ kannte.

Die Laibung des Hauptportals ist aus gestaffelten Säulchen gebildet, die mit textilartigen Mustern überzogen sind, wobei keines dem andern gleicht. Kontrapunktisch wiederholt sich der kraftvolle Schwung des Portalbogens im Schwung des portalartigen Fensters darüber – eine Rose hätte dieser wehrhaften Kirche in der Tat schlecht angestanden, die kein Steinfiligran verträgt. Seine romanische Unerbittlichkeit hat der Baukörper bewahrt. Das Barock hat dem Vierungsturm nur eine gekachelte Kuppel mit langgezogener Laterne aufgesetzt, nach andalusischem Vorbild. Und der Bischof Jorge de Almeida, der in der erstaunlich langen Zeit von 1483-1543 sein Hirtenamt ausübte, hat der Nordflanke der Sé die Porta Especiosa mit einem tribünenartigen Vorbau angefügt. Er wurde deswegen viel kritisiert. Mit Unrecht.

Gerade die Renaissance, die wie die Romanik in der Antike wurzelt, verträgt sich sehr wohl mit dem Baustil aus der Zeit der Burgunderkönige.

Das *Innere* der Sé ist nach der Entbarockisierung wieder ein schöner, klarer, dreischiffiger romanischer Bau. Der Blick wird vom hochragenden Retablo der Hauptapside des Chors angezogen. Der Altar ist nicht portugiesisch, sondern flämisch – in der Epoche der gegenseitigen Beziehungen nicht überraschend. Olivier von Gent und João von Ypern haben diese emphatische Himmelfahrt Mariä geschaffen. In der Predella sieht man, wie üblich, die vier Evangelisten. Ein Engel hält Sankt Matthäus das Tintenfaß hin. Kann man die Verbindung von Himmlischem und Irdischem rührender ausdrücken?

Auch die beiden Nebenapsiden sind mit Retablos ausgestattet. Der linke stammt von João de Rouão und stellt als Hauptthema die Kreuztragung dar. Er ist das Grabdenkmal für Jorge de Almeida, den Auftraggeber der Porta Especiosa, an der der Meister aus Rouen ebenfalls mitgewirkt haben soll. Der rechte Retablo in landläufiger Renaissance ist eine portugiesische Arbeit; statuarisch sind Apostel und Evangelisten um Christus angeordnet.

Im nördlichen Seitenschiff befinden sich ebenfalls Grabmonumente. In einem ruht der erste Bischof von Coimbra und Gründer der Sé, Dom Tibúrcio. Die Kathedrale verfügt über einen besonders stimmungsvollen Claustro mit Doppelsäulchen. Darin ist wieder João de Rouão vertreten, diesmal mit einer skulptierten Christgeburt.

Die Universität

Von der Sé Velha gelangen wir rasch zum Kamm der Hügelkette, an der Coimbra emporsteigt und die die Universidade trägt. Zur Römerzeit stand hier ein Kastell. Es wurde von einem Mauren-Alkazar abgelöst. Die Grafen von Portucale errichteten auf dessen Trümmern ihr Grafenschloß, das dann Königsresidenz wurde. Ein Aquädukt versorgte die Residenz mit Wasser. Der Knabenkönig Sebastião ließ die beschädigte Wasserleitung 1570 restaurieren. Auf Ansichten des 16. Jahrhunderts ist sie noch zu sehen. Pombal hat sie abreißen lassen, nur noch geringe Reste zeugen von ihr.

Nach diesen vielfältigen Metamorphosen der Repräsentativbauten auf dem ›Cúmulo‹, dem höchsten Punkt der Hügelkette von Coimbra, wurde schließlich eine geistige Burg aus ihnen, die *Universität*: João III. stellte seinen Palast, die Alcáçova Real, 1540 für Portugals Hochschule zur Verfügung. Darum heißt das Hauptgebäude heute noch Paços das Escolas, Schulresidenz.

Dom Dinis, der ›Landmann‹, hat die Universität am 1. März 1290 in Lissabon begründet, dann aber 1307 nach Coimbra verlegt. Die Bürger Lissabons hatten ständig Reibereien mit der studentischen Jugend, die sich großzügiger und vielbeneideter Privilegien erfreute. Man hat sich bei der Gründung an das Vorbild Bolognas gehalten, einer Universität, die – als älteste überhaupt – bereits seit 1119 bestand. Mit Bologna, Paris, Salamanca, Oxford und Cambridge zählt Coimbra immerhin zu den ältesten Hochschulen des Abendlandes, der Welt. Prag folgte erst 1348, Heidelberg 1386. Der damalige Name der Hochschule von Coimbra lautete ›Estudo Geral‹, Studium Generale. Gelehrt wurden bürgerliches und kanonisches Recht, Medizin, Grammatik und Logik. Die Theologie blieb den Klosterschulen vorbehalten. Erst unter João I. wurde Theologie eine Universitäts-Disziplin. Unter dem Meister von Avis erweiterte man den Lehrbetrieb durch die Fächer Arithmetik, Geometrie, Astronomie. Dies ist verständlich, denn das anbrechende globale Zeitalter benötigte vor allem Experten pragmatischer Ausrichtung. Das Jenseits allein hatte keinen Kurswert mehr.

Überraschend modern klingt es, daß die Studenten Coimbras im 14. Jahrhundert das Recht hatten, ihre Professoren selber zu wählen. Wenn eines der Ziele der Studentenunruhen der sechziger Jahre eine Demokratisierung der Universität gewesen ist, so konnten die Estudantes unserer Tage auf eine alte Tradition zurückgreifen.

Bis 1911 hatte das lusitanische Athen Portugals einzige Hochschule. Später gesellten sich die von Lissabon und Porto hinzu.

Die altehrwürdig-historische Aura, die von einer Universität ausgehen kann, ist außer in Coimbra nur noch in den englischen Hochschulstädten wahrnehmbar. Inmitten des den ›Cúmulo‹ von Coimbra krönenden Hochschulhofes steht das Standbild Joãos III. (1502-1557), des Förderers und Erweiterers der Alma Mater, der auch Stipendien für mittellose portugiesische Studenten zum Studium an den berühmten auswärtigen Universitäten ausgesetzt hat. Der König trägt einen Bart à la Heinrich VIII., am Gurt hängt ein kleiner Dolch, in der Rechten hält er lässig einen Handschuh. Haltung und Kleidung des Tudorkönigs, wie wir sie von den Bildnissen Holbeins kennen, mögen über die Zeitmode hinaus modellprägend für die Herrscher-Allüre der Renaissance gewesen sein. Wie ein patriarchalisch amtierender Rektor blickt der Avis-König über den Platz, als sei die Studentenschaft zum Rapport angetreten. Er hat als Mäzen der Bildungsbeflissenen aus der Alcáçova Real eine Stätte der Studien gemacht, eine aristokratische Universität.

Die Porta Férrea, durch die man den auf drei Seiten von Gebäuden umgebenen Platz betritt, ist spanisch-philippinisch. Filipe III. (Philipp IV. von Spanien), der Mäzen Velásquez', hat sie 1634 bauen lassen. In Richtung Süd, der offenen Seite des Platzes, sieht man auf den Rio Mondego, stromaufwärts. Gegenüber liegt der Mitteltrakt des Westflügelbaus der Universität. Im Zentrum springt ein tempelartiger Risalit vor, dessen Giebel mit einer Apotheose des Bragança-Königs Pedro II. geschmückt ist. Zu beiden Seiten des Mittelteils läuft eine Galerie mit ionischen Säulen über die Gebäudefront. In der Ecke zwischen Nord- und Westflügel steigt der Universitätsturm empor, barock und mit einer Uhr versehen. Er heißt ›Cabra‹, Ziege, angeblich, weil sein Glockenton wie Ziegenmeckern klingt.

Man gelangt in den Mittel- und Haupttrakt der Anlage über eine doppelläufige Treppe. Im Vestibül sind in Bronze-Lettern Worte eines prominenten ehemaligen Professors von Coimbra angebracht, die das Ethos der Bildung preisen: ein Zitat von António Oliveira Salazar. Im Oberstock steht man vor dem Eingang der Aula, die auch *Sala dos Capelos* heißt. In ›Borla e Capelo‹, in Doktorhut und mit Schulterbehang, zieht der Lehrkörper bei

Festlichkeiten in die Aula ein. Das Zeremoniell spielt in Coimbra eine große Rolle – auch dies hat es mit England gemein. Manchmal glaubt man, in Oxford oder Cambridge zu sein. Zum Ornat der Professorenschaft gesellt sich bei Feierlichkeiten der Coimbreser Universität die historische Tracht der Pedelle, der Archeiros. Diese gingen aus der früheren Hochschulpolizei hervor. Sie tragen zu den Feiern Hellebarden oder Degen.

Die Sala dos Capelos hat ihren Ursprung in der Regierungszeit Joãos III. Die geschnitzte Holzmuldendecke ist mit gemalten Wappen geschmückt. An der Stirnseite des Saales befinden sich die Sitze des Rektors und der Dekane. Die Dekansessel sind mit Leder in der jeweiligen Farbe der Fakultäten bezogen: Gelb die der Mediziner, rot die der Juristen, Dunkelblau die der Philosophen und Hellblau die der Naturwissenschaftler. An den Wänden der Aula hängen Bildnisse der portugiesischen Könige, über dem Rektorensitz die Bilder des ersten und des letzten Monarchen, Afonsos Henriques und des 1910 vertriebenen Manuel II. Auf der rechten Seite des Saals sitzen die Senhoras, auf der linken die Senhores – früher waren Frauen auf die Galerie verbannt. Der Saal dient für Festakte und Promotionsfeiern. Paul Valéry empfing hier die schwarze goldbestickte Robe eines Ehrendoktors der Universität Coimbra.

Gegenüber der Aula liegt die Sala de Reunião für den Lehrkörper, mit Professorenbildern neueren Datums. Der älteste Teil des Gebäudes beherbergt den Saal für staatliche Empfänge; er ist der Öffentlichkeit nicht zugänglich. Der Saal der Garde wird von einem Porträt des Magnánimo beherrscht. An den Wänden sind Hellebarden befestigt. Die Räume der Fakultäten sind mit Damast in der jeweiligen Farbe bespannt, ebenso auch die Sesselbezüge. Wir sehen dort die Bildnisse von Professoren aus dem 18. Jahrhundert, strenge, asketische Gesichter, durchweg Geistliche. Der Waffensaal ist mit Azulejos ausgestattet; Idyllen in Blau auf gelbem Grund sind von Rocaillen eingefaßt. Nach der Westseite hin hat man im Oberstock einen Laufgang angebracht. Von hier genießt man einen umfassenden Blick über das Mondego-Tal und die Stadt-Topographie, die Unterstadt und das zum Cúmulo aufsteigende Altstadtviertel mit Sé Velha und Sé Nova, sowie über den galeriegeschmückten Komplex des früheren Bischöflichen Palastes.

Den *Bibliothekstrakt* im linken Seitenflügel ließ João v. 1716 bis 1732 errichten. Er ist das Gegenstück zur weitaus geräumigeren Bibliothek im Klosterschloß Mafra, die der gleiche Monarch hat erbauen lassen. Die Bücherei von Coimbra besitzt hingegen eine reichere Barockausstattung. Man glaubt in eine Kirche zu treten. Hinter einem halb zurückgezogenen Vorhang blickt von der Stirnseite des Raumes der landesväterliche Gründer herab. Das Bild malte António Simões Riveiro, der auch die illusionistische Decke der aus drei Sälen bestehenden Bibliothek gefertigt hat. Das Interieur erinnert an die Wiener Hofbibliothek Fischers von Erlach. Eine Beziehung wäre denkbar, da die Königin Maria Anna eine Habsburgerin war.

Über den Durchgängen von Saal zu Saal – jeder hat eine andere Farbe – sind die allegorischen Embleme der Fakultäten angebracht. Eine durchlaufende Galerie führt in Zimmerhöhe an den Bücherwänden entlang. Die Galerie wird gestützt von sich nach unten verjüngenden Holzpfeilern, die auf den Kopf gestellten Obelisken gleichen (Estípides). Zur Ausschmückung der Räume ist das gesamte Dekor-Repertoire des Barock aufgewendet, Goldbeschläge, Al-fresco-Malerei, Chinoiserien, Blattgold. Die mit Intarsien versehenen Tische wurden aus Hölzern Brasiliens und Indiens gefertigt. In die Bücherwände sind vertikale Schlitze eingelassen, in die man die Leitern bei Nicht-Gebrauch einschieben kann. In diesen Räumen, so schrieb Reinhold Schneider, könnte man eigentlich nur leise, mit schnallenbesetzten Schuhen gehen; nur gepuderte Köpfe dürften sich über die goldschimmernden Bände neigen.

Die Bibliothek Joãos v. vereint vierzigtausend meist äußerst wertvolle Bücher in verschiedenen Sprachen, daneben dreitausend mittelalterliche Handschriften und über zweihundert Wiegendrucke. Von Fällen besonderen Studieninteresses abgesehen, sind die Folianten nur museale Schaustücke. Die eigentlich benützbare Universitätsbücherei befindet sich in einem anderen,

1956 errichteten Gebäude außerhalb des Bannkreises des ehemaligen Paço.

Neben der historischen Bibliothek treten wir in die *Schloßkirche*, die jetzt der Hochschule zugeordnet ist. Sie stammt aus manuelinischer Zeit. Dies verrät bereits das Portal: manuelinisch gedrehte Säulen tragen die Archivolte, an denen Perpendikular-Zapfen hängen. Das Innere ist mit Blattgold und vierzehntausend Azulejo-Platten ausgestattet. Der dritte Eingang des linken Flügels führt in die Universitätshöfe, die auch Claustros sein könnten. Azulejo-Wände halten eine Fülle von Genre-Szenen des 18. Jahrhunderts fest: fässerbeladene Stromschiffe, belebte Stadtveduten, bukolische Schäferszenen, Jäger, Gaukler, Landleute, Ziergärten des Rokoko. Auf einer der Darstellungen geht ein Mann mit Dreispitz durch eine Zypressenallee: Pendant zu jener ähnlichen Azulejo-Ansicht in Madre de Deus in Lissabon. Vielleicht verbildlicht sie den Gedanken der Solidão, der Einsamkeit.

Nahezu fünftausend Estudantes bevölkern die Hörsäle der Alma Mater von Coimbra. Bis in unsere Zeit haben sich bestimmte Bräuche erhalten, die die *Studenten* als eine Art ›Stand‹ oder ›Orden‹ erscheinen lassen. Sie trugen und tragen teilweise heute noch ihre eigene Tracht, Capa e Batina, worunter man eine schwarze Soutane sowie ein darübergehängtes schwarzes Cape versteht, dessen eine Seite über die rechte Schulter zurückgeworfen wird. Franz Villier bezeichnet die Tracht nicht sehr freundlich als ein Zwischending des Kostüms Alfred de Mussets und eines Bestattungsbeamten. Die Umhänge sind oft ausgefranst; es heißt, jeder Riß bedeute ein Liebesabenteuer oder eine Liebesenttäuschung.

Nach dem Studentenritual trug der Lernbeflissene im ersten Jahr seine Bücher lose unterm Arm. Im zweiten stand ihm eine schwarze Mappe zu. Im vierten durfte er sie mit schmalen Bändern in der Farbe seiner Fakultät versehen. Im fünften wurden breite Bänder daraus. Nach dem Mai-Examen verbrannte man die Bänderpracht aus Freude über die Erlösung vom Studentendasein. Diese Zeremonie hieß ›Queima das Fitas‹. Sie war mit Feuerwerk, Possen, Tanzereien verbunden.

In der Oberstadt von Coimbra befand sich in früheren Jahrzehnten eine Unmenge sogenannter ›Repúblicas‹. Studenten mieteten sich ein Haus, dem sie einen launigen Namen gaben, und stellten dort eine Köchin an. Da gab es eine ›República dos Inkas‹, eine ›República dos Kákados‹, eine ›República de Pagode Xinês‹. Ein Studentenhaus, das an einer Gassenecke lag und spitz wie ein Schiffsbug war, nannte sich ›Casa da Nau‹. Man liebte in diesen Studentenbuden die Improvisation und vermied Komfort, teils, weil die Mittel fehlten, teils auch, weil dies der Lebensauffassung entsprach. Man möblierte sich mit Kisten, trank aus Büchsen, benützte als ›Schrank‹ einen in die Wand geschlagenen Nagel. Die Repúblicas fallen heute allerdings zahlenmäßig nicht mehr ins Gewicht. Auch die übrige Studenten-›Folklore‹ nimmt langsam ab.

Der größte Teil der *Kolleggebäude von heute* befindet sich außerhalb des alten Universitätsreviers. Sie gruppieren sich um die Praça Dom Dinis, in deren Mitte der Landmann-König steht. Die kalten und nüchternen Hochbauten tragen eine Monumentalität ohne Charakter zur Schau. Moderne Basreliefs symbolisieren die Disziplinen. Hier ist auch der Platz der neuen Bibliothek.

Sé Nova

Gerne entrinnt man dieser wahrhaften Lehrfabrik und atmet auf, bald wieder vor einer einfallsreichen, profilierten Fassade zu stehen, der Schauseite der *Sé Nova*. Sie ist ein Werk des Architekten Baltasar Álvares von 1598, Renaissance mit ersten Anzeichen von Barock. Noch ganz antik sind die Pilaster mit korinthischen Kapitellen aufgefaßt, die ein mächtiges Gesims tragen; darüber aber löst sich die Statik des Unterbaus in beschwingte, fast musikalische Bewegtheit auf, gipfelnd in einem ›Retablo‹ aus Giebel und Giebelsegmenten. Unter der Höhe des Fassaden-Aufsatzes bleiben die massiven, etwas zurückgestellten Ecktürme. Die Kirche diente ursprünglich den Jesuiten; nach deren Ausweisung unter Pombal 1772 stieg sie zum Rang der Kathedrale auf.

Das Innere wirkt römisch. Vor dem Mittelschiff hat man ein riesiges Renaissance-Holzportal frei aufgestellt. Weitgespannt wölbt sich über dem Raum eine kassettierte Tonnendecke, auch die Tonnen über dem Chor und den kurzen Querarmen sind kassettiert, ja selbst die Vierungskuppel entbehrt nicht der Kassettenfüllung. Über den jeweils vier Arkadenbögen strecken zwei Barockengel trompetenartige Pfeifen aus, eine Orgelgestaltung, die man auch in Spanien antrifft. Über den Instrumenten tummeln sich musizierende Engel. Der Chor-Retablo wirkt mit seinen gedrehten Goldsäulen schmucklos, im Gegensatz zum Goldgekräusel der churrigueresken Querschiff-Altäre.

Museu Machado de Castro

Im *ehemaligen Bischofspalast*, einem weiteren monumentalen Bau der Oberstadt, der einen fürstlichen Pátio mit Galerien umschließt, ist heute eines der wenigen überregionalen Museen Portugals eingerichtet. Es heißt nach jenem Meister von Standbildern und folkloristischen Figurengruppen, der in der Hauptstadt mit mehreren Werken vertreten ist: Machado de Castro. Dabei hängt in der Sammlung Coimbras nur ein großformatiges, vergoldetes Puttenrelief des Künstlers. Allein der Umstand, daß er ein Sohn der Universitätsstadt gewesen ist, hat die Namengebung veranlaßt. Viel Inventar aus Kirchen Coimbras und der Beira Litoral ist im Museu Machado de Castro zusammengetragen und wirkungsvoll aufgestellt. So steht man plötzlich vor dem Torso eines romanischen Kreuzgangs, den man sorgfältig in einem der Räume aufgebaut hat. Er entstammt der ehemaligen Kirche São João de Almedine, die im Bereich der Altstadt gestanden hat. Auch mit einer komplett transponierten Barockkapelle wartet das Museum auf. Die Vorderseite eines Sarkophags aus dem Kloster von Lorvão, 14. Jahrhundert, zeigt in Relief unter Kleeblattbögen die Figuren all jener, die in Marokko das Martyrium erlitten. Aus der gleichen Zeit stammt eine verinnerlichte Madonna mit Kind aus Montemór-o-Velho, ein Werk des Mestre Pero. Vom gleichen Meister finden wir französisch beeinflußte Madonnen- und Heiligen-Bildwerke aus Podentes sowie aus Sé Velha und Santa Clara-a-Velha in Coimbra. Dem alten Klarissinnenkloster gehörte auch ein aufgebahrter Christus mit über dem

Leib gekreuzten Händen an; unter dem über den Steinsarkophag hängenden Laken schauen verkleinert die Wachen hervor; sie tragen mittelalterliche Rüstungen. Eine schöne spätgotische Michaelsfigur mit großen Flügeln, die bereits nach Renaissance-Manier gestaltet sind, stand ursprünglich in São Salvador, einer romanischen Kleinkirche gleich São Tiago und zudem der ältesten Coimbras. Über ihrem romanischen Portal steigt ein barocker Giebel empor. Das stark beschädigte Innere wartet mit Azulejos auf.

Neben den örtlichen Erzeugnissen begegnen uns im Museu Machado de Castro wieder die berühmten manuelinischen Architekten- und Künstlernamen von Belém, diesmal mit beispielhaften Skulpturen: Chanterène (Verkündigungsgruppe, Maria lactans) und João de Rouão (Santa Inês, São Bernardo vor der Jungfrau). Manche Retablo-Reliefs der Renaissance weisen schon auf die barock-volkstümliche Gestaltung eines Machado hin; Erzählfreude und Konkret-Vordergründiges ist wichtiger als der geistliche Gehalt. Andere Museumsstücke erinnern – auch sie mit dem Zug zum Volkstümlichen – an Kalvarien- und Paso-Figuren, so die Apostelgestalten der Meister Jaques Loquin und Filipe Hodart. Hodart hat eine Abendmahlgruppe für Santa Cruz in Ton gefertigt, die jetzt ebenfalls im Museum aufgebaut ist. Auch findet man wieder, was der Renaissance nicht fernliegt, antike Anklänge. Die Antike macht sich im Museu Machado de Castro mit originalen Stücken geltend, Funden aus Conimbriga, doch auch aus dem Bereich des gegenwärtigen Stadtareals: Spuren der Römerstadt Aeminium, die sich zur Zeit des Imperium Romanum hier ausgebreitet hat. Dom Afonso de Castelo Branco hat Ende des 16. Jahrhunderts den Bischofspalast auf altrömischem Grundgemäuer errichtet. Der Abstieg innerhalb des Museums in die unterirdischen Stollen lohnt die Mühe: man staunt über die mächtige Ausdehnung der schachbrettartig angelegten, solid gebauten Gänge, die von der einstigen Bedeutung Aeminiums Zeugnis ablegen. Ihr ehemaliger Verwendungszweck ist nicht geklärt. Für Katakomben oder ein Gefängnis ist das Stollensystem zu ausgedehnt, auch zu aufwendig gemauert. Am ehesten kommt ein

Arsenal in Frage, zur Unterbringung des Proviants im Falle der Belagerung der Stadt. Die Denkmalpflege unserer Tage hat die Gänge wirkungsvoll ausstaffiert, indem sie in sparsamer Weise effektvoll angeleuchtete originale Cäsarenköpfe aufstellte.

Das Museu Machado de Castro wäre nicht vollständig ohne Beispiele der portugiesischen Blüte der Malerei. Vertreten ist der manuelinische Meister von Sardoal bei Abrantes, der mit dem Monogramm MN zeichnete. Je ein Polyptychon von Sardoal und Celas zeugen von der naiv-archaischen Darstellungskraft des Mestre. Christus ist wiedergegeben mit einem Seil um den Hals, daneben ganzfigürlich und von ikonenhafter Eindringlichkeit Petrus, Paulus, der Täufer und der Evangelist Johannes. Auf einem Verkündigungsbild sind Erzengel und Jungfrau auf zwei verschiedene Eichenholztafeln gemalt. Der Engel trägt ein Goldzepter, Maria kniet demütig unter einem Baldachin.

Mobiliar, Fayencen, Gläser, weltliches und kirchliches Gerät sind im Oberstock des Museums ausgestellt. Das Rainha-Santa-Zimmer enthält ein Reliquiar aus vergoldetem Silber, mit Emaille-Einlagen. Kostbarste Gegenstände sind ferner ein ›schwarzer Christus‹ aus dem 13. Jahrhundert sowie ein romanischer Kelch aus getriebenem Gold mit Apostelschmuck.

Zu Santa Clara-a-Velha

Alle Wege führen zum Rio Mondego – kann man sagen, wenn man durch enge Handwerkergassen vom Cúmulo wieder hinabsteigt. An manchen Stellen ist der Abstieg hals- oder rippenbrecherisch, und eine der Escadas heißt deshalb auch Quebra-Costas. Was so viel bedeutet wie Rippenbruchstiege.

Der verkehrsreichste Platz am Flußufer ist der *Largo da Poragem*, auf den die Ferreira Borges direkt hinführt: hier kann sich der eng zusammengedrängte Hauptstraßen-Verkehr etwas ausbreiten. Hier auch ist die *Mondego-Brücke*, die nach der Gefährtin des heiligen Franziskus Ponte Santa Clara heißt. Der Name hat seinen Grund. Denn am jenseitigen Ufer, heute vom Fluß etwas abgerückt, liegt das alte Klarissinnen-Kloster, von Pappeln umgeben, hinter Buschwerk versteckt und tiefer als das Straßen-Niveau.

Unmittelbar neben dem Klosterbau stoßen wir auf ein modernes Unikum – das Freilichtmuseum *Portugal para os pequeninos*. Ein

Kindermuseum also, dazu eines, dem man einen instruktiven Wert zugestehen muß. Es breitet Historie aus, angemessen einer Stadt von historischer Ausstrahlung.

Dr. Bissaya Barreto, Medizinprofessor in Coimbra, hat das Museum 1940 ins Leben gerufen, nach der Devise: Lernen durch Spielen. Die Teilnahme, die dem Ausstellungspark zuteil wird, ist bezeichnend für das national betonte Geschichtsbewußtsein der Portugiesen. Schon über dem Eingang begrüßt uns ein Symbol des Século de Ouro: eine Miniatur-Karavelle aus dem Jahre 1500. Wesentliche Bauten der Vergangenheit des eigenen Landes sind im gärtnerisch ausgestalteten Gelände in verkleinertem Maßstab aufgebaut, zugeschnitten auf kindliche Dimension: die Burg Afonsos Henriques in Guimarães, die Paços de Conselho in Viana do Castelo mit dem Renaissance-Brunnen davor, der Turm von Belém und die Sé von Lissabon, die Casa dos Bicos in der Alfama, das Triumphtor der Praça do Comércio und der Kandelaber des Kleriker-Turms in Porto.

Daneben finden wir in der Schau ›Portugal für Kinder‹ Haustypen aller Provinzen in Liliputformat, wobei selbstredend auch die Inseln und die überseeischen Provinzen vertreten sind. Die Häuser stehen in blühenden Gärten, man kann in sie hineingehen und die Balkone en miniature betreten. Ein eigenes pädagogisch und soziologisch geschultes Personal steht zur Verfügung. Eine große Weltkarte verdeutlicht die portugiesischen Entdeckungswege.

Vom historischen Spiel zum historischen Ernst: dunklere Erinnerung vermag kaum ein Gebäude Portugals zu vermitteln als *Santa Clara-a-Velha*. Schon dadurch verbildlicht es Untergangsstimmung und schwarze Gedanken an die Vergänglichkeit, daß es unaufhaltsam im Flußsand versinkt, wie ein zerborstenes, untergehendes Schiff. Längst – so könnte man die Analogie fortsetzen – hat die Besatzung das Schiff verlassen. Der edle Baukörper, von Schrammen zerschunden, ist leer und verlassen, aufgegeben. So düster wie seine Gewölbe, die im fauligen Wasser stehen, ist seine Geschichte. Hier lebte Inês de Castro, das Opfer politischer

Ränke, hier wurde sie nach ihrer Ermordung beigesetzt. Isabel von Aragón, die Gemahlin des Königs Dinis, verbrachte in diesen Mauern weltentsagend ihre Witwenjahre. Hier wurde sie in einen mächtigen Sarkophag gebettet. Und noch posthum mußte sie fliehen: als das Wasser stieg, die Gewölbe einzustürzen drohten, schleppte man den Steinsarg hinauf auf die Hügelkette am Südufer des Mondego, wo sich seit dem 17. Jahrhundert die lange Klosterfront von Santa Clara-a-Nova erstreckt. Dort ruht sie nun, Portugals verehrteste Heilige – Santa Isabel. Ihr Leben spiegelt ihre Zeit.

Die heilige Königin

Die populärste Santa des Landes, *Isabel*, stammte von deutschen Fürstenhäusern ab. Ihre deutsche Urgroßmutter war Gerdrud von Andechs. Der Vater Isabels, Pedro III. von Aragón, der durch den Coup der Sizilianischen Vesper die Königskrone von Sizilien den Anjous abgerungen hat, war ein Sohn Violantes, der Schwester der heiligen Elisabeth von Ungarn. Beide waren also Töchter der bayerischen Gerdrud von Andechs. Elisabeth ist identisch mit Elisabeth von Thüringen; sie wurde bereits als Einjährige dem späteren Landgrafen Ludwig IV. von Thüringen angetraut, dem Freund Friedrichs II. von Hohenstaufen. Als der Landgraf bei der Vorbereitung des fünften Kreuzzugs in Brindisi umgekommen war, zog sich Elisabeth in das Klarissinnenkloster nach Marburg zurück, wo sie 1231 starb. Über ihrem Grab errichtete man die Elisabethenkirche, eine der schönsten Hallenkirchen der Gotik. Isabel (= Elisabeth) hat von ihrer frommen Großtante den Namen bekommen. Dies ist nicht die einzige Gemeinsamkeit der beiden verwandten Heiligen. Auch Isabel von Portugal wurde später Patronin der Caritas, auch mit ihr verbindet sich ein legendäres Rosenwunder; sicher ist die Rosenlegende von der einen Elisabeth auf die andere übergegangen. Im Falle Isabels war es der König Dinis, im Falle Elisabeths der thüringische Landgraf, der wissen wollte, was in einem verdeckten Korb versteckt sei. Es waren Brote für die Armen. Die Antwort lautete: »Rosen«. Bei Aufdecken des Korbes lagen wirklich Rosen darin.

Entscheidender jedoch ist die deutsche Abkunft Isabels mütterlicherseits. Pedro III. von Aragón war mit Konstanze, der Tochter König Manfreds von Sizilien, verheiratet – dies rechtfertigte auch Pedros Anspruch auf den sizilischen Thron. Manfred wiederum war ein Sohn des Stauferkaisers Friedrich II. und der blonden Lombardin Bianca di Lancia, der einzigen Frau, die Friedrich wirklich geliebt hat. Da Manfred vom Papst mit dem Bann belegt worden war, sperrte sich die Kurie erst gegen die aragonesisch-staufische Heirat. Pedros Vater Jaime I., der Mallorca, Valencia und Murcia den Muselmanen entrissen hatte, schrieb darauf einen so geharnischten Brief an den Pontifex in Rom, daß dieser vorzog, ihn niemals zu veröffentlichen. Der Brief tat seine Wirkung. Rom erlaubte die Ehe.

Mit elf Jahren wurde Isabel, die aus dieser Verbindung hervorgegangene Tochter, dem damals neunzehnjährigen Dinis angetraut. Auch Dinis hat eine staufisch-schwäbische Ahnenreihe. Beatrix von Hohenstaufen, die Tochter Philipps von Schwaben, des Gönners Walters von der Vogelweide, war seine Urgroßmutter. Diese war mit Fernando III. von Kastilien vermählt, der später wegen seiner Verdienste um die Reconquista heiliggesprochen wurde. Beatrix' kniende Bildnisstatue befindet sich über ihrem Grab in der Kathedrale von Sevilla. Fernandos Sohn Alfonso X. nannte seine Tochter nach seiner Mutter – der Name Beatrix ist über die Schwäbin übrigens in Spanien eingebürgert worden und kommt in den dynastischen Stammbäumen später noch öfter vor. Diese Beatrix, Tochter Alfonsos X. von Kastilien, heiratete Afonso III. von Portugal, den Vater des Labradors.

Die Ehe zwischen Dinis und Isabel hatte, wie meist bei Herrscherhäusern, politische Hintergründe. Sowohl Portugal wie Aragón lagen im Streit mit Kastilien. Die Hochzeit besiegelte ihr Kastilien einkreisendes Bündnis.

Isabel war eine begehrte Partie. Die Könige Englands und Frankreichs und Robert von Anjou, König von Neapel, hatten um sie geworben. Vergebens. Man sprach die Infantin Dinis zu. Die von den Burgundern errungene Königskrone Portugals galt etwas in Europa. Eine Brautwerbung aus Coimbra gereichte zur Ehre.

Und somit hatten die Unterhändler, die die Werbung am aragonesischen Hof überbrachten, Glück. Ihre Namen sind bekannt: João Martins, João Belo und Vasco Peres.

1282 reiste Isabel nach Portugal. Eine erlauchte Abordnung empfing sie in Bragança. In Trancoso sahen sich die Verlobten zum ersten Mal. In der dortigen Kirche São Bartolomeu fand die Trauung statt. Man entzündete ein Feuerwerk, Gratiswein floß aus bauchigen Fässern, Gaukler führten ihre Künste vor. Als Hochzeitsgabe erhielt Isabel von Dinis die Städte Óbidos, Abrantes und Porto de Mós. Der Weg in die Hauptstadt führte über Guarda und Coimbra.

Kaum war die elfjährige Königin in Coimbra angelangt, fragte sie nach dem Armenviertel, um Almosen zu verteilen. Als Verehrerin des heiligen Franziskus hatte die Tochter Pedros III. bereits in Saragossa ein Klarissinnen-Kloster gründen wollen. Dies holte sie jetzt nach. So entstand Santa Clara-a-Velha.

Obwohl aus politischem Kalkül geschlossen, war die Ehe des Burgunders gut. Es besagte nichts, daß Dinis neben dem legitimen Sohn Afonso – dem späteren Afonso IV. – auch Bastardsöhne hatte, die er sogar zum Unmut des Thronfolgers bevorzugte. Unter den Versen, die der Rex Literatus nach provenzalischem Vorbild schrieb, sind Liebesgedichte. Der königliche Poet hat sich sogar in die Gedanken eines Mädchens hineinversetzt:

> Ai flores, ai flores do verde pino,
> Se sabedes novas do meu amigo!
> A Deus, e u é?

> Ai flores, ai flores do verde ramo,
> Se sabedes novas do meu amado!
> Ai Deus, e u é?

> Oh Blüten, Blüten der grünen Pinie,
> wißt ihr Neues von meinem Freund?
> Gott, wo ist er?

> Oh Blüten, Blüten vom grünen Zweig,
> wißt ihr Neues von meinem Geliebten?
> Gott, wo ist er?

König Dinis verstarb 1325; er wurde in Odivelas beigesetzt. Seine Witwe verbrachte mehrere Monate in Gebeten, Kasteiungen und karitativer Arbeit. Dann rüstete sie sich zu einer Pilgerreise nach Santiago de Compostela. Noch im gleichen Jahr unternahm sie die Wallfahrt, und zwar zu Fuß. Das Antlitz Gekrönter war in Zeiten, in denen es keine Kommunikationsmittel im modernen Sinne gab, nur wenigen bekannt. Dennoch sprach sich das Gerücht von der pilgernden Königin in den Ortschaften am Weg herum. Das Volk strömte herbei, um Isabel um ihren Segen zu bitten. In Santiago angekommen, blieb sie zwei Tage lang unerkannt. Am Tag des Heiligen identifizierte man sie aufgrund der Gaben, die sie der Kirche überreichte: eine Goldkrone, ein Gewebe mit Borten aus Gold und Perlen, reiche Stoffe, bestickt mit den Wappen Portugals und Aragóns, kostbare Meßgewänder, eine Geldsumme für die Bauhütte, Prunkkleider, die nur sie selber an den großen Festen getragen hatte, ein silbernes Marienbild, silbernes und goldenes Tafelgeschirr, darunter die Becher, aus denen König Dinis zu Lebzeiten trank. Der Pilgerreise wegen wurde die heilige Königin später gerne mit Stab, Pilgertasche und aufgesetzter Muschel, dem Zeichen des Apostels Jakobus, dargestellt. Fünf Jahre später trat Isabel in das von ihr gestiftete Klarissinnen-Kloster am Rio Mondego ein.

Häufig hatte die Königin in ihrem Leben Händel schlichten müssen, so auch einmal zwischen ihrem Gemahl und ihrem Sohn. In Lissabon, dem Ort der Versöhnung, vermerkt die Inschrift einer Steinstele:

»Santa Isabel, Königin von Portugal, gab den Auftrag, diesen Stein zu errichten in Erinnerung an die von ihr erwirkte Beilegung des Konflikts zwischen ihrem Gemahl, König Dom Dinis, und ihrem Sohn Dom Afonso IV., die sich im Jahre 1323 eine Schlacht liefern wollten.«

1336 sollte sie noch einmal Frieden stiften, diesmal zwischen ihrem temperamentvollen Sohn und Alfonso X. von Kastilien. Als Fünfundsechzigjährige machte sie sich auf den Weg, diesmal zu einer weltlichen Pilgerreise, um nach Badajoz an der portugiesisch-kastilischen Grenze zu gelangen, wo sie ihre Mission erfüllen wollte. Sie erreichte ihr Ziel nicht. Unterwegs erkrankte sie. Man brachte sie auf die Burg Estremoz, wo sie nach wenigen Tagen starb. Neun Tage später überführte man die tote Königin nach Coimbra, wo sie in Santa Clara beigesetzt wurde.

1516 sprach Papst Leo X. Isabel selig. Zugleich wurde ein ihr gewidmeter Gedächtnistag für die Diözese Coimbra begründet, den 1556 Paul IV. für ganz Portugal übernahm. 1625 folgte die Heiligsprechung durch den Barberini-Papst Urban VIII., den Mäzen Berninis. Damit ist eine Geschichte verbunden. Der Pontifex litt an Typhus. Als kein ärztliches Mittel half, erinnerte er sich an das Bildnis der seligen Isabel, das er in seinem Zimmer verwahrte. Er holte es hervor. Das Fieber wich. Der Papst wurde gesund. Er zögerte nicht, die Kanonisierung der portugiesischen Königin in Sankt Peter einzuleiten.

Im gleichen Jahr erklärte Philipp III. die Heiliggesprochene zur Patronin des Königreichs. Dies hatte wieder Hintergründe berechnender Diplomatie: damit wurde eine portugiesische Heilige ausgezeichnet, die spanischer Herkunft war – ein Politikum, das Gewicht hatte, da Philipp als ein in Portugal umstrittener spanischer Monarch die Krone des Afonso Henriques trug.

Als 1650 die Kirche Santa Clara immer mehr in den Grund sank, gab der erste Bragança-König, João IV., das am Berghang gelegene neue Klarissinnen-Kloster in Auftrag, in das man den Sarkophag der Heiligen verbrachte. 1677 erfolgte die Umbettung in den Silbersarg, der sich heute noch als bedeutendstes Heiligtum Coimbras über dem Hauptaltar von Santa Clara-a-Nova befindet. Auf der Terrasse vor dem Klosterbau steht die heilige Königin in Stein, jugendlich und im Pilgerinnen-Habit. In Porzellan, Kupfer und Holz sieht man in allen einschlägigen Vitrinen Coimbras Statuetten Isabels, die Krone auf dem Haupt, Rosen im Arm. Man entdeckt ihr Abbild häufiger als die in ihre Capas gekleideten Studenten, die gleichfalls als Nippes feilgeboten werden. Vom 11. bis 14. Juli wird alle zwei Jahre mit großem Aufwand das Fest der Stadtheiligen begangen, die zugleich portugiesische Nationalheilige ist. In der Sé findet ein Tedeum statt. Man veranstaltet eine Prozession und einen historischen Festzug. Durch die Stadt klingen die volkstümlichen Verse:

> Silêncio! Vem a chegar
> Santa Isabel de Aragão
> Dai-lhe graças e, ao passar,
> consagrai-lhe esta oração:
>
> Dai-nos a fé redentora
> Do amor de Deus, e, a final,
> Abençoai-nos, Senhora,
> e abençoai Portugal!
>
> Stille! Es nähert sich
> Santa Isabel von Aragón.
> Gib ihr Dank
> und widme ihr dies Gebet:
>
> Gib uns den Glauben an Errettung
> durch Gottes Liebe
> und segne uns, Herrin,
> und segne Portugal!

Umzug eines Klosters: Santa Clara-a-Nova

Führt der Rio Mondego, verglichen mit dem Douro, auch wenig Wasser, so kann er im Frühjahr doch beachtlich anschwellen. Namentlich dann, wenn der Schnee des Estrela-Gebirges schmilzt. Im Lauf der Jahrhunderte hat der Mondego das Gemäuer von Santa Clara-a-Velha, der Grablege der Rainha-Santa, systematisch unterspült und immer mehr Flußsand in das Kirchenschiff hineingetragen, bis die Stützen schließlich bis zu fünf Metern im sandartigen Geröll standen. Man hat sich damit geholfen, daß man einen neuen Boden einzog, der heute noch vorhanden ist und über den wir in den Kirchentorso eintreten können. Der Boden hat natürlich die Höhenwirkung der Kirche, ein Element der Gotik, stark gemindert und dem Raum eine gedrungene, eher romanisch anmutende Schwere gegeben. Trotz oder gerade wegen der Strukturänderung und des ruinösen Zustands beeindruckt der Innenraum in ganz eigenartiger Weise: man wird sich der zerstörerischen Gewalt der Zeiten bewußt. Pfeiler, Dienste, Gewölberippen der sieben Joche ragen aus dem unheimlichen, schwarzen, sumpfigen See im Unterteil der Kirche auf und spiegeln sich darin. Die romantischen Maler des beginnenden 19. Jahrhunderts, Caspar David Friedrich etwa, die es liebten, Ruinen und den in Ruinen verlorenen Menschen darzustellen, hätten hier ein Motiv ganz nach ihrem Geschmack gefunden.

Wo stand der Sarkophag Santa Isabels? Keine gesicherte Spur weist darauf hin. Ein Renaissance-Postament in der Mitte des Kirchenschiffes könnte der Platz des Túmulo gewesen sein. Es ist der einzige übriggebliebene Teil der einstigen Innenausstattung. Santa Clara-a-Velha ist eine leere, aufgebrauchte, dem Sterben anheimgegebene Hülle. Doch wir können uns das ursprüngliche Aussehen des Innenraums halbwegs vorstellen, da wir ja im Museu Machado de Castro erlesenes Inventar gesehen haben, das aus dieser Klosterkirche stammt, Hochgotik erster Ordnung.

1677 war man des Kampfes mit der andauernden Wasser- und Sand-Invasion müde. Auch war man sich der Gefahr bewußt, in einem ausgeschwemmten, brüchigen Gemäuer zu hausen. Die Stätte war geweiht wie kaum eine in Portugal, und es mag den Klarissinnen nicht leicht gefallen sein, einen Bau aufzugeben, in dem aus jedem Stein Geschichte spricht. Doch sie überließen das Gebäude schließlich dem immer neu zupackenden Strom, der Naturgewalt des Rio Mondego. Sie zogen um.

So wurde denn ein neues Kloster gebaut, *Santa Clara-a-Nova*, auf einer Stufe der Hügelkette südlich von Coimbra, dem Monte da Esperança. Kann sich der neue Mosteiro an Ausdruckskraft und religiöser Substanz mit dem alten auch nicht messen, so darf man doch auch in diesem Falle froh sein, daß seine Erbauung in eine Epoche fiel, die noch eines eigenen unverwechselbaren Stiles fähig war.

Die lang hingezogene Breitseite von Kloster und Kirche beherrscht die Szenerie, wenn man vom Cúmulo des jenseitigen Montego-Ufers auf den Monte da Esperança blickt. Umgekehrt ist die Terrasse vor Santa Clara-a-Nova mit der Statue Isabels in gleicher Weise ein Miradouro, wie die topographisch ähnlich gelegene Terrasse von Nossa Senhora do Pilar auf dem Südufer des Douro mit dem malerischen Porto-Blick. Hier, von Santa Clara-a-Nova aus, überschaut man ebenfalls das gesamte Panorama einer Stadt, in diesem Falle Coimbras, der ›Perle des Mondego‹. Man versteht von diesem Miradouro aus noch am ehesten die operettenhafte Bezeichnung. Die rotbedachten Häuser klettern am Hang empor, die Universität liegt wie eine Schloßanlage darüber, was sie ja auch einmal gewesen ist, und die Cabra krönt die Stadtsilhouette als Leuchtturm der Weisheit – ›Turris Sapientiae‹ hat man ihn schon genannt.

Man sieht hinüber zum Largo da Poragem, der jetzt im Häuser-Chaos fast verschwindet, und zur Santa-Clara-Brücke, die zu der versteckten alten Klarissinnen-Kirche führt. Das Universitäts-Stadion beherrscht das Südufer des Mondego, der übrigens von hier aus noch eine beachtliche Reise bis zum Atlantik zurückzulegen hat, knapp hundert Kilometer. Auch Coimbra wagt sich – gleich Porto und Lissabon – nicht hin bis ans offene Meer, es wahrt Abstand vom ›Foz‹ seines Hausflusses, von der Unbegrenztheit des Mare tenebrum, dessen Sog man ebenso ausgesetzt ist wie seinen Winden. Man hält sich lieber ans Binnenland, an die Wehr des standfesten, windschützenden Hügelzugs. Hier in der Stadt Coimbra spürt man in der Tat die Atmosphäre des nahen Meeres kaum.

Der Ostteil des Klosterkomplexes ist heute Kaserne. Bei der exakten Ausrichtung des Gebäudes wirkt dies nicht als Diskrepanz. Grünuniformierte schauen gelangweilt aus den Fenstern. Daneben, von der Seitenfront her, tritt man in die einschiffige Kirche. Man hat zunächst, wie in der Sé Nova, Römisches vor Augen, doch nicht ausschließlich kalte Monumentalität, denn die Wände sind überzogen von gefälligem, schmuckfreudigem Barock. Nur die kassettierte Tonnendecke wirkt nackt und kühl, Geist und Struktur des 17.Jahrhunderts. Lisenen tragen die Gewölbegurte. Dazwischen sieht man, halbplastisch und koloriert, biblische und isabellinische Szenen.

Der Blick wird zum Chor hingezogen. Über den fünf Goldstufen des ›trono‹ und den darauf plazierten Goldleuchtern schaut man auf den ständig angestrahlten Silberschrein der Heiligen wie auf eine Monstranz. Die neuzeitlichen Glasfenster im Chor-Hintergrund verbildlichen nazarenisch-süßlich das Rosenwunder.

Seitlich des Altaraufbaus beanspruchen an den Chorwänden riesige Barockbilder unser Interesse, die historische Szenen aus der Legende der Heiligen wiedergeben: Franziskus, umgeben von (schwarzgekleideten!) Klarissinnen, Isabels Tod, ihre Heiligsprechung und die Öffnung des Sarkophags anläßlich der Verbringung in den Chor durch König Pedro II., der ehrerbietig der mumifizierten – aber hier wie lebend dargestellten – Rainha-Santa die Hand küßt. Die Mitglieder des Hofstaats tragen Allonge-Perücken und auf der Brust Christusritter-Kreuze.

Vor dem Chor steht ein Ständer zum Aufsetzen von Weihkerzen. Eine Frau aus dem Volk steckt eine mitgebrachte Kerze auf und entzündet sie. Dann trägt sie im Gebet der Heiligen ihre Wünsche vor.

Rechts tritt man in die nüchterne Sakristei. In ihr stehen ein Prozessions-Paso Isabels sowie ein Opferstock: »Almosen für den Kult der heiligen Königin«.

Die Westseite des Kirchen-Innern wird von einem Mudéjar-Gitter abgeschlossen, hinter dem die Klarissinnen vom Coro Baixo aus dem Gottesdienst beiwohnen konnten. Beiderseits des Gitters steht je ein mittelalterlicher Steinsarkophag. Im rechten ruht Isabels frühverstorbene Enkelin, eine Infantin gleichen Namens. Die Rainha-Santa hat sie aufgezogen und sehr geliebt. Ihr liegendes Steinbild ist von Engeln umgeben, die sie stützen; einer von ihnen hält ein Rauchfaß. Der andere Sarg barg die sterblichen Reste der Äbtissin Santa Claras zu Lebzeiten Isabels. Sie ist in ihrem Ornat wiedergegeben.

Um in den Coro Baixo zu gelangen, muß man sich bücken, so nieder ist der Türsturz. Man wird gleichsam zur Devotion gezwungen, ehe man in jenen niederen Raum tritt, in dem sich eines der eindrucksvollsten historischen Zeugnisse des Landes befindet: der alte, ursprüngliche Steinsarkophag der Königin. An den Längsseiten des skulptierten und bunt bemalten Sarges stehen unter Baldachinen Apostel und Klarissinnen, auf ihm ruht Isabel im braunen Habit, mit den Emblemen der Santiago-Pilgerschaft: Stab, Reisetasche und Muschel. Ihr gekröntes Haupt mit regelmäßigen Zügen ruht auf zwei roten Kissen unter einem gotischen, durchbrochenen Baldachin. Die Königin hat braune Augen und rotblondes Haar, sie soll im Gegensatz zu ihrem kleinwüchsigen Gemahl groß gewesen sein, wofür auch die ungewöhnliche Größe des steinernen Schreins spricht.

Engel umgeben und beschirmen die Heilige. Zu ihren Füßen kauert ein kleiner Hund, das Treuezeichen. Die Wappen Portugals, Aragóns und Ungarns zieren den Schrein. Ein umlaufendes Band enthält eine Inschrift:

Am 4. Juli des Jahres 1336 starb auf Kastell Estremoz die berühmte Dona Isabel, Königin von Portugal, und wurde beigesetzt am 12. des gleichen Monats in diesem Kloster Santa Clara, wie sie es selbst angeordnet und dotiert hat. Sie war die Gemahlin von Dom Dinis, dem erlauchtesten König von Portugal, und Tochter des Königs Don Pedro von Aragón sowie der Königin Konstanze und Mutter von Dom Afonso, dem allermächtigsten König von Portugal, sowie von Konstanze, der Königin von Kastilien. Sie war Großmutter des Königs Alfonso von Kastilien und der Königin Maria, seiner Gemahlin. All diesen hat sie ihre Segnung gegeben. Ihre Seele möge in Frieden ruhen.

Der Steinsarkophag war ursprünglich aus einem einzigen Block gehauen. Dann erst hat man die Deckplatte herausgemeißelt und den Sarg ausgehöhlt. Um ihn nach Santa Clara-a-Nova zu befördern, benötigte man zweimal zwölf Ochsen. Nach der Öffnung des Sarges und Umbettung der Heiligen im 17. Jahrhundert wurde ihre ewige Ruhe noch einmal gestört: Die Bragança-Königin Maria II. ließ 1852 den Silberschrein öffnen, den Leichnam entkleiden, mit Kölnischem Wasser waschen und neu einkleiden.

Den ursprünglichen Steinsarg hat die heilige Königin noch selbst in Auftrag gegeben; darum sind die Augen der Grabfigur offen. Nun sehen wir aber an der Stirnseite über ihrem Haupt einen skulptierten Engel in einem Vierpaß, der mit einer kleinen Figur in den Himmel entschwebt – Isabels Seele. Kaum anzunehmen, daß die Königin ihre Himmelfahrt hat anbringen lassen. Zweifellos ist dies Motiv erst nach ihrer Bestattung hinzugefügt worden.

Der Coro Baixo wird von sechs Barocksäulen getragen, bemalt mit Blumengirlanden im Stil Pompejis, der nach der Ausgrabung der Römerstadt durch Karl III. von Bourbon große Mode war. Der Raum ist ein kleines Museum mit Reliquien der heiligen

Königin. In einer Vitrine liegt ihr Sterbekleid, das ein halbes Jahrtausend den Leichnam umhüllt hat, bis zur Verlegung des Grabes. Auch das Bahrlaken ist ausgestellt sowie jenes Tuch, in dem man die Tote umgebettet hat. An den Wänden hängt ein Bilderzyklus aus dem 18. Jahrhundert, der die Geschichte des Klosters wiedergibt. Weiterhin trifft man Exvotos von Verehrern der Santa an; eines vermerkt: »Rainha-Santa abençoai o nosso lar« – »Heilige Königin, segne unser Heim«. Auf einem Wandbild des Coro erlegt König Dinis einen Bären – dieselbe Szene, die auch auf seinem Sarkophag in Odivelas dargestellt ist.

Vom Coro Baixo gelangt man durch eine Pforte, die das 3,60 Meter dicke Klostergemäuer erkennen läßt, in den geräumigen zweistöckigen Renaissance-Claustro mit seinen klaren Blendsäulen an den Pfeilern. Die Buchshecken in der Mitte des Hofes sind neben der kalten Mächtigkeit des Umlaufs freundliche Idylle. Hier, im Claustro, gibt es kein Mysterium mehr.

Garten der Tränen

Jene andere Königin, die zeitweise in Santa Clara-a-Velha beigesetzt war, *Inês de Castro*, ist die dem Infanten Pedro insgeheim angetraute Gemahlin gewesen. Pedro war ein Enkel der Königin Isabel und bestieg später als Pedro I. den Thron. Die tragisch und grausam endende Liebesgeschichte spielte sich in der Nähe des Klosters ab, ebenfalls auf dem Südufer des Rio Mondego, im *Jardim das Lágrimas*, dem Tränengarten.

Man kann ihn heute noch besichtigen, über seine gepflegten, akkuraten Kieswege gehen und all die korrekten Rasen und Beete, Sträucher und Teiche sowie einheimische und tropische Gewächse betrachten. Dies Elysium war die Kulisse eines makabren Meuchelmords. In dieser bezaubernd-friedfertigen Umgebung geschah das von politischem Kalkül diktierte Attentat auf Inês de Castro, gewissermaßen eine Agnes-Bernauer-Affäre auf portugiesischem Boden.

Der Stimmungsgehalt des Gartens der Tränen ist vielleicht nachträglich inszeniert, ›aufgebaut‹, man hat möglicherweise etwas nachgeholfen mit romantischen Relikten gotischen Gemäuers, all den Bambus- und Lorbeerhainen, den Zedern, Palmen und Orangenbäumen, den Lianen, die dickleibig von Baumriesen herabhängen, die ebensogut in Brasiliens Urwäldern wuchern könnten. Und doch ist die Stätte historisch. Die unmittelbare Nähe von Santa Clara-a-Velha spricht dafür. Es ist eine ideale Lage für einen königlichen Sitz und eine romantische Geschichte. Damals genoß man genau wie heute die Sicht auf die Hügelstadt jenseits des Mondego, auf Coimbra, das im 14. Jahrhundert Haupt- und Königsstadt gewesen ist.

Zunächst gelangt man nach Eintritt durch das hohe Gittertor auf geradem Weg zur Quinta, dem Herrensitz des gegenwärtigen Eigentümers des Anwesens. Die Quinta ist eines der Beispiele nobler Feudalsitze, die das portugiesische Latifundiensystem in der Vergangenheit geprägt haben und die heute noch das soziologische Gefüge kennzeichnen. Eine doppelläufige Treppe führt zum Portal, ein gediegenes Hohlziegeldach bedeckt den noblen Baukomplex, der kein Solar de Mateus ist, aber herrschaftlich genug. Solche Sitze, vielleicht etwas rustikaler, schufen sich auch die Kolonialportugiesen der Führungsschicht in den überseeischen Gebieten. Die Domizile der Fazendeiros, der Großfarmer, hießen Casas Grandes, Zeugnisse auch sie einer autoritären Feudalherrschaft, doch zugleich Stätten von Kultur und Lebensart und, was man den Portugiesen immer wieder zugestehen muß, einer human geprägten Patriarchal-Gesinnung.

Klettergewächse umranken den Solar des Jardim das Lágrimas. Nirgendwo sieht man Bewohner, auch keine Bediensteten. Die Quinta schläft anscheinend einen Dornröschenschlaf. Die Zeit ist stehengeblieben. Das Wappen über dem Portal ist mit einem schwarzen Schleier verhängt – in Portugal Brauch bei Todesfällen in Herrenhäusern. Der Senhor der ›família nobre‹ – der Solar gehört einem Zweig der Cabrais – ist vor Jahren verstorben. Als man den Trauerflor entfernen wollte, starb der Erbe. Aus diesem Grund ist das Wappen nun schon jahrelang verhängt.

Was im Garten der Tränen vor allem auffällt, ist Schatten. Riesige, teilweise exotische Bäume spenden ihn, Libanonzedern, brasilianische Araukarien mit meterlangen Nadelbüscheln, Gummi- und Kampferbäume. Wir gehen durch einen dunklen Dom von Laub. Frische, kühle Luft umfängt uns und regt die Gedanken an zu meditierender Rückschau auf ein Geschehen, das längst vergangen und auch ein wenig morbid ist. Bald stehen wir an einer Quelle, nicht weit von ruinösem gotischen Maßwerk, das sich hinter Blätterdickicht versteckt. An dieser seit Jahrhunderten sprudelnden Quelle soll Inês de Castro ihre letzte Stunde erlebt haben, ehe sie 1355 ihren Mördern zum Opfer fiel.

Pedro und Inês

Die Geschichte Portugals wird hier zur Romanze, zugleich zur Hof- und Staatsaktion. Afonso IV., der Sohn Dom Dinis' und Santa Isabels, warb für seinen Sohn Pedro um Constança, die verstoßene Gemahlin Alfonsos XI. von Kastilien. Der gemeinsame Waffengang am Rio Salado hatte die oft verfeindeten Häuser für eine kurze Weile zusammengebracht. 1340 traf Constança in Lissabon ein. Der Infant Pedro war damals zwanzig Jahre alt.

Nun befand sich unter den Hofdamen eine Galizierin von großer Schönheit, Inês de Castro. Sofort verliebte sich Pedro in sie. Es wurde eine leidenschaftliche Passion daraus. Afonso, der König, befahl, daß die Gallega sofort das Land zu verlassen habe. Sie ging nach Kastilien zurück. Doch schon fünf Jahre später starb Constança, Pedros Gemahlin, bei der Geburt des Thronfolgers Fernando. Afonso drängte auf eine neue, ebenbürtige Heirat. Der Infant weigerte sich. Er ließ Inês wieder nach Portugal kommen und lebte mit ihr im Minho, wo er starken Anhang hatte. Inês gebar im Laufe der Jahre vier Kinder.

Das Verhältnis Pedros zu seinem Vater blieb gespannt. Afonso betrachtete die Mésalliance seines Sohns mit wachsendem Groll. Nicht vorwiegend der Illegitimität wegen – Mätressen waren an Fürstenhöfen bis ins 19. Jahrhundert eine Institution –, doch wegen der latenten Gefahr, daß der Infant durch die Galizierin unter kastilischen Einfluß gerate. Er fürchtete für die hart umkämpfte portugiesische Unabhängigkeit gegenüber dem mächtigeren Nachbarn – ein Schwerpunkt der Politik des Landes seit Afonso Henriques.

Diese Befürchtung wuchs, als die Brüder der Geliebten Pedros, Álvaro Pires de Castro und Fernando Pires de Castro, nach Portugal kamen und von Pedro Vertrauensstellungen und Vollmachten erhielten. Der Infant schockierte dadurch nicht nur den König, sondern auch den hohen Adel, der argwöhnte, beim Thronwechsel angestammte Vorrechte an Landfremde zu verlieren.

Inzwischen war Pedro mit Inês in den Palast gezogen, den Königin Isabel in der Nähe des Klarissinnen-Klosters bewohnt hatte. König Afonso hingegen residierte nicht allzu weit davon auf dem von ihm bevorzugten Kastell Montemór-o-Velho, das sich auf einer Höhe am unteren Rio Mondego erhebt. Dort plante er, von seinen Ratgebern in diesem Sinn bestärkt, die Galizierin aus dem Weg zu räumen.

Die Mordabsicht ist trotz des politischen Hintergrunds nicht zu entschuldigen. Psychologisch einigermaßen verständlich wird sie durch einen Blick auf Afonsos Jugend. Wir wissen, daß er gegen seinen Vater, König Dinis, revoltierte, weil dieser die beiden Bastarde Pedro und Afonso Sanches offensichtlich vorzog. Er mußte damit rechnen, daß nicht er, sondern einer der Halbbrüder die Krone erbte. Dieses bittere Erlebnis hatte ihn empfindlich gegen jegliche Bastard- und Vetternwirtschaft gemacht. Und nun mußte er erleben, wie in der ihm nachfolgenden Generation die gleiche Konstellation eingetreten war: der Thronfolger Fernando schien beiseitegeschoben, während eine Fremde mit ihrem Klüngel und ihren Bastarden den Infanten Pedro beherrschte und eine gegen den Thronfolger gerichtete Politik unterstützte.

1355 berief Dom Afonso seinen Kronrat, um über das »verbrecherische Verhalten der Inês de Castro« zu beraten. Das Ergebnis war das Todesurteil. Zur Vollstreckung nutzte man die Abwesenheit des Infanten. Afonso selber begab sich mit vier Zeugen, Bewaffneten und dem Henker in den Palast beim Kloster Santa Clara, wo er persönlich das Urteil verlas. Es heißt, er habe sich dann entfernt und den Zurückbleibenden die Vollstreckung überlassen. Inês wurde – wie man aus Quellenhinweisen schließen kann – enthauptet. So fand sie der zurückkehrende Pedro.

Trotz des Kronrat-Beschlusses war die Tat ein Verbrechen. Auch Heinrich VIII. hat für die Beseitigung Anna Boleyns willfährige Richter gefunden, die einem autoritären Herrscher nicht zu widersprechen wagten und den Schuldspruch unterschrieben.

Der Infant sann auf Rache. Schmerz und rasender Zorn gewannen shakespearesches Ausmaß. Mit seiner Hausmacht führte er gegen seinen Vater Krieg. Die Brüder der Ermordeten unterstützten ihn, indem sie von Galizien aus das Krongut des Königs heimsuchten und brandschatzten. Der Streit im Königshaus kostete auf beiden Seiten Blut.

Doch die Streitkräfte des Infanten reichten gegen die der Krone nicht aus. Er mußte sich unterwerfen, auch hier wieder durch Vermittlung einer Königin, seiner Mutter Beatrix von Kastilien. Der Infant mußte schwören, die Affäre zu verwinden und keine Vergeltung zu üben.

Afonso IV. starb 1357. Mit siebenunddreißig Jahren übernahm Pedro die Regierung. Anfangs verhielt er sich ruhig; man nahm an, daß er Inês de Castro vergessen habe, zumal eine neue Geliebte, Teresa Lourenço, ihm einen weiteren Sohn gebar: João, den späteren Großmeister von Avis und Begründer der zweiten portugiesischen Königsdynastie. Die für den Mord an Inês verantwortlichen Berater des verstorbenen Königs mißtrauten aber der Ruhe und setzten sich an den kastilischen Hof ab.

Trotz gespannten Verhältnisses ging Pedro mit Kastilien ein Bündnis ein. Der Grund war naheliegend: er wollte die Auslieferung der Mörder Inês' entgegen seinem Amnestie-Versprechen erwirken und erreichte sie auch im Austausch gegen vier kastilische Hidalgos, die ihrerseits am portugiesischen Hof Zuflucht gefunden hatten. 1360 erfolgte die Übergabe an der kastilisch-portugiesischen Grenze. Einem der am Mord Beteiligten, Diego Lopes Pacheco, war es gelungen, rechtzeitig nach Frankreich zu entfliehen. Doch Álvaro Gonçalves und Pedro Coelho wurden dem rachsüchtigen König ausgeliefert.

Die Vergeltung hätte nicht furchtbarer ausfallen können. Auf einem Platz vor dem Kastell von Santarém ließ Dom Pedro die beiden schinden. Dann wurde ihnen das Herz herausgerissen, dem einen aus der Brust, dem andern vom Rücken her. Zuletzt wurden ihre entseelten Körper am Schandmal verbrannt. Der König selber schaute der Exekution mit Genugtuung zu.

Dann erteilte er den Auftrag, die inzwischen im Klarissinnen-Kloster von Coimbra beigesetzte Inês de Castro zu exhumieren. In der Sé Catedral wurden zwei Thronsessel aufgestellt; auf den einen plazierte man die Leiche, auf dem anderen nahm Pedro selber Platz. Die Großen des Königreichs mußten vor der welken, einbalsamierten Puppe im Purpur ehrerbietig niedersinken, ihr Hand und Saum des Gewandes küssen und jene Ehren erweisen, die sie ihr zu Lebzeiten verweigert hatten. Mit der makaber-bizarren Szene wurde die Verstorbene posthum in die Rechte der königlichen Gemahlin eingesetzt. Um die Legitimität zu unterstreichen, mußte der Bischof von Guarda beeidigen, er habe Pedro und Inês heimlich getraut. Inwieweit dies zutraf, ist nicht geklärt.

Nach der grausigen Zeremonie in der Sé von Coimbra brachte man in einer nächtlichen Prozession, die von Fackeln gespenstisch beleuchtet war, die Leiche in die Klosterkirche von Alcobaça. Der Sarkophag war mit goldbestickten Tüchern umhangen. Adel und Geistlichkeit mußten sich am Zug der zur Königin erhobenen Toten beteiligen. Der König ließ ihr ein ungemein prunkvolles Grabmonument anfertigen, das im rechten Flügel der Klosterkirche steht. Im linken Flügel fand später sein eigener, ähnlich gestalteter Sarkophag Aufstellung, wobei die Grabfiguren sich gegenüberliegen. Wie Pedro selber sagte, »damit sie sich bei der Auferstehung sogleich ins Antlitz blicken könnten«.

Sechs von dem Gewicht des Schreins zu Boden gedrückte Figuren tragen Inês' Steinsarg: fünf Sphingen in Mönchskutten und ein Mensch – nach der Fama einer der Mörder von Pedros Geliebten. Die Seitenwände des Grabmonuments zeigen neutestamentliche Szenen, das Fußende ein meisterlich skulptiertes Jüngstes Gericht: die Toten steigen aus ihren Särgen. Pedros Sarkophag ist zeitgeschichtlich bemerkenswerter, indem eine Rosette des Kopfendes Szenen aus dem Leben der Liebenden wiedergibt:

FERNÃO VAZ DOURADO
Karte der nördlichen Hälfte von Südamerika

Aus dem portugiesischen Seeatlas von 1580
mit zwölf handgemalten Karten der Küsten
Europas, Afrikas, Asiens und Amerikas
München, Bayerische Staatsbibliothek

von der gemeinsamen Idylle im Garten der Tränen bis zum Vollzug des Mordbefehls. Engel neigen sich den Marmorfiguren von Pedro und Inês zu – in einer ähnlichen Geste wie auf dem ein Menschenalter früher geschaffenen Steinsarg der Santa Isabel.

Die Fonte das Lágrimas wird im Volksmund auch als Fonte dos Amores bezeichnet – Quelle der Liebe. Vor allem die Stanze des Camões in den ›Lusiaden‹, die vom Jardim das Lágrimas handelt, hielt die Geschichte von Liebe und Tod im Gedächtnis der Nachwelt fest; man liest sie auf einer Steintafel im Tränengarten:

> As filhas do Mondego a morte escura
> Longo tempo chorando memoraram,
> E, por memória eterna, em fonte pura
> As lágrimas choradas transformaram.
> O nome lhe puseram, que inda dura,
> Dos amores de Inês, que ali passaram.
> Vêde que fresca fonte rega as flores,
> Que lágrimas são a água e o nome Amores.

> Die Töchter des Mondego, die getrauert
> Und lang um Inês dunklen Tod geweint,
> Sie haben in dem Quell, der vor ihr schauert,
> Für ewig ihre Tränenflut vereint.
> Den Namen gaben sie, der heute dauert,
> Nach Inês Liebe, welche hier gemeint.
> Sieh, welche Frische quillt um Blütentriebe!
> Denn Tränen sind sein Naß, sein Name Liebe.

Wegen des schauerlich ausgeklügelten Gerichts über die Mörder seiner Geliebten hat man dem König den Beinamen ›O Cruel‹ – ›Der Grausame‹ gegeben. In seiner zehnjährigen Regierungszeit erwies er sich als Fanatiker der Gerechtigkeit. Er trat für gleiches Recht für alle sowie für Beschleunigung von Gerichtsverfahren ein. Manchmal vollzog er selbst einen Urteilsspruch, indem er den Delinquenten erbarmungslos auspeitschte. Da er sich besonders der Rechtsprechung widmete, hieß er im Volke auch ›Pedro o Justiceiro‹ – ›Pedro der Richter‹.

Der König erlangte eine gewisse Volkstümlichkeit, obwohl er die Gelder ausgab, die sein Vater gehortet hatte. Man erzählte sich viele Anekdoten über ihm. Wenn er keinen Schlaf finden konnte, zog er mit Musikanten lärmend durch die nächtlichen Straßen. »Solche zehn Jahre«, schrieb ein Chronist, »hat es in Portugal nie gegeben wie die, als König Pedro regierte.«

Er starb mit siebenundvierzig Jahren. Fernando, der Sohn der ungeliebten Constança, bestieg den Thron. Nach dessen Tod übernahm die Witwe, Leonor Teles de Menezes, die Regentschaft. Es wiederholte sich die Affäre Tarejas von Burgund am Anfang der portugiesischen Königsgeschichte: neben der Königin regierte ihr Liebhaber, in diesem Fall der Graf João Fernando Andeiros. Das führte zu einer Palastrevolte. Aus ihr ging ein neuer Herrscher hervor – und eine neue Dynastie. João I., der Vater der ›berühmten Generation‹, bestieg den Thron. Was Afonso IV. unter allen Umständen hatte vermeiden wollen, war eingetreten – ein Bastard erlangte die Krone.

Die Römerstadt Conimbriga

Zur Römerzeit hieß Coimbra, wie man sah, Aeminium. Aus jener Stadt stammen die archäologischen Objekte, die man unter dem Bischöflichen Palast gefunden hat. Seinen späteren Namen hat Coimbra von Conimbriga bekommen, einer Römerstadt, die sechzehn Kilometer südlich des Rio Mondego lag. Als die Stürme der Völkerwanderung im 5. Jahrhundert über diese Stadt hinwegfegten und das Gemäuer niederlegten, zogen die Bewohner nach Aeminium um, das geschützter lag. Sie brachten außer Sack und Pack auch ihren Stadtnamen mit. Es ist der gleiche Vorgang, den das römische Capua erlebte, das ebenfalls im frühen Mittelalter an ein Stromufer ›umzog‹, an den Fiume Volturno.

Das alte Conimbriga wurde vergessen. Erst die Altertumswissenschaft hat es zu Beginn unseres Jahrhunderts wieder entdeckt und aus dem Schutt gehoben. Es ist das ausgedehnteste römische Ruinenfeld auf portugiesischem Boden, an Anschaulichkeit nur mit dem Diana-Tempel in Évora vergleichbar.

Die Blüte *Conimbrigas* geht auf eine Zeit zurück, in der die Welt oder das, was man dafür hielt, römisch war, die Zeit der Pax Romana und des augusteischen Reiches. Wie ausgedehnt das Imperium Romanum gewesen ist, beweist die Spannweite der Ausgrabungsfunde – von der Festungsstadt Dura Europos am Euphrat bis zum Leuchtturm von La Coruña in Galizien, vom Kölner Prätorium bis Kalabscha in Nubien. Dieses aus so heterogenen Elementen zusammengesetzte Reich, Ergebnis römischer Eroberungstaktik und Organisationsfähigkeit, war dank der Verwaltungstüchtigkeit Roms straff zusammengefaßt und ein und demselben Gesetzes-Kodex unterworfen. Von den äußersten Grenzen führten alle Straßen zum Caput Mundi. Auch die Provinz Lusitania wird damals ihre ersten brauchbaren Versorgungswege erhalten haben. Sie waren notwendig, denn es gab schon handeltreibende Städte, so Julianum Scalabitanum (Santarém), Felicitas Julia (Lissabon) und Liberalitas Julia (Évora). Zu diesen Städten gesellte sich Conimbriga, seinen Endsilben nach eine keltische Siedlung. Anfangs werden römische Beamte und Offiziere die Oberschicht gebildet haben, die Einheimischen die untere Klasse. Dieses Bild hat sich im ganzen Imperium mit der Zeit verändert. Die unteren Schichten stiegen auf, gebärdeten sich römischer als Rom und erhielten im 3.Jahrhundert sogar in immer größerem Ausmaß das römische Bürgerrecht, dessen Vergabe die Staatskasse füllte. Siedlungen wurden zum Oppidum und bei besonderem Rang zur Urbs erhoben. Waren die Bewohner auch ethnologisch keine Römer, so waren sie es doch in kultureller Hinsicht. Es ist erstaunlich, mit welcher Prägekraft der römische Ordo alle Provinzen von Ost bis West, von Nord bis Süd nach seiner Staatsauffassung umgeformt hat, wie rasch sich entlegenste Völker assimilierten. Am Nil zeigen Funde von Kunst- und Gebrauchsgegenständen den gleichen römischen Duktus wie am Rio Mondego. Überall galt dieselbe Münze mit dem Kaiserbild. Nichtrömische Kulte fügten ihren Göttern den Beinamen Jupiter hinzu. Jede Stadt, die etwas auf sich hielt, erbaute in ihren Mauern nach römischem Schema ein Forum, eine Therme, ein Theater und ein Amphitheater.

Drückend waren die Steuern. Wer sie nicht entrichten konnte, diente im Heer. Doch nicht in der Truppe, die durch die Schule Cäsars ging. Legionäre waren lange nur Italiker. Aus den Provinzen rekrutierte man Auxiliartruppen. Um die Gefahr von Unabhängigkeitsbestrebungen zu bannen, schickte man die Einheiten einer bestimmten Provinz an entlegene Punkte in Garnison. So kam es, daß Lusitanier am Rhein standen.

Conimbriga hatte den Rang eines Oppidum. Es gehörte verwaltungsmäßig zum Conventus Scalabitanus, einem der drei Teile, in die die Provinz Lusitanien geschieden war. Die Stadt war keine Römergründung, sondern bereits prähistorischen Ursprungs. Man nimmt an, daß die Römer hier im 2. vorchristlichen Jahrhundert Fuß faßten, aus Anlaß des Feldzugs, den Decimus Junius Brutus in Lusitanien unternommen hat. Die Quellen über das römische Conimbriga sind spärlich. Der Naturwissenschaftler Plinius d.J. registriert in seiner ›Naturalis Historia‹ einige Städte, die er vom Fluvius Durus (Douro) aus besucht hat, nämlich die Oppida Talabriga, Aeminium (Coimbra), Conimbriga, Collipo und Eburobrittium. Im Itinerarium des Antonius, einer Straßenbeschreibung aus der Kaiserzeit, ist Conimbriga als Knotenpunkt an der Straße von Olisipo (Lissabon) nach Bracara Augusta (Braga) erwähnt, gelegen zwischen Aeminium und Sellium, das zehn Meilen von Aeminium entfernt war und das man für das heutige Tomar hält, da dies in der Tat der genannten Distanz entspricht. Die Bedeutung der erwähnten Straße mag für damalige Verhältnisse der heutigen von Lissabon nach Porto entsprochen haben.

Das Leben des Oppidum verlief jahrhundertelang verhältnismäßig ruhig. An der Peripherie des Weltreiches lebte man fern von den großen Zeitströmen und demgemäß geschützt. Etwas Eigentümliches ereignete sich im 3. nachchristlichen Jahrhundert. Anscheinend in großer Eile richteten die Bewohner aus allerlei Material – Architekturteilen, Grabstelen, Skulpturtorsen – eine Mauer auf, doch nicht um das Stadtareal herum, sondern mitten hindurch. Man nimmt an, daß damals schon die ersten Barbarenstämme eingefallen waren und man zur besseren Verteidigung den Umfang Conimbrigas verringerte. Man zog sich gewissermaßen auf eine ›innere Linie‹ zurück und gab notgedrungen einen Teil der Stadt mit den dortigen Bauten preis.

Damit kündigte sich bereits das Ende der Römerstadt an. Bischof Idácius berichtete, daß 464 Sueben in Conimbriga eindrangen und das Anwesen der reichen Familie Cantabro ausplünderten. Die Hausherrin und deren Kinder wurden in die Gefangenschaft abgeführt. Vier Jahre später überflutete die Völkerwanderung die Mauern. Die Häuser und Teile der Umwallung stürzten ein; die Bewohner wurden versklavt oder verstreut; der Stadtgrund und die umliegende Gegend verödete. Der Untergang Conimbrigas hatte den Aufstieg Aeminiums – nunmehr Coimbras – zur Folge. Die westgotischen Könige schlugen ihre Münzen bereits am neuen Ort. Auch der Bischof von Conimbriga machte die Umsiedlung mit. Er hieß Posidonius und ist damit der erste Coimbrão, der den Bischofshut trug.

Obwohl man Conimbriga von nun an als Steinbruch benützte, ist die Römerstadt nie ganz vom Erdboden verschwunden. Gaspar Barreiros schrieb in seiner ›Corografia‹ aus der Mitte des 16. Jahrhunderts, daß er Mauern, Aquädukte, Gräber, Steine mit Inschriften angetroffen habe. Ende des vorigen Jahrhunderts genehmigte Königin Amélia der Secção de Arqueologia der Universität Coimbra die nötigen Mittel zu ersten Grabungen, die António Augusto Gonçalves leitete. Indes, eine systematische Erforschung begann erst 1930. Nun leiteten die Philosophische Fakultät Coimbras und das Amt für Denkmalpflege die Arbeiten. Den bis 1944 auf dem Ruinenfeld wirkenden Dr. Virgílio Correa kann man als den Protagonisten der Feldarbeit auf dem Ruinenareal Conimbrigas bezeichnen.

Rundgang durch Conimbriga

Bei einer Besichtigung des portugiesischen Pompeji setzt zunächst die große Ausdehnung des dreieckigen Stadtgebiets in Erstaunen. Das archäologische Feld beträgt 130000 Quadratmeter. Die Stadt paßte sich einem natürlichen Plateau an, das nach der einen Seite hin zu einem tief eingegrabenen kleinen Fluß abfällt.

DIE RÖMERSTADT CONIMBRIGA 355

Erhalten ist die nachträglich aufgeführte Mauer. Man kann erkennen, daß die Bewohner in Eile ein ganzes Haus in die Mauer mit einbezogen haben. Auch die zwei Pforten der neuen Stadtumgürtung sind erkennbar. An der Porta de Coimbra begann zur Römerzeit die Straße zum benachbarten Aeminium. Bei der Errichtung der stadtverkleinernden Mauer hat man, sicher aus geländetaktischen Gründen, ein besonders reiches Viertel von Villen-Charakter ›ausgeklammert‹. Da die Archäologen hier Reste von Gräbern fanden, nahmen sie an, daß die Bewohner Conimbrigas dieses nicht mehr benötigte Viertel später als Nekropole benützten.

Gerade auf diesem aufgegebenen Stück Boden steht das aufwendigste Patrizierhaus mit einem Peristyl, einem Garten mit Säulenumlauf, in dem zwei kreuzförmige, rokoko-artig geschwungene Becken von Beeten eingefaßt sind. Man hat die Anlage, um sie anschaulicher zu machen, restauriert. Durch Knopfdruck kann man die Wasserspiele in Funktion setzen. Es ist nicht das einzige Gebäude, das die Wohlhabenheit der einstigen Römerstadt dokumentiert. Zahlreiche Fundamente sind als Reste von vornehmen Häusern nachweisbar, in deren Mitte sich ein Atrium mit Impluvium (einem Becken, in dem sich das Regenwasser sammelte) befand, ferner Triclinium (Speiseraum) und Cubiculum (Schlafraum). In einem der Triklinien sind noch die Postamente der Ruhebetten erkennbar.

Gut erhalten ist innerhalb der verkleinerten ›Reststadt‹ die Therme mit Warm-, Lauwarm- und Kaltwasserbad. Deutlich erkennt man die zentrale Heizanlage mit einem sechseckigen Verteiler. Die Säulen bestanden nicht aus Schäften oder Trommeln, sondern waren aus Backsteinen in Form von Kreissegmenten gemauert. Die Wasserzufuhr erfolgte mittels Bleirohren.

Das Mauerwerk der meisten Häuser weist jenen Flachziegel auf, der erst unter Kaiser Trajan aufgekommen ist und der das ältere Opus reticulatum weitgehend abgelöst hat, da er vielseitiger verwendet werden konnte. Dies beweist, daß der größere Teil der Baulichkeiten Conimbrigas erst vom 2. Jahrhundert an errichtet worden ist. Neben Resten des Aquädukts und einer Wasserzisterne hat man auch einige Verkaufsläden entdeckt; einer davon ist dreigeteilt und mit einem klei-

nen Ofen ausgestattet. *Manche Bauten weisen Spuren von Ruß auf, die an die Einäscherung der Stadt durch die Barbaren erinnern dürften.*

Am anschaulichsten sind die Mosaiken unter freiem Himmel, die auch den Vergleich mit Pompeji nahelegen. Sie bilden Bodenbeläge und den Grund von Impluvien. Wir sehen den Kampf Bellerophons mit der Chimäre – ein Motiv, das den Drachentöter St. Georg vorwegnimmt –, eine Minotaurus-Büste inmitten eines Labyrinths – eine beliebte römische Mosaik-Darstellung –, einen Silen, der einen angeschirrten Esel besteigt, Perseus mit dem Haupt der Meduse sowie einen baum-entwurzelnden Elefanten. Natürlich fehlen Jagdszenen nicht. Aktäon wird, nach der Metamorphose des Ovid, von seinen eigenen Hunden angefallen: eine Szene, die auch das Barock noch gestaltet hat, etwa in der Figurengruppe des Parks von Caserta. Besonders delikat sind die Mosaiken Conimbrigas, auf denen die Jahreszeiten dargestellt sind. Auf dem Mosaikfußboden eines Cubiculum sieht man die Umrisse aneinandergereihter Betten.

Man hat im Ausgrabungsfeld eine Reihe von Skeletten, auch kindliche, gefunden, die keinen Gräbern entstammen, sondern deutlich als Opfer des Angriffs erkennbar sind.

Seit 1962 ist dem Ruinenfeld, wie es auch in Griechenland und Italien üblich ist, ein ergänzendes Museum mit beweglichen Funden zugeordnet, das *Museu Monográfico,* um das sich die Direcção-Geral dos Edifícios e Monumentos verdient gemacht hat, eine Institution, die mit der Soprintendenza alle Antichità in Italien vergleichbar ist und ebenso sorgsam arbeitet.

In den einzelnen Räumen stehen Votivsteine, Grabstelen, Porträtbüsten, auch ein 1965 auf dem Forum gefundener Stein mit der Inschrift ›Genio de Conimbriga‹ – ›Dem Genius von Conimbriga‹. Aus dem 5. bis 7. Jahrhundert sind christliche Namen überliefert, so Serenianus und Martúria. Das Museum enthält ferner Tonwaren, Toilettengegenstände, Münzen, Handwerksgeräte. Westgotische Fragmente lassen erkennen, daß sich nach der Zerstörung Germanen der Völkerwanderung kurz in Conimbriga niedergelassen haben. Durchweg handelt es sich um Steinmaterial der Römerstadt, das die ›Visigotos‹ der Einfachheit halber wiederverwendet haben. Von der germanischen Besiedlung zeugen Skelette von bemerkenswerter Größe.

Der Zedernwald von Buçaco

Was der Rio Tâmega für den Douro ist, ist der Rio Dão für den Mondego: sein von Nordosten kommender größter Nebenfluß. Er hat einem der populärsten Weine Portugals den Namen gegeben, dem Dão, einem herben erdhaften, vorwiegend roten Wein, dessen Etikett man überall begegnet. Der Rio Dão wird rechts von Gebirgszügen umsäumt, die sich bis zum Alto Douro hinziehen.

Kurz vor der Einmündung in den Mondego breitet sich das Mittelgebirge von Buçaco aus. Von seinem höchsten Punkt *Cruz Alta* (547 m) blickt man weit über die drei Beiras; es ist einer der imposantesten Rundblicke Portugals. Man hat das Gebirge deswegen schon Mitte des Landes genannt, was nicht ganz zutrifft. Hier vor allem nehmen die Berge den Rhythmus des Meeres auf, sie ›branden‹ hin bis zum Höhenzug der Serra da Estrela, die im Osten dem Fernblick einen unerbittlichen Riegel vorschiebt. Von hier aus wirkt die Serra viel höher als auf der östlichen Seite, da man sie dort von einem ohnehin schon tausend Meter hohen Standort erblickt.

Am Fuß des Buçaco-Gebirges liegt *Luso*, ein aufstrebendes Thermalbad für Rheuma und Bronchitis, dessen ›Stilles Wasser‹ in allen Hotels des Landes feilgeboten wird. Das Bad, das in eine anmutige Waldlandschaft gebettet ist, bemüht sich, seine balneologischen Einrichtungen modernsten Ansprüchen anzupassen.

Auf der Höhe der Serra de Buçaco breitet sich ein berühmter Wald aus, vierzig Hektar groß und von einer fünf Kilometer langen Mauer umgeben. Keimzelle des Waldes war das Gehölz, das Karmeliter 1728 um ihr Kloster angepflanzt hatten. Seeleute brachten den Mönchen Baumschößlinge aus den verschiedensten exotischen Gebieten mit, die sich inzwischen vielfach vermehrt haben. Die Bragança erklärten die Waldung zum Naturschutzgebiet. Vor allem die Zeder ist vertreten, doch weniger die breit ausladende des Libanon als vielmehr afrikanische, indische und mexikanische Arten. Zypressen, die man sonst nur als Zierbäume kennt, wachsen hier zu mächtigen Höhen auf. Kiefern, Fichten,

Tannen, Linden, Erlen, Ulmen, Steineichen, Kastanien, Platanen, Mimosen gesellen sich hinzu. Man zählt im Wald von Buçaco vierhundert einheimische und dreihundert exotische Baum- und Pflanzenarten.

In einer Lichtung, auf halber Höhe des Anstiegs, hat König Carlos I. – jener, der später einem Attentat zum Opfer fiel – 1887 ein Monstre-Schloß im neumanuelinischen Stil erbauen lassen, das das Gegenstück zu Pena auf dem Bergrücken von Sintra darstellt. Neo-Renaissance und Neo-Barock können penetrant sein – doch dieser künstlich wiederauferweckte Stil des Venturoso ohne sein ihm eigenes Leben wirkt degoutant. Nichts mehr vom Genie Boitacas. Das Schloß – heute *Palasthotel* – ist eher eine Karikatur des Manuelismus. Nicht ein portugiesischer, sondern ein italienischer Meister hat die Pläne geschaffen, Luigi Manini. Dieses Schloß-Ungetüm mit seiner Überfülle an Tauen und Krabben kann Alpträume bewirken. Daran ändert auch nichts, daß dort eines der teuersten Hotels Portugals installiert ist und Grünanlagen, die jeden Gartenfreund erfreuen, das Hotelschloß umgeben. »Wohlhabende, phantasielose Ehepaare«, meint Suzanne Chantel, »verbringen hier die Flitterwochen.« Im Hotelvestibül verbildlichen Azulejowände die Einnahme von Ceuta, Cabrals Landung in Brasilien, die Schlacht von Buçaco; auch blicken die Porträts von Heinrich dem Seefahrer, Vasco da Gama, Cabral zu den Gästen herab. Den Speisesaal hat man mit einer hölzernen Stalaktitendecke ausgestattet.

Im Bergwald von Buçaco wurde am 27. September 1810 die entscheidende Schlacht gegen die Franzosen geschlagen. Der Held des Tages war Wellington, der die vereinigten englisch-portugiesischen Truppen befehligte. Die Nacht vor dem blutigen Treffen verbrachte er in einem Karmeliterkloster. Die Kapelle ist erhalten geblieben und als einziger historisch wertvoller Trakt in das Monstre-Hotel eingebaut. Man sieht in der Capela drei Marientod-Gruppen in Terrakotta, außerdem eine der Weihnachtskrippen von Machado de Castro.

Auf dem Hotelvorplatz zeigt man den Ölbaum, unter dem der britische Oberkommandierende Kriegsrat hielt; die Aufschrift besagt ›Wellington Olive Tree‹.

Auch die Mühle steht noch – heute ohne Flügel –, in der sich das Quartier des Herzogs von Beresford befand. Auf einem Miradouro steht ein Gedenkobelisk, der dem ›Exército Luso-Británico‹ im Peninsularkrieg von 1808-1814 gewidmet ist. Das Mahnmal vermerkt sechs Bloqueiros (Blockaden), zwölf Defesas (Verteidigungen), vierzehn Cepcos (Scharmützel), achtzehn Asaltos (Angriffe), zweihundertfünfzehn Combates (Kämpfe), fünfzehn Batalhas (Schlachten). Die Kette um das Gedächtnismal ruht auf acht historischen Geschützrohren.

Zweimal waren die napoleonischen Truppen in Portugal eingebrochen, zuerst unter Junot, dann unter Soult. Nun, bei der dritten Invasion, lag das Oberkommando in Händen von Massena. Sein Gegner war Wellington, der die Aufgabe hatte, die Franzosen von der gesamten Halbinsel zu vertreiben, der aber Portugal als Ausgangsbasis wählte, um die Verbindung zu England nicht zu verlieren. Nachdem Massena Almeida eingenommen hatte, marschierte er durch die Mondego-Senke auf die Küste zu. Wellington vermied den Kontakt. Schon hatte er sich den für ihn günstigsten Schlachtort ausgesucht: die Höhen von Buçaco. Er schlug mit seinen Truppen die Angriffe der Franzosen ab und fügte ihnen schwere Verluste zu. Massena erholte sich nicht mehr, zumal er von jenseits der Pyrenäen keinen Nachschub bekam. 1811 zog er endgültig ab.

Wellington galt in Lissabon als Retter. Man nannte ihn ›Herói famoso‹, ›Britano Fábio‹ – in Anlehnung an den römischen Feldherrn Fabius –, ›Poderoso Wellesley‹. Man erhob ihn zum Marquês de Torres Novas, Conde do Vimeiro, Duque de Vitória und Marechal General do Exército Português. Selbst Portugals Dichter bemühten sich:

> Oh Deus! Oh Wellesley! Cantemos hinos!
> A Deus um hosiana, um viva ão Lorde!
>
> O Gott! O Wellesley! Laßt uns Hymnen singen!
> Gott ein Hosianna, ein Vivat dem Lord!

Bald tritt man, auf der Straße nach Viseu, in die Beira Alta ein. Die Portugiesen sehen in dem Bergland das Fundament ihres Landes. Auch hat man es mit einem schweren und sicheren Anker verglichen, der Portugal fest mit der Erde verbindet. Auf dieser Erde hat Viriato, ein lusitanischer Schafhirt, mit seinen Guerillas den Römern vierzehn Jahre lang Widerstand geleistet. Er hieß nach der ›Viria‹, dem Goldarmband, das er als Zeichen seiner Würde trug. 139 fiel er durch Mörderhand. Damit war Iberien in römischer Hand. Die Romanisierung der keltiberischen Stämme begann.

Am Ufer des Rio Dão liegt *Santa Comba Dão*. Im Solar des kleinen Ortes, wohnte vorübergehend Dona Catarina, die Gemahlin des Stuartkönigs Charles II., mit ihrem Bruder, dem Bragança-König Pedro II. In jüngerer Zeit ist der Ort jedem Portugiesen ein Begriff – als Geburtsort Salazars. Der langjährige Staatschef war ein Beirão. Ganz gleich, wie man ihn beurteilt – er hat Geschichte gemacht. Es lohnt sich, sein Leben und Wirken näher zu betrachten.

Der Diktator Salazar

António de Oliveira Salazar, der wie kein anderer Staatsmann seiner Zeit mit seinem Staatswesen identisch war, ist ein Sohn des Volkes gewesen. Sein Vater war Landarbeiter in Vineira, nicht weit von Santa Comba Dão, hat aber später ein eigenes Stück Land und eine Albergue besessen. Das aristokratische Profil des Sohnes, das sich während seiner vierzigjährigen Herrschaft dem Bewußtsein der Zeitgenossen eingeprägt hat, zeigt, zu welchem natürlichen Adel das portugiesische Volk fähig ist, unabhängig von aristokratischer Herkunft.

In Viseu war Salazar im Priesterseminar Schüler der Jesuiten, wo sich ihm deren strenge Schule und scharfsinnige Dialektik, doch auch deren kompromißlose Besessenheit von einer Idee einprägte. Zugleich wurde hier seine Katholizität, ein Erbe der Familie, im Sinne späterer Ausschließlichkeit befestigt. Heute kommt es vielfach vor, daß der portugiesische Nachwuchs auch der sozial schwachen Schichten studiert – vor allem aus den Kreisen der gutverdienenden ›Arbeitsemigranten‹. Damals war die Priesterschule für Söhne der Arbeiterschicht der einzige Weg zum Studium.

Weiterhin prägte Coimbra den späteren ›Estadista‹, Staatsmann.

DER DIKTATOR SALAZAR

Sein Studium auf Portugals erster Universität war nur durch harte Selbstdisziplin möglich. Er mußte sich die Mittel als Lehrer verdienen. Bald sehen wir ihn als Assistenten, dann als Ordinarius für Nationalökonomie und Finanzwissenschaft.

Wir blenden über auf die politische Bühne Portugals. Seit 1911 war das Land Republik. Die Szene kam einem Chaos gleich. Interessengruppen befehdeten sich. Korruption lähmte. Die Finanzen waren zerrüttet. 1928 konstituierte sich eine Militärdiktatur. Oberhaupt war ein rechtschaffener General: Carmona. Er erkannte, daß nur ein Experte das Finanzwesen ordnen konnte. Dieser war Salazar, damals schon ein Fachmann von Ruf. Portugal erlebte das Kuriosum, daß ein Militär einen Zivilisten auf den höchsten Posten berief und diesem sogar auf dessen Forderung absolute Vollmachten zubilligte – als Retter in der Not, der allein der Defizite Herr werden konnte. Salazar wurde Presidente do Conselho. Das Experiment dieser viele Jahre währenden Partnerschaft zwischen General und Professor glückte nur auf der Basis gemeinsamer Achtung und vertrauensvoller Harmonie.

Ein Jahr später schickte der neue Herr Portugals das Parlament nach Hause. Er schuf als neue Verfassung die sogenannte Constituição Política. Sie kam der Diktatur gleich. Salazar damals: »Wir sind dazu verurteilt, zwischen der Anarchie und der Disziplin einer autoritären Regierung zu wählen.« Das war die Sprache des Jesuitenschülers von einst, der in Hierarchien dachte und für den Subordination Religion war. Später rief er die Partei União Nacional ins Leben, nichts anderes als eine Schein-Partei, die zu den einsamen Entschlüssen des Diktators, zu seinem Wirtschafts-Reglement ihr Amen sagte. Die Diktaturen Lateinamerikas, darunter die Brasiliens, haben von Salazar dieses System des Parteien-Ersatzes um der Optik willen gelernt. Freilich ließ Salazar seine Constituição durch ein Plebiszit billigen.

Doch sehen wir das Positive. Der Estado Novo, der Neue Staat, den der Diktator geschaffen hatte, leistete, frei von störenden und hemmenden Einflüssen, produktive Arbeit: Sicherung der Währung, Ankurbelung landeseigener Industrie, Förderung der Bildung, Integrierung der überseeischen Provinzen. Selbstredend meldeten sich Opposition und Kritik an, versteckt im Innern, offen im Ausland. Man warf dem Diktator Begünstigung der Alta Sociedade, mangelnde Sozialisierung, Lohnstopp vor. Und immer wieder Autokratie.

Doch Salazar war kein Autokrat aus Machtstreben. In nüchternem Zweckdenken, mit einem seinem Wesen eigenen Understatement, ging es ihm um die Sache. Er redete eindringlich, logisch, doch spröde, ohne Rhetorik. Die pathetische Geste der Diktatoren anderer Länder lag ihm nicht. Ebensowenig Romantik, die Grundeigenschaft seines Volkes, die sich in der Saudade kundtut. Darum war der Kontakt schwer. »Es ist nicht leicht für neun Millionen Romantiker«, schrieb der Publizist Torga, »einen einzelnen zu bekämpfen, der keiner ist«.

Für die im Ethos wurzelnde Persönlichkeit des Diktators der Vernunft spricht, daß er, der ein Einzelgänger ohne Hausmacht war, länger am Ruder blieb als jeder andere Staatsmann seiner Zeit. Im spanischen Bürgerkrieg stand er als Katholik und Traditionalist auf Seiten Francos. Im Zweiten Weltkrieg brachte Portugal das Kunststück fertig, neutral zu bleiben – was im Ersten nicht gelungen war. In seiner Unnahbarkeit, Überzeugungs-Sicherheit, Nüchternheit glich Salazar Pombal, nur darin unterschied er sich von diesem, daß er kein Aufklärer war. Einfach blieb auch sein Lebensstil. Er heiratete nie. Fast wie ein Eremit hauste er in dem alten, unter Bäumen versteckten Kastell São Bento an der Tejo-Mündung, das dieser Asket der Arbeit bis zuletzt bewohnte. Er, der weltweit dachte, weltweit korrespondierte, ein Grandseigneur im Denken, ist praktisch nie gereist. Nie war er selber in den Kolonien, die er durch die Kolonialakte enger mit dem Mutterland verband.

September 1968 traf ihn der Schlag. Damals glaubte man, daß es seine letzte Stunde sei. Doch er lebte noch zwanzig Monate, nicht mehr klaren Sinnes. Obwohl Caëtano, Hochschullehrer wie er, ihn abgelöst hatte, glaubte er manchmal noch, das Heft in der Hand zu haben. Trotz politischer Gegnerschaften löste sein Tod Ergriffenheit aus. Im Jerónimos-Kloster wurde er unter Teilnahme der Nation aufgebahrt. Dann brachte man den Diktator auf eigenen Wunsch dorthin, wo er hergekommen war: nach Santa Comba Dão in der Beira Alta und im Herzen Portugals.

Der Kurs, den er bestimmte, ist mit allen Vor- und Nachteilen so unweigerlich vorgezeichnet, daß sich nach seinem Tod nicht viel geändert, nur wenig gelockert hat. Man hat von den Jahren danach gesagt, sie seien ein ›Salazarismus ohne Salazar‹.

Ist eine Diktatur im Prinzip auch abzulehnen, so bringt sie doch den Vorteil konsequenter Staatsführung. Sie ist der Demokratie überlegen, wenn die führende Persönlichkeit eine ethische Lebensauffassung vertritt. Aber leider hat nicht jeder Diktator das sittliche Format des großen alten Mannes aus Santa Comba Dão.

Viseu

Viseu, die Hauptstadt der Beira Alta, ist eine Cidade Museu, eine Museumsstadt, und daneben eine ›Stadt auf dem Land‹, wie man in Portugal sagt. Eine Landstadt also mit historischem Kolorit. Blicken wir in ihre Vergangenheit zurück, so bieten sich allerdings weniger landstädtisch-bürgerliche als feudalistisch-monarchische Aspekte. Immer wieder wird Viseu im Zusammenhang mit einem Königshaus oder einem König genannt. Alle namhaften Herrscher Portugals haben hier Aufenthalt genommen und teilweise sogar eine Zeitlang residiert. Ein König ist hier geboren, sogar einer der ›berühmten Generation‹, Duarte. Der Titel eines Herzogs von Viseu war vom Hochadel begehrt, mancher Monarch trug ihn.

Der erste Prior von Viseu war zugleich Ratgeber des ersten portugiesischen Königs Afonso Henriques. Danach wirkte er als Prior in dem von ihm gegründeten Kloster Santa Cruz in Coimbra, der Grablege seines königlichen Herrn. Afonso V. hat die Stadt mit starken Mauern ausgestattet, von denen ein Rest erhalten ist, die Porta de Soar. Die große Zahl von Adelspalästen beweist, daß der Landadel sich in Viseu zu Hause fühlte. ›Antiga e nobilíssima Cidade‹ – dieses Titels erfreute sich die Stadt im Mittelalter, das auch heute noch gegenwärtig ist.

Dabei verfügt die Hauptstadt der Beira Alta über eine beachtliche Moderne. In der Avenida Dr. Oliveira Salazar etwa, die ein wenig von der Atmosphäre Lissabons in das Bergland trägt, oder im geschäftigen Straßenkreuz, das Rua Dr. L. Ferreira und Rua Formosa bilden, könnte man vergessen, wie tief diese Stadt in früheren Zeitschichten wurzelt. Aber schon haben wir wieder Geschichte vor Augen: auf einem Postament der baumbeschatteten Praça da República, vor den Paços de Conselho, sitzt eine Denkmalfigur mit breitrandiger Kopfbedeckung; wir erkennen den Dargestellten von weitem, in mehreren Städten Portugals befinden sich ebenfalls Standbilder von ihm – es ist Henrique o Navegador, der in Viseu deswegen geehrt wird, weil er den Herzogshut der ehemaligen Cidade Ducal getragen hat.

Von hier steigt man auf Stufen zu einem reizvollen altstädtischen Viertel empor, dessen Häuser mit Azulejos und Fenstergittern geschmückt sind, streift das kleine *Museu Almeida Moreira*, das Stadtgeschichte bietet, und gelangt, immer hügelauf, durch die Porta Soar und an einem malerischen Chafariz vorbei in Viseus ›Festsaal‹, die *Larga da Sé*, einen der schönsten Plätze des Kontinents, fürstlich und doch intim; man nennt ihn mit Recht auch ›Adro da Sé‹, Atrium der Sé.

Die frühchristlichen Basiliken richteten sich, nach dem Vorbild römischer Tempel, stets auf ein Atrium aus, das von Wandelgängen umgeben war. Dieses Schema ging mit der Zeit verloren, nur der Islam als Erbe antiker Bautradition hat es beibehalten. Hier nun, in Viseu, ist zumindest für das Auge der Eindruck des Vorhofs, des Atriums, gegeben; dies hat zu der zutreffenden Namensgebung des Platzes geführt. Von allen Seiten ist der zur Sé sich öffnende Adro, ideale Stätte für Festas und Prozessionen, von alten Bauten umschlossen, rechts von einer erhöhten Säulengalerie, links vom alten Bischofspalast, der Sé gegenüber von der Igreja Misericórdia.

Die *Misericórdia* versetzt uns wieder nach Minas Gerais, jenseits des Atlantik. Sie ist im Minas-Stil erbaut, 1775, in jener Zeit, als das portugiesische Barock in der Kolonie erst richtig zu wuchern begann, als sich freilich in der Inconfidença Mineira die ersten Emanzipationsbestrebungen schon regten. Durch die Enthauptung des Anführers Tiradentes, Zahnzieher, behauptete Portugal nochmals für eine kurze Weile seine überseeische Position. Gerade die Stadt der Verschwörung, Ouro Preto, ist übervoll mit jenen Kirchen, die bis auf den letzten Stein der Misericórdia in Viseu gleichen, mit weißem Mauerbewurf, mit dem die Granitpartien kontrastieren, mit den barocken helmgekrönten Türmen – die in Viseu weit auseinanderstehen –, mit der rustikalen Kraft und Schlichtheit, die trotz der zeitlichen Übereinstimmung kaum Assoziationen zum Rokoko wachrufen. Rokoko trifft man dafür im Innenraum an, wo Engel, die eigentlich Amoretten sind, eine churrigguereske Madonna umgaukeln. Beim Eintreten ist man verblüfft: trotz der ausladenden, breiten Front ist das Kirchenschiff schmal, denn es nimmt nur den mittleren Teil der Igreja ein; die Seitenpartien sind zu nichtsakralen Zwecken genutzt.

Dann wendet man sich, von der erhöhten Misericórdia-Terrasse aus, der *Fassade der Sé* zu. Und man blickt wieder auf eines jener ursprünglich romanischen Westwerke, an denen Portugals Städte reich sind, wenn man sie auch in späteren Zeiten Veränderungen unterzogen hat – ausgenommen in Lissabon und Coimbra. In Viseu war es das Barock, das der Fassade zwischen den wuchtigen Türmen einen dreiteiligen Mitteltrakt vorsetzte. Mit der sich verjüngenden Oberzone und den Figuren-Nischen bildet er fast einen autonomen Bauteil. Damit die Vorblende nicht allzu sehr aus dem romanischen ›Rahmen‹ fällt, hat man den Türmen Balustraden und Laternen aufgesetzt, dem einen sogar eine Uhr eingefügt, die gar nicht zur Zeitlosigkeit der Romanik passen will. Vor dem Portal, in der Platzmitte, steht auf einem runden Stufenpostament ein kreuztragender Pelourinho. Abends ist der Adro angestrahlt. Man mag sonst Illumination als aufdringlich empfinden – hier ist sie von einer eigentümlichen Magie; der schwarze Himmel tut das Seine dazu, die Illusion eines geschlossenen ›Raumes‹ zu schaffen.

Der besonders schöne und feierliche Innenraum der Sé hat fesselnde Details: einen Chor mit einer gotischen Madonna, in dessen Tonnengewölbe von 1673 sich Zentauren und Sirenen im Geäst tummeln, ein mit Chinoiserien geschmücktes Chorgestühl. Aber was das Einmalige des Kirchenschiffs ausmacht, ist die Abóbada das Nós, das Knotengewölbe. Zwischen den Jochen des Langschiffs wie auch des Cruzeiro, des Querschiffs, bilden die tauartigen Rippen dicke Knoten, Nós, so daß der Eindruck entsteht, die Decke werde durch ein verknotetes Tauwerk gehalten. Dies ist einer der manuelinischen Beiträge zur Sé in Viseu, er wirkt nicht verspielt, sondern beinahe wie ein notwendiges Konstruktionselement, obwohl er nur Dekoration ist. Wir haben hier das einzige Beispiel des Gewölbe-Knotens überhaupt; in Portugal finden wir skulptierte Knoten fast nur an Portalgewänden. Während der härtere Spanier seine Kirchen vorwiegend mit Ketten (Alicante) umspannte, zog der Portugiese das Tau als bauliches Symbol seines Daseins vor, das sich ebenso auf dem Meer wie an Land abspielte und des Taus bedurfte. Kein Segel, kein Anker ohne Tau. Dieses gegenständliche Motiv konnte sehr wohl als spirituelles Symbol dem ›Schiff‹ der Kirche dienlich sein, indem man es über die ›Masten‹ der Pfeiler spannte.

Im zweistöckigen Renaissance-Kreuzgang erkennt man ein gotisches Portal mit gezackten Archivolten nach normannisch-englischem Vorbild. Azulejos am Gemäuer vermitteln Szenen aus der Vita Benedikts, so seine Einkleidung und seinen Empfang beim Ostgotenkönig Totila. Vom Claustro tritt man in die Sakristei und bewundert dort neben anderem kostbarem Kircheninventar ein getriebenes goldsilbernes Evangeliar und zwei emaille-verzierte Becher aus Limoges, 13. Jahrhundert, sowie eine Bibelhandschrift aus dem 12. Jahrhundert.

Tritt man zum Ostwerk der Kathedrale, so bemerkt man, daß sie im wahrsten Sinne auf Felsen gebaut ist. Hinter ihr bilden die unregelmässigen Fronten mehrstöckiger Häuser aus dem 18. Jahrhundert eine pittoreske Altstadtkulisse.

Museu Grão Vasco

Der ehemalige Bischöfliche Palast trägt den Namen ›Três Escalões‹ – ›Drei Stiegen‹. Das dreistöckige Gebäude ist flach abgedeckt und erinnert, zumal mit dem säulengestützten Prunkportal, an einen italienischen Renaissance-Palazzo. In dem schweren

Bau ist Portugals drittes überregionales Museum untergebracht, das Museu Grão Vasco. Es heißt nach einem Sohn der Stadt, dem Maler Vasco Fernandes, der sich selbst jenen anderen, inzwischen geläufigeren Namen gegeben hat. Grão Vasco bildet mit Nuno Gonçalves und Frei Carlos das Dreigestirn der portugiesischen Malerei. Um und mit ihm hat sich geradezu eine ›Schule von Viseu‹ gebildet.

Grão Vasco, um 1480 in Viseu geboren, lernte in Lissabon. Sein Lehrer war Jorge Afonso, Beirão auch er, zugleich Hofmaler König Manuels. Neben seinem Lehrer, Gregório Lopes und Pero Vaz stieg Vasco Fernandes bald zu den meistbeschäftigten Künstlern des Goldenen Zeitalters auf. Er erhielt Aufträge fast durchweg geistlicher Art in Lamego, Coimbra, Porto, Caldas da Reinha. Überliefert ist, daß die Werkstatt des ›Mestro pintor‹ in der Rua da Regueira in Viseu lag. Eine Zeitlang arbeitete er mit dem flämischen Maler Francisco Henriques zusammen, dessen Schwiegersohn er wurde.

Niederländische Einflüsse sind bei Grão Vasco unverkennbar, so in den drastischen Physiognomien der Folterknechte auf den Passionsbildern wie überhaupt in einem betonten Realismus, der sich auf die Landschaftsprospekte ausdehnt. Was die Stärke der portugiesischen Malerschulen ausmacht, trifft auch auf den Meister von Viseu zu: er hüllt die biblischen Szenen in das Gewand bäuerlicher Folklore seiner unmittelbaren Umgebung. Palästina ist bei ihm Portugal. Wenn wir in das Antlitz von Heiligen blicken, schauen wir zugleich in das Gesicht urwüchsiger portugiesischer Campinos. Das überzeugendste Beispiel hierfür ist Grão Vascos ›São Pedro‹. Petrus ist wirklich Fischer, trotz seines prächtigen Ornats als erster Bischof Roms. Im Hintergrund ist erzählfreudig dargestellt, wie Petrus am See Genezareth Andreas dem Herrn zuführt.

Nun haben wir in der Kirche von Tarouca ein ganz ähnlich aufgefaßtes Petrus-Porträt gesehen. Die Übereinstimmung ist frappant, auch wenn in Tarouca mehr das Majestätische, in Viseu stärker das Volkstümliche zum Ausdruck kommt. Die Zusammenhänge sind bis heute nicht geklärt. Stammen vielleicht beide Bilder von ein und demselben Pintor, nämlich von Grão Vasco? Oder wird das Porträt in Viseu fälschlich Vasco Fernandes zugeschrieben – ist es in Wahrheit von seinem Schüler Pero Vaz? Diesen wiederum zieht man an erster Stelle für Tarouca in Betracht. Bei dem einheitlichen, sich ähnelnden Stil der Mestres des

Goldenen Zeitalters, bei dem flämischen Einfluß, der immer wieder wahrzunehmen ist, sind Unterscheidungen auch für das geübte Auge schwer. Trotz aller Zweifel, aller Hypothesen – offiziell wird der biblische Fischer und Menschenfischer im ›Palast der drei Stufen‹ Grão Vasco zugeschrieben; kein Fragezeichen steht hinter seinem Namen.

Sein Hauptwerk ist ein neutestamentlicher Zyklus, den er für eine Kapelle der Sé von Viseu gemalt hat. Das Museum enthält daneben eine Reihe von Tafeln, die einst für den Hochaltar bestimmt waren und aus der Werkstatt Jorge Afonsos, des Lehrers von Grão Vasco, stammen sollen. Aber auch hier besteht die Streitfrage: sind bei der Ähnlichkeit des Malduktus nicht etwa auch diese von dem großen Meister von Viseu? Schon sehr früh galt Grão Vasco als eine Art Mal-Magier, als ›figura mítica‹, ja als ›absoluter Maler‹, so daß man ihm alle möglichen Werke zugeschoben hat. Wie es unzählige Rubens gibt – namentlich auf englischen Herrensitzen –, so trifft man überall auf Grão Vascos. Sind sie wirklich alle von dem Meister selbst?

Diejenigen Werke, die ihm gesichert zugeschrieben werden, genügen für einen unbestreitbaren Ruhm. Nie hat er sich bei biblischen Darstellungen auf Klischees beschränkt, immer hat er Originelles erfunden und oft auch hinzuerfunden – so läßt er bei seinem ›Calvário‹ die Söldner den Mantel Christi zerteilen, wovon in der Schrift mit keinem Wort die Rede ist. Grão Vascos Golgatha ist eine der seltenen Wiedergaben des zentralen Ereignisses der Passion, bei der wir im Hintergrund den erhängten Judas erblicken; ein Dämon schwebt mit dessen ›Seele‹ davon.

Hier sei ein Faktum erwähnt, auf das bisher kaum hingewiesen worden ist: Grão Vasco und Pedro Álvares Cabral, der Maler und der Entdecker, müssen sich gekannt haben! Cabral hat Vasco Fernandes sogar höchstwahrscheinlich einen Índio als Modell zugeführt!

Es gibt keine direkten Hinweise. Doch die Indizien für diese These einer reizvollen Begegnung im Zeitalter des Século de Ouro überzeugen. Man weiß, daß der Vater des Entdeckers, Fernão Cabral, den man seiner Körpergröße wegen ›O Gigante‹

nannte, zwischen Douro und Tejo sehr begütert war. Dokumente im Distrikt-Archiv von Viseu beweisen, daß er auch in der Hauptstadt der Beira Alta Häuser und Liegenschaften besessen hat. Man muß annehmen, daß Pedro Álvares der Erbe war, sich demnach häufig in Viseu auhielt.

Nun ist ferner bekannt, daß eines der Hauptwerke Grão Vascos, die ›Anbetung‹, 1501 entstanden ist. Im gleichen Jahr kam Cabral von seiner ersten Reise zurück, die unter anderem zur Entdeckung Brasiliens geführt hatte. Auf dem Anbetungs-Bild ist Kaspar nicht, wie sonst üblich, als Neger dargestellt, sondern als brasilianischer Indianer, im Federschmuck, einen gefiederten Speer in der Hand. Mit der Leidenschaft zum Realismus, die die Malerschule von Viseu kennzeichnet, ist der Índio minutiös genau wiedergegeben. Und die Völkerkunde erkennt in der dargestellten Figur des Índio einen Angehörigen des Stammes der Tupítupinambá – eben jener Eingeborenen, die Cabral bei seiner Landnahme in Porto Seguro angetroffen hat. Der Gedanke, daß Grão Vasco einen Indianer, den Cabral ihm zuführte, leibhaftig gesehen und als Modell benützt hat, ist demnach nicht abwegig.

Übrigens finden wir einen brasilianischen Índio – damals in Portugal Ameríndio genannt – auch auf einer Höllen-Komposition des Malers Juízo Final. Man weiß, daß dieser ein Mitarbeiter Grão Vascos in Viseu gewesen ist; man kann daher annehmen, daß auch ihm das exotische Modell nützlich war. Und noch als letztes Glied der Beweiskette einer Beziehung zwischen Grão Vasco und Cabral: vor dem Christuskind der Anbetungsszene kniet ein vornehm gekleideter Mann. Sein bärtiges, im Profil wiedergegebenes Antlitz weist eine auffallende Ähnlichkeit mit jenem Relief-Medaillon am Gemäuer des Jerónimos-Klosters in Belém auf, das uns nach allgemeiner Annahme das Porträt des Entdeckers Brasiliens vermittelt.

Seit einigen Jahren besitzt das Museum von Viseu eine Pietà, von Grão Vasco signiert, die der Kritiker und Sammler Herbert Cook, Visconde von Monserrat, 1945 im Richard-Palace in London entdeckt hat. Die Erben des Engländers haben das Bild Portugal vermacht.

Unter der großen Zahl weiterer Schätze, die das Museu Grão Vasco aufzuweisen hat und die sich keineswegs auf Malerei beschränken, sei eine gefaßte kleinformatige Santa Reinha genannt, den Arm voller Rosen, im Aussehen eher eine Camponeza der Beira Alta als eine Königin. Auch sie beweist augenfällig, wie die hier entstandene Kunst aus dem heimischen Boden ihre Kräfte zog.

Könige und Freiheitshelden

Vom Kathedralplatz gelangt man nach kurzem Abstieg – die Stadt liegt etwas tiefer als der Adro – zur *Praça Dom Duarte*. Vor der Hinterfront der Säulengalerie, die die Larga vor der Sé flankiert, sieht man das grünpatinierte Bronzebild des hamlet-ähnlichen Königs, der, wie Oliveira Martins äußerte, »mehr Tugenden hatte als gute Eigenschaften«. Er war schwermütig, zögernd, zweifelnd, introvertiert, im Gegensatz zur Activitas seiner Brüder. Er, der Älteste der ›berühmten Generation‹, regierte gerade nur fünf Jahre und hatte genug zu tun, die durch all die heroischen Taten seines Vaters in Unordnung geratene Staatskasse wieder in Ordnung zu bringen. Das Geld war infolge der Kriege gegen Kastilien und durch das Unternehmen Ceuta auf ein Fünfhundertstel seines Werts gesunken. Duartes unportugiesisches Gefühl für nüchternes Maß kommt im Titel des von ihm verfaßten Buches ›Der rechtschaffene Berater‹ zum Ausdruck. Er wehrte sich, einen neuen Kreuzzug nach Tanger zu unternehmen. Doch er mußte dem Fern- und Eroberungsdrang seiner Brüder und des Adels nachgeben. Der Kriegszug 1437 endete bekanntlich mit einer Katastrophe. Fernão, Duartes Bruder, der Benjamin der ›berühmten Generation‹, geriet damals in die Gewalt der Mauren. Diese wollten den königlichen Gefangenen nur gegen die Rückgabe Ceutas ausliefern. Pedro und João waren dafür, Heinrich der Seefahrer, dessen Stimme mehr galt, dagegen. Verzweifelt über das Los seines Bruders zog sich der weich gestimmte König in das Christusritter-Kloster Tomar zurück, wo er bald darauf der Pest zum Opfer fiel. Sein Testament lautete: »Ceuta zurückgeben und Fernão befreien!« Doch es kam nicht so weit. Fernão starb nach grausamer Haft 1443.

Über die Avenida Emílio Navarro, an der Kirche Nossa Senhora da Conceição vorbei, kommen wir zur sogenannten Cava de Viriato, Höhle des *Viriatus*, einem von einer Achteckmauer umgebenen Bezirk, wo sich das Hauptquartier des lusitanischen Freiheitshelden befunden haben soll, den Portugal in seine Nationalgeschichte einbezieht. In der Nähe entdeckte man auch Reste eines römischen Castro. Der moderne Bildhauer Merrano Beuliuse hat für die historische Stätte ein Viriatus-Denkmal geschaffen, wobei er dem Partisanenführer einen jener kleinen Rundschilde in die Hand gab, die man bei den frühgeschichtlichen Granitkriegern im Museum von Guimarães wahrnehmen kann.

Als Rom bereits daranging, das eroberte Iberien in das Imperium einzugliedern, brachen nochmals Unruhen aus; die Beira Alta wurde ein Nebenschauplatz des römischen Bürgerkriegs. Der römische Feldherr *Sertorius*, der 81 oder 80 v. Chr. aus Nordafrika auf die Halbinsel gekommen war, gewann die Gefolgschaft des lusitanischen Hirtenvolkes in seinem Kampf gegen Pompejus. Es gelang ihm, den Beirões jener Zeit römisches Staatsdenken beizubringen und dadurch eine organisierte Machtbasis zu gewinnen. Er schuf einen Senat, dem dreihundert der begütertsten Lusitanier angehörten. Aberglaube gab es schon damals in der Beira Alta, denn die Eingebungen, die Sertorius angeblich von einer weißen Hirschkuh, seiner ständigen Begleiterin, empfing, wurden als Prophetie ernstgenommen. Pompejus hatte gegen Sertorius schweren Stand. Das Schicksal griff ein: 72 v. Chr. starb der Anführer der Lusitanier durch Mord, wie Viriatus vor ihm. Der Mörder war Perperna, ein ehrgeiziger Unterfeldherr. Dieser lieferte den gesamten Briefwechsel des Sertorius an Pompejus aus; die Episteln enthielten eine große Zahl von politischen Belastungen. Letztes Beispiel römischer Generosität, die mit der Republik aussterben sollte: Pompejus warf die Briefe ungelesen ins Feuer, Perperna ließ er hinrichten. Auf dem Heimweg nach Rom fing der damals noch vom Glück Begünstigte die aufständischen Sklaven des Spartacus ab und ließ sie am Rand der Via Flaminia ans Kreuz schlagen.

Sertorius war eine Wallensteinfigur, ein abtrünniger Heerführer, der ebenfalls lange zwischen Für und Wider geschwankt hatte, der sich seiner Anhänger nie ganz sicher war. Das Ende beider erfolgte zwangsläufig.

Am entgegengesetzten Ende von Viseu liegt in einem kleinen Hain die unscheinbare Kirche *São Miguel de Fetal*, die dem Erzengel Michael gewidmet ist. Die äußere Form ist barock, ein Pinienzapfen ziert das Portal. Das Innere der eher kapellenförmigen Kirche entbehrt des Schmucks. Man erkennt, daß sie einmal romanisch war. In der Nähe des Chors steht ein Sarkophag, der ein wichtiges Dokument der iberischen Geschichte und zugleich der germanischen Völkerwanderungszeit auf iberischem Boden darstellt. Denn nach der Grabinschrift wurde hier *König Roderich*, der letzte Herrscher des Westgotenreiches, beigesetzt.

454 begann mit Theoderich die westgotische Ära südlich der Pyrenäen. Nachdem es den ›Visigotos‹ gelungen war, auch das Suebenreich mit der Hauptstadt Braga ihrem Staatsgebiet einzuverleiben, verfügten sie über die ganze Halbinsel. Es war die einzige Geschichtsphase Iberiens, in der die Peninsula politisch ein geschlossenes Ganzes dargestellt hat. Ein Vierteljahrtausend konnten sich die mit der Zeit weitgehend romanisierten Goten halten; nur kirchliche Auseinandersetzungen – Arianer gegen Athanasianer – und Rivalitäten innerhalb des Königshauses stifteten Unfrieden.

Aus der Mitte des 6. Jahrhunderts ist überliefert, daß Viseu ein westgotisches Bistum gewesen ist. Jedenfalls entnehmen wir es der Anwesenheitsliste der Bischöfe auf dem Konzil von Lugo 569. Zeitweise hielt sich der Hof in Viseu auf – offizielle Hauptstadt war Toledo – und König Ramiro schlug in der Kapitale der Beira Alta Münzen.

Um 700 war der rechtmäßige König Witiza von dem Usurpator Roderich – spanisch Rodrigo – abgesetzt worden, der sich selbst die Krone aneignete. Natürlich hatte Roderich mit Gegnern aus den Reihen des entthronten Souveräns zu rechnen. Zu ihnen gehörte der Graf Julian, Gouverneur von Ceuta – das Westgotenreich verfügte über einen nordafrikanischen Brückenkopf. Julian suchte im Verlauf des internen Zwistes um die Unterstützung der islamischen Araber nach. Dies führte dazu, daß der arabische Anführer Tarik mit einem großen Heer jene Meerstraße überquerte, die heute noch nach ihm benannt wird (Gibraltar = Djebel al Tarik), und König Roderich kampfbereit gegenüberstand.

Für diesen Auftakt zur arabischen Invasion gibt es noch eine andere, legendäre Erklärung. König Roderich hatte Florinda, der Tochter Julians, nachgestellt und sie zu seiner Geliebten gemacht. Dadurch wurde der Gouverneur von Ceuta sein Feind. Als Roderich kurz darauf Julian bat, ihm einen arabischen Jagdfalken zu schicken, sandte dieser den ›Falken‹ in der Person Tariks ins Land.

711 kam es zur siebentägigen Schlacht bei Jerez de la Frontera, jenem Ort am Südzipfel der Halbinsel, wo heute der begehrte Jerez-Wein wächst. König Roderich fiel. Seine Getreuen brachten im Rückzugsgefecht ihren toten König in die Beira Alta, und zwar in die Bischofskirche von Viseu, die an der Stelle der heutigen Igreja São Miguel stand. Die Araber aber dachten nicht daran, die Halbinsel wieder zu verlassen. Sie unterwarfen in kurzer Zeit das ganze Westgotenreich, begründeten ihre eigene Herrschaft und blieben acht Jahrhunderte in Iberien. Um sich als Nachfolger der Westgoten zu legitimieren, heiratete einer der ihren, Abd ul Azis, die Witwe des gefallenen Westgotenkönigs.

Dieser ruht angeblich im Sarkophag der Kirche São Miguel in Viseu. Der schmucklose Sarg trägt die Aufschrift: »Hic jacet aut jacuit postremus in ordine regum Gotorum, ut nuncia fama refert« – »Hier liegt oder lag der letzte in der Reihe der Gotenkönige, wie uns die Überlieferung bezeugt«.

Am unteren Mondego

Von Coimbra führt eine Straße nördlich vom unteren Rio Mondego zur Foz de Mondego, zur Mondego-Mündung. Eine Abzweigung nach Nord bringt uns zum ehemaligen *São-Marcos-Klo-*

ster, das ein Filialkloster des Mosteiro dos Jerónimos in Belém gewesen ist. Die steife Barockfassade von 1696 besitzt ein manuelinisches Portal mit üppigem Dekor, gesäumt von gewundenen Säulen. In seiner Mächtigkeit hat das einsam gelegene Gotteshaus Basilika-Charakter. Tritt man ein, so befindet man sich zunächst, ähnlich wie in São Francisco in Porto, unter einer langgezogenen Empore. Die Wände des Kircheninneren sind mit Azulejos ausgekleidet.

Kunstgeschichtlich bedeutend ist der Altar: eine gefaßte Kreuzigungsgruppe, für Renaissance sehr bewegt. Zu Seiten des Kruzifixus entdeckt man das Gründer-Ehepaar sowie eine kleine Figur, die sicher den Künstler darstellt. Die Römer tragen Turbane. Im unteren Teil des Retablo werden Szenen aus dem Leben des Evangelisten Markus sowie des Kirchenvaters Hieronymus dargeboten; man ehrte damit zugleich den Heiligen der Kirche und den des Mutterklosters. Über dem Altar wölbt sich eine Tonnendecke mit drei Metallsternen.

Das Hauptinteresse des Besuchs von São Marcos gilt den Grablegen. Hier ruht eine Angehörige des höchsten Adels des Königreiches, Brites de Menezes, die das Kloster gestiftet und als ihre letzte Ruhestätte bestimmt hat. Nach ihrem Tod wurde sie hier im Chorraum beigesetzt, in einem Sarkophag mit Krabben- und Blumenschmuck. Die Verstorbene ist betend wiedergegeben. Ihr gegenüber ruht ihr Sohn João da Silva; über seiner Grablege erhebt sich eine von Engeln gekrönte Maria mit mehreren Heiligen. Ein anderer Sohn, Fernão Teles de Menezes, liegt im Kirchenschiff. Von einem Baldachin fällt ein aus Kalkstein gemeißeltes Tuch über die Grabstätte. Zwei fellbekleidete ›Wilde‹ ziehen es gleich dem Vorhang eines Himmelbetts zur Seite; hinter ihm schlummert der Abgeschiedene. Am steinernen Bett ist dreimal das Wappen der Menezes angebracht.

Im Chor liegen ferner Gonçalo Gomes da Silva Real, der Gemahl von Dona Brites, der 1449 an der Seite des Infanten Pedro in der Schlacht von Alfarrobeira gefallen war, sowie ein Enkel des Ehepaars, Aires da Silva, mit fünfundfünfzig Jahren gestorben; sein Wappenspruch lautete: ›Lardant Desir‹ – ›Brennendes Begehren‹.

An die Kirche schließt sich die breite Front eines Barockpalastes an; der Gesamtkomplex erinnert dadurch etwas an Mafra. Der Rasen davor ist verwahrlost, das Gras hochgewachsen. Im Palast wohnt gelegentlich der Eigentümer, Dom Duarte Nono de Bragança, heute noch lebender Nachkomme des letzten portugiesischen Königsgeschlechts. Da der Herzog drei Söhne hat, ist vorläufig das Aussterben des Hauses nicht anzunehmen.

Vor der Anlage von São Marcos steht ein Pelourinho. Er ist mit verwelkten Blumen bekränzt. In der Weltabgeschiedenheit des verlassenen Klosters und noch bewohnten Herrensitzes ist nur eine Landfrau zu sehen, die einen großrandigen schwarzen Hut trägt, von dem ein langes schwarzes Nackentuch herabhängt.

Nicht weit von Figueira da Foz, nördlich der Mondego-Mündung, liegt auf der rechten Straßenseite hinter Reisfelderquadraten der Burgberg von *Montemór-o-Velho*, Alter Hauptberg, mit seinem langgestreckten, trotzigen Mauerkranz. Es ist das Kastell, in dem sich Afonso IV. mit Vorliebe und namentlich in seinen letzten Jahren, nach dem unglückseligen Befehl zur Ermordung von Inês de Castro, aufgehalten hat. Die Feste entspricht in ihrer Silhouette dem grausamen Vorgang, der hier seinen Ausgang nahm; sie ist herrisch, drohend, zwingburgenhaft. Der Aufstieg durch die romantische Ortschaft lohnt, erst über grobes Pflaster, dann über gewundenen Pfad, bis das zyklopische Gemäuer den Weg versperrt. Der schlüsselgewaltige Kustode läßt sich Zeit. Nach Durchschreiten des Mauerrings staunt man über das riesige Areal des Burgplateaus; es könnte eine kleine Stadt aufnehmen.

Von all den Bauten, die hier zur Zeit des Burgunderkönigs standen, ist kaum mehr etwas da, nichts vom Palast, gerade einige Reste von Stallungen und die Kirche – Sakralbauten haben die Zeiten meist eher überdauert als Profanarchitektur. Man geht im Burggelände über holperiges, mit Gras und Unkraut bewachsenes Feld und ist erstaunt, im Bannkreis eines militant-amusischen Bezirks ein bedeutendes Stück spätmittelalterlicher Architektur zu finden, eine Kirche Boitacas, des Vaters des Manuelismus. Das Schiff wird von vier Säulenpaaren getragen, die gedrehten Taue sind vor dem Chor grüngelb gefaßt; die beiden vorderen Säulen stehen auf Basen mit oktogonalem Grundriß. Die Spitzbögen über den Säulen rei-

chen fast bis zur Holzdecke, die sich über den weihevollen Raum breitet. Eindrucksvoll ein zweiteiliger Taufstein der späten Gotik. Die Kanzel ist barock. In einer Seitennische steht der ebenfalls barocke São Bras (Blasius). In der rechten Apside des Chors erkennt man Spuren von Fresko-Malerei, unter anderem Sankt Michael und einen Engel, der auf die Buchstaben DE (Deus) weist. Der gefaßte Holzaltar, späte Gotik, ist der Gottesmutter geweiht. Eine Santa Luzia, Märtyrerin aus Syrakus und Patronin der Augenkranken, hält einen Teller, auf dem zwei Augen liegen; ein Bittsteller hat ein Ex voto an die Statue gehängt, zwei Augen aus Goldblech. In der Mitte der Kirche steht in einer Goldnische Nossa Senhora da Vitória, festliches Barock.

An einer Kurve der Straße, die durch den Ort Montemór-o-Velho führt, liegt die Klosterkirche Santa Maria dos Anjos, Heilige Maria der Engel, mit ihrem kegelförmigen Turm. Im Winter steigt hier, wie die Bewohner berichten, das Wasser manchmal bis zum Altar. Ein geknotetes Seil bildet den Triumphbogen. Die Chorrippen über dem Altar werden von romanischen Kopfkonsolen getragen. Am Retablo weisen Engel die Marterwerkzeuge der Passion vor. Zum reichen Inventar der Kirche zählt eine fast vollplastische Renaissance-Verkündigung, ein Sankt Peter als Papst (Grão Vascos Tafelbild, in Stein übersetzt), und – bemerkenswert als Beitrag religiöser Folklore – ein Christus, der in einem netzüberzogenen Glassarg ruht.

Die interessantesten geschichtlichen Aspekte bietet das steinerne Grabbild des Cavalheiro Diogo de Azambuja (1432-1518), zu Lebzeiten des Dargestellten gefertigt von Diogo Pires-o-Moço (Pires der Jüngere). Der Túmulo ist manuelinisch umrahmt. Das Haupt des gewappneten Ritters liegt auf einem Doppelkissen. Ein Basrelief verbildlicht vier münzenschlagende Handwerker. Dies bezieht sich auf die Faktorei, die Azambuja an der Goldküste unterhalten hat. Afonso V., João II. und Manuel I. waren seine Herren, die seine Meriten zu würdigen wußten.

Als junger Mann hatte Azambuja die falsche Partei ergriffen. Er war nämlich Anhänger des Regenten Pedro in dessen Streit mit Afonso V., der sich zum tragischen Konflikt der Schlacht von Alfarrobeira zuspitzte, in der der Regent sein Leben verlor; Azambuja war Mitkämpfer. Nach der verlorenen Schlacht begab er sich mit Pedro, dem Sohn des gefallenen Regenten, als Emigrant an den kastilischen Hof, von dort nach Dijon an den Hof von dessen Tante Isabel, die bekanntlich mit Philipp von Burgund vermählt war. Sein Freund und Begleiter Pedro machte sich danach Hoffnungen auf den katalanischen Thron, worauf sich die beiden nach Barcelona begaben, um die Ansprüche Pedros zu verfechten. Doch Pedro starb in der Hauptstadt Kataloniens den Vergiftungstod. Azambuja kehrte nach Lissabon zurück. Afonso V. nahm, und dies spricht für seine Toleranz, den ehemaligen Gegner großmütig auf; wahrscheinlich war er von dessen Qualitäten überzeugt, die ihm nützlich sein konnten. Der ›Afrikaner‹ schickte Azambuja 1471 mit zehn Karavellen und sechshundert Mann auf große Fahrt nach Afrika. Einer der Unterkapitäne war Bartolomeu Dias, der später den Kongo entdecken sollte. Man erreichte damals die Goldküste, wo Azambuja die Fortaleza São Jorge errichtete. Das Gebiet erhielt den Namen ›Mina‹, Mine, was für den Reichtum an Goldmetallen zeugte. Und eben die dort errichtete Prägeanstalt ist auf dem Grabmal in Montemór-o-Velho abgebildet. Azambuja war der erste, der den Transport portugiesischer Frauen in einen der neu entdeckten, nur von Männern besiedelten Kolonialdistrikte in die Wege leitete. 1508 kehrte der Sechsundsiebzigjährige nach Portugal zurück. Die letzten Lebensjahre verbrachte er im Kloster Santa Maria dos Anjos in Montemór-o-Velho, wo sich sein Grabmonument befindet.

Auf dem Hauptplatz der kleinen Stadt stehen ein Rathaus des vorigen Jahrhunderts sowie einige Paläste, die heute praktischen Zwecken dienen. An mehreren Häusern der kleinen Stadt fallen manuelinische Torumrahmungen auf.

Bald ist man in *Figueira da Foz*. Der Name bedeutet ›Feigenbaum an der Flußmündung‹. Ein solcher soll hier gestanden haben, sicher ein heiliger Baum. Die Hafenkais bieten das Bild reger Geschäftigkeit hart zupackender Pescadores in karierten Hemden, mit schwarzen Zipfelmützen. Mit Korkschwimmern versehene Netze stapeln sich. Frauen tragen Fischkörbe auf dem Kopf. Aus dem Becken des Fischerei-Hafens ragt ein Dschungel von Masten und Schornsteinen. Sie gehören zu kleinen und mittleren Fangbooten, die alle poetische Namen tragen, ›Estrela da madrugada‹ – Morgenstern, ›Alma mar‹ – Seele des Meeres, ›Simpático‹ – Der Sympathische, ›Nau dos côrvos‹ – Raben-Nau. Dieser letzte Name weist auf den Patron der Seefahrer hin, Portugals Nationalheiligen São Vicente und dessen geflügelte Begleiter. Zwei Bagger mühen sich, das Becken von Geröll und Schlamm freizuhalten.

Man fängt hier hauptsächlich Sardinen. Daneben fahren Schiffe zu sechsmonatiger Fangreise aus, um auf hoher See Bacalhaus einzuholen, die sie auch bei schlechtem Wetter an Bord ausnehmen und gesalzen im Bauch der Schiffe verstauen.

Figueira da Foz ist ein malerischer Ort mit meist schnurgeraden, weißblinkenden Straßenzeilen, einer schattigen Praça in Kai-Nähe, einigen Barockkirchen. Am Ausfluß des Mondego, ein Stück hinter der Brücke, die den Unterlauf überspannt, steht ein altes Kastell, über dem Flaggen hochgezogen sind. Hier beginnt, nordwärts, der ansehnlichste Sandstrand Portugals, drei Kilometer lang, mit einem Großhotel und einem Saum von Ferienhäusern, der die Praia entlangführt, dazwischen Fisch-Tavernen. Die Klippen bescheren zu bestimmten Jahreszeiten schmackhafte Austern.

Im neu erbauten Casino von Figueira da Foz spielt man Roulett, Baccarat und Banca Francesa. Lotterie des Cruzeiro – Lotterie des Fischfangs: am Ort sagt man »Deus da o aso« – »Gott gibt die Chance«.

Am oberen Strandende gelangt man, wiederum an einem Kastell-Torso vorbei, zum dörflichen Teil des Küstenplatzes. Dort steht São Pedro, eine echte Fischerkirche. Als Votivgabe ist im Innern ein Schiffsmodell aufgestellt. Azulejo-Platten bilden an beiden Seitenwänden je ein Kreuz. Abschluß des Strandgebiets ist das waldreiche Vorgebirge Serra da Boa Viagem, Gebirge der Guten Reise, das einen weitreichenden Ausblick auf den eleganten Schwung der Küstenlinie gewährt, in der Nacht auf den Perlenkranz der Lichter.

Am Küstenstrich nördlich von Figueira tritt der Pinienwald manchmal bis ans Meer. Seestrandkiefern, Eukalyptus, Strandhafer sichern die Dünen. Immer häufiger sieht man die exakt ausgerichteten Becken der Salzernte, mit spitz aufgehäuften kleinen Salzbergen. Auch Reisfelder treten ins Blickfeld. Der Stoff der Windmühlenflügel knattert im Wind. Vor unserm Auge breitet sich ein riesiges Haff aus. Hier ist eine Landschaft, wo Meeresarm und Süßwassersee kaum mehr unterscheidbar sind. Es ist der Mündungstrichter des Rio Vouga, das Lagunengebiet um Aveiro, Portugals Venedig.

Südlich der Lagunen liegt *Vista Alegre*, ein Zentrum der Porzellanherstellung Portugals. Dicht neben der Fábrica Porcelana steht die Barockkirche Nossa Senhora da França. Sie hat den Rang eines Monumento Nacional. Ungemein lebensecht ist das Marmorbild des Bischofs Mouro Martins auf dessen Steinsarg, eine französische Arbeit aus dem Jahre 1699. Der in Serpa geborene Bispo hatte im fernen Miranda do Douro sein Hirtenamt ausgeübt. An der Decke der Sakristei breitet sich in Freskomalerei ein mächtiger Baum Jesse aus.

Venezia Lusitana: Aveiro

Reisende, die Aveiro besuchten, haben sich öfter schon an Holland erinnert gefühlt, der Barren und Kanäle wegen, die das Bild der Kanäle und Grachten von Amsterdam beschwören. Näher liegt der Vergleich mit Venedig, das ebenfalls von südlicher Sonne überstrahlt ist. Das Bild des ins Land hineingreifenden Meeres – oder des Landes, das ins Meer greift – findet sich auch auf der Iberischen Halbinsel: in Galizien. Auch dort haben wir an manchen Stellen keinen harten Küstensaum vor uns, das Land ist ›eingefranst‹, von fjordartigen Buchten durchsetzt, in die meist ein Fluß einströmt, so daß ein langgestreckter Mündungstrichter mit Brackwasser entsteht. Man nennt in Spanien diese Gebilde ›Ria‹. Im Küstenland von Aveiro ist dieser Ausdruck gleichfalls üblich.

Der Rio Vouga, der in die Ria von Aveiro einmündet, ergießt sich nördlich der Stadt in die Lagune, die siebenundvierzig Kilometer lang und sieben Kilometer breit von Ovar bis Ilhavo reicht. Vor der Lagune dehnt sich eine dünenartige Nehrung aus. Nur ein einziger Ein- und Ausfluß zum Meer hin ist vorhanden, der Barra heißt. An seinem Ausgang steht Portugals höchster Leuchtturm (einundsechzig Meter). 1575 hatte ein Unwetter den Ausgang verschüttet. Dies führte zu einem Niedergang Aveiros, das dadurch seines Hafens verlustig ging. Die Bragança ließen im 17. Jahrhundert holländische Sachverständige kommen, um die Barra wieder zu öffnen. Es gelang nicht. 1808 half die Natur nach: ein neues Unwetter stellte über Nacht den Kanal wieder her. Schnell hat man die Chance genutzt und ihn durch Wehren befestigt. Seither durchschneidet er wieder den ›Lido‹ wie ehedem. Aveiro erlebte einen neuen Aufschwung.

Ursprünglich lag die Stadt an der Küste. Angeschwemmter Grund bewirkte, daß sie heute sieben Kilometer landeinwärts liegt. Das Schwemmland zwischen Meer und Stadt weist unter den Landschaften Portugals einen einmaligen Charakter auf. Man hat dieses Konglomerat von Wasser und Land als ›Pólipo aquático‹, Seepolyp, bezeichnet. Am Rand der Lagune und der Kanalarme fallen die Rechtecke der Salzseen, Marinhas de Sal, auf. Barken transportieren den feinen, weißen Salinen-Staub. Und Spezialfahrzeuge, die man ›Barcos moliceiros‹ nennt, befördern Tang, der einen hervorragenden Dung für das rückwärtige Ackerland liefert. Die Tang-Barken sind flach und kiellos gebaut; ihr bemalter Bug krümmt sich auf; man lenkt sie mit Stangen. Manche Häuser am Lagunen-Ufer stehen auf Stelzen, Pfahlbauten der Moderne. Denn der Wasserspiegel ändert sich mit den Gezeiten oder durch Regenfälle. Da und dort hat sich am Saum des Pólipo eine kleine Werft für Fischerei-Boote breitgemacht. Auch erblickt man die Trockengestelle für den Bacalhau, den die Pescadores des Litoral von Atlantikreisen heimbringen. Ähnliche Fisch-Darren sieht man übrigens in Brasilien.

Zum Landschaftsbild des Litoral vor Aveiro gehören die Wasservögel. Eine Möwe mit ausgebreiteten Flügeln ziert das Stadtwappen. Man behauptet, der Name Aveiro komme von Ave, Vogel. Es gibt aber auch Stimmen, die die Stadtbezeichnung auf das französische Aviron, Ruder, zurückführen. Die normannisch-nordfranzösischen Kreuzfahrer, die Afonso Henriques zu Hilfe kamen und dann als Veteranen der Reconquista an der Küste angesiedelt wurden, sollen das Ur-Aveiro so genannt haben.

Später ging die Siedlung in das Eigentum der Krone über. João I. erteilte den Bewohnern Privilegien, weil sie im Gemeininteresse, auch dem der Krone, den Kampf gegen die Dünen aufnahmen und Mauern aufrichteten. Afonso V. schenkte die Stadt seiner Tochter Joana; João II. bestätigte die Dotation. Von Dona Joana werden wir bei unserm Besuch Aveiros noch hören; sie ist die Padroeira, die Patronin der Stadt. Nach ihrem Tod im Kloster Jesús fiel der Besitz an Dom Jorge, einen Bastard König Joãos. Dessen Sohn war der erste Duque der zum Ducado, zur Grafschaft, erhobenen Herrschaft. Dies Beispiel zeigt, wie Portugals Adel sich großenteils aus den illegitimen Söhnen der Könige zusammensetzte, die mit Titeln und Land abgefunden wurden. Die Grafschaft von Aveiro blieb bis Pombal im Besitz der gleichen Familie. Damals setzten die Grafen aufs falsche Pferd, indem sie sich an der Verschwörung gegen den adelsfeindlichen Minister beteiligten. Pombal griff hart zu. Der Ducado wurde aufgelöst, das Eigentum eingezogen. Aveiro fiel wieder an die Krone. Man wollte sogar den Namen der Stadt, der an den Putschversuch erinnerte, auslöschen und nannte Aveiro nunmehr Nova Bragança. Doch dieser Name hielt sich nur kurz.

Durch neue Armierung der Deiche zählt Aveiro heute zu den besten Häfen des Landes, wie damals, als die Karavellen des Königreichs vor allem von hier in die Terra Nova ausliefen. Ein Sohn der Stadt war der Steuermann (Piloto) Diogo Cãos: João Afonso de Aveiro. Ein Küsten- und ein Bergbewohner also entdeckten in gemeinsamer Bemühung den Kongo.

Aveiro ist eine Stadt in der Farbe des Kalkes. Das gibt ihr ihre urbane Geschlossenheit. Verweilt man vor der breiten, weißen Front der Hafenverwaltung, die sich aus dem Wasser erhebt, so hat man das Bild der Venezia Lusitana vor sich. Auch der Largo do Rossío ist auf zwei Seiten von einem Kanal umgeben. Der Hauptplatz heißt nach dem Marquês Pombal. In seiner Mitte erhebt sich frei der Justizpalast. Durch die enge, altstädtische Rua Pinto Rasto gelangt man zu den *Paços do Conselho*, erbaut in Barroco Mineiro. Sein Gegenstück steht in Ouro Preto, der alten Hauptstadt von Minas Gerais, von dem diese Version des Kolonialbarock den Namen hat. Die Verwandtschaft der Bauten zeigt die Verbindung zwischen Aveiro und Portugiesisch-Amerika in früheren Zeiten an. Gegenüber dem Gebäude steht die *Igreja Misericórdia* von Filippo Terzi, dem Meister von São Vicente de Fora in Lissabon. Der Azulejo-Fassadenschmuck ist 19. Jahrhundert.

Am langen Markt, wo man Fische feilbietet und versteigert, erregt die achteckige *Capela do Senhor das Barrocas* mit ihrem reichen Portalschmuck Aufmerksamkeit. Der Bildhauer-Architekt Antunes – er wird uns in Aveiro nochmals begegnen – hat sie 1730 errichtet.

Die *Sé* von Aveiro ist dem heiligen Dominikus gewidmet. Regent Pedro hat sie 1464 gestiftet. 1719 wurde das Barockportal hinzugefügt. Die erste linke Seitenkapelle enthält das Grab von Catarina de Ataide (1551). Sie war unter dem Namen ›Natercia‹ Camões' Diotima. Als der Dichter 1546 sehr zweideutige Verse an sie gerichtet hatte, mußte er Lissabon fluchtartig verlassen. Der Pelourinho vor der Kathedrale besitzt ein interessantes Kompositkapitell mit einer minutiös skulptierten Passion, darunter die Evangelistenzeichen.

Auf der gleichen Platzanlage steht Aveiros wichtigster Bau, das *Jesús-Kloster* der einstigen Dominikanerinnen. Eine von ihnen war eine Königstochter: die Princesa-Infanta Joana, die, wie wir hörten, Patronin der Stadt ist. An ihrem Festtag werden heute noch farbige Festas veranstaltet, mit illuminierten Barken, die durch die Kanäle gleiten. Straßennamen weisen auf sie hin. Da liest man etwa ›Rua de Santa Joana, Princesa de Portugal‹. Oder: ›Rua do Príncipe Perfeito, Irmão de Santa Joana Princesa‹. Joana rangiert hier an erster Stelle; der König ist nur als Bruder der Heiligen interessant. Jene Prinzessin, die das Leben am Hofe verließ, um sich in die Klausur eines Konvents von Aveiro zu begeben, ist für die Stadtbewohner eine lokale Berühmtheit ersten Ranges:

> Podendo em régio alcaçar
> Ser querida e venerada,
> Vem dormir o sono eterno
> Na terra tão sua amada.

> Die im königlichen Palast
> hätte umsorgt und verehrt werden können,
> kam in die von ihr so sehr geliebte Gegend,
> um dort den ewigen Schlaf zu schlafen.

Bildnis einer Infantin

Gewiß weist die Biographie der Princesa Joana keine dramatischen Höhepunkte und äußeren Konflikte auf. Ihr Leben verlief eintönig, spröde wie jedes vorwiegend klösterliche, das vom Atem der Welt abgeriegelt ist, dem die Impulse von außen fehlen. Es müßte schon einen überdimensionalen Aspekt mystischer oder spekulativer Art aufweisen, um interessant zu sein. Was jedoch an der Infantin aus dem Hause Avis, die sich dem Opus Dei verschrieb, interessiert, ist die merkwürdige Tatsache, daß hier eine politisch wichtige, hochbegehrte Prinzessin die Chancen, die ihr das weltliche Leben bot, nicht wahrgenommen hat um des überirdischen Lebens willen. Auch sind die historisch-genealogischen Bezüge im Rahmen von Portugals berühmtester Dynastie nicht ohne Aufschluß und Reiz. Was aber mehr als dies an der Erscheinung Joanas fesselt, ist ihr Bildnis, ein ganz und gar unkonventionelles, fragiles, etwas mürrisches, gereiztes Antlitz, das dennoch eine ungewöhnliche Faszination ausübt. Das Porträt ist auf eine mit Gips bestrichene Holzplatte gemalt.

Aus diesem Mädchengesicht kann man – Heinrich den Seefahrer und Sebastião ausgenommen – mehr herauslesen als aus den anderen Avis-Porträts, die ebenfalls wie alle Renaissance-Bildnisse Ähnlichkeit beanspruchen. So lassen uns etwa die wenig charakteristischen Züge des Dynastiegründers João I. im Lissaboner Nationalmuseum kaum etwas von seinem Wesen ahnen. Das Bild Joanas, en face gemalt, hängt kleinformatig in jenem Jesús-Kloster, in dem sie den größten Teil ihres Lebens zugebracht hat und das heute Museum ist. Zunächst hat der Künstler – man mutmaßt Nuno Gonçalves – allen Wert auf Gewandung und Schmuck gelegt, die anzeigen, daß das Bild vor dem Klostereintritt entstanden ist – dafür zeugt auch die Mädchenhaftigkeit der Princesa. Ihre Kopfbedeckung ist eine kostbare goldbestickte, mit Edelsteinen und Perlen besetzte Haube, die einen Teil des roten Haares freiläßt, das seitwärts fast bis zum Gürtel herabfällt. Joana trägt ein gleichfalls rotes Mieder, in dessen eine Schlaufe sie prätentiös ihre ringgeschmückte Hand hineinsteckt, eine zarte, wenig energische Hand mit langen, schlanken Fingern. Ihre Bluse hat einen für jene Zeit tiefen Ausschnitt, der aber kaum Brüste ahnen läßt. Alle Wirkung geht vom Antlitz aus, für das alles andere schmückender Rahmen ist. Es ist ein Gesicht von intensiver Ausdruckskraft, die von innen kommt. Die braunen Augen schauen in den Grund der eigenen Seele. Die Nase ist lang, schmal, wohlgeformt, der Mund etwas aufgeworfen, mit einem leichten Zug von Hysterie. Den Wangen hat der Maler jugendliche Röte gegeben. Dies Gesicht vermag kaum zu lachen, es wirkt in seiner Fragilität überzüchtet-dekadent, man könnte bereits in ihm das Weltflüchtige erkennen, wüßte man es nicht schon aus den Annalen dieses Lebens. Nichts Sinnenfreudiges, keine Lebenserwartung ist in diesem Porträt, eher Lebensscheu und Mißtrauen. Die hier Dargestellte hätte es, wäre sie eine dynastische Verbindung eingegangen, ihrem königlichen Eheherrn wahrscheinlich durch Spröde und Launenhaftigkeit schwer gemacht und vielleicht bald schon eine Mätresse zur Rivalin gehabt – davon abgesehen, daß ohnehin kaum eine königliche Ehe-Verbindung glücklich war, auch nicht in Portugal, wobei man sich fragt, warum der goldene Reif immer wieder begehrt wurde. Ehrgeiz, Eitelkeit? Dieses Antlitz im Kloster Bom Jesús von Aveiro ist alles andere als eitel, wenn man davon absieht, daß auch Askese und betonte Innenschau Eitelkeit verraten können.

Die Infantin Joana war die Tochter Afonsos V., des Souveräns, der wahrscheinlich das Polyptychon des Nuno Gonçalves in Lissabon in Auftrag gegeben hatte, der auch als Hauptfigur, vor dem heiligen Vinzenz kniend, darauf abgebildet ist. Im Kampf gegen den Halbmond hat der Sohn König Duartes sich Verdienste erworben, er hat die von seinem Onkel, dem Infanten Henrique, eingeleiteten afrikanischen Unternehmungen weitergeführt, was ihm ja den Namen ›Der Afrikaner‹ einbrachte.

Nie ganz geklärt wurde der Streit des jungen Königs mit seinem Onkel Dom Pedro, der anstelle des noch unmündigen Infanten eine Zeitlang die Regentschaft innehatte. Pedro war eine noble Persönlichkeit, als Regent wie als Dichter. Der Zwist im

Hause Avis, der mit dem Tod Pedros in der Schlacht von Alfarrobeira endete, verdunkelte die sonst so gloriose Geschichte der Dynastie.

Der Konflikt zwischen König Afonso und dem Ex-Regenten war um so tragischer, als Afonsos Gemahlin Isabel – auch sie sehen wir auf Nuno Gonçalves' Altar – eine Tochter Pedros gewesen ist. Die Princesa Joana muß also in ihrer Kindheit immer wieder von der Kontroverse zwischen Vater und Großonkel und der damit verbundenen Spannung im Elternhaus erfahren haben – miterlebt hat sie sie nicht, da ihre Mutter bereits während ihrer frühen Kindheit starb. Doch die Tatsache des familiären Zwists mag zur späteren Weltflucht Joanas beigetragen haben.

Nach der Schlacht von Alfarrobeira hatte der Kronrat den König bedrängt, die Ehe mit der Tochter des getöteten Gegners zu annullieren. Dom Afonso wies das Ansinnen zurück. Und im Gegensatz zu anderen Monarchen hatte er keine Liaison.

Die Ehe war lange kinderlos geblieben. Man versuchte es mit verschiedenen medizinischen Praktiken sowie einer Pilgerreise zur Kapelle São Domingo in Queimada bei Lamego. Am 6. Februar 1452 brachte die Königin die Infantin Joana zur Welt; diese erhielt ihren Namen aufgrund der besonderen Verehrung ihres Vaters für den Täufer Johannes. Joana wurde zur Thronerbin mit dem Titel ›Princesa‹ – statt ›Infanta‹ – erklärt. Wie es heißt, bedauerten nur die alten Freunde des Regenten Pedro die Geburt.

Drei Jahre später gebar Isabel einen Sohn – João. Er erhielt den Titel ›Príncipe‹, während Joana von jetzt ab nur noch ›Infanta‹ hieß. Dieser João ist der spätere Príncipe Perfeito, João II. Vergleicht man das Kinderbild des Príncipe auf dem Polyptychon des Nuno Gonçalves in Lissabon mit dem Porträt Joanas in Aveiro, so stellt man eine auffällige Familienähnlichkeit fest. João und Joana – das damalige Königspaar Spaniens, die Katholischen Könige, gaben ihren Kindern die gleichen Namen: Juan und Juana. Im Falle Portugals sollte der Knabe, im Falle Spaniens das Mädchen weltgeschichtlichen Rang erlangen: Juana la Loca, die Mutter Karls V.

Isabel überlebte die Freude des Kindersegens, der Geburt des

Thronfolgers nur kurz. Der königliche Witwer trauerte sehr um sie. Von der Infantin Joana wird vermeldet, daß sie mit Eifer Bücher las, damals, als es noch keine gedruckten Bücher gab, als die handschriftlichen unerschwinglich teuer waren. Es war geradezu eine Sensation, daß König Duarte vierundachtzig, Fernando vierundzwanzig, Pedro sechsundneunzig Volumen besaßen. Das enge Verhältnis der Infanta zur Literatur lag in der Familie, viele ihrer Verwandten hatten sich selbst schriftstellerisch betätigt. König Duarte, ihr Großvater, war der Autor des ›Leal Conselheiro‹ – ›Getreuer Ratgeber‹ und der ›Arte de Bem Cavalgar toda Sela‹ – ›Die Kunst, gut im Sattel zu sitzen‹, ihr Oheim Pedro schrieb das ›Buch der guten Taten‹. Heinrich der Seefahrer, ihr jüngster Onkel, beschäftigte sich mit nautischen Werken. Von Fernão schrieb Frei Luís de Sousa, er habe Latein so brillant beherrscht und die Schrift so gut gekannt, daß man hätte annehmen können, »himmlische Eingebung und nicht eigenes Studium habe ihn dazu gebracht«.

Die junge Joana wuchs also ohne Mutter auf – auch dies vielleicht ein Grund ihrer späteren Entscheidung, in den Schoß der ›Mutter Kirche‹ zu flüchten. Im Königspalast übte sie die Funktion der ›Senhora dos Paços‹, der Ersten Dame, aus, von ihrem verwitweten Vater verwöhnt, der damals allerdings vollständig von seinen afrikanischen Unternehmungen in Anspruch genommen war. Der Versuch, 1458 Tanger einzunehmen, glückte mit großen Verlusten. Für eine Befreiung Dom Fernãos, des Santo Infante, war es allerdings zu spät – er war fünfzehn Jahre zuvor in moslemischer Haft verstorben. Joana schätzte ihn sehr. Sie las seine Bücher neben dem Stundenbuch, den biblischen Schriften und dem im ganzen Abendland verbreiteten christlich-ritterlichen Epos ›Amadis‹.

Joana war inzwischen fünfzehn Jahre alt geworden, wirkte aber wie zwanzig, weniger ihrer Statur nach als wegen ihrer ›Gravidade senhoril‹, ihrer damenhaften Würde. Sicher übertrieben, nannten die Chronisten sie die »schönste Prinzessin Europas«. Als königliche Partie war sie jedenfalls begehrt. Monarchen aus allen Teilen Europas schickten Maler an den Hof in Lissabon, um ein Zeugnis vom Aussehen der Prinzessin zu erhalten, darunter der römisch-deutsche Kaiser Friedrich III., ihr Oheim, sowie Ludwig XI. von Frankreich, ihr Vetter – beide nahmen Joana für den jeweiligen Thronfolger in Aussicht. Auch der englische Tudor-König Heinrich VII. warb um sie.

Die Infantin antwortete mit Ausflüchten. Sie wies auf ihre schwache Gesundheit hin, die die Geburt eines Erben in Frage stelle. Immer stärker geriet sie unter den Einfluß von Frauen, die in Klöstern lebten oder dem klösterlichen Leben nahestanden. Ihre mütterliche Freundin wurde Dona Leonor de Menezes. Deren Vater, Gouverneur in Afrika, war in den Kämpfen gegen die Mauren gefallen. Dona Leonor beabsichtigte sich dem klösterlichen Leben zu widmen – vielfach der Lebensabend adliger Witwen des Mittelalters – und sprach sich mit Joana darüber aus.

Während ein neuer Feldzug gegen Tanger unternommen, die Gebeine Fernãos nach Portugal überführt und João zum Ritter geschlagen wurde, reifte in Joana der Entschluß zum Klostereintritt. Sie wählte den Dominikanerinnen-Konvent Jesús in Aveiro. Im Dezember 1471 begab sie sich, von ihrem Vater begleitet, mit einer Schar Bediensteter zur Venezia Lusitana und erhielt im dortigen Mosteiro aus den Händen der Äbtissin Brites Leitoa die Novizinnen-Tracht.

Afonso V. war mit dem Entschluß seiner Tochter nicht einverstanden. Er legte Trauerkleider an, wie für eine Verstorbene. Sicher mag er auch bedauert haben, daß ihm die Chance einer für seine Politik günstigen dynastischen Verbindung verlorenging – tu felix Portugal nube.

Jetzt verlief das Leben der Infanta im zeitlosen Rhythmus der Kloster-Einsamkeit. Sie widmete sich den Exerzitien ebenso wie den Alltagspflichten; es wird gesagt, sie habe Wert darauf gelegt, geringe Arbeit zu verrichten, ja Böden und Stiegen zu putzen. Schon zu Lebzeiten gewann sie im Volk den Nimbus der Heiligkeit, in einer glaubensmäßig ungebrochenen Zeit, in der es nicht nur eine Vita activa gab, und die Phänomene wie Jeanne d'Arc hervorbrachte.

Im Jahre 1480 erging an den Mosteiro Jesús der königliche Auftrag, ein Zweigkloster nach eigener Ortswahl zu errichten, irgendwo im Königreich, am besten in der Nähe der Königsresidenz. Dies bedeutete, daß die Klostergemeinschaft sich auf den Weg machte, den Ort auszusuchen und den Grundstein zu legen. Der ›Convento ambulante‹ zog auf schlechten Straßen mehrere Monate lang durchs Land, gefolgt von Klerikern und Bediensteten in großer Zahl sowie einer Karawane von Mauleseln, die das Gepäck trugen. Die Menge säumte den Weg, um die Tochter des Königs und Schwester des Príncipe zu sehen. Die Alcaides (Bürgermeister) der Ortschaften, die man durchritt, bereiteten aufwendige Empfänge. Man nächtigte in den königlichen Paços und gelangte auch nach Avis, dem Gründungsort des Avis-Ordens, der der Dynastie den Namen gegeben hatte. Unterwegs erkrankte die Äbtissin. Sie starb in Abrantes. Damit wurde das Unternehmen ergebnislos abgebrochen. Die ›Comunidade Itinerante‹ kehrte nach Aveiro zurück – in das ›kleine Lissabon‹, wie Joana es nannte.

Ein Jahr später starb ihr Vater. Die Krone ging an ihren Bruder über, der nun als João II. die Geschicke Portugals lenkte. Kurz nach seinem Regierungsantritt erkrankte Joana. Der König sandte seine Leibärzte nach Aveiro. Sie konnten gegen das Fieber nichts ausrichten. Die Kräfte der Infanta nahmen immer mehr ab. Die Krankheit verdunkelte die aufwendigen Vorbereitungen für die Prunkhochzeit des Thronfolgers Afonso. Niemand ahnte, daß dieser noch im gleichen Jahr in Santarém durch einen Sturz vom Pferd tödlich verunglücken sollte. Dies war die Ursache, daß später Joãos Schwager Manuel den Thron bestieg – der Venturoso, mit dem das Século de Ouro seinen größten Glanz erreichte.

Joana erlebte es nicht mehr. Sie starb am 14. Mai 1490. Im Konvent Jesús wurde sie beigesetzt. Nach der Rainha-Santa ist sie Portugals volkstümlichste Heilige.

Convento de Jesús

Der Konvent, in dem die Heilige aus dem Königsgeschlecht der Eroberer und Seefahrer ein verborgenes Leben lebte, ist heute noch zu sehen. Freilich ist er fast ganz joaninisch umgestaltet. Eine Bulle des Papstes Pius II. hatte 1461 das Dominikanerinnen-Kloster bestätigt. Die ersten ›Sorores‹ zogen drei Jahre später ein. Der Eintritt der Infanta verhalf der Klostergemeinschaft zu reichen Privilegien von Seiten der Krone. Nach der Seligsprechung Joanas 1693 begann der Bragança-König Pedro II. mit dem barocken Umbau, der unter João V. beendet wurde. 1910 hob man das Kloster auf. Heute befindet sich in dem Gebäude das Regionalmuseum von Aveiro.

Blickt man auf die Fassade mit ihren vergitterten Fenstern und der angegliederten Loggia, so erinnert nichts an das späte Mittelalter; es ist die Architektur der Epoche der Bragança. Selbst die Gemälde im Vorraum mit Szenen aus Joanas Vita sind barock. Unbekümmert um das historische Ambiente hat man ihre Geburt, ihre Ankunft im Kloster (mit dem barocken Portal), ihre Einkleidung, die Abnahme ihrer Haarpracht, ihren Tod dargestellt.

Die Kirche des Jesús-Konventes ist ein Gegenstück zu São Francisco in Porto: ein Divertimento in Talha dourada und Azulejo-Pracht. Vom üppig ziselierten Chorgewölbe hängen Zapfen herab – ins Wuchern geratene Schlußsteine. Christus im (echten) Lendenschurz steht auf einem siebenstufigen ›trono‹. Drei weitere Altäre feiern die Mutter Gottes, São Domingo und Santa Joana. Neben der Kirche die Kapelle: sie ist Nossa Senhora do Rosário gewidmet. Eine Barockstatue verkörpert Santa Isabel im Augenblick des Rosenwunders.

Das Refektorium mit seinem Tonboden und seiner Kachelung bis zur Holzdecke wirkt fast arabisch; wohltuend die Schlichtheit des Raums nach der Barock-Orgie der Sanktuarien. In der Mitte des zweistöckigen Claustro mit seinen ionischen Säulen erhebt sich ein Chafariz, der die Form eines Obelisken hat. Das gotische Portal mit ornamentiertem Schiffskielbogen, das zum Kapitelsaal führt, ist fast das einzige Stück Architektur des Konvents, das auf die Epoche Joanas zurückgeht. Der Goldaltar hält den an die Säule gefesselten Christus im Bilde fest. Im Boden sind Grabplatten der frühesten Prioresas eingelassen. Man liest auch den Namen der Vertrauten Joanas: Leonor de Menezes.

Die Zelle der Santa – zugleich ihr Sterbezimmer und lange als Arbeitsraum benützt – wurde 1734 mit vergoldeten Holzwänden verschalt. An einer Wand befindet sich das Sprechgitter. Bilder im joaninischen Stil erzählen auch hier das Leben der berühmtesten Insassin von Jesús. Über dem Altar ist ihr Tod dargestellt.

Joana ruht nicht mehr in dem ursprünglich für sie gemeißelten Sarkophag. Pedro II. hat 1699-1711 durch den Bildhauer João Antunes – den Erbauer der Capela das Barrocas – ein prunkvolles neues Grabmonument errichten lassen. 1577 hatte man die Gebeine in eine schwarze Holzurne gelegt, die nun in der neuen Grabstätte Aufnahme fand. Der Steinkoloß ist nach italienischem Vorbild mit Marmor-Intarsien geschmückt. Engel stützen ihn; zwischen ihnen trägt der aus der Asche steigende Phönix die Inschrift ›Ex Cinere‹. Auf dem mächtigen Stück Marmor, das wenig dem Hang der Infantin nach schlichtem Dienen entspricht, sitzen auf volutenverzierten Giebelsegmenten zwei Engel, die das gekrönte Königswappen halten. Boden, Wände, Decke – der ganze Raum, in dem der Sarkophag steht, ist ein Fortissimo an Kassetten, Intarsien, Muscheln und Akanthus-Geranke.

Der Ort, der am stärksten die Zeit der Santa Joana verdeutlicht, ist die Sala do Túmulo de João de Albuquerque. Der Sarkophag des Angehörigen des berühmten Geschlechtes stammt aus dem Jahre 1477, stand ursprünglich in der Misericórdia-Kapelle und wurde 1945 in einen Saal des neu eingerichteten Museums verbracht. Der auf dem Sarg liegende bartlose Ritter ist im Harnisch wiedergegeben, das Schwert an der Seite, einen Jagdhund – mit abgebrochenem Kopf – zu Füßen. Von den vier Löwen, die den Sarkophag trugen, sind drei erhalten. Dieser Albuquerque gehörte einer Generation an, die noch nichts davon wußte, daß das Geschlecht einmal Weltruhm erlangen sollte. João war ein Gefolgsmann Afonsos V., des Vaters der Santa Joana. Er war beteiligt an der Eroberung der Kanarischen Inseln. Am Fußende des Túmulo umgeben zwei zottelige Wilde das Wappen Albuquerques mit der Inschrift in Altportugiesisch: »Gra : Canarea : onde : se : cõbateo« – »Gran Canaria, wo er kämpfte«. Aufgezählt sind auch seine weiteren Taten sowie die biographischen Vermerke, daß seine Gemahlin Elena Pereira hieß und daß er drei Söhne hatte. An den Seitenfronten des Sarkophags tragen Engel das Albuquerque-Wappen.

Da man den Konvent in ein Museum umgewandelt hat, treffen wir auch viele Ausstellungsstücke an, die nichts mit dem ursprünglichen Kloster zu tun haben, sogar Kutschen und Sänften, sehr viel barocke Sakralkunst, Fayencen und Paramente und vor allem, in der Sala de Pintura, Gemälde aus dem 15. und 16. Jahrhundert. Hier schaut man der Princesa-Infanta ins Antlitz. Nicht porträtecht sind ihre Bildnisse in Öl und auf Kupferstichen der joaninischen Epoche. Doch in diesem Raum hängt auch, die wahren Züge wiedergebend, das eindrucksvollste Objekt des ganzen Kloster-Komplexes: jenes zeitgenössische Konterfei der Santa Joana, das so viele Erinnerungen an die Persönlichkeit dieser Prinzessin wachruft – doch auch an die bewegteste Epoche des Hauses Avis.

DIESSEITS DES TEJO

Santarém

Der Rio Tejo stellt mehr als nur die geographische Linie eines Stromlaufes dar. Er bildet die eigentliche Grenze, die Portugal in zwei deutlich unterschiedene Landschaften teilt: diesseits und im Norden die vielfältig zerklüftete Berg- und Hügelformation, der reichgegliederte, von Kastellen durchsetzte Schauplatz des größten Teils des portugiesischen Geschichtsdramas – jenseits und im Süden das nur gering strukturierte Flachland mit teilweise vorherrschender Öde und der Vorahnung Afrikas.

Die Provinz Ribatejo umfaßt beide Landschaftstypen, da sie beide Ufer von Portugals größtem Stromlauf umschließt. Diese Region ›Tejo-Ufer‹ weist weniger typische Kennzeichen auf als die anderen Provinzen des Landes, wenn nicht eben dieses, daß ihr der Hauptanteil am Rio Tejo zufällt. Ribatejo ist weder topographisch notwendig noch historisch gewachsen; es stellt eine Neugründung des Jahres 1936 dar. Marcello Caëtano, der Nachfolger Salazars, war an der Festlegung der Provinzgrenzen maßgeblich beteiligt.

In gewissem Sinn ist der Strom das Schicksal der Provinz, zumindest der umliegenden Gegenden. Denn im Winter tritt das Wasser über die Ufer und läßt monatelang Binnenseen zurück, sogenannte Cheias (cheia = Flut), die nach ihrem Zurückweichen oder Versickern fruchtbares Schwemmland hinterlassen. Somit könnte man den Rio Tejo als Ribatejos ›Nil‹ bezeichnen. Der Distrikt Santaréms, der Provinzhauptstadt, ist auch das landwirtschaftlich ergiebigste Gebiet Portugals; hier gedeihen Getreide, Wein und Gemüse.

SANTARÉM

Santarém, das man von Lissabon aus über Vila Franca de Xira bequem erreicht, liegt an einem strategisch wichtigen Punkt. Hier ist der Rio Tejo am leichtesten zu überqueren. Die Brücke, die die beiden Ufer verbindet, war jahrhundertelang die einzige des Unterlaufs und letzte vor Strohmeer und Mündungstrichter, bis man 1951 den Ponte Carmona bei Vila Franca de Xira errichtet hat. Die Römer hatten bereits die Schlüsselstellung des Felsens auf dem rechten Stromufer erkannt und dort die Stadt Julianum Scalabitanum erbaut, die ein bedeutendes Handelszentrum der Provincia Lusitana gewesen ist. Die Mauren errichteten am gleichen Ort ihr Kastell, das Afonso Henriques 1147 eingenommen hat – eine der entscheidenden kriegerischen Taten der portugiesischen Reconquista. König Dinis nahm hier 1319 die päpstliche Bulle in Empfang, die den von ihm gegründeten Christusritter-Orden bestätigte.

Das Zentrum Santaréms einst und jetzt ist die geräumige Platzanlage, an der sich der Palast Pedros I. erhob, die Stätte also, wo 1357 das grausame Gericht über die Mörder Inês de Castros stattgefunden hat. Heute wird das Gelände vom Jardim da República und der Praça Sá da Bandeira eingenommen.

Der größte Baukomplex an der Praça ist das Seminar, *ebedem ein Jesuitenkloster, dessen auf einem Stufenpodium stehende Kirche 1676 vom Architekten der Sé Nova in Coimbra erbaut worden ist, Baltasar Álvares. Über dem Portal der klaren Front breiten sich zwei Fensterzonen aus, über denen riesige Voluten einen barocken Oberbau flankieren. Zu beiden Seiten der Fassadenmitte öffnen sich grazile ›Alpendres‹, ziegeldachbedeckt Vorhallen, Renaissance. Das Innere hat Hallencharakter. Auf der bemalten Holzdecke sieht man unter anderem pfeilbewehrte Indios. Ein manieristischer Franziskus hält einen echten Totenschädel in der Hand. Treppenhaus und Korridore des Klosteranneres sind mit Azulejos ausgestattet.*

Dem Seminario gegenüber finden wir einen Zentralbau: Nossa Senhora da Piedade. *Der Bragança Afonso VI. hat die Kirche 1664 zum Dank für einen Sieg über Kastilien erbauen lassen. Das Innere ist provinzielles Barock. Zur Seite des Republik-Parks liegt das ehemalige Franziskanerkloster, das heute Kaserne ist; vor dem Portal ist ein Panzer aufgestellt. Die Couronne über der Vierung der Igreja wird innen durch eine flache Konche abgeschlossen. Der Altar unter kassettierter Tonnendecke ist strenger Klassizismus. In den Zwickeln des Renaissance-Kreuzgangs sind Vierpasse eingelassen.*

Die schmale Rua Serpa Pinto durchzieht die niedrig gebaute, weißgekalkte Altstadt vom Seminario bis zum Revier der ältesten Kirchen Santaréms. Die erste, auf die man stößt, ist die *Marvila* (nach einer wundertätigen Hostie benannt), die ein apartes manuelinisches Portal besitzt; Stengel von Schlangenkakteen umwinden den Torbogen. Die Säulen im Innern haben ionische Kapitelle mit Engeln und Masken.

Die *Igreja Nossa Senhora da Graça*, Gnadenkirche, ist eine verkleinerte Wiedergabe der Klosterkirche von Batalha; man vermutet, daß auch die gleichen Meister, Huguete und Domingues, hier tätig waren.

Das Portal wird von einem Tudorbogen gekrönt, unter dem eine Wellenlinie verläuft. Die Laibung ist tief gestaffelt, die innerste Archivolte voller Hänger. Ein Gurtquadrat umrahmt kraftvoll den Tudorbogen; das freibleibende Feld ist mit zarten Lisenen gegliedert, die nach oben in einen Saum steinernen Spitzenwerks übergehen. Das Kirchenschiff liegt tiefer als das Außengelände; zwei kleine Steinstiegen führen auf jeder Portalseite hinab – sicher war die Treppe früher frontal angelegt. Wir treten in einen eindrucksvollen spätgotischen Raum mit hohen Arkardenbögen auf gebündelten Säulen mit pflanzlichem und figürlichem Kapitellschmuck. Über das Kirchenschiff ist eine Holzdecke gezogen.

Die Graça-Kirche ist die Grablege des Geschlechts der Menezes, die wie die Pereira und Albuquerque getreue Gefolgsleute der Dynastie Avis gewesen sind. Das Gründerpaar liegt im Chor unter wappenverzierter Steinplatte: João Afonso Teles de Menezes und seine Gemahlin Dona Guiomar de Vila Lobos. Zur Seite des Doppelgrabs befindet sich die Ruhestätte von beider Tochter; ein ganzfigürliches Basrelief ziert ihre Grabplatte. Der Gründer der Graça-Kirche war ein Freund König Pedros I. und ein Oheim von Leonor Teles de Menezes, der Gemahlin Fernandos I., die als ›böses Weib‹ eine umstrittene Rolle zwischen den beiden Häusern Burgund und Avis spielte – in Batalha wird sie uns begegnen. Der Enkel João Afonsos, Pedro de Menezes, diente bereits den Avis; er übte das Amt des ersten Gouverneurs von Ceuta aus; dort ist er 1437 gestorben. Er wurde mit seiner Gemahlin ebenfalls in Nossa Senhora da Graça beigesetzt, in einem Prunksarkophag des rechten Querschiffs, der von Löwen getragen wird;

einer legt seine Pranke auf einen Maurenkopf. Um den Doppelsarkophag ranken Eichenblätter. Die Gatten halten sich auf ihren gemeißelten Ruhebetten innig die Hände.

Rechts vom Chor ist das Grab Pedro Álvares Cabrals, des Entdeckers Brasiliens, und seiner Gemahlin. Auf einer Bronzeplakette über dem Grab steht: »Ao grande Descobridor do Brasil. O Colégio militar do Rio de Janeiro. Março 1960« – »Dem großen Entdecker Brasiliens. Die Militärschule von Rio de Janeiro. März 1960«.

Cabral ist an seinem Sterbeort durch einen Gedenkstein geehrt, der 1968 vor der Graça-Kirche Aufstellung fand. Man liest, daß Brasiliens Außenminister José de Magalhães Pinto aus Anlaß der Fünfhundertjahrfeier der Geburt Cabrals in Santarém weilte und den Stein einweihte.

Die älteste Kirche Santaréms ist *São João d'Alporão*. Über einem schlichten romanischen Portal öffnet sich eine aus säulenartigen Speichen gebildete Rose. Das einschiffige Innere zeigt Gotik an, mit einem besonders schönen Sterngewölbe im Chor. Man hat in dem Raum ein Lapidarium untergebracht; leider stehen die Ausstellungsstücke zu gedrängt. Am Eingang sehen wir zwei exotische Steinelefanten aus Portugals Staat in Indien. In der Museums-Kirche blicken wir wieder einem Menezes ins steinerne Antlitz: Duarte, der Sohn Pedros, liegt auf einem Kenotaph in voller Rüstung ausgestreckt. In der Schlacht von Alcázar-Kebir war er 1458 in Diensten Afonsos V. gefallen; die Moslems hatten seinen Leichnam zerstückelt, und nur ein Zahn ist nach Portugal zurückgelangt. Seine Witwe verwahrte ihn lange in einer Schatulle, bis man dann diesen aufwendigen Sarkophag für ihn schuf. Der Zahn wurde ihm später entnommen und ist gesondert ausgestellt. Über der Liegestatue wölbt sich ein spätgotischer Baldachin. In einem von zwei Bögen gebildeten Rautenfeld hängt der gekreuzigte Christus; Engel fangen in Pokalen das Blut des Erlösers auf.

Das Museum enthält eine Reihe weiterer mittelalterlicher Grablegen, so die Túmulos von João de Océm, Kanzler Afonsos V. und Alcaide-Mór von Torres Novas, und von dessen Onkel Martim de Océm, Botschafter Joãos I. in Kastilien, Schloßverwalters des Infanten Duarte und Mitglied des Conselho Régio. Beide

Sarkophage stammen von Martim Vaz, der auch in Batalha als Bildhauer tätig gewesen ist. Ferner sind in São João d'Alporão Schlußsteine, manuelinische Archivolten, Pfeiler, Kapitelle, Azulejo-Bilder gehäuft. Drei Kapitelle stammen aus arabischer Epoche, ein Altar aus der Römerzeit; er ist von einem ›Olisiponensis‹ gestiftet, also einem Bürger des römischen Lissabon. Leider haben die prächtigen Figuren an einem manuelinischen Sarkophag-Torso durch scharfe Laugen gelitten, mit denen man 1971 den Stein reinigen wollte.

Die romanische Kirche besaß früher einen an die Nordfassade gelehnten Turm. 1785 hat man ihn abgerissen, weil er der Prunkkarosse im Wege stand, mit der die Bragança-Königin Maria I. in Santarém eingezogen ist.

Ein anderer mittelalterlicher Bau, in unmittelbarer Nähe von São João d'Alporão, gilt als Wahrzeichen Santaréms: die *Torre das Cabaças*. Um die Turmglocke hängen kürbisförmige Resonanzamphoren, die den Ton verstärken.

Am Platz des Maurenkastells auf dem Felsenplateau, das schroff zum Tejo-Ufer abfällt, befindet sich heute eine belvedere-artige Park-Terrasse, *Portas do Sol* genannt. Man blickt über den Strom auf die weite Ebene jenseits des Wasserlaufs. Einsehen kann man Almeirim, wo sich einst ein geschichtsträchtiger Avis-Palast befunden hat; er ist dem Erdbeben 1755 zum Opfer gefallen und nicht wieder aufgebaut worden. Der Cardeal-Rei Henrique ist hier geboren und gestorben. 1491 verunglückte in der Nähe der Infant Afonso, Sohn Joãos II. und Leonors – jener Todessturz, der zur Folge hatte, daß die vorbereitete dynastische Verbindung zwischen Kastilien und Portugal zunichte wurde und daß anstelle des Verunglückten der Venturoso die Krone erbte. Der siebzehnjährige Infant hatte im Übermut einen Gefährten, João de Menezes, aufgefordert, mit ihm auf der Ebene zwischen Almeirim und dem Strom um die Wette zu reiten. Dabei stürzte sein Pferd. Ein Fischer brachte den ohnmächtigen Prinzen in einem Netz zu seiner Hütte – wie wir sahen, ist das Netz ins Wappen der betrübten Mutter eingegangen. Die kastilische Prinzessin Isabel, die der Infant kurz zuvor geehelicht hatte, wurde später die Gemahlin Dom Manuels I.

28 Tomar, *Fenster der Christusritter-Burgkapelle*

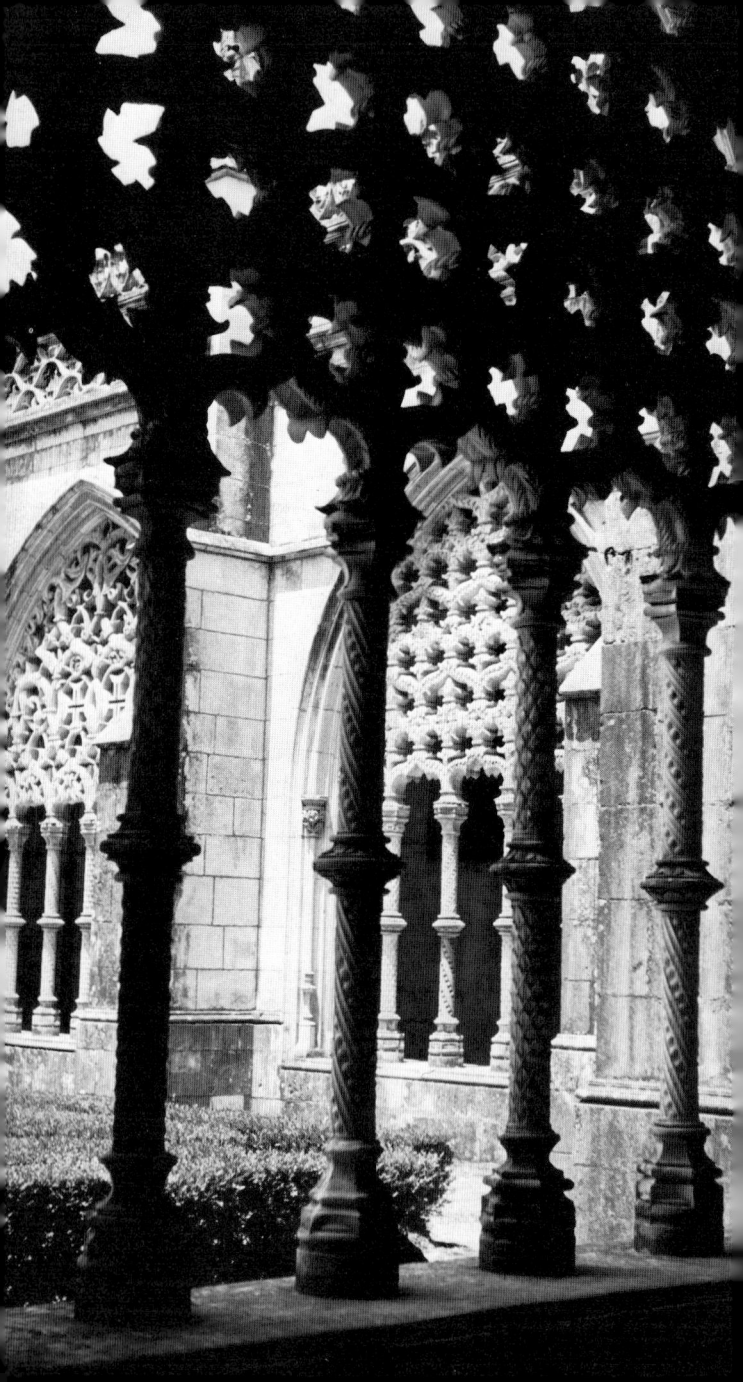

← 30 Batalha, *Arkadensäulen des Kreuzgangs*

31 Batalha, *Die ›Unvollendeten Kapellen‹*

32 Alcobaça, *Refektorium*

33 Alcobaça, *Die Sarkophage von Pedro und Inês*

35 Algarve, *Fischerdorf*
36 *Im Fischerdorf* Nazaré → →

34 Algarve, *Schornsteine in Pousada do Infante*

Der lusitanische Achill

Santarém ist der Geburtsort einer bedeutenden Persönlichkeit der Entdeckungsgeschichte: Duarte Pacheco Pereiras (1465-1530), den Camões in seinen ›Lusiaden‹ den lusitanischen Achill genannt hat. Pacheco war eine Renaissance-Natur; er leistete Außergewöhnliches als Soldat, Seemann, Kosmograph, Astronom, Schriftsteller und Diplomat. Nach dem Studium in Lissabon erhielt er 1494 den ehrenden Auftrag, Portugal in Kastilien diplomatisch zu vertreten; er war der Sachwalter der portugiesischen Krone bei der Abfassung des weltentscheidenden Vertrags von Tordesillas. 1500 begleitete er als Nautiker die Flotte Cabrals, die Brasilien für die portugiesische Krone vereinnahmte, nachdem diese Weltzone durch Pachecos Vertragsunterschrift Portugal zugesprochen worden war.

Seinen eigentlichen Ruhm errang der Polyhistor aus Santarém in Indien. Das Land, das er an der Seite Cabrals kennenlernte, faszinierte ihn. Er fuhr darum 1503 mit der Armada Francisco Albuquerques ein zweites Mal aus, diesmal als Kapitän des Schiffes ›Espírito Santo‹. Mit hundertfünfzig Mann und einigen Seefahrzeugen blieb er in dem Küstenstützpunkt Cochim zurück, den er militärisch sichern sollte. Er sah sich einer vielmonatigen Belagerung durch Hindus, Araber, Türken und Venezianer ausgesetzt. Trotz großer Verluste behauptete er sich. Cochim war Portugals Feuertaufe in Indien: sie erst ermöglichte die jahrhundertelange portugiesische Präsenz am Indischen Ozean. Als der Siegreiche mit seiner Truppe am Rio Tejo ankam, wiederholte sich der triumphale Empfang, den die Katholischen Könige Kolumbus in Barcelona bereitet hatten: König Manuel I. nahm mit Duarte Pacheco in der Sé von Lissabon unter dem gleichen Baldachin Platz. Es schloß sich eine Dankesprozession nach São Domingo an, wo der Bischof von Ceuta, Diogo de Ortiz, ein Tedeum anstimmte.

In Lissabon schrieb Duarte Pacheco das Werk ›Esmeraldo de Situ Orbis‹. Über den nicht ganz klaren Titel ist viel gerätselt worden; er mag bedeuten ›Über die Meergegenden der Erde‹.

Das Buch war verschollen, Fragmente davon wurden später aufgefunden und im vorigen Jahrhundert ergänzt.

1508 vertauschte der Santarenho nochmals den Gänsekiel mit Schwert und Jakobsstab, indem er bei Kap Finisterre französische Korsaren vernichtete, die portugiesische Karavellen ausgeplündert hatten. 1519 übernahm er das Amt eines Gouverneurs des Kastells von Mina in Guinea, eines Umschlagplatzes für Gold und Sklaven. Er wurde der Veruntreuung angeklagt, 1522 unter João III. eingekerkert und acht Jahre später rehabilitiert. Dies half ihm nicht mehr viel; er starb im gleichen Jahr arm und verbittert – Konquistadoren-Los!

Zum Rio Nabão

Ein Stück tejoaufwärts haben wir plötzlich die Kulisse einer der Aventuras des Ritterzeitalters vor uns. Aus einer wildbewachsenen Strominsel steigt das wuchtige Gemäuer des Templerkastells *Almourol* mit zehn Wehrtürmen empor. Der Ordensmeister Gualdim Pais hat die Märchenburg 1171 auf römischen Grundmauern in seinem Abwehrkampf gegen die Sarazenen errichtet. An wehrhaft-trotzigem Aussehen ist dem Castelo nur die Burg von Guimarães oder der Vierflügelbau von Vila da Feira bei Aveiro an die Seite zu stellen.

Schließlich erreicht man *Abrantes*, das gleich Santarém auf einer Felserhebung über dem Tejo liegt. Vom Kastell des Königs Dinis sind nur Trümmer übrig, der Stumpf der Torre de Menágem und ein Wachtturmrest.

Klotzig steht in der Stadt der Palácio dos Abrantes. Misericórdia am gleichnamigen Largo ist wegen der Renaissance-Holztäfelung nennenswert. São João geht auf eine Gründung der Heiligen Königin zurück. Der Meister von Avis nahm an einem Hochamt der Kirche teil, ehe er seine Truppen mit denen des Santo Condestável vereinigte und die Schlacht von Aljubarrota gewann. In Abrantes wirkte 1513-1550 einer der großen Maler des Manuelismus, Gregório Lopes.

Etwas abseits des Stromes, auf der Straße nach Tomar, liegt *Golegã*. Hier muß man anhalten und die Igreja Matriz besuchen, die den manuelinischen Stil an einem ländlichen Objekt demonstriert. Der Stil konnte nicht polypenhaft wuchern; die Maße des Baukörpers zwangen ihm Beschränkung auf. Gerade nur das Hauptportal ist üppig zu nennen; da es aber von Boitaca stammt, einem Meister mit ebensoviel Kunstverstand wie Einfallsreichtum, ist es von edler, ausgewogener Form. Das 1512 gestaltete Portal öffnet sich zwischen zwei gedrehten, spitz zulaufenden Säulen. Das Tympanon besteht aus einem mehrfach geschwungenen Steingeäst, das sich bis zur Rose emporrankt, wobei Cruz de Cristo und Astrolabium nicht fehlen; die Krönung bildet das Königswappen.

Die drei Schiffe des Innenraums sind holzgedeckt. Die Kapitelle der großen Spitzbogen-Arkaden weisen ein Kugelmuster auf, wie man es auch in Kastilien findet (Kathedrale von Ávila). Der Chor hat einen rechteckigen Grundriß und ein engmaschiges Gewölbenetz. Die Renaissance-Kanzel wird von einem geflügelten Engelkopf getragen.

Will man von Golegã die Stadt Tomar erreichen, so kann man den Weg durch die Gartenlandschaft von *Torres Novas* nehmen. Der Ort, ›Neue Festung‹, senkt sich einen Talhang hinab. Man blickt von erhöhter Warte auf den tiefer gelegenen Burghügel mit seinem Mauerring. Hier wirkte João de Océm als Kastellan, dessen Sarkophag wir in der Museumskirche São João d'Alporão in Santarém gesehen haben. Auf einem großen, weiten Platz werden Felle feilgeboten. Eine Karawane von Mulas mit Körben voll gelber Maiskolben zottelt vorbei. Die sauberen Häuser prangen in Blumenschmuck.

Tomar

Rechts von der Serra de Aire gelangt man in das anmutige Tal des Rio Nabão, eines Nebenflusses des Tejo. Zu beiden Straßenseiten sieht man Mais- und Getreidefelder, Ölbaum-Kulturen und kleine Waldstücke, Pinien und hochwüchsigen Eukalyptus.

Wir sind hier in der Gegend der drei großen Abteien Portugals: Alcobaça, Batalha und Tomar. *Tomar* freilich ist eine Abtei besonderer Art – der ursprüngliche Sitz der Christusritter. Das Volk sagt nur ›O Convento‹ dazu.

Bei der Einfahrt trifft man wieder einmal auf das Monument Heinrichs des Seefahrers, der gelassen in eine breite Straßenschlucht blickt. Unter denen, die während der Glanzzeit Tomars oben auf der Glaubensburg ihre geistige Prägung erhielten, war er der Berühmteste. Durch ihn erhielt Tomar eine weltweite Bedeutung. Doch lange vor dem Ordem de Cristo herrschte eine andere Gemeinschaft militanten Christentums auf dem Kastell – die der Templer.

Die Templer

Die Notwendigkeit, die Pilger im Heiligen Land zu schützen, hat die Ritterorden ins Leben gerufen. Sie waren die eigentlichen Träger der Kreuzzugsbewegung, die zwei Jahrhunderte lang das Abendland in Atem hielt. Ordensritter kämpften sowohl auf dem Kriegsschauplatz Palästinas als auch auf dem der Iberischen Halbinsel. Hier fochten namentlich die Templer unter dem Zeichen des Kreuzes. Jede Schwerthilfe war den christlichen Königreichen an der Kampffront der Reconquista willkommen. Die Templer griffen aber nicht nur in die Militäraktionen gegen die Mauren ein, sie erwarben hinter den Gefechtslinien auch Burgen und Grundbesitz. Dabei unterstanden sie wie die nationalen Orden – Calatrava, Alcántara und Santiago in Spanien, Avis in Portugal – der jeweiligen Krone. Bei Las Navas de Tolosa, der wichtigsten Schlacht, die seitens der Spanier gegen die Ungläubigen geschlagen wurde, stellten die Tempelritter 1212 die Kerntruppe. Aber auch in Portugal zeichneten sie sich von Anfang an besonders aus und machten sich unentbehrlich. Der Templer Gualdim Pais (1118-1195) hatte unter Afonso Henriques 1147 bei der Eroberung von Santarém mitgewirkt. Als die Kämpfe abklangen, begab er sich in den Orient, um am – unglücklich endenden – zweiten Kreuzzug teilzunehmen. Nach Portugal zurückgekehrt, stieg er zum Ordensmeister der dortigen Templer auf. Und nun plante er den Bau einer mächtigen Burganlage, die der Bedeutung des Ordens würdig wäre. Das breite Tal des Rio Nabão schien ihm geeignet, zumal ein Bergrücken aus dem Tal aufragte, der für ein Kastell wie geschaffen schien. Dies ist die Gründungsgeschichte von Tomar. Auf der Praça da República, die zu Füßen des Burgbergs liegt, steht das Denkmal des Gründers.

Ein Menschenalter später erlebte die Wehranlage ihre erste Feuerprobe. Noch war das junge Königreich von den Mauren nicht endgültig befreit. Almansor, der Christenschreck jener Zeit, berannte Tomar. Die Belagerung blieb ergebnislos. Die Mauern Tomars hielten stand.

Um das Schicksal Tomars weiterzuverfolgen, müssen wir auf die Annalen des Templerordens in seiner Gesamtheit zurückblicken. 1119 war er im Heiligen Land aus der Taufe gehoben worden. Balduin II., König von Jerusalem, hatte ihm ein Quartier neben dem Tempelbezirk zugewiesen. Ursprünglich hieß der Orden ›Arme Ritterschaft Christi vom Salomonischen Tempel‹.

Bernhard von Clairvaux begrüßte die neuen Glaubensstreiter in der Schrift ›De laude novae militiae‹ – ›Lob für die neue Streitmacht‹. Alexander III. legte die Ordensregel fest. Die Templer mußten das Gelübde der Armut, der Keuschheit, des Gehorsams ablegen. Ihr Ordenskleid bestand aus einem weißen Ordensmantel mit Knotenstrick; auf der Brust trugen sie das rote Tatzenkreuz. In Palästina waren sie in ständiger Bereitschaft; sie schliefen in ihren Kleidern, neben ihnen brannte die ganze Nacht ein Öllicht.

Die Templer rekrutierten sich namentlich aus ›Franken‹ (Franzosen). Diese gewannen im Königreich der Kapetinger immer größeren Einfluß und häuften Reichtümer an. Ihr Sitz in der französischen Hauptstadt war der ›Temple‹, der zugleich das Schatzhaus der Krone Frankreichs war.

Nach der schmählichen Beendigung der Kreuzzugs-Epoche, die mit dem Fall Akkos besiegelt wurde, waren die Ritterorden plötzlich überflüssig. Ihr Nimbus sank. Dennoch bestanden sie, ohne rechte Aufgabe, auf der Basis ihres stattlichen Eigentums an Land und Gold weiter.

Auf das Eigentum warf der verschuldete Kapetinger-König Philipp der Schöne ein Auge. Sein Verhältnis zu dem ›Staat im Staate‹, den die Templer für ihn darstellten, war ohnehin gespannt. Der Souverän beschloß, den Tempelherren mit einer Schein-Anklage den Prozeß zu machen, sie schuldig zu sprechen, den Orden aufzulösen und dessen Güter einzuziehen. Der Papst, der damals in der Macht der französischen Krone stand, gab zu dem fragwürdigen Vorhaben sein Amen.

Erst wiegte Philipp die Templer in Sicherheit. Beim Tod der Schwägerin des Königs ließ er dem Großmeister Jacques de Molay die Ehre zuteil werden, das Bahrtuch zu tragen.

1308 erfolgte der Schlag gegen den Orden. Über Nacht wurde Molay mit seiner engeren Umgebung verhaftet. Die Anklage lautete: Götzendienst, Ritualmord, Homosexualität, Pakt mit dem Islam. Die Richter versuchten mit Hilfe der Folter, Geständnisse zu erpressen. Man zog den Angeklagten ›spanische Stiefel‹ an, verbrannte ihnen die Füße, zerquetschte ihnen die Finger mit pfeifenartigen Hölzchen. Hundertdreiundzwanzig Ritter ›gestanden‹. Sie sagten aus, man habe ihnen bei der Aufnahme in den Orden befohlen, auf das Kreuz zu spucken. Sechsunddreissig Ritter schwiegen.

Nach dem Urteilsspruch, der ein Schuldspruch war, schichtete man auf der Île de la Cité, unmittelbar vor Notre Dame, mehrere Scheiterhaufen auf. Molay und mit ihm die angesehensten Ritter, zum Feuertod verdammt, wankten angesichts des drohenden Autodafé nicht. Sie weigerten sich zu widerrufen und starben mit dem Credo auf den Lippen. Die Menge war bestürzt. Leute aus dem Volk rissen sich Gebeine aus den verkohlenden Holzstößen und nahmen sie als Reliquien mit.

1312 wurde die Auflösung des Ordens mit päpstlichem Einverständnis vom Konzil von Vienne ratifiziert. Später erzählte man, der gefangene Großmeister habe zum Temple, wo man ihn festhielt, hinausgerufen, übers Jahr würden seine Richter ihm in den Tod nachfolgen. Papst Clemens V. starb vierzig Tage, König Philipp ein Jahr danach. Ferner hieß es, dem Schatzmeister der Templer sei es gelungen, rechtzeitig mit den Goldbarren zu entkommen. Er habe sie unter dem Donjon der Burg Gisors in der Normandie vergraben. Dort sucht man sie heute noch.

Nach dem Justizmord von Paris erging ein päpstliches Dekret an alle christlichen Länder, sich der Ordensauflösung anzuschließen und die Vermögenswerte den Johannitern zu übergeben. Alle Staaten folgten dem Gebot, außer Kastilien, Aragón – und Portugal.

Wieder einmal erwies sich die portugiesische Humanitas. Auf dem Thron saß ein so liberaler König wie Dinis der Landmann, der Gemahl der Santa Isabel. Er wußte, was sein Land den Tempelrittern, von den Zeiten Gualdim Pais' an, verdankte. So beschloß er, die Templer zu decken, denen auch das Volk Sympathie entgegenbrachte. Andererseits war es riskant, der Kurie zuwiderzuhandeln.

Zunächst erklärte der Erzbischof von Lissabon den Orden für unschuldig; er folgte hierin den Beschlüssen von Ortskonzilen in Salamanca und Tarragona. Dann sandte Dinis eine Abordnung nach Rom: die Templer hätten in Portugal nie öffentlich oder geheim gegen die Krone konspiriert. Es kam, mit Einverständnis des neuen, konzilianteren Pontifex Johannes XXII., zu einem Kompromiß: aus Prestigegründen mußte man den Orden auch in Portugal auflösen – doch zugleich erfolgte eine ›Auferstehung‹ unter der anderen Bezeichnung ›Christusritter‹ – ›Ordem de Cristo‹. Im wesentlichen blieb der Personenbestand, blieben die Sta-

tuten, blieb das Eigentum erhalten – nur der Name änderte sich. Aber letztlich auch dieser nur teilweise; aus der Cavalaria do Templo wurde eine Cavalaria de Jesus Cristo. 1319 erfolgte die Vereidigung des ersten Großmeisters Gil Martins.

So lebten in Portugal die Templer als Christusritter weiter. Sie erhielten eine neue Burg aus Kronbesitz, Castro Marim, nahe beim Rio Guadiana, im Algarve. Ihre Ordenstracht blieb der weiße Mantel mit dem achtspitzigen Tatzenkreuz – bis auf den einen Unterschied, daß in das große rote Kreuz ein kleines weißes eingefügt wurde, als Symbol der ›Läuterung‹ des Ordens.

In Spanien verlief die Entwicklung ähnlich: als ›reformierter‹ Templerorden konstituierte sich der Montesa-Orden, der sich ebenfalls zu großen Teilen aus den alten Templern zusammensetzte.

Die Geburt der Christusritter aus dem Geist der Templer ist für Portugal nicht nur eine flüchtige Episode gewesen. Sie hat fundamentale Bedeutung für den Fortlauf seiner Geschichte. Denn die neue Ordensgemeinschaft war die geistlich-geistige Triebkraft der Conquista. Von Tomar bekam sie ihre Rechtfertigung und ihren Elan. Der von den Christusrittern ausgehende Missionsgedanke beflügelte die Karavellen, die über die Weltmeere fuhren. Denn vergessen wir nicht: eng verbunden mit dem Drang nach Entdeckungen war während des Século de Ouro stets die Idee der Verbreitung der christlichen Botschaft. Nicht umsonst nannte Cabral das neu aufgefundene Brasilien ›Land des wahren Kreuzes‹. Diese Idee wurde vom Ordem de Cristo wachgehalten. Der Wegbereiter der Conquista, der große Einsame von Sagres, war Ordens-Angehöriger. Vasco da Gama, Bartolomeu Dias, Pedro Álvares Cabral, sie alle trugen das rote, weiß ausgekehlte Tatzenkreuz auf der Brust. Es flatterte auf den Segeln der Karavellen und der Naus und dauerte fort in Stein am Gemäuer manuelinischer Bauten. Könige legten Wert darauf, dem Orden anzugehören, und für Portugals Alta Sociedade gab es in den Zeiten der Monarchie keine größere Ehre, als gleichfalls das symbolträchtige Kreuz zu tragen.

Daß der neu gegründete, nun nationale Orden mehr oder weniger der alte internationale der Templer geblieben ist, geht aus der Tatsache hervor, daß man schon zweiundvierzig Jahre später die Feste Castro Marim im Süden des Landes wieder aufgegeben hat und nach Tomar zurückkehrte. Aus dem Templer-Kastell Gualdim Pais' war die Christusritterburg Heinrichs des Seefahrers geworden.

Seine größte Ausdehnung erlangte der Orden im 16. Jahrhundert. Ihm unterstanden 450 Komtureien im ganzen Land. 1797 erfolgte die Säkularisierung, 1834 die Enteignung. Seither lebte der Orden, ähnlich den Johannitern, in Form einer Vereinigung weiter, die die Tradition pflegt. Die Zeiten großer, weltbewegender Aufgaben lagen weit zurück.

Die Christusritterburg

Im *Convento do Cristo* befindet sich ein Stein mit einer historisch bemerkenswerten Inschrift: »Es war 1160 zur Regierungszeit des Königs Dom Afonso (Afonso Henriques) von Portugal: Gualdim Pais, Meister der Templer, begann mit seinen Rittern am ersten Tag des März mit dem Bau dieses Kastells, das der König den Tempelrittern genehmigt hat.«

Der Text ist gewissermaßen der schriftliche ›Grundstein‹ zum Bau jener mächtigen Ordensburg, an der man ein halbes Jahrtausend gemauert, ergänzt, umgestaltet hat, insgesamt in vier großen Phasen: der ersten unter Gualdim Pais, der zweiten unter Heinrich dem Seefahrer, der dritten unter König Manuel, der vierten unter João III. Diese letzte Bau-Periode zog sich bis in die Zeit des philippinischen Portugal hin.

Aus der Gründerzeit stammt die Festung mit der Torre de Menágem – Zeugnis, daß in jener Epoche die Burg noch eine Wehraufgabe hatte und in den Abwehrkampf gegen die Sarazenen einbezogen war. Ein doppelter Mauerring umgab das Kastell, ähnlich der größten Ordensburg überhaupt, Krak des Chevaliers in Syrien. Auch der älteste Teil des Kirchenkomplexes von Tomar geht auf jene Zeit zurück: der aus dem 12. Jahrhundert stammende sechzehneckige Zentralbau. Es wird behauptet, das Vorbild sei die Grabeskirche in Jerusalem gewesen. Doch nichts spricht dafür, weder Grundriß noch Größe und Proportion. Die etwa gleichzeitig mit Tomar errichtete Basilika über dem mutmaßlichen Grab Christi (Bauzeit 1130-1149) ist ein Rundbau, in dessen Mitte eine Kapelle mit der Grablege steht; an die Rotunde schließt sich ein Langhaus an. Stichhaltiger ist die These, der islamische Felsendom habe baulich Pate gestanden. Er hat mehrfach die abendländische Architektur im Zeitalter der Kreuzzüge inspiriert. Die Templer lagen im Bannkreis des bedeutendsten Heiligtums der Moslems in Jerusalem im Quartier, hatten also ständig den Tempel vor Augen, außerdem hatten sie auch sonst vom Islam einiges angenommen, so ihre Zahlen-Mystik, in der die Ziffern sechs, acht, neun eine Rolle spielten – diese Mystik übernahmen nach dem Untergang der Templer die Freimaurer. Nun ist aber der Felsendom kein Sechzehn-, sondern ein Achteckbau. Und was Tomar vollkommen von den angeblichen Vorbildern unterscheidet: innerhalb des sechzehneckigen Zentralbaus befindet sich ein Oktogon: das eigentliche Sanktuarium, Charola dos Templários, das mit sechzehn Gewölberippen mit dem Außengemäuer verbunden ist – eine schwierige und zugleich ausdrucksstarke Sakralarchitektur.

Wollen wir zur Kirche aus Tomars Anfängen eine Parallele finden, so müssen wir uns nach Segovia in Spanien begeben: auch dort steht eine Templerkirche (Vera Cruz); ihr Grundriß ist ein Zwölfeck mit einem sechseckigen Baukern: hier haben wir die gleichen Gewölbeverstrebungen zum Gemäuer des Außenbaus.

Das Innere der Templerkirche von Tomar vermittelt den Geist ostkirchlicher Mystik, auch im byzantinischen Kolorit der Wandmalereien. In den Gewölbefeldern sieht man Wappen – Astrolabium, Cruz de Cristo, Königsschild –, die aus dem 16. Jahrhundert stammen. Die Renaissance spricht ebenfalls aus den verschiedenen Tafelbildern, mit denen man nachträglich das Oktogon und die Umfassungswände der Templerkirche ausgestattet hat. Das fünf Meter breite Oktogon wird von einem manuelinischen Gewölbestern abgeschlossen, mit vergoldeten Stalaktiten.

Der zweite Bauabschnitt erinnert an den Seefahrer. Zwei Jahre nach Ceuta zog er in Tomar ein und unterwarf sich viele Jahre der Regel der Ordensritter, unter besonders strenger Beachtung von Kasteiung und Zölibat, obwohl dieses inzwischen für die Cavalheiros de Cristo aufgehoben war. Meist trug der Infant ein mönchisches Gewand, streng hielt er die Fasten ein. Nicht nur Sagres – auch Tomar ist Wurzel jenes Zeitalters, in dem Portugal sein Imperium schuf, in dem Europa für ein halbes Jahrtausend die Welthegemonie zufiel. Die ersten Erkundungen der Seefahrer gingen nicht von Sagres, sondern von Tomar aus: João Gonçalves Zarco entdeckte Madeira, Antão Gonçalves, Kastellan von Tomar, fand Guinea. Die Expeditionen wurden, wie wir sahen, nicht von der Krone oder den Steuererhebungen des Königreichs finanziert, sondern großenteils von den Einkünften des reichen Ordens, der einundzwanzig Ortschaften und vierhundertvierundfünfzig Comendas, Pfründen, besaß.

Die Zeit Heinrichs fügte dem Ordenskomplex zwei intime Kreuzgänge mit zierlichen Säulen hinzu (im ganzen hat Tomar sieben), den Claustro da Lavagem, Kreuzgang der Waschung, und den Claustro do Cemitério, Kreuzgang der Grabstätten. In diesem liegen die Ordensmeister Balthasar de Faria, Begründer der Inquisition in Portugal, und Diogo da Gama, ein Bruder des Entdeckers des Seewegs nach Indien und Kaplan König Manuels. Henrique hatte sich außerdem am Fuß des Burgbergs einen Palast erbaut; sein Bruder, König Duarte, verstarb darin an der Pest. Der Bau ist verschwunden.

Ein halbes Jahrhundert nach dem Seefahrer baute der Manuelismus an der Anlage, sie wurde von ihm geradezu überwältigt. An diese Bauphase denkt man zu allererst, wenn man von Tomar spricht. Diogo de Arruda und nach ihm João de Castilho – wir kennen beide aus Lissabon – waren als entscheidende Planer an der Arbeit. Von Arruda stammt das Westwerk der der alten Templerkirche angefügten rechteckigen Christusritterkirche mit dem Kapitelsaal, dessen Außenseite wie kein anderes Stück Architektur immer wieder als klassisches Exempel des Manuelismus gilt, unzählige Male abgebildet, gepriesen und gescholten. Vor allem ist das berühmte, schmucküberforderte Fenster, Janela, des Kapitelsaales zu nennen, das man allerdings, trotz seiner Extravaganz, als Beitrag zur abendländischen Baugeschichte nicht missen mag, schon deswegen nicht, weil es neben seinem architektonischen Rang Welt- und Kulturgeschichte dokumentiert. Gewissermaßen im Prisma eines einzigen Fensters ist die Idee eines ganzen Säkulums eingefangen.

Die Janela mit all der Trunkenheit des ›ozeanischen Stils‹, der sich des Gewändes bemächtigt, der Rahen und Seile (samt Korkringen), Muscheln und Korallen, Schlick und Tang, Wappen und Seefahrtsinstrumente über das Prunkfenster ausschüttet, ist oft beschrieben worden. Sie wird fast eingeengt von ihrem allseits andrängenden Rahmendekor, von dem aus es zu Gaudí gar nicht mehr weit ist: realistisch im Detail, traumhaft-abstrus in der Gesamtgestaltung. Ob das bärtige Männchen, das unter dem Fenster aus Wurzelwerk hervorschaut, Arruda darstellt?

Der Okulus über der Janela ist von einem eingerollten Stück Segel umrahmt. Die Blendtürme, die die Schauseite des Westwerks flankieren, sind entwurzelte Bäume; um den Stamm ist der Hosenbandorden samt Schnalle gewunden, auch er nicht ohne Bezug: König Manuel trug ihn; sein Großvater Eduard III. war der Stifter. Immer wieder steht der König im Vordergrund, der diesen kostspieligen Auftrag vergeben hat. Hier wird nicht nur die Religio gefeiert und der Ruhm der Cavalheiros Navegantes – auch die Krone triumphiert im entfesselten Stein: immer wieder, in unermüdlicher Wiederholung, blickt man auf das königliche Wappen, auf das Astrolabium als Embleme des Venturoso und Welten-Beherrschers; sie wetteifern an Zahl mit dem Cruz de Cristo, das sogar das Zackenmuster am Gesimsband des Gebäudes ziert.

Arruda hat die dem Zentralbau angegliederte manuelinische Kirche nicht beendet. João de Castilho führte das Werk weiter, wobei er, je näher er dem Bau aus Tomars Gründerepoche kam, den Manuelismus allmählich abklingen ließ. Man will darin ein sensitives Anpassungsvermögen sehen; dies mag stimmen. Sicher ist, daß der Architekt und Skulpteur aus Santander mit der Anfügung an die alte Templerkirche ein Meisterstück vollbracht hat – die Synthese zweier divergierender Systeme, zweier verschiedener Welten mittels eines gewaltigen gotischen Bogenschlags, freilich um den Preis zweier Kanten des Sechzehnecks.

Die Bauaufgabe hat den Kastilier so beschäftigt, daß er zum Tomarenser geworden ist. Er heiratete eine Einheimische, Dona Maria Fernandes Quintanilha. Die beiden Söhne aus dieser Ehe brachten es zu etwas: Dr. António de Castilho wurde Botschafter König Sebastiãos in England, Frei Fiogo de Castilho machte sich als Historiograph einen Namen. In der Rua da Graça besaß João de Castilho einige Häuser. Wahrscheinlich hat er in der Rua Direita da Várzea Pequena (gerade Straße der kleinen Wiese) gewohnt.

Zu den Meistern der Ära Manuels, die sich in Tomar zu gemeinsamem Werk fanden, zählte auch der geniale Gil Vicente, der die Gold- und Silberarbeiten für den Konvent überwachte. In seinem Stück ›Barco do Inferno‹ finden wir einen Niederschlag seines Aufenthalts in Tomar: er gesteht den Christusrittern freien Eintritt in den Himmel zu. Und schließlich setzte der Venturoso in seiner Vorliebe für den Convento de Cristo auch einige der führenden Meister der Malergilde seiner Zeit für dessen Ausschmückung ein, darunter Gregório Lopes.

Will man von der Templerkirche in Castilhos Langhaus gelangen, so muß man einige Stufen nehmen, denn es liegt auf erhöhter Ebene. Dem Architekten war der Auftrag zuteil geworden, unter dem Hauptraum, dem Ritterchor, noch einen zweiten zu legen, den Kapitelsaal, eben jenen, zu dem die berühmte Janela gehört. Der Ritterchor ist von Netzgewölben in der Länge von drei Jochen überwölbt. Das 1509 gefertigte Gestühl Oliviers von Gent wurde von den Truppen Massenas als Brennholz benutzt; man weiß aber aus alter Dokumentation, wie es ausgesehen hat.

In Belém standen wir vor dem prächtigen Südportal, das João de Castilho für das Jerónimos-Kloster gefertigt hat. Hier, in Tomar, haben wir das Gegenstück. Es legt gleiche Meisterschaft an den Tag. Das Portal befindet sich am Schnittpunkt zwischen altem und neuem Kirchenteil; das Gemäuer ist zu beiden Seiten mit Ketten- und Seilmustern versehen.

Über dem Torbogen des Portals, bei dem die Spätgotik noch ein letztes Mal über den Manuelismus triumphierte – obwohl das neue, manuelinische Zeitalter schon angebrochen war –, sehen wir in einem eigentümlich geformten Dreipaß das Astrolabium; darüber angeordnet Maria mit Kind, umgeben von einer Vielzahl von Heiligen, die in baldachingekrönten Nischen stehen; überall taucht auch hier neben dem Krabbenmuster das Astrolabium auf. Ein mächtiger steinerner Überhang mit quastenartigen Gebilden breitet sich über das Portal, dessen goldgelbe Kalksteinfärbung wie das Innere einer aufgesprungenen Blüte wirkt; das umrahmende Gemäuer des bis zum First aufragenden Tortrakts ist nachgedunkelt (wie wir es auch bei Kalkstein im Karstglände wahrnehmen können).

Schließlich trat die Renaissance in Tomar auf den Plan: verstandesklar, aller Träume abhold, am Reißbrett exakte Linien entwerfend – man glaubt, die sauberen Architekturskizzen im Sinne Palladios vor Augen zu haben, wenn man von der Terrasse vor dem Ritterchor in den zweistöckigen Claustro dos Filippos mit seinen akkuraten, den Pfeilern vorgeblendeten Säulen hinunterblickt. In die Ecken haben die Baumeister, Diogo Torralva und Filippo Terzi, sehr geschickt raumsparende Wendeltreppen eingebaut. João III., der Förderer der Universität von Coimbra, war der maßgebliche Auftraggeber dieser letzten Bauphase. Der Kreuzgang ist, trotz Fertigstellung in der Habsburgerzeit, deswegen aus einem Guß, weil sich im 16. Jahrhundert an Stilprinzipien nicht mehr viel geändert hat; die Hegemonie der Renaissance war unumstritten.

Ein Dekret Joãos III. hat die Ordensburg zu einer Mönchsburg gemacht, die Cavalheiros de Cristo zu Frades de Cristo; die militante Noblesse des Glaubenskastells wurde abgebaut und entschärft – dies war der Abstieg. Philipp II., o Estrangeiro Coroado, der gekrönte Fremdling, ließ sich im Claustro dos Filippos – und dies sicher mit Absicht – von den Cortes 1580 zum König von Portugal ausrufen. Während der spanischen Periode wurden so viele Bauten – Räume für die Frades, neue, nie vollendete Klosterhöfe – angegliedert, daß Tomar als der umfänglichste Renaissance-Komplex Portugals gilt. Wie das Século de Ouro in Bedeutungslosigkeit verebbte, so verblaßte auch der Glanz dieser Hochburg des Geistes, die einmal der Erschließung der Welt den ethischen Impuls verliehen hatte.

Die Stadt

So beherrschend die Christusritterburg und ihre Geschichte mit all den verzweigten Hintergründen ist – auch ein Gang durch die Stadt zu ihren Füßen lohnt. Obwohl sie als ›Schachbrett‹ angelegt ist, geht von diesen niederen, weißgekalkten Häuserfronten viel Atmosphäre aus. Es ist eine lebensvolle Stadt und dennoch altersverhaftet. Das Erbe drückt auf sie oder erlaubt ihr einen besonderen Stolz – wie man will. Natürlich setzen die Kirchen die Akzente. An der Praça da República steht die Kirche *São João Batista*, die Täuferkirche, mit ihrem kraftvollen Turm, der ein massives Pyramidendach mit dem Astrolabium trägt. Das Portal ist bester Manuelismus. Auf der linken Seite des ›Eselsrückens‹ ziert ein Astrolabium das Gemäuer, auf der rechten ein Wappen

mit Ritterhelm. Der Horizontalabschluß der Fassade trägt sechs
großformatige Lilien. Innen stützen mächtige Pfeiler mit Vierpaß-Grundriß gotische Bögen, die zur kassettierten Holzdecke
aufsteigen. Unter dem Chorgewölbe mit Scheitelrippe steht ein
mit Blattgold überzogener Barock-Retablo.

Der Rio Nabão fließt an der Altstadt vorbei. Vor dem Stadtpark auf dem jenseitigen Ufer ist ein gigantisches altes Mühlrad
museal aufgebaut (diese Art von Wasserrädern haben die Araber
ins Land gebracht – wir sehen sie heute noch in Hama in Syrien).

Am Ende des Parks steht die anmutige *Kapelle des heiligen Gregor*,
manuelinisch bis barock. Ein achteckiger, mit Hohlziegeln bedeckter Galerieumlauf zieht sich um das gleichfalls achteckige
kleine Gotteshaus. Von hier aus steigt man zu der idyllischen
Wallfahrtskirche Piedade empor. Man ist gezwungen, 268 Stufen
zu bewältigen, um des Erbarmens, der Piedade, teilhaftig zu
werden. Gärten umgeben den Anstieg und die Kirche. Eine rustikale Galerie führt an zwei Seiten der auf einsamer Höhe errichteten Igreja entlang.

Auf einer natürlichen Plattform, die dem Burgberg von Tomar
vorgelagert ist, steht die *Capela de Nossa Senhora da Conceição*, die
uns überraschend nach Rom entführt. Korinthische Säulen tragen
eine Steintonne; über dem Chorraum breitet eine Muschel ihren
Fächer aus. Hier fällt auf, wie sehr die Renaissance sich der Antike angleicht; man glaubt, in einen römischen Tempel zu treten,
es fehlt nur das Götterbild. Die Seitenfenster mit ihren Dreiecksgiebeln erinnern allerdings daran, daß das Sanktuarium 1572 erbaut ist. In den Zwickeln vor dem Chor sieht man bärtige, grimassenschneidende Köpfe, eigentlich ein figuratives Element der
Romanik. Eine Keramikmadonna steht auf dem Altar. Der Küster
klopft daran, um zu zeigen, daß sie aus Ton ist.

Auch das andere Ufer des Rio Nabão wartet mit alten Kirchen
auf. *Santa Iria* bietet ausgewogene Renaissance. Der hier verehrten Heiligen ist eine volkstümliche Festa gewidmet, die im Juli
aller geraden Jahre stattfindet: die Festa dos Tabuleiros, der
Tablette, eine Art Erntedank. Mehr als sechshundert junge
Frauen und Mädchen tragen, in festliche Trachten gekleidet, auf

ihren Köpfen flache, tablettartige Körbe mit den ersten Gaben des Sommers; aus den mit Ähren und Blumen geschmückten Binsenkörben ragen fast zwei Meter hohe Aufbauten mit Broten und anderen Geschenken der Ceres empor. Santa Iria hatte das Martyrium in Tomar erlitten. Nach der Legende trieb der von Engeln gefertigte Marmorsarg der Heiligen den Tejo stromab und zerschellte am Felsen von Julianum Scalabitanum, das man später in Santa Iria umbenannte. Zuletzt erhielt die Stadt den Namen Santarém.

Die ebenfalls jenseits des Nabão gelegene *Igreja de Santa Maria de Olival* ist die alte Templerkirche, von deren ursprünglicher Gestalt noch die Vorhalle und Fensterose zeugen. Die Innenausstattung bietet vorwiegend Renaissance. Bis zur Zeit Joãos III. tagte hier das Ordenskapitel der Christusritter. Viele von ihnen wurden in der Marienkirche vom Olivenbaum bestattet. Vor einiger Zeit entdeckte man in einer Seitenkapelle eine Grabplatte mit der römischen Jahreszahl MCCXXXIII. 1233 bedeutet im Portugal des Hochmittelalters 1195; denn man rechnete damals noch von der ›Era de César‹ ab, die 38 v. Chr. begann. Erst João I. führte die im übrigen Abendland bereits früher gültige christliche Zeitrechnung ein. Das Jahr 1195 ist das Todesjahr von Gualdim Pais. Man darf annehmen, daß es sich bei dem Túmulo in Santa Maria de Olival um seine Grabstätte handelt. Demnach würde hier jene Persönlichkeit ruhen, die Camões in den ›Lusiaden‹ im Stile Homers emphatisch gepriesen hat:

> Cesse tudo que a antígua musa canta,
> Que outro valor mais alto se alevanta!
>
> Nicht gilt mehr, was die alte Muse sang,
> welch anderer, grösserer Stern geht jetzt auf!

Nossa Senhora da Fátima

Wir verlassen die Stadt, in der alles, auch die in den Bürgersteig eingelassenen Cruzes de Cristo, an die große Epoche der kreuztragenden Ritter erinnert, und begeben uns küstenwärts.

Es ist ein hügeliges Land, das man durchquert, mit Getreide- und Maisfeldern, von einigen Gehölzen durchsetzt, dann wieder verkarstet oder mit Macchia bewachsen. Breite Schneisen sind durch das Gestrüpp gezogen, damit ein möglicher Macchiabrand sich nicht weiterfressen kann. Manchmal zeigt die Landschaft Steppencharakter.

Auf einer öden Hochfläche hatten am 13. Mai 1917 drei Hirtenkinder, Luzia, Jacinto und Francisco, die Vision der ›Virgem do Rosário‹ der Jungfrau vom Rosenkranz. Sie erschien ihnen in einer Steineiche noch mehrmals, jeweils am dreizehnten der nächsten fünf Monate, und zwar nach ihrer Äußerung »als wunderschönes Mädchen von rund siebzehn Jahren, das leuchtender als die Sonne war und von dessen Händen ein weißer Rosenkranz herabhing«. Am letzten Erscheinungstag im Oktober strömten bereits siebzigtausend Menschen an den Ort der Vision. Sie erlebten, wie es heißt, das Wunder der ›rotierenden Sonne‹.

In der Folge entstand an dem Platz eine riesige Wallfahrtsstätte. 1928 erbaute man eine neobarocke Kirche, von Arkaden umgeben; ihr Turm ähnelt der Torre dos Clérigos in Porto. Vor der Kirche legte man einen betonierten Platz von 152000 Quadratmetern an, doppelt so groß wie der Petersplatz. Es wurde die größte katholische Wallfahrtsstätte neben Lourdes und Lisieux in Frankreich, Santiago de Compostela in Spanien und Guadelupe in Mexiko. Die Stätte erhielt ihren Namen vom nahen Fátima, das nach der Lieblingstochter Mohammeds heißt, ein aus arabischer Zeit überlieferter Name.

Die Vision von 1917 kam der Una Sancta gelegen. Seit 1910, gerade sieben Jahre, war Portugal Republik. Diese hatte eine Trennung von Kirche und Staat angeordnet, sich auch sonst in mancher Weise als nicht kirchenfreundlich erwiesen. Der Klerus, der sich – im wechselseitigen Interesse – des Schutzes der Könige erfreut hatte, war nun auf sich selbst gestellt. Dies führte zu einer Krise, auch in wirtschaftlicher Hinsicht. Der Kirche mußte daran gelegen sein, die Glaubensintensität des breiten Volkes, die mit dem politischen Wechsel eine Lockerung erlebt hatte, wieder zu festigen. Aber auch von Seiten des Volkes bestand das Bedürfnis zu neuer metaphysischer Bindung. Europa litt unter dem Krieg, der selbst in Portugal Spuren hinterließ; viele Söhne des Landes waren im Feld oder gar gefallen; man war ausgesprochen empfänglich für eine neue Epiphanie.

Gerade Portugal weist einen besonders ausgeprägten, in tiefen Seelenschichten wurzelnden Katholizismus auf. Es ist das einzige Land, das nach außen hin dem Heidentum so konsequent abgeschworen hat, daß es sich sogar weigerte, die an heidnische Götter erinnernden Wochentage zu übernehmen. Man zog es vor, die Tage einfach zu zählen: segunda-feira, terça-feira, quarta-feira – Zweiter, dritter, vierter Markt(tag).

Eine starke Glaubensbindung, die das ganze Leben durchdringt und den Glaubensinhalt möglichst bildhaft und mit den Sinnen wahrnehmen will, haben wir bei allen Völkern Südeuropas. Die Heiligen wuchern, die frommen Festtage bestimmen den Kalender. In Portugal kommt noch die betont agronomische Struktur hinzu, die den Menschen den Naturmächten nahebringt. Sie läßt das naiv empfindende Gemüt besonders an überirdische Einwirkung glauben. Die Abgeschlossenheit im Bergland hat den Glauben ebenso wachgehalten wie die ständige Gefährdung in den Küstenbezirken. Portugals ganze Geschichte steht unter dem Zeichen des Kreuzes. Das Gottesgnadentum der Könige war hier nicht nur Machtinstrument, sondern wurde ernst genommen, nicht zuletzt von den Königen selbst. Auch wenn sich Heidnisches trotz äußerer Absage bis in unsere Tage erhalten hat, und vielleicht gerade darum, ist die Glaubensbindung ein Lebensbestandteil des durchschnittlichen, vor allem nichtstädtischen Teils des portugiesischen Volkes. Glaube und Aberglaube liegen oft dicht beieinander, wenn auch nicht in dem Maße wie in der ehemaligen Kolonie Brasilien, wo ›schwarze Kulte‹ wie Candomblé und Macumba entstehen konnten – da spielten afrikanisch-indianische Einflüsse mit. Doch auch in Portugal nimmt der Glaube manchmal extreme Formen an. Etwa wenn sich Transmontaner bei ihrer Kirche Totenhemden ausleihen, um sich zur Buße in einen selbstgezimmerten Sarg zu legen, oder wenn Campesinos aus Estremadura ihr Vieh mit in die Kirche nehmen, um es vor dem Altar segnen zu lassen.

Abertausende von Pilgern strömen an den Gedenktagen der Erscheinung von *Nossa Senhora do Rosário* nach Fátima. Auf den Zufahrtstraßen sieht man die Pilger unterwegs, ganze Familien zu Fuß und mit Gepäck belastet. Sie lehnen es ab, mit dem Wagen mitgenommen zu werden, denn schon der Weg, ob vom Alentejo oder von Trás-os-Montes, gehört zur Pilgerschaft. In Fátima übernachten sie vielfach im Freien, weil sie nicht das nötige Geld für die Herbergen besitzen. Auf den Knien bewegen sie sich auf die

Kirche zu, Gebete murmelnd; alte Frauen haben ihre Beine mit Binden umwickelt. Sie erhoffen sich Heilung von irgendeinem körperlichen oder seelischen Leiden. Jeweils am 13. Mai ist der Platz vor der Wallfahrtskirche übervoll von Gläubigen, die selbst das Regenwetter nicht scheuen: dann breitet sich ein Meer von Schirmen aus. Von der Freitreppe vor der Fátimakirche wird der Paso der Gottesmutter zu einer kleinen Kapelle mitten auf dem Platz getragen, der Stätte der Erscheinungen des Jahres 1917.

Am 13. Mai 1967, zur Fünfzigjahrfeier der ersten Vision, kam Papst Paul VI. nach Fátima. Er benützte eine Caravelle der portugiesischen TAP. Am Ort zelebrierte er die Messe in der Landessprache. Er nannte die Wallfahrtsstätte von Fátima den ›Altar der Welt‹.

Im teilweise verkarsteten Hügelland um Fátima treffen wir auf imposante Wehrbauten aus der Zeit der großen Königsgeschlechter. Immer wieder erweist sich Portugal als Land der Kastelle. Auf steiler Kuppe thront über der kleinen gleichnamigen Stadt die *Burg Ourém*. Der Conde Afonso de Ourém, Markgraf von Valença im Minho, ein Nachkomme Joãos I. und Nuno Álvares Pereiras, hat die Veste im 15. Jahrhundert ausgebaut, um eine zinnengekrönte Alcáçova und eine Stiftskirche bereichert. Die Liegestatue seines Grabmonuments in der Krypta ist erhalten geblieben. Das Fragment der Kirche wurde Teil eines Gebäudes aus dem 18. Jahrhundert. Der gotische Brunnen, auch im Auftrag Afonsos erstellt, hat die Zeit ebenfalls überdauert. Nicht weit von Ourém bietet *Porto de Mós*, desgleichen von einer Kleinstadt umgeben, eine malerische Bergsilhouette, Mittelalter par excellence. Im 19. Jahrhundert hat der hochragende Bau allerdings starke Ergänzungen erfahren. Von Fuas Roupinho, Kastellan von Porto de Mós, werden wir in Nazaré erfahren.

Von dem pittoresken Platz erreicht man, die knapp fünfhundert Meter hohe Bergkette von Candeeiros im Rücken, in kurzer Frist Batalha – Portugals bedeutendstes Bauwerk. Bald schon, in einer Talsohle der Vorberge gelegen, taucht der Mosteiro auf, zuerst klein und unscheinbar, weil kein Bergpodest die Klosteranlage emporhebt, zuletzt mächtig aufwachsend in ihrer imponierenden Einheitlichkeit ohne Bruch. Ein geschichtliches Ereignis hatte 1385 dazu geführt, daß Portugal um ein wesentliches Denkmal der Kunstgeschichte bereichert wurde.

Die Schlacht von Aljubarrota

Leonor Teles, die Witwe des letzten burgundischen Königs, Fernando, war im Volk und auch bei großen Teilen des Adels wenig beliebt. Sie hieß ›das böse Weib‹. Man verübelte ihr ihren Liebhaber Andeiro. Im Mittelalter forderte man von einer königlichen Witwe, daß sie nur noch dem Gedächtnis des Königs leben solle – eine weltliche Nonne. Von den Königen verlangte man keineswegs lebenslange Trauer! Doch noch ein anderer Umstand weckte den Unwillen der Portugiesen: der verstorbene König hatte 1363 in Salvaterra de Magos mit dem König Kastiliens, seinem Schwiegersohn, einen Vertrag abgeschlossen, der im Fall des Aussterbens einer der beiden Dynastien die jeweils andere auf den Thron hob. Fernando hatte keinen männlichen Leibeserben. So war die Situation eingetreten, daß Kastilien Ansprüche auf die portugiesische Krone geltend machte.

In Portugal war der Gedanke der Unabhängigkeit, verbunden mit anti-kastilischen Ressentiments, so eingewurzelt, daß sich Verschwörer gegen die spanienhörige Regentin zusammentaten. Das Volk murrte gegen sie. Leonor Teles versuchte, ihre Hauptgegner unschädlich zu machen: João, Bastard Pedros I. und Dona Teresa Lourenços, sowie dessen Waffenbruder Nuno Álvares Pereira. Die beiden entgingen mit knapper Not dem Anschlag des ›bösen Weibes‹.

Nun spitzte sich die Lage zu: eingeengt von allseitiger Gegnerschaft im eigenen Land, rief die Regentin ihre Tochter Beatrix – Gemahlin des kastilischen Königs Juan I. – zur Königin Portugals aus. Die Gefahr war eindeutig – Portugal drohte kastilisch zu werden.

Offener Widerstand brach aus. Der Gegenzug der Regentin:

sie rief ihren kastilischen Schwiegersohn gegen das eigene Volk um Hilfe. Spanische Einheiten überschritten die Grenze. Der Krieg war ausgebrochen – in einem Zeitalter dynastischer Machtstreitigkeiten war er von Seiten Portugals ein Krieg des Volkes.

Nur wenige Städte, die sich dem Haus Burgund zur Treue verpflichtet fühlten, öffneten die Tore. Die meisten setzten sich zur Wehr. Nuno Álvares Pereira eilte ihnen mit seiner Streitmacht zu Hilfe. Es kam zum ersten Treffen; bei Atoleiros fügte der Cavalheiro den Spaniern eine Niederlage zu.

Aber schon wehen die kastilischen Banner vor den Mauern von Lissabon. Die Belagerung beginnt. Und von Kastilien naht eine neue Heeressäule, der die portugiesischen Widerstandsgruppen nicht gewachsen sind – dreißigtausend gegen siebentausend Mann, wenn man mittelalterlichen Zahlenangaben trauen darf; doch das Verhältnis mochte stimmen.

Die Heere stoßen bei Aljubarrota aufeinander. Die Truppen Pereiras und des Ordensmeisters von Avis formieren sich zum Karree. Am Morgen des Tages vor Mariä Himmelfahrt, dem Tag der Schlacht, gelobt der Avis-Ritter, im Fall eines Siegs ein Marien-Kloster zu stiften. Als der Tag verdämmert, behaupten die portugiesischen Waffen das Schlachtfeld. ›Schützenhilfe‹ im wahrsten Sinn des Wortes haben die paar hundert Armbrustschützen geleistet, die Filipa von Lencastre, die Gemahlin des Großmeisters, aus Britannien mitgebracht hatte. Die Taktik dieser frühen ›Artillerie‹ war der spanischen überlegen.

Die Kastilier fliehen Hals über Kopf. Portugals Selbständigkeit ist gesichert. Und der Großmeister von Avis, als *João I.* erster König einer neuen Dynastie – die allerdings blutmäßig mit der alten verbunden ist –, hält sein Versprechen: er erteilt 1388 den Auftrag zur Errichtung des Klosters, das er auf Bitten seines Beichtvaters Lourenço Lampreira dessen Orden, den Dominikanern, übergibt. Ein Kuriosum der Baugeschichte: die Pläne entwirft ein Kriegsteilnehmer, der Portugiese Afonso Domingues, der auf dem Schlachtfeld von Aljubarrota mitgefochten hat. Das Kloster erhält den Namen Santa Maria da Vitória; doch im Volk bürgert sich die Bezeichnung ›Batalha‹, Schlacht, ein.

Die Weltgeschichte kennt ein zweites Beispiel: Als Wilhelm der Eroberer 1066 in der Nähe von Hastings die Angelsachsen des Königs Harald geschlagen hatte, gelobte er ebenfalls, auf dem Kampffeld einen Konvent zu stiften. Dieser erhielt den Namen ›Battle‹, was ebenfalls ›Schlacht‹ bedeutet. In beiden Fällen, Batalha und Battle, wuchs später um die Klosteranlage eine Ansiedlung.

Batalha

Die Anlage von *Batalha*, unweit des ehemaligen Schlachtfelds, ist Portugals großartigstes Bauwerk. Zugleich bringt es die typischen Stilmerkmale des späten Mittelalters am ausgewogensten, ›klassischsten‹ zum Ausdruck. Daran ändert nichts, daß auch ausländische, namentlich englische Meister an dem Bau mitgewirkt haben. Die Bevorzugung der Scheitelrippe, des Eselsrückens, die Anklänge an das Perpendikular legen britischen Einfluß nahe.

Dann aber, gegen Ende des 15. Jahrhunderts, traten vorwiegend Portugiesen auf den Plan. Unter Afonso V. erbaute Fernão de Évora den Kreuzgang. Unter dem Venturoso war der Konvent noch immer nicht fertig. Nun kamen die ›Manuelisten‹ zum Zug. Sie gaben dem Bauwerk sein eigentliches, noch heute bestechendes Gesicht. Boitaca, wir kennen ihn von Lissabon, Coimbra und Golegã, gestaltete das einmalige Maßwerk des bereits zur Zeit der Gründung erbauten Claustro Real. Mateus Fernandes schließlich schuf das Eigenwilligste, das Batalha zu bieten hat: die Unvollendete Kapelle.

Der *Gesamtkomplex* setzt sich zusammen aus der Klosterkirche, zwei – ursprünglich nicht vorgesehenen – Grabkapellen sowie den beiden Claustros aus verschiedenen Epochen und den üblichen Klosterräumen. Balustraden, die ein wenig kunstgewerblich wie Spitzen wirken und sich über die Firste aller Bauteile hinziehen, schwächen die Monumentalität des Mosteiro ab, dienen aber dessen Einheit und Besonderheit. Der weiche Kalkstein ist goldgelb getönt und nimmt den Linien alle Härte.

Die Anlage steht inmitten eines Platzes; die Altstadthäuser, die ihn umrahmen, halten respektvoll Abstand. Im Hintergrund sieht man die weißgekalkte *Paróquia*, die von João de Castilho stammen soll. Das manuelinische Portal mit der wie Fledermausflügel verspannten Bogenführung, den Türmchen und Manuels Wappenzeichen erinnern an das Portal der Kirche von Golegã. Das Tor würde mehr Interesse finden – und verdienen –, würde nicht die gesamte Aufmerksamkeit der Besucher auf das Kloster gelenkt. Auf der Platzfläche neben dem südlichen Seitenschiff steht ein Reiterdenkmal-Koloß in der Art des Colleoni, das den Santo Condestável darstellt. In der Hand hält er jenen Degen, der im Original im Carmo-Museum in Lissabon zu sehen ist. Das martialische Bronzebildwerk hat einen Zug von Größe.

Die spätgotische Fassade mit erhöhtem Mittelschiff ist von eindrucksvoller Harmonie. Nicht zuletzt wird sie erzielt durch das Stabwerk, das die Portalzone vertikal gliedert und sich zu einem Maßwerk vereint, das an Klöppelspitzen erinnert. Die Strebebögen, die den Oberbau abstützen, sind mit Vierpassen und Krabben verziert – auch rein konstruktive Bauteile ›schlagen aus‹ in Dekor. Das Portal weist in seinen tiefgestuften Archivolten achtundsiebzig Figuren auf, Engel, Propheten, Könige, Heilige, alle mit kleinen Baldachinen versehen. Einige sind später ergänzt, leider auch die Apostelfiguren zu beiden Seiten der Portals. Die Truppen Massenas haben ebenso gehaust wie der Revolutionsmob 1789 in Frankreich. Im Portalgiebel sitzt Christus als Richter, auch er baldachingekrönt, um ihn die Evangelisten. Der Kielbogen des Portals gipfelt in einer Krabbe, die von den Wappen Avis und Lancaster flankiert wird. Im Oberteil der Fassade nimmt ein Spitzbogenfenster den Rhythmus des Portals auf. Das Flamboyant-Maßwerk bildet im Oberteil eine Rose, deren Fischblasenmuster im Sinne eines sich drehenden Rades gebildet ist.

Hat man das Kirchenschiff betreten, befindet sich gleich zur Rechten die sogenannte Gründerkapelle, die Capela do Fundador. Sie wurde im Jahre der Beisetzung des Gründerpaares fertiggestellt (1434). Ein quadratischer Unterbau geht nach oben in ein Oktogon über, mit einem kunstvollen Sterngewölbe, dessen Schlußsteine wiederum Sterne sind, wie aus Spitzen geformt. Acht Bündelpfeiler tragen das Gewölbe. Der Bau ist eine kunstgeschichtliche Rarität, denn gotische Zentralräume sind selten. ›Schwestern‹ der Gründerkapelle von Batalha sind die Liebfrauenkirche in Trier und das Schatzhaus auf dem Hradschin in Prag.

In der Mitte der Capela ruhen auf einem Doppelsarkophag

João I. und Dona Filipa Hand in Hand. Der Meister von Avis hat einen auffallenden runden Kopf und eine breite Nase. Er ist kräftig gebaut, aber nicht allzu groß. Die Ähnlichkeit mit dem Porträt im Lissaboner Nationalmuseum ist gering. An der Kopfseite des Grabmonuments sind zwei Baldachine angebracht, die die Wappen der Häuser Avis und Lancaster tragen. Auch der Hosenbandorden fehlt nicht, den Eduard III., Filipas Großvater, dem portugiesischen König verliehen hat. Die eingravierten Leitsprüche des Paares lauten ›Por bêm‹ (João I.) und ›Y me plet‹ (Filipa). Die Königin hatte einen französischen Sinnspruch gewählt (neufranzösisch: ›Il me plaît‹), da die normannische Oberschicht Englands zur Zeit der Plantagenets französisch sprach.

In den Nischen der Seitenwände ruhen die Söhne des Gründerpaares, die Infanten der ›berühmten Generation‹, ausgenommen der Thronfolger Duarte, der in Batalha eine eigene Kapelle hat: die unvollendete. Den Anfang in der Grabreihe der Infanten macht der heiliggesprochene Fernão. Obwohl er in arabischer Gefangenschaft umgekommen ist, liegt er in Batalha. Nach seinem Tod hatten die Muselmanen seinen nackten Leichnam mit abgeschlagenem Kopf an der Mauer von Bab-es-Seba in Nordafrika aufgehängt. Dann legten sie ihn in einen Schrein, den sie an der Stadtumwallung aufstellten. Als Afonso V., der ›Afrikaner‹, 1473 Bab-es-Seba eingenommen hatte, überführte er pietätvoll die Gebeine seines Oheims zur Grablege der Avis-Könige. Fernãos Sarkophag zeigt Dorngestrüpp, außerdem das Aviskreuz mit seinen lilienförmigen Enden. Der Leitsatz des Heiligen aus königlichem Geblüt lautet: ›Le bien me plet‹ – ›Das Gute sagt mir zu‹. Auf Fernãos Grabstätte folgt die seines Bruders João und dessen Gemahlin, einer Tochter des Grafen von Barcelos. Der frühverstorbene Infant hatte keine Gelegenheit, Geschichte zu machen; ihn kennzeichnete allein die Würde eines Großmeisters von Avis. Er vertritt die Losung: ›Il ai bien resŏ‹ – ›Es hat einen guten Sinn‹. Joãos Grabnische weist als einzige eine geistliche Szenenfolge auf: Kreuzweg, Kreuzigung und Kreuzabnahme. Der Sarkophag des Infanten Henrique zeichnet sich dadurch aus, daß das Abbild des Seefahrers auf ihm liegt. Wie auf Nuno Gonçalves' Tafelbild trägt er über der Oberlippe einen kurzen Bart. Das Antlitz ist rund und hat nichts von der Askese an sich, die wir auf dem berühmten Triptychon in Lissabon wahrnehmen können. Die Vorderfront des Sarkophags ist mit drei Wappen geschmückt; sie bieten das Kreuz der Christusritter, das rote Balkenkreuz und das portugiesische Königsemblem dar. Außerdem lesen wir das Wort ›Talant de bien fere‹ – ›Talent zu nützlicher Tat‹. Oft liegen auf dem Sarg Henriques Blumen, manchmal von unbekannter Hand. Der vierte der ›berühmten Generation‹, Pedro, lag ursprünglich an anderem Ort. Im Konflikt mit seinem Neffen Afonso war er bekanntlich in Ungnade gestorben. João II., Afonsos Sohn und Nachfolger, rehabilitierte ihn nachträglich und ließ ihn nach Batalha bringen. Muscheln zieren seine Grabstätte: Zeichen seiner Würde als Santiago-Ritter. Sein Wappenspruch heißt: ›A tenção desir‹. Sehnsucht hatte ihn in der Tat getrieben, nicht nur als Diplomat in die verschiedensten Weltgegenden, sondern auch in die Welt des Geistes. Neben eigener schriftstellerischer Tätigkeit übersetzte er Ciceros ›De officiis‹, eine Pflichtenlehre, an Ciceros Sohn Marcus gerichtet. Die geistige Erziehung, die Filipa ihren Söhnen hatte zuteil werden lassen, trug bei der gesamten ›ínclita geração‹ Früchte. Nun haben sie Kreuz oder Feder, Schwert oder Instrument beiseitegelegt und ruhen vereint in Batalha.

Die Grablegen der Westseite bergen zwei Könige: Afonso V. und João II. In den Stein sind, wie beim Gründerpaar, Kronen gemeißelt. Auf Joãos Sarkophag sehen wir Pelikan und Netz. Neben dem Vater ruht der Príncipe-Infante Afonso, der bei Santarém tödlich vom Pferd gestürzt war. Die Grablege des Príncipe Perfeito ist während des Franzoseneinfalls ausgeplündert worden und steht heute leer. Sebastião, der ›Ersehnte‹, hat vor der Schlacht von Alcázar-Kebir den Sarkophag öffnen lassen, um die Hand seines Vorfahren zu küssen.

Das Kirchenschiff Batalhas ist das ›gotischste‹ Portugals, es erreicht die majestätische Höhe von zweiunddreißig Metern. Bei einem Höhen-Breiten-Verhältnis von 3,5 zu 1 wird Batalha von Köln (4 zu 1) übertroffen, läßt aber Straßburg (2 zu 1) hinter sich.

Die Pfeiler ähneln in ihrer Struktur denen der normannischen Gotik. Sie tragen die Rippen eines Kreuzgewölbes mit verzierten Schlußsteinen. Seitlich des Hauptchors sind je zwei weitere Chöre angeordnet. Die Chorfenster haben Lanzettenform. Die spätgotischen Glasbilder, meisterlich in Zeichnung und Kolorit, sind größtenteils erhalten. Unter anderem erkennt man den bartlosen Venturoso mit seiner Gemahlin, beide kniend beim Gebet, hinter ihnen zwei Dominikaner. Der christologische Figurenschmuck des Mittelfensters wird von einer Himmelfahrt gekrönt. Über dem Südportal steht innen die gotische Statue der Maria vom Siege.

Treten wir in die Kirche ein, so fällt unser Blick auf drei in den Boden eingelassene Grabplatten. Die eine ist Diogo Travassos gewidmet, einem Helden von Ceuta, die zweite Martim Gonçalves de Meçada, der dem Meister von Avis in der Schlacht von Aljubarrota das Leben gerettet hat. Die dritte Platte kennzeichnet die letzte Ruhestätte des Architekten Mateus Fernandes, des Baumeisters der manuelinischen Phase des Klosterbaus, und seiner Gemahlin.

Man nimmt an, daß Fernandes, gleich Fernão de Évora, aus dem Alentejo stammte. Ab 1477 arbeitete er in Batalha unter seinem Schwiegervater Guilherme, dem er drei Jahre später in der Bauleitung nachfolgte. Zeitweise mußte er auf Anordnung Afonsos V. die Arbeit unterbrechen, um Bauaufträge in Santarém durchzuführen. João II. bestätigte ihn 1490 als ›Mestre das Obras da Batalha‹, damit er das Pantheon Dom Duartes vollende. Fernandes bezog mit seiner Familie am Ort ein Haus mit zwei manuelinischen Fenstern, das heute noch am Kathedralplatz gezeigt wird; gelegentlich sehen wir ihn aber auch mit auswärtigen Aufträgen beschäftigt, in Santarém, Golegã und Caldas da Rainha. Dann mußte er sich ›hinter die Berge‹ begeben, um in der Beira Baixa die Kastelle von Almeida bis Castelo Branco baulich zu inspizieren. Sein Sohn vertrat ihn solange in Batalha. 1513 kehrte der Vielbeschäftigte zur Hauptstätte seines Wirkens zurück, um unter dem Venturoso, mit dem Titel ›Tesoureiro‹ (Schatzmeister) das Obras da Batalha‹, an der Kapelle des Königs Duarte weiterzubauen. Nach seinem Tod 1515 ordnete König Manuel I. die Beisetzung des Architekten in der Kathedrale an.

Der *Claustro Real*, in den wir vom linken Seitenschiff eintreten, ist der schönste des Manuelismus mit unvergleichlichen Durchblicken durch das Maßwerk Boitacas, in das Christusritter-Kreuze und Astrolabien hineinkomponiert sind, Filigran in Stein, ja in seinem diaphanen Effekt geradezu eine Entmaterialisierung des Steins. Jede Säule ist anders gestaltet, manche sind gedreht, manche mit Zickzacklinien gerillt, andere haben die Form von

Palmstämmen. In einer Ecke des Claustro, vor dem Refektorium, steht ein Renaissance-Brunnen, zwei Schalen über einem Becken.

Der quadratische Kapitelsaal setzt in Erstaunen durch eine einmalige Gewölbekonstruktion, die dem Dach eines Spitzzeltes ähnelt und keiner Stützpfeiler bedarf. Die Figur über einem Kragstein ist wahrscheinlich der Architekt: Afonso Domingues aus Lissabon. Vierzehn Jahre arbeitete er in der Bauhütte von Batalha. Dormitorium, Refektorium, Küche und Annexe werden ihm ebenfalls zugeschrieben. Nach der Legende hegte João I. Zweifel, ob das kühne Gewölbe des Kapitelsaales halten würde. Der Meister habe, um sein Vertrauen zur Statik der ›Abóbada‹ zu demonstrieren, nach Entfernung der Stützen drei Nächte unter der Decke zugebracht. 1401 erblindete er. Der aus Irland zugewanderte David Huguete löste ihn ab; Königin Filipa rief ihn mit seinen Gehilfen aus England nach Batalha. Von ihm stammt der wappengeschmückte Schlußstein des Kapitelsaales, auf ihn geht auch der Bau der Gründerkapelle zurück, sowie der Plan zum Mausoleum Dom Duartes. 1438 soll er sich wieder nach England begeben haben.

Das Gewölbe des Kapitelsaales ist später zweimal eingestürzt. Es heißt, man habe beim Wiederaufbau wegen der Gefährlichkeit zum Tode Verurteilte eingesetzt. Der Saal besitzt ein großes spätgotisches Fenster mit Zweiggerank gleichendem Maßwerk, das von zwei Stämmen emporstrebt. Die originalen Fenster aus der Zeit König Manuels stellen Golgatha dar. Der Raum birgt das Grab des unbekannten Soldaten, an dem Tag und Nacht eine Ehrenwache steht. Hier ruhen je ein Gefallener aus Europa und Afrika.

Dem Kapitelsaal gegenüber liegt der Raum des ehemaligen Refektoriums. Heute ist hier eine Erinnerungsschau an den Ersten Weltkrieg untergebracht. An der dritten Flanke des Claustro Real befindet sich ein Laufgang, gewissermaßen klösterliche ›Passos perdidos‹. Der Raum diente früher als ›Bodega‹, als Klosterschenke; an den Wänden türmten sich einst die Fässer.

Durch die Bodega gelangen wir in den Claustro Afonsos V. Im Gegensatz zum Schmuckaufwand des übrigen Klosters hat Fernão de Évora hier eine Zone schlichten franziskanischen Geistes geschaffen, im Sinne jenes Königs, der kurz vor seinem Tode Mönch wurde. Fast einziges Dekor des Claustro sind das Königswappen und das gezahnte Rad der heiligen Katharina auf den Schlußsteinen des Kreuzgewölbes. Die Renaissance hat dem gotischen Umlauf eine einfache Galerie mit schlanken Säulen aufgesetzt.

In die *Unvollendeten Kapellen* tritt man durch einen Raum, der sich von außen um den Chortrakt legt und von einem Netzgewölbe überspannt ist. Der ganze Bauteil ist in Verlängerung des Chors an die Kirche angegliedert. König Duarte hat die ›Capelas imperfeitas‹ für sich und seine Nachkommen von

Meister Huguete errichten lassen, der aber sein Werk nicht mehr beenden konnte. Die nachfolgenden Aviskönige investierten den Reichtum des Landes vor allem in das Projekt der Entdeckungsfahrten, so daß die Bauhütte von Batalha stillgelegt wurde. Erst König Manuel I. fielen die Früchte der Conquista zu und er konnte sich der Grablege seines Hauses wieder zuwenden. Während er in Belém Bauten aus dem Geist seiner Zeit von Grund auf neu schaffen konnte, war ihm in Batalha – und im nahen Tomar – die Aufgabe gestellt, den Manuelismus mit bereits vorhandener Baumasse zu verbinden. Der Stab seiner Baumeister hat diese Aufgabe großartig gelöst. Sie schufen eine Synthese zwischen dem neuen ›maritimen‹ Stil und dem Überkommenen aus der Epoche der Spätgotik, freilich mit solchem Vorrang der eigenen Stilprinzipien, daß das Alte darunter verschwand wie ein Gemälde unter neuer Ölschicht.

In Batalha war es Mateus Fernandes, der dem ›manuelinischsten‹ Teil des Klosters, dem Achteckbau des Duarte-Mausoleums, sein endgültiges Gesicht gegeben hat. Das Portal ist mit fünfzehn Meter Höhe das größte, das die Zeit König Manuels gestaltete. Die Umrahmung gleicht einem an Schnüren emporgezogenen, mit Troddeln behängten Prachtvorhang. Es wird über und über von textilartigen Ornamenten überwuchert, durchsetzt mit Figürlichem wie Blumen, Trauben, Delphinen, ja sogar realistisch wiedergegebenen Schnecken, die – Symbole der Geduld – über den Fuß des Torpfeilers kriechen. In Nischen der Seitenpfosten stehen zwei minutiös gemeißelte Kleinplastiken: Dominikus und der Täufer. Zu Häupten der Prunk-Entrada ist zwischen Astgerank dreimal der Leitspruch des Königs eingemeißelt ›Leauté feray‹ Etwa zweihundertmal wiederholt lesen wir zudem die Worte: ›Ta Yasserey‹ – ›Tant Je seray‹. Sicher gehören die beiden Sinnsprüche zusammen: ›Leauté ferai, tant je serai‹ – ›Treue will ich üben, solange ich bin‹. Schrift mit Ornament zu verflechten oder gar Schrift als Ornament einzusetzen, ist ein orientalisches Stilmittel und im Falle Batalhas sicher – über Nordafrika – vom Orient inspiriert.

König Duarte und seine Gemahlin Leonore von Aragón ruhen

nicht in der Mitte des Oktogons, sondern in der Kapelle gegenüber dem Eingang. Die Züge des Monarchen weisen eine auffallende Ähnlichkeit mit denen seines Vaters auf. Ein Kranz von sechs weiteren Capelas umschließt den Raum, mit einigen weiteren Grabstätten. Die Nachfolger, die ursprünglich hier liegen sollten, haben ihren Platz ja in der Gründerkapelle gefunden. João III. hat über den Eingang eine Renaissance-Loggia setzen lassen, Tribuna Real oder Lógida genannt, die sich vom Manuelismus ganz freigemacht hat. Es ist ein Werk João de Castilhos. Fertig geworden ist die Kapelle nie. Man weiß nicht, warum. Ursprünglich war ein Sterngewölbe vorgesehen, im 16. Jahrhundert trug man sich mit dem Gedanken einer Kuppel. Wir können froh sein, daß der Bau so verblieb, wie wir ihn heute erleben – vor allem, daß sich das späte 19. Jahrhundert seiner nicht bemächtigt hat. Die Bündelpfeiler ragen unvollendet in den Himmel, von gezackten Bändern umwunden. Man sieht die Stümpfe von Gewölberippen und Nischen für Statuen, die niemals eingefügt worden sind. Auch erkennt man das gekrönte Monogramm M. R., die Initialen des Venturoso.

Tageslicht fällt in das Oktogon. Es ist ein Fragment von unübertrefflicher Eindringlichkeit, steingewordene Geschichte, Dokument des Vergänglichen und zugleich des Nie-Vollendeten. Gerade als Torso beeindruckt der Bau: Zeugnis des Goldenen Zeitalters, das ebenfalls abrupt abbrach im vollen Glanz seiner höchsten Entfaltung.

Leiria

Batalha liegt bereits in der Provinz Beira Litoral. Distrikthauptstadt ist *Leiria*, durch das die Autobahn Porto-Lissabon führt. Es ist eine geschäftige Industrie- und Marktstadt. Alles gruppiert sich um den breiten Hauptplatz Rodrigues Lobo und den anschließenden Jardim Público. Die Marktfrauen tragen oft die alte Tracht. Vier von ihnen sind auf einem Denkmal im Volkspark wiedergegeben: mit tambourartigen Samtmützen, Chapelinhos, von denen ein Wolltuch, Lenço, auf den Nacken fällt.

Der Vater des Königs Dinis, Afonso III., hatte Leiria das Marktrecht verliehen und damit die städtische Entwicklung eingeleitet. Die Stadt dankte es ihm in jüngerer Zeit mit einem ganzfigürlichen Monument, das den König mit Kronreif und stattlichem Bart zeigt. Afonso förderte den Handel – Faktoreien entstanden in England, Frankreich, Flandern – und schuf Gesetze, die allmählich die Leibeigenschaft aufhoben; der König hatte erkannt, daß freie Arbeit produktiver als erzwungene ist. Bahnbrechend war die von Afonso in Leiria einberufene Versammlung der Cortes; außer den Vertretern des Adels und des Klerus hörte er erstmalig auch solche der Conselhos, der Räte, an: Geburtsstunde eines politisch stimmberechtigten Dritten Standes in Portugal. Der Historiker Alexandre Herculano sagte von dem friedfertigen, fortschrittlich gesinnten König, seine Regierungszeit sei eine Epoche wirklichen sozialen Fortschritts gewesen, in der sich die Zivilisation verbreitet und das Volk sich bedeutender Errungenschaften erfreut habe. Auf dieser Grundlage baute Afonsos noch größerer Sohn auf: Dinis der Landmann.

Schmale Gassen mit Bürgerhäusern und Adelspalästen führen hinauf zur *Burg*, an deren Breitseite sich eine gotische Loggia entlangzieht; sie ist von König Dinis, der mit Königin Isabel hier gerne Aufenthalt nahm, dem Festsaal vorgeblendet worden. Von ihr hat man einen umfassenden Ausblick auf die Stadt und die beiden Wasserläufe Liz und Lena, die sich hier vereinen.

Das Kastell wurde von Afonso Henriques erbaut, nachdem er 1135 den hier befindlichen maurischen Alkazar – eine der Burgen im portugiesischen Wappen – eingenommen hatte. Der Donjon ist besteigbar. Am Eingang sieht man noch die Löcher für die Türzapfen. Die Kapelle Nossa Senhora da Penha von 1314 ist Ruine; man tritt durch ein gotisches Portal in das dachlose Innere. Der Meister von Avis, João I., hat hier einen natürlichen Sohn mit der Tochter seines Freundes, des Condestável Pereira, vermählt, ohne zu ahnen, daß aus dieser Verbindung dereinst ein neues Königsgeschlecht erwachsen sollte: die Bragança. Steigt man vom Burgtor aus ein wenig abwärts, so steht man auf halbem Hang vor dem Portal der stark renovierten romanischen *Kirche São Pedro*, die immerhin über den originalen Chor verfügt.

Zwischen Leiria und Atlantischem Ozean zieht sich ein Pinienwald hin, den man Pinhal do Rei nennt, weil er auf die von König Dinis angeordnete Aufforstung zurückgeht. Dieser Wald diente vor allem dem Dünenschutz; die Stämme der großwüchsigen Bäume verwendete man als Masten für die Entdecker-Karavellen. Eigene Fahrzeuge, Barcos Saveiros, beförderten sie zu den Werften.

Fährt man die Straße Porto–Lissabon südwärts, so überquert man bald hinter Leiria und Batalha die Grenze von Estremadura. Dort, im Norden der Provinz, trifft man auf die dritte der großen Klosteranlagen Mittelportugals, an Bedeutung Tomar und Batalha vergleichbar: Alcobaça. Der Name setzt sich aus Alcoa und Baça zusammen; so heißen die zwei Wasserläufe, die sich hier vereinigen. Die Vorsilbe ›Al‹ in Alcoa läßt wiederum erkennen, daß die Gegend zeitweise maurisch war. Auf die Maurenzeit geht Alcobaça auch zurück.

Alcobaça

Afonso Henriques hatte bekanntlich nach seinem Siegeszug gegen die Ungläubigen den Königstitel angenommen. Es dauerte aber noch lange, bis er nach außen hin als König anerkannt wurde. Dies gelang durch den Vertrag von Zamora, der dem Burgunder 1143 das päpstliche Einverständnis einbrachte. Allerdings war Portugal jetzt ein päpstliches Lehen. Doch damit mußten sich auch andere Potentaten des frühen Mittelalters abfinden. Die Verhandlungen mit der Kurie unterstützte ein ebenfalls aus Burgund stammender Glaubensstreiter: Bernhard von Clairvaux, der Initiator des Zweiten Kreuzzugs. Afonso Henriques stattete dem geharnischten Prediger dadurch seinen Dank ab, daß er ihm für dessen Orden, die Zisterzienser, jenes Stück Land versprach, das er gerade auf seinem Zug nach Santarém zu erobern gedachte. Der König hatte das Glück, die Schenkung realisieren zu können. Nach seinem Sieg zogen Zisterzienser aus Burgund ins Land. Afonso Henriques legte an Mariä Lichtmeß 1178 selbst den Grundstein für das Kloster. Damit begann ein wichtiges Kapitel Klostergeschichte.

Das Mönchswesen des Abendlandes nahm seinen Anfang 529 mit der Gründung Montecassinos durch Benedikt von Nursia. Die Benediktiner unterschieden sich von den Orientmönchen namentlich dadurch, daß sie sich nicht nur der Askese

ALCOBAÇA

hingaben, sondern als Agronomen und Bildungsbeflissene produktiv wurden, nach dem Leitwort ›Ora et Labora‹. Aus der Wurzel dieses Ordens entfaltete sich der mächtige Baum aller späteren Mönchgemeinschaften. Die Benediktiner in ihren schwarzen Soutanen behielten aber ihren fundamentalen Rang als Hauptstamm des mönchischen Gemeinschaftslebens. Dreimal erlebte das Benediktinertum eine wegweisende Reform. Die erste breitete sich im 10. Jahrhundert von Cluny aus und hatte zwei wesentliche Folgen: den von cluniazensischen Päpsten getragenen Suprematsanspruch Roms und die Entwicklung der Kirchenbaukunst im Sinne der Hochromanik. Die zweite Bewegung begann im 11. Jahrhundert in Cîteaux (Cistercium): die Reform der Zisterzienser. Von ihnen ging der Impuls zu der Kreuzzugsbewegung aus und sie gaben dem Stil der Gotik sein ganz besonderes, eben zisterziensisches Gesicht, wobei der Fortfall der Fassadentürme zugunsten des Dachreiters und die riesigen Glasfenster besondere Merkmale sind – Kloster Altenberg bei Köln hat die größten gotischen Fenster auf deutschem Boden. Die dritte Reform ist die von Saint Maur bei Paris; sie fällt ins 17. Jahrhundert und hat auf das Barock mäßigend eingewirkt; außerdem propagierte sie die Mission. Alle drei Erneuerungsbewegungen fußten auf dem Gedanken des einfachen Lebens im urchristlichen Sinne.

Einfachheit und Größe kommen in der *Abtei von Alcobaça* eindrucksvoll zur Geltung. Innerhalb der Familie europäischer Zisterzienserkirchen stellt sie diejenige mit dem ausgedehntesten Grundriß dar. Der benediktinische Geist der Arbeit, der die Mönche von Cîteaux erfüllte, zeigte sich nicht weniger bei den Klosterbrüdern von Alcobaça. Sie machten das Land urbar – ein umfängliches Projekt, denn der Grundbesitz des Mosteiro kam einer kleinen Herrschaft gleich. Er umfaßte dreizehn Dörfer. Außerdem folgten die Insassen des Konvents Benedikts Gebot nach geistiger Tätigkeit: in Alcobaça entwickelte sich der erste – selbstredend ausschließlich geistlich orientierte – Schulbetrieb, die Vorstufe der Universität von Coimbra. Abt Estevam Martins gehörte zu jenen, die die Bittschrift an den Papst zwecks Gründung der frühesten portugiesischen Alma Mater 1290 unterzeichneten.

Nach zisterziensischer Regel beherbergte Alcobaça neunhundertneunundneunzig Mönche – einen weniger als tausend. Der Abt zählte zu den höchsten Würdenträgern des Königreichs. Er beriet den Souverän. Sein Titel lautete ›Abt des Königlichen

Klosters von Alcobaça, Rat seiner Majestät und deren Groß-Almosenpfleger, Nächster der Krone, Herr der Domänen und festen Plätze«. Zu diesen festen Plätzen zählte sogar das ferne Évora. Auch verfügte das Kloster über drei Hafenorte. Immer stand es dem jeweiligen König nahe. Dinis der Landmann hat einen Kreuzgang hinzugefügt, in dem er sich oft dichtend aufhielt, ein Platz der Meditation und der Inspiration. Zwei Söhne des Venturoso traten in den Mosteiro ein, Afonso und Henrique. Beide wurden Kardinäle, Henrique trug außerdem in späten Jahren die Krone, als Cardeal-Rei. Das Erdbeben von 1755 und die napoleonische Invasion fügten dem Konvent großen Schaden zu; die Franzosen benützten das wertvolle Gestühl – genau wie in Tomar – als Brennholz. 1834 erfolgte die Säkularisierung. Der Verwendungszweck des Kloster-Gevierts war danach oft sehr profan: Reiterkaserne, Armenhaus, Speicher.

Die Front der *Real Abadia de Santa Maria de Alcobaça* – dies der volle Name – zählt zweihundert Meter. Auch hier liegen Escorial-Vergleiche nahe, wenn Alcobaça auch nicht so monströs und abweisend wie Mafra erscheint. Vor der Breite der Klosterfront dehnt sich die Praça Dr. Oliveira Salazar aus. Der Platz hieß früher Rossio, das Volk sprach vom Terreiro do Mosteiro. Aus zahlreichen Verkaufsläden quillt auf den Bürgersteig Keramik aller Art, meist blau-ornamentiert nach Art der Azulejos.

Blickt man vom Platz auf die *Kirchenfassade*, so ist man zunächst enttäuscht. Denn das Westwerk, das die Mitte der breitgelagerten Klosteranlage einnimmt, verrät außer dem gotischen Bogen des Portals und der – allerdings veränderten – Fensterrose nichts vom Geist von Cîteaux. Man hat der Kirche im 17. Jahrhundert eine Barockfront vorgeblendet, mit zwei klotzigen Turmhelmen, die mit dem Aufsatz des Mittelteils fast eine Horizontale bilden. Der Italiener Frei João Turriano, ein Mönch-Architekt, der 1679 verstarb, hat die Fassade errichtet. Damals sprach man von der »admiravel reconstrucção«; heute wünschten wir lieber die alte Gestalt zurück. Unter dem Figurenschmuck der Fassade sind Sankt Benedikt und Sankt Bernhard zu nennen, beide in Carrara-Marmor skulptiert und in Nischen seitlich des Portals gestellt; sie vertreten die beiden für Alcobaça maßgeblichsten Repräsentanten des Benediktinertums.

Cîteaux ist gegenwärtig, wenn wir das *Kircheninnere* betreten. Wir stehen vor Portugals vielleicht schönstem Sakralraum und verstehen das Wort Étienne Gilsons: »Die Zisterzienser schufen Schönheit schon durch ihren Vorsatz, nicht an Schönheit zu denken.« Hier sind Pathos und Überschwang ganz vermieden, ablenkende Verzierungen ferngehalten. Vor Augen haben wir ein in Sandstein gefügtes Credo, eine schlichte und schweigsame Verherrlichung der Majestas Coeli. In strenger Klarheit empfängt uns das feierliche Interieur dieser Hallenkirche, deren Mittelschiff – hundert Meter lang, zwanzig breit – wie ein Gang wirkt, durch den wir zum Altar schreiten. Dienste, die auf abgeschrägten Konsolen ruhen, stützen die Gurte, die mit leichter Hufeisentendenz das Gewölbe tragen; äußerst schmal sind auch die Seitenschiffe. Statt des ursprünglich rechteckigen Abschlusses besitzt der Coro einen Umlauf mit Kapellenkranz hinter einer auf zwei Pilaster und acht Säulen gestützten apsidalen Arkadenreihe. Die Spitzbögen haben Lanzettenform. Es ist das Schema der Normandie, das wir auch in Saint Étienne in Caen finden. Von hier aus mag es über England nach Portugal gelangt sein. Die breiten Querschiffarme weisen auf das gleiche normannische Erbe.

Hier stehen die Prunksarkophage Pedros I. und Inês de Castros mit ihrem kostbaren Figurenschmuck. Bis 1956 hatte man die Grabdenkmäler in der Sala dos Túmulos verwahrt. Anläßlich des Besuchs der britischen Königin brachte man sie an ihren ursprünglichen Platz zurück. In der Sala sind heute noch die Grablegen Dona Urracas, der Gemahlin Afonsos II. und Dona Brites', der Gemahlin Afonsos III. Diese ist an der Frontseite ihres Sarkophags mit ihren Töchtern dargestellt, die sich vor Schmerz die Haare raufen. Einige von ihnen sind im Tod hier wieder mit der Mutter vereint. Außerdem sieht man noch weitere, teilweise stark verstümmelte Túmulos. Die beiden Afonsos sind nicht weit von ihren Königinnen beigesetzt, in der Capela da Morte de São Bernardo, die sich an eines der Querschiffe anschließt und als einzige ein Netzgewölbe hat. Den Tod des Heiligen stellt eine

Terrakotta-Figurengruppe aus der Klosterwerkstatt des 17. Jahrhunderts dar; eine große Zahl musizierender und singender Putten umgibt den entschlafenen Santo. Bemerkenswert ist die manuelinische Sakristeitür mit wellenförmigem Türsturz und Astgerank.

An die Nordseite der Münsterkirche schließt sich der Hauptteil des mittelalterlichen *Klosterbereichs* an, fünf Kreuzgänge, sieben Schlafsäle, Refektorium und Festsaal, Gästehaus und Bibliothek, Königssaal und Küche. Die Bibliothek, von französischen Truppen ausgeplündert, war einst die wertvollste in ganz Portugal.

Der *Claustro* des Königs Dinis aus dem Jahre 1318 zählt zur ersten Reihe stimmungsvoller Kreuzgänge, die die Abteien des Landes aufzuweisen haben. Durch die Arkadenbögen der Galerie hat man einen idyllischen Ausblick in den Klostergarten. Im Brunnenhaus steht ein sechseckiges Brunnenbecken, dessen Renaissance-Verzierung wie ziseliert erscheint. Der Oberstock des Claustro entstammt der manuelinischen Epoche; man schreibt ihn João de Castilho zu. Die Säulen wirken in ihrer Schlankheit geradezu zerbrechlich; hier findet man nichts von der späteren Vorliebe des Meisters für überreichlichen Schmuck.

Vom Brunnenhaus gelangt man zum *Refektorium*, einer einst lichten Halle, deren Fenster später zugemauert worden sind. Acht Säulen stützen das steil aufragende Gewölbe. An Spuren von Einlässen erkennt man, daß einmal eine Holzdecke den Raum abschloß. Vor jeder Mahlzeit hat einer der Mönche einen Bibeltext verlesen. Die Lesekanzel hierfür ist noch erhalten; Stufen führen an der von fünf romanischen Bogen durchbrochenen Wand entlang schräg nach oben zu diesem ›Púlpito‹. Nach der Regel von Cîteaux mußte im Refektorium eine der drei Glocken des Klosters hängen; eine Vorrichtung hierfür ist nicht mehr erkennbar. Über dem Speisesaal befindet sich eine zweite, gleichfalls eingewölbte Halle, in der sich die Mönche mit Handwerksarbeiten beschäftigten.

In der *Küche* tragen acht Eisensäulen den achtzehn Meter hohen Kamin, unter dessen Rauchfang man mühelos einen Ochsen schmoren konnte. An der Seitenmauer öffnen sich zwei weitere

Feuerstellen. Mächtige Marmortische stehen im Raum. In seiner Mitte wird ein großes, in den Boden eingelassenes Fischbecken mit Wasser vom Rio Alcoa gespeist.

Die Sala dos Reis, Saal der Könige, ist ein kleines Museum. Säulen stützen auch hier ein Netzgewölbe. Am Fuß der gekalkten Seitenwände kann man auf einem Azulejo-Zyklus die Klostergeschichte verfolgen, freilich nach der naivunhistorischen Art des Barock. Mönche stecken zum Beispiel den Platz für das Kloster ab, wobei ihnen Engel behilflich sind. Man wird an die ähnlich gehaltene Bilderfolge in São Vicente de Fora in Lissabon erinnert. Auf Kragsteinen stehen Portugals Könige in Terrakotta. Auch sie stammen aus der klostereigenen Werkstatt des 18. Jahrhunderts. Alle bis zu José I. sind vertreten, außer João III., dem Kardinal Henrique, den Spaniern und dem ersten Bragança João IV. Natürlich beanspruchen auch sie weder Porträtähnlichkeit noch Kostümtreue – das Barock gestaltete unbekümmert anachronistisch, mit Hinzufügung falsch verstandener Antike. Vom zeitgeschichtlichen Kolorit her sind die Figuren dennoch reizvoll. An der Stirnwand hängt ein barockes Ölbild, das die Krönung Afonsos Henriques durch den Papst und den heiligen Bernhard darstellt – ein Akt, der niemals stattgefunden hat. Von großer Ausstrahlungskraft ist die gotische Steinstatuette ›Nossa Senhora do Castelo‹; die Muttergottes trägt in statischer Haltung ein mittelalterliches Gewand; das Kind greift nach ihrem Kopftuch, das um ihre Brust geschlungen ist. Ein riesiger Bronzekessel soll ein Beutestück der Schlacht von Aljubarrota sein. Nach einer anderen Version handelt es sich um den Caldeirão der Portugiesen, den sie mit in den Kampf genommen haben, weil sie auch dort nicht auf ihre Fischsuppe, Caldeira, verzichten wollten.

Die Fischer von Nazaré

Man könnte sich denken, daß die Fische für die Feldküche von Aljubarrota aus Nazaré gekommen sind, denn dies ist der nächstgelegene ideale Fischereihafen. Von Alcobaça gelangt man nach wenigen Minuten Talfahrt dorthin. Sacht senkt sich die weißblinkende Stadt mit geraden Straßenzügen und Travessas dem breiten Strand zu, dessen Nordseite von einem schroffen Kliff abgeschirmt wird, einem portugiesischen Dover (es handelt sich freilich nicht um Kreide, sondern um Kalkstein). Wie in Figueira da Foz gehen auch hier urtümliches Fischerleben und Badevergnügen eine harmonische Ehe ein. Manche Beobachter meinen, der Einbruch der Touristik habe dieses Bild verfälscht. Das scheint uns übertrieben, zumal nur der geringere Teil der Badegäste aus dem Ausland kommt; die meisten stammen aus den Kleinstädten im Landesinnern, darunter ist viel Jugend aus Schulen und Waisenhäusern.

Unberührt davon spielt sich das stets neue Schauspiel des Fischeralltags ab. Gemeinsames Schicksal verbindet die Fischer an den Küsten Europas, sei es in Tromsö, in Honfleur oder in Nazaré. Man fährt in Portugals anziehendstem Fischerort von der Praia – ohne eigentlichen Hafen – zu großer Fahrt aus, um den Bacalhau einzuholen. Am Strand hocken die Einheimischen, darunter viele schwarzgekleidete Frauen, und warten, bis die Flotten oder einzelne Fangschiffe sich am Horizont zeigen, deren Rückkunft man erwartet. Oft bleibt ein Schiff aus. Nazaré ist darum ein Ort der Witwen. Und doch kommt dies Volk, das noch archaischen Lebens- und Glaubensformen verbunden ist, vom Meer nicht los. Die Fischertänze und -lieder gelten dem zeitlosen Epos des ›Mar Alto‹, das diesen Menschen die Lebensbasis gibt, doch gelegentlich auch den Verderb:

> Pescador da Nazaré
> Viril e trabalhador
> Tem o peito aberto à fé
> E o coração ao amor
> Vai pró mar alto sem fim ...
> Numa aventura sem par!
> Volta pr'à terra e só pensa
> Levar a sua presença
> Outra vez ao Alto Mar.

> Fischer von Nazaré,
> kräftig und arbeitsam,
> die Seele offen dem Glauben,
> das Herz der Liebe,
> so zieht er aufs Meer ohne Ende
> zu Abenteuern unvergleichlich ...
> Kehrt er zurück an Land,
> so hat er nur einen Gedanken:
> wieder auszufahren auf hohe See.

Neben der Hochsee- wird die Küstenfischerei betrieben, mit Wurf-, Schlepp- und Stellnetz, aber auch mit der Angel. Um ein großes Netz in Strandnähe auszulegen, schließen sich Fischergemeinschaften zusammen. Oft auch besitzt eine Großfamilie ihr eigenes Netz, Unterpfand des täglichen Brotes. Wird ein Netz an Land gebracht, so ziehen Männer und Frauen in bestimmtem Takt, der fast ein Ritual ist, an den Tauen; Rufe im Fischerdialekt begleiten das aufregende Werk, das jedes Mal ein Lotteriespiel ist – wie groß wird diesmal die Ausbeute des Fischzugs sein? Das Netz-Einholen heißt ›Arte Xavega‹, was auf arabische Ursprünge weist. Man ›erntet‹ vor allem Sardinen, daneben gescheckte Makrelen, metallen schillernde Schwertfische (Peixeespada) und Tintenfische. Auch schenkt das Meer Camarões und Gampas, große und kleine Krabben, sowie zahlreiche weitere Schalentiere, Herz-, Enten- und Miesmuscheln.

Kommt eines der schweren Boote an, so wird es von langgehörnten Ochsen auf den Sand gezogen. Die Gespanne stehen bereit. Traktoren sieht man seltener. Nun beginnt die Arbeit des Ausladens, des Sortierens, des Einsalzens, des Verpackens.

Am Strand liegt eine große Zahl von ausfahrtbereiten, doch auch von überholungsbedürftigen Booten. Sie wirken mit ihren bunten Längsstreifen heiter; am Vordersteven oder Bug ist vielfach ein Auge aufgemalt, von dem die Pescadores sagen, es sei das Auge Gottes, der die Fische suchen hilft. Die Fischer und ihre Frauen sind mit Reinigen oder Flicken der Netze beschäftigt. Sie ziehen sie lang, um sie zu trocknen oder zu glätten. Die meisten Nazarenhos tragen Trachten, nicht nur ältere Personen. Auch sind sie kein Festtags-Privileg; sie gehören zur Kulisse des Arbeitsalltags, am Strand, in den Versteigerungshallen, auf dem Markt, wo sich Sonnendach an Sonnendach reiht. Die stämmigen Männer mit ihren vom Meer gegerbten und gebräunten Gesichtern lieben schwarzkarierte Wollhemden und karierte Hosen; auf dem Kopf sitzt die Zipfelmütze, in der man Köder oder Schnupftabak verstaut und deren Troddel leger auf die Schulter fällt. Die jungen Frauen gewinnen durch krinolinenartige, wie Glokken schwingende Röcke mit Spitzenbesatz Format, darunter sind bis zu sieben Unterröcke. Auf dem Kopf haben sie kleine Filzhüte mit hochgeklapptem Rand, an dem Quasten baumeln; ein schwarzes Wolltuch fällt – wie in Leiria – vom Hut auf die Schulter. Manche Fischerfrauen ziehen blaue Kleidung vor oder braune Röcke mit schwarzen Schürzen. Auch geblümte Blusen sind beliebt. An den Ohren hängt Schmuck aus Goldfiligran. Die Beine der Frauen sind meist nackt, die Füße unbekleidet; auf dem Tragkissen, das sie virtuos auf dem Kopf balancieren, türmen sich Körbe oder Wäschebündel. Oft schwatzen sie eine halbe Stunde an der Fischer-Corniche, ohne ihre Last abzunehmen.

An der Corniche selbst hocken die Fischweiber in ihrer schwarzen Vermummung auf dem Straßenpflaster, dickröckig genug, um die Härte des Bodens nicht zu spüren; auffallend viele tragen Brillen; die kurzen, stämmigen Beine schauen aus dem Röckewulst hervor. Jüngere sind gerne bereit, dem Fremden mit rustikalem Charme die spitzenreichen Röcke vorzuzählen. Daneben vergessen sie ihre Arbeit nicht. In Körben und Schalen bieten sie Meerfrüchte feil: Muscheln aller Art oder korallenförmige Perseves; das Fleisch hat das Aroma der Languste. Auf Papier breiten die Nazarenhas außerdem allerlei Kerne aus: Pistazien- und Kürbiskerne und maiskornartige Tremosos, wahrhaft eine Volksnahrung der Camponêzes und der Pescadores.

Eine lange Reihe weißer Häuser säumt den leichten Schwung der Praias: Andenkengeschäfte, Fischhandlungen, Wein-Restaurants und die kleine Kirche Nossa Senhora dos Anjos. Die Szenerie mag noch so wechseln – in Richtung West blickt man auf das zeitlose Meer. Jahrhundertelang hat dieses Volk das Meer vor Augen gehabt, gewissermaßen vor der Haustür. Es war gezwungen, an das Meer zu denken, aus der Begegnung mit dem Elementaren seine Kraft und seinen Glauben zu entwickeln. Es konnte gar nicht anders sein: eines Tages steigerte der Sog der Ferne die Saudade ins Unermeßliche; es mußte nur die Sternstunde eines geistigen Antriebs mit nötigsten technischen Voraussetzungen zusammentreffen, damit die Portugiesen von ihrer schmalen Küstenbasis aus hinausschwärmten über die Linie des Horizonts zur maritimen Völkerwanderung.

Der Gotenkönig und das Marienbild

Auf das Kliff, das sich im Norden des mit Schwemmland angefüllten ehemaligen Hafens erhebt, kann man ohne allzu große Mühe hinaufgelangen, entweder auf Straße und Pfad oder mit einer Seilbahn. Oben, in dem Ortsteil Sítio, treffen wir die gleichen weißen Häuser an, dazu einen Leuchtturm und die Kirche Nossa Senhora da Nazaré. Von einem Miradouro aus blickt man hinunter auf den vier Kilometer langen Strand und die sich wie Barken am Kai zusammendrängende Stadt.

Die Kirche *Nossa Senhora da Nazaré* besitzt den Rang eines Wallfahrtsheiligtums. Man verehrt hier ein uraltes Marienbild, eine kleine Sitzstatue, im Schoß das Kind. Maria trägt eine Goldkrone. In der Hand hält sie eine Taube, deren Schnabel ein Brillant ist. Er stammt aus Brasilien und wurde 1809 von João VI. nach Portugal gesandt und der Kirche von Sítio zum Geschenk gemacht. Wie in der spanischen Wallfahrtskirche von Montserrat, wo man die Schwarze Madonna verehrt, können die Gläubigen auch in Sítio über eine Treppe hinter dem Gnadenbild zu ihm hinaufsteigen, um dem Kind die Hand zu küssen und ihre Bitten in unmittelbarer Nähe vorzutragen. Über die Herkunft der Statue wurde viel gerätselt.

Ein Chronist aus dem Jahre 1600, Bernardo de Brito aus Almeida, hat eine ausführliche Geschichte über die Marienstatue der Kirche Nossa Senhora da Nazaré aufgezeichnet. Danach soll die Statue nach dem lebenden Modell von dem Zimmermann Joseph geschnitzt worden sein. Der Evangelist Lukas habe das Bild gerahmt. Es gelangte in die Hände des Kirchenvaters Hieronymus, der bekanntlich in einer Höhle in Bethlehem die Bibel ins Latein übersetzt hat. Hieronymus übergab die Statue seinem Zeitgenossen, dem Kirchenvater Augustin, in Nordafrika. Dieser vermachte sie dem Konvent Cauliana bei Mérida, damals Hauptstadt der römischen Provinz Lusitania. Als die Westgoten die Iberische Halbinsel in Besitz nahmen, verehrten sie besonders die Marienstatue von Cauliana.

711, so hörten wir, wurde der letzte Westgotenkönig Roderich von den Mauren geschlagen. Er fiel in der siebentägigen Schlacht von Jerez de la Frontera. Es gibt aber auch die Version, er sei am Leben geblieben und habe sich in eben jenen Konvent bei Mérida geflüchtet. Ein gewisser Frei Romano habe das berühmte Madonnenbild dem König zum Geschenk gemacht, dazu Statuen des heiligen Blasius und des heiligen Bartholomeus. Mit dem König zusammen floh der Mönch über den Rio Guadiana in das Gebiet des heutigen Portugal. Der Dichter Castillo hat die Fluchtgeschichte in Verse gefaßt:

> Deserto fica o mosteiro
> Mosteiro de Cauliana,
> Peregrinos, rei e monge
> Hão passado o Guadiana.
> Encomendaram-se à Virgem
> Sua guia Soberana,
> E vão-se embranhando às cegas
> Pela terra lusitana.

> Verlassen blieb das Kloster,
> das Kloster von Cauliana.
> Pilger –König und Mönch –
> überschritten den Rio Guadiana.
> Sie begaben sich in den Schutz der Jungfrau,
> ihrer souveränen Führerin,
> und schlichen sich auf geheimen Pfaden
> durch das lusitanische Land.

Die Flüchtlinge erreichten schließlich die Küste bei Nazaré und ließen dort die Madonnenstatue sowie die Holzfiguren von Blasius und Bartholomeus zurück. Da sich die Mauren bedrohlich näherten, mußten sie ihre Flucht fortsetzen bis hin zum Bergland von Viseu in der Beira Alta. In Viseu starb der Westgotenkönig; dort wurde er beigesetzt.

1179 entdeckte man das inzwischen vergessene Madonnenbildnis in einer Grotte auf dem Promontório von Sítio. Man überbrachte es dem Alcaide-Mór des nahen Porto de Mós, einem Vertrauten Afonsos Henriques. Dom Fuas Roupinho, der sich dadurch verdient gemacht hatte, daß er 1180 den in Mérida residierenden

Mauren-Emir Gamir samt Bruder gefangennahm und in seinem Kastell einkerkerte. Roupinho zerstörte außerdem in der ersten portugiesischen Seeschlacht eine muselmanische Flotte. Bei einer See-Attacke Portugals auf Ceuta ist er dann später ums Leben gekommen.

Dieser schneidige Gefolgsmann des ersten portugiesischen Königs war ein passionierter Jäger. Er verfolgte eines Tages in Küstennähe zu Pferd einen kapitalen Hirsch. Plötzlich erschien ihm in einer Wolke die Gottesmutter. Er straffte die Zügel – und erkannte, daß er sich unmittelbar am Absturz des über hundert Meter hohen Kliffs von Sítio befand. Die Jungfrau hatte ihn gerettet – der Hirsch war niemand anderes als Luzifer. Roupinho stiftete zum Dank für die Rettung die Capela da Memória. Dort stellte er das Gnadenbild auf. Die Kapelle aus dem Jahr 1182 steht heute noch, vor ihr ein Pelourinho mit dem Cruz de Cristo. Vasco da Gama hat hier nach der Entdeckung des Seewegs nach Indien der Jungfrau seinen Dank dargebracht.

Dom Fernando, der letzte Burgunder, ließ dann die Kirche Nossa Senhora da Nazaré errichten, ein wenig von der Gedächtniskapelle entfernt, wahrscheinlich in der Befürchtung, daß der Felsenrand abbröckeln und das Gotteshaus gefährdet werden könnte. Dieser Kirche schenkte man zur Zeit des Hauses Avis höchste Aufmerksamkeit. João I. ließ ihr einen Portikus vorbauen, und zwar aus Hölzern von Alcobaça, ein Gelöbnis einlösend, das er vor der Schlacht von Aljubarrota gemacht hatte. Königin Leonor, die Gemahlin Joãos II., unternahm eine Wallfahrt zu Nossa Senhora da Nazaré, wobei sie eine Erweiterung der Kirche anordnete, vor allem den Bau der Türme. Manuel I. ersetzte den hölzernen Portikus durch einen steinernen und schmückte ihn mit seinem Wahrzeichen, der ›Esfera armilar‹.

Die Szene der Erscheinung der Jungfrau, die den Alcaide Fuas vor dem Felsensturz rettete, ist immer wieder dargestellt worden. Wir finden sie am Portikus und auf einem barocken Ölbild der Kirche von Sítio, doch auch auf vielen populären Darstellungen in Nazaré. Zahlreiche prominente Persönlichkeiten, darunter gekrönte Häupter, besuchten das Gnadenbild der Kirche, das nach der Legende so ehrwürdiger Herkunft ist: Afonso Henriques, Sancho I., Fernando I., João I., João II., Manuel I., die Königin Leonor, Sebastião, der Kardinal Henrique, die Bragança Miguel, Maria Pia, Manuel II. Auch Pedro Álvares Cabral betete hier vor und nach seiner Entdeckungsreise. Dies vermerkt ein Padrão dos Decobrimentos, der, dicht am Felsabsturz, auf dem Platz vor der Wallfahrtskirche steht.

Der Statue von Sítio wird Wundertätigkeit nachgesagt. Das erste Wunder ist aus der Schlacht von Aljubarrota überliefert. Lourenço Vicente Coutinho, Bischof von Porto und später Erzbischof von Braga, war im Kampf durch den Beilhieb eines Kastiliers verwundet worden. Er flehte die Jungfrau von Nazaré um Heilung an. Ihm wurde geholfen. Sein einbalsamierter Körper liegt in der Kathedrale von Braga. Man kann, wie wir gesehen haben, noch deutlich die Narbe des unseligen Beilhiebs an seinem Kopf erkennen.

Jeden 15. August findet eine große Wallfahrt zu Ehren des Gnadenbildes statt. Die beiden anderen Statuen, die König Roderich angeblich nach Nazaré gebracht hat, sind verschollen. Doch drei Kilometer von Nazaré entfernt wird heute noch auf einem Hügel São Bras, Blasius, verehrt. Man nimmt an, daß dort die Statue aufgestellt war, aber später verlorenging.

Nach Óbidos

Königin Leonor, deren man sich an so vielen Orten Portugals erinnert, hat einem Platz in der Nähe von Nazaré, etwas von der Küste entfernt und gleichfalls an der Straße nach Lissabon, den Namen gegeben: *Caldas da Rainha*. Das heißt so viel wie ›Warme Quellen der Königin‹. Damit hat es folgende Bewandtnis. 1484 fuhr die Gemahlin Joãos II. mit dem Reisewagen an diesem Ort vorüber. Da sah sie verwundert, daß Landleute im dampfenden Wasser eines Tümpels badeten. Auf ihre Frage gaben sie die Auskunft, dies würde ihr Körperreißen mildern. Die Königin überzeugte sich von der Wirksamkeit des Wassers und gründete 1504 ein Hospital. Daraus entwickelte sich das neben Luso bekannteste Heilbad des Landes. Die Schwefelquellen haben eine Temperatur von 34,5 Grad und helfen noch heute Rheumakranken gegen ihr Leiden.

Am gleichen Ort gründete Dona Leonor die Hospitalkirche Nossa Senhora do Pópulo. Der wesentliche Bauabschnitt fiel in ihre Witwenzeit. Manuel I., der durch Fürsprache seiner Schwester auf den Thron gelangt war, stellte ihr dankbar seinen ersten Architekten, Boitaca, zur Verfügung. Das Gotteshaus ist demnach auch unverkennbar manuelinisch. Man sieht am Gemäuer die Wappen Joãos I. und Dona Leonors sowie das Astrolabium des Venturoso. Über dem Hauptgesims läuft eine durchbrochene Galerie entlang. Der quadratische Kampanile geht nach oben in ein Oktogon über. Im Innern der Kirche fällt der Blick vor allem auf den prächtig ausgestatteten manuelinischen Triumphbogen. Auch die Sakristeitür verrät die Werkstatt Boitacas. Eine Taufkapelle ist mit Azulejos ausgekleidet, desgleichen der Taufstein.

João V. Magnánimo, der barocke Gartenfreund, hat in Caldas da Rainha einen Park angelegt, der heute noch als Kurpark Verwendung findet.

Kaum hat man die Quellen der Königin verlassen, so fällt der Blick wieder – wie fast allerorts in Portugal – auf einen romantischen Prospekt: ein Kastell in einer ummauerten Stadt. Das Kastell wirkt nicht so trutzig-herausfordernd wie Guimarães, doch es hat den Vorzug, von Stadtmauern umschlossen zu sein. Diese in Frankreich ›remparts‹ genannten Mauern besitzt namentlich Carcassonne, und man hat *Óbidos* auch das portugiesische Carcassonne genannt. Wir brauchen aber nicht nach Südfrankreich zu schweifen, in Trás-os-Montes haben wir einen ebenso gültigen Vergleich: Bragança. Nur daß Bragança weniger von Fremden besucht wird, während Óbidos, an der Autobahn Lissabon–Porto gelegen, gewissermaßen Gemeingut ist, eine leicht zugängliche steinerne Chiffre des Mittelalters. Bei aller Wehrhaftigkeit wehrt Óbidos nicht ab, es lädt ein voll Anmut und Wärme, »ein Nest, das man immer im Herzen tragen kann«, wie Anselm von Canterbury von Le Bec gesagt hat. Auch der nüchternste Rationalist kapituliert vor der Liebenswürdigkeit dieser in die Moderne geretteten mittelalterlichen Kommune mit ihren fünf Straßen und drei Kirchen, mit ihren roten Dächern und der Fülle von Blumenschmuck, die die Häuser überschüttet – Geranien, Bougainvillea, Oleander. Den lückenlos erhaltenen dreieckigen Mauergurt hat man ›Goldgürtel‹ genannt, weil zumal die Abendsonne das Kalkstein-Gemäuer honiggelb-golden überglänzt. Am Stadttor kann man auf die Mauer steigen; das ist der schönste Aussichtspunkt, von dem man auf die Straßenzeilen blickt, die in sanfter Kurve hinstreben zu jenem Bau, der das Zentrum dieses Kabinettstücks mittelalterlicher Wehr- und Stadtplanung darstellt: das Kastell. Es ist bis auf das manuelinische Tor- und Fenstergewände weiß gestrichen wie die Häuser ihm zu Füßen und ebenso mit Blumen dekoriert. Man hat es in eine Pousada verwandelt. Durch altes Gemäuer und einen Schloßhof gelangt man in den Speisesaal, wo ein schmackhaft zubereiteter ›Almoço‹ wartet – dies arabische Wort für ›Mittagessen‹ ist in den portugiesischen Sprachschatz eingegangen.

Franz Villier meinte, es sei ein Glück, daß kein Viollet-le-Duc hier am Werk gewesen sei. Tut er dem genialen Restaurator aus der Zeit der französischen Romantik auch Unrecht – viele Konservierungen in Paris und Nordfrankreich sind ihm zu danken –, so müssen wir dennoch Villier zustimmen. In Óbidos ist keine verfälschende, sentimental romantisierende Hand tätig gewesen. Immer wieder muß man Portugals Denkmalpflege loben, die den Kern historischer Bauten von unpassenden Zutaten späterer Zeiten in einfühlsamer Weise befreit. Dieses Lob drängt sich auf, wenn man durch das zum Monumento Nacional erhobene ›Nest‹ oberhalb des Rio Vargem schlendert.

König Dinis hat Óbidos seiner jungen Gemahlin, der späteren Rainha-Santa, zum Hochzeitsgeschenk gemacht. Die Geste des ›Landmanns‹ ist später königliche Tradition geworden, so daß man Óbidos ›Casa das Rainhas‹ – ›Haus der Königinnen‹ genannt hat. Eine der vortrefflichsten Königinnen, Leonor, hat sich in die ›Casa‹ trauernd zurückgezogen, als ihr einziger Sohn, der Infant Afonso, jenem Reitunfall bei Santarém zum Opfer gefallen war, den wir aus verschiedener geschichtlicher Perspektive bereits erwähnt haben.

Wenn wir die Rua Direita, die Hauptader der kleinen Stadt, hinuntergehen, so haben wir rechts den Markt, der etwas tiefer liegt, mit der Kirche Santa Ma-

NACH ÓBIDOS

ria. Ein granitenes Renaissance-Portal hebt sich von der rustikalen weißen Fassade ab. Auch der Altar im Innern ist Renaissance. Ein Barockbild gibt die mystische Verlobung der heiligen Katharina wieder. João de Noronha, Alcaide-Mór von Óbidos während des Goldenen Zeitalters, ist 1557 hier beigesetzt. Afonso V. hat als Zehnjähriger am Altar von Santa Maria seiner achtjährigen Kusine Isabel das Jawort gegeben, der Tochter seines Oheims Pedro, dem er später mit dem Schwert gegenüberstand. Wie wir gesehen haben, wurde trotz des frühen Eheschlusses und des Verwandtschaftszwistes eine gute Verbindung daraus. An der Balustrade, von der wir zu Markt und Kirche hinabblicken, steht ein besonders eindrucksvoller Pelourinho. Er trägt das Emblem der mit Óbidos eng verbundenen Königin Leonor: das Krabbennetz.

Man könnte Óbidos, das im portugiesischen Wappen als eines der von Afonso Henriques eingenommenen Maurenkastelle verewigt ist, verträumt oder verwunschen nennen, wäre es nicht als Anziehungspunkt der Touristik von regem Leben erfüllt. Dies wirkt indessen nicht aufdringlich. Die Läden, die ihr dienen, befleißigen sich dezenter Auslagen. Man sieht reizvolle Antiquitäten. Künstler stellen aus, so im Museu d'Óbidos, das in den alten Paços de Conselho untergebracht ist, doch auch in privaten Ausstellungen. Óbidos als Stadt der Maler hat seine Tradition. Hier lebte im 17. Jahrhundert Josefa d'Óbidos, Tochter eines Portugiesen und einer Andalusierin. Die Damen des Hofes, die in Caldas da Rainha die Kur gebrauchten, ließen sich von ihr porträtieren. Sie malte Prinzessinnen zur Ansicht für ausländische Bewerber. Ihre religiösen Tableaux sind von eigenartig-naivem Reiz und von malerischer Delikatesse. Portugals Angelika Kaufmann hat auch jene Santa Catarina geschaffen, die wir in Santa Maria gesehen haben. Sie starb 1684 und wurde in São Pedro in Óbidos beigesetzt.

Auf der Meerseite von Óbidos liegt der Fischerort *Peniche* mit einer von Filippo Terzi erbauten Festung – auch die Kirchenbaumeister der Bragança beherrschten gleichzeitig die Fortifikationstechnik. Peniche erfreut sich zweier ansehnlicher Barockkirchen, Misericórdia mit ihrer bemalten Holzdecke – Szenen des Neuen Testaments – und São Pedro mit seinem vergoldeten Talha-Chor. Am nahen *Kap Carvoeiro*, das einen Leuchtturm trägt, fallen die erodierten Küstenfelsen auf: steinerne Nadeln. Die Remédios-

Kirche beim Leuchtturm ist ganz, einschließlich der Decke, mit Blaufliesen ausgekleidet.

Zwölf Kilometer vor der Küste liegt eine Inselgruppe. Auf dem größten Eiland, Berlenga, hat man neben einem Leuchtturm die Pousada São João Batista eingerichtet, die aber nur im Sommer geöffnet ist. Sie wurde in die Kasematten der Festung Joãos IV. eingebaut. Außer dem zur Bastion der Touristik umgewandelten Fort zeugt eine Klosterruine von der bis weit vor die Küste reichenden Historie des Landes am Rande Europas.

PORTUGALS SÜDEN

Rings um Setúbal

Die Estremadura greift über den unteren Rio Tejo hinaus. Wenn wir die Salazar-Brücke überqueren, sind wir noch nicht im Alentejo, dem Land jenseits des Tejo. Dies ist topographisch berechtigt, wenn auch sicher andere Gründe der provinzialen Grenzziehung vorlagen. Denn die Halbinsel zwischen Strohmeer und Atlantik (Estremadura Transtagana) ähnelt ihrer Struktur nach noch durchaus dem Gebiet ›diesseits des Tejo‹, variabel, überschaubar, gebirgig, an Wäldern und landwirtschaftlichen Kulturen reich, wein-erzeugend, meernah.

Eines der anmutigsten Gebirge Portugals grenzt die Halbinsel nach Süden ab, die Serra da Arrábida, ein Dorado der Botaniker mit Pflanzen und Blüten, die nur hier anzutreffen sind. Man findet sie zwischen der Macchia, die einen großen Teil der Berge bedeckt. In den Randzonen wachsen Muskatellertrauben. Die Serra ist die dem Ozean nächstgelegene Portugals. Schroffe, kliffartige Felswände fallen zum Atlantik ab. Obwohl das Gebirge nur 550 Meter erreicht, wirkt es höher, weil es vom Meeresspiegel aufsteigt.

Inmitten der Bergeinsamkeit liegt der *Convento Novo da Arrábida* der Franziskaner. In sich verschachtelte Einzelbauten bilden geradezu eine Klosterstadt, die in geraumem Abstand von einer Umfassungsmauer umgeben wird. Steineichen drängen sich an das Kloster heran. Die Regel der Minoriten von Arrábida ist außerordentlich streng; die hier geübte Askese glich in früheren Jahrhunderten der des orientalischen Koinobitentums der Urkirche.

Das Nationalwappen Portugals
Ausschnitt aus einer Miniatur in Buch x.
der ›Leitura Nova‹ von Dom Manuel, um 1500
Lissabon, Arquivo Nacional da Torre do Tombo

Die sieben goldenen Burgen auf rotem Grund erinnern an die Festungen Lissabon, Leiria, Sintra, Palmela, Montemór, Évora und Santarém, die Afonso I. Henriques, der erste König von Portugal, den Mauren entrissen hat. Manchmal erscheinen aber auch acht, ja sogar bis zu dreizehn Kastelle im Wappen. Die fünf kleinen blauen Schilde des silbernen Herzschildes tragen sogenannte ›Besantes‹, alte byzantinische Münzen. Nach anderer Version symbolisieren sie die fünf Maurenkönige, die Afonso Henriques überwunden hat. Die fünf Punkte sollen auf Christi Wundmale hinweisen.

Der Franziskaner Martinho de Santa Maria war hochbetagt nach Guadalupe im spanischen Estremadura gepilgert und hatte dort seinen Vetter João de Lencastre, Herzog von Aveiro, getroffen. Dieser schlug Martinho die Klostergründung vor, die dann 1542 erfolgte. Eine Reihe portugiesischer Könige nahm am Schicksal der Mönchsgemeinschaft persönlichen Anteil, der Kardinal Henrique sowie die Bragança João IV. und Pedro II. Im 18. Jahrhundert veranlaßte angeblich der dem Konvent angehörende Pater António de São José den Magnánimo zu seinem Gelübde, bei Geburt des Thronfolgers Mafra zu bauen. Während der Spanierherrschaft schrieb der Mystiker Agostinho da Cruz im Arrábida-Konvent verklärte Verse. Er besang auch das Gebirge seines Klosterlebens:

> Oh serra das Estrelas tão vizinha
> Que nunca de ti, Serra, me apartara!
> Ou quando se partisse esta Alma minha
> Da terra, nesta serra me enterrara!
>
> O Serra, so nahe den Sternen, ich bete,
> daß mich nie etwas von dir trenne.
> Verläßt meine Seele mich, Serra, so bete
> ich, dann in deiner Erde zu ruhen.

An der Südwestkante der Estremadura Transtagana liegt das *Kap Espichel*. Unter der Regierung Joãos V. wurde hier die Wallfahrtskirche Nossa Senhora Santa Maria da Pedro do Mura erbaut, die das Volk Senhora do Cabo nennt. Man feierte sie nach der Gründung als ›magestôsa igreja‹, während sie eigentlich nur ein schlichtes, rustikales Gotteshaus mit zwei Ecktürmen ist, insgesamt von bescheidenem Ausmaß. Den eigentlichen architektonischen Reiz der meernahen Wallfahrtsstätte machen die Pilgerunterkünfte aus: zwei langgestreckte, auf Arkaden ruhende, niedrige Bauten mit Hohlziegeldächern. Sie flankieren den Platz vor der Kirchenfassade, so daß eine Art Dreiflügelbau entsteht. An der freien Querseite erhebt sich ein riesiges schmuckloses Kreuz. Die Anlage vermittelt mehr Glaubensintensität als manche aufwendigere Stätte.

Von Cabo Espichel ziehen sich Praias, unterbrochen von Steilküsten, zum Mündungstrichter des Rio Sado hin, der der größte Wasserlauf des wasserarmen Baixo Alentejo ist. Über dem aufstrebenden Badeort *Sesimbra* erhebt sich das Kastell Joãos IV. Das

Fort Teodósio aus der gleichen Epoche hat man mit einem Leuchtturm verbunden. Sesimbra ist ein Fisch-Eldorado. Im Herbst fängt man Blauhaie und Schwertfische, die allerdings weite Ausfahrten erfordern. Vor einigen Jahren hat man hier einen Riesenschwertfisch von 259 Kilogramm an Land gebracht. Im Sommer stellen sich an der Küste Sesimbras Seeaale, Meerbrassen, Barsche und Makrelen ein.

Die viertgrößte Stadt Portugals, zugleich die größte der südlichen Estremadura und Distrikt-Kapitale, ist *Setúbal*. Das Erdbeben hat ihr ähnliche Wunden geschlagen wie Lissabon. Gleich der Hauptstadt liegt Setúbal an der Mündung eines Rio, eben des Sado-Flusses. Am lagunenartigen Unterlauf breiten sich zahlreiche Salzgärten aus.

Das Ur-Setúbal, die Römerstadt Cetobriga, lag auf dem Südufer des Rio Sado, auf einer schmalen Landzunge zwischen Fluß und Meer. Wie in Conimbriga fand auch hier ein ›Umzug‹ statt. Die Stadt von heute ist einer der größten Häfen des Landes. Lange Armazéns ziehen sich den Kais entlang. Die hier eingebrachten Sardinen treten als Ölsardinen den Weg in die Welt an. Neben Matosinho bei Porto ist Setúbal das bedeutendste Produktionszentrum von Fischkonserven. Die Stadt verbreitet Hafen- und Fabrikatmosphäre. Das Thema der Stadt ist der Ozean, selbst während der Festas. Anfang August begeht man das ›Fest des Meeres‹. Traktoren ziehen Modelle von Karavellen auf Rädern hinter sich her, von deren geschwellten Segeln das Cruz de Cristo leuchtet.

Ist Setúbal auch arm an Dokumenten großer Vergangenheit, so nennt es doch das früheste Bauwerk des manuelinischen Stils sein eigen, Boitacas Jesús-Kirche. Gründerin war die ehemalige Ama, Amme, Dom Manuels, Justa Rodrigues Pereira. Sie entstammte der Familie des Santo Condestável. Daß sie am Hof großes Ansehen genoß, geht aus den Zuwendungen hervor, die João II. und danach Manuel I. für den Klosterbau bewilligten. Im Kapitelsaal wurde sie nach ihrem 1514 erfolgten Tod beigesetzt.

Ähnlich wie bei São Jerónimo in Belém tritt man durch ein Portal der südlichen Langseite in das Kirchenschiff ein. Man stellt fest, daß hier mit einem Schlag schon alle Elemente des Manuelismus gegenwärtig sind. Boitaca ist also zweifellos der Stil-›Erfinder‹. Trotz gewisser überspitzter Eigenwilligkeiten, die man für spätzeitlich halten könnte, vermittelt der Innenraum in seiner kraftvollen Unbedingtheit den Geist eines Frühstils. Nirgendwo ist Mudéjar als eines der Elemente, aus denen sich der Stil Dom Manuels zusammensetzt, so spürbar wie hier.

Wie Beléms Klosterkirche ist auch die von Setúbal eine Halle, freilich nicht mit Netz-, sondern mit Kreuzgewölbe. Lediglich der quadratische Chor weist ein sternförmiges Netz auf, eigentlich eine Kombination von Netz und Kreuz, denn die tragenden Gewölbestützen bilden zwei Taue, die sich in der Mitte der kunstvollen Deckenkonstruktion treffen.

Das Kennzeichen der Jesús-Kirche sind die sechs Pfeiler des dreischiffigen Raums. Jeder der aus drei Schäften bestehenden Pfeiler ist gewunden, links und rechts in jeweils gegenstrebiger Torsion. Eine antike Parallele drängt sich auf: die gleichfalls ineinanderverschlungenen Schlangenleiber des Weihgeschenks von Plataiai, das sich heute auf dem Hippodrom-Platz in Istanbul befindet. Der dunkelrote Sandstein aus der Umgebung Setúbals, Mármore da Arrábida genannt, erhöht die reizvolle Besonderheit der einzigartigen Kirche. Die Pfeilerkapitelle sind mit Kugel-Ornamenten geschmückt. Das Gewände der Fenster ist aus gedrehten Tauen gebildet. Hufeisen-, Kiel- und Zackenbogen – das ganze manuelinische Formen-Repertoire wurde hier bereits in erstaunlicher Harmonie angewandt. Kein langsames Wachstum hat diese Architektur reifen lassen; sie ist dem genialen Kopf eines einzelnen entsprungen – wurde plötzlich ›entdeckt‹, wie man zur gleichen Sternstunde neue Kontinente entdeckte, die sich in den zeitgenössischen Bauten des Mutterlandes in Stein dokumentierten.

Das Arabisch-Islamische im Ambiente des Innenraums von Jesús spricht uns vor allem aus der geometrischen Kachelung des Chorquadrats an, nicht in blauen, sondern in grünweißen Tönen gehalten. Die Azulejos der Seitenschiffe, nach oben durch Rocaille begrenzt, sind späte barocke Zutat, unbekümmert um die ganz anders geartete Sprache des manuelinischen Raums.

Setúbal besitzt noch ein zweites manuelinisches Dokument, die von João Fanacho erbaute kleine Kirche São Julião am Hauptplatz der Hafenstadt, der Praça do Bocage. Die Portalumrahmung überspitzt den Stil durch allzu üppigen Dekor. Man sehe sich aber die Azulejos im Innern an; sie verbildlichen nicht, wie sonst üblich, Hof-, Jagd- oder Schäferszenen, sondern Ausschnitte aus dem Fischerleben. Der Habsburger Felipe II. hat der Stadt einen spanischen Stempel aufgedrückt: in Form einer fünfeckigen Zwingburg mit Kuppeltürmchen an den Ecken – ein von Spanien weltweit verbreitetes Befestigungs-Schema.

Jenseits des Arrábida-Gebirges liegt in einer besonders fruchtbaren Zone mit gepflegten Weinkulturen *Pamela*, der ehemalige Sitz der Santiago-Ritter Portugals. Das Kastell thront, zweihundertachtunddreißig Meter hoch, auf einer ›Nase‹ der Bergkette. Die São-Tiago-Kirche besitzt ein spitzbogiges Tonnengewölbe. Pamela bewahrt wichtige historische Erinnerungen. Nach der Aufdeckung der Verschwörung des Herzogs von Viseu, eines Bruders von Dona Leonor und Dom Manuel, wurde der Mitverschworene Garcia de Menezes, Bischof von Évora, lebenslang in einer Kastell-Zisterne gefangengehalten. Und die Kastell-Kapelle birgt den Túmulo des Infanten Jorge de Lencastre (1481-1550), des natürlichen Sohns Joãos II., den sein Vater nach dem Unfalltod des Thronprätendenten Afonso bei Santarém zum Erben der Krone machen wollte. Doch die Königin wandte sich gegen die Nachfolge eines Sprosses der illegitimen Nebenbuhlerin. Dom Jorge übte später das Amt eines Großmeisters des Santiago-Ordens aus. Von den Zinnen seiner Burg konnte er weite Teile der Estremadura Transtagana überblicken, vom Rio Tejo bis zum Rio Sado.

Alto und Baixo Alentejo

Von den beiden Alentejos – Alto und Baixo Alentejo – hat das ›obere‹ geschichtlich stets die größere Rolle gespielt. Die Provinz ist weithin Flachland oder niederes Hügelland. Ihre Erhebungen – die Serras Monfurado, Portel und Osse – können sich mit denen des portugiesischen Nordens nicht messen und steigen nur etwa fünfhundert Meter an. Nur die Serra de Mamede bringt es auf tausend Meter. Sie bildet die Grenze zu Spanien.

Alto Alentejo war während des Imperium Romanum Kornkammer. Das jahrhundertelange Latifundiensystem, das, im Gegensatz zur Kleinbauernwirtschaft im Norden Portugals, das Land jenseits des Rio Tejo kennzeichnete, hat der Ergiebigkeit des Bodens geschadet. Er wurde extensiv genutzt. Weite Gebiete erodierten und versteppten. Bei den unregelmäßigen Niederschlägen fehlte Wasser. Heute ist man dabei, durch Irrigation und Wasserspeicherung die Produktivität des Bodens zu fördern. Stauseen gehören zum Bild der Landschaft.

Der eigentliche Reichtum von Alto Alentejo ist die Korkeiche, Sobreiro. Hat man die Stämme geschält, so erscheinen sie rostrot. Solche Korkeichenstämme bestimmen den Charakter weiter Landstriche jenseits des Tejo. Auf den Straßen der Provinz fallen Laster oder Karren, Carrinhos, auf, die mit Stapeln von Rindenplatten, Prandas, bepackt sind.

Der Sobreiro könnte als Wappenbild des Alto Alentejo gelten. Er liefert einen der Hauptexportartikel des Landes, zweihunderttausend Tonnen Kork im Jahr, ein Drittel der Weltproduktion. Alle neun Jahre kann man die Korkeiche schälen, so lange bis der Baum hundertfünfzig Jahre alt ist, dann tritt Erschöpfung ein. Ein weiteres Geschenk des Sobreiro sind die Eicheln, die als Schweinefutter dienen.

Nach der ›Ernte‹ wird Kork in den sechshundert Fabriken des Landes gelagert und dann gekocht. Dies ist notwendig, um Mineralsalze und Gerbstoffe auszuscheiden, auch um die Zellen auszuweiten und dadurch das Produkt weicher und elastischer zu machen; dies erleichtert die Glättung. Nun wird der Kork gebleicht und in Ballen verpackt.

Die Korkgewinnung geht auf das 14. Jahrhundert zurück. Jahrhundertelang stellte man aus der Rinde die Schwimmer der Fischernetze und die Verschlüsse der Weinflaschen her. Kein Material war neutraler und günstiger für die Reifung und Alterung des Weins. Heute ersetzt man die Weinkorken leider oft durch Plastikverschlüsse, die nur ein Fünftel der Kosten verursachen. Die Korkerzeugung ist dadurch nicht zurückgegangen. Der steigende Industriebedarf füllte die Lücke: Kork als Isolations- und Abdichtungsmaterial, für Einlegesohlen, als Korkpapier für Tapeten und Zigaretten-Mundstücke. Auch zur Verbesserung der Akustik in Konzertsälen wird Kork verwendet. Aus Korkschrot fertigt man Preßkork, der sich zu Kunststoffen verarbeiten läßt.

Ferner dehnen sich im Alto Alentejo auf fruchtbaren Lehmböden (Barros) große Anbauflächen aus: Getreide jeder Art, Bohnen, Tomaten, Ölbäume, unter denen Wein gedeiht. Schirmpinien- und Eukalyptushaine setzen Akzente. Am Straßenrand bildet Kalanos, ein Schilf, das man in der Antike zum Schreiben benützte, einen natürlichen Zaun. Manchmal steigt ein pomphafter Torbogen auf, von dem ein gerader Weg durch die Kulturen zum sogenannten ›Monte‹ führt. So heißt hier die Quinta des Feudalherrn, weil sie gewöhnlich auf einer sanften Erhebung liegt. Der Eigentümer, Patrão, hält sich die meiste Zeit in Lissabon auf und kehrt nur gelegentlich auf dem Monte ein. Dort schaltet der Verwalter.

Die Arbeiter auf den Latifundien sind Saisonkräfte. Sie werden tageweise entlohnt. Ihr sozialer Status ist denkbar niedrig. Die soziale Struktur des Alto Alentejo hat zur Folge, daß die Provinz eine besonders hohe Quote an Auswanderern aufweist, die in anderen Ländern eine bessere Existenz suchen. Die Frauen bleiben vielfach zurück, zumindest solange, bis der Ernährer in einem der Industrieländer die materielle Voraussetzung für einen Familien-Umzug geschaffen hat. Nirgendwo in Portugal gibt es so viele ›Witwen von Lebenden‹.

Nordgrenze des Alto Alentejo ist der Rio Tejo. Er müht sich durch Bergland hindurch. Der Einschnitt heißt ›Portas de Rodão‹. Wenn man den Strom, von Beira Baixa kommend, dort überquert hat, ist man bald in dem Städtchen *Nisa*, in der Nähe des gleichnamigen Nebenflusses des Tejo, den man ebenfalls aufgestaut hat. Am Kalkgemäuer der barocken Paróquia, eines Rundbaus, ist ein großes Azulejo-Kreuz angebracht. In *Alpaphão* ziehen sich einstöckige Häuserreihen mit hohen Kaminen die Straße entlang. Hie und da sieht man schon die typischen durchbrochenen Algarve-Kamine, wie aus Papiermaché geschnitten. Als ›weiße Stadt‹ kann man das eng verschachtelte *Castelo de Vide* bezeichnen: alle Häuser sind weiß gekalkt. Was bei einer Barockkirche selten ist: die von Castelo de Vide hat einen niedrigen pyramidenförmigen Vierungsturm.

Portalegre, Fröhliche Pforte, auf einem Ausläufer des Mamede-

Gebirges, nimmt das Motiv von Castelo de Vide in vergrößertem Maßstab wieder auf. Die Stadt ist durch und durch weiß, teilweise steil ansteigend, mit maurischen Anklängen. Ein Gang durch die Bergstadt eröffnet schöne Ausblicke auf Plätze mit wappengeschmückten Adelspalästen, doch auch auf das weite Hügelland des Alto Alentejo. Die mächtige Renaissance-Kathedrale birgt neunzig Barockbilder, die eine ganze Christologie aus der Sicht des 18. Jahrhunderts festhalten. In São Bernardo steht das von dem prominenten Chanterène gestaltete Grabmal des Bischofs Jorge de Melo mit neutestamentlichen Szenen. Portalegre ist ein Zentrum der Korkeichen-Verarbeitung.

Von der Route Portalegre–Estremoz kann man westwärts einen Abstecher nach *Avis* unternehmen, wo der erste nationale Ritterorden Portugals seinen Sitz hatte. Da João I. Großmeister des Ordens war, hat der Ort der bedeutendsten Dynastie des Landes den Namen gegeben. Die Kastell-Reste, die wir in Avis antreffen, entsprechen nicht mehr dem Rang, den die Örtlichkeit einmal gehabt hat.

Estremoz und Vila Viçosa

Um so ergiebiger ist Estremoz. Auch dieser Platz hat in der Geschichte Portugals eine große Rolle gespielt. Die romantische Silhouette entspricht dem noch ganz. Die Stadt hat zwei Ebenen. Die obere breitet sich, mauerumgeben, auf einem flachen Hügel aus, dessen Krönung das Kastell des Königs Dinis ist, mit dem mächtigen Bergfried, der zwei Verteidigungserker aufweist. Am Largo do Castelo liegt die von Afonso Álvares errichtete Kirche Santa Maria do Castelo aus dem Jahre 1559, eine mächtige Halle der Renaissance, die auf hochragenden Pfeilern ruht und letzte manuelinische Anklänge erkennen läßt. Daneben steht eine gotische Loggia des Königs Dinis, die wahrscheinlich einst zu Empfangs- und Gerichtszwecken diente. Die Alcáçova des Königs hat man zur prächtigsten Pousada Portugals umgewandelt, ausgestattet mit Inventar aus Renaissance und Barock. Betreuer der stilvollen Herberge in Schloßformat ist Dom Telmo de Bragança, einer der letzten Namensträger des einstigen Königshauses; die Hausherrin ist deutsch-brasilianischer Abkunft. Das Ehepaar meistert sein Amt mit Grandezza. Bei der Einweihung der Pousada 1970 waren Staatspräsident Américo Thomas und der Erzbischof von Évora zugegen.

Bei der Instandsetzung des Burgreviers hat die Direcção Geral dos Edifícios e Monumentos Nacionais einfühlsame Arbeit geleistet. Eine nationale Weihestätte ist das Gemach, in dem die Heilige Königin am 4.Juli 1336 verstarb. Luisa de Guzman, Gemahlin Joãos IV., hatte den Raum im 17.Jahrhundert in eine Kapelle umwandeln lassen. Der zellenartig kleine Raum ist gut instandgehalten. Die Azulejos des Treppenaufgangs bieten vegetabilen Schmuck. Der Altar enthält ein Bild mit der Heiligen auf dem Totenbett. Aus der Sicht des Barock sieht man ferner das Rosenwunder, den Klostereintritt, Krankheit und Tod der Santa Isabel, die von Engelschwärmen umgeben ist. Auf einem anderen Gemälde sehen wir, wie die Königin zwischen ihren Sohn Afonso ihren Gemahl Dom Dinis tritt, bei jener bedrohlichen Auseinandersetzung zwischen Vater und Sohn im Jahre 1323. Weiterhin sind in der kleinen Kapelle Lazarus, der Heilige der Aussätzigen, und São Filipe de Neri vertreten (Filippo Neri, geboren 1515 in Florenz).

Von der ›Alcáçova Dionisiana‹ aus hatte König Dinis seine Brautwerber nach Aragón entsandt, um Isabel zu gewinnen. Beider Enkel Pedro I. starb ebenfalls in Estremoz (1367). Mit Vorliebe residierte hier der letzte Burgunder, Dom Fernando; hier auch begann die Liebschaft seiner Witwe Leonor Teles zu Dom Andeiro, an der man Anstoß nahm und die gravierende Folgen haben sollte. Und schließlich schloß man in der Alcáçova den Freundschaftsvertrag mit England ab, der eine lange Reihe gemeinsamer politischer und militärischer Unternehmungen durch Jahrhunderte einleitete.

In der Mitte des Largo steht ein leicht stilisiertes Monument der Rainha-Santa, von António Paiva in weiß-rosa Estremoz-Marmor gemeißelt.

Enge, mittelalterlich anmutende Gassen führen vom Largo den

Burgberg hinab, zu den gotischen Toren des oberen Mauerrings. Abends entfaltet sich vor den Haustüren reges nachbarliches Leben. Düsteres Licht brennt in den Tavernen, wo sich Männer vor den Theken zusammendrängen, hinter denen sich bauchige Fässer wölben. Unmittelbar neben der Alcáçova, in schroffem Gefälle des Ambiente und des soziologischen Status, befindet sich das schlichte Stadtgefängnis, in einem Gebäude untergebracht, das sich nicht von den weißen, teilweise von der Zeit patinierten Wohnhäusern der Straßenzeilen unterscheidet. Nur schwere Gitter sind vor den Fenstern. Man kann durch sie in die erleuchteten Zellen der ›armen Sünder‹ hineinblicken, das primitive Mobiliar, die Bettstatt, die Öldrucke an den Wänden einsehen. Die Sträflinge hängen an den Gittern, sprechen mit den vorübergehenden Leuten draußen, grüßen, werden wiedergegrüßt oder jämmerlich beschimpft, erbitten Zigaretten. Diese Zurschaustellung erinnert an den Pranger früherer Zeiten, andererseits ist der Gefangene nicht isoliert, abgesondert, aus der Gesellschaft verstoßen. Sein Kontakt mit der Außenwelt ist trotz der ihm auferlegten Sühne gewahrt; man hat den Eindruck, daß er dies als wohltuend empfindet, daß er die Kommunikation, auch wenn sie sich pharisäisch gibt, annimmt, daß er, obwohl im öffentlich dargebotenen Käfig, nicht ganz aus der Gemeinschaft ausgeschieden wurde gleich einem, der mit einer tödlich ansteckenden Krankheit behaftet ist. Diese Zellen, in die jedermann Einblick hat, zeugen eher von der gemüthaften Humanitas des Landes als von der Lust an Anprangerung. Manchmal bringt man in den der Straße offen zugewandten Arreststuben auch aufsässige Geisteskranke unter.

Durch einen gotischen Torbogen gelangen wir zur Unterstadt. Sie breitet sich ohne Raumnot mit großen, baumbestandenen Plätzen aus.

Am Rossio liegt das Rathaus, ein ehemaliges Kloster. Im Treppenhaus sind Szenen aus dem Leben von São Filipe auf Azulejos wiedergegeben. Die Blaukacheln stammen aus der Zeit der habsburgischen Könige. Diese dokumentierten ihr Gottesgnadentum mit dem Hinweis auf ihren namensverwandten Heiligen. Vielleicht hat aber auch der Respekt, den die portugiesischen Untertanen für die Habsburger empfanden, die Huldigung vor diesem Santo – der vor- und nachher auf portugiesischem Boden kaum auftaucht – zur Folge gehabt.

Man sieht ferner im Rathaus, das während des Halbinselkriegs stark von französischen Bajonetten lädiert worden ist, Jagdszenen, Illustrationen von Bibelsprüchen, eine Stadt, eng zusammengedrängt wie ein Blumenbukett, eine brennende Stadt, einen weinenden Mönch. Die Renaissance-Kirche Misericórdia neben dem Rathaus ist nie vollendet worden. Nun hat man einen Millionenbetrag zum Ausbau des Kirchen-Torsos zur Verfügung gestellt. Die vor einigen Jahren aufgesetzten Türme sind architektonisch leider ebenso unzulänglich wie der moderne Chor.

Die Markttage des Rossio präsentieren echte Folklore. Nicht wegen des ausgebreiteten Früchtesegens oder des Geflügels, das mit lechzenden Schnäbeln und zusammengebundenen Füßen in Kisten gezwängt ist, sondern wegen der naiven Tonware, die man hier feilbietet: Heilige, berittene Soldaten, Marktweiber; es sind die echtesten volkstümlichen Fayencen, die man im Land sehen kann; sie tragen den Namen ›Bonecos‹.

São Francisco liegt am gleichen Platz. Über den gotischen Bögen steigt ein hölzernes Satteldach auf. Am Largo Dom José 1. befindet sich der Tocha-Palast, einer der Herrschaftssitze des Alto Alentejo im Zeitalter des barocken Absolutismus. Azulejos im Treppenhaus verbildlichen die Kämpfe Portugals gegen die habsburgische Bevormundung.

Im hügligen Land um Estremoz breiten sich Kornfelder aus, die sich unter der Sonne des Juni goldgelb verfärben. Im September trotten Maulesel geduldig im Kreis, um mit ihrem monotonen Trab die Getreidemühlen in Gang zu halten. Auf den sanften Anhöhen drehen sich knirschend die Stoff-Flügel der ›moinhos de vento‹.

In unmittelbarer Nachbarschaft von Estremoz liegt *Vila Viçosa*. Es ist die eigentliche Residenz der Bragança nach ihrem Aufstieg. Wie wir sahen, haben sie weder Barcelos noch Bragança in Trás-os-Montes als ihren Hauptsitz gewählt, sondern dem Alto Alentejo den Vorzug gegeben, wo sie über reiche Güter verfügten. Zur Zeit des Venturoso bauten die Herzöge auf den Grundmauern eines maurischen Alkazar ihren Palast auf, der sich heute noch mit langen Fensterreihen am Terreiro do Paço ausstreckt, vor dem Portal ein Reiterdenkmal des ersten Bragança-Königs João IV., des sogenannten Rei Restaurador. Heute ist der mächtige Bau mit seinen Zimmerfluchten Museum. Es bietet Meublement aus der Zeit, im Stil ähnlich eingerichteter Bourbonenschlösser. In der Sala dos Duques hängen Bildnisse der Bragança bis José I., zu Lebzeiten des letzten Monarchen gemalt. Stolz zeigt man die Armaria, die Rüstkammer. Die Galerie des Innenhofs erinnert an den Paço der Bragança in Guimarães.

Mausoleum der Duques – die Könige ruhen ja in Lissabon – ist die Igreja Agostinho, der Duquezas der Mosteiro das Chagas. Nur Leonor de Guzman liegt in der Esperança-Kirche: ihr Gemahl Dom Jaime, ein portugiesischer Othello, hat die Herzogin in einem Anfall von Eifersucht vor versammelter Dienerschaft eigenhändig getötet. Er hatte einen vierzehnjährigen Pagen grundlos verdächtigt.

Am Terreiro steht die Porta dos Nós mit Knoten-Ornamenten. Vielleicht ist dies eine Anspielung auf den Doppelsinn von ›Nós‹, denn der Wappenspruch der Bragança lautet ›Depois de vós – nós‹ – ›Nach Euch kommen wir‹.

Oft hart umkämpfter Grenzort war *Elvas*, nicht weit vom oberen Guadiana und der spanischen Stadt Badajoz entfernt. Die granitene Festung Lippa erinnert dem Namen nach an den Prinzen von Schaumburg-Lippe, der sie 1762-1764 hat erbauen lassen. Die Tore São Vicente, Esquina und Nossa Senhora da Conceição sind doppelt gesichert, geschmückt mit Kartuschen und Trophäen. Die Sé entstammt baugeschichtlich der Mafra-Schule. Die Sakristei ist ganz mit Blaukacheln verkleidet. Wie in Almeida, waren auch in Elvas Kalvarienstationen über das ganze Stadtareal verteilt; fünf sind noch vorhanden.

Sieben Kilometer lang ist der nahebei gelegene vierstöckige *Aquädukt von Amoreira* aus dem 16. und 17.Jahrhundert, eine der größten historischen Wasserleitungen der Welt. Die weiteste Spannung der über achthundert Bögen beträgt einunddreißig Meter.

Die weiße Stadt: Évora

Hauptstadt des Alto Alentejo ist *Évora*, eine der anmutigsten Städte Portugals, mit einer geschichtlichen Tradition, die auf die Römer zurückgeht. Damals hieß der Platz Liberalitas Julia.

Man kann Évora gleich Castelo de Vide ›die weiße Stadt‹ nennen. Das Weiß des Kalks fällt schon bei der Anfahrt ins Auge. Das Stadtpanorama baut sich gestaffelt auf einem Hügel auf. Dieses Weiß des ungemein geschlossenen und fast monolithischen Stadtgebildes kam, wie alte Miniaturen anzeigen, im Mittelalter noch kristallener, gesammelter zum Ausdruck, zumal der Mauerring damals die Stadt eng zusammenfaßte und sie nicht in die Ebene hinausflutete. Von der mittelalterlichen Umgürtung sind noch Teile erhalten. Auch die Bastionen des 17. Jahrhunderts haben die Zeiten überdauert. Wie in Porto, erinnert auch hier eine Estrada de Circunvalação an den ehemaligen Mauerring.

Reinhold Schneider hat von Évora als von der »Stadt des Lichts« gesprochen, auch von der »ungeheuren Macht des Lichts«, der die ganze Umgebung zum Opfer fällt und die ihren Partner in diesem hellen Stadtpanorama findet.

Aus der Zeit der Römer sind gleichfalls Mauerreste erhalten geblieben. Vor allem aber steht auf dem höchsten Punkt Évoras das neben Conimbriga besterhaltene und ansehnlichste Denkmal aus der Zeit des Imperium Romanum: ein nicht allzu großer *Tempel* mit stark kannelierten korinthischen Säulen, die noch einen Teil des Gebälks tragen. Wie alle römischen Sanktuarien erhebt sich das Bauwerk, dem man den willkürlichen Namen Diana-Tempel gegeben hat, auf einem Stylobat, zu dem eine Freitreppe hinaufführt. Die besondere Lage macht es wahrscheinlich, daß dies der Haupttempel gewesen ist und daß sich an ihn das von Arkadengängen umgebene Forum angeschlossen hat. Das Gebäude hat später lange Zeit als Schlachthaus gedient – ein Glück, denn der Verwendungszweck hat den Abriß so lange verhindert, bis das erwachende geschichtliche Interesse für eine endgültige Konservierung gesorgt hat. Das Museu Regional von Évora bewahrt bewegliche Objekte aus der Liberalitas Julia, so das Bruchstück der Statuette einer Tänzerin, deren graziöser Körper so durch das bewegte Gewand hindurchscheint, daß man annehmen könnte, dieses sei ›koisch‹ gewesen, nämlich aus einem jener durchsichtigen Stoffe der Insel Kos gefertigt.

In der Epoche der arabischen Okkupation hieß Évora Yebora; dieser Name hat den heutigen bestimmt. Im Zuge der Reconquista hat Geraldo Sempavor, der ›Cid‹ Afonsos Henriques, die Stadt 1165 mit Sturmleitern eingenommen. Er enthauptete dabei den Sultan und dessen Tochter, die zuvor Geraldos Geliebte war. Im Stadtwappen von Évora sehen wir darum einen Ritter und zwei abgeschlagene Köpfe.

Der Lebenslauf Geraldos zeigt den Weg von Chaos und Barbarismus zum Ethos an. Gerald – der Name deutet auf germanische Herkunft – rebellierte gegen den Sohn Heinrichs von Burgund. Um der Verfolgung zu entgehen, suchte er Unterschlupf in den Wäldern des Alto Alentejo, von wo aus er mit seinen Spießgesellen die Gegend unsicher machte. Dann aber beschloß er, durch eine schneidige Tat die Gnade seines Herrn wiederzugewinnen. Im Handstreich nahm er den Ungläubigen Évora ab und übergab die Stadt dem König. Damals errang er den Beinamen ›Ohnefurcht‹.

Dem König Portugals war nicht daran gelegen, den reuigen Gefolgsmann, der ihm weiterhin gute Dienste leisten konnte, zurückzustoßen. Er machte ihn zum Gouverneur von Évora. Die Bürger sahen den bisherigen Guerrilleiro nun als Herrn. Als Matamoro schlug er für Afonso Henriques noch manche Bresche in die Frontstellung der Mauren. Camões hat in seiner Eloge der Stadt Évora den Furchtlosen nicht vergessen:

> Eis a nobre Cidade, certo assento,
> Do rebelde Sertório antigamente,
> Onde ora as aguas nitidas de argento,
> Vem sustentar de longo a terra, e a gente,
> Pelos arcos reais, que cento e cento
> Nos ares se alevanão nobremente,
> Obedeceo por meio e ousadia
> De Giraldo, que medos não temia.

DIE WEISSE STADT: ÉVORA

> Sieh! auch die Stadt, die edle, des Rebellen
> Sertorius Sitz und Vest' in alter Zeit,
> Wo Wasser jetzt, entführt aus Silberquellen,
> Labung der Gegend und dem Volk verleiht,
> Auf königlichen Bogen und Gestellen,
> Hundert zu hundert stolz emporgereiht –
> Auch sie ergibt sich, durch die List des kecken
> Geraldo, den Gefahren nicht erschrecken.

Évora zählte neben Lissabon und Porto zu den Städten, die sich als erste für den Großmeister von Avis erklärten. João I. hat sich ihr dankbar erwiesen und sie ›sehr edel und immer treu‹ genannt. Was für die Burgunder Coimbra war, für die Bragança Vila Viçosa, das war Évora für die Avis: die vielgeliebte, oft besuchte und geförderte Stadt. An Einwohnerzahl wurde sie damals nur von Lissabon übertroffen. Einmal allerdings war sie Zentrum des Aufruhrs gegen einen der Avis.

Unter der Krone Afonsos V. hatte sich Portugals Adel einer gewissen Selbständigkeit erfreut. João II., sein Nachfolger, legte hingegen einen unbeugsamen Sinn und eine selbstherrliche Attitüde an den Tag. Als Renaissance-Natur bestand er auf den Vorrechten der Krone gegenüber Klerus und Adel. Beim Krönungsakt mußte die Alta Sociedade, Portugals noble Oberschicht, dem König kniend Gehorsam geloben und die Vasallenpflichten nach einer von João verfaßten Formel aufzählen.

Dies führte zum Aufruhr der Mächtigen. Ihr Anführer war der Enkel des Grafen von Barcelos, des Ahnherrn des Hauses Bragança, Herzog Fernando, nach dem König der vermögendste Mann des Landes. Ein geheimer Briefwechsel Fernandos mit dem Haus Kastilien wurde João II. in die Hände gespielt. Der König ließ den Herzog nach einem langen Gespräch gespielten Wohlwollens in Évora unvermittelt verhaften. Sofort besetzten die königlichen Truppen die Kastelle des Duque. Das von João II. einberaumte Gericht tagte drei Wochen. Es verurteilte den angeklagten Herzog einstimmig zum Tode – wer hätte dem König widersprechen wollen? Im Juni 1483 fiel das Haupt Fernandos auf der Praça do Giraldo von Évora unterm Schwert.

Der römische Triumphbogen, der sich damals auf dem Platz erhob, ist 1570 abgebrochen und durch den Renaissance-Brunnen ersetzt worden, der heute noch steht, ein Werk übrigens von Afonso Álvares, der ein Onkel von Baltasar Álvares gewesen ist.

Die Flamme des Aufruhrs war mit dem entschlossenen Zugriff des Königs nicht gelöscht. Sein eigener Schwager, Herzog Diogo von Viseu – ein Bruder des nachmaligen Königs Manuel I. – revoltierte. Anläßlich eines Festes in Setúbal 1484 bat der König seinen Schwager, in sein Zimmer zu kommen, wo er ihn eigenhändig erdolchte. Der wichtigste Mitverschworene, Bischof Garcia de Menezes von Évora, wurde in Setúbal eingekerkert. Er starb kurz darauf, einem Gerücht zufolge an Gift.

Nachdem João II. seine Herrschaft gesichert wußte, ging er an sein eigentliches Lebenswerk: den Ausbau der Seeherrschaft Portugals. Damit setzte er das fort, was sein Großonkel Heinrich der Seefahrer in die Wege geleitet hatte.

Es gibt Stimmen, die João II. für den bedeutendsten Avis-König halten. Sicher war er der willensstärkste. Er duldete keine Macht und Meinung neben sich. Sein Zorn war gefürchtet. Doch unter ihm sind die ersten Entdeckungsfahrten unternommen worden, die mehr waren als Vorspiel. Auf Joãos II. Leistung konnte der Venturoso, sein Schwager und Nachfolger, aufbauen. Die Größe des Königs, der weitsichtig plante und nur im Falle des Kolumbus irrte, ist schon von den Zeitgenossen erkannt worden, indem sie ihn den ›Vollkommenen Fürsten‹ nannten.

Daß João II. den bei ihm antichambrierenden Kolumbus ablehnte, versteht sich aus seiner Zeit. Ein nachträgliches Urteil ist billig. Das Ziel des portugiesischen Königs war der Seeweg nach Indien. Kolumbus bot ihn, auf die Kugelgestalt der Erde vertrauend, auf der Westroute an. Doch auf der Westroute ist Indien 270 Längengrade von Lissabon entfernt, auf der Ostroute nur 90. Daß in Richtung West bald ein neuer, reicher Kontinent, die Neue Welt, entdeckt werden sollte, konnte damals kein Mensch wissen.

Kolumbus kam von Italien zuerst nach Portugal. Dort hatte er 1479 Filipa Moniz geehelicht, die ihm den legitimen Sohn Diego gebar. Der Genuese freundete sich in Lissabon mit dem Nürnberger Martin Behaim an. Seine erste seemännische Unternehmung vollzog sich unter portugiesischer Flagge: nach Guinea. 1484 trat er erstmals dem Avis-König João II. gegenüber, der seine Pläne als Phantastereien ansah.

Als der glückliche Entdecker Amerikas am 6. März 1493 wieder Europa erreichte, ankerte er zunächst am Ufer der Tejo-Mündung. An Bord seines Schiffes, der ›Niña‹, stieg ein portugiesischer Unterhändler.

»Der Anführer forderte mich auf«, heißt es im Logbuch des Kolumbus, »ich möge ihm meine Papiere zeigen. Ich zeigte ihm nur das Rundschreiben des Königs und der Königin von Spanien und bemerkte in spöttischem Ton, daß er nun sicherlich sofort für Lebensmittel und Trinkwasser sorgen würde. Er zuckte nur die Achseln und verließ die ›Niña‹, ohne ein weiteres Wort zu verlieren. Später erfuhr ich, daß mein ungebetener Gast Bartolomeu Dias gewesen war.«

Unter dem Datum vom 10. März schrieb der Genuese: »Der König empfing mich mit großem Pomp und ließ sich von mir ausführlich über meine Entdeckungsreise berichten. Immer wieder versicherte er, wie sehr er es mir gönne, daß ich mein Ziel doch erreicht hätte. Was in ihm wirklich vorging, kam erst am Ende der Unterredung zutage. Er meinte lächelnd, es gebühre mir seine ganze Dankbarkeit, da die Früchte meiner Entdeckung Portugal zufallen würden; gemäß dem zwischen Kastilien und Portugal im Jahre 1479 geschlossenen Vertrag gehöre nämlich das von mir entdeckte Gebiet der Krone Portugals. Ich antwortete ruhig, von diesem Vertrag wisse ich nichts, ich hätte als treuer Untertan den Befehl ausgeführt, der mir von dem spanischen Herrscherpaar erteilt worden sei. Dieser Befehl habe gelautet, Afrika zu meiden und den Westweg nach Indien zu suchen. João II. lächelte wieder, als er das hörte, und äußerte, die Entscheidung, wer im Recht sei, werde wohl ein Dritter fällen müssen. Er entließ mich gnädig, nachdem er Befehl gegeben hatte, alle meine Wünsche zu erfüllen und dafür zu sorgen, daß mir und meiner Mannschaft nichts abginge. Für mich brauche ich nun nichts mehr zu befürchten, aber ich fürchte für meine Entdeckung, denn es ist ungewiß, wie der Dritte, von dem der König gesprochen hat, entscheiden wird.«

Der »Dritte« war niemand anderes als das Schiedsgericht von Tordesillas, das 1494, noch zu Lebzeiten Joãos II., am Rio Duero zusammentrat, um den Globus zwischen Spanien und Portugal aufzuteilen, wobei der größte Teil der Neuen Welt den Spaniern zugesprochen wurde.

In diesem weltgeschichtlichen Konflikt war der Avis-König

João II. der Gegenspieler der Katholischen Könige Spaniens. Was ihm im Interesse der portugiesischen Außenpolitik auf alle Fälle anzurechnen ist: er schob das Trugbild der Kreuzzugsidee beiseite zugunsten realer, nutzbringender Unternehmungen. Er gab die Menschen und Material verschwendenden Kämpfe in Marokko auf, die nichts einbrachten und auch als Rückendeckung für die Westafrika-Route der portugiesischen Schiffahrt nicht notwendig waren. Maßvoll knüpfte er an die Realpolitik seines Großonkels, des Regenten Pedro, an. Selbst Heinrich der Seefahrer hatte seine und Portugals Kräfte zersplittert, indem er neben den eigentlichen Zielen der maritimen Erkundungen immer wieder auf die Karte Nordafrika setzte. Der Neffe des Seefahrers, Afonso v., war eine mystische, franziskanische Natur; er verrannte sich ausschließlich in die vergeblichen Abenteuer einer Offensive gegen den Islam, gewissermaßen einer Fortsetzung der Reconquista auf afrikanischem Boden. Unter ihm stagnierte die überseeische Expansion. Der Beiname ›Der Afrikaner‹ ist darum aus späterer Sicht eher eine Einschränkung als ein Lob, die Kennzeichnung eines Irrwahns, dem greifbarer Gewinn fernlag. Insofern ist Afonso in Portugals Geschichte die letzte Erscheinung des Mittelalters gewesen, während João II., unterstützt von der neuen sachlichen Welterkenntnis der Renaissance, bereits die Neuzeit einleitete.

Der Name des Königs ist mit verschiedenen Bauten in Évora verknüpft. So geht auf ihn die *Königliche Kirche São Francisco* in ihrer heutigen Gestalt zurück, an der Stelle eines früheren Gebäudes, das laut Zeugnis des Chronisten Frei Jerónimo de Belém bereits im Sterbejahr des heiligen Franziskus (1226) gegründet worden war. Afonso v., der Förderer der Minoriten, hatte 1475 in der Sala dos Estudos des Klosters für längere Zeit Quartier genommen, auf der Höhe seiner Auseinandersetzungen mit den Katholischen Königen. In der früheren Kirche wurden der Infant Pedro – später Pedro I. – und Dona Constanza von Kastilien getraut, deren Hofdame bekanntlich Inês de Castro gewesen ist. An der heutigen Kirche haben bedeutende Künstler gewirkt: der Manuelist Diogo de Arruda, ein Sohn der Stadt, und der Renaissance-Bildhauer Olivier von Gent, dem der Retablo zu danken ist – allerdings hat dieser 1773 einen neuen polychromen Rahmen bekommen.

Das einschiffige Innere von São Francisco ist einer der schönsten Kirchenräume des Landes, im Stil der Alentejo-Gotik vollkommen aus unverputztem rotbraunem, gefugtem Mauerwerk. Am Gewölbe des Langhauses läuft eine Scheitelrippe entlang. Die gleichfalls gefugten Gurte, die wie die Spanten eines Schiffsleibs zum Gewölbescheitel führen, lasten auf Diensten. Jeweils innerhalb eines Joches führen Rippen zu den Stichkappen.

1536 wurde unter einer Platte des Langschiffs Gil Vicente beigesetzt. Viele seiner Stücke sind in Évora vor dem Hof aufgeführt worden, so ›Auto Pastoril Português‹ – ›Portugiesisches Hirtenspiel‹ zu Weihnachten 1523, ›Farsa das Ciganas‹ – ›Zigeunerinnen-Farce‹ zu Ostern 1525, ›Floresta dos Enganos‹ – ›Garten der Irrtümer‹ 1536; dies war sein letztes Werk.

Kapellen der Querschiffarme enthalten Talha dourada und barocke Ölbilder franziskanischer Heiliger. Durch die barocke Capela do Senhor dos Passos gelangt man in die makabre Casa dos Ossos, die zur Zeit Joãos III. geschaffen worden ist – aus Knochen. Dies ist nicht etwa ein Beinhaus; Schädel und Gebeine sind akkurat geordnet als ›Baumaterial‹ für Wände, Pfeiler und Gewölbe verwendet. Nur die niedrigen Felder sind aus glasierten Fliesen gefertigt. Das Memento mori gehörte wie die Sinnenfreude zum barocken Lebensgefühl; die Knochenkammer ist allerdings trotz vieler barocker Attribute schon während der späten Renaissance begonnen worden. Man liest den ›einladenden‹ Spruch: »Nós ossos que aqui estamos, pelos vossos esperamos« – »Wir Knochen, die wir hier versammelt sind, warten auf die euren«. Am Eingang der Casa hängen merkwürdige Votivgaben: abgeschnittene Zöpfe.

Der Außenbau ist ein hochaufragendes Schiff mit einem flach ansteigenden Giebel. Das Gesims trägt rundum diademartige Zinnen; die torsierten Türmchen an den Ecken gleichen Erkern. Vor die Fassade hat man eine fünfbogige Vorhalle gesetzt. Über dem Portikus ist ein einziges Maßwerkfenster zisterziensischer Prägung eingelassen.

Im Hochmittelalter wohnten die Könige bei den Mönchen. Manuel I. war diese Unterkunft zu unbequem, auch zu unköniglich, so daß er in dem nach ihm benannten Stil einen aufwendigen Palast anbaute. In späteren Jahrhunderten empfanden die Minoriten diesen als störend, so daß sie ihn nach und nach abrissen, um für eigene Nutzbauten Platz zu schaffen. Nur ein einziger Trakt des Avis-Palastes ist erhalten geblieben, die sogenannte Galeria das Damas. Der stark renovierte Bau liegt in einem ausgedehnten Park, nicht weit von der Minoritenkirche. Ein turmartiger Mitteltrakt ruht auf nadelschlanken Säulen orientalischer Prägung; Seitenflügel auf Arkadenbögen schließen sich an.

São Francisco liegt am Fuß des Stadthügels. Gleichfalls in der Unterstadt und schon außerhalb des Mauerrings treffen wir auf das kleine, intime Gotteshaus *Eremida São Brás*.

Dem heiligen Blasius wurde in Portugal stets große Verehrung zuteil. Als Bischof von Sebaste in Armenien hatte er 316 unter Licinius das Martyrium erlitten. Er gehört zu den Vierzehn Nothelfern. Da er im Gefängnis einen Knaben, der eine Gräte verschluckt hatte, vor dem Erstickungstod rettete, gilt er als Patron der Ärzte. Auch schützt er das Vieh, namentlich die Pferde.

São Brás ist vielleicht die ungewöhnlichste Kirche Portugals. Auf jeder Längsseite gliedern sechs Rundtürme mit Kegel-Aufsatz den Baukörper. Das Flachdach ist von hohen Zinnen umkränzt. Ein gotischer Portikus von der Höhe des Gesamtgebäudes springt weit vor. Das Gemäuer trägt einen gelbbraunen Bewurf. Reinhold Schneider hat dem Bau keine freundlichen Worte gewidmet, indem er ihn mit der Tarasque verglich, dem Monstrum der Provence; in den Zinnen sah er »Zacken auf dem Rücken des Untiers«. Der Vergleich des scharfen Beobachters, als der sich Schneider neben meditativer Deutung erweist, kann auch positiv ausgemünzt werden: indem die aus dem Geist des Mudéjar stammende Bizarrerie des Gebäudes seinen besonderen Reiz ausmacht. Trotz gewisser Exzentrik entbehrt die Einsiedelei nicht einer maßvollen Ausgewogenheit. Die flankierenden Türme sind ein Element der Gliederung und erinnern an die Halbsäulen an der Cella antiker Tempel. Daß eine Kirche mit antiken Assoziationen in einer alten Römerstadt liegt, ist ein sinniges Spiel des Zufalls.

Das Gotteshaus ist 1485 aus der Not eines Pestjahres entstanden. Erbauer waren João II. und Bischof Garcia de Menezes – jene Persönlichkeiten, die sich kurz danach in messerscharfer Gegnerschaft gegenüberstanden.

Blickt man auf die Silhouette Évoras, so nimmt die Sé mit ihren drei Haupttürmen den höchsten Platz ein. Sie ist mit siebzig Metern Länge zugleich das größte christliche Sanktuarium Portugals. Die Umrisse der Fassade setzen die *Kathedrale von Évora* an die Seite ihrer ›Schwestern‹ in Lissabon, Coimbra und Porto: festungsartig, zinnenbehaftet, mit dominierendem Portal, geradezu eine ›Himmelspforte‹. Die auch in der Fensterstellung asymmetrischen Türme tragen verschiedene Helmkuppen. Der von kleinen Türmen umgebene oktogonale Vierungsturm hat einen massiven, geschuppten Helm, wie ihn auch die alte, romanische Kathedrale von Salamanca besitzt. Dies ist eine baugeschichtliche Verbindungslinie, die bis nach Poitou in Südfrankreich reicht.

Am Portalgewände stehen Apostelstatuen von archaischer Ausdruckskraft. Sie nehmen keine statuarische En-face-Haltung ein, sondern sind, sich wechselseitig einander zuwendend, in angeregtem Gespräch dargestellt, indem sie mit dem Finger auf das Heilige Buch in ihren Händen weisen. Petrus trägt gleich einen ganzen Schlüsselbund. Neben den Portalfiguren der Matriz in Viana do Castelo sind sie die schönsten, die die Bauplastik Portugals darbietet.

Das Innere der dreischiffigen Sé ist wie bei São Francisco aus unverputzten, weißgefugten Quadern errichtet. Eine Spitztonne überwölbt die noch ganz romanisch strukturierten Arkaden, über denen eine Zwerggalerie liegt. Der Chor bietet im Gegensatz zum romanisch-gotischen Mittelalter des Langhauses das Barock des Mafra-Erbauers Johann Friedrich Ludwig. Von der maßvollen Ausstattung des Innenraums seien die Renaissance-Orgel mit Horizontalpfeifen und die Malereien von Gregório Lopes – Auffindung des Heiligen Kreuzes, Sankt Peter – erwähnt. Die manuelinische Kapelle Piedade birgt den Túmulo von João Mendes de Vasconcelos, der Botschafter Manuels und Joãos III. am Hof Karls V. war.

Der Claustro aus dem 13. Jahrhundert gehört zu den klassischen Kreuzgängen der Gotik, die Portugal aufzuweisen hat. Über eine Wendeltreppe gelangt man zur oberen Galerie.

In der Sakristei der Sé befindet sich ein Museu de Arte Sacra *mit erstrangigen Ausstellungsstücken. Aus Paris stammt eine elfenbeinerne Madonnenfigur, sitzend mit Kind, die man zu einem Triptychon öffnen kann: in drei Zonen des kleinen Kunstwerks aus dem 13. Jahrhundert sind in subtiler Schnitzarbeit minutiöse Marienszenen aneinandergereiht. Ferner birgt das Museum ein Reliquienkreuz mit 840 Diamanten und 1426 weiteren Edelsteinen sowie einige Kustodien aus vergoldetem Silber, die teilweise an die berühmteste des Landes, diejenige Gil Vicentes im ›Haus der Grünen Fenster‹, erinnern.*

Neben João II. ist der Kardinal Henrique derjenige Avis, der die engsten Beziehungen zu Évora hatte. Ihm verdankt die Stadt ihre *Universität*, die von den Jesuiten unterhalten wurde, bis Pombal 1759 die Gesellschaft Jesu außer Landes verwies. Der geräumige Innenhof der klösterlichen Hochschule hat doppelte Arkaden; über dem Hauptflügel ragt ein Wappen wie ein Retablo empor. Der Konvent *Nossa Senhora da Graça* nimmt, wie oft in Portugal, die Architektursprache Palladios auf. Manuelismus bietet der *Palácio dos Duques de Cadaval*, ein pavillonartiger Anbau trägt gezackte Hufeisenbögen zur Schau, die ein Kegeldach tragen. Hier tagte das Tribunal Joãos II., das den Herzog von Bragança zur Enthauptung auf der Praça do Giraldo verurteilte.

Die Hügelstadt des Lichts ist stolz auf ihre großen Söhne. António Augusto Mendes Correia, Professor in Porto, hat in seinen ›Paças do Império‹ ausgerechnet, aus welchen Städten die 452 berühmtesten Persönlichkeiten des Landes stammen. 236 davon waren aus Lissabon, Coimbra, Porto und – Évora. Zu den Evorensern zählten die beiden Arrudas sowie Fernando Noronha, der Entdecker der gleichnamigen Atlantikinsel.

Beja

Auf der Straße von Évora nach Beja steigt zwischen Ölbaum-Kulturen mächtig das Kastell von *Portel* auf, ein Bergfried sowie ein von Rundtürmen flankiertes Gemäuer, für das die Burg von Angers, der Hauptstadt von Anjou, Modell gewesen sein mag. João Peres de Aboim, Portugals namhafter Troubadour, hat unter Afonso III. im 13. Jahrhundert die Anlage begründet. Später ging sie in die Hände der im Alentejo einflußreichen Bragança über.

Nicht weit vor Beja erreicht man *Vidigueira*. Manuel I. hatte das Dorf zur Grafschaft erhoben, um damit seinen Schützling, den aus Sines am Atlantik stammenden Vasco da Gama, zu belehnen. Der Entdecker des Seewegs nach Indien starb 1524 in Cochim in Südasien, wünschte aber testamentarisch, in Vidigueira bestattet zu werden. 1538 erfüllte sein Sohn Pedro da Gama den Wunsch, indem er seinen Vater nach Alentejo überführen ließ. Der Entdecker soll in der Kapelle Nossa Senhora das Relíquias gelegen haben. 1880 wurden seine mutmaßlichen Gebeine im Jerónimos-Kloster in Belém endgültig beigesetzt.

Wo Vasco da Gama in Vidigueira gewohnt hat, weiß man nicht. Nur ein Stein mit seinem Wappen zeugt von ihm, ein von fünf gleichen Blüten gekrönter Schild. Die Forschung glaubt, der Entdecker habe eine Zeitlang in den Casas Pintadas in Évora zugebracht, einem Haus mit Renaissance-Fresken, die mythische Wesen und allerlei Tiere darstellen. Der Grabtext da Gamas an seinem Sterbeort lautete: »Aqui jaz o grande argonauta Dom Vasco da Gama primeiro Conde da Vidigueira Almirante das Índias Orientães e seu famoso descobridor« – »Hier liegt der große Argonaut Dom Vasco da Gama, erster Graf von Vidigueira, Admiral Ostindiens und dessen ruhmreicher Entdecker«.

Beja, mitten im Flachland, heißt ›Rainha da Planície‹ – ›Königin der Ebene‹. Es hat bereits afrikanisches Gepräge – weißgekalkte Häuser, Eisengitter an den Fenstern, gußeiserne Laternen an den Straßenecken, Blumentöpfe, Schwibbögen über den Travessas. Die Arkadengänge, die hier so stark vertreten sind wie in Évora, erinnern allerdings mehr an Tirol. Beja hat große, aus dem Geist der Renaissance geschaffene Platzanlagen, doch auch verschwiegene Winkel und insgesamt das, was man Ambiente nennt. Man liest immer wieder, die Stadt sei verhältnismäßig reizlos. Man kann dem nicht zustimmen und muß Carlos Lobo de Oliveira Recht geben, der von der Kapitale des Baixo Alentejo gesagt hat: »Dizer que Beja não tem nada que ver é não saber ver« – »Zu sagen, Beja biete nichts zu sehen, heißt, unfähig sein, zu sehen«.

Inmitten eines großen Stücks Stadtmauer erhebt sich die vielleicht majestätischste Torre de Menágem Portugals. Sie ist mit kaminartigen Zinnen versehen und hat im Oberteil einen Balustraden-Umgang, der auf Konsolen im Stil der Renaissance ruht. Da der Turm das Weizenland ringsum überragt, kann man ihn schon von weitem als Wahrzeichen der Stadt erkennen.

Auch in Beja begegnen wir wieder der volkstümlichen Königin Leonor als Denkmalfigur. Die Schwester Dom Manuels steht auf einer schattigen Terrasse. Die Stadt verdankt ihr das Armenhaus Misericórdia, das heute noch bewohnt ist. In unmittelbarer Nähe, an der langgestreckten, laubenumsäumten Praça da República, hat Dom Luís, Sohn des Venturoso, im 16. Jahrhundert eine nach außen offene Markthalle errichtet. In origineller Weise baute man später eine Kapelle an, für die nunmehr die Halle Dom Luís' als geräumiger Portikus dient. Er gibt dem Platz sein besonderes Gesicht. Eigenwillig ist auch der manuelinische Pelourinho, um dessen Stamm sich ein Tau windet. Das Wort Pelourinho heißt ›Pranger‹, doch gewiß diente nicht jeder dem Zweck der Pönitenz. Viele waren Gerichtssäulen oder Freiheitsmale als Symbol der ›Liberdades municipais‹. Auch hat man zur Erinnerung an das Entdeckungszeitalter sogenannte ›Padrões dos descobrimentos‹ aufgestellt, versehen mit den Jubiläumsdaten. Die Praça da República hieß früher passender Praça de Dom Manuel.

Neben der mit ihrem Portikus, der ehemaligen Markthalle des Dom Luís, an die Portici der Toscana erinnernden *Misericórdia* aus dem Jahre 1550 bietet die gotische Kirche *Santa Maria* ein nicht alltägliches Beispiel der Kirchenbaukunst Portugals. Ganz in Weiß, präsentiert sie vor ihrer Spitzbogen-Entrada fünf Türme mit konischer Spitze – ähnlich wie bei São Brás in Évora oder bei der kleinen festungsartigen Kirche Santo André nicht weit außerhalb von Beja. Diese Gliederung durch rundturmähnliche Strebepfeiler ist eine lokale Eigenart, die überzeugt – die Türme wirken nicht ›angeklebt‹.

Die meistbesuchte Sehenswürdigkeit von Beja ist der Konvent *Nossa Senhora da Conceição*. Von ihm sind nur Kirche und Kreuzgang erhalten geblieben. An der Seitenfront der Igreja gelangen wir über einen Terrassenaufgang zu einem prächtigen manuelinischen Portal. Das Gesims des Gebäudes trägt eine Vierpaß-Dekoration in Form einer durchbrochenen Balustrade.

Die Innenräume bergen heute ein Museum, in das man durch die churrigureske Kirche tritt. Unter den Gemälden hat ein ›Ecce Homo‹ aus dem 14. Jahrhundert Rang. Von dem sogenannten Monogramista AV stammt ein ganzfigürliches Bild des portugiesischen Nationalheiligen São Vicente mit Tonsur, in den Armen Schiff und Evangelium. Die volkstümliche, strenge Darstellung nannte Dagoberto L. Markl »iconograficamente portuguesíssimo« – »ikonographisch ganz und gar portugiesisch«. Das *Museu Rainha Dona Leonor* verwahrt ferner die Sarkophage der Eltern des Venturoso, des Herzogs Fernando von Beja und seiner Gemahlin Brites. Dokumentarisch anziehend sind die Gedenkstücke von Soror Mariana, einer Nonne, die jahrhundertelang von sich reden machte. Hier hat sie den größten Teil ihres Lebens verbracht. In einem eigenen Raum sind Ausgaben ihrer berühmten ›Bekenntnisse‹ in verschiedensten Übersetzungen zur Schau gestellt. Sie haben mehr Aufsehen bewirkt als manches Literaturwerk von Gewicht, obwohl sie nur schmale dreißig Seiten füllen. Sie trugen den Namen Beja weit über die Grenzen Portugals.

Liebesbriefe einer Nonne

Im Jahre 1669 erregte ein in Paris edierter Briefwechsel die Gemüter. Es war eine Sammlung von Liebesbriefen mit dem Titel ›Lettres Portugaises, traduites en français‹. Das war nichts Ungewöhnliches für eine Zeit, der Sentiment nicht fremd gewesen ist. Das Sensationelle an dem ›Bestseller‹ der Epoche der Allonge-Perücken war der Umstand, daß die Schreiberin – eine Nonne war.

Ihr Name blieb anonym. Erst 1810 kam ein gewisser Boissonade dem steten Drang nach ›Enthüllungen‹ nach und identifizierte den Namen der Braut Christi. Der Portugiese Cordeiro übermittelte 1890 Fakten über ihre Biographie. Nun wußte man, daß die mysteriöse Liebende, die Generationen beschäftigt hatte, Mariana Alcoforado hieß, geboren 1640, im Jahr der Rückgewinnung der portugiesischen Selbständigkeit von spanischem Joch, Tochter des Offiziers und Bragança-Anhängers Francisco Alcoforado und der vermögenden Leonor Menezes, die bei Beja begütert war.

Mariana nahm sich nach dem Tod der Mutter der Erziehung ihrer jüngeren Schwester Peregrina Maria an. In jungen Jahren entsagte sie der Welt und trat in den Konvent Nossa Senhora da Conceição ein. Ihre Natur schien sich jedoch nicht in das Gebot der Abtötung der Sinne zu fügen.

1665 versuchte Spanien, die Herrschaft über Portugal zurückzugewinnen. Es kam zum Krieg. Ludwig XIV. unterstützte Lissabon. Er schickte den Portugiesen einen berühmten Feldherrn, den aus Deutschland stammenden General Frédéric-Armand de Schomberg, an den heute noch einige Küstenforts am Atlantik erinnern. In seinem Regiment diente der junge Offizier Noël Bouton Marquis de Chamilly, doch auch Marianas Bruder Baltasar. Die beiden waren befreundet und lagen in Beja in Garnison.

Dort mögen Einheiten des Regiments öfter am Konvent Nossa Senhora da Conceição vorbeigeritten sein. Die Nonne schaute aus einem der vergitterten Fenster. Die Blicke trafen sich. Es blieb nicht dabei. Durch Marianas Bruder wurde die Verbindung zu dem Marquis hergestellt. Ungeachtet des Gelöbnisses und der Klostermauern begann eine Affäre. Man zeigt heute noch den Einstieg, durch den Chamilly sich heimlich in den Konvent begeben haben soll.

1667 kehrte er nach Beendigung der kriegerischen Mission ohne Abschied von Mariana nach Frankreich zurück. Hier setzen die Briefe der Nonne ein, erst voll Saudade, die letzten enttäuscht, resignierend und voller Vorwürfe der verbittert Zurückgebliebenen. Es wird gesagt, der Marquis habe in Paris die Briefe belustigt seinen Kameraden vorgelesen.

»Ich kann nicht leugnen«, heißt es in einer der ersten Episteln, »meine Liebe zu Dir hat mir überaus seelige Überraschungen bereitet. Du hättest Gelegenheit gehabt, zu erfahren, daß man bedeutend glücklicher ist und etwas Rührendes fühlt, wenn man selbst heftig liebt, als wenn man sich lieben läßt. Ich hänge nicht so sehr an Dir als an meiner eigenen Leidenschaft.« Und weiter: »Warum diese Vermessenheit, mich unglücklich zu machen? Was ließest Du mich nicht in Frieden in meinem Kloster? Hatte ich Dir etwas angetan? Du hast mir so lange zugesetzt, bis ich vollständig eingenommen war ..., bis meine Seele gelähmt war, bis mein Leib in Deinem Leib Erlösung suchte und fand, Dein Feuer hat mich in Brand

gesetzt, schließlich waren da noch Deine Schwüre, mich sicher zu machen. Ich weiß noch so genau, daß Deine Bewegtheit und Deine Eleganz, die mir Kopf und Herz einnahmen, nur von ein bißchen Lust aufgeregt war und mit ihr zugleich aufhörte. Was hast Du gerade mich ausfindig gemacht, um mich in dieses Elend zu stürzen?«

Zuerst müht sie sich noch, sich ihre außergewöhnliche Liebe selber klarzumachen, ihre Liaison psychologisch zu durchleuchten:

»Ich versuche gegenwärtig, Dich zu entschuldigen, ich begreife, daß eine Nonne im allgemeinen nicht sehr zur Liebe geeignet ist. Und doch wieder scheint es mir, man sollte, wenn man bei der Wahl der Geliebten mit einiger Überlegung vorgeht, gerade die Nonnen eigentlich den anderen Frauen vorziehen: Sie hindert nichts, unaufhörlich an ihre Leidenschaft zu denken; sie sind nicht abgelenkt von den tausend Dingen, die die andern draußen fortwährend zerstreuen und beschäftigen.«

Von Brief zu Brief wächst die Erkenntnis, daß das Spiel mit der Passion einer Nonne dem Offizier nur dazu diente, die Langeweile zweijähriger Garnisonszeit amüsanter zu gestalten, daß er sich bald innerlich von ihr löste, wenn sie ihm überhaupt je nahegestanden hatte. Der letzte Brief ersetzt das ›Du‹ der Anrede mit dem distanzierten ›Ihr‹. Doch immer noch schwingt in ihren Worten mit, was sie einst ausgefüllt hat:

»Zugeben muß ich immer noch, daß Ihr große Überlegenheit über mich besaßet und daß Ihr mich mit einer Leidenschaft erfüllt habt, über der ich den Verstand verlor; aber Ihr dürft Euch nicht viel darauf einbilden.« Die weiteren Zeilen sprechen Ernüchterung aus. In dem aus der Kloster-Abgeschlossenheit hinausgeschmuggelten Billett einer Verlassenen heißt es: »Eure Briefe gehen an Euch zurück, nur die beiden letzten will ich sorgfältig aufbewahren und von Zeit zu Zeit lesen, noch öfter womöglich, als ich die ersten gelesen habe: das wird mich vor allem Schwachwerden schützen. Ihr wißt, ich habe mir versprochen, einen ruhigeren Zustand zu erreichen, und ich werde es durchsetzen, oder ich muß irgendein äußeres Mittel wider mich gebrauchen, das Euch nicht sehr nahe gehen wird, wenn Ihr davon erfahret.«

Man weiß, daß Soror Mariana alt geworden ist. Sie starb 1723 in ihrem Kloster. Der Totenschein ist erhalten: »Am 28. Juli verstarb im Königlichen Konvent zur Empfängnis Unserer Lieben Frau im Alter von dreiundachtzig Jahren die Mutter Mariana Alcoforado. Sie war von großer Beispielhaftigkeit. Dreißig Jahre lang hat sie sich härtesten Bußübungen unterworfen. Als sie fühlte, daß ihr Ende nahte, verlangte sie nach allen Sakramenten, die sie klaren Geistes entgegennahm. Ihr Leben endete im Zeichen der Gnade. Sie sprach bis zum letzten Augenblick, was ich, Dona Antónia Sofia Baptista de Almeida, in meiner Eigenschaft als Schreiberin des Konvents, hier bezeuge und unterzeichne.«

Chamilly hatte zehn Jahre nach seiner Abreise aus Portugal eine kluge, reiche und häßliche Mamsell in Paris geheiratet. Die Ehe blieb kinderlos. Später stieg er zum Marschall von Frankreich auf.

Saint-Simon, der ihn kannte, hat seiner Persönlichkeit kein schmeichelhaftes Zeugnis ausgestellt: »Er war im vorgerückten Alter ein dicker Mann, sicherlich ein ehrenwerter, handfester und durchschnittlicher Koloß; von schwerfälligem Gebaren und maßlos dumm, daß nicht zu begreifen ist, wie er Begabung für das listige und bewegliche Kriegshandwerk gehabt haben sollte. Unbegreiflich, wie er bei seiner nichtssagenden Redeweise und dem tappigen Auftreten jeweils fähig gewesen sein sollte, so eine schöne und hohe Liebesflamme zu entzünden, wie sie aus den Briefen der portugiesischen Nonne Mariana im weltabgeschiedenen Beja lodert. Auch sind seine angeblichen Antworten auf diese meisterhaften und herrlich ungekünstelten Nonnenbriefe nicht zu glauben.«

In der Tat sind den fünf Briefen der Nonne 1670 entsprechende Antworten des Ritters von Chamilly hinzugefügt worden. Bucherfolge haben von jeher ›Fortsetzungen‹ oder Ergänzungen auf den Markt gebracht, die den Erfolg mit ausschöpfen wollten. Goethes ›Werther‹ rief später gleichfalls eine ganze Reihe ähnlicher Produktionen hervor.

Nach dem sensationellen Widerhall der Herausgabe der Nonnenbriefe in Paris folgten Editionen in den maßgeblichen Ländern Europas. Sie befriedigten das Verlangen nach Empfindsamkeit in einem schreibseligen Jahrhundert – ein Bedürfnis, das sich mit der Aufklärung sehr wohl vertrug –, doch auch den Hang zu süffisanter Neugier, Klatschsucht und antikirchlichen Ressentiments. Die Amsterdamer Ausgabe betitelte sich ›Lettres d'une Religieuse portugaise, traduites en français‹. Die Originalbriefe blieben allerdings unbekannt. Erst viel später wurde der französisch vorliegende Text ins Portugiesische übersetzt und in Lissabon herausgebracht: ›As Cartas d'Amor de Soror Mariana‹. Unter den zahlreichen Ausgaben lieferte der Engländer Edgar Prestage 1893 eine britische Übersetzung, zu der er halb puritanisch, halb genüßlich und wohlmeinend anmerkte: »Vielleicht ist der vor-

herrschende Zug die Aufrichtigkeit Marianas und – so betrüblich
sie auch von moralischem Standpunkt sein mögen – ihre Offenheit, ihre reizende Zärtlichkeit, ihre Ungezwungenheit.«

Schon bald nach der Erstausgabe tauchten Zweifel auf, ob die
Briefe und ihre Antworten überhaupt echt seien. Zu ungewöhnlich war das Sujet, zu männlich empfunden der Duktus der klösterlichen Feder, zu ›gezielt‹ die Herausgabe in einer für derlei
Bekenntnisse besonders empfänglichen Epoche. Der Verdacht der
Autorenschaft so schöner Täuschung fiel auf diesen und jenen,
zuletzt auf Gabriel-Joseph de Guillerages (1628-1685), Gesandten
des Sonnenkönigs in Konstantinopel.

Die Mystifikation wirkte dennoch weiter. Die Menschheit will
auf Romantik und den Reiz des Verborgen-Unerlaubten nicht
verzichten. Manch andere Fälschung ist trotz einwandfreier Aufdeckung danach weiterhin auf dem Markt geblieben und nicht
Makulatur geworden. Rilke hat die ›Briefe‹ 1913 ins Deutsche
übertragen, so eigenwillig-sensitiv, daß sie in die deutschsprachige Literaturgeschichte eingegangen sind. Es ist unerfindlich, warum Rilke das ›Ihr‹ der letzten Epistel nicht beibehalten
hat, sondern Mariana in allen Briefen durchgängig das ›Du‹ gebrauchen läßt.

Ostwärts von Beja durchquert der Rio Guadiana den Alentejo.
An seinem Westufer liegt *Mértola*, das von einem Kastell aus dem
17. Jahrhundert überragt wird. Die Paróquia ähnelt São Brás in
Évora, indem kegelgekrönte Pfeiler den Bau umgeben. Das Frührenaissance-Portal ist mit Figürlichem und Blumenornamenten
geschmückt. Die Apsis des vierschiffigen Innenraums gleicht einem
Mihrab, einer islamischen Gebetsnische. In der Tat ist die Paróquia eine umgebaute Moschee. Afonso VI. hat übrigens den bewährten Feldherrn Schomberg – wir haben von ihm in Beja gehört – zum Conde de Mértola erhoben.

Serpa, jenseits des Flusses, ist wiederum eine ›weiße Stadt‹. Die
Häuser sind teilweise azulejoverkleidet. Das Kastell entstammt
dem 13. Jahrhundert. Das nahebei gelegene *Moura* birgt eine der
wenigen konkreten islamischen Überlieferungen Portugals. Hier

hat Almotadide, Emir von Sevilla, lyrische Gedichte niedergeschrieben, die erhalten geblieben sind. Eine Brunneninschrift erinnert daran.

Im Herzen von Baixo Alentejo liegt *Ourique*, wo 1124 die Entscheidungsschlacht Afonsos Henriques gegen die Mauren stattgefunden hat. Fünfzehn Kilometer davon entfernt, in *Castro Verde*, finden wir das Ereignis auf Fliesen der Kirche Nossa Senhora da Conceição dargestellt. Die Stadt ist reich an Blaukacheln. Auch die Igreja das Chagas prunkt damit.

Afrika in Europa: Algarve

Keine Provinz Portugals unterscheidet sich von allen anderen so wie der Algarve, nach arabischer Definition »das Land der untergehenden Sonne«. Der Algarve ist ein zweihundert Kilometer langer, fünfzig Kilometer breiter Küstenstreifen, kaum mehr als ein maritimer Saum, der, an zwei Seiten vom Atlantik umgeben, nach Osten vom Rio Guadiana begrenzt wird und im Norden den Riegel von Gebirgszügen – Alto Algarve – aufweist, von denen die Serra de Monchique mit ihren Eichen- und Kastanienbeständen der markanteste ist. Dreht Portugal der übrigen Halbinsel den Rücken zu, so könnte man sagen, der Algarve kehre dem übrigen Portugal den Rücken zu. Man hat die Provinz ›Afrika in Europa‹ genannt.

Das ist zunächst eine optische Feststellung. Nirgendwo in Portugal ist die Verwandtschaft zur Nordküste des schwarzen Kontinents so groß. In Meernähe, wo die Dünen weit ins Land hineinreichen, stellen sich Assoziationen zu nordafrikanischen Wüstenregionen ein. Insgesamt ist es aber mehr die marokkanisch-algerische Küstenlandschaft mit ihrem Fruchtgürtel, die in Portugals südlichstem Landstrich ihren Kontrapunkt findet. Wirkt die Vegetation in Portugals Norden ›mitteleuroäpisch‹, so haben wir im Algarve die Flora des Südens. Dattelpalmen treten häufig ins Blickfeld, auch wenn die Früchte nicht ausreifen wie in manchen Gegenden Andalusiens. In bewässerten Kulturen gedeihen Apfelsinen, Granatäpfel, Süßkartoffeln. Man schätzt den Johannisbrotbaum mit seinen gefiederten Blättern und braunen Schoten, weil er Holz sowie Pferde- und Maultierfutter liefert. Vor allem aber ist der Mandelbaum ein ›Algarvio‹, der zur Blütezeit das Land mit einem weißen oder rosaweißen Festgewand bedeckt. Die Kulturen sollen auf die Muselmanen zurückgehen.

Unter den unzähligen Volkssagen maurischer Prägung, die sich im Algarve erhalten haben, gibt es auch diese: ein Emir hatte eine Christin aus dem Norden geheiratet, die den Schnee ihrer Heimat vermißte. Nachdem es ihm durch nichts gelungen war, sie von ihrem Heimweh zu befreien, führte er sie eines Tages auf die Terrasse seines Palastes: so weit man sah, war das Land mit Schnee bedeckt – mit dem ›Schnee‹ der Mandelblüten.

Das fast fünfhundertjährige ›Gastspiel‹ der Berber und Araber – selbst Jemeniten gehörten zu den islamischen Einwanderern – hat sich auch biologisch ausgewirkt, ähnlich wie in Andalusien oder Sizilien. Der Volkstyp ist kleinwüchsiger und dunkler, nicht so ›suebisch‹ wie im Minho, dem Gegenpol des Algarve. Hier im Süden mag der Fado entstanden sein, analog dem islamischen Fatalismus; von hier aus drangen arabische Wörter in die portugiesische Umgangssprache: Almoço, Mittagessen; Armazém, Schuppen; Aceitonas, Oliven. Nirgendwo sind Ortsnamen arabischen Ursprungs so häufig. Nirgendwo hat sich afrikanisches Ambiente auch über die Maurenzeit hinaus so gehalten. Die würfelförmigen, weißblinkenden Häuser von Tavira, Loulé oder Lagos beschwören die Szenerie von Tanger, Algier oder Fez. Nur das Walmoder Satteldach, das gelegentlich auf den Hauskuben liegt, zeigt einheimisches Kolorit. Die Häuser haben vielfach steile Außentreppen mit gemauertem Handlauf, geweißelt wie die Mauern der Hauskuben. Brüstungen fassen das terrassenartige Flachdach ein, das man ›Açoteia‹ nennt.

Das Eigentümlichste, was die arabisch inspirierte Folklore dieser Profanarchitektur aufzuweisen hat, sind die aus Mörtel oder Gips gefertigten Schornsteine, in die man Muster hineinschneidet. Diese ›Chaminés‹ geben jedem der meist einstöckigen Häuser sein bestimmtes Gepräge, sie sind Erkennungszeichen der Hauseigentümer. Unerschöpflich sind die Formen der filigranartigen Durchbrüche: Dreispitze, Ähren, Taubenschläge, Seejungfrauen, Turbane, Phantasietiere.

Auch von den nördlicher gelegenen Regionen Portugals sind die Volksbräuche des Algarve beeinflußt. Das Einholen der Netze mit einer Art Sprechgesang, die bauschigen, farbigen Röcke der Frauen, die Fischer- und Tanzlieder haben ihre Parallele in Nazaré. Nur dem Algarve eigen sind die farbig drapierten Kummets der Pferde und Maulesel; am Scheitelpunkt blinkt jeweils ein kleiner Spiegel.

Politisch wies der Algarve ebenfalls lange eine Sonderstellung auf. Der portugiesische Monarch nannte sich ›König von Portugal und dem Algarve‹. Dies hing mit der sehr späten Eroberung des Landes zusammen. Man sagt, der Algarve sei ein Stück Afrika, das die Mauren zurückgelassen hätten. Das afrikanische Trauma existiert noch heute. »Diese Provinz ist noch nicht Afrika«, formulierte Yves Bottineau, »sondern vielmehr die Traumerinnerung, die sich Portugal von Afrika bewahrt hat.« Mit scherzhaftem Unterton bezeichnet man die Algarvios gerne als »die letzten Mauren, die das Schiff nach Marokko verpaßten«.

Sancho I. war bereits 1189 bis Silves vorgestoßen, das nahezu an der Südküste liegt. Doch die Mauren gewannen das Terrain zurück. Die endgültige Einverleibung des ›europäischen Afrika‹ erfolgte unter Afonso III. Auf Grund der damals gemeinsam unternommenen Reconquista erhob Kastilien Ansprüche, den Algarve seinerseits erobern zu ›dürfen‹ – als spanische Kriegsbeute. Schlichter im Streit um den Frontabschnitt war Papst Clemens IV., der Antipode der letzten Staufer. 1267 machte er den Vermittlungsvorschlag, daß der verwitwete Afonso die kastilische Infantin Beatrix heiraten solle. Damit blieb das Streitobjekt sozusagen in der gleichen Familie. Um die Kontroverse ein für allemal zu beenden und eventuellen späteren kastilischen Ansprüchen vorzubeugen, nahm Afonso den Titel eines Königs des Algarve an und schlug dort Münzen mit seinem Bild.

In den portugiesisch-kastilischen Auseinandersetzungen während der Ära des Hauses Avis spielte der Algarve keine Rolle mehr. Die historische Bedeutung von Portugals Süden war nun keine kriegerische mehr, sondern eine organisatorisch-nautische: Startbasis der Conquista zu sein. Nur während der habsburgischen Herrschaft hatte das Land ernstlich zu leiden: die Engländer suchten trotz ihrer traditionellen Freundschaft zu Portugal die Küste brandschatzend heim, freilich nicht, um ihren alten Bundesgenossen, sondern das okkupierende Spanien zu treffen. Francis Drake äscherte 1597 Sagres ein.

Die Felsenküste

Die Küste des Algarve besteht zu einem großen Teil aus Steilwänden, in die die Praias eingebettet sind. Felsen und Grotten von teilweise skurriler Prägung finden wir bei Lagos, Praia da Rocha, Portimão, Armação de Pêra, Albufeira, Praia da Quarteira. Hier entwickelt sich eine von Portugals einträglichsten ›Industrien‹, der Fremdenverkehr, der ideale landschaftliche und klimatische Voraussetzungen findet. Luxushotels mit vorwiegend englischem Publikum der High Society säumen die Strände, daneben ganze Ferienstädte. In den frühen Sommermonaten, wenn das Wasser an der atlantischen Breitseite Portugals noch kühl ist, bietet die Algarve-Küste bereits angenehmste Temperaturen.

An manchen Küstenabschnitten ragen Felsengruppen aus dem Wasser, wie wir sie auch von Mittelmeerküsten kennen: zum Beispiel die Faraglioni vor Capri, die Galli vor der Landzunge von Sorrent oder die Scogli dei Ciclopi vor Sizilien. Eine ähnliche mythologische Gedankenverbindung ließ die Volksphantasie einen Felsen vor der Küste von Sagres ›Gigante‹ nennen. Während in Sizilien Polyphem dem Schiff des Odysseus wütend Steinbrocken nachgeschleudert haben soll, hielt sich am Westende des Algarve eine christliche Überlieferung: der heilige Vinzenz, der hier nach der Legende im Nachen angetrieben war, habe aus einer Laune heraus ein Stück der Felsenküste weggeschlagen. Dabei habe er sich einen Finger abgebrochen – eben den ›Gigante‹.

Östlichste Flanke der Algarve-Küste ist *Vila Real de Santo António*, zugleich Grenzstadt nach Spanien. Die Stadt war durch das Erdbeben 1755 vollkommen zerstört worden. Pombal hat sie wieder aufbauen lassen, nach dem gleichen Schachbrettmuster der Cidade Beira in Lissabon. Die Steine ließ er numeriert aus Lissaboner Bauhütten nach Vila Real verfrachten – in einem ähnlichen Verfahren, wie man die ersten Kolonialkirchen Brasiliens im Mutterland vorfabriziert und dann auf die Reise geschickt hatte.

Vila Real ist eine alte Hafen- und Fischerstadt. Neben Kork, Früchten, Gemüse und Wein setzte man Konserven um, nicht zuletzt in Richtung Spanien. Ayamonte am jenseitigen Ufer des unteren Rio Guadiana nahm die Produkte zum Weitertransport auf. Auch Erze, Kupfer, Zinn, geschürft in São Domingos am Oberlauf des Stroms, verließen in Vila Real die Stromtransporter, um im Bauch von Küstenschiffen die Reise fortzusetzen.

Vor allem stand Vila Reals Handelsbedeutung im Zeichen des Fischfangs. Heute noch befindet sich in der Stadt eine reiche Konservenfabrikation. Früher galt der Platz als Mittelpunkt des Thunfischhandels. Der Umsatz ist mit dem häufigen Ausbleiben der Schwärme, mit der zunehmenden Verringerung der Fischbestände, zurückgegangen. Wie diese Abnahme zu erklären ist, wird unterschiedlich gedeutet. Man macht Verschiebungen des Golfstroms verantwortlich. Da der Meergigant sehr lärm- und lichtscheu ist, könnte auch der Anstieg der Touristik mit den zahlreich auslaufenden Jachten und Motorbooten nachteilig sein.

Die Fangplätze liegen hauptsächlich vor Tavira und Faro. Als Fangsaison gelten die Sommermonate. Ab Mai ziehen die Schwärme am Festland vorbei in Richtung des Mittelmeers, um dort zu laichen. Im Sommer kehren sie abgemagert in den Atlantik zurück, wo sie Nahrung suchen.

Mit Treibnetzen leiten die Pescadores von Booten aus die Tiere in maritimer Treibjagd auf das trichterförmige Stellnetz, Armação, zu. Dieses bietet durch einen schmalen Schlauch nur einen Ausweg: in Richtung Strand. Haben sich genügend Fische angesammelt, so wird das Netz immer näher an Land geführt. Eine Unzahl von Tieren ist in der halbkreisförmigen Falle oder ›Todeskammer‹ zusammengedrängt. Von den Booten aus werden die wild um sich schlagenden Opfer mit Harpunen, Corpechados, erlegt. Ströme von Blut breiten sich an der Meeresoberfläche aus.

Man spricht von der ›Tourada‹, dem Stierkampf des Ozeans. Unter dem Fang sind oft Thunfische bis sechshundert Kilogramm Gewicht.

In der Nachbarschaft von Vila Real, ein kleines Stück stromauf, liegt das Kastell *Castro Marim*, einstiger Sitz der Christusritter, mit seinem monumentalen Mauerring. Man blickt vom Burghügel aus auf den weißgekalkten Ort gleichen Namens, auf weithin ausgebreitete Salzbecken – die meisten Bewohner sind in dieser Produktion beschäftigt –, auf den Rio Guadiana und weit hinein in das östliche Nachbarland Andalusien. Auf einem Hügel jenseits des Ortes liegt das Fort São Sebastião aus der Spanierzeit, zweckmäßiger und weniger romantisch angelegt als die alte Christusritter-Feste.

1319 hatte der König Dinis der Landmann das im Kronbesitz befindliche Kastell Castro Marim den Rittern vom Cruz de Cristo überantwortet, die hier bis zu ihrem Umzug nach Tomar im Jahre 1356 blieben. Die Ordensburg hat die Zeiten gut überstanden. Noch stehen die vier Ecktürme. Auf dem Mauerkranz kann man das ganze Kastell-Areal umschreiten. Innerhalb des Burggeländes sind die Santiago-Kirche sowie einige Konventsräume aus dem Hochmittelalter als immer noch ansehnliche Ruinen erhalten geblieben.

Begeben wir uns, der Felsenküste entlang, westwärts, so stoßen wir auf das Dorf *Monte Gordo*, wo neben Hunden und Katzen schwarzvermummte Frauen auf heißem Sand von Haus zu Haus huschen. Dicht dabei, an der Praia, ist eine Hotelstadt im Entstehen, mit Piscinas und Tennisplätzen. Dann nimmt uns als erste größere Stadt Tavira auf.

Tavira, eine freundliche, rotbedachte, mit Palmen durchsetzte Kleinstadt, war einst von Kanälen durchzogen, so daß man es Venezia Algarvia genannt hat. Über den Trümmern einer Moschee ist die Kirche Santa Maria do Castelo erbaut worden, die das schönste Renaissance-Portal des Algarve besitzt. Durch die Arca da Misericórdia, einen Rest der arabischen Stadtmauer, gelangen wir zur manuelinischen Misericórdia-Kirche.

Olhão ist erst am Ende des 18. Jahrhunderts erbaut worden. Es gehört zu den Beispielen einer Stadt von maurischem Kolorit aus einer Zeit, in der Maurisch-Sarazenisches höchstens ferne Erinnerung war. Die Bewohner gelten als besonders aufgeweckt, so daß man von einem Schlaukopf sagt: »Er kommt aus Olhão.« Neben Portimão ist Olhão Zentrum des Sardinenfangs; nur Matosinhos bei Porto übertrifft es an Umsatz. Die Stadt ist so meerbezogen, daß wir in den Kirchen Schiffsmodelle als Votivgaben erblicken. Das bedeutendste Gotteshaus ist Nossa Senhora do Rosário. Kein König, kein Bischof hat die Kirche gebaut: Die Fischer selber haben die Kosten aufgebracht und den Bau in Auftrag gegeben. Siebzehn Jahre, bis 1698, wurde an dem Gebäude gearbeitet.

In Olhão wurde der erste Schuß gegen die französischen Invasionstruppen abgegeben, so daß man sagen kann, der Peninsularkrieg habe für Portugal an seiner südlichsten Flanke begonnen. Nahe der Stadt liegt die wichtigste archäologische Stätte des Algarve: Milreu, wo man Trümmer der alten Römerstadt Ossobona ausgegraben hat.

Die reizloseste Stadt des Algarve ist zugleich die Hauptstadt: *Faro*, Leuchtturm. Nicht einmal der Strand liegt in der Nähe; man muß ein Stück westwärts fahren, will man ihn genießen. Hier, in der Stadtmitte, ist nur nüchternes Hafenmilieu. Es riecht nach Teer und Fischen. Keine intime Altstadt heißt uns gastlich willkommen.

Silves hingegen, auf Westkurs, erfreut unser Auge und unseren historischen Sinn. Noch erhebt sich über den Dächern der Stadt, die zur Araberzeit mit dem orientalischen Glanz Córdobas konkurriert haben soll, die aus dunkelroten Steinen geschichtete Maurenburg. Man hat riesige unterirdische Zisternen entdeckt, Zeugnisse muselmanischer Erfahrung im Tiefbau, die sicher auf antiken Vorbildern fußt.

Auf einem der Hauptplätze von Silves steht das *Kreuz von Portugal* unter einem Steinbaldachin, ein symbolträchtiges Mahnmal aus der Zeit des Venturoso. Das drei Meter hohe Kalksteinmonument bietet auf der Vorderseite ein Christusbild, auf der Rückseite eine Pietà dar.

Zum Kap São Vicente

In Faro beginnt die Barlavento-Küste, die Küste der Luvseite. Das Meer brandet stärker an. Die Buchten werden enger. In Grotten und Höhlen der Steilwände nisten Tauben. Die der Küste vorgelagerten Felsen werden bizarrer, ausgewaschen und geformt von der stetig anrollenden Flut: ›Die beiden Brüder‹ etwa, ›Die Bären‹, ›Der Schuh‹, ›Der Triumphbogen‹ und schließlich ›Die Wache‹. Weiter westlich öffnet sich eine stattliche Bucht. Hier ist die klassische Basis der Conquista, der von Heinrich dem Seefahrer auf Fahrt geschickten Karavellen und Naus: *Lagos*, Werft und Reede der Entdecker.

Der Algarve ist, verglichen mit dem übrigen Portugal, arm an historischen Zeugnissen. Die Engländer und das Erdbeben haben sie zerstört. Diejenige Stadt, die noch am meisten historisches Flair in ihren Straßen und Gassen bewahrt hat, ist Lagos, dessen Name eine große Zahl von Erinnerungen an Portugals großes Zeitalter wachruft. Als Denkmalfigur sitzt der Seefahrer mit breitrandigem Hut auch hier auf einem der Hauptplätze und blickt hinaus auf das Meer, auf dem er einst visionär Portugals Schicksal gesehen hat.

Zwölf Jahre lang hatte Henrique Schiffe ausgesandt, das Mare tenebrosum zu erkunden. Keines hatte gewagt, das gefürchtete Kap Bojador zu umschiffen, wo nach damaliger abergläubischer Meinung das Meer zu kochen begann. Ohne Umsegelung dieser Schwelle war aber jede weitere seemännische Unternehmung zwecklos. Es war ein Sohn der Stadt Lagos, Gil Eanes, der endlich den bahnbrechenden Weg ins Ungewisse mit seiner Karavelle ›Barcha‹ gewagt hat.

Henrique, obwohl glaubensgebunden, war Rationalist. Er hielt von vorgefaßten Meinungen nichts. Er wußte, daß die technischen Voraussetzungen in der Klausur von Sagres so weit gediehen waren, daß man ohne Bedenken eine weitere, ja die eigentlich entscheidende Etappe der Eroberung der Weltmeere wagen konnte. Davon überzeugte er 1433 Gil Eanes.

Und der Seefahrer aus Lagos machte das damals für wahnwitzig gehaltene Unternehmen möglich: er umsegelte das Kap. Zwar fand er nur Sandwüsten vor, aber – was wichtiger war – ein Bann war gebrochen.

Sogleich ließ der Infant den Kapitän Eanes ein zweites Mal aufbrechen, um über das Kap noch hinauszufahren. Eanes ankerte fünfzig Meilen jenseits der bisherigen Wendemarke. Und er traf auf Spuren von Menschen, wenn auch nicht auf Menschen selber. Das Gebiet jenseits des ›Endes des Welt‹ – wie man damals glaubte – war also bewohnt! Diese Erkenntnis war bahnbrechend für die weiteren Etappen der Conquista an der Westküste Afrikas, jener Etappen, die schließlich in der Auffindung des Seewegs nach Indien sowie dem Aufkreuzen portugiesischer Schiffe auf allen sieben Meeren gipfelten.

Indem die Portugiesen an der Westküste Afrikas erste Stützpunkte schufen, traten sie mit dem schwarzen Mann in Berührung. Der Neger, ursprünglich Handelspartner, wurde bald zum Objekt des Handels. Dank seines muskulösen Körperbaus war er vorzüglich als Arbeits-Roboter geeignet. Die Negertransporte kamen in Lagos an. 1441 führten portugiesische Kapitäne Heinrich dem Seefahrer in Lagos das erste ›schwarze Elfenbein‹ vor – so nannte man die zum Verkauf offerierten Negersklaven. Lagos wurde zum Sklavenmarkt. Eine Chronik des Jahres 1444 vermerkte:

»*Endlich gefiel es Gott, dem Lohner guter Taten, den portugiesischen Seefahrern für die vielen in seinem Dienst erlittenen Mühen einen siegreichen Tag, Ruhm für ihre Drangsal und Ersatz für ihre Kosten zu geben, denn an Männern, Frauen und Kindern wurden zusammen einhundertfünfundsechzig gefangen.*«

Der Handel mit schwarzen Afrikanern sollte sich später als merkantil besonders günstig erweisen. In der portugiesischen Kolonie Brasilien waren die eingeborenen Índios zu schwach, um auf den Zuckerrohrplantagen zu arbeiten. Die kräftigen Schwarzen erwiesen sich als brauchbarer.

Hatte das Sklavengeschäft auch in der portugiesischen Stadt Lagos begonnen, so muß man den Portugiesen dennoch zugestehen, daß sie humaner waren als die Sklavenhändler und -halter anderer Nationen. Immer lebte der Sklave in Portugals Kolonialgebieten in einer patriarchalisch-familiären Ordnung. Andere Völker

DIE FELSENKÜSTE

sahen in ihm Ausbeutungsobjekte, Ware, schwarze Haut, mit der man handelte wie mit Baumwolle, Kakao oder Pfeffer. Die Engländer erzielten nach den Portugiesen und Spaniern den Rekord im Umsatz mit Menschenfracht. Die Fanggebiete lagen in der afrikanischen Bucht von Guinea, an Gold- und Sklavenküste. Die Expeditionen jagten Menschen wie Tiere für den Zoo. 1783–1793 betrug der Nettogewinn allein in der Stadt Liverpool drei Millionen Pfund Sterling. In den zehn großen und 349 kleinen Kontoren der Grossisten des Sklavenhandels setzte man 303737 Afrikaner um. Was in Lagos eingeleitet worden war, wuchs sich zu einem der wichtigsten wirtschaftlichen Fundamente des vorindustriellen Zeitalters aus. Erst die wirklichen Maschinen lösten die ›Maschinen‹ mit schwarzer Haut ab.

Der Name der Stadt Lagos ist eng verbunden mit den maritimen Abenteuern Portugals. Hier startete die Flotte zur Einnahme von Ceuta 1415. Hier verlas Frei João Xira, der Beichtvater König Joãos I., die päpstliche Bulle, die den Teilnehmern des Kreuzzugs gegen den Halbmond Absolution zusagte. Heinrich der Seefahrer war ursprünglich in Lagos beigesetzt worden, in der Kirche Santa Maria dicht am Kai; erst später hat man ihn nach Batalha überführt. Auch das letzte afrikanische Unternehmen, die unglückselige Ausfahrt Sebastiãos nach Marokko, ging von Lagos aus (1578). An der Stadtmauer der Seestadt zeigt man noch das manuelinische Fenster, von dem aus der königliche Träumer der Zurüstung der Kriegsflotte zugeschaut hat.

Reizvolle Talha-Arbeiten der Renaissance bietet die Kirche São António nahe dem Hafen. Im Chor trägt Antonius eine rote Offiziersschärpe. Auch im brasilianischen Bahia hat man Antonius in den Offiziersrang erhoben und ihm einen entsprechenden Sold gewährt. Am Deckenrelief erkennen wir in naiver Darstellung eine das Kind stillende Muttergottes; zwei Putten schauen neugierig zu.

Von der Pousada Infante Henrique blickt man auf die langgestreckte Landzunge, die, am Westpunkt des Algarve, im Cabo de São Vicente endet. In der Antike hieß das Plateau ›Promontorium sacrum‹, Heiliges Vorgebirge. Strabo berichtet, daß dort die Götter genächtigt hätten. Von Henriques wissenschaftlicher Klausur, dem ›Houston des Entdeckungszeitalters‹, sind Spuren erhalten geblieben, einige Gebäudereste, die Ruine einer Kapelle und vor allem eine riesige Windrose unter freiem Himmel, die man mit kleinen Steinen ausgelegt hat. Sein Palast ist verschwunden.

Mehr als das, was das Auge auf der zweiundsechzig Meter hohen Landzunge von Sagres wahrnimmt, beeindruckt uns die Würde, die dieser Ort ausströmt. Böen fegen über das Promontorium Sacrum. Feigen krallen sich um den verwitterten Kalkstein der nautischen Station von einst, einer Bastion des Glaubens und der Wissenschaft, die damals noch eins waren. Hier spürt man den Ruf der Ferne, dem Portugal schicksalhaft gefolgt ist. »Ein kleiner Schritt für uns«, so sagten diejenigen, die als erste den Mond betraten, »aber ein großer für die Menschheit.« Der sicher nicht spontane, sondern den Astronauten mitgegebene Spruch könnte auch für die Capitões-Mór der portugiesischen Entdecker-Flotten gelten, die in Sagres ihre Order empfangen haben und in Lagos ausgelaufen sind.

Am äußersten Punkt des Kaps – zugleich Portugals und Europas – steht ein Leuchtturm. Man kann seine Einrichtung besichtigen. Er ist der lichtstärkste der ganzen portugiesischen Küste mit einer Reichweite von fünfunddreißig Kilometern.

Neben der Realität moderner Technik taucht an dem exponierten Kap nochmals der Mythos auf: São Vicente, der hier gestrandete Heilige Portugals, hat dem Kap den Namen gegeben: Cabo São Vicente.

Hier, am Kap São Vicente, ist Finis Terrae. Hier, mit dem Blick auf das unendliche Meer, versteht man Portugals unausweichliches Schicksal, seine Seele, seine Passion und auch seine Gefährdung. Hier begann seine größte und zugleich verlustreichste Mission, hier erhob die Saudade ein ganzes Volk für ein Säkulum zu unermeßlichem Aufschwung, so daß es über sich selbst hinauswuchs, bis hin zur Selbstschöpfung, und Europa um die Welt bereicherte. Pedro Nunes, der Augenzeuge des Século de Ouro, hat den Portugiesen in ihrer Sternstunde ein literarisches Denkmal gesetzt: »Sie machten die Meere so bekannt, daß es heutzutage niemand wagen kann, zu sagen, er habe ein Eiland, eine Sandbank oder selbst einen Felsen gefunden, die nicht zuvor schon von unseren Seefahrern entdeckt worden wären.«

DIE DYNASTIE BURGUND

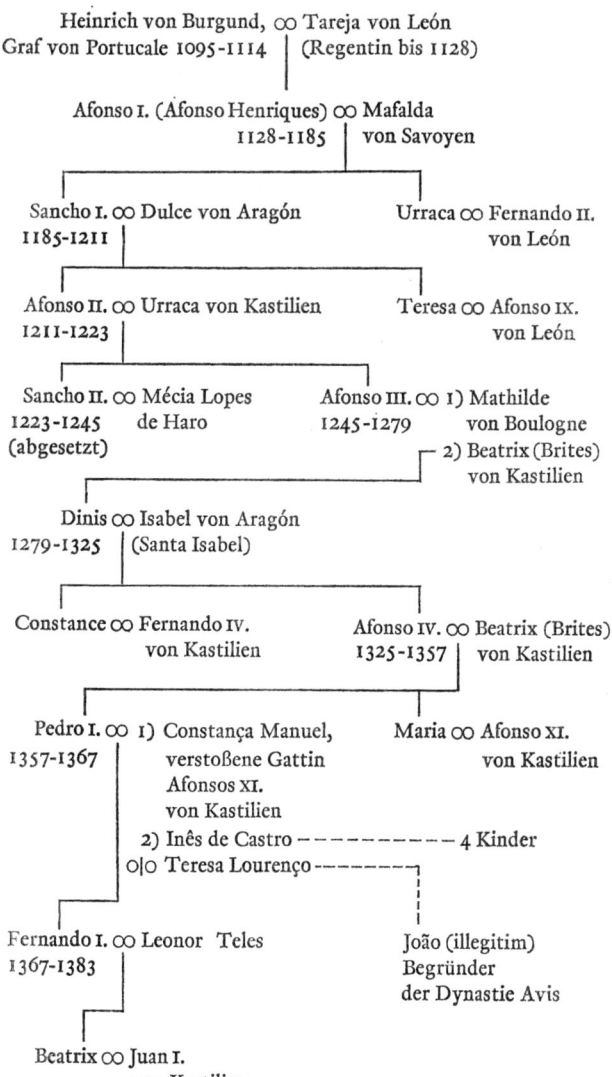

DIE DYNASTIE AVIS

João I. ⚭ Filipa von Lencastre (Lancaster)
1385-1433

Duarte ⚭ Leonor   Pedro   Henrique   Fernão   João
1433-1438 von Aragón   (Heinrich
                               der Seefahrer)

Afonso V. ⚭ 1) Isabella   Leonor ⚭ Kaiser
1438-1481   (Tochter Pedros)   Friedrich III.

João II. ⚭ Leonor von Bragança   Santa Joana
1481-1495

Infant Afonso, gest. 1491 ⚭ Isabella von Kastilien

Manuel I. ⚭ 1) Isabella von Kastilien (Witwe des
(Bruder   verunglückten Infanten Afonso)
der Königin) 2) Maria von Kastilien (Schwester Isabellas)
1495-1521   3) Leonor von Spanien (Schwester Karls V.)

João III. ⚭ Katharina von Kastilien   Isabel ⚭ Kaiser Karl V.
1521-1557
             — [Infant Johann,
               1554 verunglückt]   Henrique II. Kardinal
                                        1578-1580 König

Sebastião (Enkel von João III.)   Maria ⚭ Philipp II. von Spanien
1557-1578   (siehe Habsburger)
             Don Carlos —

HERRSCHAFT DER SPANISCHEN KÖNIGE
AUS DEM HAUSE HABSBURG

Philipp II. (Filipe I.) ⚭ (4.) Anna von Österreich
1580-1621
      Philipp III. (Filipe II.) ⚭ Margareta von Österreich
      1598-1621
            Philipp IV. (Filipe III.)
            1621-1640 (in Portugal abgesetzt)

DIE DYNASTIE BRAGANCA

João IV. ∞ Luisa Francisca de Guzman
1640-1656

Afonso VI. ∞ Maria Franziska   Catarine ∞ Charles II.
1656-1667   Isabella von Savoyen   von England
Abdankung

Pedro II. ∞ 1) Maria Francisca Isabella
1667 Regent   von Savoyen (vgl. oben)
1683-1706 König   2) Marie Sofie von Pfalz-Neuburg

João V. 1706-1750 ∞ Maria Anna von Österreich

Maria ∞ Fernando VI.   José I. ∞ Maria Anna Victoria
Bárbara   von Spanien   1750-1777   von Bourbon

Pedro III. (starb 1786) (Sohn von João V.) ∞ Maria I. 1777-1816

Carlota Joaquina von Spanien ∞ João VI. 1816-1826

Pedro IV. ∞ Leopoldine   Miguel ∞ Adelaide Sophie
1826-1828   von Österreich   1828-1834   von Rosenberg
(Kaiser Pedro I.
von Brasilien)

Maria II. ∞ 1) August von Leuchtenberg   Pedro II.
da Glória   2) Ferdinand von Sachsen-   von Brasilien
1834-1853   Coburg-Gotha

Pedro V. ∞ Stefanie von Hohenzollern-   Luis ∞ Maria Pia
1853-1861   Sigmaringen   1861-1889   von Savoyen

Maria Amélia von Orléans ∞ Carlos I. 1889-1908 (ermordet)

Luis Philipp   Manuel II. ∞ Augusta Viktoria von
Thronfolger   1908-1910   Hohenzollern-Sigmaringen
1908 ermordet   starb 1932 im Exil

GLOSSAR

Abóbada Gewölbe
Aceitona Olive
Adro Kirchplatz
Adufa Jalousie
Afonso Henriques Der Name des
   Königs bedeutet genau: Afonso,
   Sohn des Henrique
Alcáçova Palast, Burg
Alcaide-Mór Kastellan
Alfândega Zoll
Almoço Mittagessen
alto hoch, oben
Armazém Kaufladen, Lagerhaus
Artesonado(s) Urspr. span. Bezeich-
   nung für trogförmige, reich orna-
   mentierte Holzdecke (artesa:
   Trog); heute häufig auch für ähn-
   lich dekorierte, aber nicht trog-
   förmige Decken
Avenida Prachtstraße, Allee
Azulejo(s) Meist quadratische, gla-
   sierte Farbkachel (Fliese) für
   Wandverkleidungen u. ä. In der
   sog. ›Cuerda seca‹-Technik er-
   scheinen die einzelnen Farben
   durch dunkle Linien, sog. ›Tote
   Ränder‹, getrennt, beim ›Cuenca‹-
   Typ durch Reliefpressung

Bacalhão Schellfischart
Bairro Stadtviertel
baixo nieder, unten
Barro Lehm, Ton
Beira Gebiet
Bênção Segnung
Bispo Bischof
Brasão Wappen

Caldeirada Fischsuppe
Câmara Gemeinderat, Kammer
Capela-Mór Hauptkapelle, Chor-
   apsis
Capitão-Mór Generalkapitän
   eines Flottenverbandes der
   Conquista
Celeiro Speicher
Chafariz Brunnenanlage
Chapelinho Samtmütze
Cheia Hochwasser, Binnensee
Cidade Stadt
Claustro Kreuzgang, Kloster
Colecção Kunstsammlung
Conceição Empfängnis
Concelho Landkreis
Conquista Eroberung. Im engeren
   Sinne: überseeische Eroberung
   im Zeitalter der Entdeckungen
Corpechado Harpune
Custódia Monstranz

Descobridor Entdecker
Desejado Der Ersehnte, Beiname
   König Sebastiãos

Escadaria Treppenhaus, Freitreppe
Estilo Filipino Philippinischer Stil,
   Renaissance unter der Ägide der
   spanischen Könige Philipp (port.
   Filipe) II., III. und IV.
Estilo Mineiro Stil aus Minas,
   Sonderform des kolonial-
   brasilianischen Barock

Fado schwermütiger portugiesi-
   scher Gesang
Faro Leuchtturm
Feira Markt, Jahrmarkt
Fidalgo Edelmann
fora außerhalb
Foz Flußmündung
Freguesia Landbezirk, Gemeinde
Fundador Gründer

Galo Hahn

GLOSSAR

Igreja Kirche
Igreja de Carmo Karmeliterkirche
Igreja Matriz Hauptkirche, Mutterkirche
Igreja paroquial Pfarrkirche
Inauguração Einweihung
Ínclita Geração Berühmte Generation, Bezeichnung für die Söhne König Joãos I.

Janela Fenster
joaninisch Stil zur Zeit König Joãos V., portugiesisches Hochbarock
Judiaria Judenviertel
Justiceiro Der Gerechte, Beiname König Pedros I.

Labrador Der Landmann, Beiname König Dinis' I.
Largo kleiner öffentlicher Platz
Lenço Kopftuch, Taschentuch
Litoral Küstengebiet
Louça Steingut, Tonware
lusitanisch portugiesisch

Magnánimo Der Großmütige, Beiname König Joãos V.
manuelinisch Stil zur Zeit König Manuels I.
Mar de Palho Strohmeer
Menino Knabe
Miradouro Aussichtspunkt
Misericórdia Erbarmen
Mosteiro Konvent, Kloster
Mouraria Maurenviertel
Mozaraber Unter maurischer Herrschaft lebender Christ. Mozarabischer Stil: Von Christen unter maurischem Einfluß geprägter Stil vom Anfang des 9. bis zum frühen 11. Jahrhundert in Spanien, der vom Geist her christliche Kunstauffassungen mit maurischen Ausdrucksformen verbindet
Mudéjar(es) Unter christlicher Herrschaft lebender Araber. Mudéjarstil: Weiterleben maurischen Motiv- und Formenguts in der christlichen profanen und sakralen Kunst; je nach dem Voranschreiten der Reconquista ergeben sich maurisch-romanische, maurisch-gotische und Mauro-Renaissance-Mischstile
Mushrabije(s) Ornamentiertes hölzernes Fenstergitter

Nau Schiff; kleines Überseeschiff der Entdeckungszeit
nobre nobel, vornehm
novo neu

Ordem de Cristo national-portugiesischer Orden der Christusritter

Paciência Geduld
Paços de Conselho Rathaus
Padrão Denksäule
Paróquia Pfarrbezirk, Pfarrkirche
Paso Prozessionsfigur
Peixe-espada Schwertfisch
Pelourinho Gerichtssäule, Pranger, Schandpfahl
Pescador Fischer
Pilar Säule, Pfeiler
Pousada Herberge
Praça Platz
Praça das Armas Truppenübungsplatz
Praia Strand
Príncipe perfeito Vollkommener Fürst, Beiname König Joãos II.
Púlpito Kanzel

Quinta Gutshaus, Landgut

Reconquista Rückeroberung der von den Mauren seit 711 besetzten Gebiete der Iberischen Halbinsel durch die Christen in langsamem Vordringen von Norden nach Süden
Retablo(s) Urspr. auf oder hinter der Mensa stehender Altaraufbau, im iberischen Kunstbereich als Begriff für den ganzen Altar überhaupt gebraucht

Ribeira Flußufer
Roca Felsen
Romaría Wallfahrt, Kirchweih
Rosário Rosenkranz
Rossio großer Platz

Santa-Reinha Heilige Königin, Beiname der Königin Isabella
Saudade Sehnsucht, Heimweh
Sé Bischofskirche, Kathedrale
Século de Ouro Goldenes Zeitalter
Serra Gebirgszug

Sobreiro Korkeiche
Solar Herrensitz

Talha dourada vergoldete Schnitzerei
Terreiro Platz
Torre de Menágem Bergfried
Travessa Gasse
Tripas Kaldaunen, Kutteln

velho alt
Venturoso Der Glückliche, Beiname König Manuels I.
Vila Ort, Dorf

REGISTER

ABRANTES 410
Aeminium, Römerstadt 329, 330, 353, 354
Afonso Henriques (Afonso I.), König von Portugal 13, 28, 32, 38, 127, 176, 181, 182, 184-190, 196, 227, 242, 317, 319, 393, 437, 438, 453
Afonso II., König von Portugal 202, 437, 441
Afonso III., König von Portugal 441
Afonso IV., König von Portugal 24, 39, 40, 199, 201, 344-346, 375
Afonso V., König von Portugal 107, 109, 156, 192, 194, 256, 363, 380, 384, 387, 429, 431, 432, 453, 474
Afonso VI., König von Portugal 48, 134, 393
Afonso, Graf von Barcelos, Herzog von Bragança 190, 191, 202
Afonso, Jorge, Maler 367, 368
Agostinho da Cruz, Mystiker 458
Alba, Fernando Álvarez de Toledo, Herzog von, span. Feldherr und Staatsmann 72, 105, 124, 125
Albuquerque, Afonso de, Vizekönig von Indien 35, 49, 291
Albuquerque, Brás de 35, 36
Alcoforado, Mariana, Nonne 481-485
Alcobaça 438-443, Abb. 32, 33
Alenquer 160, 161
Alentejo, Alto und Baixo, Provinzen 461-463
Alfonso VI., König von Kastilien und León 174
Alfonso VII., König von Kastilien und León 175, 185
Alfonso XI., König von Kastilien 40
Algarve, Provinz 486, 487, 490, Abb. 35
Algés 120
Almansor, eigentl. Mohammed Ibn Abi Amir, arab. Feldherr 227, 413
Almeida 300-304

Almeida, Francisco António de, Komponist 115
Almeida, Leopoldo de, Bildhauer 75
Almourol 410
Alpaphão 463
Alpedrinha 308
Álvares, Afonso, Baumeister 464, 472
Álvares, Balthasar, Architekt 225, 327, 393
Amarante 178, 243, 245, 246
Amoreira, Aquädukt von 468, 469
Antonius von Padua, Heiliger 42-44, 317
Antunes, João, Bildhauer 390
Araber, die 27, 28, 127
Araújos, Norberto de, Schriftsteller 37
Arnoso 170
Arrábida, Serra da 455
Arriconta 243, 244
Arruda, Diogo de, Architekt 418, 419, 475, 478
Arruda, Francisco de, Architekt 72, 74, 75
Arruda, Miguel de, Baumeister 261, 478
Auta, Heilige 50
Aveiro 379-391
  Capela do Senhor das Barrocas 382
  Jesús-Kloster 382, 388-391
  Misericórdia 381, 382
  Paços do Conselho 381
  Sé 382
Avis 464
Avis, Dynastie 13, 75, 103, 106, 237
Avis, Orden von 188, 464
Azambuja, Diogo de, Cavalheiro 376, 377
Azevedo, António de, Bildhauer 196, 197
Azevedo, Bento da Fonseca, Maler 158

BARCELINHOS 203
Barcelos 168, 202-205
Barreiros, Gaspar 354
Batalha 429-436
  Claustro Afonsos v. 434
  Claustro Real 433, Abb. 29, 30
  Klosterkirche 430-433
  Paróquia 430
  Unvollendete Kapellen 434-436, Abb. 31
Behaim, Martin, Kosmograph 78, 249, 250, 473
Beja 188, 479-481
Belmonte 271, 292-294, 296
Benfica 158
Berlenga, Insel 454
Beuliuse, Merrano, Bildhauer 371
Blasius, Heiliger 476
Boitaca, Diogo, Architekt 80, 81, 82, 267, 268, 317, 375, 411, 429, 433, 451, 459, 460
Borelho, Carlos, Maler 234
Botelho, Manuel Francisco, Bildschnitzer 158
Braga 168, 169-173, 177-179
  Bom Jesús do Monte Abb. 20
  Capela de Nossa Senhora da Conceiçao 177
  Kathedrale 170-173, Abb. 15
  Palacete do Mexicano 178
  Palácio Arquiepiscopal 178
  São Frutuoso 170, 198
Bragança 254-257, 259
Bragança, Dynastie 13, 14, 48, 49, 66, 134, 141, 145-150, 191, 357, 379, 437, 467
Brasilien 62-64, 79, 138, 146-150, 164, 165, 168, 172, 224, 225, 245, 288-291, 294-296, 364, 365
Brée, Álvaro de, Bildhauer 183, 292
Brites (Beatrix de Guzman), Gemahlin König Afonsos IV. von Portugal 39
Buçaco, Serra de 357, 358
Burgund, Dynastie 13, 156

CABRAIS, Geschlecht der 271, 272, 293
Cabral, João Fernandes, Kastellan von Guarda u. Belmonte 271, 306, 308
Cabral, Pedro Álvares, Seefahrer 49, 79, 130, 172, 272, 286-292, 293, 368, 369, 395, 415, Farbt. nach S. 51 und S. 193
Caëtano, Marçello, Staatsmann 14
Caldas da Rainha 450, 451
Camarinha, Guilherme Duarte, Maler 234
Caminha 170
Camões, Luís de, Dichter 25, 49, 80, 98, 100, 101, 176, 187, 194, 245, 350, 382, 409, 423, 470, 471
Cão, Diogo, Seefahrer 78, 248-250
Carcavelos 120
Carlos I., König von Portugal 48, 358
Carlos, Frei, Maler 110, 198, 234, 367
Carlota Joaquina von Spanien, Gemahlin König Joãos VI. von Portugal 152
Carvoeiro, Kap 453, 454
Cascais 121, 122-124
Cassali, Frei Alberto, Dominikaner 246
Castelo Branco 308-311
Castelo Branco, Camilo, Schriftsteller 236
Castelo Mende 299, 300
Castelo de Vide 463
Castilho, Diogo de, Baumeister 317
Castilho, João de, Baumeister 35, 82, 83, 171, 418, 419, 430, 436, 442
Castro de Avelãs 261, 262
Castro Marim 415, 491
Castro de Sabroso 179
Castro Verde 486
Cávado, Fluß 202
Centum Cellas, Römischer Wehrbau 293, 294
Cetobriga, Römerstadt 459
Chanterène, Nicolau, franz. Bildhauer und Maler 83, 139, 172, 317, 319, 329, 464
Chaves 262
Christusritter, Orden 77, 80, 188, 287, 412, 414, 415, 421, 423, 491
Cid, eigentl. Rodrigo Diaz de Vivar, kast. Grande 174

Citânia de Briteiros 179, 180
Coelho, Eduardo, Journalist 70
Coimbra 190, 315-344
  Jardim das Lágrimas 342-344
  Kirchen:
    Santa Clara-a-Nova 338-342
    Santa Clara-a-Velha 331, 332, 337, 338
    Santa Cruz 317-320
    São Tiago 316
    Sé Nova 327, 328
    Sé Velha 320, 321
  Museu Machado de Castro 328-330
  Museu Portugal para o pequeninos 330, 331
  Ponte Santa Clara 330
  Rua Ferreira Borges 316
  Torre de Almedina 320
  Universität 321-327, Abb. 22
Colares 125, 126
Condestável, Santo *siehe* Pereira, Nuno Álvares
Conimbriga, Römerstadt 351-356
Constança Manuel, Gemahlin des Infanten Pedro von Portugal 344
Costa, Tomás, Bildhauer 217
Covilhã, Pero da, Reisender 307
Covillia 306, 307

DIAS, Bartolemeu, Seefahrer 78, 99, 290, 415, 473
Dinis, König von Portugal 13, 32, 41, 154-156, 200, 202, 251, 263, 297, 322, 333-335, 414, 437, 440, 452, 464, 465
Dinis, Júlio, Romancier 221
Diogo de Sousa, Erzbischof von Braga 170, 171, 173, 204
Domingues, Afonso, Baumeister 394, 428, 434
Douro, Fluß 263, 264
Duarte, König von Portugal 76, 363, 386, 434, 436
Dürer, Albrecht 112

EANES, Gil, Seefahrer 77, 493, 494
Eanes de Zurara, Gomes, Historiograph 109

Eiffel, Alexandre Gustave, franz. Ingenieur 69, 214
Elvas 468
Ericeira 151
Eschwege, Wilhelm Freiherr von, Ingenieur 137-139
Espichel, Kap 458
Espinho 235
Estoril 121, 122
Estrela, Serra da 304, 305
Estremoz 464-467
Évora 188, 352, 440, 469-478
  Kirchen:
    Ermida de São Brás 476, 477
    Kathedrale 139, 477, 478
    São Francisco 114, 474-476
    Nossa Senhora da Graça, Konvent 478
  Palácio dos Duques da Cadaval 478
  Praça do Giraldo 471, 472
  Röm. Tempel 469
  Universität 478
Eyck, Jan van 128

FAIRA, Pero de la, Baumeister 261
Fanacho, João, Baumeister 461
Faro 492
Fátima 424-426, Abb. 26
Ferdinand von Sachsen-Coburg-Gotha, Prinzregent 48, 126, 136, 137
Fernandes, Garcia, Maler 111
Fernandes, Mateus, Baumeister 429, 433, 435
Fernando I., König von Portugal 69, 214, 351, 449, 465
Fernando I. der Große, König von Kastilien 316
Fernando II., König von Kastilien 188, 189, 190
Fernão der Heilige, Infant 76, 386, 431
Fernão von Évora, Baumeister 429, 434
Ferreira de Castro, José Maria, Schriftsteller 304
Figueira da Foz 377, 378

Filipa von Lencastre, Gemahlin des Königs João I. von Portugal 33, 157, 428, 431
Filipe I., König von Portugal (als Philipp II. König von Spanien) 44, 72, 105, 129, 245, 421, 461
Filipe III., König von Portugal (als Philipp IV. König von Spanien) 323, 336
Friestas 170

GAMA, Vasco da, Graf von Vidigueira, Seefahrer 49, 78, 80, 98-100, 111, 114, 130, 272, 415, 449, 479, Abb. 1
Garcia, João, Baumeister 196
Garcia, Pero und Telo, Bildhauer 172
Garrett, João Baptista da Silva Leitão de Almeida, Literat und Politiker 68, 221, 222
Georg, Heiliger 33
Géraud de Moissac, Erzbischof von Braga 170
Gilbert von Hastings, Bischof von Lissabon 38, 187
Giusti, Alessandro, Bildhauer 143
Góis, Damião de, Chronist 130, 131
Golegã 410, 411
Gonçalo, Heiliger 243-245
Gonçalves, Antão, Kastellan von Tomar 417
Gonçalves, António Augusto, Archäologe 354
Gonçalves, Nuno, Maler 76, 106-110, 367, 383, Farbt. nach S. 332
Granja 235
Griechen, die 223
Guarda 265
  Befestigung 270
  Kastell 270, 271
  Kirchen:
    Ermida de Nossa Senhora da Póvoa de Milëu 270
    Kathedrale 267, 268
    Misericórdia 269
    São Vicente 269
  Praça Camões 265, 267
  Stadtmuseum 270

Guimarães 13, 168, 181-184, 190-201, Abb. 18, 19
  Casa dos Lobos-Machado 194
  Kastell 182-184
  Kirchen:
    Colegiada 195-199
    Konventkirche der Karmeliter 201
    Nossa Senhora da Oliveira 196-199, Abb. 16
    Penha 201
    Santos Passos 195
    São Domingo 200
    São Francisco 200, 201
    São-Miguel-Kapelle 184, Abb. 17
  Largo da Oliveira 195, 199
  Largo do Toural 194, 195
  Museu Regional de Alberto Sampaio 198
  Paço Ducal 190-194
  Plätze:
    Brasil 195
    Santiago 195
Guincho 125
Gulbenkian, Calouste Sarkis, Ölmagnat 115

HABSBURGER, spanische, Dynastie 14
Heinrich von Burgund, Graf von Portucale 169, 170, 173-175, 183
Heinrich der Seefahrer, Infant 49, 76, 77, 80, 107, 108, 209, 217, 386, 412, 415, 416, 417, 418, 431, 432, 474, 493-495
Henrique II., Kardinal, König von Portugal 103, 105, 396, 440, 458, 478
Herculano, Alexandre, Historiker 178, 437
Hodart, Filipe, Bildhauer 329
Huguete, David, Baumeister 394, 434, 435

IBERER, Volk der 12
Ildefons, Heiliger, Erzbischof von Toledo 223, 224

Inês de Castro, Gemahlin des
 Infanten Pedro (später Pedro I.
 von Portugal) 331, 342, 344-347,
 350, 441
Iria, Heilige 423
Isabel, Gemahlin König Afonsos V.
 von Portugal 385, 453
Isabel von Aragón, Gemahlin des
 Königs Dinis von Portugal,
 Heilige 332-337, 340-342, 452,
 465
Isabella von Burgund, Schwester
 Heinrichs des Seefahrers 107
Isabella von Kastilien, Gemahlin
 König Manuels I. von Portugal
 129

JOANA, Tochter König Afonsos V.,
 von Portugal, Heilige 157,
 381-388, 389, 390, 391
João I., König von Portugal 13, 33,
 76, 110, 127, 128, 194, 196, 198,
 200, 202, 206, 256, 322, 346, 351,
 380, 428, 431, 437, 449, 471
João II. (Príncipe Perfeito), König
 von Portugal 49, 50, 72, 107, 128,
 129, 248-250, 381, 385, 432, 459,
 471-474, 477
João III., König von Portugal 36, 37,
 80, 98, 131, 132, 245, 320, 322,
 323, 416, 421, 436
João IV., König von Portugal 48,
 102, 146, 336, 454, 458
João V. (Magnánimo), König von
 Portugal 48, 70, 134, 141, 144, 146,
 147, 300, 325, 389, 458
João VI., König von Portugal 62-64,
 138, 152, 154, 302, 447
João de Rouão, Baumeister 84,
 268, 317, 321, 329
João von Ypern, Maler 321
Johann, Meister, Kosmograph 285,
 286
Johanniterorden 188
José I., König von Portugal 48, 51,
 60
Josefa d'Óbidos, Malerin 453
Julianum Scalabitanum, Römerstadt
 393, 423

Julião, Kanzler König Sanchos I.
 von Portugal 266
Junot, Andoche, Herzog von
 Abrantès, franz. Marschall 92, 302

KARL V., röm.-deutscher Kaiser 37,
 129, 132
Katharina von Kastilien, Gemahlin
 König Joãos III. von Portugal 37,
 80, 98, 245
Kelten, Volk der 12
Kolumbus, Christoph 472, 473
Kubitschek, Juscelino, brasil.
 Staatsmann 294-296

LAGOS 493, 495
Lamego 238-241
Leiria 436
Leixões 235
Leonor von Bragança, Gemahlin
 König Joãos II. von Portugal 35,
 49, 50, 449-452
Leonor Teles, Gemahlin König
 Fernandos I. von Portugal 427
Leonor von Spanien, Gemahlin
 König Manuels I. von Portugal
 131
Lisboa, António Francisco, Archi-
 tekt 225
Lissabon 27-119, 186, 187, 352,
 Farbt. nach S. 28
 Alfama 23, 33-37
 Arquivo da Torre do Tombo 57,
 71
 Avenida da Liberdade 65-67
 Bairro Alto 68-70
 Belém
 Hieronymitenkloster 74,
 80-102, Abb. 8, 9
 Chor 84
 Claustro 97
 Inneres 97, 102
 Südportal 83
 Westportal 83, 84
 Palácio da Ajuda 115
 Torre de 71-75, Abb. 6, 7
 Cacilhas 30
 Casa dos Bicos 35
 Cidade Baixa 59-61

Lissabon, *Fortsetzung*
　Convento de Frades Augustinos
　　47-49
　Eremitage Abb. 13
　Judiaria 36, 37
　Kastell São Jorge 32, 33
　Kirchen:
　　Basílica da Estrela 70
　　Carmo 69
　　Conceição Velha 34, 35, Abb. 5
　　Kathedrale 38-42
　　Madre de Deus 49-51, 54, 55
　　Sant'António 42, 43
　　São Roque 69, 70
　　São Vicente de Fora 44-49
　　Sé Patriarcal 38-42
　Museen:
　　de Arte Antiga 105-113,
　　　Farbt. nach S. 332
　　de Arte Decorativa 114
　　da Cidade 114
　　Nacional dos Coches 115
　　Palácio da Ajuda 114
　　Sammlung Calouste Gulbenkian 115-119
　Nationaltheater 61
　Palácio dos de Sportos Abb. 12
　Paläste:
　　da Assembléia Nacional 70, 71
　　Foz 66
　　da Independência 66
　Pantheon 49
　Parque Eduardo VII. 67
　Plätze:
　　Camões 68
　　do Comércio 30, 60, Abb. 4
　　Dom Pedro IV. (Rossio) 37, 61
　　Duque de Terceira 71
　　Marquês de Pombal 65
　　dos Restauradores 65, 66
　　Rossio 37, 61
　Rossio, Bahnhof 65, 66
　Rua dos Bacalheiros 36
　Rua Garret (Chiado) 68
　Salazarbrücke 30, 31
　São Jorge 32, 33
Lobo, Filipo, Maler 111
Lodi, Fortunato, Architekt 61
Lopes, Christóvão, Maler 54, 111

Lopes, Fernão, Historiograph 28, 109
Lopes, Francisco, Dichter 244
Lopes, Gregório, Maler 111, 367, 410, 420, 477
Lopes, João d. Ä., Architekt 207
Lopes, João d. J., Architekt 207
Lopes de Amorim, João, Architekt 194
Loquin, Jaques, Bildhauer 329
Lourenço Vicente, Erzbischof von Braga 200
Loures 158
Lourosa 198, 314
Lousa 159
Ludwig (Ludovice), Johann Friedrich, Architekt 142, 477
Luso 357

MACHADO DE CASTRO, Bildhauer 41, 42, 55, 60, 70, 113, 114, 143, 144, 328
Mafalda von Savoyen, Gemahlin König Afonsos Henriques von Portugal 223
Mafra, Kloster 141-144, Abb. 11
　– Stadt 145
Manuel I. (Venturoso), König von Portugal 14, 36, 72, 78, 80, 83, 84, 98, 99, 128-132, 139, 206, 238, 264, 317, 318, 416, 435, 449, 451, 459, 476
Manuel II., König von Portugal 14, 48
Marão, Serra de 247, 248, 254
Margareta von Savoyen, spanische Statthalterin 66
Maria I., Königin von Portugal 48, 62, 70
Maria da Glória (Maria II.), Königin von Portugal 48, 136, 178
Maria von Kastilien, Gemahlin König Manuels I. von Portugal 83, 98, 131
Maria-Anna von Österreich, Gemahlin König Joãos V. von Portugal 146
Maria Franziska von Savoyen, Gemahlin König Afonsos VI. von Portugal 134

REGISTER

Martins, Antão und Afonso, Architekten 155
Martins, Oliveira, Schriftsteller 167, 370
Martins, Gil, Ordensmeister der Christusritter 415
Masséna, André, Herzog von Rivoli, Fürst von Eßling, franz. Marschall 302, 359
Matosinhos 235
Menezes, Geschlecht der 374, 387, 394
Mérida 12
Mértola 485
Miguel, König von Portugal 64
Minho, Provinz 162-168
Miranda de Douro 259, 261
Mirandela 252, 253
Mondego, Fluß 315
Moniz, Egas, Hofmeister des Königs Afonso Henriques von Portugal 241, 242
Monogrammist MN, Maler 330
Monte Gordo 491
Montemor-o-Velho 375-377
Morais, Christóvão de, Maler 111
Moretti, Matias, Mosaizist 70
Moura 485, 486
Mumadona, galizische Gräfin 183, 197
Murça 252

NASONI, Nicoló, Architekt 222, 226
Nazaré 443-450, Abb. 36
Negreiros, José da Costa, Maler 158
Nisa 463
Normannen, die 27
Noronha, Fernando, Seefahrer 478
Novo da Arrábida, Convento 455, 458

ÓBIDOS 451-453
Océm, João de, Kanzler König Afonsos V. von Portugal 395, 411
Odivelas 154-158
Oldenburg, Felix von, Großkaufmann 148
Olhão 491, 492
Olivas 121

Oliveira, Mateus Vicente de, Baumeister 42, 152
Olivier von Gent, Maler 321, 420, 475
Ourém 426
Ourique 486
Outreiro Seco 262
Oviedo, Juan de, Bildhauer 154

PACHECO, Duarte Pereira, Seefahrer 287, 409, 410
Pacheco, Lopo Fernandes, Gefolgsmann König Afonsos IV. von Portugal 40
Paço de Sousa 241
Pais, Gualdim, Ordensmeister der portugiesischen Templer 412, 416, 423
Paiva, António, Bildhauer 465
Pamela 461
Pedro I., König von Portugal 201, 221, 344-347, 350, 351, 376, 377, 441, 465
Pedro II., König von Portugal 48, 134, 147, 389, 390, 458
Pedro III., König von Portugal 152
Pedro IV., König von Portugal (als Pedro I. Kaiser von Brasilien) 61-65, 197, 211, 233
Pedro der Dichter, Infant 76, 108, 316, 384, 386, 432
Pedro Afonso, Dom, Halbbruder König Afonsos Henriques von Portugal 177
Pedro von Rates, Bischof von Braga 169
Penafiël 242
Peniche 453
Pereira, Brites, Gemahlin des Grafen Afonso von Barcelos 190, 238
Pereira, Dom Gonçalo, Erzbischof 172, 200
Pereira, Nuno Álvares, Kronfeldherr Joãos I. 49, 69, 202, 427, 428
Peres de Aboim, João, Troubadour 478
Pero de Alenquer, Konquistador 161
Pessanha, Manuel, Seefahrer 154

Philipp II., König von Spanien
siehe Filipe I.
Philipp IV., König von Spanien
siehe Filipe III.
Phönizier, Volk der 12, 27
Pinhão 229
Pinhel 297
Pombal, Marquês de (Sebastião de Carvalho) 57-61, 65, 106, 114, 121, 146, 148, 149, 229, 231, 322, 381
Ponte de Lima 208
Portalegre 463, 464
Portel 478
Portela do Espinho 247
Portela de Savacém 26
Porto 209-228, 233, Abb. 23, 25
  Arco de Sant'Ana 220, 221
  Bolsa 217, 218
  Câmara Municipal 233, 234
  Erzbischöfl. Palast 222
  Geburtshaus Heinrichs des Seefahrers 217
  Kirchen: do Carmo 224
    Cedofeita 226, 233
    Grilo-Kirche 225
    Kathedrale 222, 223
    Misericórdia 226
    Nossa Senhora do Pilar 227
    Santa Clara 223
    Sant'Antonio 224
    São Francisco 219, 220
    São Ildefonso 223
    São Pedro dos Clerigos 226, 233
  Pelourinho Abb. 24
  Ponte Dom Luís I. 214
  Praça da Liberdade 233, 234
  Ribeira-Viertel 215-217, 233
  Stadtmuseum 234
  Vila Nova de Gaia 227, 228, 230, 231
Porto de Mós 426
Póvoa de Varzim 235, 236
Praia da Aguda 125
Praia Grande 125
Praia das Maçãs 125

QUEIROZ, Eça de, Romancier 221, 236
Queluz 151-154, Abb. 14

RAMIRO, Westgotenkönig 372
Régua 229
Riveiro, António Simões, Maler 325
Robillon, João Baptista, Architekt 152
Roca, Cabo da 11, 12, 125
Roderich, Westgotenkönig 372, 373
Rodrigues, João, Goldschmied 199
Römer, die 12, 27, 329, 330, 351-356, 469, 470

SABROSO 180
Sabugal 297, 298
Sagres 76, 77, 496
Salazar, Antonio de Oliveira, Staatsmann 10, 121, 360-363
Saldanha, Duque de, Feldherr 65
Sancho I., König von Portugal 199, 219, 265-267, 319, 490
Sancho II., König von Portugal 252, 263
Santa Comba Dão 360
Santa Maria de Abade do Neiva 206
Santa Marinha da Corta 198, 199
Santarém 186, 291, 352, 393-396
Santiago-Orden 461
Santos e Carvalho, Eugénio dos, Architekt 60
São Frutuoso bei Braga 170, 198
São-Marcos-Kloster 373-375
São Vicente, Cabo 46, 495, 496
Schneider, Reinhold 68, 79, 213, 325, 469, 476
Sebastião, König von Portugal 102-104, 207, 321, 432
Seia 304
Sem-Pavor, Geraldo, Gefolgsmann König Afonsos Henriques von Portugal 188, 189, 470, 471
Sequeira, Domingos António de, Maler 112
Serpa 485
Sertorius, röm. Feldherr 371, 372
Sesimbra 458, 459
Setúbal 459-461
Sieburg, Friedrich 81
Silves 492

Sintra 126, 135, 187
  Altar der Kirche Nossa Senhora 139, 140
  Convento dos Capuchos 140
  Paço Real 127, 128, 130, 132-134
  Pena, Palácio de 135-138, Abb. 10
Soares dos Reis, António, Bildhauer 218, 234
Solar de Mateus 251
Soult, Nicolas Jean, französ. Marschall 208, 212, 302
Sueben, germ. Volk 12, 223

TÂMEGA, Fluß 241, 243
Tareja von León, Gemahlin Heinrichs von Burgund 173-177, 223
Tarik, arab. Feldherr 373
Tarouca 241
Tavira 491
Távora, Geschlecht der 253
Tejo, Fluß 27, 30, 311, 392, 463
Telmo, Heiliger 245
Templer, Orden 188, 412-415, 416
Terceira, Duque de, Staatsmann 71, 73
Terra quente 229
Terzi, Filippo, Baumeister 44, 46, 227, 381, 421, 453
Theodomir, Suebenkönig 226
Tomar 188, 411, 412, 416-423, Abb. 27
  Convento de Cristo 416-421, Abb. 28
  Die Stadt 421-423
Torre, Berggipfel 305
Torre de Moncorvo 262, 263
Torres Novas 411
Trás-os-Montes, Provinz 259-261

URRACA, Tochter König Alfonsos VI. von Kastilien und León 174, 175

VALENÇA 208
Vanvitelli, Luigi, ital. Baumeister 70
Varnhagen, Franz Adolf, Historiker 286
Varnhagen von Ense, Karl 82

Vasco, Grão, eigentl. Vasco Fernandes, Maler 234, 241, 263, 319, 367-369
Vasco da Gama siehe Gama
Vasco Martins, Bischof von Porto 221
Vaz, António, Maler 198
Vaz, Gaspar, Maler 241
Vaz, Martim, Bildhauer 395
Vaz, Pero, Maler 367
Vaz de Caminho, Pedro 285, 286
Vaz Dourado, Fernão, Geograph Abb. 2, Farbt. nach S. 192
Viana do Castelo 168, 206-208
Vicente, Gil, Goldschmied 113, 114, 419, 475
Vidigueira 478, 479
Vila do Conde 237, 238
Vila Franca de Xira 159, 160
Vila Monserrat 140
Vila Nova de Foz Côa 264
Vilar de Frades, Klosterkirche 206
Vila Real 247, 248, 251, Abb. 21
Vila Viçosa 467, 468
Vinhais 262
Vinzenz, Heiliger 44-46
Viriatus, lusitanischer Freiheitsheld 371
Viseu 363-373
  Kirchen:
    Misericórdia 364, 365
    São Miguel de Fetal 372, 373
    Sé 365, 366
  Larga da Sé 364
  Museen:
    Almeida Moreira 364
    Grão Vasco 366-370
  Praça Dom Duarte 370
  Viriatus, Höhle des 371
Vista Alegre 379

WELLINGTON, Arthur Wellesley, Herzog von, brit. Feldherr 212, 303, 358, 359
Westgoten, Volk der 12, 372, 373
Witiza, Westgotenkönig 372
Wolf, Anton, Reiseschriftsteller 313

ZARCO, João Gonçalves, Seefahrer 417

Almasy-Bavaria 35; António Santos d'Almeida, Lissabon: 9, 32, Farbtafel n. S. 51; Bayerische Staatsbibliothek, München: 2, Farbtafeln. S. 347; Photographie Giraudon, Paris: Farbtafel S. 29; E. Groth-Schmachtenberger, München: 5, 16, 18, 19, 28; Gerhard Hanig, München: 6, 8, 29, 33; Michael Jeiter, Aachen: 22; Hans Kenner, Bad König: 14; Kosel-Bavaria 36; Herbert List, München: 3; Werner Lüthy-Bavaria 7; Heinz Müller-Brunke, Grassau: 4, 10, 24-26; Österreichische Nationalbibliothek, Bildarchiv, Wien: 1; Pontis-Hanig 30; Horácio de Sousa Novais, Lissabon: Farbtafel S. 193; Mario Novais, Lissabon: Schutzumschlag, Farbtafel n. S. 455; Archiv Prestel-Verlag 27, 31; Sonja Rihsé-Menck, Stade: 15, 17, 20; Viktor Rihsé, Stade: 34; Sander-Anthony 12, 13, 23; Helga Schmidt-Glassner, Stuttgart: 11; A. Tessore-Bavaria 21.

Reproduktionsgenehmigungen erteilten freundlicherweise: Academia das Ciências de Lisboa; Arquivo Nacional da Torre do Tombo, Lissabon; Bayerische Staatsbibliothek, München; Museu Nacional de Arte Antiga, Lissabon; Museu-Biblioteca Conde de Castro Guimarães, Cascais, und Museum für Völkerkunde, Wien.

Um das Zustandekommen des Bildteils machten sich Fräulein Luzia Costa vom Deutschen Institut in Lissabon sowie die Herren Direktor Dr. Hans Dachs, Leiter der Handschriften- und Inkunabelabteilung der Bayerischen Staatsbibliothek, und Hans Seligo in Cascais verdient, denen besonders gedankt sei.